행정사

2차

민법 | 단기합격

SD에듀
(주)시대고시기획

Always **with you**

사람의 인연은 길에서 우연하게 만나거나 함께 살아가는 것만을 의미하지는 않습니다.
책을 펴내는 출판사와 그 책을 읽는 독자의 만남도 소중한 인연입니다.
SD에듀는 항상 독자의 마음을 헤아리기 위해 노력하고 있습니다.
늘 독자와 함께하겠습니다.

"철 조각을 가져다가 문을 고정시키는 용도로 이용하면 그 철의 가치는 1달러가 된다.
그 철조각으로 말편자를 만들면 50달러가 된다.
똑같은 철로 명품시계 재료로 쓴다면 그 가치는 25만 달러로 치솟지 않을까."

「정상에서 만납시다」의 저자 지그 지글러는 사람이 어떤 목표를 세워 이루는가에 따라 그 사람의 가치가 달라진다고 설파했습니다. 행정사가 되어 국민들의 대정부 민원을 해결하는 주역이 되겠다는 목표를 설정하신 여러분의 인생은 명품의 가치로 업그레이드될 것입니다. 필자는 행정고시에 합격하여 중앙행정부처에서 공직생활을 한 경험이 있습니다. 행정은 매우 전문화되어 있고 수많은 사람들의 이해관계가 충돌하는 미개척의 블루오션이기에 여러분이 청춘을 걸만한 가치가 있는 세계입니다.

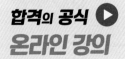

보다 깊이 있는 학습을 원하는 수험생들을 위한
SD에듀의 동영상 강의가 준비되어 있습니다.
www.sdedu.co.kr ➜ 회원가입(로그인) ➜ 강의 살펴보기

PREFACE

머리말

행정사 시험이 10년의 역사를 넘으면서 민법(계약법)에서 복잡한 법률관계를 가진 사례형 문제가 출제되는 등 최근 난도가 급격히 올라가고 있습니다. 수험생들은 실전 시험장에서 단 50분 이내에 4문항(1번 문항의 하위 지문을 개별로 계산하면 5~6문항)의 사례형 문제에 대해 논점을 추출하고 그에 관한 법률관계와 적용 이론 및 해결 방법과 관련 판례를 모두 서술해야합니다. 그만큼 계약법 전반의 이론 체계와 쟁점 판례를 마스터하여 그 어떤 주제에도 즉시답할 수 있는 암기 상태에 도달하지 않으면 시험에 성공할 수 없습니다. 또한 매번 실전문제는 기출문제와 동일하지 않게 새로운 형태의 사례형 문제로 출제되고 있습니다. 따라서 단순히 기출문제와 요약집을 반복해서 암기하는 학습법은 좁은 합격의 관문 앞에서 좌절하게 될것입니다. 이에 따라 필자는 행정사 민법(계약법) 시험의 최근 경향에 최적화된 내용으로 구성했습니다.

첫째
계약법과 관련된 민법 총칙, 물권법 및 채권법총론의 핵심 쟁점을 마스터할 수 있게 편집하였습니다. 특히 계약법의 방대한 이론과 법적 쟁점을 모두 망라하되 핵심 판례와 사례분석 위주로 간략하고 체계적으로 정리했습니다. 따라서 백과사전식 내용이 아닌 간결하면서 흐름 중심의 체계를 갖추어서 수험공부의 부담을 확 줄여줄 것입니다.

둘째
민법(계약법)은 매우 복잡하고 추상적 법률용어를 사용하므로 암기식 공부를 지양하고 이해를 토대로 전체의 틀을 잡도록 안내합니다. 이를 위해 계약법의 주요 제도와 이론들의등장 배경, 맥락 및 법적 논리를 상세하게 설명합니다. 먼저 숲을 보고 이해한 후 그 안에있는 나무들을 차례로 정복해나가는 본서 편제와 저자의 강의를 벗 삼기를 권합니다.

셋째
민법(계약법)은 실용 학문이므로, 최근 정부에서 이슈가 되는 법 개정 사항이나 제도의 쟁점에 관심을 기울여야 합니다. 특히 주택 및 상가건물 임대차보호법, 공사 하도급 제도 개선 방안, 노동조합과 고용관계 문제, 법무부의 민법 개정 논의 등에 대해 세심한 주의를가져야 합니다. 따라서 본서는 최근 개정된 임대차3법 등 법·제도 개편내용을 빠짐없이수록하였습니다.

넷째
10년간 행정사 2차 시험의 민법(계약법) 기출문제에 대한 모법답안을 수록하였습니다. 논술은 단순히 법률 용어와 이론을 암기하는 방식으로는 정복할 수 없습니다. 특히 사례형논술시험은 제시된 당사자 간 법률관계를 분석해서 법적 쟁점이 무엇인지를 즉시 간파하어 이를 관련된 법률 이론과 판례를 근거로 기승전결의 흐름이 나타나도록 서술해야 합니다. 이를 위해서는 기본서에 수록된 판례를 세심하게 분석하고 많은 사례문제에 대한 답안 작성 훈련을 하는 것이 합격의 지름길입니다.

시험공부는 전쟁터와 같습니다. 좋은 무기는 승리의 열쇠입니다. 본서와 저자의 강의를 입체적으로 공부하고 궁금한 점은 저자와 온라인 질의응답을 통해 해결하십시오. 저자와 동행하는 여러분은 반드시 최단시간에 합격의 정상에 이를 것입니다.

大韓民國 행정사 민법(계약법)의 탑(TOP) 염오봉

이 책의 구성과 특징

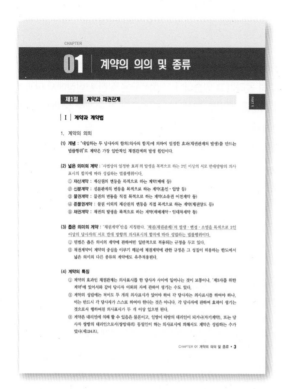

다양한 학습장치를 활용한 **핵심이론!**

출제경향에 맞춰 시험에 꼭 출제되는 내용만 담아 핵심이론을 구성하였습니다. 다양한 시각자료와 '더 알아보기'를 통해 이해를 높였습니다.

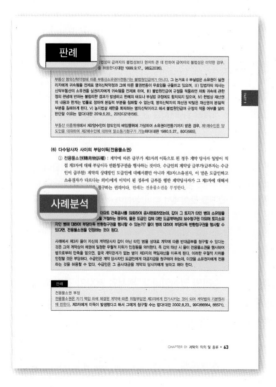

판례 및 사례분석으로 **실전 연습!**

핵심이론과 관련된 판례 및 사례분석을 수록하여 효율적으로 학습할 수 있도록 구성하였습니다. 다양한 판례와 사례를 통해 자료를 해석하고 배운 이론을 적용해보는 실력을 기를 수 있습니다.

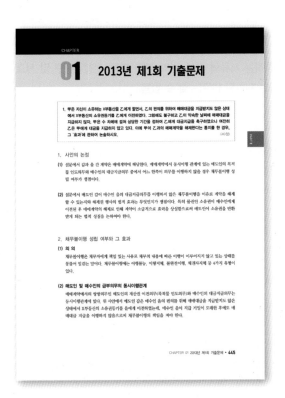

시험 전 실력 가늠이 가능한 10개년(2013~2022)

기출문제 + 상세한 해설!

가장 최근에 실시된 2022년 제10회를 포함하여 총 10개년의 기출문제를 수록하였습니다. 이론 학습 후 기출문제를 풀어보면서 시험 전 자신의 실력을 파악할 수 있습니다.

[부록] 민법(계약법)

민법 내용 중 출제영역 부분만 발췌해 부록으로 수록하여 다른 참고자료 없이 본 교재만으로도 학습이 가능하도록 하였습니다.

시험안내

 ## 행정사 개요

행정사란 다른 사람의 위임을 받아 행정기관에 제출하는 서류의 작성, 번역, 제출 대행, 신청·청구 및 신고 등의 대리 등의 업무를 수행하며, 다른 법률에 의하여 제한된 업무는 할 수 없음

[일반행정사 수행직무]

- 행정기관에 제출하는 서류 또는 권리·의무나 사실증명에 관한 서류의 작성 및 제출 대행
- 인가·허가 및 면허 등을 받기 위하여 행정기관에 하는 신청·청구 및 신고 등의 대리
- 행정 관계 법령 및 행정에 대한 상담 또는 자문에 대한 응답
- 법령에 따라 위탁받은 사무의 사실 조사 및 확인

※ 해운 또는 해양안전심판에 관한 업무는 제외합니다.

 ## 행정사 2차 시험 출제영역(일반행정사)

민법(계약)	행정절차론 (「행정절차법」 포함)	사무관리론 (「민원처리에 관한 법률」, 「행정효율과 협업촉진에 관한 규정」 포함)	행정사실무법 (행정심판사례, 「비송사건절차법」)
• 계약총론 　총 칙 • 계약각론 － 증 여 － 매 매 － 교 환 － 소비대차 － 사용대차 － 임대차(주택임대차보호법, 상가임대차보호법 포함) － 고 용 － 도 급 － 현상광고 － 위 임 － 임 치 － 조 합 － 종신정기금 － 화 해	• 행정절차법(행정절차일반론 포함) • 공공기관의 정보공개에 관한 법률 • 개인정보보호법 • 행정조사기본법 • 행정규제기본법 • 질서위반행위규제법 • 주민등록법 • 가족관계의 등록 등에 관한 법률	• 문서관리 및 업무관리시스템 • 전자정부와 사무관리 • 민원사무의 처리과정 • 행정업무의 효율적 수행 • 민원행정제도 개선(국민제안처리 포함) • 사무관리 개관 및 발전과정 • 관인 및 서식관리	• 행정사법 • 행정심판제도(특별행정심판 포함) • 비송사건절차법

※ 이하 행정사 시험 안내가이드 정보는 2023년 제11회 행정사 국가자격시험 시행계획 공고를 바탕으로 작성되었습니다. 시험 전 반드시 시행처 홈페이지를 확인해주시기 바랍니다.

원서접수 및 참고사항

- 큐넷 행정사 홈페이지(www.Q-Net.or.kr/site/haengjung)를 통한 인터넷 접수만 가능하며, 수수료 결제 및 수험표를 출력하여 접수완료 여부를 확인
- 인터넷 원서접수 시 최근 6개월 이내에 촬영한 탈모 상반신 규격 증명사진을 등록하여 인터넷 회원가입 후 접수
- 수험자는 수험원서에 반드시 본인의 사진을 첨부하여야 하며, 타인의 사진 첨부 등으로 인하여 신분 확인이 불가능할 경우에는 부정행위자로 간주되어 시험에 응시할 수 없거나 자격증 발급이 불가할 수 있음
- 인터넷 활용에 어려움이 있는 내방(공단) 접수 수험자를 위해 원서접수 도우미 지원

※ 이하 행정사 시험 안내가이드 정보는 2023년 제11회 행정사 국가자격시험 시행계획 공고를 바탕으로 작성되었습니다. 시험 전 반드시 시행처 홈페이지를 확인해주시기 바랍니다.

 시험일정(2023년 기준)

구 분	접수기간	시험일자	합격자발표	비 고
1차 시험	04.24(월)~04.28(금)	06.03(토)	07.05(수)	• 큐넷 행정사 홈페이지 접수 (모바일 큐넷 원서접수 불가)
2차 시험	07.31(월)~08.04(금)	10.07(토)	12.06(수)	• 빈자리 접수 없음

※ 행정사 시험 수험자는 반드시 해당 회차 시험 시행계획 공고문을 확인하시기 바랍니다.

 시험과목 및 검정방법

구 분	교시	시험과목	문항 수	시험시간	시험장소
1차 시험 (공통)	1	❶ 민법(총칙 관련 내용으로 한정) ❷ 행정법 ❸ 행정학개론(지방자치행정 포함)	과목당 25문항 (총 75문항)	75분 (09:30~10:45)	서울, 부산, 대구, 인천, 광주, 대전, 제주
2차 시험 (일반 행정사)	1 (공통)	❶ 민법(계약 관련 내용으로 한정) ❷ 행정절차론(행정절차법 포함)	과목당 4문항 (논술 1문제, 약술 3문제)	100분 (09:30~11:10)	서울, 부산
	2	❶ 사무관리론(민원 처리에 관한 법률, 행정 효율과 협업 촉진에 관한 규정 포함) ❷ 행정사실무법 • 행정심판사례 • 비송사건절차법		100분 (11:40~13:20)	

※ 관련 법률 등을 적용하여 정답을 구해야 하는 문제는 '시험시행일' 현재 시행 중인 법률을 적용합니다.
※ 기활용된 문제, 기출문제 등도 변형 · 활용되어 출제될 수 있습니다.

시험안내

 ## 행정사 1차 시험 시행현황 (일반행정사)

구 분	대상(명)	응시(명)	합격(명)	합격률(%)
2017년 제5회	2,283	1,611	659	40.9
2018년 제6회	2,575	1,541	305	19.8
2019년 제7회	2,962	1,826	639	35.0
2020년 제8회	2,828	2,025	775	38.3
2021년 제9회	3,940	3,090	934	30.2
2022년 제10회	4,500	3,469	1,546	44.6

 ## 행정사 2차 시험 시행현황 (일반행정사)

구 분	대상(명)	응시(명)	합격(명)	합격률(%)
2017년 제5회	848	568	266	46.8
2018년 제6회	591	451	210	46.6
2019년 제7회	705	536	233	43.5
2020년 제8회	946	726	257	35.4
2021년 제9회	1,150	949	257	27.1
2022년 제10회	1,744	1,361	257	18.9

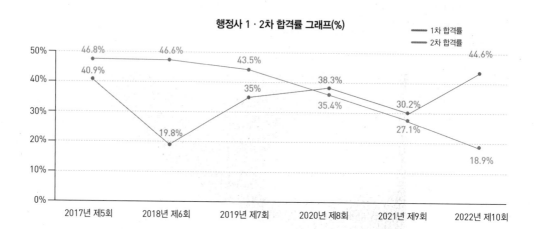

행정사 1 · 2차 합격률 그래프(%)

응시자격 및 결격사유

- **응시자격** : 제한 없음
  - 다만, 행정사법 시행령 제19조에 따라 부정행위자로 처리되어, 그 처분이 있는 날부터 5년이 지나지 않은 자는 시험에 응시할 수 없음
- **결격사유**(행정사법 제5, 6조)
  - 피성년후견인 또는 피한정후견인
  - 파산선고를 받고 복권되지 아니한 사람
  - 금고 이상의 실형을 선고받고 그 집행이 끝나거나(집행이 끝난 것으로 보는 경우 포함) 집행이 면제된 날부터 3년이 지나지 아니한 사람
  - 금고 이상의 형의 집행유예를 선고받고 그 유예기간이 끝난 날부터 2년이 지나지 아니한 사람
  - 금고 이상의 형의 선고유예를 받고 그 유예기간에 있는 사람
  - 공무원으로서 징계처분에 따라 파면되거나 해임된 후 3년이 지나지 아니한 사람
  - 행정사법 제30조(자격의 취소)에 따라 행정사 자격이 취소된 후 3년이 지나지 아니한 사람

※ 결격사유 심사기준일 : 최종 시험 시행일
※ 행정사법 제5조, 제6조에 따라 결격사유 심사기준일 기준 행정사가 될 수 없는 사유에 해당하는 것으로 확인된 경우에는 합격을 취소합니다.

 합격자 결정 방법(행정사법 시행령 제17조)

- 1차 시험 및 2차 시험 합격자는 과목당 100점을 만점으로 하여 모든 과목의 점수가 40점 이상이고, 전 과목의 평균점수가 60점 이상인 사람

※ 단, 제2차 시험 합격자가 최소선발인원보다 적은 경우에는 최소선발인원이 될 때까지 모든 과목의 점수가 40점 이상인 사람 중에서 전 과목 평균점수가 높은 순으로 합격자를 추가로 결정하고, 이 경우 동점자가 있어 최소선발인원을 초과하는 경우에는 그 동점자 모두를 합격자로 합니다.

 최근 10개년 행정법 출제영역 분석 (2013년 제1회~2022년 제10회)

구분		제1회	제2회	제3회	제4회	제5회	제6회	제7회	제8회	제9회	제10회	합계	비율
계약총론	계약의 의의 및 종류	-	-	-	-	-	-	-	-	-	-	0	0%
	계약의 성립	-	-	-	2	-	-	2	-	-	1	5	10%
	계약의 효력	-	1	1	-	1	1	-	-	1	-	5	10%
	계약의 소멸 : 해제/해지	1	1	-	-	-	-	-	-	-	-	2	4%
계약각론 (전형계약 15개)	증여	-	-	-	-	1	-	-	-	3	-	4	8%
	매매	-	-	2	1	1	3	1	1	-	1	10	20%
	교환	-	-	-	-	-	-	-	-	-	1	1	2%
	소비대차	-	-	1	-	-	-	-	-	-	-	1	2%
	사용대차	-	-	-	-	-	-	-	-	-	-	0	0%
	임대차	1	1	1	1	2	1	1	2	1	1	12	24%
	고용	-	-	-	-	-	-	-	-	-	-	0	0%
	도급	1	1	-	-	-	-	-	2	-	-	4	8%
	여행계약	-	-	-	-	-	-	1	-	-	-	1	2%
	현상광고	-	-	-	-	-	-	-	-	-	-	0	0%
	위임	1	-	-	-	-	-	-	-	-	-	1	2%
	임치	-	-	-	-	-	-	-	-	-	-	0	0%
	조합	-	1	-	-	-	-	-	-	1	1	3	6%
	종신정기금	-	-	-	-	-	-	-	-	-	-	0	0%
	화해	-	-	-	1	-	-	-	-	-	-	1	2%
	기타 비전형계약	-	-	-	-	-	-	-	-	-	-	0	0%
합계		4	5	5	5	5	5	5	5	6	5	50	100%

Contents

PART 3　10개년(2013~2022) 기출문제

부　록　민법(계약법)

PART 1

합격의 공식 SD에듀 www.sdedu.co.kr

계약총론

지식에 대한 투자가 가장 이윤이 많이 남는 법이다.

- 벤자민 프랭클린 -

끝까지 책임진다! SD에듀!

도서 출간 이후에 발견되는 오류와 개정법령 등 변경된 시험 관련 정보, 최신기출문제, 도서 업데이트 자료 등이 있는지 QR코드를 통해 확인해보세요! **시대에듀 합격 스마트 앱**을 통해서도 알려 드리고 있으니 구글플레이나 앱스토어에서 다운 받아 사용하세요! 또한, 도서가 파본인 경우에는 구입하신 곳에서 교환해 드립니다.

01 | 계약의 의의 및 종류

제1절 계약과 채권관계

| Ⅰ | 계약과 계약법

1. 계약의 의의

(1) 개념 : "대립하는 두 당사자의 합의(의사의 합치)에 의하여 일정한 효과(채권관계의 발생)를 만드는 법률행위"로 계약은 가장 일반적인 채권관계의 발생 원인이다.

(2) 넓은 의미의 계약 : '사법상의 일정한 효과'의 발생을 목적으로 하는 2인 이상의 서로 반대방향의 의사표시의 합치에 따라 성립하는 법률행위이다.

① **재산계약** : 재산권의 변동을 목적으로 하는 계약(매매 등)

② **신분계약** : 신분관계의 변동을 목적으로 하는 계약(혼인·입양 등)

③ **물권계약** : 물권의 변동을 직접 목적으로 하는 계약(소유권 이전계약 등)

④ **준물권계약** : 물권 이외의 재산권의 변동을 직접 목적으로 하는 계약(채권양도 등)

⑤ **채권계약** : 채권의 발생을 목적으로 하는 계약(매매계약·임대차계약 등)

(3) 좁은 의미의 계약 : "채권계약"만을 지칭한다. '채권(채권관계)'의 발생·변경·소멸을 목적으로 2인 이상의 당사자의 서로 반대 방향의 의사표시의 합치에 따라 성립하는 법률행위이다.

① 민법은 좁은 의미의 계약에 관하여만 일반적으로 적용되는 규정을 두고 있다.

② 채권계약이 계약의 중심을 이루기 때문에 채권계약에 관한 규정은 그 성질이 허용하는 한도에서 넓은 의미의 다른 종류의 계약에도 유추적용된다.

(4) 계약의 특징

① 계약의 효과인 채권관계는 의사표시를 한 당사자 사이에 일어나는 것이 보통이나, '제3자를 위한 계약'에 있어서와 같이 당사자 이외의 자에 관하여 생기는 수도 있다.

② 계약의 성립에는 적어도 두 개의 의사표시가 있어야 하며 각 당사자는 의사표시를 하여야 하나, 이는 반드시 각 당사자가 스스로 하여야 한다는 것은 아니다. 각 당사자에 관하여 효력이 생기는 것으로서 행하여진 의사표시가 두 개 이상 있으면 된다.

③ 계약은 대리인에 의해 할 수 있음은 물론이고, 일방이 타방의 대리인이 되거나(자기계약), 또는 당사자 쌍방의 대리인으로서(쌍방대리) 동일인이 하는 의사표시에 의해서도 계약은 성립하는 수가 있다(제124조).

④ 계약을 성립시키는 의사표시는 보통은 시간적으로 보아서 순차적으로 행하여지며, 내용적으로도 앞서는 의사표시를 청약이라 하고 뒤에 행하여지는 것은 승낙이라 한다. 그러나 양자가 동시에 행해지거나 또는 교차청약에 의하여서도 계약은 성립한다.

⑤ 계약에 있어서 합치하여야 하는 당사자 사이의 두 개 이상의 의사표시는 그 방향이 서로 대립한다. 따라서 의사표시는 당사자 사이에 교환적으로 행하여져야 한다. 일방의 의사표시가 있거나 양 당사자의 의사표시의 방향이 동일방향으로 합치한다면 계약이라 할 수 없다. 이 점에서도 계약은 이른바 합동행위(예 사단법인 설립행위)나 단독행위와는 구별된다.

(5) 계약 성립의 효과

① 계약이 성립함으로써 계약을 체결한 당사자 간에 채권·채무가 발생한다.
② 채권관계는 계약을 체결한 당사자 이외에 제3자에게 발생하는 경우도 있다.

2. 계약의 구속력

(1) 의의 : 계약이 성립되면 그 계약을 체결한 당사자에게는 계약내용의 이행관계에 구속되는 당위적(Sollen)·규범적 구속관계가 발생한다.

① **구속** : 국가나 사회가 그 이행을 법적으로 보장함을 의미한다(최소한의 법적 보호 수반). 따라서 어떠한 법적 보호도 받을 수 없는 약속(호의관계에 의한 약속, 예 갑이 변호사가 되면 을과 결혼하겠다는 약속)은 계약이 아니다.

② 근대 민법의 대원칙

> Pacta Sunt Servanda(계약은 지켜져야 한다).

(2) 구속력의 근거

① 당사자의 의사의 합치와 실정법 규범의 양자에서 찾는다(통설).
② 인간의 존엄성을 강조하여 계약은 자기 결정력을 가진 당사자가 자신의 결정력으로 합의했기 때문에 유효한 것이다(근본가치론).
③ 거래 안전의 필요성과 계약 성실이라는 윤리적 사상에서 구해야 한다(신뢰보호이론).

(3) 계약의 구속력에 관한 현대적 경향

① 근대사회의 계약자유 원칙은 19세기 말부터 자본주의 폐해의 심화로 인해 쇠퇴하였고, 이에 따라 전통적인 개인의 자유의사에 따른 '약속'으로부터 당사자 간 '신뢰'를 더 중요시하는 경향으로 변화되었다.
② 현대 법률에서는 1) 약속 영역을 축소하고 2) 강행규정을 늘리며, 3) 계약구속력을 약화하고 4) 합리적 신뢰를 보호하는 규정이 늘어나고 있으며 판례도 이에 따르고 있다.
③ 미국의 계약법학자 Grant Gilmore는 저서 "계약법의 죽음"에서 19세기 말부터 20세기 초반에 걸쳐 구축된 고전적 계약법상 약인이론으로서의 '교환거래법리'가 쇠퇴하면서, 계약법의 독자성 내지 특수성은 부정되고 불법행위법의 영역으로 재흡수되고 있다고 주장한다.

④ 우리 민법은 고전적 의사이론과 단발적(Discrete) 계약 모델을 기초로 한다. 그러나 오늘날 우리 사회에서는 실질적으로 불균형한 당사자의 협상력의 차이나 정보의 비대칭성을 이유로 한 계약의 불공정성 등 우리 민법의 원형적 모델에서 상정하지 않았던 문제가 제기되고 있다.

⑤ 최근에는 고전적 의사주의와 단발적 계약을 상정했던 현행 계약법을 대체할 새로운 이론(예 관계적 계약이론)에 대한 수요도 나타나고 있다. **현재 우리 사회에서 발견되는 '계약현상'과 '계약법' 사이의 일정한 간극을 좁히기 위한 제도적 장치가 요구된다.**

(4) 구속력의 범위 : 계약의 구속력은 당사자 간에 명시적으로 약정된 채무에 한하는 것이 아니고 법률 규정이나 계약의 해석을 통해 당사자 간에 채무 내용으로 되는 모든 것에 미친다.

> 예 아파트 분양업자는 수분양자와 아파트 매매계약을 체결할 때 비록 계약서에 명기하지 않았다 하더라도 진입도로, 화단과 주차장 등 주거에 적합하도록 부대시설을 조성할 신의칙상 부수적 의무를 부담한다.

(5) 구속력의 내용

① 계약 당사자는 계약 성립 후 임의로 청약과 승낙을 철회할 수 없다.

② 약속한 채무는 법적 채무로서 반드시 이행되어야 한다.

③ 유효하게 성립한 계약은 당사자의 합의에 의해서만 변경될 수 있다.

3. 계약법의 재산법상 위상 및 특징

(1) 재산법상 계약법의 위상

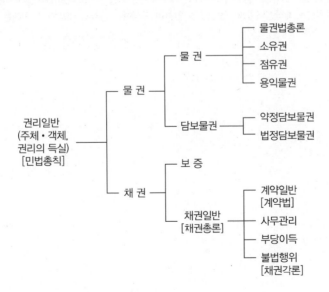

(2) 계약법의 체계와 특징

① **계약법** : 민법 중 계약에 관한 기본규정이다(민법 제3편 채권, 제2장 계약 제2절 내지 제15절).
  ㉠ 계약법 총론 : 민법 제527~제553조 - 계약의 성립, 효력, 해지, 해제
  ㉡ 계약법 각론 : 민법 제554~제733조 - 15개 전형계약
    계약법상 15개의 전형계약은 계약 자유의 원칙에 의거해 형성되는 다양하고 구체적인 계약의 내용을 명확하게 만드는 기준을 제공한다.

② 민법상 전형계약은 100여 년 전의 사회상을 반영한 것으로서 오늘날의 사회 변화에 부합되지 못하는 측면이 있다.
  예 종신정기금은 오늘날 사회보장제도의 발전으로 인해 거의 사문화된 규정이다.

③ 사인 간의 거래 중 중요한 계약관계는 특별법에 의해 규율되는 현상이 증가하고 있다.
  ㉠ 매매계약 : 할부거래에 관한 법률
  ㉡ 임대차계약 : 주택임대차보호법
  ㉢ 임치계약 : 상법상의 창고업
  ㉣ 고용계약 : 근로기준법 등 사회법

④ 현대사회의 복잡화로 인해 리스계약, 의료입원계약 등 새로운 계약(비전형계약) 유형들이 증가하고 있다. 새로운 비전형계약은 보통거래약관에 의해 규율되는 경우가 많으며, 전형계약에 관한 민법 규정은 이 약관의 공정성 여부를 판단하는 기준으로 작용한다.

⑤ 계약의 공정성 확보와 소비자 보호를 위해 신종 계약에 관한 강행규정들이 늘어나고 있다.

✚ 더 알아보기

비전형계약[= 무명계약(無名契約)]
전형계약 이외의 계약으로 계약자유 원칙에 의해 채권계약에서는 강행법규에 위반하지 않는 한 어떠한 비전형계약도 허용된다. 단, 물권만은 배타성이 있어 관습법 및 민법이 규정하는 종류와 내용의 것 외에는 창설하지 못하므로 비전형계약이란 있을 수 없다.

| Ⅱ | 채권과 채무 - 채권관계의 내용

1. 채권관계(채권·채무가 발생하게 되는 당사자의 관계)

(1) 채권관계의 당사자와 권리·의무

> 채권(채권자의 권리) = 청구권 + 이행강제권(소구권 및 강제집행권) + 손해배상청구권

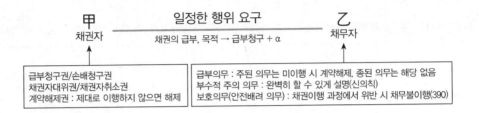

甲
채권자

일정한 행위 요구
채권의 급부, 목적 → 급부청구 + α

乙
채무자

급부청구권/손배청구권
채권자대위권/채권자취소권
계약해제권 : 제대로 이행하지 않으면 해제

급부의무 : 주된 의무는 미이행 시 계약해제, 종된 의무는 해당 없음
부수적 주의 의무 : 완벽히 할 수 있게 설명(신의칙)
보호의무(안전배려 의무) : 채권이행 과정에서 위반 시 채무불이행(390)

(2) 채권과 청구권

① 채권이 채권관계의 한 요소이듯이 청구권도 채권의 한 요소이다.

② 청구권은 채권의 본체를 이룬다. 채권과 분리하여 청구권만을 양도할 수는 없다.

③ 채권적 청구권에서는 청구권이 채권의 본체를 이루기 때문에 청구권의 양도는 채권의 양도를 수반하는 것으로 해석한다.

(3) 채권과 청구권의 차이

① 청구권이 채권의 전부는 아니다. 채권에는 청구권 이외에 급부보유력, 소구력, 집행력, 채권자대위권, 채권자취소권, 항변권, 해제권 등의 권능이 포함된다.

② 이행기가 도래하지 않은 채권에서는 채권은 있어도 청구권은 발생하지 않는다.

③ 청구권은 채권 이외에도 물권과 가족권에 기초하여 발생하기도 한다(예 물권적 청구권, 채권적 청구권, 부양청구권, 동거청구권, 상속회복청구권 등).

(4) 법률관계 / 인간관계 / 호의관계 / 신사협정

① 법률관계의 중추는 권리·의무의 관계이다. 법률관계는 인간관계(예의관계)나 호의관계(사교행위)와 구별된다.

② 호의관계에서는 원칙적으로 법률문제가 발생하지 않으나 예외적으로 호의관계에 수반하여 손해가 발생한 경우 가해자에게 손해배상 책임을 인정한다.

③ 신사협정 : 당사자가 어떤 약정을 하면서 그 약정에 대해 "법석 구속을 배제"하기로 특약히는 것이다. 신사협정에서는 원칙적으로 이행청구권이나 불이행으로 인한 손해배상청구권을 부정한다. 그러나 예외적으로 의무가 이행된 경우 이행된 것의 반환청구는 불가능하다.

판례

호의동승 중 운전자의 과실로 피해가 발생한 경우 손해배상책임을 인정하면서도 구체적 사정에 비추어 운전자에게
모든 책임을 지우는 것이 불합리하다고 인정되면 민법 제2조를 근거로 손해배상액을 경감하는 것이 가능하다. 그러나
호의동승하였다는 이유만으로 배상액을 감경하는 것은 원칙적으로 인정되지 않는다(대판 1996.3.22., 95다24302).

의무부담약정에서 "최대한 노력하겠습니다"라고 기재한 경우 법적 의무를 부정한다(대판 1994.3.25., 93다 32668).

노동쟁의행위 중 회사가 노동자에 대해 "최대한 선처하겠다"라고 합의한 경우 징계하지 않겠다는 합의의 존재를
인정하지 않는다(대판 1993.5.11., 93다1503).

신용대출서류 "회수책임"이라는 문구의 기재는 보증채무부담의 의사표시가 아니다(대판 1992.5.26., 91다35571).

2. 채무자의 의무(채무)

(1) 채무와 책임 : 채무는 채무자의 급부의무를 뜻하는 데 반하여, 책임은 채권자의 강제집행에 채무자가
복종하는 것(강제집행가능성)을 의미한다.

주된 의무	급부 의무	주된 급부 의무	강제이행 인정 - 손해배상 인정 - 계약해제 인정	근거 - 합의 (법정채권관계 - 법률규정)
		종된 급부 의무	강제이행 인정 - 손해배상 인정 - 계약해제 불인정함	
부수적 의무	부수적 주의 의무	계약적 법익	강제이행 불인정 - 손해배상 인정 - 계약해제 불인정함	근거 - 신의칙
	보호의무	계약 외적 법익	강제이행 불인정 - 손해배상 인정 - 계약해제 불인정함	

(2) 급부의무 : 채무자가 채권자의 청구에 의하여 일정한 행위를 이행하여야 할 의무이다. 계약(약정채권)
또는 법률의 규정(법정채권 - 사무관리, 부당이득, 불법행위)에 의하여 그 내용이 결정된다.
① **주된 급부의무(주된 의무)** : 당사자가 계약에 의하여 중요한 목적으로 삼는 급부의무이다. 쌍무계
약에서는 양 당사자가 상환적 관계 내지 대가적 견련관계에 서게 되는 의무이다.
⑩ 가전제품 매매 시 가전제품의 점유권 및 소유권을 이전해 주어야 하는 의무
② **종된 급부의무(종된 의무)** : 주된 급부의무와 관련하여 종된 관계에 있는 급부의무를 말한다. 쌍무
계약에서 양 당사자가 상환적 관계 내지 대가적 견련관계에 서게 되지 않는 의무이다.
⑩ 가전제품 매매 시 가전제품의 사용설명서 또는 품질보증서 등을 교부해 주어야 하는 의무
③ **구별 실익** : 양자가 모두 이행강제권과 손해배상청구권을 발생시킨다는 점에서는 동일하다. 주된
급부의무 위반은 계약해제권을 인정하지만 종된 급부의무 위반은 계약해제권을 발생시키지 않는다.

구 분	주된 급부의무	부수적 주의 의무
의무의 부담자	채무자만이 부담	채권자, 채무자 각각 부담
급부내용의 특정성	주된 급부의무는 채권관계의 유형에 따라 특정	부수적 주의 의무는 채권관계의 구체적 상황에 따라 유동적임
의무 불이행 시	이행 소구 인정, 계약 해제 인정	이행 소구 불인정, 계약 해제 불인정

(3) 부수적 주의 의무

① 급부의무의 내용을 실현하기 위해 적절한 배려와 주의를 베풀어야 할 의무이다.

　　예 가전제품의 매매 시 가전제품이 파손되지 않도록 잘 포장해야 할 의무 또는 가전제품의 사용방법을 설명하여 줄 의무

② **구별 실익** : 둘 다 손해배상청구권의 발생을 인정한다. 그러나 부수적 주의 의무 위반 시 이행소구권 또는 계약해제권 행사를 불인정한다.

(4) 보호의무(계약 외적 법익)

① 당사자 상호간에 상대방의 생명, 신체, 소유권 기타 재산적 이익을 침해하지 않도록 배려하여야 할 의무이다.

　　예 가전제품 매매계약 체결 위한 준비단계에서나 계약 성립 후 이행과정의 단계 또는 계약 관계의 종료 후의 단계에서 상대방의 신체나 재산을 침해하지 않도록 배려해야 할 의무

② **구별 실익** : 주된 의무는 계약의 유효한 체결을 전제로 하여 계약의 성립 후부터 소멸 전까지 인정된다. 그러나 보호의무는 계약의 유효한 체결을 전제로 하지 않으므로 계약의 성립 전이나 성립 후 또는 소멸 후에도 인정된다.

③ 보호의무 편입설

　　㉠ 채무불이행을 인정한다.

　　㉡ 손해배상청구권이 발생한다.

　　㉢ 다수설 및 판례(법적 근거 : 신의칙)

판례

보호의무는 신의칙상의 부수적 의무이다. 이를 위반하면 불완전 이행으로 인한 채무불이행책임을 부담한다. 입증책임 면에서 통상의 채무불이행처럼 채무자가 그 채무불이행에 대하여 자기에게 과실이 없음을 주장하지 못하는 한 그 책임을 면할 수 없는 것이기는 하나, 채권자로서도 그 급부의 불완전에 관한 주장·입증책임을 지는 것이므로 채권자는 구체적 보호의무의 존재와 그 위반 사실을 주장·입증하여야 한다(대판 1994.1.28., 93다43590 – 여관투숙객 사건).

---

④ **보호의무 배제설** : 채무불이행을 인정하지 않고, 불법행위가 성립되며, 손해배상청구권이 발생한다. 유력설·통설과는 달리 보호의무를 채무의 범주 속에 포함시키는 것은 부당하다는 견해이다.

➕ 더 알아보기

보호의무 배제설의 학설의 논거

• 보호의무가 대상으로 하는 법익은 불법행위로부터 보호되어질 법익이다.

• 계약의 성립 이전단계에서는 불법행위책임에 관한 규정에 의해 규율되고, 계약 성립 이후의 단계에서는 계약 책임에 관한 규정에 의해 규율되는 것이 전통적인 사법의 체계이다.

• 보호의무론은 독일 민법상 불법행위규정의 불완전함을 극복하기 위해 의도적으로 구성한 이론인데, 우리나라 민법의 불법행위규정은 독일의 규정과는 체계를 달리하기 때문에 독일의 보호의무론을 그대로 도입하는 것은 근본적으로 무리가 있다.

⑤ 보호의무 적용단계

    ㉠ 계약체결을 위한 준비단계에서 상대방 신체나 재산에 손해를 끼친 경우(계약체결상과실)

    ㉡ 계약 성립 후 이행과정의 단계에서 채무자의 불완전 이행으로 채권자의 신체나 재산에 확대 손해를 끼친 경우(적극적 채권 침해)

⑥ 채무로서의 보호의무 위반 효과

    ㉠ 계약체결상의 과실 책임 또는 불완전 이행책임으로서 손해배상책임을 인정한다.

    ㉡ 불법행위책임도 인정한다.

판례

독일의 카페트 사건

상점에서 손님이 카페트를 사기 위해 물색하다가 매장 안에서 넘어져 다친 사례이다.

• 채무불이행책임을 인정
  – 고의 과실이 없음을 채무자가 입증
  – 종업원(이행보조자)의 고의 과실은 채무자의 고의 과실로 간주
  – 시효기간 : 10년(독일은 30년)
• 불법행위책임을 인정
  – 채권자가 고의 과실을 입증
  – 종업원(이행보조자)의 고의 과실에 대해 사용자(채무자)의 면책 가능성을 인정
  – 시효기간 : 3년(독일은 10년)

한국의 여관화재 사건

여관 복도에서 화재가 발생하여 손님 을이 담요를 덮어쓰고 나오다가 불에 타 사망하였다. 주인 갑은 여관 복도 바닥에 불연성 모노륨을 설치하여 화재 예방 조치를 하였다. 주인 갑(채무자)과 손님 을(채권자)의 관계는 임대차(일시사용) 계약 관계이다.

• 채무불이행책임 인정 여부 : 방 청소 등의 제공 + 그 외 생명에 대한 보호의무를 채무의 내용에 포함하여 대법원이 인정한 판례
• 보호의무의 불완전 이행(이것은 채권자가 입증)이 있었고, 채무자의 고의 과실은 그 고의 과실이 없음을 채무자가 입증해야 하는데 입증에 실패하여 채무불이행 책임을 인정한 판례
• 불법행위책임 인정 여부 : 실화로 화재 발생함. 따라서 실화책임법 적용, 중과실이 있어야 책임을 인정함. 이 사례에서 채무자의 중과실을 인정하지 않음(바닥에 불연성 모노륨을 설치하였기 때문)
• 불법행위책임 : 주의적 청구
• 채무불이행 : 예비적 청구

실화책임법 = 헌법불합치 판결로 동법률 개정됨 → 중과실인 경우 손해배상액 경감함

---

(5) 간접의무 = 책무

① 간접의무는 법규 준수의 의무가 아니다. 따라서 간접의무 불이행 시 소구권, 강제집행권, 손해배상 청구권 등을 인정하지 않는다.

② 간접의무 불이행 시 법률상의 불이익을 받게 되는 경우가 있다.

    예 과 / 연 / 하 / 구 / 고 / 통

    ㉠ 과실상계에 있어서 채권자가 손해의 발생, 확대를 저지하여야 할 의무(제396조)

ⓛ 청약자의 승낙 **연**착의 통지의무(제528조) : 연착의 통지를 하지 않은 때에 계약이 성립된 것으로 간주하는 것

ⓒ 증여자가 사용대차 대주의 **하**자고지의무(제559조, 제612조)

ⓔ 연대채무의 **구**상요건으로서의 통지의무(제426조)

ⓜ 보험계약자의 고지의무(상법 제651조)

ⓗ 보험계약자의 위험변경증가의 **통**지의무(상법 제652조) 등

3. 채권의 효력

(1) 청구력(일정한 행위를 청구할 수 있는 효력)

① 채권이 청구력을 갖는 시기는 원칙적으로 채무의 이행기가 된 때이다. 그러나 채무자가 기한의 이익을 포기하거나 상실한 때와 같은 경우에는 예외적으로 이행기가 되지 않았더라도 청구력을 갖게 된다.

② 채권의 청구력에 관하여 이행을 청구할 수 있는 것은 본래의 급부의무에 관하여서이다. 그런데 채무불이행이 발생한 경우에는 손해배상의무에 관하여도 인정된다.

(2) 급부보유력

채무자의 급부가 있는 경우에 그것을 수령하고 적법하게 보유하는 효력이다. 채권에 급부보유력이 있기 때문에 채권자가 채무자로부터 수령한 급부를 보유하는 것은 적법하고 부당이득이 되지 않는다.

(3) 실현강제력(소구력 + 집행력)

① 소구력 : 채무자가 채무를 이행하지 않는 경우에 채권자가 일정한 요건 하에 국가에 대하여 이행판결을 청구할 수 있는 힘이다. 이때 채권자가 얻는 이행판결은 강제집행의 전제인 집행권원이 된다.

② 집행력 : 채권자가 이행판결과 기타의 집행권원을 얻어서 채무자의 재산을 강제집행함으로써 채무이행을 실현하는 힘이다.

(4) 대외적 효력(제3자의 불법한 채권침해에 대한 효력)

① 채권침해 : 채권의 내용실현이 방해되는 것이다.

② 제3자에 의한 채권침해의 두 가지 쟁점

ⓖ 제3자의 불법한 채권침해행위가 채권자에 대하여 불법행위로 될 수 있는가?

ⓛ 제3자가 채권자의 권리행사를 방해하는 경우에 채권자가 채권에 기하여 (물권처럼) 방해 배제를 청구할 수 있는가?

(5) 채권자 평등의 원칙

채권은 채무자에게 어떤 행위를 요구하는 권리일 뿐이므로 동일한 내용의 채권이라도 서로 다른 사람이 동시에 같은 내용의 채권을 가질 수 있다.

예 갑이 자기 소유 주택을 을에게 판매하는 매매계약을 맺은 후 또다시 같은 주택의 매매계약을 병과 체결하였다. 이 경우 을과 병은 모두 갑에게 주택을 인도받을 채권을 보유하며 매매계약 이행기가 도래하면 모두 갑에게 주택의 소유권 이전등기절차를 이행하라는 청구권을 갖게 된다. 을과 병의 채권은 별개로 성립하고 둘 사이에 우열이 없다. 따라서 갑은 둘 중 어느 한 사람에게 이행하면 충분하다. 만약 갑이 을보다 병이 더 잘생겼다는 이유로 병에게 주택의 소유권 이전등기를 해 주었다면 갑은 을에게 채무불이행책임을 져야 한다.

(6) 물권의 채권에 우선하는 효력

어떤 물건에 관하여 물권과 채권이 성립하는 경우에는 그 성립의 선·후와는 관계없이, '물권이 채권에 우선'한다(원칙). 채권은 채무자의 행위를 통하여 간접적으로 물건 위에 지배를 미치는 권리이기 때문이다.

① **사례** : 물건에 대해 물권을 가지는 자는 채권자가 파산 또는 강제집행을 할 경우 일반채권자에 우선한다. 소유권을 가지는 자는 환취권을 행사하거나 강제집행의 경우 제3자 이의의 소를 제기할 수 있다.

② **예 외**

ㄱ 부동산물권의 변동을 청구하는 채권은 가등기를 갖추고 있으면 물권에 우선하는 효력이 인정된다.

ㄴ 부동산임차권이 공시방법(등기)을 갖추고 있는 때에는 그 후에 성립하는 물권에 우선한다. 또한 임차권이 주택임대차보호법이나 상가건물 임대차보호법에 의한 대항요건을 갖춘 경우에도 같다.

ㄷ 근로기준법상의 임금우선채권, 임대차에서의 소액보증금에 대한 우선특권 등, 법률이 특별한 이유로 일정한 채권에 대하여 저당권 등의 물권에 우선하는 효력이 있다.

| Ⅲ | 채권(채권관계)의 발생, 변경, 소멸

1. 채권(채권관계)의 발생 원인

(1) 법률행위에 의한 채권의 발생

① "법률행위란 일정한 법률효과의 발생을 목적으로 하는 하나 또는 여러 개의 의사표시를 없어서는 안 되는 꼭 필요한 요소로 하는 법률요건이다(출처 : 곽윤직 저, 『민법』)."

② 개개의 의사표시는 법률행위를 구성하는 핵심요소이다. 이런 의사표시는 법률효과를 발생시키는 원인으로서의 법률요건을 구성하는 법률사실이 된다. 그러한 의사표시를 법률요건으로 구성하는 것이 성립되면 채권관계의 발생이라는 일정한 법률효과가 발생하게 된다.

③ 법률행위에 의한 채권관계의 발생을 위해서는 원칙적으로 계약이 요구되며, 예외적으로 단독행위(유언, 재단법인 설립행위)를 통해서도 발생하는 경우가 있다.

> **✚ 더 알아보기**
>
> **법률행위의 종류**
> 단독행위, 쌍방행위, 합동행위

(2) 단독행위가 채권발생의 원인이 될 수 있을까?

① 원래 근대 자연법론은 채무의 부담에는 채무를 부담하려는 자의 의사표시와 함께 반드시 채권을 취득하려는 자의 의사표시가 있어야 한다는 논리를 세웠다. 이에 따라 계약만이 원칙적으로 채권발생의 자연적 기초가 되며, 단독행위에 의한 채권발생은 부정되었다. 독일 민법(제305조)은 '법률행위에 의한 채권관계의 설정 또는 그 내용의 변경에는 법률에 특별한 규정이 없는 한 당사자 사이의 계약을 필요로 한다.'고 규정하였다. 이에 따라 법률행위는 오직 법률이 규정한 경우에만 채권발생의 원인이 될 수 있으며, 그 자체가 채권발생의 일반적 원인이 될 수 없게 되었다.

② 우리나라에서도 채권법 내에서는 단독행위가 채권발생의 원인이 되지 않는다고 보는 것이 통설이다. 단독행위로서 채권을 발생시키는 '유언'은 가족법에, '재단법인 설립행위'는 총칙에 속한다. 현상광고가 계약인지 단독행위인지에 대해서는 학설이 대립하고 있는데, 단독행위설에 의하면 현상광고가 채권법 안에서 유일하게 채권발생 원인이 된다.

(3) 계약(쌍방행위)에 의한 채권의 발생

① 계약에 의한 권리발생의 예

갑이 을에게 자기 소유의 자동차를 판매하는 매매계약을 체결하는 경우 갑이 자동차를 팔겠다는 의사표시, 을이 자동차를 사겠다는 의사표시가 청약과 승낙이다. 청약과 승낙이 합쳐져서 매매계약이라는 법률행위가 성립한다. 갑의 팔겠다는 의사와 을의 사겠다는 의사가 매매계약에 의해 최종적으로 갑에게는 자동차를 인도할 채무와 갑이 을에게 매매대금을 지급 행위를 청구할 수 있는 채권이 발생한다.

청약, 승낙	계 약	채권, 채무 발생
의사표시	법률행위	법률효과

(4) 단독행위에 의한 채권의 발생

① 형성권(취소권, 해제권, 해지권 - 단독행위)의 행사에 의한 법률효과 발생 과정

"나는 이 자동차 매매계약을 취소하겠다(채권 소멸)."

계약을 취소하겠다.	취소권 행사	법률행위 취소 (매매계약의 소급적 소멸)
의사표시	법률행위	법률효과

② 단독행위(유언, 재단법인 설립행위)에 의한 법률효과 발생 과정(채권 발생)

아들과 딸에게 모두 균등하게 재산을 나누어주겠다.	유언 (상대방 없는 단독행위)	유언 내용대로 상속
재단법인 설립을 위해 정관을 작성하고 재산을 출연하겠다.	정관 작성 및 재산 출연 (단독행위)	재산 출연자와 재단법인 사이에 채권관계 성립
의사표시	법률행위	법률효과

(5) 재단법인 설립행위의 법적 성질

① 일정한 재산을 출연하고 서면으로 정관을 작성해야 하는 요식행위이며, 그 실질은 재단에 법인격 취득의 효과를 발생시키려는 의사표시를 요소로 하는 법률행위이다.

② 민법은 재단법인의 설립자가 1인인 경우는 '상대방 없는 단독행위'로 보며, 2인 이상인 경우는 '단독행위의 경합'으로 본다.

③ 민법은 재산 출연자가 생전처분으로 재단설립 시는 '증여'로 보며, 유언으로 재단설립 시는 '유증'에 관한 규정을 준용한다.

④ 재산의 출연을 생전처분으로 하는 경우는 증여에 관한 규정(제554~제562조)을 준용하고, 유언으로 하는 경우는 유증에 관한 규정(제1060조 이하)을 준용한다.

⑤ 현재 재단법인 설립행위를 단독행위로 보는 것이 다수설이다. 따라서 합동행위로 채권이 성립하는 경우는 없다고 보는 것이 통설이다. 단독행위에 의한 채권 발생도 결국 법률의 규정에 의해 성립되는 것이다. 채권발생의 원인은 계약(법률행위)에 의한 발생과 법률규정에 의한 발생으로 양분된다.

(6) 법률규정에 의한 채권관계의 발생(채권법상 계약 이외의 채권발생 원인)

당사자의 의사에 구애받지 않고 법이 공평의 원칙과 공서양속의 법리에 의하여 일정한 권리·의무관계(채권관계)를 발생하게 한다.

① **사무관리(제734조~)** : 법률상 의무 없이 타인을 위하여 그의 사무를 처리하는 행위이다(법적 성질 : 준법률행위).

　　예 이웃사람의 출타 중에 수금원에게 신문값을 지불한 경우

② **부당이득(제741조~)** : 법률상 원인 없이 부당하게 재산적 이득을 얻고, 이로 말미암아 타인에게 손해를 준 자에 대해 그 이득을 반환할 의무를 부담시키는 제도이다(법적 성질 : 사건).

　　예 채무자가 채무를 이행했음에도 다시 채권자에게 이중으로 변제를 한 경우, 채권자는 법률상 원인 없이 이득을 얻은 것이 되어, 그 이득을 손실자에게 반환해야 함

③ **불법행위(제750조~)** : 타인에게 손해를 주는 위법한 행위로서, 그것이 가해자의 고의, 과실 있는 위법한 행위에 의한 것인 경우 가해자로 하여금 피해자에게 손해를 배상할 의무를 부담시키는 제도이다(법적 성질 : 위법 행위).

　　예 손님이 음식점에서 다른 손님에게 폭행을 해서 영업에 손해를 입힌 경우 불법행위에 기한 손해배상 의무가 발생함

(7) 기타 법정채권관계 : 민법 총칙, 물권법, 가족법에 개별적으로 채권발생의 원인법규가 규정되어 있다.

　　예 부재자의 재산관리제도(제22조 이하), 전세권자의 손실배상책임(제315조), 전세권자의 매수청구권(제316조), 유치권자의 과실수취권(제323조) 등

2. 채권관계의 변경 – 채권·채무의 이전

(1) 채권관계 변경의 특징

① 채권관계는 특정인 간의 법률관계이므로 물권이 양도되더라도 그 목적물에 관한 계약 등 채권관계가 당연히 양수인에게 승계되는 것은 아니다.

② 채권관계의 당사자가 변경되려면 채권양도, 채무인수, 계약인수 등이 있어야 한다. 다만 주택임대차 등의 경우 그 승계를 규정하는 특칙이 있다.

③ 판례와 통설 : 특칙이 없는 경우라도 물권의 이전에 채권관계가 수반·승계된다. 목적물이 양도되면 양도인과 제3자 간의 채권관계가 양수인에게 승계된다.

➕ 더 알아보기

채권의 재산적 가치와 그 실현 방법
권리매매, 담보제공, 추심, 변제의 수단(변제를 위하여 / 변제에 갈음하여)(대판 1991.4.9., 91다2526)

(2) 채권·채무의 이전과 채권양도

① 채권의 이전은 법률규정·법원의 명령·유언 등에 의하여도 일어나지만 이 경우는 채권양도라고 하지 않으며, 계약에 의한 경우만을 채권양도라고 한다. 채권양도는 채권의 이전 자체를 목적으로 하는 것으로서 일종의 준물권계약이다. 따라서 매매·증여 등 채권이전의 채무를 발생시키는 채권계약과는 별개의 것이다.

> **＋ 더 알아보기**
>
> • 채권·채무의 이전 : 채권·채무의 '동일성을 유지'하면서 채권자 또는 채무자가 변경되는 것
> • 경개 : 채권·채무의 '동일성을 상실'하면서 채권자 또는 채무자가 변경되는 것

② 채권양도 : 법률행위(계약)에 의하여 채권의 '동일성을 유지'하면서 채권자가 변경되는 것이다.

> **＋ 더 알아보기**
>
> 법률 규정(예 상속, 손해배상자대위, 변제자 대위, 회사의 합병 등), 유언, 법원의 전부명령에 의하여 채권 이전이 이루어지는 방법이 있다.

(3) 채권양도의 성립요건

① 채권양도는 채권자와 양수인 간 의사 합치만으로 성립하며, 특별한 방식을 요하지 않는다.
② 채무자는 채권양도계약의 당사자가 아니며, 채무자에 대한 통지나 승낙은 채권양도의 대항요건일 뿐이다.
③ 양도인과 양수인 사이에 어떤 채권을 양도하는 것인지 특정하여 양도계약서를 작성한 뒤에 양도인이 채무자에게 채권 양도 내용을 통지하거나 채무자가 위 양도를 승낙하는 경우 양도인의 채권은 완전하게 양수인에게 이전된다.

(4) 채권양도의 대항요건

① 양도인과 양수인 사이에 의사의 합치만으로 성립하고, 이를 통지하거나 채무자의 승낙만으로도 효과가 발생하기 때문에 양도인과 양수인, 채무자 사이에 통모가 가능하다.
② 채권양도를 가지고 제3자에게 대항하기 위해서는 채권양도계약이 성립하였고, 이를 채무자가 해당 일시에 알 수 있었다는 점을 증명하는 증명력 있는 증서에 의할 것을 요구한다.
③ 채무자에게 채권양도 사실을 통지할 자는 양도인이지 양수인이 아니다. 따라서 양수인이 채무자에게 한 양도통지는 법에서 보호받지 못한다. 단, 양도인이 아닌 양수인의 명의로써 채권양도 사실을 채무자에게 알릴 때, 채무자로 하여금 기존의 채권자가 양도인으로써 채권을 양도한다는 사실을 알 수 있게, 기타 자료를 첨부한다면 양도인을 현명하지 않아도 채권양도는 유효할 수 있다는 대법원 판례가 존재한다.

(5) 채권양도의 효과

① 채권양도 당사자 간에는 채권이 즉시 양수인에게로 이전한다. 그러나 제3자와의 관계에서는 대항 요건(채무자에 대한 통지 또는 채무자의 승낙)이 필요하다.

② 채권에 종된 권리가 함께 이전한다. 양도인에게 가지는 항변권은 이를 양수인에 대하여도 행사 가능하다. 채권이 양도되면 그에 대한 담보권도 양수인에게 이전(저당권은 부기등기 요함)한다.

③ 채권양도통지 이전에는 양도인에게 변제하면 유효한 변제가 된다. 양도통지 이후에는 양수인에게 변제하면 유효한 변제가 된다. 채권양도가 없었거나 무효였던 경우에도 유효한 변제가 된다(제452조 제1항).

(6) 채권양도의 대상(종류)

① **지명채권의 양도** : 지명채권은 채권자가 특정되어 있는 채권이며, 원칙적으로 양도성을 갖는다. 하지만 채권의 성질이 양도를 허용하지 않는 때(例 고용, 위임)에는, 그 채권은 양도할 수 없다. 또한 채권은 당사자가 반대의 의사표시를 한 경우에는 양도하지 못한다. 그리고 법률이 본래의 채권자에게 변제하게 할 목적으로 채권의 양도를 금지하는 경우가 있다(부양청구권, 연금청구권, 재해보상청구권, 임금채권).

② **증권적 채권의 양도** : 증권적 채권은 채권의 성립·존속·양도·행사 등을 그 채권이 화체(化體)되어 있는 증권에 의하여 하여야 하는 채권을 말한다. 증권적 채권에는 <u>기명채권·지시채권·지명소지인출급채권·무기명채권</u>의 네 가지가 있는데, 민법은 이들 중 기명채권을 제외한 나머지 세 가지에 관하여만 규정하고 있다.

   ㉠ <u>무기명 채권, 지명소지인출급식 채권의 양도 : 교부함으로써 채권양도됨</u>

   ㉡ <u>지시채권의 양도(어음, 수표, 화물상환증, 창고증권, 선하증권)</u>

     • 기명식으로 발행된 경우에도 배서 양도할 수 있음(상법 제130조 : 당연한 지시채권), 배서하여 교부함으로써 채권 양도함(제508조)

     • 거래안전에 대한 고려

      – 채무자보호와 채권양수인보호를 통하여 연속된 배서의 자격수여력(제513조)

      – 채권증서의 선의취득에서 악의, 중과실인 경우에만 증서반환

      – 인적항변의 절단으로서 채무자를 해함을 알고 증서를 취득한 양수인에게는 항변가능

      – 채무자의 조사의무(제518조) : 배서의 연속 여부를 확인할 의무만 부담함

      – 채무자가 악의 중과실인 경우 진정한 채권자 보호 : 서명, 날인, 소지인의 진위를 조사할 권리

(7) 채무인수

① 채무인수는 채무가 동일성을 유지하면서 원래의 채무자가 아닌 제3자에게 이전되는 것이다.

② 종류로는 면책적 채무인수, 중첩적 채무인수, 이행인수가 있다.

   ㉠ 면책적 채무인수 : 기존의 채무자는 채무관계에서 벗어나고, 채무가 동일성을 유지하면서 제3자인 인수인에게 옮겨가는 것이다. '채무자 변경'의 개념으로 채권자의 동의가 필요하다.

ⓛ **중첩적(병존적) 채무인수** : 기존의 채무자가 채무관계에서 벗어나지 않고, 새로운 채무자가 추가되는 것이다. 중첩적 채무인수는 기존의 채무자가 여전히 채무자로 남는다는 점에서 면책적 채무인수와 다르다. '채무자 추가'의 개념이며, 채권자의 동의가 필요하다.

> **판례**
>
> 어느 쪽인지 분명하지 않다면 중첩적 채무인수로 보아야 한다. 채권자에게 불리하지 않아야 하기 때문이다.

ⓒ **이행인수** : 인수인이 채무자를 대신하여 그 채무를 이행할 것을 약정하는 채무자와 인수인 사이의 이행 인수계약이다.

  예 부동산을 매매할 때 매매계약서에 "매수인이 은행대출금 2억 원을 대신 갚고 나머지 금액만 잔금으로 지급한다."고 기재하여 기존의 근저당채무를 승계하는 경우는 채무만 대신 갚으면 되고 채무자 명의를 굳이 바꾸지 않아도 된다는 뜻이므로 이행인수이다.

> **판례**
>
> 매매로 인한 소유권이전등기청구권은 그 '이행과정에 신뢰관계'가 따르기 때문에 특별한 사정이 없는 이상 권리의 성질상 양도가 제한되어 통상의 채권양도와 달리 채무자에 대한 통지만으로는 채무자에 대한 대항력이 생기지 않으며 반드시 채무자의 동의나 승낙을 받아야 대항력이 생긴다(대판 2001.10.9., 2000다51216).
>
> 부동산의 매수인이 매매목적물에 관한 근저당권의 피담보채무, 가압류채무, 임차보증금반환채무 등을 인수하는 한편 그 채무액을 매매대금에서 공제하기로 약정한 경우, 이는 이행인수로 보아야 하고, 매수인은 제3자의 지위에서 매도인에 대하여만 그의 채무를 변제한다(대판 2004.7.9., 2004다13083).

(8) 계약인수 : 계약 당사자 일방이 계약관계로부터 탈퇴하고 대신 제3자가 계약관계의 당사자로 들어서는 것이다. 채무인수는 특정 채무만을 인수할 뿐이지만 계약인수는 계약당사자가 된다는 점에서 다르다.

  예 A가 B에게 공사대금 1억 원의 공사를 발주하는 도급계약을 체결하였는데 C가 A의 계약인수를 하였다면, 이제부터는 C와 B가 공사도급계약 당사자가 되어 C는 B에게 공사이행청구권이 있을 뿐만 아니라 공사대금채무도 있게 된다. 반면 C가 A의 공사대금채무를 인수하였다면 여전히 A가 계약당사자이고 C는 공사대금채무만을 부담한다.

3. 채권 / 채무의 소멸

(1) 채권소멸의 원인

① 채권의 일반적 소멸원인인 **변제, 대물변제, 경개, 공탁, 상계, 면제, 혼동**으로 소멸한다.
  ㉠ 변제 : 준법률행위로 변제의사(채무의 소멸을 의욕하는 효과의사)나 행위능력이 불필요하다.
  ㉡ 대물변제, 경개, 공탁[사법관계설(임치계약)과 공법관계설(행정처분)의 대립] → 계약
  ㉢ 상계, 면제 : 단독행위
  ㉣ 혼동 : 사건

② 권리의 일반적 소멸원인인 **소멸시효의 완성, 목적의 소멸, 권리의 존속기간의 도래**로 채권은 소멸한다.

③ 법률행위에 의하여 발생한 채권은 그 법률행위의 취소, 계약의 해제나 해지, 종기의 도래, 해제조건의 성취 등으로 소멸한다.

④ 채권의 소멸을 목적으로 하는 반대계약으로 소멸한다.

⑤ 채무자에게 책임 없는 사유에 의한 이행불능으로 소멸한다. 그러나 채무자에게 책임 있는 사유에 의한 이행불능은 채권의 내용이 손해배상채권으로 변하여 존속한다.

(2) 불능의 종류와 효과

원시적 불능	계약 무효 - 계약체결상의 과실(신뢰이익 배상문제 발생)	
후발적 불능	채무자에게 고의 · 과실 없음	채무불이행책임 없음 / 위험부담 문제 발생 / 대상청구권 발생
	채무자에게 고의 · 과실 있음	채무불이행책임 있음 / 계약 해제권 성립(상대방에게 최고하지 않고 해제 가능) / 대상청구권 발생

① **원시적 불능** : 채무 성립 전에 이미 이행이 불능한 경우로 계약이 성립하지 않는다(채무불이행 책임 발생 안 함). 그러나 상대방이 계약 성립을 기대해 지출한 비용(신뢰손해)을 배상해야 한다(제535조 계약체결상의 과실).

예 갑이 을에게 자동차 매매계약을 체결하였으나 계약 체결 전에 이미 갑이 병에게 대상 자동차를 매매하여 인도한 경우

② **채무자의 고의 · 과실 없는 후발적 불능** : 채무불이행책임은 성립하지 않고(채무불이행책임은 채무자의 고의 또는 과실을 요건으로 하기 때문), 위험부담의 문제만 발생한다(제537조 채무자위험부담주의).

예 갑이 을에게 자동차 매매계약을 체결하였으나 계약 체결 후에 지진, 홍수 등 천재지변으로 인해 자동차가 멸실된 경우. 갑은 채무불이행 책임이 없으므로 자동차를 을에게 인도할 채무가 없게 되며, 을은 갑에게 자동차 매매대금을 지불할 채무를 면한다.

③ **채무자의 고의 · 과실 있는 후발적 불능** : 채무불이행책임이 성립한다.

예 갑이 을에게 자동차 매매계약을 체결하였으나 계약 체결 후에 갑이 음주운전을 하면서 실수로 교통사고를 일으켜 그 자동차가 멸실된 경우 갑은 채무불이행 책임이 있으므로 자동차를 을에게 인도할 채무를 불이행한 데 대한 손해배상책임을 부담한다. 손해배상책임은 전보배상이 원칙이므로 을은 갑에게 자동차 가액에 해당하는 금전을 손해배상금으로 청구할 수 있다. 을은 매매계약을 해제할 수도 있다.

④ 이행불능은 주로 특정물채무(특정한 아파트, 자동차, 책을 매매할 경우)에서 발생한다. 그러나 종류채무(생수, 소주 10병을 매매할 경우)는 원칙적으로 이행불능이 발생하지 않지만 특정될 경우에 이행불능이 될 수 있다.

＋ 더 알아보기

종류채무가 특정되는 경우
• 종류채무의 채무자가 채권자의 동의를 얻어 이행할 물건을 지정한 때(상점 주인이 손님에게 매장 내 맥주 중에서 특정한 OB 맥주를 지정해 인도를 약속한 경우)
• 종류채무의 채무자가 이행에 필요한 행위(변제 제공)를 완료한 때(상점 주인이 매장 내 맥주 중에서 특정한 OB 맥주를 선정해 손님 집에 배달하였는데 손님이 부재중이어서 인도받지 못한 경우)

(3) 채무이행 방법들 – 채무 소멸 원인(변제와 대물변제)

① 변제 : 변제란 채무자 또는 제3자의 급부행위에 의하여 채권이 만족을 얻어 채권의 소멸이라는 법률효과를 발생시키는 법률요건을 말한다. 그 법적 성질에 대해 통설은 변제는 법률행위가 아니라 준법률행위이며, 따라서 변제의사(채무의 소멸을 의욕하는 효과의사)나 행위능력이 불필요하다.

＋ 더 알아보기

변제에 갈음하는 방법
대물변제, 상계, 경개, 면제, 혼동

② 대물변제 : 채무자가 부담하는 원래의 급부에 '갈음하여' 다른 급부를 현실적으로 함으로써 채권을 소멸시키는, 변제자와 채권자 사이의 계약을 말하며, '변제'와 동일한 효력을 가진다(제466조). 대물변제는 다른 급부가 '변제에 갈음하여' 행하여진 경우에만 성립하며, '변제를 위하여' 행해진 경우에는 대물변제로 되지 않는다. 실제로 본래의 채무이행에 갈음한 다른 급부가 행해져야 계약이 성립한다(요물계약). 대물변제가 이루어지면 변제와 같은 효과가 있으며, 원래 채무는 소멸하게 된다.

예 1억 원을 빌린 채무자가 채권자의 승낙을 얻어 그가 원래 지급해야 할 금전채무에 갈음하여 자신의 주택을 주는 경우. 이때 다른 급부는 본래의 급부와 같은 가치일 것을 요하지 않는다. 따라서 1억 원의 대여금채무자는 2억 원짜리 주택을 주는 것을 채권자와 약속할 수도 있다. 대물변제는 요물계약이므로 부동산을 채무에 갈음하여 변제할 경우 반드시 소유권등기 이전을 경료해야 계약이 성립한다.

＋ 더 알아보기

대물변제의 성립요건
• 채권의 존재
• 본래의 급부와 다른 급부를 할 것
• 다른 급부가 변제에 갈음하여 행하여졌을 것
• 당사자 사이에 계약(합의)이 있을 것

채무자가 채무와 관련하여 채권자에게 채무자 소유의 재산을 양도하기로 약정한 경우에, 그것이 종전 채무의 변제에 갈음하여 대물변제 조로 양도하기로 한 것인지 아니면 종전 채무의 담보를 위하여 추후 청산절차를 유보하고 양도하기로 한 것인지는 약정 당시의 당사자 의사해석에 관한 문제이다. 이에 관하여 명확한 증명이 없는 경우에는, 약정에 이르게 된 경위 및 당시의 상황, 양도 당시의 채무액과 양도목적물의 가액, 양도 후의 이자 등 채무 변제 내용, 양도 후의 양도목적물의 지배 및 처분관계 등 여러 사정을 종합하여 그것이 담보 목적인지를 가려야 한다(대판 2015.8.27., 2013다28247).

(4) 채무이행 방법들 – 채무 소멸 원인(면제, 혼동)

① 면제 : 채권자가 채무자에게 채무를 면제하는 의사를 표시한 때에는 채권은 소멸한다. 그러나 면제로써 정당한 이익을 가진 제3자에게 대항하지 못한다(제506조).

  예 채권자와 채무자가 100만 원의 금전소비대차를 하였으나 채무자의 어려운 사정을 알고 이를 받지 않기로 하는 의사를 표시한 경우에는 100만 원의 채권은 소멸하게 된다.

② 혼동(混同)

  ㉠ 채권과 채무가 동일한 주체에 귀속한 때에는 채권은 소멸한다. 그러나 그 채권이 제3자의 권리의 목적인 때에는 소멸하지 않는다(제507조).

   예 남편이 부인에게 1000만 원을 빌려주었으나 남편이 사망하고 부인이 단독으로 상속인이 된 경우에는 상속으로 부인이 남편에게 줄 1000만 원의 채무는 소멸하게 된다.

자기 자신에 대한 채권을 보유하는 것은 무의미하므로 채권이 원칙적으로 소멸하는 경우
• 채권자가 채무자를 상속하거나 채권자인 회사와 채무자인 회사가 합병한 경우
• 채무자가 채권을 양수한 경우
• 세 들어 산 집을 구입하여 보증금 채무자가 세입자 자신이 된 경우 등

  ㉡ 혼동의 경우에도 다음에는 채권이 소멸하지 않는다.
   • 그 채권이 제3자의 권리의 목적인 때 : 피해자의 보험회사에 대한 직접청구권이 있는 경우, 교통사고로 운행자와 동승한 그의 친족이 사망하여 손해배상채권과 채무가 상속으로 동일인에게 귀속되는 때 피해자의 운행자에 대한 손해배상청구권이 혼동으로 소멸되지 않는다(대판 1995.5.12., 93다48373).
   • 무기명채권, 지시채권, 사채 등 증권적 채권은 혼동에 의해 소멸하지 않는다(제509조).
   • 상속인이 한정승인을 한 때에 피상속인에 대한 상속인의 권리의무가 소멸하지 않으므로 채권은 혼동에 의해 소멸하지 않는다.
   • 부동산에 대한 소유권과 임차권이 동일인에게 귀속하게 되는 경우, 그 임차권이 대항요건을 갖추고 있고 그 후에 저당권이 설정된 때에는 혼동으로 인한 물권소멸원칙의 예외규정인 민법 제191조 제1항 단서를 준용하여 임차권은 소멸하지 않는다.

(5) 채무이행 방법들 – 채무 소멸 원인(상계)

① 상계 : 채권자와 채무자가 서로 같은 종류의 채권·채무를 가지고 있는 경우 그 채권과 채무를 대등액에서 소멸시키는 일방적 의사표시이다(상대방 있는 단독행위). 그 채무 대등액이 소멸한 효과를 발휘한다.

　　예 채권자와 채무자가 100만 원의 금전소비대차를 하였으나, 채무자에게는 이미 채권자에게 다른 받을 돈 50만 원이 있는 경우 50만 원의 액수에 관해서는 채무자가 채권자에게 상계함을 표시하는 동시에 채무가 소멸한다.

② 상계의 특징

　ㄱ 상계 금지 : 채무 성질이 상계를 허용하지 않는 경우, 당사자가 다른 의사표시를 한 경우

　ㄴ 상계 의사표시로써 선의의 제3자에게 대항하지 못한다. 상계의 의사표시에는 조건 또는 기한을 붙이지 못한다. 채무가 고의의 불법행위로 인한 것인 때에는 그 채무자는 상계로 채권자에게 대항하지 못한다. 채권이 압류하지 못할 것인 때에는 그 채무자는 상계로 채권자에게 대항하지 못한다. 압류·가압류와 같이 지급을 금지하는 명령을 받은 제3채무자는 그 후에 취득한 채권에 의한 상계로 그 명령을 신청한 채권자에게 대항하지 못한다.

　ㄷ 소멸시효가 완성된 채권이 그 완성 전에 상계할 수 있었던 것이면 그 채권자는 상계할 수 있다.

(6) 채무이행 방법들 – 채무 소멸 원인[경개(更改)]

① 경개 : 채무의 요소를 변경함으로써 새로운 채무를 성립시키는 동시에 옛채무를 소멸하게 하는 계약이다(불요식계약, 유상계약, 유인계약). 경개는 낙성계약이지만 대물변제는 요물계약(要物契約)이라는 점에서 다르다.

　ㄱ 채권자 변경에 의한 경개 : 갑이 을에 대한 2천만 원의 채권을 소멸시키고 그 대신 갑의 친구 병으로 하여금 을에 대해 2천만 원의 채권을 갖도록 합의하는 경우. 채권자 변경으로 인한 경개는 확정일자 있는 증서로 하지 아니하면 이로써 제3자에게 대항하지 못한다. 이 경우 경개인지 채권양도인지 불분명하면 원칙적으로 채권양도로 보아야 한다(경개는 구채무가 동일성을 잃고 소멸하므로 그 채무에 기한 항변권도 함께 소멸하여 채무자에게 불리함).

　ㄴ 채무자 변경에 의한 경개 : 갑이 을에 대한 2천만 원의 채무를 소멸시키고 그 대신 갑의 아버지 병이 을에 대해 2천만 원의 채무를 부담하는 합의 경우(채무인수와 유사)

　ㄷ 채권의 목적(내용)의 변경에 의한 경개 : 공사도급계약에서 도급인이 수급인에게 지급해야 할 2억 원의 공사대금 채무를 소멸시키는 대신 목적 건물의 일부를 수급인에게 인도하는 경우, 갑이 을에게 부담하는 3천만 원의 매매대금 채무를 소멸하는 대신 갑 소유의 자동차를 을에게 인도하는 경우

② 경개는 유인계약이므로 구채무가 존재하지 않으면 신채무는 발생하지 않으며, 신채무가 생기지 아니하면 구채무가 소멸되지 않는 것이 원칙이다. 그러나 두 가지 <u>예외</u>가 인정된다.

　ㄱ 예외 1

　　갑, 을, 병 3인의 계약으로 갑, 을 간의 채권을 소멸시키고 병, 을 간의 채권을 성립시키는 경우에 을이 이의를 보유하지 아니하고 이 계약을 한 때에는 비록 갑, 을 간의 구채권이 존재하지 않는 경우에도 병, 을 간의 신채권은 성립하는 것이다(제503조, 제451조 제1항 준용).

ⓛ 예외 2

1천만 원의 채무를 자동차 한 대의 채무로 변경하는 경개에 있어서, 그 자동차가 이미 멸실하였기 때문에 이것을 목적으로 하는 신채무가 성립되지 않는 경우에 만약 당사자가 이 사실을 알고 있으면 신채무의 불성립에도 불구하고 구채무는 소멸되는 것이다(제504조의 규정의 반대해석에서 생긴다).

제2절 채권계약과 물권계약

Ⅰ 채권계약과 물권계약의 비교

1. 채권계약 / 물권계약 / 준물권계약

(1) 채권계약 / 물권계약 / 준물권계약의 법적 성질

① 채권계약 : 채권의 변동을 직접 목적으로 하는 계약

　⑩ 협의의 계약 : 증여계약, 매매계약, 교환계약, 임대차계약, 일방예약 등

② 물권계약 : 물권의 변동을 직접 목적으로 하는 물권계약

　⑩ 지상권 설정, 전세권 설정, 저당권 설정, 소유권 이전계약 등

③ 준물권계약 : 물권 이외의 재산권의 변동을 직접 목적으로 하는 계약

　⑩ 채권양도, 채무인수 등

④ 위 계약의 종류를 법률행위의 관점에서 분류할 수 있다.

➕ 더 알아보기

채권행위 · 물권행위 · 준물권행위
발생하는 법률효과의 종류에 따라 법률행위를 구별한 것

(2) 법률요건과 법률효과

① 계약을 체결하면 그 법률효과로서 채권관계 또는 물권관계의 변동을 발생시키므로 계약은 법률요건이 된다.

② 계약은 법률요건의 구성분자인 법률사실에 지나지 않는 개개의 의사표시와 동일한 차원에 서는 것은 아니다.

③ 계약은 법률요건이고 또한 의사표시를 요소로 하므로 그것은 법률행위에 속한다.

④ 계약에서 발생하는 효과는 여러 가지가 있으나 채권계약에 있어서는 주로 채권관계가 발생하고 물권계약에 있어서는 주로 물권관계가 발생한다.

원인(만약....이라면)　　　　　　　인과관계　　　　　　　결과(......이다, ...이 된다)

법률요건　　　　　—————————————　　　　　법률효과

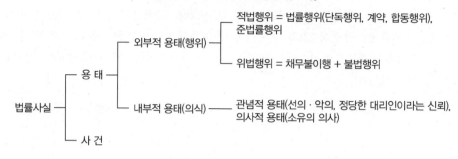

[법률사실 = 법률요건의 구성분자(요소)]

매매계약(채권행위 = 의무부담행위) ==================〉 소유권이전(처분행위 = 물권행위)

2. 채권행위 / 물권행위 / 준물권행위

(1) 채권행위(債權行爲, 의무부담행위)

① 채권행위란 채권의 발생을 목적으로 하는 행위이다.

　　예 매매·증여·임대차계약 등

② 채권행위는 이로 인하여 발생한 채권·채무에 관하여 이행(가령 매매 목적물의 인도, 대금의 지급)이라는 문제를 남긴다는 점에서 물권행위 및 준물권행위와 다르다.

③ 채권행위는 대부분 계약으로 이루어진다.

　　예 부동산 매매계약 체결 : 매도인은 부동산을 이전해야 할 의무가 발생하며, 매수인은 대금을 지급할 의무가 발생한다. 그리고 이행이라는 문제를 남긴다.

(2) 물권행위 = 처분행위 = 물권변동을 야기하는 법률행위

① 물권행위란 물권변동(물권의 발생·변경·소멸)을 목적으로 하는 법률행위이다. 이에는 물권계약(예 매매에 의한 소유권이전)과 물권적 단독행위(예 소유권의 포기)가 있다.

② 물권행위는 장차 이행이라는 문제를 남기지 않는 점에서 채권행위와 다르다.

③ 민법은 물권변동을 일으키는 요건으로 물권행위 이외에 일정한 형식(부동산은 등기, 동산은 인도 : 제186조, 제188조)을 갖출 것을 요구한다(형식주의). 우리와 달리 프랑스나 일본은 물권행위만으로 물권변동이 생기는데, 이를 의사주의라 한다.

부동산 매매계약을 체결한 후 잔금 지급일에 중개사무소에 매도인과 매수인이 같이 나와서 매도인은 부동산에 관한 등기서류 일체를 매수인에게 교부하고 매수인은 잔금을 매도인에게 지불한다면 이는 물권적 합의가 성립한 것이며 이후 매수인이 관련 서류를 가지고 등기를 하게 되면 소유권 이전에 관한 물권행위가 완료된다. 나중에 이행이라는 문제를 남기지 않는다.

이처럼 매매계약(채권계약)이 체결된 후 매수인이 재산권을 이전하여 달라고 청구하면 매도인은 그 청구를 들어줘야 하는데 이때 매도인과 매수인이 재산권 이전을 위해 하는 합의(계약)도 법률행위이고 물권행위이다.

갑이 자기 소유의 아파트를 을과 다음과 같이 매매계약을 체결한다.
2023년 1월 1일 을이 갑에게 계약 체결하고자 계약금 지급
2023년 2월 1일 을이 갑에게 중도금 지급
2023년 3월 1일 잔금 지급과 상환으로 등기서류를 교부
2023년 3월 10일 을 명의로 해당 아파트의 소유권 이전등기를 완료

- 채권행위 : 2023년 1월 1일 계약 체결
- 물권행위 : 갑과 을 사이에 아파트 소유권이 갑에게서 을로 넘어간다는 인식을 갖게 되는 행위를 한 상태가 물권행위(판례는 인도와 등기가 물권행위의 성립요건은 아니라고 봄)

(3) 준물권행위

① 준물권행위란 채권양도, 채무면제, 무체재산권의 양도 등과 같이 물권 이외의 재산권의 발생·변경·소멸을 직접 가져오게 하고, 후에 이행이라는 문제를 남기지 않는 법률행위이다.

예 저작권의 양도, 채권양도, 채무면제

② 처분행위(물권행위와 준물권행위)의 특징

㉠ 처분행위의 목적물은 처분행위의 효력 발생 시까지(예 등기나 점유의 이전) 특정되어 있어야 한다.

㉡ 그 대상은 현존(실존)하는 목적물 내지 권리이어야 한다.

㉢ 처분행위의 처분자는 처분권한이 있어야 한다.

㉣ 물권행위에 관해서는 등기·인도 등 공시의 원칙이 적용된다.

㉤ 채무면제(제506조)와 채권양도(제449조)는 처분행위로서 준물권행위에 속한다.

③ 채권양도는 왜 준물권행위인가?

철수는 영희에게 100만 원을 받을 채권을 갖고 있고, 또한 철수는 만수에게 100만 원을 갚을 채무를 갖고 있는 경우, 철수의 채권을 만수에게 양도하면서 대신 철수의 채무를 없애기로 합의(채권양도)하면 철수의 채권은 소멸하며 더 이상 이행의 문제를 남기지 않는다.

3. 채권행위와 물권행위의 관계

(1) 물권행위는 채권행위로부터 독립된 독자성을 인정받는가?

① 판례는 독자성을 부정한다. 실제 부동산 매매에 있어서도 물권행위는 채권행위 속에 포함되어 있고 특히 동산의 현실매매와 같은 경우 "채권행위 + 물권행위 + 인도"가 동시에 이루어지기 때문에 실생활에서는 채권행위와 물권행위가 분리되어 일어나지 않는다.

② 다수설은 독자성을 인정한다. 실제에 있어서는 채권행위의 이행으로써, 물권행위가 행해지는 경우가 많다. 채권행위가 물권행위의 원인이 되는 경우에 그 채권행위를 물권행위의 원인행위(原因行爲)라고 일컫는다. 그러나 경우에 따라서는 채권행위와 물권행위가 쉽게 합치하여 외형상 1개의 행위로 행해지는 경우도 있으나 서로 구별되는 개념이다.

③ 독자성 인정 여부에 따라 물권행위의 성립 시기가 달라진다.

    ㉠ 독자성 부정설 → 계약체결 시

    ㉡ 독자성 인정설 → 등기서류 교부 시

(2) 채권행위의 유효성 여부가 물권행위의 유효성에 영향을 미치는가?(유인성, 무인성 문제)

① 물권행위는 흔히 채권계약의 이행행위로서 이루어진다. 이때 원인이 되었던 채권행위에 부존재 또는 불성립, 무효 또는 취소, 해제가 발생하면 물권행위의 효력은 어떻게 되는가?

    ㉠ 유인성 : 물권행위의 효력은 그 원인인 채권행위의 부존재, 무효, 취소, 해제 등으로 당연히 그 영향을 받는다(판례).

    ㉡ 무인성 : 물권행위의 효력은 그 원인인 채권행위의 부존재, 무효, 취소, 해제 등으로 당연히 그 영향을 받지 않는다(다수설).

② 물권행위의 독자성 인정 여부를 전제로 하여 논의되는 문제이다. 무인성을 인정하기 위해서는 물권행위의 독자성이 전제되어야 하는 데 반해, 유인성 입장에서는 반드시 독자성을 전제할 필요가 없다.

③ 물권행위 유인성, 무인성의 상관관계

    ㉠ 물권행위의 독자성을 인정하더라도 채권행위와의 관계에서 유인성을 취할 수는 있다.

    ㉡ 물권행위의 독자성을 부정하는 설은 "유인성"의 논리를 취하게 된다. 무효 등의 원인이 채권행위와 물권행위에 공통적인 영향을 준다.

    ㉢ 물권행위의 독자성을 인정하는 설은 "무인성"의 논리를 취한다. 무효 등의 원인이 채권행위와 물권행위에 각자 분리되어 독자적인 영향을 준다.

사례분석

갑이 만취해서 의사능력 없는 상태에서 을에게 자기 소유의 핸드폰을 팔기로 매매계약을 하고, 그 이행행위는 갑이 술에서 깨어나 의사능력을 회복한 후에 하였다.
- 유인성 : 갑이 계약 체결 당시 의사능력이 없었음을 증명하면 채권행위(계약)는 무효가 된다.
- 무인성 : 갑이 계약 체결 당시 의사능력이 없었음을 증명하더라도 채권행위(계약)는 유효하다.

판례

유인성 인정

물권도 그 발생의 원인이 된 채권계약의 해제로 인하여 당연히 복귀되어야 한다.
• 원인행위에 따라 그 영향을 받는 것이 당사자 의사에 합치되는 것이다.
• 법적 명확성보다는 정당한 이익 보호를 더 높이 평가해야 한다.
• 유인성을 인정하더라도 거래 안전의 보호를 위한 규정(제107조 제2항, 제108조 제2항, 제109조 제2항, 제110조 제3항, 제548조 제1항)에 의해 선의의 제3자 보호가 가능하다.
• 만약 무인성을 인정한다면 악의의 제3자까지 보호하게 되는 결과를 초래하여 진정한 권리자를 희생시킬 수 있다.

(3) 매도인 보호방법에 있어서 유인성과 무인성 인정 견해의 차이점

① (사례) 갑이 미성년자일 때 그 소유의 부동산(주택, 상가, 토지)을 을과 매매하고서, 갑이 성년자일 때 물권행위(등기 이전)를 한 뒤, 그 후 갑이 미성년자임을 이유로 매매계약을 취소한 경우에 있어서 법률관계

| 상 황 | 취소 당시, 그 부동산이 매수인 을의 명의로 소유권 이전 등기되어 있는 경우 | 법 논리 구성이 다를 뿐, 결과는 같다.
• 무인성 입장 : 갑의 매매 취소와 관계없이 물권변동하므로 을은 소유권을 취득한다. 그러나 을의 소유권 취득은 법률상 원인이 없는 것이므로 부당이득(제741조)이 성립한다. 갑은 부당이득반환 청구권을 행사하여 부동산을 반환받을 수 있다.
• 유인성 입장 : 갑의 매매 취소로 인해 물권변동이 영향을 받으므로 을은 소유권을 취득하지 못하고 갑에게 소유권을 복귀한다. 을이 소유권 반환을 거부하면 갑은 소유권에 기한 물권적 청구권을 행사하여 부동산을 반환받을 수 있다. |
| | 취소 당시, 그 부동산이 매수인 을이 제3자 병에게 매매하여 병의 명의로 소유권 이전 등기되어 있는 경우 | 법 논리 구성 및 결과가 크게 다르다.
• 무인성 입장 : 갑의 매매 취소와 관계없이 물권변동하므로 을은 소유권을 취득한다. 병의 선의·악의를 불문하고 부동산의 소유권을 취득한다.
• 유인성 입장 : 갑의 매매 취소로 인해 물권변동이 영향을 받으므로 을은 소유권을 취득하지 못하고 갑에게 소유권을 복귀해 주어야 한다. 따라서 병은 적법하게 소유권을 취득하지 못하고 반환해주어야 한다. |

② "물권적 의사표시" 이외에 등기·인도라는 공시방법까지 물권행위의 구성요소인가?

ㄱ 다수설, 판례는 부정(분리설 중 물권행위의 효력발생 요건설)

물권적 의사표시만을 물권행위라고 보며 공시방법은 물권행위의 효력발생 요건에 해당한다.

구 분	법률효과	이행의 문제	처분권의 필요 여부	종류물 매매
물권행위	물권의 변동 (처분행위)	발생 안 함	처분권 필요	불가능(특정된 물건만 가능함)
채권행위	채권의 발생 (의무부담행위)	남 김	처분권 필요 없음	가능함

③ 처분권한 없는 자의 행위의 법석 효과 : 타인의 토지를 매매계약 체결하는 채권행위는 유효하다. 그러나 실제 잔금 지급 시에 타인 토지를 취득하지 못하면 채무불이행책임을 부담해야 한다. 매도인이 타인 토지를 취득하지 못하자 서류를 위조하여 자신의 이름으로 등기한(물권행위) 후 이 토지를 다른 사람에게 매도했다면 이는 처분권한 없는 자가 물권행위를 한 것이므로 무효가 된다.

│ Ⅱ │ 채권적 청구권과 물권적 청구권의 비교

1. 채권적 청구권

채권적 청구권이란 채권행위로부터 발생하는 청구권을 말한다.

예 매매를 원인으로 한 소유권이전등기청구권

판례

부동산의 매매로 인한 소유권이전등기청구권의 성질

부동산의 매매로 인한 소유권이전등기청구권은 물권의 이전을 목적으로 하는 매매의 효과로서 매도인이 부담하는 재산권이전의무의 한 내용을 이루는 것이고, 매도인이 물권행위의 성립요건을 갖추도록 의무를 부담하는 경우에 발생하는 채권적 청구권이다. 따라서 그 이행과정에 신뢰관계가 따르므로, 소유권이전등기청구권을 매수인으로부터 양도받은 양수인은 매도인이 그 양도에 대하여 동의하지 않고 있다면 매도인에 대하여 채권양도를 원인으로 하여 소유권이전등기절차의 이행을 청구할 수 없고, 따라서 매매로 인한 소유권이전등기청구권은 특별한 사정이 없는 이상 그 권리의 성질상 양도가 제한되고 그 양도에 채무자의 승낙이나 동의를 요한다고 할 것이므로 통상의 채권양도와 달리 양도인의 채무자에 대한 통지만으로는 채무자에 대한 대항력이 생기지 않으며 반드시 채무자의 동의나 승낙을 받아야 대항력이 생긴다(대판 2005.3.10., 2004다67653, 67660).

---

2. 물권적 청구권

(1) 의의 : 물권행위로부터 발생하는 청구권으로 등기, 인도와 같은 물권행위가 이루어졌기 때문에 발생하는 청구권을 말한다.

예 소유권에 기한 물권적 청구권(제213조, 제214조)

(2) 물권적 청구권의 특징

① 청구내용에 따른 분류(종류) : 물권적 반환청구권, 물권적 방해제거청구권, 물권적 방해예방청구권

② 법적 성질에 관한 학설

 ㉠ 독립한 청구권이지만 순수한 채권은 아니라는 설

 ㉡ 물권의 효력으로서 생기는 청구권이라는 설

 ㉢ 물권의 효력으로서 발생하는 청구권이지만 채권에 준하는 특수한 청구권이라는 설

③ 물권적 청구권이 소멸시효에 걸리는가의 문제 : 소유권에 기한 물권적 청구권은 소멸시효에 걸리지 않는다고 하는 견해가 통설이다.

④ 물권적 청구권은 보충적인 권리가 아니라고 함이 통설이므로 물권침해가 불법행위의 요건을 충족하는 경우 물권적 청구권과 불법행위로 인한 손해배상청구권은 경합하여 생긴다. 그런데 물권적 청구권은 발생요건으로서 침해자의 고의·과실은 요하지 않으므로 불법행위로 인한 손해배상청구권과는 그 요건이 다르다.

(3) 양자의 구별 방법

"해제, 설정, 위조"가 들어가 있는 단어(권리)이면 물권적 청구권이다.

① 갑이 서류를 위조하여 소유권이전등기를 완료하였다. 이때 을은 '말소등기 청구'를 할 수 있는데 이는 '물권적 청구권'이다. 또한 청구권을 행사하는 자에게 행사할 당시 물권이 있는지 없는지만 구별하면 된다.

② 물권이 있는 자가 행사한다면 물권적 청구권이다. 아직 물권을 취득하지 않은 자가 행사한다면 채권적 청구권이다.

③ 점유취득시효완성에 의한 등기청구권은 점유라는 물권행위에 의해 발생하는데 이때 이는 물권적 청구권인가 아니면 채권적 청구권인가? 점유취득시효완성에 의한 등기청구권은 학설대립이 있다. 다만 그 법적성질에 대해서는 채권적 청구권의 성질을 갖는다고 보는 것이 다수설, 판례의 태도이다. 점유취득시효가 완성했다고 하더라도 법률행위(물권행위)는 없고, 사실상 점유라는 사실행위만 있기 때문이다.

3. 물권변동

(1) 물권변동의 원인

① "물권의 변동"이란 물권의 발생·변경·소멸을 의미하며, 이를 물권의 주체를 중심으로 말한다면 물권의 득실변경이라 표현한다.

② 물권의 변동은 법률행위에 따른 경우와 그 밖에 취득시효(제245조), 상속(제1005조), 무주물선점(제252조), 유실물습득(제253조), 매장물 발견(제254조), 첨부(제256조부터 제261조까지), 민법 외의 규정에 의한 공용징수, 몰수, 경매 등 법률의 규정에 따른 경우가 있으며 일정한 판결(제187조)에 따른 경우도 있다.

➕ 더 알아보기

첨부(소유권의 원시 취득 원인)
부합 + 혼화 + 가공

③ **부합(附合)** : 소유자를 달리하는 수 개의 물건(부동산과 부동산, 부동산과 동산, 동산과 동산)이 결합하여 1개의 새로운 물건이 되는 것이다(제256조). 부합은 소유자가 다른 여러 개의 물건에 대한 소유권을 한 사람에게 강제로 귀속시켜 물건의 경제적 효용을 유지하되, 그로 인해 소유권을 상실하는 사람에게 발생하는 불공평은 부당이득반환제도의 일종인 보상청구권을 통하여 조정하는 제도이나. 부동산에 부합하는 물건에 대해서 통설은 동산에 한한다. 그러나 판례는 부합의 취지를 고려하여 부동산도 포함한다.

④ **혼화** : 각기 소유자가 다른 동산이 서로 합쳐져서 원래의 물건을 구별할 수 없게 되거나 또는 분리하려면 과다한 비용을 요하는 경우이다. 동산의 부합에 관한 규정을 준용한다(제258조).
예 곡물, 금전 등의 혼합, 기름의 융화

⑤ 가공(加工) : 타인의 동산에 인위적인 노력을 가하여 새로운 물건을 만들어내는 것이다. 가공으로 완성한 물건은 원칙적으로 원재료의 소유자에게 속한다(재료주의). 다만, 예외로서 가공의 결과 완성된 물건의 가치가 재료의 가치보다 현저하게 높을 때에는 완성한 물건은 가공자의 것이 된다(제259조).

사례분석

갑은 자기 소유의 시계를 을에게 수선을 의뢰하는 도급계약을 체결하였다. 을은 이 시계를 가공하여 당초 시계의 시가에 비해 가치가 5배 이상 증가하도록 작업을 완성하였다. 이 경우 가공이 완료된 후 이 시계의 소유권은 누구에게 귀속되는가?

민법 제259조 제2항에 의하면 이 시계는 가공자인 을에게 귀속될 것이다. 물론 이 시계의 가치가 현저하게 증가하였음을 을이 입증해야 한다. 그러나 갑과 을 사이의 도급계약에서 갑이 을에게 수고비를 지급하므로, 이처럼 타인의 의뢰를 받아서 가공하는 경우에는 민법 제259조 제2항이 적용되지 않는 것이 타당하다.

---

(2) 물권의 공통적 소멸원인

구 분	내 용
목적물의 멸실	• 물건이 멸실하면 물권도 소멸한다.
소멸시효	• 소유권 이외의 재산권은 20년간 행사하지 않으면 소멸시효가 완성한다(제162조 제2항).
물권의 포기	• 부동산 물권을 포기하려면 포기의 의사표시 외에 등기가 있어야 하고(대판 1997.9.9., 96다16896), 동산 물권을 포기하려면 포기의 의사표시 외에 점유의 포기도 있어야 한다.
혼동(混同)	• 동일한 물건에 대한 소유권과 다른 물권이 동일한 사람에게 귀속한 때에는 다른 물권은 소멸한다. 그러나 그 물권이 제3자의 권리의 목적이 된 때에는 소멸하지 않는다(제191조 제1항). ※ 판례 : 본인의 이익을 위해 그 제한물권을 존속시킬 필요가 있다고 인정되는 경우에도 제한물권이 소멸하지 않는다(대판 2013.11.19., 2012마745). • 제한물권과 '그 제한물권을 목적으로 하는 다른 제한물권'이 동일한 사람에게 귀속한 경우 '그 제한물권을 목적으로 하는 다른 제한물권'은 소멸한다. 그러나 이 경우에도 그 물권이 제3자의 권리의 목적이 된 때에는 소멸하지 않는다(제191조 제2항 참조). • 점유권이 본권과 동일인에게 귀속하여도 점유권은 소멸하지 않는다(제191조 제3항 참조).

(3) 공시의 원칙과 공신의 원칙

구 분	내 용
공시(公示)의 원칙	• "공시의 원칙"이란 물권의 변동은 언제나 외부에서 인식할 수 있는 어떤 표상, 즉 공시방법을 수반하여야 한다는 원칙이다. • 이에 따라 민법은 동산에 관하여 인도(제188조), 부동산에 관하여는 등기(제186조)를 공시방법으로 인정하고 있고, 그 밖에는 판례에서 명인방법이라는 특별한 관습상의 공시방법을 인정하고 있다. • 동산 및 부동산 거래에 대해서 이 원칙이 인정된다.
공신(公信)의 원칙	• "공신의 원칙"이란 공시방법을 신뢰해서 거래한 자가 있는 경우에 비록 그 공시가 진정한 권리관계가 아니더라도 공시한 그대로의 권리가 존재하는 것처럼 다루어 그 자의 신뢰를 보호하여야 한다는 원칙이다. • 민법 제249조의 선의취득제도가 동산에 관한 공신의 원칙을 구현한 가장 대표적인 규정이다. • 부동산 거래에 대해서는 이 원칙을 인정하지 않는다.

제3절 채권계약의 종류

| I | 전형계약과 비전형계약

1. 민법의 전형계약(= 유명계약)

(1) 증여, 매매, 임대차 등과 같이 민법전상 이름이 붙여져 있는 계약이다(15개).

(2) 2015년 민법 개정으로 여행계약이 전형계약의 하나로 추가된다.

구 분	전형계약	주요 내용	낙성계약	요물계약	유상계약	무상계약	쌍무계약	편무계약	요식계약	불요식계약
이전계약	증 여	재산의 무상공여. 무상계약의 전형	O	×	×	O	×	O	×	O
	매 매	재산권과 금전의 교환, 유상계약의 전형	O	×	O	×	O	×	×	O
	교 환	금전 이외의 재산권의 상호교환	O	×	O	×	O	×	×	O
대차계약	소비대차	차용물의 소유권을 차주가 취득, 소비 가능	O	×	O	O	O	O	×	O
	사용대차	차용물의 사용 수익과 반환의무, 무상	O	×	×	O	–	O	×	O
	임대차	차용물의 사용 수익과 반환의무, 유상	O	×	O	×	O	×	×	O
노무계약	고 용	노무제공과 보수 지급	O	×	O	×	O	×	×	O
	도 급	사무처리의 위탁	O	×	O	×	O	×	×	O
	여 행	–	×	×	×	×	×	×	×	–
	위 임	일의 완성과 보수지급	O	×	O	O	O	O	O	O
	임 치	물건의 보관이 목적	O	×	O	O	O	O	×	O
	현상광고	현상행위의 이행과 보수 지급	×	O	O	×	×	O	×	O
기 타	조 합	출자와 공동사업의 경영, 공동목적	O	×	O	×	O	×	×	O
	화 해	서로 양보하여 분쟁해결	O	×	O	×	O	×	×	O
	종신정기금	종신까지 정기적으로 금전 기타 물건의 지급	O	×	O	O	O	O	×	O

2. 비전형계약(非典型契約) = 무명계약(無名契約)

(1) 비전형계약의 개념과 특징

① 전형계약이 아닌 계약자유의 원칙에 따른 그 밖의 계약 및 혼합계약(전형계약 + 전형계약, 전형계약 + 비전형계약) 등이 이에 해당한다. 채권적 전세계약은 임대차와 소비대차의 요소가 섞여 있는 혼합계약이다.

　　예 자동판매기 설치계약, 은행계약, 연예인 출연전속계약 등

② 현대 사회에서는 민법이 예정하지 못한 형태의 계약들이 나타나고 있다.

　　예 의료계약, 여행계약, 부동산중개계약, 출판계약, 호텔 · 여관숙박계약, 방송출연계약, 축구 · 야구선수의 전속계약, 광고방송계약, 지로계약, 예금계약 등

③ 이러한 비전형계약관계에서 분쟁이 발생한 경우 법원은 먼저 당사자의 의사와 관습을 존중하여 계약의 내용을 해석하게 된다.

(2) 비전형계약의 법적 취급에 관한 학설

① 흡수주의 : 주된 요소의 전형계약에 관한 법규정을 적용하고 중요하지 않은 요소는 주된 요소에 흡수된다.

② 결합주의 : 구성요소별로 각 요소에 해당되는 전형계약의 법 규정을 대등하게 적용한다.

③ 유추주의 : 그 계약에 가장 가까운 전형계약의 규정을 유추 적용한다.

판례

시설대여(리스)는 시설대여회사가 대여 시설 이용자가 선정한 특정 물건을 새로이 취득하거나 대여받아 그 물건에 대한 직접적인 유지 관리책임을 지지 아니하면서 대여 시설 이용자에게 일정 기간 동안 사용하게 하고 그 기간 종료 후의 물건의 처분에 관하여는 당사자 간의 약정으로 정하는 계약으로서, 형식에서는 임대차계약과 유사하나 그 실질은 대여 시설을 취득하는 데 소요되는 자금에 관한 금융의 편의를 제공하는 것을 본질적인 내용으로 하는 물적 금융이고 임대차계약과는 여러 가지 다른 특질이 있기 때문에 이에 대하여는 민법의 임대차에 관한 규정이 바로 적용되지 아니한다(대판 1997.10.24., 97다27107).

---

3. 제작물공급계약 - 매매인가 도급인가?

(1) 개념 : 특정한 물건을 만들어 공급하라는 유상 계약으로 제작하려는 대상물이 대체물이면 매매계약이고 비대체물이면 도급 계약이다.

판례

당사자의 일방이 상대방의 주문에 따라 자기 소유의 재료를 사용하여 만든 물건을 공급할 것을 약정하고 이에 대하여 상대방이 대가를 지급하기로 약정하는 이른바 제작물공급계약은, 그 제작의 측면에서는 도급의 성질이 있고 공급의 측면에서는 매매의 성질이 있다. 이러한 계약은 대체로 매매와 도급의 성질을 함께 가지고 있는 것으로서, 그 적용 법률은 계약에 의하여 제작 공급하여야 할 물건이 대체물인 경우에는 매매로 보아서 매매에 관한 규정이 적용된다고 할 것이나, 물건이 특정의 주문자의 수요를 만족시키기 위한 부대체물인 경우에는 당해 물건의 공급과 함께 그 제작이 계약의 주목적이 되어 도급의 성질을 띠는 것이다(대판 1996.6.28., 94다42976).

사례분석

갑은 과자를 만들어 파는 기업이고 을은 자동포장지를 만들어 파는 기업이다. 갑은 과자의 포장지의 규격, 디자인, 색상 등을 정하여 을과 자동포장지 납품 계약을 체결했고 을은 갑의 지시에 따라 자동포장지를 제작해 납품했다. 갑은 을이 납품한 자동포장지를 즉시 검수하지 않고 일단 창고에 보관한 후 약 3개월이 지난 후에 이를 사용하기 위해 검사하였는데 상당한 하자를 발견했다.

상법 제69조에 따르면 상인 간 매매 거래에서 매수인은 목적물을 수령한 즉시 검사해야 하며, 이를 지체한 경우에는 목적물의 하자를 이유로 계약해제, 대금감액 또는 손해배상을 청구하지 못한다. 따라서 위 거래가 민법상 매매에 해당한다면 갑은 을에게 자동포장지의 하자를 이유로 계약 해제 및 손해배상 청구를 할 수 없다.

그러나 판례에 의하면 제작물공급계약이 대체물을 대상으로 하는 경우에는 매매이고, 비대체물을 대상으로 하는 경우에는 도급이라고 본다. 위 자동포장지는 갑이 제시한 도안과 규격에 따라 제작되었고, 이것은 갑의 특정한 수요를 충족시키기 위한 것이라는 점에서 비대체물이다. 따라서 이 거래는 도급이며, 민법상 도급 규정이 적용되어야 한다. 상법 제69조는 상인 간 매매 거래에 적용되므로 이 사안에는 적용되지 않는다.

결국, 갑은 수급인의 하자담보책임 규정인 민법 제668조와 제670조를 근거로 이 계약의 해제를 할 수 있다. 또한 갑은 을에게 채무불이행에 기한 손해배상청구를 할 수 있다.

➕ 더 알아보기

상법 제69조(매수인의 목적물의 검사와 하자통지의무) ① 상인 간의 매매에 있어서 매수인이 목적물을 수령한 때에는 지체없이 이를 검사하여야 하며 하자 또는 수량의 부족을 발견한 경우에는 즉시 매도인에게 그 통지를 발송하지 아니하면 이로 인한 계약해제, 대금감액 또는 손해배상을 청구하지 못한다. 매매의 목적물에 즉시 발견할 수 없는 하자가 있는 경우에 매수인이 6월 내에 이를 발견한 때에도 같다.
② 전항의 규정은 매도인이 악의인 경우에는 적용하지 아니한다.

1. 쌍무계약과 편무계약

(1) 쌍무계약

① 계약의 각 당사자가 서로 대가적인 의미를 가지면서 상환으로 이행되어야 할 성질을 가지는 채무를 부담하는 계약이다. 이런 성질을 '채무의 견련성'이라 한다.

② "대가적인 의미"란 당사자들이 채무부담이 서로 의존관계(교환적 상관관계)임을 뜻한다. 즉 A의 채무는 B가 A에게 채무를 부담하기 때문이며, B가 채무를 부담하는 것은 A가 B에게 채무를 부담하기 때문이라는 말이다. 여기서 채무의 경제적 가치가 동등할 필요는 없다. 대금이 지나치게 싸더라도 당사자가 매매라고 생각하면 대가적 의미가 있다. 또한 한쪽의 의무가 성립하지 않거나 이행되지 않으면 다른 쪽의 의무도 성립되지 않으며 이행되어야 할 이유도 없게 된다.

  예 매매, 교환, 임대차, 고용, 도급, 조합, 화해, 유상인 소비대차, 위임 · 임치는 유상이면 쌍무계약, 무상이면 편무계약이다.

③ 유치권의 견련성 : 갑이 수리점 을에게 노트북 수리를 맡기는 계약을 했는데 을이 수리를 완료했음에도 갑이 수리대금을 지급하지 않을 경우 을은 그 노트북을 주지 않아도 된다. 그러나 을은 갑 소유의 다른 물건(스마트폰 등)은 채무와의 견련성이 없기 때문에 대신 유치할 수는 없다.

(2) 편무계약

① 당사자 일방이 채무를 부담하는 경우(예 증여, 현상광고)이거나, 서로 채무를 부담하지만 대가적인 의미가 없는 경우(예 사용대차)의 계약이다.

② 사용대차에서 빌려준 자는 목적물 사용을 허용할 채무가 있고, 빌린 자는 목적물 사용 후 반환의 채무가 있으나 이 둘은 서로 의존관계에 있지 않기 때문에 편무계약이다.

(3) 구별실익 : 쌍무계약에서 채무의 견련성은 성립 · 이행 · 존속 3가지 면에서 나타난다.

① 성립상의 견련성 : 쌍무계약에 의해 발생할 일방의 채무가 원시적불능으로 성립하지 않거나 또는 무효 · 취소된 때에는 그것과 의존관계에 있는 상대방의 채무도 성립하지 않는다.

② 이행상의 견련성 : 쌍무계약에서 각 채무는 상호 의존관계에 있는 점에서 원칙적으로 상환으로 이행하는 것이 공평하므로, 당사자 일방이 상대방에게 채무의 이행을 청구하는 경우에 상대방은 그 일방이 채무를 이행할 때까지 자신의 의무이행을 거절할 수 있는 동시이행의 항변권(제536조)을 인정한다.

③ 존속상의 견련성 : 쌍무계약에서 당사자 일방의 채무가 당사자 쌍방의 책임없는 사유로 이행불능이 되어 소멸한 경우 그것과 상호의존관계에 있는 상대방의 채무도 같이 소멸한다. 이에 따라 위험부담의 법리(제537조, 제538조)가 적용된다. 민법은 채무자위험부담주의를 원칙으로 한다.

④ 편무계약에는 이러한 법리가 적용되지 않는다.

⑤ 파산법은 쌍무계약에 관한 특별규정을 두고 있다.

2. 유상계약과 무상계약

(1) 유상계약

① 매매나 임대차의 경우와 같이 계약당사자 쌍방이 서로 대가적인 의미를 가지는 출연(대금이나 차임)을 하는 계약이다.

② 사례 : 매매 교환, 임대차, 고용, 도급, 조합, 화해, 현상광고 등

③ 원칙적으로 무상계약이지만 특약 시 유상계약인 경우 : 소위임종(소비대차 / 위임 / 임치 / 종신정기금)

(2) 무상계약

① 증여계약 등과 같이 경제적인 출연은 한쪽 당사자만 하고, 상대방에서는 이에 대응하는 반대급부를 하지 않는 계약이다.

② 무상계약에는 당사자 일방만 대가를 주는 경우도 있고 당사자 쌍방이 출연지만 대가적인 의미가 없는 경우도 있다.

③ 사례 : 증여, 사용대차, 무이자, 소비대차, 무상위임, 무상임치

(3) 구별실익

① 유상계약에는 매매에 관한 법리가 적용된다.

② 매도인의 담보책임에 관한 규정(제570조 내지 제584조)은 다른 유상계약에도 준용된다.

(4) 쌍무계약과 유상계약의 구별 방법

① 유상, 무상계약은 계약의 성립에서부터 그 계약의 효과로서 생기는 채권관계의 실현에 이르기까지의 모든 과정을 살펴 그 안에서 당사자들이 서로 대가적인 출연을 하는지를 표준으로 한다. 출연이 계약성립 시에 행하여지느냐 계약의 효과로서 발생한 채권관계에 기하여 행하여지느냐는 묻지 않는다.

　예 부담부 증여는 그 부담의 성질에 따라 달라지는데, 부담이 단순히 증여의 조건인 경우 무상계약이지만, 부담이 증여에 대한 반대급부인 경우에는 유상계약이 된다.

② 쌍무, 편무계약은 계약의 효과로서 생기는 채권관계만을 관찰하여 당사자들이 서로 대가적인 의미의 채무를 부담하는지를 표준으로 하여 구별한다.

③ 당사자들이 서로 대가적인 의미에 있는 채무들을 부담하는 쌍무계약에서는 각 당사자들의 대가적인 재산상의 출연이 반드시 있게 된다. 그러므로 쌍무계약은 모두 유상계약이 된다.

④ 편무계약일지라도 후에 채무를 부담하는 당사자의 상대방이 계약성립 시에 대가적인 의미의 출연을 하면 역시 유상계약으로 된다. 따라서 쌍무계약은 언제나 유상계약이 되지만, 유상계약은 반드시 쌍무계약이 되는 것이 아니다.

　예 현상광고를 계약이라고 본다면, 현상광고에서 쌍방의 재산출연이 있으므로 유상계약이지만, 출연은 서로 대가적 관계(상호의존관계)에 있지 않으므로 편무계약이다.

(5) 무상계약과 자연채무

① **구분 기준** : 무상계약과 자연채무의 한계가 모호하지만, 그 구별은 의사해석의 문제로서 구체적인 상황과 거래관습을 고려해 판단한다.

② **자연채무의 개념** : 채무로서 성립하고 있지만 채무자가 임의로 이행을 하지 않는 경우 채권자가 그 이행의 강제를 소로써 구하지 못하는 채무를 말한다. 따라서 자연채무는 소구력을 전제로 하는 집행력도 갖지 못한다.

③ **자연채무로 인정되는 것** : 민법은 자연채무에 대해 정하고 있지 않다. 따라서 자연채무의 개념 및 그 인정·부정 사례들은 모두 학설로서 논의되는 것들이며, 대체로 다음의 것들은 자연채무로 인정된다.

ㄱ 약혼에 기한 혼인체결의무(제803조)

ㄴ 부제소합의가 있는 경우

판례

소송을 제기한 후 협상을 하여 더 이상 소송을 제기하지 아니하기로 합의하고서도 그에 위반하여 제기한 소는 부적법한 소이다(대판 1993.5.14., 92다21760).

ㄷ 채권자가 승소의 종국판결을 받은 후 소를 취하한 경우(민사소송법 제267조 제2항 재소금지원칙)

ㄹ 파산절차에서 면책되거나 회사정리절차나 화의절차에서 일부 면제된 경우(채무자 회생 및 파산에 관한 법률 제566조)

④ **자연채무로 인정되지 않는 것**

ㄱ 소멸시효가 완성된 채무

ㄴ 도의관념에 적합한 비채변제(제744조)

ㄷ 불법원인급여(제746조 본문)

⑤ **자연채무의 효력** : 채무자가 임의로 자연채무를 이행하면, 이는 법률상 유효한 채무의 변제이므로 이행한 것이 이른바 광의의 비채변제로 되지 않으며, 따라서 채무자는 채권자의 부당이득을 이유로 급부한 것의 반환을 청구할 수 없다. 채무자가 임의로 채무를 이행하지 않는 경우에, 채권자는 그 이행을 소구할 수 없다.

⑥ **무상계약의 특징**

ㄱ 계약구속력의 약화 : 무상계약은 엄격한 계약 구속력을 부여하지 않고 당사자의 임의 해제가 비교적 쉽게 허용된다.

예 서면에 의하지 않은 증여는 해제할 수 있다(제555~제557조).

ㄴ 담보책임의 경감 : 무상계약에서는 채권자만 일방적으로 재산을 취득할 뿐이므로 채무자의 담보책임이 줄어든다.

예 증여자는 원칙적으로 담보책임을 부담하지 않으며, 악의로 고지하지 않은 하자에 대해서만 책임을 진다(제559조).

ㄷ 채무자의 주의의무 경감

예 무상수치인은 임치물을 자기 재산과 동일한 주의의무로 보관하면 충분하고, 유상임치에서와 같은 선량한 관리자의 주의의무가 요구되지 않는다.

㉣ 윤리규범의 법제화

　　　　㉐ 증여의 경우 수증자가 증여자에게 망은행위를 한 때에는 증여자에게 증여계약의 해제권이
　　　　　인정된다(제556조 제1항).

　　㉤ 파산절차상의 특칙 : 무상계약은 파산절차에서 구속력이 부인될 수 있다.

　　　　㉐ 파산자가 지급정지・파산신청 전, 후 6개월 사이에 한 행위는 파산재단을 위해 부인될 수 있다.

3. 낙성계약과 요물계약 / 요식계약과 불요식계약

(1) 낙성계약

① 당사자의 의사표시의 합치(합의)만으로 성립하는 계약이다.

② 역사적으로는 요물계약이 낙성계약에 선행하는 것이지만 계약자유의 원칙을 취하고 있는 현대법에
서는 낙성계약이 원칙이다.

(2) 요물계약

① 특별한 법률사실이 있어야만 성립하는 계약, 당사자들의 합의 외에 물건의 인도 기타 급부를 하여
야만 성립하는 계약이다.

② 민법상의 전형계약은 그 대부분이 낙성계약이며, 현상광고만이 요물계약에 해당한다.

③ 비전형계약인 계약금계약은 요물계약이라고 해석되며, 대물변제는 채권계약은 아니지만 요물계약
이다.

④ 요물계약의 예 : 현대계보(현상광고계약 / 대물변제계약 / 계약금계약/ 보증금지급계약)

(3) 구별 실익

계약성립 시기의 차이에 따라 구별할 수 있으며 낙성계약과 달리 요물계약은 '채무자가 행위를 완료하
거나'(제675조), '다른 급부를 제공한 때' 계약이 성립한다.

(4) 요식계약

① 계약을 성립시킬 때 일정한 방식을 요구하는 계약이다.

② 사례 : 혼인계약, 협의이혼, 입양 등 상당수의 가족법상 계약이 요식계약이다.

(5) 불요식계약

① 계약을 성립시킬 때 일정한 방식을 요구하지 않는 계약이다.

② 민법상 15개 전형계약을 포함한 대부분의 계약은 불요식계약이다.

③ 낙성계약은 일방의 의사표시(청유)에 대해 그 상대방이 승낙을 하면 성립하는 계약으로, 별다른 양
식(요식)이 필요없이 의사의 합치만으로 계약이 성립하므로 불요식계약이라 한다.

④ 요물계약은 계약을 성립시키기 위해서 어떠한 '급부'가 필요한 것인 데 반해 요식계약은 계약을 성
립시키기 위해서 어떠한 '방식'이 필요한 것이다.

[예] 계약금계약은 계약금을 지불하는 급부행위를 계약 성립의 요건으로 하므로 요물계약이지만 그 계약 성립을 위해서 계약서 작성 등 특정한 방식을 요구하지 않으므로 불요식계약이다. 그러나 이러한 **특정한 급부의 제공을 일종의 방식이라고 본다면 계약금계약은 요물계약이면서 요식계약이 된다. 따라서 요물계약은 원칙적으로 요식계약이다.**

⑤ 물권행위는 요식계약인가?

물권행위는 물권의 변동을 일으키는 법률행위이며 처분행위이다. 물권변동은 법률행위(물권행위)와 공시방법의 2가지를 모두 갖춘 때 발생한다. 즉, 물권행위와 물권변동은 다른 것이다. 물권적 의사표시만으로 물권행위는 이루어지는 것이므로 물권행위는 불요식행위이다. 따라서 현행법에서 등기를 물권행위의 효력발생요건으로 규정하지 않고, 물권변동의 효력발생요건으로 규정하고 있는 것이다.

4. 계속적 계약과 일시적 계약

(1) 계속적 계약

① 계약에 의하여 발생한 채무 가운데에는 급부가 일정한 시간 동안 계속되어야 하는 것이다.

② 임대차 계약을 체결하여 임대인이 임차인에 대하여 부담하는 목적물을 사용한다. 수익하게 할 채무가 발생하는 경우 임대인은 임차물을 계속적으로 급부해야 할 의무를 부담한다.

③ 사례 : 소비대차, 사용대차, 임대차, 고용, 위임, 조합, 임치, 종신정기금 등

④ 계속적 계약의 특질
   ㉠ 상대방과의 신뢰관계 존재
   ㉡ 사정 변경을 고려할 필요성
   ㉢ 계약의 해소가 해지에 의함

(2) 회귀적 계약

① 일정한 급부를 시간적 간격을 두고서 반복해서 공급해야 하는 계약이다.
   [예] 신문, 우유 등의 정기적 배달

② 회귀적 계약은 계속적 계약에 속하므로 계속적 채권관계의 법리를 적용한다.

(3) 일시적 계약

① 일정한 시점에 계약의 내용인 급부를 이행함으로써 채권관계가 완료되는 계약이다.
   [예] 매매, 증여 등

② 매매 대금을 계약금, 중도금, 잔금 등으로 구분하여 지급하는 경우에도 일시적 계약이다. 그러나 매매대금을 법정기간 및 법정 회수 이상으로 나누어 지급하는 할부매매계약은 계속적 계약에 속한다.

③ 원칙적으로 급부의 계속성은 계약의 성질에 따라서 객관적으로 결정되지만 이는 상대적인 것으로서 짧은 시간([예] 1시간) 물건([예] 자전거)을 빌리는 사용대차 계약은 계속적 계약이 아니며, 반면에 정기증여(제560조)는 계속적 계약에 해당한다.

(4) 구분 개념

① **계속적 공급계약** : 전기, 수도, 가스 등 일정한 기간 동안 계속적으로 급부를 제공하는 공급계약이다.

② **회귀적 공급계약** : 신문, 잡지, 우유 등의 배달처럼 일정한 기간에 시간적 간격을 두고 동일한 급부를 규칙적·반복적으로 공급하는 계약이다.

③ 계속적 공급계약과 회귀적 공급계약에도 계속적 채권관계에 관한 법리를 적용한다.

> **판례**
>
> 계속적 거래계약에 있어서 개별계약의 체결이 당사자의 의무로 되는 경우 그 의무를 부담하는 자가 <u>정당한 이유</u> <u>없이</u> 거래를 일방적으로 중단하여 계속적 거래계약을 부당하게 파기하는 것은 상대방에 대한 관계에서 채무불이행이 되고 상대방은 그로 인한 손해배상을 청구할 수 있으며, 그 경우 배상하여야 할 손해의 범위는 거래 계약이 계속되었더라면 얻을 수 있었던 이익, 즉 <u>이행이익의 배상</u>에까지 미친다(대판 1999.6.25., 99다7183).

---

(5) 계속적 채권관계(계속적 계약에 의해 성립하는 당사자 간의 관계)의 특징

① **기본적 채권관계와 지분적 채권관계** : 계속적 채권관계에서는 전체급부에 관한 기본적인 채권관계가 있고 이 기본채권관계로부터 장기적으로 반복해서 파생되는 지분적 채권관계가 발생한다. 지분적 채권관계는 기본적 채권관계에 대해서 독립적이다.

　　예 기본적 채권관계인 임대차계약으로부터 매월 차임을 지급하는 관계인 지분적 채권관계가 발생한다.

② **상호신뢰성에 대한 강한 요구** : 신의성실의 원칙을 강하게 요구한다.

　　예 임차권의 양도·전대에 양도인의 동의를 요한다(제629조). 수임인의 사망은 위임의 종료사유가 된다(제690조). 조합원의 사망은 조합의 탈퇴사유가 된다(제717조 제1호).

③ **해지에 의한 종료** : 계속적 채권관계에는 해지권을 인정한다. 따라서 계약성립 시로 소급하여 소멸하지 않고 장래에 향해서만 계약 효력이 소멸한다.

④ **사정변경의 원칙 적용** : 차임증감청구권(제628조), 부득이한 사유에 의한 고용계약 해지권(제661조), 부득이한 사유에 의한 수치인의 기간 만료 전의 임치계약 해지권(제698조) 등이 있다.

⑤ **계약의 공정성 확보** : 계속적 채권관계에서는 계약 당사자 간 경제력 등의 차이로 인해 상하 명령복종 관계가 성립될 가능성이 크다. 이런 지배관계를 해소하고 공정성을 유지하기 위해 강자에 대한 규제를 가한다(주택임대차보호법, 근로기준법).

[판례 1] 아파트단지에 가스공급을 위한 계속적 계약에서 해지권의 제한

甲 아파트입주자대표회의가 乙 도시가스 주식회사와 체결한 도시가스 공급계약이 당사자 사이의 신뢰관계 파괴 등을 이유로 한 甲 아파트입주자대표회의 해지에 의하여 적법하게 해지되었는지 문제된 사안에서, 乙 회사는 계약 후 상당한 기간 동안 아파트에 도시가스를 공급할 것이라는 신뢰를 가지게 되었고, 이러한 신뢰를 전제로 계약 직후 상당한 비용을 들여 아파트 외부 경계까지 도시가스 배관공사를 하고 甲 아파트입주자대표회의를 지원하는 차원에서 甲 아파트입주자대표회의에 아파트 단지 내 정비사업비용을 지급한 점, 甲 아파트입주자대표회의 역시 아파트 부지에 정압기를 설치하는 것에 동의하는 내용의 부지사용동의서를 작성해주는 행위 등을 통하여 乙 회사에 위 계약이 상당기간 지속되리라는 점에 대한 신뢰를 부여한 점 등을 고려하면 계약의 존속을 기대할 수 없는 중대한 사유를 이유로 하는 계약의 해지가 인정되지 않는다(대판 2013.4.11., 2011다59629).

[판례 2] 프랜차이즈 계약에서의 갱신 거절

존속기간의 정함이 있는 계속적 계약관계는 그 기간이 만료되면 종료한다. 한편 그 계약에서 계약의 갱신 또는 존속기간의 연장에 관하여 별도의 약정이 있는 경우에는 그 약정이 정하는 바에 따라 계약이 갱신되거나 존속기간이 연장되고, 그러한 약정이 없는 경우에는 법정갱신 등에 관한 별도의 법규정이 없는 한 당사자가 새로이 계약의 갱신 등에 관하여 합의하여야 한다. 이는 계속적 계약관계에 해당하는 가맹점(프랜차이즈) 계약관계에서도 다를 바 없다. 따라서 .... 특별한 사정이 없는 한, 가맹본부는 가맹점사업자의 갱신 요청을 받아들여 갱신 등에 합의할 것인지 여부를 스스로 판단·결정할 자유를 가지며, 그에 있어서 정당한 사유 또는 합리적 사유가 있는 경우에 한하여 갱신을 거절할 수 있는 것은 아니다(대판 2010.7.15., 2010다30041).

5. 유인계약과 무인계약

(1) 유인행위와 무인행위 : 어떤 법률행위의 효력이 기초가 되는 법률관계가 무효·취소 기타의 사유로 효력을 잃게 된 경우에 영향을 받아 역시 효력을 잃는다고 할 때에 그 법률행위는 유인행위이고, 기초적 법률관계의 실효로 영향을 받지 않으면 그 법률행위는 무인행위이다.

(2) 채권계약에서 유인성과 무인성

① 어떤 채권계약이 기초가 된 법률행위가 실효되더라도 영향을 받지 않는다면 그것은 무인계약이고 영향을 받는다면 유인계약이 된다.

② 이 구별은 계약에 관한 한 별로 의의가 없다. 현행민법상 무인적 전형계약은 인정되어 있지 않기 때문이다.

(3) 무인성 있는 채권계약

① 계약자유의 원칙에 의하여 당사자가 그러한 무명계약을 얼마든지 체결할 수 있다.

② 새로이 독립한 채무를 부담하는 형식을 취하든 또는 종래 채무관계를 청산한 결과로서 일정한 채무가 있음을 승인하는 형식을 취하든 계약 일방 당사자가 타방 당사자에 대해 일정한 채무를 부담한다는 것을 약속함으로써 채무자는 무인의 채무를 부담한다. 따라서 채무자는 채무를 부담하게 된 원인이 되는 법률관계에 기한 항변을 하지 못한다. 민법은 이런 계약을 인정하고 있지 않으나 계약자유원칙 상 당사자는 유효하게 이런 계약을 성립시킬 수 있다.

③ 매도인의 목적물 인도채무와 매수인의 대금지급 채무는 서로 원인관계에 있고 매도인의 채무가 원시적 불능으로 무효가 되었을 때에는 매수인의 채무도 발생하지 않으며, 결국 매매계약 자체가 무효로 된다. 민법에는 규정이 없지만 계약자유의 원칙으로 보아서 당사자의 합의에 의한 무인계약은 유효하다고 인정된다.

(4) 유인계약(有因契約)과 무인계약(無因契約)

① 유인계약 : 계약에 의해서 발생한 채무가 그것을 발생시킨 원인이 된 사실과 결부되어, 그 사실이 없으면 채무도 발생하지 않는다는 관계에 놓여 있는 계약으로 민법의 전형계약은 전부 유인계약이다.

② 무인계약 : 법률에 의해서 사실과 채무가 무관계(無關係)로 되어 발생함으로써 원인인 사실이 없어도 채무만은 존립하는 계약이다.

(5) 법률행위의 무인성

① 어음행위의 무인성은 다툼 없이 인정되고 있다.

② 수권행위의 무인성과 물권행위의 무인성에 대해서는 학설이 대립하고 있다.

| Ⅲ | 예약(매매 예약)과 본계약

1. 예 약

(1) 예약의 필요성

① 예약은 장차 체결할지도 모를 계약을 위하여 미리 상대방을 구속해 둘 필요가 있는 경우에 행하여지며, 이 예약에 의하여 상대방은 본계약을 맺을 의무를 부담하게 된다.

② 예약을 할 때 당사자의 쌍방이 본계약 체결의 채무를 부담하는 수가 있고 또는 당사자의 일방만이 그러한 채무를 부담하게 되는 수도 있다.

③ 예약은 특수한 계약이지만 이에 관하여 민법은 따로 규정을 두고 있지 않다. 다만, 제564조에서 '매매의 일방예약'만을 규정하고 있다.

④ 매매에 관한 규정은 다른 유상계약에 준용되므로(제567조) 유상계약에 있어서 당사자가 어떠한 예약을 하였는지가 명백하지 않으면 일방예약을 한 것으로 추정되게 된다.

(2) 예약의 의의

① 일상생활에서 예약은 어떤 물건을 매매하기로 사전에 매매 당사사가 약속하는 '매매예약'과 사람들이 서로 만나기로 약속하는 '방문예약'이 주를 이룬다.

② 민법에서 말하는 예약은, 장차 본계약(다수설에 의하면 채권계약)을 체결하기로 하는 약정을 말한다. 따라서 예약상의 권리자는 장차 본계약을 체결하기 위해 청약할 수 있고, 그에 대해 상대방은 승낙해야 하는 채무를 진다.

③ 일상적 의미로 쓰는 예약의 법적 성질이 반드시 민법상 의미의 예약에 해당하는 것은 아니고, 사안에 따라 다르므로, 결국 법률행위에 대한 해석의 문제이다.
　　㉠ 예약 : 계약을 체결할 때 장차 일정한 계약을 체결할 것을 미리 약정하는 계약(낙성, 불요식의 편무, 무상계약)
　　㉡ 본계약 : 예약에 의거하여 장차 맺어지는 계약

판례

'가계약' 역시 그 성질이 사안에 따라서는 민법상 예약일 경우도 있지만, 조건부 계약일 수도 있고, 준비단계의 계약에 불과할 수도 있다(부산지법 2007.7.26., 2003가합10578).

---

(3) 예약의 법적 성격

① 예약은 일정한 계약을 체결하여야 할 채무, 즉 본계약의 성립에 필요한 의사표시(요물계약에 있어서는 그 밖에 일정한 급부행위를 수반하게 된다)를 하여야 할 채무를 발생케 하는 계약이므로 그 자체는 언제나 채권계약이다.

② 그러나 예약에 의하여 장차 체결될 본계약은 반드시 채권계약에 한하지 않는다. 질권·저당권의 설정과 같은 물권계약일 수도 있고, 혼인·입양과 같은 친족법상의 계약일 수도 있다. 본계약이 불능·불법한 내용의 것이어서 무효인 때에는 그 예약도 무효이다.

③ 예약도 계약에 해당한다. 따라서 예약은 계약 일반의 원칙에 따라야 하고, 본계약의 요소가 될 내용은 확정 가능해야 하며, 예약성 채무의 불이행을 이유로 손해배상을 청구하거나 예약을 해제할 수 있다.

④ 본 계약이 일정한 방식에 따라야 하는 요식계약인 경우에 예약도 그 방식에 따라야 하는가? 법률상 그 방식을 요구하는 이유가 무엇이냐에 따라서 달라진다. 방식을 요구하는 것이 당사자로 하여금 신중하게 하려는 데에 있으며, 소정의 방식을 따르지 않을 때에는 당사자를 구속하지 않는다는 취지의 것이라면 예약도 본계약과 같은 방식에 따라서 맺어져야 한다.
　　예 서면에 의하지 않은 증여의 예약은 서면에 의하지 않은 증여처럼 해제할 수 있다.

⑤ 예약에 의해 발생한 당사자의 채무는 보통의 채무와 특히 다를 것이 없다. 따라서 예약상의 권리자가 본계약 체결의 청약을 하였으나 예약상의 의무자가 그에 따른 승낙을 하지 않을 때에는 권리자는 민법 제389조 제2항에 의하여 의무자의 승낙에 갈음하는 판결을 구할 수 있고, 또한 예약상의 채무불이행을 이유로 손해배상을 청구하거나 예약을 해제할 수 있다.

(4) 민법 및 가등기담보 등에 관한 법률의 예약에 관한 규정

① 매매의 일방예약은 상대방이 매매를 완결할 의사를 표시하는 때에 매매의 효력이 생긴다[제564조(매매의 일방예약)].

② 전항의 의사표시의 기간을 정하지 아니한 때에는 예약자는 상당한 기간을 정하여 매매완결여부의 확답을 상대방에게 최고할 수 있다.

③ 예약자가 전항의 기간 내에 확답을 받지 못한 때에는 예약은 그 효력을 잃는다. 매매 외의 유상계약에도 매매의 일방예약의 규정이 준용된다(제567조).

- 제607조(대물반환의 예약) 차용물의 반환에 관하여 차주가 차용물에 갈음하여 다른 재산권을 이전할 것을 예약한 경우에는 그 재산의 예약당시의 가액이 차용액 및 이에 붙인 이자의 합산액을 넘지 못한다.
- 제608조(차주에 불이익한 약정의 금지) 전2조의 규정에 위반한 당사자의 약정으로서 차주에 불리한 것은 환매 기타 여하한 명목이라도 그 효력이 없다.

차용물의 반환에 관하여 차주가 차용물을 갈음하여 다른 재산권을 이전할 것을 예약할 때 그 재산의 예약 당시 가액이 차용액과 이에 붙인 이자를 합산한 액수를 초과하는 경우에 이에 따른 담보계약과 그 담보의 목적으로 마친 가등기 또는 소유권이전등기의 효력을 정함을 목적으로 '가등기담보 등에 관한 법률'이 제정되어 있다(가등기담보 등에 관한 법률 제1조).

(5) 민법이 15개 전형계약 중에서 매매의 일방예약만을 규정한 이유

① 민법은 매매를 낙성계약이라고 본다. 따라서 당사자 간 '판다'와 '산다'는 의사의 합의가 있으면 매매가 성립하고 그 합의가 매매 자체가 된다. 이런 관점에서는 편무예약과 쌍무예약의 개념이 필요 없다. 왜냐하면 낙성계약은 예약이라 하더라도 합의가 곧 계약이 성립한 것으로 보기 때문에, 일단 예약을 한 후에 다시 미래에 본계약을 한다는 것은 의미가 없다. 즉, 예약 후 장차 본계약 체결 시 어느 쪽이 청약할 권리와 승낙할 의무를 부담하느냐에 관한 편무예약과 쌍무예약의 개념은 필요 없는 것이다. 이 경우에는 예약완결권의 행사 여부로 매매의 성립을 결정하는 일방예약과 쌍방예약이 의미를 갖는다.

② 이에 반해 매매를 요물계약이라고 보았던 과거의 매매 개념에서는 다르다. 요물계약에서는 당사자 간 '판다'와 '산다'는 의사의 합의만으로는 매매계약이 성립하지 않고 목적물의 양도와 매매대금의 지급이 있어야 비로소 매매계약이 성립한다.

③ 이런 관점에서는 당사자 간 '판다'와 '산다'는 의사의 합의가 '매매의 예약'이 되며 그런 매매의 예약 자체는 매매로서의 효력이 없다. 따라서 예약 후 장차 누가 본계약의 청약 권리를 갖는지, 누가 본계약의 승낙의무를 가지는지에 관해서 예약의 의사표시를 기준으로 결정해야 한다. 그러므로 편무예약과 쌍무예약의 개념이 필요한 것이다.

④ 민법에는 예약의 여러 가지 유형 중에서 매매의 일방예약에 관하여서만 규정하고 있다. 이것은 민법이 매매를 낙성계약으로 보기 때문이다. 따라서 예약은 있었으되 4가지 형태의 예약 중 어디에 해당하는지 분명하지 않은 때에는 매매의 일방예약으로 추정한다.

⑤ 민법 제564조의 일방예약은 매매의 예약 중 당사자 일방이 예약을 완결할 수 있는 예약완결권이 있는 경우를 말한다. 따라서 당사자 사이에 특별한 약정이 없이 매매 예약을 체결하였다면 이는 일방예약이 되어 상대방이 매매를 완결한다는 의사표시가 있을 때에 매매의 효력이 발생하게 된다. 매매의 일방예약(쌍방예약도 동일함)은 예약 권리자의 완결적 의사표시를 조건으로 하는 정지조건부 매매이다(통설). 법률규정에 의해 정지조건과 같은 효력이 발생한다.

⑥ 한편, 상대방이 언제까지 매매를 완결할 의사를 표시하는지를 정하지 않는 경우가 있을 수 있는데, 이러한 경우 계약의 당사자로서는 매우 불안정한 위치에 있게 된다. 민법 제564조 제2항은 위와 같은 경우 상대방에게 매매계약의 효력이 있는 것으로 할 것인지 물을 수 있도록 하면서 상대방이 그 기간 내에 확답을 주지 않으면 예약의 효력이 없다고 규정하여 계약 당사자의 불안정한 지위를 해소할 기회를 부여하고 있다.

(6) 예약의 종류

① 계약자유의 원칙상 어느 형태의 예약을 하느냐 하는 것은 당사자의 자유이다. 따라서 예약을 하는 형태는 여러 가지가 있을 수 있는데, 전형적으로 4가지로 분류된다.

구 분	일방만이 권리를 가짐	쌍방이 권리를 가짐
예약 완결 의사표시만으로 계약 성립	일방 예약	쌍방 예약
상대방의 승낙이 있어야 계약 성립	편무 예약	쌍무 예약

② 매매의 예약은 크게 2가지로 구분된다.

⊙ 하나는 당사자의 일방적인 의사표시만으로 매매계약이 성립하는 것이다.

© 다른 하나는 일방이 청약을 하고 상대방이 이를 승낙하면 매매계약이 성립하는 것이다. 쌍방예약의 경우에는 상대방이 승낙하지 않으면 매매계약이 성립하지 않는다. 그러나 상대방이 계속 승낙하지 않으면 그 승낙의 의사표시를 법원에 청구해야 하므로 아무런 의의가 없다. 그래서 실제로 행하여지고 있는 것은 일방예약인 경우가 많다. 민법에서 예약의 여러 가지 유형 중에서 매매의 일방예약에 관하여서만 규정하고 쌍방예약에 대해서는 아무런 규정을 하지 않는 이유는 바로 이 때문이다.

③ 편무예약과 쌍무예약 : 본계약의 성립을 위해 다시 예약 당사자 간 합의를 필요로 하는 경우는 '요물계약의 예약'이다.

⊙ 편무예약이란 당사자 일방만이 본계약 체결의 청약권을 갖고 상대방은 승낙의무를 부담하는 예약을 말하고, 쌍무예약이란 당사자 쌍방이 청약권을 가짐과 동시에 승낙의무를 부담하는 예약을 말한다.

© 일방이 본계약 성립을 위한 청약에 대해 상대방이 본계약 체결의 승낙의무를 이행하지 않으면 승낙에 갈음하는 의사표시를 구하는 소를 제기할 수 있으며, 이 경우 승낙의 의사표시에 갈음하는 판결을 받으면 본계약을 성립시킬 수 있다.

© 예약 의무자가 승낙의무를 이행하지 않으면 예약 권리자는 예약 의무자를 상대로 예약상의 채무불이행을 이유로 손해배상을 청구하거나 예약을 해제할 수 있다.

② 요물계약의 예약은 편무예약으로 추정하는 것이 타당하다.

④ 일방예약과 쌍방예약 : 예약 당사자 중 일방의 본계약 성립의 의사표시(예약완결권의 행사)에 의해서 본계약이 성립하는 경우에는 본계약의 성립을 위해 상대방의 승낙을 필요로 하지 않는다. 예약완결권의 행사로 곧장 계약이 성립한다. 따라서 예약완결권 행사를 한 후에 본계약의 이행을 청구할 수 있다(낙성계약의 예약).

(7) 예약완결권 기출 15

① 본계약을 성립시킨다는 의사를 상대방에게 일방적으로 표시함으로써 본계약을 성립시키는 권리를 '예약완결권'이라 한다.

② 당사자 일방만이 예약완결권을 갖는 것을 '일방예약'이라 하고, 쌍방이 모두 갖는 것을 '쌍방예약'이라 한다. 상대방의 승낙을 요하지 않고 본계약을 성립시킬 수 있다는 점이 일방예약의 특징이다.

③ 매매의 예약은 특약 또는 관습이 없는 한 일방예약으로 추정된다.

예 갑이 매물로 나온 아파트를 보고 마음에 들어 이 아파트의 소유자 을과 가계약을 체결한 후에
　　다음날 갑이 을에게 계약금을 지불한 경우, 을이 갑에게 계약금을 지불하면 곧바로 매매계약은
　　유효하게 성립한다.

④ **예약 완결권의 행사** : 이를 행사하면 본 계약 체결의 효력이 발생하거나 상대방에게 승낙의무가
　발생하는 형성권이다.

⑤ **예약 완결권의 제척기간** : 예약이 성립한 때부터 10년 이내에 이를 행사해야 한다.

⑥ 예약 완결권을 소유하고 있는 자의 상대방은 최고에 의해 이를 소멸시킬 수 있다.

(8) 예약과 가등기

① 현실 거래에서 예약은 담보의 기능을 갖고 있다.

② 특히 부동산에 관하여 매매 예약을 하고, 이 예약 완결권을 가등기한 때에는 가등기 담보권이 성립
　한다.

③ 담보목적의 예약에 관해서는 민법 제607조 및 제608조와 '가등기담보 등에 관한 법률'과 판례가
　규율하고 있다.

④ 가등기는 2개 종류로 구분된다.

　㉠ **소유권이전 청구권 가등기(매매예약)**

　　매수인이 매매 대금을 일부 또는 전부를 지급하였으나 소유권 이전에 관한 본등기를 할 수 있는
　　요건이 갖추어지지 않거나 매도인이 의도적으로 본등기의 요건을 미루어 소유권 이전이 불확실
　　할 위험(예 매도인이 그 부동산을 제3자에게 이중매매하거나, 근저당권 등을 설정)이 있는 경우
　　이런 위험을 예방하기 위한 것이다.

　㉡ **소유권이전 담보 가등기(채무 담보)**

　　채무변제의 담보를 위한 담보물권적 성격의 등기로 채무자가 금전을 빌릴 때 채권자가 채무에
　　대한 담보목적으로 해당 부동산에 행하는 가등기이다. 추후 채무 변제가 이루어지지 않으면 직
　　접 소유권 이전을 하거나, 저당권과 동일하게 간주되기 때문에 경매매각대금에서 배당을 받아
　　채권을 회수할 수 있다.

✚ **더 알아보기**

가등기
소유권·지상권·지역권·전세권·저당권·권리질권·채권담보권·임차권에 해당하는 권리의 설정, 이전, 변경
또는 소멸의 청구권을 보전(保全)하려는 경우에 하는 등기이다. 가등기를 한 후에 본등기를 하면 본등기의 순위는
가등기의 순위에 의하므로 순위를 보존하기 위한 목적으로 행하여진다.

[사례분석 1] 예약의 거래상 필요성

갑과 을이 인접지를 소유하고 있고 이 두 필지의 면적에 상가건물을 건축하기를 원하는 병이 있다. 갑 또는 을의 어느 한쪽 토지만으로는 상가건물이 들어서기에는 면적이 부족하다. 병은 갑의 토지부터 매수하면 을이 그 사정을 알아차리고 가격을 매우 높게 부를 염려가 있다. 이 경우 병이 갑으로부터 토지매매의 예약완결권을 확보해 두고 을과 토지 매매 교섭을 시작하면 어느 정도 가격협상에 유리한 입장을 취할 수 있다. 물론 이 경우에 병은 갑 토지의 예약완결권을 가등기해 둠으로써 갑이 제3자에게 토지의 처분행위(매매 등)를 하는 것에 대한 안전을 확보할 수 있다.

[사례분석 2]

甲이 자신 소유의 아파트를 매도하고 싶은데, 양도소득세 비과세요건(서울 : 1가구 1주택의 경우에 3년 보유에 2년 거주)에 해당하지 않아 지금 당장 매도하고 싶고 세금도 면제받고 싶은데, 乙이 이 아파트를 꼭 구매하고 싶은 상황이다. 甲·乙 간에 이 아파트를 매매하기로 미리 약속했다.

• 쌍무예약, 편무예약 : 예약 후에 매매계약을 요구할 수 있는 권리를 甲, 乙이 모두 가진 경우를 쌍무예약이라 하고 일방만 가진 경우를 편무예약이라 하며, 예약의 의사표시를 해석하여 결정한다. 예약 후에 상대방이 약속대로 아파트를 매매하자고 하면 예약의 한쪽 당사자에게는 승낙을 해야 할 의무가 발생하고, 승낙의 의사표시가 있으면 매매계약이 성립한다. 승낙의무를 이행하지 않으면 상대방은 승낙을 구하는 소송을 제기하여 승낙에 갈음하는 판결로 매매를 성립시킬 수 있다.

• 쌍방예약, 일방예약 : 예약완결권을 甲, 乙이 모두 이 권리를 가진 경우를 쌍방예약, 일방만 가진 경우를 일방예약 이라 한다. 매매의 예약은 특약 또는 관습이 없는 한 일방예약으로 추정된다. 예약 후 상대방이 약속대로 예약완결 권을 행사하면 예약자의 승낙과 관계없이 매매계약이 성립한다. 예약자가 약속을 지키지 않으면 상대방은 바로 소유권이전 청구 또는 대금 지급청구를 할 수 있다. 상대방이 이를 이행하지 않으면 소유권이전 청구권을 가등기 (등기원인 : 매매예약)할 수 있다.

| Ⅰ | 계약자유 원칙의 의의와 변화

1. 계약자유 원칙의 연혁

(1) 계약의 역사적 의미

① 근대 시민사회는 '시민의 평등·사유재산의 절대·개인적 자유의 존중'을 그 존립의 기초로 삼았으며, 자기책임의 원리에 따라 모든 개인은 사회적 분업협동관계에 가입하여야 했으므로, 그 수단으로서 근대법에서 채택한 것이 '계약'이다.

② 근대사회에서는 자유주의 사상에 따라, 이른바 '사적 자치의 원칙'이 근대 사법의 대원칙으로서 인정되었다. 이 원칙은 유언의 자유, 사단법인 설립의 자유 등도 포함하나, 가장 전형적인 표현은 '계약자유의 원칙'이다.

③ 계약의 자유는 자본주의의 자유경제와 문화의 발달에 그 원동력이 되었지만 한편으로, 많은 사회문제를 초래하였다. 그리하여 근대적 계약은 여러 방면으로부터의 통제를 받게 되었는데, 경제법과 노동법의 등장이 그 대표적인 예이다.

④ 근대적 계약이 그러한 통제를 받게 되었다고는 하나, 개인의 창의와 자유로운 경쟁이 법원리로서 승인되는 한, 계약이 사회관계의 형성에 있어서 계속적으로 중요한 작용을 하게 된다.

(2) 현대 사회에서 계약법 원리의 수정 방향

① "계약 자유로부터 계약 공정으로 변화"

② "불법행위법에서 과실책임으로부터 위험책임으로 변화"

2. 계약자유 원칙의 개념 및 내용

(1) 의 의

① 계약에 의한 법률관계의 형성은 법률에 저촉되지 않는 한 각자의 자유에 맡겨지며, 법률도 그러한 자유의 결과를 가능한 한 승인한다는 원칙이다.

② 사인 간의 법률관계에 국가가 강제적으로 개입하는 것을 포기하고 당사자에게 일임한다.

③ 당사자 간의 합의 법적 구속력을 갖는 것으로 인정되고, 법은 그 합의의 이행을 위하여 법적 강제력을 동원하여 계약의 준수를 보장한다.

(2) 민법상 계약자유의 원칙

① 민법은 이러한 원칙을 명문으로 규정하고 있지 않지만 우리 민법이 사적 자치를 기본원리로 인정해 오고 있으며 사적 자치로부터 계약자유의 원칙을 도출해 낼 수 있다.

② 민법 제105조에서 강행법규에 반하지 않는 한 자유로이 법률행위를 할 수 있다.

③ 사적 자치는 법률행위의 자유를 인정함으로써 실현할 수 있는데 계약은 법률행위의 한 유형이므로 법률행위자유의 원칙으로부터 계약자유 원칙이 인정된다.

④ 판례도 계약자유 원칙이 계약법의 기본원칙임을 확인하고 있다.

판례

어느 일방이 교섭 단계에서 계약이 확실하게 체결되리라는 정당한 기대 내지 신뢰를 부여하여 상대방이 그 신뢰에 따라 행동하였음에도 상당한 이유 없이 계약의 체결을 거부하여 손해를 입혔다면 이는 신의성실의 원칙에 비추어 볼 때 '계약자유의 원칙'의 한계를 넘는 위법한 행위로서 불법행위를 구성한다고 볼 것이다(대판 2001.6.15., 99다 40418).

(3) 계약자유 원칙의 내용

① **체결의 자유** : 청약의 자유와 승낙의 자유를 포함하는 것으로 계약당사자는 청약의 의사표시를 할 자유를 가지고, 상대방도 그에 대해 승낙의 자유를 가진다.

② **상대방 선택의 자유** : 자신이 원하는 상대와 계약을 체결할 수 있고, 특정인을 계약의 상대방으로 할 것을 강요받지 않는 자유이다.

③ **내용 결정의 자유** : 계약의 자유 중 가장 중요한 요소로, 계약의 내용을 어떻게 정하느냐의 자유이며 성립한 계약의 내용을 후에 변경하거나 보충하는 것도 포함한다.

④ **방식의 자유** : 계약의 성립은 당사자의 합의이며, 원칙적으로 특정한 방식을 필요로 하지 않는다. 또한 계약의 자유는 원치 않으면 계약을 체결하지 않을 자유도 포함하고 있다.

(4) 계약자유의 한계

① 계약의 자유는 법질서가 허용하는 범위에서 향유할 수 있다. 따라서 강행법규위반이나 선량한 풍속 기타 사회질서에 위반하는 사항을 내용으로 하는 계약은 법질서가 유효한 것으로 인정하지 않기 때문에 이러한 내용의 계약은 허용되지 않는다. 그러므로 계약자유는 이러한 한계 내에서만 허용된다.

② 계약당사자가 계약체결, 내용결정, 방식, 상대방선택에 있어서 자유를 누릴 수 없는 경우에도 계약자유는 이런 자유를 누릴 수 있는 상태로 회복될 수 있는 범위에서 제한되어야 한다.

③ 독점으로 인하여 계약 당사자 간에 경제적, 사회적 불평등이 발생하여 한쪽 당사자는 다른 쪽 당사자에 대하여 거래조건을 유리하게 하거나 방식을 자유로이 정하거나 계약체결을 거절하는 경우가 발생할 수 있다. 이런 경우에는 계약자유 본연의 모습을 갖도록 하기 위하여 계약체결의 자유를 제한하여 체약강제를 하거나 서면에 의한 계약을 체결하도록 하여 방식의 자유를 제한한다. 계약내용을 약관에 의해 기재하여 일방적으로 제공하는 경우에 불공정한 내용의 효력을 무효로 한다(약관의 규제에 관한 법률 참조).

④ 우편·통신·전기·수도 등 '공익적 독점기업'은 급부의 제공을 거절할 수 없으며, 의사·약사 등 "공공적·공익적 직무"에 관해서는 그 직무집행을 거절할 수 없다.

⑤ 민간건설공사 표준도급계약서 제1조는 '도급인'과 '수급인'은 대등한 입장에서 서로 협력하여 신의에 따라 성실히 건설계약을 이행한다고 언급하면서 계약의 공정성을 선언하고 있다. 따라서 계약체결 과정과 그 결과에 있어 공정하지 못한 의사결정에 기초하여 형성된 계약은 그 법률효과를 부정한다.

| Ⅱ | 계약자유의 원칙에 대한 제한

1. '계약자유의 원칙' 및 그 원칙을 제한하는 모습과 관련 법률

(1) 계약자유의 원칙에 대한 법적 규제 체계

① **체약강제와 방식의 요구** : 물품이나 서비스의 공급자가 계약 체결을 원하는가 여부를 불문하고 계약을 체결하도록 강제하는 수단이 확대된다.

② **채권법의 강행규범화** : 계약 당사자가 법률에 정해진 내용에 구속될 것을 정하는 강행 규정이 계약법을 비롯한 채권법의 영역에서 증가한다.

계약자유의 원칙	계약자유의 원칙을 제한하는 법률
체결의 자유	• 공익적 독점기업(우편, 통신, 운송, 수도, 전기, 가스) • 공공적 · 공익적 직무담당자(공증인, 집행관, 의사, 약사) • 경제통제법 등
상대방 선택의 자유	• 노조가입을 이유로 한 고용거부의 금지, 여성 차별의 금지 등
내용 결정의 자유	• 규제된 계약(물가안정에 관한 법률, 공정거래법, 주택임대차보호법 등)
방식의 자유	• 민법 제555조(서면에 의하지 않은 증여는 해제 가능)

③ 계약자유의 원칙에 대한 제한은 헌법상 공익적 목적 하에서 일정부분 허용되고 있지만, 그 제한에는 한계가 있다. 헌법재판소의 결정은 계약자유를 본질적으로 제한을 하게 되면 위헌이 됨을 판시하고 있다(헌재 1991.6.3., 89헌마204).

(2) 공법상의 체약강제

① **독점기업에 대한 체약강제**

ㄱ 국민생활에 있어서 중요한 우편, 통신, 운송 등의 사업을 경영하거나, 수도, 전기, 가스 등의 재화를 공급하는 공익적 독점기업은 정당한 이유 없이 급부 제공을 거절하지 못한다. 만약 그에게 부과된 체결의무를 이행하지 않으면 법령이 정하는 제재를 받게 되고, 그 밖에 불법행위에 의한 손해배상의무가 발생하게 된다.

ㄴ 독점기업의 승낙(의사표시)에 갈음하는 판결(제389조 제2항 전단)에 의하여 강제적으로 계약이 체결될 수도 있다.

② **공공적 · 공익적 직업담당자에 대한 체약강제** : 공증인(공증인법 제4조), 집행관(집행관법 제11조), 법무사(법무사법 제18조) 등의 공공적 직무와 의사 · 치과의사 · 한의사 · 조산사 · 간호사(의료법 제16조)와 약사(약사법 제22조) 등의 공익적 직무담당자에 대하여는 정당한 이유 없이 직무집행을 거절할 수 없는 이유가 부과되어 있다. 따라서 이들에게는 그 직무 상항에 대한 계약체결이 강제된다.

③ **위험시설의 보유자 또는 사업자에 대한 체약강제** : 백화점 · 공동주택 · 의료시설 등 다수인이 출입 근무 또는 거주하는 건물의 화재로 인한 인명 및 재산상의 손해를 전보하기 위한 신체손해배상 특약부 화재보험(화재로 인한 재해보상과 보험가입에 관한 법률 제5조), 자동차 사고로 인한 인적 손해의 전보를 위한 자동차손해배상 책임보험(자동차손해배상 보장법 제5조), 원자력사고로 인한 인적 · 물적 손해의 전보를 위한 원자력 손해배상 책임보험(원자력 손해배상법 제5조) 등의 경우에는 그 사업자 또는 그 운행자에게 책임보험계약의 체결이 강제되고 있다.

(3) 사법상의 체약강제

① 사법상의 체결에서는 일정한 자가 청약을 한 경우에, 상대방은 이를 거절하지 못하는 것으로 함으로써 계약이 성립한 것으로 다루는 경우가 민법상 인정되어 있다.

② 다음의 경우에는 상대방이 승낙할 필요 없이 당연히 지상물 또는 부속물에 대한 매매가 성립한다. 이러한 결과는 지상권설정권자·전세권설정권자·임차인·전차인 등의 매수 청구권이 형성권이기 때문이다.

   ㉠ 지상권설정자가 지상권자에게 지상물의 매수를 청구한 때(제285조 제2항)

   ㉡ 전세권자와 전세권설정자가 부속물의 매수를 청구한 때(제316조)

   ㉢ 임차인과 전차인이 임대인에게 부속물의 매수를 청구한 때(제646조, 제647조)

(4) 명령된 계약

① 의의 : 당사자 간에 계약체결이 없더라도 국가 또는 국가기관이 법률에 의거하여 특정인에게 일정한 조건으로 특정한 물건을 매각하거나 임대할 것을 명령함으로써 그 당사자 사이에 계약이 체결된 것과 동일한 법률관계가 성립하게 만드는 것이다.

② 명령된 계약에서는 행정명령이 당사자 간의 합의에 갈음한다.

   예 국가보훈부장관은 취업보호대상자를 지정하여 업체 등에 이들을 고용할 것을 명령할 수 있다(국가유공자 등 예우 및 지원에 관한 법률 제32조). 국가보훈부장관의 고용명령에 의해 국가유공자와 업체 간에 고용계약이 성립한다.

   예 양곡관리법 제17조, 비료관리법 제5조, 농업창고법 제14조 : 양곡 또는 비료의 매도명령·임치명령

(5) 법정계약

법률의 규정에 의하여 계약이 체결된 것으로 의제되는 경우의 계약이다.

   예 산업재해보상보험법 제9조 제1항

판례

산업재해보상보험법 제9조 제1항의 합헌 판결(헌재 2004.10.28., 2003헌바70)
수차의 도급에 의하여 사업이 이루어지는 경우에 그 원수급인을 산업재해보상보험법(이하 "산재법"이라 한다)상의 사업주로 보고 하수급인을 사업주로 하기 위하여는 근로복지공단의 승인을 얻도록 하는 산재법 제9조 제1항이 원수급인의 재산권과 계약의 자유를 침해하는지 여부에 대하여 ………… 피재근로자의 생존권 보장을 위한 신속하고 공정한 보험급여라는 공익에 비추어 원수급자의 재산권 및 계약의 자유가 제한되는 정도가 크다고 보기 어려워 법익의 균형도 유지되고 있으므로, 산재법 제9조 제1항은 헌법적으로 정당화되는 범위 내에서 원수급인의 재산권과 계약의 자유를 제한하고 있다 할 것이다.

2. 계약내용 결정의 자유에 대한 제한

(1) 강행법규에 의한 제한(제103조, 제104조, 제105조)

① 계약 내용이 강행법규에 위반하거나, 법률행위와 선량한 풍속 기타의 사회질서에 위반하는 사항을 내용으로 하는 경우에는 무효이다.

② 상대방의 궁박·경솔 등을 이용하여 현저하게 폭리성을 띤 불공정한 계약은 무효이다.

(2) 규제된 계약에 의한 내용 결정의 제한

① 특정한 경우에 있어 당사자가 어떤 물건에 관하여 계약을 맺으려면 반드시 그 법규가 정하는 내용의 계약을 맺어야만 하는 경우가 있다.

② 우리의 경제질서는 자유경제이나 일정한 중요물자의 가격이 법령으로 규제되어 있어 <u>규제된 계약</u>의 성립을 볼 수 있다.

➕ 더 알아보기

규제된 계약
계약 내용이 법률로 정한 일정한 범위 내에서만 결정되도록 제한하는 계약

---

(3) 편면적 강행법규

당사자 모두에게 적용되는 쌍방적 강행법규가 원칙이지만, 경제적 약자를 보호하기 위해 당사자 일방에게만 강행법규적 효력이 있는 편면적 강행법규에 의해 계약자유 원칙을 제한하는 경우가 늘어나고 있다.

⟨예⟩ 주택임대차보호법 규정에 위반되는 주택임대차계약으로서 임대인에게 불리한 약정은 유효하지만, 임차인에게 불리한 약정은 효력이 없는 것으로 규정하고 있다.

(4) 방식의 자유에 대한 제한

① 방식이 직접적으로 법률에 의해 강제되는 경우 그 방식을 갖추지 못하면 계약은 원칙적으로 무효이다.

② 농지임대차계약은 당사자가 일정한 불이익을 받을 뿐이며 무효가 되지 않는다.

➕ 더 알아보기

임대차계약(농업경영을 하려는 자에게 임대하는 경우만 해당함)과 사용대차계약(농업경영을 하려는 자에게 무상사용하게 하는 경우만 해당함)은 서면 계약을 원칙으로 한다(농지법 제24조 제1항).

---

③ 증여의 의사는 서면으로 표시되지 않으면 각 당사자는 이를 해제할 수 있다.

④ 계약을 원인으로 한 소유권 이전등기신청에는 일정한 사항이 기재된 계약서에 부동산소재지를 관할하는 구청장 등의 검인을 받아 등기소에 제출하여야 한다.

⑤ 건설도급계약, 할부판매계약, 방문판매계약, 농지임대차계약은 직접적으로 법률에 의해 계약 방식이 강제된다.

(5) 국가의 허가 또는 증명을 필요로 하는 계약

① 계약이 유효가 되기 위해서는 일정한 행정관청의 동의, 인가, 허가 등을 필요로 하거나 일정한 증명이 있어야 하는 수가 있다. 이런 제한은 주로 국가시책의 실현을 위한 것이다.

② **유동적 무효** : 허가를 요하는 허가구역 내의 토지에 관하여 당사자가 체결한 거래계약(주로 매매계약)은 무효가 되지만, 관할 행정청의 허가를 받게 되면 체결 시에 소급하여 유효하게 되고, 허가를 받지 못하면 체결 시에 소급하여 무효가 되는 특수한 무효이다. 이것은 부동산 거래의 실제 과정과 부합시키면서도, 토지의 투기적 거래를 방지하려는 행정적 목적도 달성할 수 있는 법리이다.

판례

[판례 1]
'국토의 계획 및 이용에 관한 법률' 제118조 제1항은 "허가구역 내의 토지에 관한 소유권이나 지상권의 이전 또는 설정을 목적으로 하는 계약을 체결하고자 하는 당사자는 시장이나 군수 또는 구청장의 허가를 받아야 한다."고 규정하고 있다. 만약 이런 구역 내의 토지거래 계약이 관할 행정청의 허가를 받지 못한 때에는 '유동적 무효'가 된다(대판 1991.12.24., 90다12243).

헌법재판소 결정
'국토의 계획 및 이용에 관한 법률'상 토지거래허가제는 사유재산제도를 부정하는 것이 아니며......헌법상 비례원칙이나 과잉금지 원칙에 위반된다고 할 수 없다(헌재 1989.12.22., 88헌가13).

[판례 2]
재단법인의 기본재산을 처분하는 계약은 주무관청의 허가를 받아야 한다(사립학교법 제45조). 주무관청의 허가를 받지 못한 재단법인의 기본재산을 처분하는 계약도 채권행위와 물권행위는 무효가 된다(대판 1991.5.28., 90다8558).

농지취득자격증명제는 경자유전원칙을 지키기 위한 제도이다(헌법 제121조 제1항). 소재지 관서로부터 농지취득자격증명서를 받지 못하고 체결된 농지매매계약은 원시적 불능인 급부를 목적으로 하는 계약으로서 무효가 된다(대판 1993.7.27., 92다34773).

제5절 계약 이외의 채권 발생원인(법률의 규정에 의한 발생) : 사무관리, 부당이득 및 불법행위

| Ⅰ | 사무관리

1. 의의 및 법적 성격

(1) 사무관리의 필요성

① 근대 민법전의 계약 자유의 원칙에 의하면 타인의 사무에 동의 없이 간섭하는 것은 위법하다. 그러나 사회공동생활에서 필연적으로 나타나는 호의에 기초한 이타적 사무처리가 사무관리로 승인되면 위법성이 조각되어 불법행위의 영역에서 이탈하고 당사자, 특히 사무관리자의 법적 권리 및 의무의 기초로서 기능하게 된다.

② 사무관리는 부당이득과 더불어 계약법과 불법행위법의 중간에서 민법의 양대 영역이 남겨놓은 간극을 메운다.

(2) 개념 : 법률상 의무 없이 타인을 위하여 그의 사무를 처리하는 행위이다.

① 당사자 사이에 계약이나 법률의 규정에 의한 의무에 의해 사무를 처리하는 타인 사무처리는 사무관리가 아니다.

② 사무처리에 관한 법률관계가 존재하지 않음에도 타인을 위해 그 사무를 처리하는 것이 사무관리이다.

③ 관리자는 계속적인 관리의무를 부담하며, 비용상환청구권과 손해배상청구권을 가진다.

　　예 이웃사람의 출타 중에 수금원에게 신문값을 지불한 경우, 타인의 유실물을 습득하여 반환하거나 집을 잃은 어린이를 돌보아주는 행위, 타인의 채무를 대신 변제하는 행위

✚ **더 알아보기**

제734조(사무관리의 내용)
① 1) 의무없이 2) 타인을 위하여 3) 사무를 관리하는 자는 그 사무의 성질에 좇아 가장 본인에게 이익되는 방법으로 이를 관리하여야 한다.
② 관리자가 본인 의사를 알거나 알 수 있는 때에는 그 의사에 적합하도록 관리하여야 한다.
③ 관리자가 전2항의 규정에 위반하여 사무를 관리한 경우에는 과실 없는 때에도 이로 인한 손해를 배상할 책임이 있다. 그러나 그 관리행위가 공공의 이익에 적합한 때에는 중대한 과실이 없으면 배상할 책임이 없다.

---

(3) 위임과 사무관리의 비교

① **공통점** : 수임인의 보고의무, 취득물 등의 인도·이전의무, 금전소비에 대한 의무 규정을 사무관리에 준용한다(농일), 수임인과 사무관리자는 모두 신관주의의무를 부담한다.

② **차이점**

　㉠ 위임에는 비용선급(상환)청구권(필요비 + 이자)이 있고 보수 약정 시 보수지급청구권이 있지만, 사무관리에는 유익비 상환청구권(법정이자 포함)이 있고 보수지급청구권이 없다.

　㉡ 무과실책임의 범위 : 수임인의 과실없는 손해의 배상 범위는 모든 손해이지만, 사무관리인의 과실없는 손해의 배상 범위는 현존 이익의 한도이다.

(4) 인정근거

① **사회부조설(다수설)** : 타인의 사무에 간섭하는 것은 원칙적으로 위법하다. 따라서 정당한 행위로 인정되기 위해서는 본인의 승낙 또는 법률에 근거하여야 한다(위임계약 또는 친권에 기초하여 자식의 사무를 처리하는 것 등). 상호부조 실현이라는 관점에서 적법행위로 평가하여 관리자와 본인 사이에 일정한 채권·채무의 발생을 인정한다. 법정 채권의 발생 원인 중 하나이다.

② **귀속성설(소수설)** : 사무관리인과 본인 사이의 재산관계를 조정하기 위한 것이다. 즉 각자에게 귀속될 것을 그의 진정한 귀속자에게 돌리는 데 있다는 견해이다.

(5) 법적 성질

① **일종의 사실행위로서 그 중에서도 혼합사실행위**
타인을 위하여 사무를 관리한다는 관리의사가 요구된다. 법률행위에서의 의사와는 다른 자연적(사실적) 의사에 불과한 점에서 혼합사실행위이다.

② **관리의사 필요함(다수설)** : 사무관리로부터 생기는 법률효과(관리계속의무·비용상환청구권 등)를 귀속시키려는 효과의사를 필요로 하지는 않는다. 관리의 사실상 이익을 본인에게 귀속시키려는 의사를 의미한다.

③ 사무관리는 넓은 의미에서 준법률행위에 속하는 것이지만 표현행위가 아니다.

④ 사무관리는 법률행위가 아니므로 민법총칙의 법률행위에 관한 규정을 적용하지 않는다.

⑤ 사무관리는 법률행위가 아니지만 사무관리의 내용이 <u>사실행위일 수도 있고(예 1)</u> 법률행위일 수도 <u>(예 2)</u> 있다.

   ㉠ 사실행위(예 1) : 이웃사람이 외국 여행 중인데 관리자가 폭풍으로 인하여 부서진 이웃집의 파손 부분을 직접 수선하는 경우

   ㉡ 법률행위(예 2) : 이웃사람이 외국 여행 중인데 관리자가 폭풍으로 인하여 부서진 이웃집의 파손 부분을 수선하기 위하여 인부(목수)와 주택수선계약을 체결한 경우

✚ 더 알아보기

- **준법률행위의 종류(내용)**
  - **표현행위** : 의식의 표현 – 법률행위 규정을 유추 적용
    - 예 의사의 통지(최고, 거절, 이행의 통지) / 관념의 통지(채권양도의 통지나 승낙 등) / 감정의 표시(수증자의 망은행위 등)
  - **비표현행위** : 사실행위(순수사실행위) / 혼합사실행위
  - **변 제**
- **사실행위** : 사람의 정신작용이 표현될 필요 없이 법률효과를 발생시키는 행위. 일정한 사실상의 결과가 발생하기만 하면 되고, 법률효과가 발생하기를 바라는 의사가 표현될 필요가 없는 법률사실이므로, 법률행위를 할 수 있는 능력을 제한받는 제한능력자 제도는 사실행위에는 적용되지 않음
  - **순수사실행위** : 행위자가 내심적으로 어떠한 의사도 갖지 않으며 외부적 결과의 발생만 있으면 법률효과를 인정하여 주는 것
    - 예 가공, 주소의 설정, 매장물의 발견, 과실의 분리행위나 건물의 파괴행위 – 결과의 발생만을 문제로 하는 점에서 사건과 같음
  - **혼합사실행위** : 외부적 결과 발생에 대해 일정한 내심의 의사가 있어야만 법률 효과의 발생을 인정하는 사실행위
    - 예 무주물의 선점(先占), 물건의 인도, 변제, 사무관리

- 법률행위 : 당사자의 의사표시가 필수적으로 요구되며 그런 의사표시에 의해 일정한 법률효과가 발생. 따라서 법률은 이런 당사자의 의사표시에 대해 빈 곳을 채워주는 보충적 역할만을 함
  - 예 갑과 을이 금전소비대차 계약을 체결하면서 민법 제379조에 의한 연 5%의 이자를 지급하는 계약을 체결할 수 있지만 자유롭게 2% 이자지급 계약을 체결하여도 그 계약은 성립
- 준법률행위 : 당사자의 의사와 원칙적으로 상관없는 행위. 그 행위의 법률효과는 오로지 법률규정에 의해 발생
  - 예 갑이 이웃집 을의 개를 의무 없이 보호관리해준 경우 민법이 정한 사무관리가 성립하면 당사자의 의사와 상관없이 단지 법률 규정에 의해 갑은 비용상환청구권을 취득하게 됨
  - 예 변제가 준법률행위인 이유는 당사자의 변제의사나 변제수령의사 때문에 채권채무가 소멸되는 것이 아니라 오직 그런 변제행위에 의해 채권채무가 소멸한다고 법률에 규정하고 있기 때문

(6) 법의 규율 방향

① 사회생활에서의 상호부조라는 긍정적인 측면과 타인의 생활에 대한 간섭이라는 부정적인 측면을 조화하도록 법이 규율한다.

② 우리 민법은 기본적으로 관리자보다는 본인 중심으로 사무관리를 규율하여 관리자에게 여러 가지 의무를 지운다.

  ㉠ 본인의 의사에 적합하게 또는 본인에게 이익되는 방법으로 관리하여야 한다. 만약 이를 위반 시 무과실책임을 부담한다(제734조).

  ㉡ 통지의무(제736조), 관리계속의무(제737조)가 있다.

  ㉢ 금전 기타의 물건 및 수취한 과실 전부를 본인에게 인도할 의무가 있다.

2. 성립요건 및 효과

(1) 사무관리의 성립요건

① 타인의 사무[재산적 이익을 주는 모든 행위(보존·이용·개량·처분행위)]를 관리할 것

> **판례**
>
> 제3자인 원고가 피고의 혼인외 출생자를 양육 및 교육하면서 그 비용을 지출하였다고 하여도 피고가 동 혼인외 출생자를 인지하거나 부모의 결혼으로 그 혼인 중의 출생자로 간주되지 않는 한 실부인 피고는 동 혼인 외 출생자를 부양할 법률상 의무는 없으므로 피고가 원고의 위 행위로 인하여 부당이득을 하였다거나 원고가 피고의 사무를 관리하였다고 볼 수 없다(대판 1981.5.26., 80다2515).

② 관리에 관한 법률상 또는 계약상 의무가 없을 것

> **판례**
>
> 공유수면매립면허가 그 준공 기한의 도과로 자동 실효된 사실이 통지된 후에 원고가 동 매립면허자와 동업계약을 체결하고 공사비 1700만 원을 투입하여 매립공사를 완료하였다고 하더라도 원고의 위 매립공사는 주관적으로 타인을 위한다는 의사가 있었다고 볼 수 없고, 객관적으로 타인인 피고 나라(공유수면 소유자)나 도(그 관리자)의 의사에 반하는 것임이 명백하므로 위 공사비 1700만 원은 피고들을 위한 사무관리로 지출한 필요비라고 할 수 없다. 아울러 원고가 스스로 원상회복해야 할 의무를 지는 점에서 국가가 부당이득을 한 것으로 볼 수 없다(대판 1981.10.24., 81다563).

(2) 관리자의 권리 및 의무

① 비용상환청구권 : 보수청구권을 인정하지 않고 비용상환청구권만을 인정한다. 본인의 의사에 따라 비용 상환 범위가 결정된다.

② 본인의 의사에 반하지 않는 경우에는 필요비와 유익비 모두 청구 가능하며, 대변제청구 및 담보제공청구가 가능하다.

③ 본인의 의사에 반하여 관리한 경우에는 현존 이익의 한도 내에서 필요비와 유익비를 모두 청구 가능하며, 대변제청구 및 담보제공청구가 가능하다.

④ 관리자가 사무관리를 함에 있어서 과실 없이 손해를 받은 경우에도 본인의 현존 이익의 한도 내에서만 그 보상청구가 가능하다(제740조).

⑤ 특별법상의 예외규정들 : 관리의무 또는 보수청구권을 예외적으로 인정한다.

    ㉠ 유실물을 습득하여 반환한 자(유실물법 제4조)

    ㉡ 항해선 또는 그 적하를 구조한 자(상법 제849조)

    ㉢ 조난 선박을 발견한 자는 지체없이 이를 보고할 의무(수난구호법 제12조) 또한 인명구조의 의무를 부과(선원법 제13조)

(3) 준사무관리 : 타인의 사무를 자기를 위한 의사로 관리하는 것(주관적 요건 결여)

① 타인의 사무를 자기의 사무로 오신하여 처리한 '오신사무관리'

② 관리자가 타인의 사무라는 사실을 알면서도 그것을 자기의 것으로 하겠다는 의사로 처리한 '무단(불법)사무관리'

사례분석

갑이 자신의 토지를 아들 을에게 소유권 관련 서류를 맡겨두었는데 아들 을이 자신의 것인 양 위조하여 이 토지를 병에게 매도한 사례

갑이 추인하면 매수인 병은 토지의 소유권을 취득한다. 을은 갑에 대해서 불법행위책임을 지지 않는다(인과관계가 없음). 갑은 을에게 부당이득반환을 청구할 수 있다(갑에게 시가 상당 손해 - 만약 을이 시가보다 더 높은 가격에 판 경우에는 사무관리 규정 적용하면 받을 수 있음).

위 사례는 자신(을)을 위하여 매도한 것이며, 사무관리가 아니다. 무단사무관리(= 준사무관리)이면 제738조 적용, 제684조가 준용된다. 만약 위 사안에서 준사무관리를 인정하면 을이 받은 전부를 반환해야 한다.

판례는 "사무를 처리한 자에게 타인을 위하여 처리한다는 관리의사가 없을 경우에는 사무관리가 성립될 수 없다(대판 1995.9.15., 94다59943)." → 구체적 판단을 하고 있지 않다.

│ Ⅱ │ 부당이득 : 법률상 원인 없는 이득

1. 법적 성질 및 성립요건

(1) 의 의

1) 법률상 원인 없이 2) 타인의 재산으로 인하여 이익을 얻고 3) 이로 인하여 타인에게 손해를 가한 자는 이를 반환해야 한다(법적 성질 : 사건).

예 매매계약이 무효, 취소, 해제된 경우에는 유효한 매매계약을 전제로 이전된 급부를 원래의 상태대로 회복시키는 것이 요청되고, 권원 없이 타인의 재화를 침해하여 이익을 얻은 때에는 본래 그 이익을 취할 지위에 있는 자에게 이를 귀속시킬 필요가 있다(재화귀속의 수정).

예 채무자가 채무를 이행했음에도 다시 채권자에게 이중으로 변제를 한 경우, 채권자는 법률상 원인 없이 이득을 얻은 것이 되어, 그 이득을 손실자에게 반환해야 한다. 부당이득 반환청구권이 발생한다.

(2) 부당이득의 본질 : 통설과 판례는 통일설(공평설)을 취한다.

① **공평의 실현** : 재산적 가치의 이동이 외견적으로는 정당하게 보이지만, 실질적・상대적으로는 공평의 이상에 부합되지 않아서 정당하지 못한 경우에 그 재산적 가치를 반환시킨다.

② 부당이득의 요건으로서 언제나 수익과 손실이 있을 것과 그 수익과 손실 사이에 인과관계가 존재할 것을 요구한다.

③ 이득의 개념으로 수익과 비용의 차이를 기준으로 판단하는 재산차액설을 따른다.

> ➕ 더 알아보기
>
> **재산차액설**
> 수익이 있은 후 현실적으로 존재하는 재산의 총액에서 그 사실이 없었다면 존재하였을 재산상태를 공제한 것이 이득이다.

(3) 부당이득 반환청구권의 보충성

① 부당이득은 사건이며, 그에 따른 부당이득 반환청구권은 사인 간 계약에 의한 것이 아니므로 법정채권이 된다.

② 이득 반환을 직접적인 내용으로 하는 채권관계가 존재한다면 원래의 계약의 효력에 의한 계약상 권리만이 인정되고 부당이득 반환청구권은 문제되지 않는다.

임대인 갑과 임차인 을이 아파트를 임대차하였으나 현재 임대차 관계가 종료되었고, 갑은 을에게 임대보증금을 지급하였는데 을이 아파트를 갑에게 정당한 이유 없이 인도를 거부하는 경우

이 경우 임대인이 임차인에게 목적물의 반환을 청구할 수 있는 권리는 임대차 계약상의 반환청구권과 소유권에 기한 물권적 청구권에 기인하는 것이며, 부당이득 반환청구권에 기인하는 것이 아니다. 그러나 임대차 관계가 종료된 후 임대인이 보증금 반환 의무를 이행하여 임차인에게 동시이행항변권 등에 기해 임차목적물을 계속 점유할 권능이 없는 상태임에도 불구하고 임차인이 목적물을 계속 수익 사용하고 있는 경우에는 임대인은 임차인의 사용수익의 대가에 대해서 채무불이행에 기한 손해배상청구나, 부당이득 반환청구를 행사할 수 있다.

이처럼 양자의 내용이 겹치지만 서로 관점을 달리하는 제도이므로 병존·경합할 수 있다(통설).

(4) 사무관리와 부당이득의 관계

① **공통점** : 양자 모두 법정 채권관계이다.

② 사무관리는 사무관리의사의 적극적 요건을 충족해야 하는 혼합사실행위이지만, 부당이득은 당사자 의사와는 무관한 사건이다. 따라서 사무관리가 성립되면 부당이득도 당연히 문제될 수 있지만, 그 반대는 성립하지 않을 수 있다.

③ 사무관리는 관리자의 이득 여하와 관계없이 관리자가 지출한 비용 상환 청구를 인정하며, 본인도 자신의 손해를 한도로 하지 않고 관리자가 관리행위를 통해 취득한 전액을 인도청구할 수 있다. 그러나 부당이득은 타인이 입은 손해를 한도로 그 받은 이익을 반환해야 한다. 사무관리는 경제적 이익의 조절 범위가 부당이득보다 더 넓다. 따라서 사무관리가 성립하는 경우 부당이득 반환규정을 적용할 실익이 없다.

④ 사무관리와 부당이득의 관계에서 양자의 요건을 모두 충족시킨다면 경합할 수 있다.

　　예 갑이 이웃 을이 외국 출장간 동안 을 소유의 개를 대신 보호관리한 경우 사무관리자의 비용상환 청구권과 부당이득 반환청구권을 경합적으로 행사할 수 있다.

(5) 부당이득과 불법행위의 관계

① 부당이득과 불법행위의 요건을 모두 충족시킨다면 경합할 수 있다.

② **차이점** : 불법행위는 가해자가 이득을 얻었을 것이 요건이 아니다.

　　예 갑이 소유한 토지에 을이 무단으로 가설 건축물을 설치하여 거주하는 경우 갑은 불법행위에 기한 손해배상청구권 및 부당이득을 이유로 한 부당이득 반환청구권을 모두 행사할 수 있다.

(6) 부당이득의 성립 요건

① **법률상 원인이 없을 것**

　　㉠ 급부부당이득 : 이득자의 이득이 상대방의 출연행위로 인한 것인 경우이다(예 계약이 무효 취소, 해제된 경우). 계약 이행했는데 해제된 경우, 이는 급부부당이득인데, 원상회복(제548조)의 특칙이 있다.

　　㉡ 침해부당이득 : 수익자가 권원 없이 타인의 물건이나 권리로부터 이익을 얻는 것(불법행위법의 보충규범)이다. 가장 전형적인 형태는 무권리자가 타인의 권리를 제3자에게 처분하였으나 선의

의 제3자 보호 규정에 의하여 원래의 권리자가 권리를 상실하는 경우이다(누군가가 물건을 훔쳐가는 경우, 소유권 침해).

ⓒ **비용부당이득** : 실질은 비용부당이득에 해당하지만 민법 제203조 규정이 적용될 수 있다(필요비상환청구권, 유익비 상환청구권).

➕ 더 알아보기

제203조(점유자의 상환청구권) ① 점유자가 점유물을 반환할 때에는 회복자에 대하여 점유물을 보존하기 위하여 지출한 금액 기타 필요비의 상환을 청구할 수 있다. 그러나 점유자가 과실을 취득한 경우에는 통상의 필요비는 청구하지 못한다.
② 점유자가 점유물을 개량하기 위해 지출한 금액 기타 유익비에 관하여는 그 가액 증가가 현존한 경우에 한해 회복자의 선택에 좇아 그 지출금액이나 증가액의 상환을 청구할 수 있다.
③ 전항의 경우에 법원은 회복자의 청구에 의하여 상당한 상환기간을 허여할 수 있다.

② 타인의 재산과 노무로 인한 이득의 취득

ⓐ 이득 : 수익의 원인을 따지지 않는다. 따라서 적극적인 이익의 증가뿐만 아니라 소극적으로 지불을 면한 경우도 포함된다.

ⓑ 실질적 이득이어야 한다. 법률상 건물을 불법으로 점유해도 이를 사용 수익하지 못하면 실질적 이득은 없다.

　예 건물임대차에서 임차인이 건물을 점유하더라도 자물쇠를 잠그고 나간 경우 이득은 없음

　예 갑이 을로부터 3천만 원을 차용하면서 그 담보로 1억 원 상당의 토지를 양도하였는데 갑이 변제를 하지 않자 을은 담보권의 실행으로 위 토지를 병에게 1억 원에 매도하였는데 3천만 원은 한 달 후 받기로 한 경우

판례

부당이득은 현재의 부당이득뿐만 아니라 장래의 부당이득도 그 이행기에 지급을 기대할 수 없어 미리 청구할 필요가 있으면 미리 청구할 수 있다. 다만 원고가 주장하는 장래의 시점까지 침해가 존속될 것이 변론 종결 당시에 확정적으로 예정되어야 한다(대판 1975.4.22., 74다1184).

부당이득은 그 수익의 방법에 제한이 없는 것으로, 채권도 물권과 같이 재산의 하나이므로 그 취득도 당연히 수익이 된다(대판 1996.11.22., 96다34009).

③ 손해 발생

ⓐ 통설은 수익에 대응하여 통상 생길 수 있는 손해면 되며, 실질적 손해가 아니어도 된다.

ⓑ 통상 손해 : 타인 소유의 토지를 승낙 없이 도로포장공사를 시행하여 주민과 차량의 통행에 제공한 경우에는 임료 상당의 부당이득을 한 것이다(손해의 실제 여부를 엄격히 따지지 않음).

토지소유자가 독점적 · 배타적인 사용수익권을 포기한 경우 부당이득이 성립하는지 여부
토지소유자가 일단의 택지를 조성, 분양하면서 개설한 도로는 다른 특단의 사정이 없는 한 그 토지의 매수인을 비롯하여 그 택지를 내왕하는 모든 사람에 대하여 그 도로를 통행할 수 있는 권한을 부여한 것이라고 본다. 토지소유자는 위 토지에 대한 독점적이고 배타적인 사용수익권을 행사할 수 없다고 할 것이므로 그후 행정청이 도시계획사업의 일환으로 위 도로를 확장하고 포장하였다고 하더라도 이로 말미암아 토지소유자에게 어떠한 손실이 생겼다고 할 수 없다(대판 1985.8.13., 85다카421).

④ 이득(수익)과 손해(손실) 사이 사회통념상 상당 인과관계 존재
　　㉠ 사회통념상 그 연결이 인정되면 충분하고 직접적일 필요는 없다(대판 2003.6.13., 2003다 8862). 부당이득제도의 탄력성을 유지한다.
　　㉡ 이득 / 손해산정의 시기(이행지체 성립 시점) : 선의인 경우 이득상환 청구를 받을 때, 악의인 경우 수익의 사실을 안 때이다. 불법행위는 불법행위한 날로부터 이행지체가 성립한다.

부당이득 및 불법행위에 기한 손해배상청구는 모두 기한의 정함이 없는 채무이다.

2. 부당이득의 법적 효과(이득의 반환)

(1) 부당이득 당사자의 권리와 의무

　① 선의수익자의 이득 반환
　　㉠ 목적물을 법률상 원인 없이 점유하여 사용이익(= 법정 과실 + 차임상당의 부당이득)을 취득한 선의의 부당이득자는 제748조가 아니라 제201조(점유자와 과실)를 따라서 반환범위를 결정한다(통설, 판례).
　　㉡ 이 경우 만약 제748조를 적용한다면 사용 이익 전체를 반환하여야 하지만, 제201조를 적용하면 점유자에게 과실수취권이 인정되어 차임 상당의 부당이득만 반환하면 된다.
　　㉢ 이 경우 계약이 무효 취소된 경우에는 제201조가 적용되지만, 계약이 해제된 경우에는 제548조 특칙에 의해 전부가 원상회복되어야 한다.
　② 현존이익의 반환 : 원물반환의 경우에는 원물이 훼손된 경우라도 그 동일성이 인정되는 경우에는 그 물건을 현존상태대로 반환하고 과실반환의무는 없다. 가액반환의 경우에는 그 받은 이익이 현존하는 한도에서 반환하여야 한다. 반환 이익이 현존함은 반환청구권자가 이를 입증하여야 한다. 금전상 이득은 현존함이 추정된다.

제201조(점유자와 과실) ① 선의의 점유자는 점유물의 과실을 취득한다.
제201조는 세계에 유사한 입법례가 없다. 보통은 소유권자에게 부당이득으로 수취한 과실을 반환해야 한다(선의 악의 불문하고). 따라서 권원이 있다고 믿은 것에 과실 있는 경우에는 우리나라도 보호하지 않는다.

타인 소유물을 권원 없이 점유함으로써 얻은 사용이익을 반환하는 경우 민법은 선의 점유자를 보호하기 위하여 제201조 제1항을 두어 선의 점유자에게 과실수취권을 인정함에 대하여, 이러한 보호의 필요성이 없는 악의 점유자에 관하여는 민법 제201조 제2항을 두어 과실수취권이 인정되지 않는다는 취지를 규정하는 것으로 해석되는바, 따라서 악의 수익자가 반환하여야 할 범위는 민법 제748조 제2항에 따라 정하여지는 결과 그는 받은 이익에 이자를 붙여 반환하여야 하며, 위 이자의 이행지체로 인한 지연손해금도 지급하여야 한다. 한국전력공사가 권원 없이 타인 소유 토지의 상공에 송전선을 설치함으로써 토지를 사용·수익한 경우, 구분지상권에 상응하는 임료 상당의 부당이득금에 대하여 점유일 이후의 법정이자 및 그 이자에 대한 지연손해금을 인정한 사례이다(대판 2003.11.14., 2001다 61869).

부당이득 원물반환 방법
• 선의 수익자(점유자) : 만약 제748조(수익자의 반환범위) 적용 시 현존이익만큼 반환의무. 그러나 통설·판례는 제201~제203조를 제748조의 특칙으로 우선 적용하며, 선의 점유자의 과실수취권에 의거하여 사용이익 반환의 무가 없다.
  – 계약의 무효·취소 시 부당이득반환은 제201조를 적용한다.
  – 계약 해제 시 제548조(해제효과, 원상회복의무)에 의해 전부를 원상회복해야 한다.
    [예] 갑의 소유 토지를 을과 10억 원에 매매 후 이행함. 그러나 갑이 착오를 이유로 매매 취소함. 선의 매도인은 과실수취권이 없으므로 매매대금+운용이익+법정이자의 반환의무 있음. 선의 매수인은 점유자로서 과실수 취권 있으므로 토지만을 반환하고 토지이용 수익의 반환의무 없음
• 악의 수익자 : 그 받은 이익에 이자를 붙여 반환하고 손해가 있으면 이를 배상한다.
  – 제749조(수익자의 악의 인정) ① 수익자가 이익을 받은 후 법률상 원인없음을 안 때에는 그때부터 악의의 수익 자로서 이익반환의 책임이 있다. ② 선의의 수익자가 패소한 때에는 그 소를 제기한 때부터 악의의 수익자로 본다.

(2) 점유사용으로 인한 부당이득

부당이득액은 차임 상당액이므로, 당사자 사이에 약정차임이 있는 경우에는 그 사실을 주장·입증하여 약정차임 상당액의 반환을 구할 수 있고, 약정차임이 없는 경우에는 감정에 의하여 인정되는 차임 상당액의 반환을 구할 수 있다.

[예] 정당한 권원 없이 타인의 토지 일부분 위에 시설물을 설치 소유함으로써 토지소유자가 나머지 토지를 사용할 수 없게 된 경우, 그 시설물 보유자가 반환할 부당이득의 범위는 그 토지 일부분을 포함한 당해 토지 전부에 대한 임료 상당액이다.

토지 공유자 중의 일부가 그 토지 전부를 배타적으로 점유사용하고 있는 경우에는 다른 공유자들에 대하여 그 지분에 상응하는 부당이득의 반환을 구할 수 있다(대판 2002.10.11., 2000다17803).

과반수 지분권자로부터 특정 부분의 사용수익을 허락받은 제3자의 점유는 과반수 지분권자의 공유물관리권에 터잡은 적법한 점유이므로 다른 공유권자들에 대한 부당이득 반환청구권이 성립하지 않는다(대판 2002.5.14., 2002다 9738).

(3) 악의 수익자의 반환범위

① 그 받은 이익에 이자를 붙여 반환, 손해가 있으면 이를 배상하여야 한다.

② 악의 전득자의 반환책임 : 수익자의 무자력 등으로 반환 불능인 경우에도 실효성을 갖게 하기 위해 무상취득한 악의 전득자에 대하여도 부당이득 반환청구를 인정한다.

(4) 특수한 부당이득

① 악의의 비채변제 : 채무 없음을 알고 이를 변제한 때에는 그 반환을 청구하지 못하며, 변제자가 채무 없음을 알았다는 사실은 변제수령자가 입증해야 한다(대판 2012.11.15., 2010다68237).

② 도의관념에 적합한 비채변제 : 채무 없는 자가 착오로 인하여 변제한 경우에 그 변제가 도의관념에 적합한 때에는 그 반환을 청구하지 못한다.

③ 변제기 전의 변제 : 변제기에 있지 아니한 채무를 변제한 때에는 그 반환을 청구하지 못한다. 그러나 채무자가 착오로 인하여 변제한 때에는 채권자는 이로 인하여 얻은 이익을 반환하여야 한다.

④ 타인 채무의 변제 : 채무자 아닌 자가 착오로 인하여 타인의 채무를 변제한 경우에 변제로서의 효력이 없고 채권자를 상대로 반환을 구할 수 있으나, 채권자가 선의로 증서를 훼멸하거나 담보를 포기하거나 시효로 인하여 그 채권을 잃은 때에는 변제자는 그 반환을 청구하지 못한다. 다만 변제자는 채무자에 대하여 구상권 행사가 가능하다.

(5) 불법원인급여(제746조)

① 불법원인급여는 부당이득이 발생하는 상황에서 수익자가 불법의 원인으로 재산을 급여받은 경우 급여자는 그 반환을 청구할 수 없다는 법리이다.

② 여기서 '불법의 원인'이란 법에 위반되는 모든 경우가 아니라, 선량한 풍속 기타 사회질서에 반하는 법률행위를 말한다.

　예 도박에서 내기 건 돈을 준 것, 인신매매에서 매매대금을 준 것, 범죄를 조건으로 돈을 주는 것, 성매매에서 선불금을 준 것. 이러한 불법 급여(돈, 노무 등)를 반환청구할 수 없다. 그러나 불법의 원인이 수익자에게만 있는 경우에는 반환청구할 수 있다.

③ 이득자의 선의·악의 : 반환 범위가 달라진다. 제741조가 권리 근거 규정인데, 비채변제 / 기한 전의 변제 / 불법원인급여 등은 부당이득을 할 수 없는 경우를 규정하고 있으므로 권리장애 내지 소멸규정이다. 단, 불법성이 이득자에게만 있으면 부당이득 반환청구가 가능하다.

> **✚ 더 알아보기**
>
> 제746조(불법원인급여) 불법의 원인으로 인하여 재산을 급여하거나 노무를 제공한 때에는 그 이익의 반환을 청구하지 못한다. 그러나 그 불법원인이 수익자에게만 있는 때에는 그러하지 아니하다.

불법원인급여에서 수익자의 불법성이 급여자의 불법성보다 현저히 큰 데 반하여 급여자의 불법성은 미약한 경우, 급여자의 부당이득 반환청구를 허용한다(대판 1999.9.17., 98도2036).

부동산 명의신탁약정에 따른 부동산소유권이전등기는 불법원인급여가 아니다. 그 논거로) 부실법은 소유권이 실권리자에게 귀속됨을 전제로 명의신탁약정과 그에 따른 물권변동이 무효임을 규율하고 있으며,) 입법자의 의사는 신탁부동산의 소유권을 실권리자에게 귀속됨을 전제로 하며,) 불법원인급여 규정을 적용하면 재화 귀속에 관한 정의 관념에 반하는 불합리한 결과가 발생하고 판례의 태도나 부실법 규정에도 합치되지 않으며,) 헌법상 재산권의 내용과 한계는 법률로 정하며 본질적 부분을 침해할 수 없는데, 명의신탁자의 재산권 박탈은 재산권의 본질적 부분을 침해하게 된다.) 농지법상 제한을 회피하는 명의신탁이라고 해서 불법원인급여 규정의 적용 여부를 달리 판단할 이유는 없다(대판 2019.6.20., 2013다218156).

부동산 이중매매에서 제2양수인이 양도인의 배임행위에 가담하여 소유권이전등기까지 받은 경우, 제1매수인은 양도인을 대위하여 제2매수인에 대하여 말소등기청구가 가능하다(대판 1980.5.27., 80다565).

(6) 다수당사자 사이의 부당이득(전용물소권)

① 전용물소권(轉用物訴權) : 계약에 따른 급부가 제3자의 이득으로 된 경우 계약 당사자 일방이 직접 제3자에 대해 부당이득 반환청구권을 행사하는 것이다. 수급인의 계약상 급부가(급부자는 수급인이 급부함) 계약의 상대방인 도급인에 대해서뿐만 아니라 제3자(소유권자, 이 말은 도급인하고 소유권자가 다르다는 의미)에게 이익이 된 경우에 급부를 행한 계약당사자가 그 제3자에 대해서 부당이득의 반환을 청구하는 권리이다. **판례는 전용물소권을 부정한다.**

도급인 갑이 건설업자 을에게 아파트 건축공사를 의뢰하여 공사완료하였는데, 갑이 그 토지가 타인 병의 소유임을 알고 을에 대한 도급보수 지급을 거절하는 경우에, 을은 도급인 갑에 대한 도급계약상의 보수청구권 이외에 토지소유자인 병에 대하여 부당이득 반환청구권을 행사할 수 있는가? 을이 병에 대하여 부당이득 반환청구권을 행사할 수 있다면, 전용물소권을 인정하는 것이 된다.

사례에서 제3자 을이 자신의 계약당사자 갑이 아닌 타인 병을 상대로 계약에 따른 반대급부를 청구할 수 있다는 것은 그의 계약상의 채권에 일정한 우월적 지위가 인정됨을 의미한다. 즉 갑의 파산 시 을이 전용물소권을 행사하여 병으로부터 만족을 얻으면, 결국 계약관계가 없는 병이 제3자의 책임재산을 이루게 된다. 이러한 우월적 지위를 인정할 것은 부당하다. 수급인은 계약 당사자인 도급인에게 대금지급을 청구해야 하는데, 이것을 소유권자에게 전용하는 것을 허용할 수 없다. 수급인은 그 공사대금을 계약의 당사자에게 달라고 해야 한다.

전용물소권 부정
전용물소권은 자기 책임 하에 체결된 계약에 따른 위험부담은 제3자에게 전가시키는 것이 되어 계약법의 기본원리에 반한다. 제3자에게 이익이 발생했다고 해서 그에게 청구할 수는 없다(대판 2002.8.23., 99다66564, 66571).

(7) 다수당사자 사이의 부당이득[채권자의 지시 또는 부탁에 의하여 제3자에게 급부한 경우(지시삼각 관계, 단축급부)]

① **'물건의 소유권'의 단축급부** : 물건의 소유권이 이전된 뒤 원인행위가 무효이거나 취소, 해제되면 물권행위가 유인성에 따라 소유권 변동의 효과 또한 소급적으로 무효가 되어 급여자가 소유권을 회복하므로 부당이득뿐만 아니라 소유권에 기한 물권적 청구권도 문제된다.

　　예 갑이 자기 소유 부동산을 을에게 매매하고, 이어서 을이 이 부동산을 병에게 미등기 전매하였으며, 을의 지시에 의해 갑이 병에게 직접 부동산의 소유권이전등기를 마친 경우

　㉠ 제3자를 위한 계약에 해당하는 경우
　　• 갑과 을 사이의 매매계약이 무효인 경우에는 갑은 병에게 소유권에 기해 소유권이전등기의 말소를 청구할 수 있다.
　　• 을과 병 사이의 매매계약이 무효인 경우에는 대가관계가 무효일지라도 원래의 제3자를 위한 계약에는 영향을 미치지 못한다. 따라서 병 명의의 소유권이전등기는 유효하다. 결국 을은 병을 상대로 부당이득을 원인으로 하는 소유권이전등기를 청구해야 한다.
　　• 갑과 을의 매매계약과, 을과 병의 매매계약이 모두 무효인 경우에는 갑은 병에게 소유권에 기해 소유권이전등기의 말소를 청구할 수 있다.

　㉡ 3자 합의형에 해당하는 경우 : 갑, 을, 병 3자가 부동산의 소유권을 갑에서 병으로 직접 이전하도록 합의하는 것이다.
　　• 갑과 을의 매매계약과 을과 병의 매매계약 중 어느 하나의 매매계약이 무효인 경우에 당연히 3자 합의는 무효가 된다. 단, 갑과 을의 매매계약이 무효인 경우에는 갑은 병에게 소유권에 기해 소유권이전등기의 말소를 청구할 수 있다. 그러나 3자를 보호하는 규정이 있는 경우에는 병의 등기가 유효하게 평가될 수도 있다.
　　• 만약 을과 병의 매매계약이 무효인 경우에는 3자 합의는 무효이며 따라서 을은 이 부동산의 소유권을 취득한 적이 없기 때문에 병에게 직접 소유권 이전등기의 말소를 청구할 수 없다. 을은 갑을 대위하여 병에게 소유권 이전등기의 말소를 청구할 수 있다(통설).

② **금전의 단축급부**
　㉠ 계약의 일방당사자(甲)가 계약상대방(乙)의 지시 등으로 급부과정을 단축하여 계약상대방과 또 다른 계약관계를 맺고 있는 제3자(丙)에게 직접 급부한 경우를 말한다(삼각관계에서의 급부가 이루어진 경우).
　㉡ 금전의 경우에는 점유가 있는 곳에 소유가 있는 것은 원인행위가 무효이거나 취소, 해제되더라도 급여자에게 소유권이 회복되지 않고 따라서 부당이득만이 문제된다.
　　예 갑이 자기 소유 부동산을 을에게 매매하고, 을의 지시에 의해 병이 갑에게 직접 매매대금을 지급한 경우
　㉢ 판례는 단축급부의 삼각관계에서 부당이득 반환청구를 허용하지 않는다.

단축급부에서 제3자가 급부를 수령할 때 계약의 일방당사자가 계약상대방에 대하여 급부를 한 원인관계인 법률관계에 무효 등의 흠이 있었다는 사실을 알고 있었다 할지라도, 계약의 일방당사자는 제3자를 상대로 법률상 원인 없이 급부를 수령하였다는 이유로 부당이득 반환청구를 할 수 없다(대판 2008.9.11., 2006다46278).

단축급부의 경우에 계약의 일방당사자가 계약상대방에 대하여 급부를 한 원인관계인 법률관계에 무효 등의 흠이 있거나 계약이 해제되었다는 이유로 제3자를 상대로 하여 직접 부당이득 반환청구를 할 수 있다고 보면 자기 책임 아래 체결된 계약에 따른 위험부담을 제3자에게 전가하는 것이 되어 계약법의 원리에 반하는 결과를 초래할 뿐만 아니라 수익자인 제3자가 계약상대방에 대하여 가지는 항변권 등을 침해하게 되어 부당하다'라고 판시하고 있다(대판 2017.7.11., 2013다55447).

갑이 을 회사와 을 소유의 상가분양 계약을 체결하면서 당시 을 회사와 병 회사와 체결한 분양관리신탁계약 및 대리사무계약에 따라 분양대금채권을 병 회사에 양도하였고, 갑이 이를 승낙하여 분양대금 전부를 병 회사의 계좌로 납입하였다. 그 후 동 분양계약이 해제되었고, 갑이 병 회사를 상대로 분양계약 해제로 인한 원상회복 또는 분양계약 취소로 인한 부당이득 반환청구를 제기할 수 있는가?

갑이 분양계약에 따라 병 회사 명의의 계좌에 분양대금을 입금한 것은 단축급부에 해당하고, 이러한 경우 병 회사는 을 회사와의 분양관리신탁계약 및 대리사무계약에 따른 변제로서 정당하게 분양대금을 수령한 것이므로, 갑은 병 회사를 상대로 법률상 원인 없이 급부를 수령하였다는 이유로 원상회복청구나 부당이득 반환청구를 할 수 없다.

Ⅲ 불법행위

1. 법적 성질 및 성립요건

(1) 불법행위의 의의

① 가해자의 고의, 과실 있는 위법한 행위에 의해 타인에게 손해를 주는 경우 가해자로 하여금 피해자에게 손해를 배상할 의무를 부담시키는 제도이다(법적 성질은 위법 행위).

② 피해자에 대한 "손해배상책임"의 성립을 그 법률효과로 가지는 법률(요건)사실이며 법률사실 중 외부적 용태인 위법행위에 해당한다.

③ 불법행위라는 법률요건이 충족되면 가해자와 피해자 사이에는 후자의 전자에 대한 손해배상청구권을 주된 급부로 하는 법정채권관계가 발생한다.

(2) 불법행위와 사무관리의 차이점

① 사무관리는 타인의 동의 없이 타인의 사무에 대해 간섭하는 것이므로 불법행위를 할 여지가 있다. 그러나 사무관리가 성립하면 그 관리행위의 위법성을 조각(사회부조설)하기 때문에 사무관리가 성립하는 한도 내에서는 불법행위가 성립하지 않는다.

② 사무관리는 관리자가 얻은 모든 이득을 반환해야 하지만, 불법행위에서는 가해자의 이득을 불문하고 피해자의 손해만을 배상한다.

(3) 민법상 피해자의 손해배상청구권 발생 원인(채무불이행과 불법행위)

① 채무불이행에 기한 책임 : 계약의 내용대로 이행하지 않거나 이행하더라도 불완전하게 이행한 경우 계약내용 위반사실을 근거로 손해배상책임을 귀책사유가 있는 당사자에게 묻는 것이다.

> **➕ 더 알아보기**
>
> 채무불이행의 유형
> 이행지체, 이행불능(후발적 불능), 불완전이행(적극적 채권침해), 이행거절

② 불법행위에 기한 책임 : 계약을 체결한 사실이 없거나 계약당사자가 아닌 제3자에 의해 또는 계약당사자라고 하더라도 계약위반 이외의 다른 불법행위가 있다면 그에 기인한 손해배상을 청구하는 것이다.

③ 양자의 경합 : 계약상의 의무위반 등의 채무불이행이 동시에 불법행위책임의 요건을 충족하는 경우, 양 책임이 각각 독립한 책임이므로 양 책임의 경합을 인정한다(청구권경합설, 통설).

④ 청구권의 선택문제 : '채무불이행에 기한 손해배상'이 '불법행위에 기한 손해배상'보다 상대적으로 입증하기가 쉽다. 계약이라는 것이 있으므로 판단하기가 더 쉽기 때문이다. 손해발생사실과 발생원인 그리고 귀책사유 간 인과관계를 입증하는 것이 핵심이고, 당연히 손해배상청구권자가 사회통념에 기초해 상당성이 인정될 수준 정도로 입증해야 한다.

⑤ 채무불이행책임과 불법행위책임 비교

구 분	채무불이행책임	불법행위책임
과실책임 여부	• 과실책임주의를 원칙으로 함 • 매도인의 하자담보책임 = 무과실책임	
배상 범위	• 통상손해 배상이 원칙임 • 특별손해는 예견가능성 있는 경우만 인정	
배상 방법	금전배상이 원칙임. 배상자대위를 적용함	
과실상계	양자 모두 과실상계를 적용함	
발생 원인	채권관계의 존재를 전제로 하여 채무자가 그 채무를 이행하지 않는 경우에 발생	채권관계를 전제로 하지 않은 일반인들 사이의 문제
1차적 목적	채권자의 이행에 대한 기대이익을 전보	'타인을 해쳐서는 안 된다'는 일반적 의무를 위반하여 발생한 손해를 전보
책임요건의 엄격성	채권관계라는 특별결합관계가 존재하기 때문에 그 책임이 보다 엄격	책임요건의 엄격성이 상대적으로 약함
이행보조자 / 피용자의 책임	제391조가 이행보조자의 고의·과실을 채무자의 고의·과실로 귀속시키고 청구권 자체는 제390조에서 주어짐	피용자의 불법행위에 대한 사용자의 책임을 피해자의 고유한 배상청구권 기초로서 규정. 면책가능성 여부, 이행보조자와 피용자 인정 표지 등에서 다름(제756조)
입증 책임	채무자가 고의나 과실 등 본인의 귀책사유가 없다는 사실을 입증	피해자가 가해자의 귀책사유를 입증
배상액 경감	경감청구할 수 없음	가해자의 고의나 중과실이 결부되지 않은 경우 생계에 중대한 영향을 미칠 가능성이 있을 때 법원에 배상액의 경감을 청구할 수 있음(제765조)
상 계	상계 가능함	가해자의 고의 시 상계 불가능(제496조)
가족의 위자료 청구권	원칙적으로 인정하지 않음	인정함
지연손해금 기산 시점	채무자가 이행지체에 빠진 것을 인식한 날 또는 이행을 최고 받은 다음 날부터 지연손해금을 기산	불법행위가 있는 날부터 기산
책임의 분리 가능성	채무를 불이행한 다수에 대해 손해배상청구권이 각기 별개로 존재함이 원칙	다수의 가해자들에게 "공동불법행위"가 성립하므로 "부진정연대책임"이 발생
소멸시효	민사채권에 해당할 경우 10년, 상사채권에 해당할 경우 5년	손해 및 가해자를 안 날부터 3년 또는 불법행위가 있는 날부터 10년

➕ 더 알아보기

• 배상자대위 : 채무자가 채권의 목적인 물건이나 권리에 상당하는 금원을 전액 변제한 경우 그 물건이나 권리를 취득하게 된다.
• 제399조(손해배상자의 대위) 채권자가 그 채권의 목적인 물건 또는 권리의 가액전부를 손해배상으로 받은 때에는 채무자는 그 물건 또는 권리에 관하여 당연히 채권자를 대위한다.

식품 제조기업 갑은 을, 병과 각각 근로계약을 체결하였는데 을은 근무 도중 사업비를 부풀리는 방법으로 정부 출연금 1억 원을 횡령하였고, 을의 직속 상사인 병은 을의 위법행위를 묵인한 대가로 을로부터 5천만 원을 취득하였다. 그런데 현재 갑이 을과 병의 위법행위를 안 날로부터 이미 3년 이상 시간이 지난 상태이다. 이 경우 갑은 을과 병의 위법행위로 인해 1억 원 상당의 피해를 입었을 때, 갑이 손해배상청구를 제기할 방법은?

을, 병은 갑 회사와의 근로계약에 따라 공정한 직무수행과 부당이득 수수 금지, 이권개입 금지 의무와 원고에 대한 충실의무가 있는데, 을은 갑에 대한 업무상 배임행위를 행하였고, 병은 을의 배임행위를 묵인하고 그 이익을 분배받음으로써 위 의무들이 포함된 갑과의 근로계약을 위반하였으므로, 을과 병은 근로계약을 위반함으로 인하여 갑이 입은 손해를 공동으로 배상할 책임이 있다.

그런데 현재 갑이 을과 병의 위법행위를 안 날로부터 이미 3년 이상 시간이 지난 상태이므로 불법행위로 인한 손해배상청구권의 소멸시효가 완성되어 있다. 따라서 갑은 채무불이행으로 인한 손해배상청구권을 행사하는 것이 타당하다. 이 경우의 소멸시효는 일반 민사채권의 소멸시효가 그대로 적용되어 10년이기 때문이다.

만약 채무불이행으로 인한 손해배상청구권의 소멸시효가 완료되지 않은 상태라면, 갑은 채무불이행 책임이나 불법행위 책임 중 하나를 물어 위 손해액을 받아낼 수 있을 뿐만 아니라, 민사소송법상 "선택적 병합"이라는 개념에 근거하여 양자 모두를 원인으로 동시에 청구하여 받아낼 수도 있다. 채무불이행 책임, 불법행위 책임 모두를 묻는다고 하여 법원에서 피해금액을 두 배로 인정해주는 것은 아니고 하나의 원인에 기한 청구와 동일하게 인정될 것이다.

(4) 민사책임에서 고의 / 과실

① 우리 민법은 기본적으로 과실책임원칙을 표방한다. 다만 예외적으로 다음의 무과실책임 규정을 두고 있다.
  ㉠ 불법행위에 있어서 무과실책임 : 공작물의 소유자책임
  ㉡ 불법행위에 있어서 증명책임이 전환된 중간적 책임 : 공작물의 점유자책임, 책임무능력자의 감독자책임, 사용자책임, 동물의 점유자책임
  ㉢ 채무불이행에 있어서의 무과실책임 : 금전채무의 불이행책임

② 민사책임에서 고의 / 과실 구별 필요성
  형사책임은 고의가 있는 경우에 처벌하는 것이 원칙이고 과실범은 예외적으로 처벌하지만, 민사책임은 고의뿐만 아니라 과실이 있는 경우에도 원칙적으로 손해배상책임이 있다. 민사책임의 성립에 관한 한 고의와 과실은 차별이 없다. 다만, 고의의 불법행위의 경우 배상액감액청구가 허용되지 않으며(제756조), 고의의 불법행위에 기한 상대방의 손해배상청구권을 수동채권으로 하는 상계는 금지된다(제496조). 또한 고의의 불법행위자는 과실상계를 주장할 수 없다(판례).
  민사상 불법행위책임의 성립요건으로서 고의·과실은 이론상의 구별실익은 있을지 모르나 실무에서는 크게 실익이 없다. 최종적인 손해배상금액의 산정에서(예 과실상계 비율) 참작되는 정도는 달라질지 모르나 과실이라도 있기만 하면 그 경중을 불문하고 민사상 손해배상책임은 인정되는 것이다.

➕ 더 알아보기

고의·과실의 입증책임
원칙적으로 피해자가 가해자의 고의·과실을 증명해야 한다.

③ 고의 / 과실의 개념
  ㉠ 고의 : 일정한 결과가 발생하리라는 것을 알면서 감히 이를 행하는 심리상태를 말하는데, 불법 행위에서의 고의는 미필적 고의로도 충분하며, 위법성의 인식까지는 필요가 없다.
  ㉡ 과실 : 일정한 결과가 발생한다는 것을 알고 있었어야 함에도 불구하고 주의를 게을리하였기 때문에 그것을 알지 못하고서 어떤 행위를 하는 심리상태이다.
  ㉢ 통설 / 판례 : 객관적 과실(추상적 경과실)이어야 한다. 그때그때의 구체적인 사례에 있어서의 **보통인(사회평균인)으로서의 주의의무를 위반**한 것으로서, 그와 같은 업무와 직무에 종사하는 사람으로서는 보통 누구나 알 수 있음에도 불구하고 알지 못하고 한 행위(추상적 경과실)인지 아닌지를 표준으로 판단한다.

> **＋ 더 알아보기**
>
> 주관적 과실
> 정신적·육체적 능력에 비추어 필요한 주의의무를 다하지 못한 경우이다. 유책성의 일종으로 파악한다.

④ 원칙적으로 중과실 / 경과실을 구별하지 않는다. 민법 제765조의 "생계위협을 이유로 한 배상의무자의 배상액 감경은 고의나 중과실이 아닌 경우에 한한다."는 규정은 경과실인 경우에만 배상액 감경을 인정한다(예외). 그러나 실화책임에 관한 법률은 화재에 대한 손해배상 책임의 특례를 정하였다. 이것은 중대한 과실이 없는 경우에만 손해배상액 경감을 허용한 민법 제765조의 특례 규정이다. 생계곤란 요건이 없어도 실화가 경과실로 인한 경우 실화자, 공동불법행위자 등 배상의무자에게 손해배상액의 경감을 청구할 수 있도록 하고, 법원은 구체적인 사정을 고려하여 손해배상액을 경감한다.

(5) 일반불법행위의 성립요건 : 제750조는 불법행위에 관한 포괄적 일반조항이다.
  ① **가해자의 고의 또는 과실에 의한 행위가 있을 것**
    ㉠ 과실책임의 원칙 : 개인이 타인에게 준 손해는, 그 행위가 위법할 뿐만 아니라 고의·과실에 기인한 경우에만 책임이 있다는 원칙으로 민법이 채택한 원칙이다.
    ㉡ 무과실책임론 : 과실이 없어도 책임을 져야 한다는 이론이다. 예외적인 경우만 인정한다.
  ② **가해행위가 위법할 것(위법성)**
    ㉠ 위법한 행위 : 법질서가 명하는 금지('하지 마라') 또는 행위규범에 반하는 인간의 행위이다.
    ㉡ 위법성은 '고의·과실'의 유책성과는 구별되어 일정한 행위 자체에 대하여 그 행위를 누가 수행했는지를 묻지 않는다는 점에서 객관적 반가치판단(反價値判斷)이다.
    ㉢ 위법성 배제사유 : 제761조는 정당방위, 긴급피난을 규정하고 있으며, 이 외에 법령에 기초한 정당행위, 사회질서에 위반되지 않는 피해자의 승낙이 인정된다. 자력구제의 허용 여부에 대해서는 논란이 되고 있다.
  ③ **인과관계** : '가해행위'에 의하여 '손해'가 발생할 것
    ㉠ 가해자의 행위가 없어도 손해라는 결과가 발생할 수 있는 것이면 행위와 손해 사이에는 인과관계가 없는 것이 된다.

ⓛ 인과관계의 증명책임은 원고 즉 피해자에게 있다(통설과 판례). 다만 민법은 피해자를 보호하기
위한 정책적 관점에서 증명책임을 전환하거나(제755조 제1항, 제756조 제1항), 인과관계의 존
재를 의제한다(제760조 제2항). 또한 의료과오, 공해사고, 의약품의 부작용 등에 의한 불법행위
에 있어서는 개연성설이나 사실상의 추정 등을 이용하여 입증책임을 완화하고 있다.

④ 가해자에게 책임능력(= 불법행위능력)이 있을 것(미성년자, 심실상실자 예외 등)

　ⓐ 책임능력이란 일정한 행위의(객관적으로 보아 법적으로 의미가 있을 수 있는) 결과를 예측하여,
그 행위를 수행할지 여부를 판단할 수 있을 정도의 사리분별가능성을 말한다. 이는 고의·과실
을 기준으로 하는 행위자 개인에 대한 비난가능성의 전제가 된다.

　ⓑ 미성년자(제753조)와 심신능력을 상실한 자는 책임무능력자로서 그 행위에 대하여는 일정한 경
우 감독자가 책임을 부담한다(제755조).

(6) 소멸시효

① 불법행위로 인한 손해배상청구권은 피해자나 그 법정대리인이 그 손해 및 가해자를 안 날로부터
3년간 이를 행사하지 않거나, 또는 불법행위를 한 날로부터 10년이 경과하도록 이를 행사하지 않으
면 시효로 인하여 소멸한다.

② 3년 / 10년의 두 기간 중 어느 하나가 만료하면 다른 하나의 기간이 아직 남아있다고 하더라도 손해
배상청구권은 소멸한다.

2. 민법상의 특수한 불법행위(일반불법행위의 요건에 추가적인 요건이 추가되는 경우)

민법 제755조부터 제759조는 과실책임원칙에 따르면서도 자신의 직접적인 가해행위가 아니라 타인의
위법행위 또는 물건의 감독소홀로 인하여 발생한 손해에 대한 책임이다. 이들 규정에 따른 책임의 경
우 피해자의 입증책임 완화를 위해 입증책임을 전환하고 있다. 제760조의 공동불법행위 책임도 입증
책임의 완화를 그 내용으로 하고 있다.

(1) 책임무능력자의 감독자책임

① 위법한 가해행위가 있었으나 그 행위자가 책임무능력자(미성년자 또는 심신상실자)임을 이유로 책
임을 지지 않을 경우 책임무능력자의 감독의무자가 직접 피해자에 대하여 손해배상의무를 지는 것
을 감독자책임이라고 한다(제755조).

② 감독자책임은 감독자가 책임무능력자의 가해행위 자체에 대한 과실을 근거로 한 것이 아니라 책임
무능력자의 행위에 관한 일반적인 감독행위를 게을리함에 따른 책임인데, 감독의무의 소홀을 인정
하는 범위에 따라 사실상 무과실책임에 근접하여 운영될 수 있다.

(2) 공작물책임

① 공작물의 점유자 및 소유자가 공작물의 설치 또는 보존의 하자로 인하여 타인에게 입힌 손해를 배
상할 의무를 지는 것을 말한다.

② 민법 제758조는 공작물의 설치 또는 보존의 하자로 인하여 타인에게 손해를 가한 때에는 1차적으로 공작물의 점유자에게 손해배상책임을 부과하고 점유자가 손해의 방지에 필요한 주의를 다하여 면책되는 때에는 2차적으로 소유자가 책임을 지도록 하고 있다.

③ 점유자의 공작물 책임은 손해 방지에 필요한 주의를 다했다는 사실을 점유자가 입증하면 면책된다는 점에서 중간책임(과실책임과 무과실책임의 중간)이고 소유자 책임은 면책가능성이 없다는 점에서 무과실책임이다.

④ 공작물책임이 적용되는 경우에도 가령 공작물 시공자의 시공상의 부주의로 피해자에게 손해가 발생한 때에는 제750조에 따른 일반불법행위책임의 적용을 배제하지는 않는다.

⑤ 공작물책임의 성립요건
  ㉠ 손해가 공작물로부터 발생해야 한다.

➕ 더 알아보기

공작물
인공적 작업에 의하여 제작된 물건
예 토지의 공작물(도록, 교량, 제방, 수도설비, 놀이기구, 광고탑 등), 건물 내의 공작물(천정, 계단, 엘리베이터 등), 기업설비(기계, 기구, 발전기 등)

  ㉡ 공작물의 설치·보존에 하자가 있어야 한다.
     하자의 존재는 원칙적으로 피해자가 입증해야 한다. 그러나 하자가 점유자, 소유자의 고의·과실에 의해 발생했다는 점까지 피해자가 입증할 필요는 없다. 다만 공작물로 인하여 손해가 발생한 경우 공작물에 하자가 있는 것으로 추정함으로써 입증 곤란을 덜어주는 경우가 있다.
  ㉢ 손해는 공작물의 하자로 인한 것이어야 한다(인과관계).
     공작물에 하자가 있긴 했는데, 손해가 공작물의 안전성 결여로 인해 발생한 것이 아니라 천재지변과 같은 불가항력(대판 1982.8.24., 82다카348)으로 발생했다면, 점유자나 소유자가 이를 주장하고 입증함으로써 손해와 공작물 하자 사이의 인과관계 추정을 깨야한다. 일단 공작물의 하자로 인해 손해가 발생한 것이라면 손해 발생에 자연력이나 제3자의 행위가 개입된 경우일지라도 공작물 책임은 인정된다.
  ㉣ 점유자 면책사유의 부존재 : 이것은 소극적 요건이므로 점유자 또는 소유자가 주장, 입증해야 할 사항이다. 피해자 입장에서는 ㉠, ㉡, ㉢만 주장·입증하면 된다.

⑥ 책임의 부담자
  ㉠ 점유자 : 공작물을 사실상 지배하는 자이다. 간접점유의 경우에는 직접점유자가 먼저 책임을 지고 그 다음에 간접점유자가 책임을 진다. 점유보조자의 경우 점유자가 아니므로 공작물 책임을 부담하는 자가 아니다.
  ㉡ 소유자 : 법적 소유자여야 하며, 매도 시 등기이전 전이면 매도인이 소유자이다. 점유자가 그 공작물의 위험성에 비례하여 사회통념상 일반적으로 요구되는 정도의 방호조치 의무를 다하였다는 점을 입증하여 면책되는 경우에는 소유자가 책임을 진다.

ⓒ 건물 임대차 : 건물의 직접점유자(건물임차인)나 그와 동일한 지위에 있는 것으로 볼 수 있는 사람(임차인의 가족)이 공작물 설치·보존 하자로 인해 손해를 입은 경우, 최종적으로 소유자가 공작물 책임을 진다.

(3) 사용자책임

① 타인을 사용하여 어느 사무에 종사하게 한 자 및 그 자에 갈음하여 그 사무를 감독하는 자는 피용자가 사무집행에 관하여 제3자에게 가해행위를 한 경우 피해자에 대해 그로 인한 손해배상책임을 부담하는데 이를 사용자책임이라고 한다(제756조). 사용자책임은 피용관계를 넓게 해석하기 때문에 기업활동에 대해서만 한정되지는 않는다.

② 사용자책임은 기본적으로 사용자의 피용자에 대한 선임·감독상의 과실을 이유로 한다(과실책임의 원칙을 적용함). 그러나 일반불법행위책임에서와 같이 피해자가 아니라 사용자 스스로 자신에게 피용자의 선임·감독에 관하여 과실이 없음을 면책사유로서 입증하여야 한다는 점에서 입증책임이 전환된 중간책임에 해당한다. 이는 무과실책임과 유사하게 운용된다(판례의 경향).

③ 법적 성질 : 고유책임설, 대위책임설 등이 대립하고 있다. 판례는 대위책임설을 따른다.
  ㉠ 고유책임설 : 사용자책임은 사용자 자신의 과실에 대한 사용자의 책임이다.
  ㉡ 대위책임설 : 사용자책임은 피해자의 손해와 사용자의 과실 사이에 인과관계가 없더라도 피해자의 보호를 위하여 피용자의 과실에 대해 사용자가 지는 책임이다. 이는 보상책임의 원리와 공평의 원칙에 근거하여 인정된다고 한다.

④ 성립요건
  ㉠ 피용자가 일반불법행위책임(제750조) 요건을 충족해야 한다.
  ㉡ 사용관계 : 사용자와 피용자의 관계, 즉 사용관계임이 인정되어야 한다.
  ㉢ 사무집행 관련성 : 피용자의 가해행위가 사용자의 사무(업무)와 관련성이 있어야 한다.

  ㉣ 사용자의 면책가능성 없음 : 사용자가 선임 감독상의 주의의무를 다한 경우 사용자책임이 면책된다(제756조 제1항의 단서). 그러나 실무상 사용자의 선임 감독상의 주의의무 위반을 인정한 판례는 없다. 이러한 실무 관행은 선임 감독상의 주의의무의 기준을 매우 높게 잡아 사실상 사용자책임을 무과실책임으로 운용하는 것이다.

이행보조자 과책에 대한 채무자의 책임 인정

갑은 여행 목적으로 을 회사가 운영하는 K리조트 숙박권을 구입했다. 이 숙박권에는 숙박이용자 1인 무료승마체험 서비스가 포함돼 있었다. 그후 리조트에 투숙한 갑은 승마체험을 신청했고, K리조트는 드라마 촬영을 위해 머물고 있던 촬영팀 승마교관 병에게 갑의 승마체험을 부탁했다. 갑은 병의 지도 아래 승마체험을 하다 말에서 떨어져 골절상 등의 부상을 입었다.

숙박권 구매계약에는 을 법인이 갑에게 숙박용도의 리조트 객실을 제공하는 것과 리조트에 머무는 동안 숙박이용자 1인에 대한 무료 승마체험서비스를 제공하는 것이 모두 포함되어 있다. 병이 을 법인의 부탁으로 본계약에 포함된 승마체험 서비스를 제공하기 위해서 채무 이행행위에 속하는 승마지도를 하였으므로, 채무자의 지시감독을 받았는 지, 호의로 활동하였는지 여부와 관계없이 민법 제391조에서 정한 이행보조자에 해당하며, 을 법인의 이행보조자인 병이 갑을 상대로 미리 안전장비 착용여부 등을 확인하고 안전에 관한 주의를 촉구하며 갑의 능력과 신체상태를 적절하게 확인하여 승마를 지도할 책임이 있는데도 이를 게을리한 잘못이 있으므로, 채무자인 을 법인이 민법 제391조에 따라 위 사고에 대하여 과실이 있다. 따라서 이행보조자로서 병의 과실은 채무자인 을 법인의 과실로 귀속되므로 을 법인은 채무불이행에 기한 손해배상책임을 저야 하며, 따라서 갑은 을 법인을 상대로 채무불이행에 기한 손해배상을 청구할 수 있다. 또한 갑은 경우에 따라 을 회사에 대하여 민법 제750조를 근거로 불법행위에 따른 손해배상을 청구할 수도 있다(대판 2018.2.13., 2017다275447).

(4) 공동불법행위

① 여러 명이 가해행위를 하여 타인에게 손해를 발생시키는 형태의 불법행위를 공동불법행위라고 한다.
예 A·B·C 세 사람이 D에게 폭행을 가한 경우

② 민법상 불법행위유형(제750조, 제754조 내지 제759조)은 원칙적으로 한 명의 행위자가 하나의 손해를 발생시킨 단독의 불법행위를 상정하여 규정하고 있으면서 행위자가 여러 명인 공동불법행위에 대해서는 제760조에서 별도로 규정을 하고 있다. 이는 피해자를 보호하기 위한 것이다.

③ 공동불법행위에 대한 제760조는 그 형태에 따라서 수인이 공동으로 타인에게 손해를 가한 경우(동조 제1항, "협의의 공동불법행위")뿐만 아니라, 공동 아닌 수인의 행위 중 어느 자의 행위가 손해를 가했는지를 알 수 없는 경우(동조 제2항, "가해자불명의 공동불법행위"), 그리고 교사·방조의 경우(제760조 제3항)로 구분할 수 있다.

④ 공동불법행위에 대한 민법 제760조에서는 공동불법행위자들은 "연대하여"(각자 일정한 비율만의 책임이 아닌 전 책임을 부담함) 그 손해를 배상할 책임이 있다고 규정하고 있다.

⑤ 민법상 다수의 채권자나 채무자가 존재하는 경우 분할채권·채무관계(제408조)가 되는 것이 원칙이지만, 공동불법행위에 있어서는 이러한 원칙에 대한 예외로서 공동불법행위자들에 대하여 연대채무를 부과하여 피해자로 하여금 손해배상채권의 실현을 확실하게 한 것이다.

⑥ 특히 공동불법행위자 중 1인이 무자력인 경우에도 그들은 '부진정연대채무관계'에 있게 되므로, 피해자는 자력이 있는 가해행위자에게 손해배상액 전부를 청구할 수 있어 공동불법행위자 중 1인의 무자력의 위험은 다른 공동불법행위자들이 부담하게 되는 결과가 된다.

- 부진정연대채무 : "하나의 동일한 급부에 대하여" "수인의 채무자가" "각기 독립하여" "그 전부를 급부해야 하는 의무를 부담하는 채무"

  부진정연대채무는 '주관적 공동관계가 없다'는 점에서 연대채무와 차이가 있다. 부진정연대채무에 관한 민법 규정은 없으며 대법원 판례에 의해 창설된 것이다. 부진정연대채무자 사이에는 구상관계가 당연히 발생하지는 않는다. 그러나 대법원 판례는 "공동불법행위"에 관하여만 구상관계를 인정하는 추세였으나 최근에는 그 외의 경우에도 일반적으로 구상관계를 인정하려는 태도를 보이고 있다(대판 2010.5.27., 2009다85861).

- 부진정연대채무관계로 보는 경우(법조문 또는 판례에 따를 때)
  - 법인의 불법행위책임(제35조 제1항)과 이사의 손해배상의무(제750조)
  - 피용자의 불법행위책임(제750조)과 사용자배상책임(제756조, 대판 1975.12.23., 75다1193)
  - 책임무능력자의 불법행위에 대한 법정감독의무자와 대리감독자의 책임(제755조)
  - 이행보조자의 책임(제750조)과 채무자의 손해배상의무(제390조, 제391조)
  - 공동불법행위자(제760조)
  - 채무불이행책임(제390조)과 불법행위책임(제750조)의 관계
  - 임대인의 이행보조자가 임차인으로 하여금 임차목적물을 사용·수익하지 못하게 함으로써 임대인은 채무불이행에 의한 책임을 지고 그 이행보조자는 불법행위책임(제3자의 채권침해에 의한 불법행위)을 지는 경우, 양 책임의 관계(대판 1994.11.11., 94다22446)
  - 어떤 물건에 대하여 직접점유자와 간접점유자가 있는 경우, 그에 대한 점유·사용으로 인한 부당이득의 반환의무는 동일한 경제적 목적을 가진 채무로서 서로 중첩되는 부분에 관하여는 일방의 채무가 변제 등으로 소멸하면 타방의 채무도 소멸하는 이른바 부진정연대채무의 관계에 있음(대판 2012.9.27., 2011다76747)

3. 불법행위책임의 효과 : 손해배상의 책임

(1) 손해배상의 범위와 당사자

① 손해 : 법익에 대한 비자발적 손실을 말한다.

② 손해 판단의 기준 : 차액설은 불법행위로 인한 재산상 손해는 위법한 가해행위로 인하여 발생한 재산상 불이익, 즉 그 위법행위가 없었더라면 존재하였을 재산상태와 그 위법행위가 가해진 현재의 재산상태의 차이를 말하는 것이다(대판 1998.4.24., 97다32215).

(2) 손해배상 청구권자 : 피해자

① 불법행위에 의한 손해배상청구권자는 직접 피해를 입은 피해자 자신인 것이 원칙이다.

피해자의 범위

자연인, 법인, 태아를 모두 포함한다. 비법인사단 및 비법인재단도 가능하다(단, 제752조는 이 원칙의 예외가 아님).

② 제752조가 규정하고 있는 생명피해자의 직계존·비속 또는 배우자의 손해배상청구권은 이들 자신이 입은 정신적 손해에 대한 배상이기 때문이다. 피해자의 직계존·비속 또는 배우자의 정신적 손해배상은 제750조 및 제751조의 일반원칙에 의하더라도 가능한 것임에도 굳이 제752조를 규정한 이유는 이들에게 있어서는 정신적 고통이 있다는 입증이 없이도 배상청구를 인정한 것으로 보아야 한다.

제752조(생명침해로 인한 위자료) 타인의 생명을 해한 자는 피해자의 직계존속, 직계비속 및 배우자에 대하여는 재산상의 손해없는 경우에도 손해배상의 책임이 있다.

(3) 손해배상청구의 상대방 : 손해배상 의무자

① 일반적 경우에 손해배상의 의무를 부담하는 자는 "타인에게 손해를 가한 자(제750조)"이다.

② 다만 가해자의 위법한 행위로 인해 가해자와 일정한 관계에 있는 자, 예컨대 감독의무자, 사용자, 도급인 등이 불법행위책임을 부담하는 경우도 있다.

③ 법인의 대표기관이 불법행위책임을 부담하는 경우에 있어서 대표기관이 부담하는 책임과는 별도로 법인이 불법행위책임을 부담하는 경우도 있다.

(4) 손해 야기행위의 금지청구권의 인정 여부[불법행위 중지 또는 금지청구권(유지청구권)]

① 명예는 생명·신체와 함께 매우 중대한 보호법익이고 인격권으로서의 명예권은 물권의 경우와 마찬가지로 배타성을 가지는 권리라고 할 것이므로 … 손해배상 또는 명예회복을 위한 처분을 구할 수 있는 이외에 인격권으로서 명예권에 기초하여 가해자에 대해 현재 이루어지고 있는 침해행위를 배제하거나 장래에 생길 침해를 예방하기 위하여 침해행위의 금지를 구할 수도 있다.

② 경쟁자가 상당한 노력과 투자에 의하여 구축한 성과물을 상도덕이나 공정한 경쟁질서에 반하여 자신의 영업을 위하여 무단으로 이용함으로써 ……. 위와 같은 무단이용 상태가 계속되어 금전배상을 명하는 것만으로는 피해자 구제의 실효성을 기대하기 어렵고 무단이용의 금지로 인하여 보호되는 피해자의 이익과 그로 인한 가해자의 불이익을 비교·교량할 때 피해자의 이익이 더 큰 경우에는 그 행위의 금지 또는 예방을 청구할 수 있다(대법원 판례).

(5) 손해배상의 방법 : 금전배상의 원칙

① 손해배상의 방법에 대해 민법 제763조는 제394조를 준용하고 있으므로 원칙적으로 금전배상의 방법에 의하게 된다.

② 금전배상 : 손해를 금전의 지급에 의하여 전보하는 것이다.

③ 재산적 손해는 물론 정신적 손해도 금전으로 평가하여 배상하게 된다.

④ 금전배상의 원칙에 대한 특칙

　㉠ 당사자가 불법행위 후에 금전배상 이외의 방법으로 배상하기로 약정한 경우에 그 약정은 유효하다(제763조, 제394조). 따라서 그 약정이 강행법규 등 사회질서에 반하지 않는 한 그 약정에 의한 배상방법에 따라 손해를 배상하여야 한다.

　㉡ 법률의 규정에 의하여 금전배상 이외의 방법에 의해 배상하도록 하는 경우가 있다. 민법 제764조는 "타인의 명예를 훼손한 자에 대하여는 법원은 피해자의 청구에 의하여 손해배상에 갈음하거나 손해배상과 함께 명예회복에 적당한 처분을 명할 수 있다"라고 하고 있다. 제764조의 적용을 위해서는 '피해자의 청구'가 있어야 한다. 즉 '적당한 처분'을 법원이 직권으로 할 수는 없다. 따라서 법원은 피해자가 청구한 경우에 그 청구 범위 내에서 위 처분을 명할 수 있다.

ⓒ 사죄광고의 위헌결정 : 제764조의 '명예회복에 적당한 처분'으로 종래에 사죄광고의 방법이 활용되었다. 그러나 이 방법은 억지로 사죄를 강요하는 결과가 되어 양심의 자유에 저촉된다는 점이 지적되었고, 결국 1991년 헌법재판소는, 민법 제764조의 '명예회복에 적당한 처분'에 사죄광고를 포함시키는 것은 헌법에 위반된다는 취지의 결정을 하였다.

(6) 손해배상액 결정 방법

손해배상의 범위에 관하여 민법은 계약위반으로 인한 손해배상에 관한 제393조를 불법행위책임에 준용하고 있다(제763조). 따라서 불법행위로 인한 손해배상은 불법행위로 인한 <u>통상의 손해</u>를 그 한도로 하며, 특별한 사정으로 인한 손해는 가해자가 그 사정을 알았거나 알 수 있었을 때에 한하여 배상의 책임이 있다.

(7) 손해배상의 범위[손해의 분류(재산적 손해와 비재산적 손해, 신뢰이익과 이행이익)]

① 적극손해 : 비용지출 등 재산상 감소

② 소극손해 : 얻었을 이익의 상실

③ 정신적 손해(위자료) : 정신적 고통에 대한 위자료이다. 교통사고가 발생했다고 하면, 지출하게 되는 진단비, 치료비, 입원비 등은 적극손해에 해당하고, 월 800만 원 소득자가 15일 입원하였다면 400만 원의 소득기회를 상실하였으므로 소극손해(일실손해)는 400만 원이 된다. 그리고 일정한 경우 정신적 고통에 대한 위자료가 인정될 수 있는데, 통상 큰 금액이 인정되기는 어렵다.

④ 손해배상은 통상의 손해를 그 한도로 한다(제763조, 제393조 제1항).

ⓐ 통상의 손해 : 당사자들이 일반적·객관적으로 당연히 그 채무불이행 / 불법행위로부터 발생하리라고 예상하였어야 할 손해를 말한다. 통상손해에 관하여는 채무자의 예견가능성 유무를 묻지 않고 그 전부에 대해 배상을 청구할 수 있다.

ⓑ 특별손해 : 채무불이행 / 불법행위로 인해 일반적으로 발생하는 손해가 아닌 것, 즉 채권자 / 피해자에게 존재하는 특별한 사정에 기초하여 발생하는 손해이다. 특별손해에 대해서는 채무자 /가해자가 원칙적으로 손해배상책임을 부담하지 않는다. 다만 채권자 / 피해자에게 존재하는 특별한 사정의 존재에 관해 채무자가 '알았거나 알 수 있었을 때'에는 예외적으로 배상책임을 진다(제763조, 제393조 제2항).

(8) 손해배상액의 조정 : 과실상계와 손익상계

① 손해발생사실, 원인과 인과관계, 액수까지 모두 입증을 마쳤다고 하더라도 손해배상청구권자가 얻은 이익이 있다면 공제하고, 또한 과실이 있다면 이를 고려하여 조정하는 것이다.

   예 움직이는 두 차량이 충돌하는 교통사고가 났을 때, 어느 일방이 사고 책임을 100% 지는 것이 아니라 8:2 또는 7:3과 같은 식으로 쌍방이 과실상계하는 경우

② 제396조(제763조에 의하여 불법행위에도 준용) : 채무불이행에 관하여 채권자에게 과실이 있는 때에는 법원은 손해배상의 책임 및 그 금액을 정함에 이를 참작하여야 한다(즉 법원의 재량이 반드시 참작해야만 함. 다만 그 비율은 법원의 재량이 인정될 수 있음). 그러나 이 제396조는 가해자(채무자)에게 독립된 청구권의 기초를 부여하는 것이 아니라 피해자의 손해배상청구권에 대한 이의를 인정하는 규정이다.

③ 손익상계의 법리가 피해자에 대한 이익반환청구권을 가해자에게 부여하는 것은 아니다. 즉 피해자가 얻은 이익은 손해를 산정함에 있어서 공제되어야 할 계산항목에 불과하다. 따라서 가해자는 손해(피해자에게 발생한)와 이익(피해자가 얻은)의 차액을 배상하면 된다. 그리고 당사자의 주장 여부에 관계없이 법원은 손해를 산정함에 있어서 이익을 공제하여야 한다.

02 | 계약의 성립

> [계약 성립의 다양한 모습]
> 1. 민법 규정에 의한 모습 : 청약과 승낙에 의한 계약 성립, 교차청약에 의한 계약 성립, 의사실현에 의한 계약 성립
> 2. 그 밖의 모습 : 사실적 계약론, 계약의 경쟁체결(경매, 입찰)

제1절 계약의 성립 요건 - 청약과 승낙

| Ⅰ | 계약의 성립요건 및 효력발생요건

1. 계약의 성립요건과 효력발생요건의 관계

(1) 계약의 성립과 그 효력

① 계약은 법률행위 중 하나이다. 법률행위의 성립요건과 효력발생요건이 구별되기 때문에 계약에도 동일한 원리가 적용된다.

② 원칙적으로 계약의 성립요건과 효력발생요건은 별개의 것이다. 계약의 유효·무효는 계약의 성립을 전제로 하여 계약이 목적한 대로 효과가 생기느냐 않느냐를 이야기하는 것으로서 계약이 불성립으로 끝난 경우에는 유효·무효의 문제는 생기지 않는다.

③ 계약 성립요건은 두 개 이상 의사표시의 객관적·주관적인 합치(합의)가 있어야 한다. 그러나 성립한 계약이 언제나 당사자가 원하는 대로의 효과를 발생하는 것은 아니며, 다시 계약의 종류와 유형별로 법이 정한 여러 가지 요건을 갖출 때에 비로소 효과가 발생하게 된다.

(2) 계약(법률행위)의 성립요건

① 일반적 성립요건 : 모든 법률행위에 공통적, 일반적으로 요구되는 성립요건을 말하며, 당사자, 목적, 의사표시가 이에 해당된다. 계약의 성립요건은 두 개 이상의 의사표시(청약, 승낙)가 객관적·주관적으로 합치하는 것, 즉 합의가 있어야 한다.

② 특별 성립요건 : 개별적인 특별한 법률행위에 있어서 법률의 규정에 의하여 부가적으로 요구되는 성립요건을 말하며 유언(단독행위)에 있어서의 방식, 혼인 또는 입양에 있어서의 신고, 대물변제(계약)에서의 급부, 질권설정계약에 있어서의 물건의 인도 등이 해당된다.

(3) 계약의 효력발생요건 : 보통 계약은 성립과 동시에 효력이 발생하나 정지조건·시기와 같은 효력의 발생을 막게 되는 사유가 있으면 계약의 성립시기와 효력발생시기가 달라질 수 있다.

  ① 일반적 효력요건 : 모든 법률행위에 공통적으로 요구되는 효력요건이다.
    ㉠ 당사자가 권리능력, 의사능력, 행위능력을 가질 것
    ㉡ 법률행위의 내용의 확정성, 가능성, 적법성, 사회적 타당성의 존재
    ㉢ 의사표시에 있어서 의사와 표시가 일치하고, 의사표시에 하자가 없을 것
  ② 특별 효력요건 : 개인의 특수한 법률행위에 있어서 요구되는 효력요건으로 대리행위에 있어서 대리권의 존재, 미성년자 또는 피한정후견인의 법률행위에서의 법정대리인의 동의, 유언에 있어서의 유언자의 사망, 조건부 또는 기한부 법률행위에 있어서의 조건의 성취, 기한의 도래 등이 해당된다.

(4) 계약의 일반적인 효력발생요건

  ① **내용의 확정성** : 계약 내용이 확정되어 있거나 또는 확정할 수 있어야 한다. 계약의 내용이 확정되어 있지 않거나 또는 해석을 통하여 확정할 수도 없는 경우에 그 계약은 무효이다. 확정성은 법률적·사실적인 면에서 양자 모두 확정될 수 있는 것이어야 한다.
  ② **내용의 실현가능성** : 계약 내용은 실현 가능한 것이어야 한다. 그 때와 그 곳에 있어서의 사회적 경험칙에 따라 실현이 불가능한 급부를 목적으로 하는 계약은 효력을 발생할 수 없다. 이는 당연한 이치이며 특별한 명문의 규정을 필요로 하지 않는다.
  ③ **내용의 적법성과 사회적 타당성** : 계약의 내용은 적법하고 사회적 타당성이 있어야 유효하다. 강행법규에 반하는 내용의 계약이나 또는 선량한 풍속, 기타의 사회질서에 위반하는 사항을 내용으로 하는 계약은 무효이다(제103조, 제105조). 이와 같은 계약내용의 적법성과 사회적 타당성도 때와 곳에 따라 의미가 달라질 수 있다.

(5) 불능과 계약의 효력

객관적 불능	전부 불능	무 효	계약체결상의 관실 책임	–
	일부 불능	전부 무효	담보책임으로 처리	토지 700평 매매계약 – 150평 부족한 경우
주관적 불능	전부 불능, 일부 불능	전부 무효	담보책임으로 처리	–
후발적 불능	매도인 잘못 O	일단 무효	채무불이행	모두 담보책임과 무관
	매도인 잘못 X		위험부담	

  ① 불능은 사회생활에 있어서의 경험칙, 즉 이른바 거래상의 통념에 의하여 결정되는 것이고, 자연과학적인 의미에 있어서의 불능을 말하는 것은 아니다.
  ② 구별 기준이 되는 시점은 원시적 불능은 효력 발생 기준 시로 판단하고, 후발적 불능은 행위 발생 기준 시를 기점으로 판단한다.
  ③ **원시적 불능** : 처음부터 이행이 불능한 것이다. 채무의 이행이 가능하다는 것이 채권 성립 이전에 확립되어 있는 것을 말한다.
    예 이미 소실한 주택을 매매하는 경우 그 계약에 의거한 채권은 당연히 성립되지 않는다. 따라서 그 채권의 목적으로 하는 법률행위는 무효이다.

④ **후발적 불능** : 계약체결(법률행위) 후에 이행이 불가능하게 된 경우이다.

　　[예] 매매계약을 체결한 이후 이행기 도래 전에 주택이 소실된 경우

⑤ **원시적 불능과 후발적 불능 효과** : 모두 결과적으로 불능인 것은 동일하지만 발생하는 법률 효과는 다르다.

　　㉠ 원시적 불능이면 그 계약은 효력을 발생할 수 없고 무효이다. 무효가 되면 이전에 한 법률행위로 발생한 금전적 문제는 부당이득 반환 및 신뢰이익 손해배상 청구권 문제가 발생한다. 다만, 그러한 원시적 불능의 계약을 체결하는 데 과실이 있는 자는, 이른바 계약체결상의 과실책임으로서 일정한 손해배상의무를 지게 된다.

✚ **더 알아보기**

계약체결상의 과실책임(제535조)
원시적 불능인 계약(= 무효)을 체결하여 상대방에게 손해를 입힌 경우에 그 손해를 배상할 책임

　　㉡ 후발적 불능의 경우에는 불능으로 거래에 영향을 미치지 않으므로, 해제권이 행사되기 전까지는 유효한 법률행위이다. 후발적 불능에 채무자에게 귀책사유가 있다면 채권자는 채무불이행책임을 물어 해제권, 손해배상청구권, 대상 청구권을 행사하여 자신의 재산을 보전할 수 있다. 후발적 불능에 채무자와 채권자 쌍방의 귀책이 없다면(천재지변, 제3자의 방화, 수용) 위험부담의 문제가 되며, 원칙적으로 채무자가 반대급부 위험을 부담한다. 하지만 예외적으로 채권자 지체 중의 불능이거나 채권자 귀책에 의한 불능인 경우에는 채권자가 반대급부 위험을 부담한다.

⑥ 원시적 불능과 후발적 불능은 계약상 급부가 불능이라는 점에서 같고, 다만 발생시기만 다를 뿐이다. 그런데 우리 민법은 원시적 불능을 무효로 한다는 명문의 규정이 없음에도 불구하고 다수설과 판례는 원시적 불능은 무효라는 입장을 취하고 있다. 따라서 원시적 불능의 효과로서 계약은 무효이고 계약체결상의 과실책임(제535조)에 따른 신뢰이익의 배상을 요구하고 후발적 불능의 효과로서 계약은 유효하고 채무자는 채무불이행책임을 부담하여 이행이익의 배상을 요구한다. 그러나 각종 국제적 협약(예 Cisg, Picc, Pecl)에서는 원시적 불능도 유효하다는 전제에서 규율하거나 명문의 규정을 두고 있고 이에 따라 2002년 독일민법 개정으로 독일에서도 원시적 불능은 유효하며 채무자가 계약체결당시 그 사실을 알았거나 알 수 있었을 경우 채권자는 급부에 갈음하는 손해배상(이행이익의 배상)을 청구할 수 있다는 입장으로 변화하였다. 따라서 향후 우리 판례에서도 이에 대한 전향적 재검토가 필요하다.

⑦ **일부 불능과 전부 불능** : 민법상 명문 규정이 없다.

　　㉠ 일부 불능 : 법률행위의 일부무효의 법리를 적용

　　㉡ 전부 불능 : 무효

　　㉢ 급부의 일부가 불능이면 그러한 계약을 맺지 않았으리라고 인정되는 경우에는 계약은 무효이나, 일부가 불능이더라도 나머지의 가능한 부분에 관하여 계약을 하였으리라고 인정되는 경우에는 그 부분에 관하여 계약은 효력이 생긴다.

　　㉣ 민법은 매매목적물이 원시적으로 일부 불능일 경우에 관하여 매도인의 담보책임을 인정하는 규정을 두고 이를 다른 유상계약에 준용하고 있다. 매매에 관한 규정의 준용이 없는 계약인 경우에는 민법 제137조(법률행위의 일부무효)의 규정에 의하여 해결하여야 한다.

부동산 매매계약에 있어서 실제면적이 계약면적에 미달하는 경우에는 그 매매가 수량지정매매에 해당할 때에 한하여 민법 제574조, 제572조에 의한 대금감액청구권을 행사함은 별론으로 하고 그 매매계약이 그 미달 부분만큼 일부무효임을 들어 이와 별도로 일반 부당이득 반환청구를 하거나 그 부분의 원시적 불능을 이유로 민법 제535조가 규정하는 계약체결상의 과실에 따른 책임의 이행을 구할 수 없다(대판 2002.4.9., 99다47396).

(6) 계약서 작성은 계약 성립의 필수 요소인가?

① 법률의 규정에 의하여 계약서를 작성해야 비로소 계약이 성립하는 경우가 있다.

〖예〗국가가 경쟁입찰의 방법으로 계약을 체결하는 경우에는 계약서의 작성이 있을 때에 계약이 성립하는 것으로 해석된다(국가를 당사자로 하는 계약에 관한 법률 제11조).

➕ 더 알아보기

국가를 당사자로 하는 계약에 관한 법률 제11조(계약서의 작성 및 계약의 성립)
① 각중앙관서의 장 또는 계약담당공무원은 계약을 체결할 때에는 다음 각 호의 사항을 명백하게 기재한 계약서를 작성하여야 한다. 다만, 대통령령으로 정하는 경우에는 계약서의 작성을 생략할 수 있다.

② 계약서 의무 작성에 관한 명문의 규정이 없는 경우에는 계약서의 작성은 계약의 성립 그 자체의 요건은 아니며, 원칙적으로 그것은 계약의 성립을 증명하는 증거일 뿐이다.

③ 거래의 실제에 있어서 계약의 대강에 관하여 합의를 하고, 뒷날에 상세한 계약내용을 포함하는 계약서를 작성하는 것으로 약속하는 경우에 계약의 성립이 있는 것으로 보아야 하는가? 이는 의사표시의 해석문제가 된다.

㉠ 그 계약서의 작성이 있을 때까지는 효과를 발생시키지 않겠다는 의사표시가 있는 것으로 보는 경우에는 계약서의 작성이 없는 한 그 계약은 성립하지 않는다.

㉡ 그러나 계약서의 작성이 계약을 확인하기 위한 것에 지나지 않는 것일 경우에는 합의에 의하여 계약은 이미 성립하고 있다고 하여야 한다.

(7) 계약의 효력 : 권리·의무의 발생 및 구속력

① **구속력** : 계약이 체결되면 양 당사자는 계약의 내용에 따른 권리와 의무를 취득하며 계약 당사자는 계약상 의무를 이행하여야 하는 책임을 진다.

〖예〗매매의 경우 매도인에게는 목적물을 이전할 의무와 대금을 청구할 권리가 발생하게 된다. 매수인에게는 대금을 지급할 의무와 목적물의 이전을 청구할 권리가 발생한다. 이런 권리에 대응한 이행의무를 다하지 못하면 채무불이행이 되며 그에 대한 책임을 져야 한다.

② **쌍무계약의 효력** : 민법상 전형계약과 그 밖의 비전형계약의 대부분은 쌍무계약의 성격을 갖는다. 쌍무계약에서는 매매에서와 같이 양 당사자가 서로 대가적 의미를 지니는 채무를 부담하게 된다. 쌍무계약은 양 당사자의 채권과 채무는 서로 동시에 이행되어야 하는 긴밀한 의존관계를 갖는다. 따라서 계약 당사자는 상대방이 채무를 이행할 때까지 자기의 채무이행을 거절할 수 있는 동시이행의 항변권을 갖는다. 또한 일방의 채무가 당사자 쌍방의 책임 없는 사유로 소멸한 경우에는 상대방의 채무이행도 요구하지 못하도록 하는 위험부담이 발생한다.

甲은 자기 소유 아파트를 팔기 위해 乙이 운영하는 부동산중개소에 매매목적물을 내놓았다. 丙이 甲이 내놓은 아파트가 마음에 들어 2023년 3월 1일 乙의 부동산중개소에서 乙의 입회 하에 甲과 5억 원에 매매하는 매매계약서를 작성하였고 이날 丙은 계약금으로 5천만 원을 甲에게 지급하였다. 그런데 甲은 도장을 가지고 있지 않았기 때문에 한달 후 중도금 3억 원을 받는 날인 4월 1일에 매매계약서에 도장을 찍기로 하고 우선 계약금 5천만 원을 받고 영수증에 서명하였다.

(1) 만약 계약 체결 이후 갑자기 아파트시세가 엄청 올랐고 甲이 아파트를 팔고 싶지 않아서, 甲은 아직 계약서에 도장을 찍지 않았으니 계약은 무효라고 주장하려 한다면?
(2) 甲이 계약금을 돌려주고 계약을 해제하고 싶다면 어떻게 해야 하는가?
(3) 만일 중도금 3억 원까지 丙이 甲에게 지급한 후라면 어떻게 되는가?
(4) 甲에게 중도금 3억 원을 지급한 후 丙은 나머지 잔금 1억 5천만 원을 모두 마련하지 못해 9천만 원이 부족한 상태이다. 이에 丙은 나머지 잔금은 마련하기 힘드니 甲이 이 아파트를 은행에 담보로 제공해서 丙이 은행에서 9천만 원의 융자를 받게 해달라고 요청하였고, 이에 甲은 거절하였다. 그러자 丙은 먼저 등기를 넘겨주면 자기 명의로 9천만 원의 융자를 받아 잔금을 치르겠다고 하면서 잔금 지급을 이행하지 않았다. 이에 甲은 어떻게 해야 하는가?
(5) 만약 甲에게 丙은 중도금까지 지급한 이후 甲이 丙의 요청을 받아들여 잔금 지급 전에 丙에게 미리 소유권 이전등기를 해주었다. 丙은 A신용금고에서 이 아파트에 저당권을 설정하고 9천만 원을 융자받는데 丙은 융자금 중 7천만 원을 다른 용도에 사용하고 잔금의 일부인 8천만 원만을 甲에게 지급하였다. 잔금일까지 丙은 잔금을 모두 지급하지 못해 甲이 계약을 해제하였으며, 甲은 A신용금고에게 저당권 등기를 말소하라고 요구하였다. A신용금고는 등기를 말소해 주어야 하는가?

(1) 중요한 계약은 문서로 작성하는 것이 보통이다. 그러나 법률상으로는 합의만으로도 계약은 성립하는 것이다. 만약 甲이 계속해서 계약이 성립되지 않았다고 주장하고 중도금과 잔금을 받기를 거부하면, 丙은 중도금 날짜와 잔금 날짜에 중도금과 잔금을 주고 등기이전과 아파트의 인도를 요구하면 된다. 계속해서 甲이 받기를 거부하면 공탁을 하면 된다.
(2) 계약금은 세 가지 의미를 가지고 있는 것으로 이해된다.
   ① 당사자 사이에 계약이 체결되었다는 증거인 증약금으로서의 작용
   ② 계약을 이행하지 않는 경우에 부과되는 위약금 또는 손해배상액의 예정으로서의 작용
   ③ 일정기간 동안 계약을 해제할 수 있는 권한을 계약당사자에게 부여하는 해약금으로서의 작용. 우리 민법은 계약금을 계약의 해제권을 보류하기 위해 수수되는 금전인 해약금으로 추정하고 있으며 이 경우 상대방이 이행에 착수할 때까지 계약금을 교부한 당사자는 계약금의 반환을 포기하고 계약을 해제할 수 있고, 계약금을 교부받은 당사자는 계약금의 2배를 반환하고 계약을 해제할 수 있다.
(3) 매매계약은 계약 후라도 판 매도인은 계약금의 배액을 물어주고 계약을 해제할 수 있다. 그러나 이 해제는 일정한 시기적 제한이 있다. 즉 상대방이 이행에 착수하기 전까지이다. 통상 매수인이 매도인에게 계약금 외에 중도금까지 지급하였다면 그는 이미 이행에 착수한 것으로 평가되어, 매수인의 권리보호를 위하여 계약금 배액을 물어주고 계약을 해제할 수 없다.
(4) 쌍무계약에서 각자의 의무는 특별한 어느 한 쪽이 그 의무를 먼저 이행한다는 약정(특약)이 없는 한, 동시에 이행하면 된다. 즉 상대방이 상대방의 의무를 이행하지 않는 한 자기도 그 의무를 이행할 필요가 없다는 뜻이다. 위의 사례에서 丙이 잔금을 치르지 않으면서 등기 이전을 요구할 때 甲은 잔금을 받기 전까지는 등기 이전을 거절할 수 있다. 따라서 甲은 동시이행의 항변권을 행사하면 된다.
(5) 계약이 일단 적법하게 해제되면 계약당사자는 원상회복의무를 진다. 따라서 매도인은 매수인에게 대금을 돌려주고, 매수인이 등기를 이미 마친 경우라면 등기를 말소해 주어야 한다. 그리고 아직 이행하지 않고 있는 계약상의 의무는 이행할 필요가 없다.
   그런데 민법은 계약이 해제되더라도 선의의 제3자의 권리는 해하지 못한다고 규정하고 있다. 즉 계약해제 이전에 그 계약 목적물에 대하여 이해관계를 갖고 있던 선의의 제3자에게는 계약당사자가 해제의 효과를 주장하지 못한다.

따라서 위 사례에서 丙의 잔금지급의무 불이행으로 계약이 해제되었는데, 그 해제이전에 목적물에 대해 저당권을 취득한 제3자인 신용금고의 권리는 보호된다. 결국 甲은 집을 되찾으려면 9천만 원을 A신용금고에 물어주고 저당권설정등기를 말소한 다음 손해 본 금액은 丙에게 청구할 수밖에 없다.

| Ⅱ | 청약과 승낙에 의한 계약 성립

1. 청약

(1) 계약 성립의 요건

① 계약이 성립하려면 청약·승낙이라고 하는 서로 대립하는 두 의사표시가 객관적·주관적으로 합치하는 것, 즉 합의가 있어야 한다.

  예 갑이 토지를 팔겠다고 의사표시를 하고 을이 그것을 사겠다고 의사표시를 하여 두 개의 의사표시가 합치하는 경우(계약의 성립)에 갑의 의사표시를 '청약'이라고 하고, 을의 의사표시를 '승낙'이라고 한다.

② 낙성계약에서는 당사자 간의 의사합치만 있으면 계약이 성립한다. 요물계약에서는 당사자 간의 의사합치 이외에 일정한 급부가 있어야 계약이 성립한다.

③ 당사자 의사에 의한 계약의 성립 : 계약당사자의 서로 대립하는 수 개의 의사표시의 합치

  ㉠ 청약에 대한 승낙에 의하여 성립한다.

  ㉡ 계약의 성립에는 서로 대립하는 복수의 의사표시의 합치가 필요불가결의 요건이다.

  ㉢ 계약에 따라서 합의 이외에 일정한 요건사실의 구비가 요구되는 경우도 있지만(요물계약), 근대민법에서는 합의가 기본이다.

④ 합의가 성립하기 위하여는 양 당사자의 의사표시가 객관적, 주관적으로 합치되어야 한다.

  ㉠ 객관적 합치 : 수 개의 의사표시에 객관적 내용이 서로 합치된다.

  ㉡ 주관적 합치 : 상대방의 의사표시와 결합하여 계약을 성립시킨다(의사표시의 상대방이 누구냐에 관하여 잘못이 없는 것).

⑤ 불합의와 착오

  ㉠ 불합의 : 양 당사자의 의사표시의 불합치에 의한 계약의 불성립

  ㉡ 착오 : 의사와 표시라는 한 사람의 문제

  ㉢ 의식적 불합의 : 당사자가 의식적으로 의사표시를 불합치하게 한 경우

  ㉣ 무의식적 불합의

    • 무의식적으로 의사표시가 불합치에 이르게 한 경우

    • 의사표시의 불합치가 있게 되면 계약은 성립하지 않음

⑥ 청약과 승낙 이외에 다른 방법에 의한 계약성립 : 예외적으로 청약만으로 성립하거나[예 호텔방을 예약하는 행위(의사실현)], 쌍방의 당사자가 동일내용의 청약(교차청약)을 하는 경우에도 계약이 성립하기도 한다(제533조).

(2) 청약의 법적 성질

① **개념** : 청약이란 이에 대응하는 상대방의 승낙과 결합하여 일정한 내용의 계약을 성립시킬 것을 목적으로 하는 일방적·확정적 의사표시이다. 청약은 확정적 의사표시여야 하므로 불확정한 의사표시는 청약이 아니다.

　㉠ 갑이 막연히 소유 주택을 매도할 의사가 있다고 말한 것은 청약이 아니다.

② 청약은 하나의 의사표시이다. 그러나 청약만으로 계약이 성립하지는 않으므로 법률행위는 아니고 계약이라는 법률요건의 요소가 되는 법률사실이다.

③ 청약은 장차 계약의 당사자가 될 특정인에 의하여 행하여져야 함은 물론이나 청약자가 누구이냐가 그 청약의 의사표시 속에 명시적으로 표시되어야 하는 것은 아니다(즉, 상대방은 특정인이 아니더라도 상관없음).

　㉠ 자동판매기의 설치, 신문광고 등에 의한 익명의 청약은 유효하다.

　㉠ 버스의 정류소에서의 정차 등 불특정 다수인에 대한 청약은 유효하다.

④ 청약은 그에 대응하는 승낙만 있으면 곧 계약이 성립하는 확정적 의사표시이다. 계약의 성립은 승낙의 유무에 의하여 좌우되고, 청약자가 따로 어떤 의사표시를 할 필요는 없다. 이와 같이 청약은 승낙과 합해서 계약을 성립시키는 계약 자체의 구성요소이므로 계약체결의 준비행위와는 구별하여야 한다.

　㉠ 타인을 꾀어내서 자기에게 청약을 하게 하려는 행위, 이른바 청약의 유인이나 또는 계약을 체결해도 좋다는 생각이 있다는 사실의 통지와 같은 것은 청약으로 인정할 수 없다. 이들 행위에 있어서는 행위자가 상대방의 승낙의 의사표시만 있으면 무조건 계약을 성립시켜도 좋다는 정도의 확실한 의사를 표시하고 있는 것이 되지 못하기 때문이다.

⑤ 청약에 대하여 승낙이 있게 되면 곧 계약은 성립하게 되므로 청약은 계약의 내용을 결정할 수 있을 정도의 사항을 포함하는 것이 필요하다. 그러나 청약 자체 속에 계약의 중요 내용이 반드시 표시되어야 하는 것은 아니다. 예약·청약의 유인·종래의 거래관계·지방적 관습 기타의 여러 사정으로부터 그러한 사항이 밝혀지는 것이면 충분하다. 계약의 중요 내용을 상대방이 확정하도록 맡기는 것도 가능하다.

　㉠ 상품목록, 보통거래약관, 거래관행, 계약의 해석 등에 의하여 확정할 수도 있다.

　㉠ 청약자가 어떠한 계약을 체결하려고 하는지를 상대방이 알 수 있으면 청약이지만, 이에 반해 구인광고, 상품목록의 배부, 상가나 아파트 분양광고는 일반적으로 청약의 유인이다.　·

판례

청약의 의사표시
사용자가 계약기간이 만료될 무렵 재계약 대상자 명단을 공고한 것만으로는 재계약의 청약이라고 볼 수 없다(대판 1998.11.27., 97누14132).

(3) 청약의 유인

① 개념 : 상대방으로 하여금 자기에게 청약을 하게 하려는 촉구행위

② 청약의 유인에 의하여 꾐을 받은 자가 의사표시를 하더라도 이것은 상대방이 청약한 것에 불과하므로 그 자체만으로는 계약은 성립하지 않는다. 그런 상대방의 의사표시가 새로운 청약이 되며 다시 유인한 자가 승낙의 의사표시를 함으로써 비로소 계약은 성립한다.

　　예 구인광고·물품판매광고·상품목록의 배부 등

③ 청약의 유인과 청약의 구분 기준 : 상대방이 승낙의 의사표시를 하면 계약을 성립시키겠다는 확정적 의사의 존재 여부, 제안에 법적으로 구속되려는 의사를 표시하였는지 여부, 개개의 행위가 가지는 사회적 의미를 밝히거나, 그 밖에 당사자 사이의 종래의 거래관계, 지방적 관습 등을 고려해서 결정한다.

　　㉠ 그 행위가 계약의 내용을 지시하고 있느냐 여부 : 지시하고 있지 않으면 청약의 유인에 불과하다.

　　㉡ 계약 당사자가 누가 되더라도 상관없는 성질의 것이냐 여부 : 당사자에게 중점을 두는 경우에는 청약의 유인이다.

　　　　예 청약의 유인 : 공동주택의 분양광고, 상품 광고, 구인광고, 입찰안내공고, 상점에서 단순한 상품진열, 버스·지하철 정차

　　　　예 청약 : 정찰가격이 붙은 상품 진열, 자동판매기 설치, 셀프판매점에서 상품진열, 주문하지 않은 물건이 송부되어 온 경우. 그러나 자동판매기, 셀프판매점의 진열대에 상품이 전혀 없는 경우에는 청약이나 청약의 유인이 아니며, 계약 불성립 문제일 뿐이다.

④ 청약의 유인이 되는 경우 : 특정인에 대한 것은 청약이고, 불특정인에 대한 것은 청약의 유인인 경우가 많다. 불특정인에 대한 경우에도 계약당사자가 될 상대방이 누구이든 그 개성을 묻지 않는 것일 때에는 청약이고, 개성을 중요시하여 상대방을 선택할 여지를 남겨두고 있다고 볼 수 있는 경우에는 청약의 유인이다. 행위에 의하여 표시된 계약 내용에 관하여 아무런 유보를 하고 있지 않은 경우에는 청약이나 그렇지 않은 경우에는 청약의 유인이다.

판례

상가나 아파트의 분양광고의 내용은 청약의 유인으로서의 성질을 갖는 데 불과하다(대판 2014.2.13., 2013다201394).

---

⑤ '청약'과 '청약의 유인'을 구분하는 이유

　　㉠ 구속력 인정 여부 : 청약의 유인에서 제시한 내용은 계약의 내용에 포함되지 않는 반면 청약의 제시 내용은 계약 내용에 포함된다.

　　㉡ 철회 가능성 : 청약은 도달한 이후에는 철회할 수 없다.

　　㉢ 계약의 성립시기 : 청약과 승낙의 합치 시점에 계약은 성립한다.

상가를 분양하면서 그 곳에 첨단 오락타운을 조성·운영하고 전문경영인에 의한 위탁경영을 통하여 분양계약자들에게 일정액(월 100만 원) 이상의 수익을 보장한다는 광고를 하고, 분양계약체결 시 이러한 광고 내용을 계약 상대방에게 설명하였다 하더라도, 체결된 분양계약서에는 이러한 내용이 기재되어 있지 않은 점과 그 후의 위 상가 임대운영경위 등에 비추어 볼 때, 위와 같은 광고 및 분양계약 체결 시의 설명은 청약의 유인에 불과할 뿐, 상가 분양계약의 내용으로 되었다고 볼 수 없고, 따라서 분양회사는 위 상가를 첨단 오락타운으로 조성·운영하거나 일정한 수익을 보장할 의무를 부담하지 않는다(대판 2001.5.29., 99다55601).

(4) 청약의 구속력

① 청약의 구속력(청약 철회의 제한) : 본래 청약은 법률행위가 아니므로 그 자체만으로는 아무런 효력이 없는 것이어서 자유로이 철회할 수 있는 것이다. 그러나 청약자가 청약을 마음대로 철회할 수 있다면 신의를 바탕으로 하는 거래는 그 안전을 유지할 수 없고 상대방에게 부당하게 손해를 줄 염려가 있게 된다. 따라서 민법은 "계약의 청약은 이를 철회하지 못한다(제527조)"고 규정하고 있다(청약 의사표시 도달 후에 철회금지함).

② 만약 청약을 철회하더라도 상대방에게 부당한 결과가 초래하지 않는 경우에는 청약의 구속력은 배제될 수 있다. 민법 제527조를 임의법규로 해석한다.

➕ 더 알아보기

예외적으로 청약을 철회할 수 있는 경우
• 청약자가 철회권을 유보하고 청약한 경우
• 불특정인에 대한 청약
• 승낙기간을 정하지 않은 대화자 간의 청약 : 상대방은 즉시 승낙을 하거나 유예기간을 요청할 수 있기 때문임
• 청약 후 청약의 기초가 된 사정에 현저한 변화가 있는 경우 등

③ 철회권 유보제도(Cooling-off 제도) : '방문판매 등에 관한 법률'과 '할부거래에 관한 법률'에서 계약서를 교부받은 날 또는 계약서를 교부받지 아니한 경우에는 목적물의 인도를 받은 날로부터 방문판매의 경우에는 14일, 할부거래의 경우에는 7일 이내에 서면으로 그 계약에 관한 청약을 철회할 수 있는 철회권 유보제도를 규정하고 있다. 계약 성립 후에도 소비자가 계약의 청약을 철회하여 실효시킬 수 있다는 점에서 민법 제527조에 대한 특칙이다.

④ 사정변경의 원칙과 청약의 철회
 ㉠ 청약 후 청약의 기초가 된 사정이 현저하게 달라진 경우에는 사정변경의 원칙에 따라 청약의 철회를 인정할 수 있다.
 ㉡ 적용 요건
  • 기초가 된 사정의 현저한 변화
  • 청약자의 예견 불가능
  • 구속력 존속의 객관적 부당성
 ㉢ 그러나 청약자가 사정 변경 후 지체 없이 청약을 철회하지 않거나 청약자가 사정변경의 위험을 스스로 인수한 경우에는 철회할 수 없다.

(5) 청약의 효력

① 청약은 의사표시이므로 민법상 의사표시의 효력발생에 관한 일반규정(제111조 제1항)이 적용된다 (도달주의).

② 청약은 상대방이 <u>특정인</u>인 때에는 도달한 때, 상대방이 불특정인 때에는 그 내용을 안 때에 효력이 발생한다. 그러나 <u>격지자 간 계약은 승낙의 통지를 발송한 때에 성립한다</u>(제531조).

③ 청약이 상대방에게 도달하기 전에는 청약자는 그의 청약을 철회할 수 있다.

④ 청약 발신 후 도달 전에 청약자가 사망하거나 행위능력을 상실한 경우에는 청약의 효력에 영향을 미치지 않는다(제111조 제2항).

⑤ 청약도달 후 상대방이 승낙의 의사표시를 하기 전에 청약자가 사망하거나 행위능력을 상실한 경우에는 청약은 도달에 의하여 효력을 발생한다.

⑥ 사망한 경우에는 청약의 내용이 청약자의 상속인에게 청약자의 지위가 승계될 수 있는가 하는 문제가 발생한다. 일반적으로 청약자의 지위가 상속되지만, 당사자의 인격·개성을 중요시하는 계약(예 고용, 위임, 조합 등)에 있어서는 청약자가 사망하여도 청약자의 지위는 상속되지 않는다.

(6) 청약의 실질적 효력(승낙적격)

① 승낙적격 : 청약이 승낙과 결합하여 계약을 성립시키는 효력이다(청약에 대한 승낙만 있으면 계약이 성립하는 효력).

② 청약의 승낙적격은 청약수령자가 승낙의 의사표시를 하여 계약을 성립시킬 수 있는 법률상의 지위(일방적 의사표시에 의하여 채권관계 발생하게 하는 형성권)를 부여한다.

③ 청약은 어떤 법률상의 의무를 청약수령자에게 부담시키지는 않는다.

④ 승낙은 청약의 효력이 발생한 때로부터 소멸한 때까지의 사이에 행하여야 한다.

⑤ 청약의 승낙적격은 '청약의 존속기간'(승낙을 할 수 있는 기간)이 된다.

⑥ 청약이 승낙적격을 갖는 기간을 '승낙기간'이라 부른다.

(7) 청약의 승낙기간

청약의 존속기간이며, 기간 내에 승낙이 이루어져야 한다.

① 청약자가 승낙기간을 정한 청약을 한 경우 : 그렇게 정한 기간이 승낙기간이 된다.

    ㉠ 기간 내에 승낙이 청약자에게 도달해야 하며, 승낙기간이 지난 후에 도달하면 청약은 효력을 상실한다.

    ㉡ 승낙의 통지가 보통의 경우에는 기간 내에 도달할 수 있는데, 승낙기간이 지나서 청약자에게 도달하면 청약자는 지체 없이 상대방에게 연착의 통지를 해야 한다.

② 청약자가 승낙기간을 정하지 않고 청약한 경우 : '상당한 기간'이 승낙기간이 된다.

    ㉠ 청약자가 상당한 기간 내에 승낙의 통지를 받지 못하면, 청약의 승낙적격은 상실한다.

    ㉡ 승낙이 상당한 기간이 지난 후에 도달해도 이러한 사실을 청약자가 적극적으로 통지할 의무가 없다. 상당한 기간이 지나서 도달한 승낙은 역시 새로운 청약으로 볼 수 있다.

    ㉢ 연착된 승낙에 대해서는 청약자가 다시 승낙하여야 계약이 성립한다.

⑩ 갑이 사과 1상자 당 5만 원에 총 50개 상자를 을에게 팔겠다는 의사표시(청약)를 하였는데, 을은 이에 대해 사과 1상자 당 4만 원의 가격으로 총 50개 상자를 구매하겠다는 승낙을 하였다. 이에 대해 갑은 을이 제시한 가격에는 팔 의사가 없다고 하자, 을은 당초 갑이 제시한 1상자 당 5만 원으로 총 50개 상자를 구입하겠다고 갑에게 의사표시를 하였다. 이 경우 을이 최종적으로 1상자 당 5만 원의 가격으로 총 50개 상자의 사과를 갑으로부터 구매하겠다는 매매계약이 성립하는 것은 아니다. 갑이 을의 청약에 대해 승낙해야만 계약은 성립한다.

판례

청약이 상거래관계에 있는 자 사이에 그 영업부류에 속하는 계약에 관하여 이루어진 것이어서 상법 제53조가 적용될 수 있는 경우가 아니라면, 청약의 상대방에게 청약을 받아들일 것인지 여부에 관하여 확답할 의무가 있는 것이 아니므로, 청약자가 미리 정한 기간 내에 상대방이 이의를 제기하지 아니하면 승낙한 것으로 간주한다는 뜻을 청약 시에 표시하였다고 하더라도 이는 상대방을 구속하지 아니하고 그 기간은 경우에 따라 단지 승낙 기간을 정하는 의미를 가질 뿐이므로 그 기간이 도래하면 청약이 실효하게 된다(대판 1999.1.29., 98다48903).

2. 승 낙

(1) 승낙의 성립 요건

① 승낙 : 청약에 대응해서 계약을 성립시킬 것을 목적으로 하는 청약수령자의 청약자에 대한 의사표시이다.
　　㉠ 주관적 합치 : 승낙은 특정한 청약에 대하여 계약을 성립시킬 의사로 청약자에게 하여야 한다.
　　㉡ 객관적 합치 : 승낙은 청약의 내용과 객관적으로 합치되어야 계약이 성립한다.
② 청약과는 달리 불특정다수인에 대한 승낙이 있을 수 없고 청약자에 대해 승낙하여야 한다.
③ 청약수령자가 승낙을 할 것인지의 여부는 그의 자유이다(단, 예외 규정 있음).
④ 청약수령자에게 승낙의무를 부과한 민법 및 상법 규정
　　㉠ 예외 1 : 거래관습 또는 공익적 견지에서 법률이 계약체결을 강제하는 경우(제285조, 제316조)
　　㉡ 예외 2 : 상사계약에서는 지체 없이 승낙여부의 의사표시를 발송하여야 하고 이를 해태한 경우에는 승낙한 것으로 본다(상법 제53조).

✚ 더 알아보기

• 제285조(수거의무, 매수청구권) ① 지상권이 소멸한 때에는 지상권자는 건물 기타 공작물이나 수목을 수거하여 토지를 원상에 회복하여야 한다.
② 전항의 경우에 지상권설정자가 상당한 가액을 제공하여 그 공작물이나 수목의 매수를 청구한 때에는 지상권자는 정당한 이유 없이 이를 거절하지 못한다.
• 제316조(원상회복의무, 매수청구권) ① 전세권이 그 존속기간의 만료로 인하여 소멸한 때에는 전세권자는 그 목적물을 원상에 회복하여야 하며 그 목적물에 부속시킨 물건은 수거할 수 있다. 그러나 전세권설정자가 그 부속물건의 매수를 청구한 때에는 전세권자는 정당한 이유 없이 거절하지 못한다.
② 전항의 경우에 그 부속물건이 전세권설정자의 동의를 얻어 부속시킨 것인 때에는 전세권자는 전세권설정자에 대하여 그 부속물건의 매수를 청구할 수 있다. 그 부속물건이 전세권설정자로부터 매수한 것인 때에도 같다.

(2) 승낙의 방법

① 승낙 방법에는 원칙적으로 제한이 없다(불요식의 의사표시).

② 단, 당사자 간에 예약 기타 특약으로서 승낙 방법이 정해진 경우 또는 승낙방법에 관한 특별한 거래 관습이 있는 경우에는 그 내용에 따르지 아니하면 승낙의 효력은 발생하지 않는다.

③ 승낙의 의사표시는 명시적 또는 묵시적으로 모두 가능하다.

　　예 청약을 받고 바로 대금을 송금하거나, 물건을 송부하는 등의 이행행위를 하는 경우

　　예 침묵은 승낙으로 인정되지 않지만(거절로 해석함), 예외적으로 인정되는 경우도 있음

④ 청약에서 승낙의 방식이 지정된 경우(예 서면 작성)에는 승낙자는 그에 따라야 한다.

⑤ 승낙자가 청약에 대해 조건·기한을 붙이거나 변경을 가하여 승낙한 경우에는 그 청약을 거절하고 새로운 청약을 한 것으로 본다.

　　예 갑이 을에게 휘발유 1000리터를 리터당 1200원에 판다고 을에게 청약했는데, 을이 500리터를 리터당 1200원에 산다고 승낙을 한 경우에는 계약이 성립한 것으로 보아야 하는지 또는 을이 변경을 가한 청약을 한 것인지 여부는 1000리터를 매매하는 의사표시의 해석으로 결정한다.

(3) 승낙의 효력발생시기

① 규정의 충돌

　　㉠ 의사표시는 상대방에게 도달하여야 그 효력이 발생한다(제111조 제1항).

　　㉡ 승낙은 청약자에게 도달하여야 그 효력이 발생한다(제528조 제1항, 제529조).

　　㉢ 그러나 격지자 간 계약(제531조)은 발신주의를 규정하고 있다. 규정 간 상호 모순·충돌이 발생한다.

　　✚ **더 알아보기**

　　제531조(격지자 간 계약성립시기) 격지자 간의 계약은 승낙의 통지를 발송한 때에 성립한다.

② 도달주의를 중시하는 견해 : 승낙이 승낙기간 또는 상당한 기간 내에 청약자에게 도달할 것을 정지조건으로 하여 승낙의 발신 시에 소급해서 계약이 성립한 것으로 본다(정지조건설).

　　㉠ 제531조는 계약의 성립시기를 정한 것이고, 승낙의 효력발생시기는 일반원칙에 따라 상대방에게 도달한 때 효력이 생긴다는 견해이다.

　　㉡ 승낙은 청약자에게 도달해야 효력을 발생하지만 그 효력이 승낙통지를 발송한 때에 소급해서 계약을 성립시킨다. 계약은 승낙을 발신한 때 성립하며, 승낙의 효력은 승낙이 도달한 때 발생한다.

③ 발신주의를 중시하는 견해 : 승낙의 발신으로 일단 계약은 성립하지만 승낙이 승낙기간 내 또는 상당한 기간 내에 청약자에게 도달하지 않으면 발신 시에 소급해서 계약이 성립하지 않는다(해제조건설).

　　㉠ 계약은 승낙이 효력을 발생하는 때에 성립한다.

　　㉡ 제531조는 승낙의 효력발생시기에 관해 발신주의를 정한 것으로 해석하는 견해이다.

④ 결 론

정지조건설과 해제조건설 어느 쪽을 취하든, 승낙의 발신에 의하여 계약은 성립하며, 결국 승낙이 불도달하여 발생하는 불이익은 승낙자가 부담하여야 한다. 승낙자는 승낙의 통지를 발송한 때로부터 계약 목적을 실현하는데 반하는 행위를 하여서는 아니된다. 따라서 승낙자는 승낙 발신 시부터 승낙의 청약자에 도달 시까지 기간에 계약상의 적극적 의무를 부담하지는 않지만, 소극적 의무를 부담하여야 한다. 따라서 이 기간 동안 승낙자가 매도인인 경우에 목적물을 선량한 관리자의 주의 의무로 보관하여야 한다.

(4) 숨은 불합의(무의식적 불합의)

① 의 의

계약 당사자 쌍방 또는 일방의 의사표시의 불일치를 인식하지 못하고 계약이 성립된 것으로 여기는 경우를 말한다. 당사자들이 완전히 합의되었다고 믿는 반면에 실제로는 합의가 존재하지 않는 경우이다.

② 효 과

원칙적으로 계약은 성립하지 않는다. 단, 불일치된 내용이 부수적인 것이어서 이점에 관해 계약에 특별한 약정이 없더라도 계약이 체결되었을 것이라고 인정되는 경우에는 합의된 점에 관하여 계약의 효력이 발생한다.

[예] 미국인과 호주인이 한국의 서울에서 서울 소재 아파트 매매계약을 체결하면서 매매 대금을 달러로 지불하기로 계약에 정하였다. 그런데 미국인은 미국달러로, 호주인은 호주달러로 지불하는 것으로 내심 알고 있는 경우 숨은 불합의가 되어 매매계약은 성립하지 않는다.

③ 숨은 불합의와 착오의 구별

[예] 갑은 자기 소유의 자동차를 900만 원에 을에게 매도하겠다고 서면으로 청약하려 하였는데 실제로는 서면에 800만 원으로 잘못 기재하여 을에게 보냈다. 이에 대해 을은 서면에 기재된 대로 갑의 청약에 동의한다는 승낙을 갑에게 통지하였다. 이 경우 갑과 을 두 사람의 의사표시는 일치하므로 800만 원에 매매계약이 성립한다. 즉 불합의는 없다. 단지 갑의 착오만이 문제된다.

[예] 갑은 자기 소유의 자동차를 900만 원에 을에게 매도하겠다고 서면으로 청약하려 하였는데 실제로는 서면에 800만 원으로 잘못 기재하여 을에게 보냈다. 이에 대해 을은 갑의 청약에 동의할 의사가 있는데도 서면에 900만 원에 자동차를 매수하겠다는 내용으로 잘못 표기하여 갑에게 승낙을 통지하였다. 이에 갑은 자신이 900만 원에 판매할 의사대로 을이 매수할 의사를 자신에게 통지한 것으로 믿는 경우 쌍방 간의 의사표시는 일치하지 않기 때문에 계약은 성립하지 않는다.

| Ⅲ | 계약의 경쟁체결 : 경매 / 공매, 입찰 – 계약을 가장 유리한 조건으로 체결하기 위하여 사용되는 방법(경매, 입찰)

1. 경매(競賣, Auction)

(1) 경매의 의의

물품 판매 방법 중 하나로, 상품 가격을 판매자가 미리 정하지 않고, 구매 희망자(입찰자)들이 희망하는 가격을 적어내면 그 중 최고가를 적은 입찰자에게 판매(낙찰)하는 방식이다. 경매는 다른 경쟁자들이 제시하는 가격을 알 수 있는 경우이지만, 입찰은 다른 경쟁자들이 제시하는 가격을 알 수 없는 경우이다.

① 경매인이 가격을 제시하지 않고, 매수 경쟁자들로부터 더 높은 가격의 매수의사표시를 기다려서 최고가 매수 경쟁자와 계약을 체결하는 경매방식

    ㉠ 이 경우에 경매인이 경매에 부친다는 의사표시 : 청약의 유인

    ㉡ 매수자들의 매수 가격 제시 : 청약

    ㉢ 경매인의 매수 가격 수락 의사 표시 : 승낙 → 계약의 성립

② 경매인이 최고 가격을 제시하고, 매수 경쟁자들로부터 그 최고 가격보다 더 높은 가격의 매수의사표시를 기다려서 그런 의사표시를 한 매수 경쟁자와 계약을 체결하는 경매방식

    ㉠ 이 경우에 경매인이 경매에 부친다는 의사표시 : 청약

    ㉡ 매수자의 높은 매수 가격 제시 : 승낙 → 계약의 성립

③ 가격이 내려가는 경매의 경우 : 경매인이 일정한 가격을 제시하고, 그 가격이면 계약을 체결하겠다는 의사표시가 행하여진 것이 된다.

    ㉠ 이 경우에 경매인이 경매에 부친다는 의사표시 : 청약

    ㉡ 매수자의 일정한 매수 가격 제시(수락) : 승낙 → 계약의 성립

(2) 경매의 특성

① 전통적인 경매는 주로 가격을 산정할 수 없는 예술작품, 고가의 중고품 등을 경매의 대상으로 입찰과 낙찰이라는 과정을 통해 거래가격이 형성되는 가격결정방식이다.

② 경매의 특성은 다수의 경쟁자들이 보다 더 좋은 가격을 제시하는 자와 계약을 체결을 한다는 조건 아래에서 계약을 체결하는 "계약체결의 경쟁성(더 높은 가격을 제시하는 자와 계약을 체결한다)"이다.

③ 현실경매에서 경매인은 목적물을 수령하여 검사하고 경매목록을 만들고 경매절차를 진행하여 경락자를 확정짓고 경매목적물을 인도하는 등의 다양한 기능을 수행하고 있다.

(3) 인터넷 경매로 인한 계약체결

① 인터넷 경매에서 누가 청약과 승낙을 하며 어떻게 계약의 구속력이 발생하는가?

판매자가 설정한 최고낙찰가가 있는 경우 입찰가격이 이에 도달하면 최고가에 기하여 자동적으로 구매자와 판매자 사이에 매매계약이 체결된다. 따라서 현실경매에서와는 달리 판매자는 최고가를 보고 낙찰을 할 것인지의 여부를 선택할 수 없다.

② 경매기간이 종료된 후 낙찰가에 대하여 판매인이 만족을 하지 않는 경우에 매매계약의 체결을 거부할 수 있는가?

입찰자들은 경매 기간 동안 그들의 입찰에 대하여 구속되어 입찰한 경우에는 그 입찰을 철회하지 못하는 경우가 대부분이다. 판매자도 경매기간 중 특별한 이유가 없으면 경매를 취소할 수 없으며 낙찰이 이루어진 다음에 판매취소를 하는 경우에는 일정한 제재조치를 받는다.

③ 인터넷 경매에서 경매목적물을 전시하는 판매인의 행위가 청약이 될 수 있는가?

만약 청약이라면, 입찰자의 입찰 중에서 경매기간 종료 시에 최고가를 처음으로 제시한 입찰이 승낙의 의사표시가 된다. 반면에 판매인의 경매개시를 청약의 유인으로 보면 입찰이 비로소 청약이 되고 승낙행위가 별도로 필요하다. 그러나 현실경매에서와 같이 승낙에 해당하는 경매인의 낙찰행위가 없기 때문에 청약의 유인으로 보게 되는 경우에는 무슨 행위가 승낙인지를 찾기가 상당히 어렵다. 따라서 원칙적으로 판매인이 물건을 등록하여 경매를 개시하는 행위를 청약으로 보는 것이 타당하다.

④ 인터넷 경매에서 청약 또는 청약의 유인의 구별은?

원칙적으로 불특정 다수인을 상대로 한 인터넷 사이트에서 상품을 전시하는 자가 우선 주문을 받고 주문에 대하여 응할지의 여부를 결정하겠다는 의사를 갖고 있다. 그러므로 쇼핑몰에 상품을 진열하고 있는 것은 단지 청약의 유인으로 보고 있다. 그러나 판매를 목적으로 하는 물건의 수량이 한정되어 있는 것으로 표시되어 있으면 이 한도에서만 계약이 체결되기 때문에 청약으로 볼 수 있다. 인터넷 경매에서는 통상 하나의 물건(공동경매의 경우는 제한된 수의 물건)만이 경매의 대상이 되므로 여러 개의 계약이 체결될 위험이 없다는 의미에서 판매인의 물건등록행위를 청약으로 볼 수 있다.

⑤ 인터넷 경매에서 승낙의 방식은?

판매인의 경매개시행위를 청약으로 보면 구매인의 입찰을 승낙으로 보아야 한다. 그러나 구매인들의 입찰로 바로 계약이 성립하지 않는 것은 청약에 두 가지 조건이 붙어 있기 때문이다. 즉, 경매기간이 종료되어야 한다는 조건 그리고 경매기간의 종료 시에 최고가를 제시하는 입찰이어야 한다는 조건이 있다. 경매기간 종료 시에 최고가를 제시한 피고의 승낙의 의사표시가 모든 요건을 충족하였으므로 경매기간이 끝날 때 계약은 자동적으로 성립하고 당사자의 다른 특별한 의사표시는 필요가 없다. 만약 최소낙찰가격을 정한다면 또 하나의 조건이 붙어 있게 된다. 이 경우에는 최소낙찰가격을 넘은 경우에만 계약이 성립하기 때문이다.

(4) 공경매

① 공경매는 국가가 채무자로부터 재산에 대한 처분권을 강제적으로 빼앗아 매각하여 배당하는 것이어서 공법적 처분의 성질이 상당 부분 있지만, 그 법적 성질은 일반 매매와 다르지 않다는 것이 판례의 입장이다(대판 1991.10.11., 91다21640). 따라서 경매에 무슨 문제가 있거나 하면 민법의 매매관련 규정에 따라 후속처리가 이루어진다.

② 종전에는 공경매와 사경매가 많이 달랐는데, 최근에 국세징수법 등을 개정하여 공경매를 사경매에 가깝게 개선했다. 같은 부동산에 경매와 공매가 동시에 들어온 경우 어느 쪽 절차에서든 먼저 대금을 납부한 사람이 그 소유권을 취득하고, 다른 절차는 그에 따라 취소된다.

2. 입 찰

(1) 입찰의 의의 및 특징

① 공사 도급이나 물자의 매매계약 체결에 있어 다수 신청희망자들로부터 각자의 낙찰 희망 예정가격을 기입한 신청서를 제출하게 하여 그 가운데에서 가장 유리한 내용인 신청자와 계약을 체결(낙찰(落札))하는 방식이다. 이 때에 가장 유리한 내용이란 도급에서는 도급예정가액이 가장 낮은 경우이고, 매각에서는 가장 높은 가액이며, 구매에서는 가장 낮은 가액이 된다.

② 구술(口述)에 의한 경매와는 달라서 서로 경쟁자가 표시하는 청약내용을 알 수 없으므로 자기가 상당하다고 믿는 가격을 부르게 하는 데 특색이 있다.

③ <u>입찰에 붙이는 뜻의 표시는 청약의 유인인 경우가 많다.</u>

④ <u>입찰은 청약, 낙찰은 승낙</u>에 해당한다.

➕ 더 알아보기

낙 찰
입찰공고인이 개찰을 하여 응찰자 중에서 계약자를 결정하는 행위

---

⑤ 입찰에서 입찰공고인이 응찰자 중에서 가장 유리한 조건을 제시한 자와 반드시 계약을 체결할 의무는 없다. 가장 유리한 조건을 제시한 응찰자가 계약내용에 좇은 이행을 기대할 수 없거나 계약 이행이 불가능한 자인 경우에는 그 응찰자와 계약을 체결하지 않을 수 있다.

(2) 경매와 입찰에서 계약 성립의 시점

매수인 또는 낙찰자의 결정 시점인가?, 계약을 서면으로 작성하는 시점인가?

① 다수설 : 매수 표시 시점 또는 낙찰시점에 계약이 성립되며, 계약서는 계약 성립의 증거방법에 불과하다.

② 요식계약 및 불요식계약의 경우

ㄱ 요식계약인 경우 : 매수표시 또는 낙찰이 있을 때 예약이 성립하고 계약서를 작성하면 계약이 성립한다.

ㄴ 불요식계약인 경우 : 매수표시 또는 낙찰이 있을 때 계약이 성립하고 계약서는 계약 성립의 증거방법에 불과하다.

판례

예산 회계 관련법상의 규정에 따른 경쟁입찰에 응찰하여 낙찰받은 법률 관계(대판 1983.12.27., 81누366), 한국토지공사가 택지를 조성하여 공급하는 토지의 분양신청을 하여 당첨된 단계는 매매의 예약이다(대판 1994.5.10., 93다30082).

---

(3) 정부기관의 입찰

① 국가를 당사자로 하는 계약은 일반경쟁에 부쳐야 하는 것이 원칙인데(국가를 당사자로 하는 계약에 관한 법률 제7조), 경쟁의 방법은 입찰방법에 의하도록 되어 있다(국가를 당사자로 하는 계약에 관한 법률 시행령 제10조).

② 지방자치 단체를 당사자로 하는 계약에 관해서는 지방자치단체를 당사자로 하는 계약에 관한 법률 제9조 및 동 시행령 제11조에 같은 내용의 규정이 있다.

③ 입찰에 의한 계약체결 절차는 입찰시행자가 입찰에 붙이고, 그 입찰공고에 응하여 입찰을 하고, 낙찰자를 결정하고, 계약서를 작성한다.

④ 통상의 입찰에서는 <u>입찰공고가 청약의 유인, 입찰은 청약, 낙찰은 승낙에 해당되어 낙찰자의 결정으로 계약이 성립</u>된 것으로 본다.

⑤ <u>입찰공고는 청약의 유인</u>에 불과하기 때문에 <u>입찰공고 내용을 그대로 계약내용이라고 주장할 수는 없다.</u>

> **판례**
>
> 입찰방법에 의한 계약의 성립시기
> 입찰공고는 청약의 유인이며 입찰은 청약이고 낙찰선언은 계약의 승낙에 해당한다고 볼 것이고 그 이후의 계약서작성은 계약의 성립요건이 아니다(서울고법 1978.1.27., 77나1786).

제2절 교차청약 / 의사실현 / 사실적 계약관계론 - 청약과 승낙 외 계약의 성립 [기출 16]

│ Ⅰ │ 교차청약 및 의사실현에 의한 계약의 성립

1. 교차청약

(1) 의의 : 당사자들이 같은 내용을 가진 계약의 청약을 서로 행한 경우는 각 당사자가 우연히 서로 교차해서 청약을 하였는데 청약의 내용이 완전히 일치하고 있는 경우와 같다.

  예 갑이 을에게 카메라를 20만 원에 팔겠다는 청약을 한 데 대하여, 을이 청약을 수령하기 전에 갑에게 그 카메라를 20만 원에 사겠다고 청약한 경우

(2) 교차청약에 의한 계약의 성립

① 계약의 성립은 청약과 승낙이라는 본질적으로 다른 의사표시의 합치에 의하는 것이라는 관점에서는 교차청약에 의한 계약의 성립을 인정할 수 없다. 원래 승낙은 청약에 대하여 행하여져야 하는 것이므로 교차청약에 있어서 뒤에 행하여진 청약을 먼저 행한 청약에 대한 승낙으로는 볼 수 없기 때문이다.

② 그러나 계약의 성립은 서로 대립하는 당사자의 두 개의 의사표시의 합치에 의하는 것이라 본다면 교차청약의 경우에도 <u>두 개의 의사표시는 객관적으로 합치할 뿐만 아니라 주관적으로도 합치하고 있다.</u> 즉, 계약의 본질적 요소인 합의가 있는 것이다. 합의가 있는 이상, 비록 두 개의 의사표시가 청약과 승낙의 관계에 있지는 않더라도 계약의 성립을 인정할 수 있다.

③ 교차청약에 의한 계약의 성립을 인정하는 것은 거래의 신속에 대한 현실의 필요성을 충족하고 당사자의 의사에 부합한다.

(3) 교차청약에 의한 계약의 성립시기 기출 22

① <u>의사표시의 효력발생시기에 관한 도달주의의 원칙(제111조 제1항)에 의하여 결정한다. 민법 제533조도 이러한 입장에서 '양 청약이 상대방에게 도달한 때에 계약이 성립한다'고 규정하고 있다.</u> 격지자 간의 계약은 청약과 승낙이 존재하는 경우 승낙의 통지를 발송한 때 성립한다.

② 두 청약이 동시에 도달하지 않을 경우에는 후에 상대방에 청약이 도달하는 때에 청약은 성립한다 (제533조).

2. 의사실현

(1) 의 의

① 청약자의 의사표시 또는 관습에 의하여 승낙의 통지를 필요로 하지 않는 경우에는 '승낙의 의사표시로 인정되는 사실이 있는 때'에 계약은 성립한다(제532조).

　　예 갑이 변호사 을에게 소송사무의 처리를 위임하는 청약을 하였는데 을이 승낙의 의사표시를 하지 않은 상태에서 그 위임된 사무를 실제로 처리한 경우

② 청약자의 의사를 보호하고 계약의 성립에 관한 당사자의 다툼을 피하기 위한 것이다.

　　예 손님이 매장에서 진열된 화장품을 열어 사용하였을 때 등

③ 의사실현이란 의사표시와 같이 일정한 효과의사를 외부에 표시할 목적으로 행하여진 것으로 볼 수 없는 행위이지만, 그것으로부터 일정한 효과의사를 인정할 수 있는 행위를 말한다.

④ 효과의사를 외부에 표시하는 것이 아니라 그 자체가 표시행위라고는 할 수 없는 행위에 의하여 효과의사의 존재를 추측하여 단정할 수 있는 경우에 의사실현이 있게 된다.

⑤ 승낙자의 추단된 의사표시를 승낙으로 보아서 '의사실현'에 의한 계약의 성립이 인정된다. 승낙자의 단순한 내심의 의사만으로는 부족하며 승낙자의 일정한 행위로부터 승낙의 의사가 인식될 수 있어야 한다.

(2) 의사실현이 있는 경우의 요건

① 청약자의 의사표시가 승낙의 통지를 필요로 하지 않는다고 인정될 경우
그러한 청약자의 의사표시가 반드시 명시적이어야 하는 것이 아님은 물론이다.

　　예 매각할 목적으로 청약과 함께 상품을 송부하는 경우(현실청약)에는 보통은 묵시적으로 그러한 의사가 있음을 인정함

② 청약자의 특별한 의사표시가 없더라도 거래상 일반적으로 승낙의 통지를 필요로 하지 않는 관습이 있는 경우

이러한 관습은 의료에 관한 계약·여행 중의 숙박계약 등과 같이 계약의 성질상 긴급을 요하는 경우에 있는 수가 많다.

③ 승낙의 의사표시로 인정되는 사실이 있을 경우

이 경우 승낙의 의사표시가 외부적으로 인식될 수 있어야 한다.

예 백화점에서 손님이 넘어지면서 반사적으로 잡은 물건에 대한 계약성립은 부정됨

(3) 승낙의 의사표시로 인정되는 사실 유형

① 계약에 의하여 취득하게 될 권리의 행사로 볼 수 있는 행위

예 청약과 동시에 송부된 물품을 소비하거나 또는 쓰기 시작하는 행위

② 계약상의 채무이행으로 볼 수 있는 행위

예 주문받은 상품을 송부하는 것과 그러한 이행을 위한 준비행위

③ 계약에 의하여 부담하게 되는 채무이행을 위한 준비행위

예 주문 내용을 장부에 기입한다든가 또는 호텔이 여객으로부터의 청약을 받고 객실을 청소하는 것 등

사례분석

백화점 갑이 판매 목적으로 을에게 상품을 송부하였고 을은 그 상품을 구매할 의사가 없어서 반송하려고 보관하고 있었는데 을의 처가 그 상품의 포장을 풀고 사용한 경우

수취인 을이 승낙의 의사표시를 할 의도가 전혀 없었음을 입증한 때에는 계약이 성립하지 않는다. 그러나 청약자 갑이 받은 손해에 대해 불법행위책임, 부당이득반환책임 또는 점유자의 회복자에 대한 책임을 기초로 수취인인 을이 손해배상책임을 부담해야 한다.

---

(4) 침묵은 의사실현에 의한 계약성립이 가능한가?

① 원칙 : 침묵은 승낙의 의사표시로 인정할 만한 사실이 아니다.

② 예 외

㉠ 당사자 간에 사전에 양해가 있는 경우

㉡ 동일한 종류의 거래가 계속적으로 행하여지는 경우(상법 제53조)

㉢ 승낙하지 않을 경우에는 특히 일정한 적극적인 행위를 하는 것이 거래계의 관행 또는 실정으로 요구되는 경우

예 채무자가 채권자에게 변제의 유예를 청약하면서, 이를 승낙하지 않을 것이면 채무자의 재산관리인과 교섭하여 달라는 통지를 하였음에도, 채권자가 채무자의 유예청약을 승낙하지 않으면서 채무자의 재산관리인과 교섭하지도 않은 경우(즉 침묵한 경우), 유예의 청약을 승낙한 것으로 본다(일본 판례).

(5) 의사실현에 의한 계약의 성립시기

① 의사실현으로 계약이 성립하는 것은 의사실현의 사실이 발생한 때이며 청약자가 그 사실을 안 때가 아니다. 여기서 의사실현은 '의사표시'와는 다르며, 착오에 관한 규정도 적용된다.

② 의사실현이 있는 때로부터 계약이 성립되므로 이 때부터 의사실현자인 승낙자는 계약을 철회하지 못한다.

③ 청약자는 의사실현의 존재 여부를 알지 못하는 상태에서 승낙의 통지를 기다리는 위험을 부담한다. 따라서 승낙기간 또는 상당한 기간이 지난 후에 의사실현이 있는 경우에는 계약이 성립하지 않는다.

| Ⅱ | 사실적 계약관계론

1. 법적 성질

(1) 의 의

① 당사자의 구체적인 의사 없이도 통신, 교통기관의 이용과 수도, 가스 공급, 사실적 노무급부 등과 같은 사회전형적인 집단적 거래관계에서 당사자의 사실상의 행위만으로 계약관계가 성립한다는 주장이다.

  > 예 버스가 문을 열고, 그 문을 통해 들어간 승객은 사실상의 행위를 통해 계약이 성립했다고 여기는 것

② 특히 당사자가 무능력 또는 취소 등으로 법률행위가 효력을 가질 수 없는 경우에도 당사자 사이에 계약관계와 유사한 채권관계가 성립된다고 보고 있다.

(2) 연 혁

독일의 하우프트(Haupt)에 의하여 1941년 최초로 주장된 이론이다. 특히 주차장사례에 영향을 주었다.

판례

A는 무료주차를 하려는 의사를 가지고 유료주차장에 주차를 하였다. 당시 감시원은 없었다. 2시간 후 용무를 마치고 다시 차를 가지러 주차장에 돌아왔는데, 주차관리요원이 A에게 2시간에 해당하는 주차요금을 요구하였다. 이때 A는 주차요금을 지급하여야 할까?

주차장 측이 제기한 소송에서 독일 연방대법원은 A가 주차했다는 사실로부터 권리와 의무가 발생하여 계약은 성립했으므로 자동차를 주차한 A는 의사표시 여하에 불구하고 요금표에 따른 요금을 지불할 의무를 부담한다고 판시하였나(1956년 독일 수자상사건).

그러나 오늘날에는 동 이론은 대체로 부정된다. 위 사례의 경우에는 '묵시적 계약성립 행위'와 '모순된 주장 금지'(모순되는 이의의 보류)의 원칙을 적용하는 것이 타당할 것이다.

결과적으로 A는 주차요금지불을 해야 한다. 그러나 현재 독일의 판례도 사실적 계약관계론을 포기한 것으로 보인다. 1971년 몰래 항공기에 숨어들어 무임 승차한 승객에게 부당이득 반환의무만을 인정하고, 이 승객의 항공기 운송계약에 의한 운임 지불 의무를 부정하였다.

(3) 의사실현에 의한 계약성립과 사실적 계약관계론의 비교

① 의사실현에 의한 계약성립 : 명백한 의사표시가 없는 경우에도 일정한 행위로부터 당사자의 효과의 사를 추단하는 것으로서 사적 자치를 확장하는 제도

② 사실적 계약관계론 : 효과의사의 추단을 하지 않고 일정한 행위로부터 계약의 성립을 인정하는 제도

(4) 사실적 계약관계의 인정 여부에 따른 계약의 차이점

구 분	인정할 경우	인정하지 않을 경우
의사실현과 관계	• 내부적 용태만으로 계약 성립이 가능하다. • 외부적 행위 없이도 계약 성립이 가능하다.	사회정형적 행위에 있어서 사실적 계약관계의 성립은 의사실현에 의한 계약성립이다.
민법의 의사표시 규정	적용 배제	적 용
제한능력자 보호규정	적용 배제	적 용
당사자 일방이 계약성립의 승낙을 명시적으로 거절할 때	사회정형적 행위가 존재하는 한 계약관계의 성립에 영향을 주지 않는다.	행위와 모순되는 이의 주장은 금지된다.

> ➕ 더 알아보기

용태와 사건
용태(容態)는 사람의 정신작용에 기하는 것을 말하고, 사건은 사람의 정신작용과 관련 없는 것을 말한다. 예 출생, 사망 등
• 외부적 용태 : 사람의 정신작용에 기한 행위가 외부에 표현되는 것
　– 적법행위 : 의사표시와 준법률행위
　– 위법행위 : 채무불이행, 불법행위 등
• 내부적 용태 : 심리작용은 있으나 그것이 행위로 외부에 나타나지 않는 것
　– 관념적 용태 : 선의나 악의 등
　– 의사적 용태 : 점유의 의사, 소유의 의사 등

(5) 사실적 계약관계론에 대한 비판 및 판례의 입장

① 오늘날에는 대체로 소비자의 효과의사의 의제라는 점에서 부정적으로 보는 경우가 많다. 특히 사실적 계약관계론에 따르면 의사표시의 하자 및 행위능력에 관한 규정이 적용되지 않게 되어 공기업의 이익만 보호하게 되는 불합리한 결과를 초래한다.

② 우리 판례에는 명확한 입장이 나와 있지 않지만, 실정법체계에 부합하지도 않으므로 타당하지도 않다. 다만 주차장의 사례와 같은 경우 "묵시적, 추단적 의사표시에 의한 계약성립"으로 볼 수 있을 것이다.

③ 사실적 계약관계론을 명시적으로 인정한 판례는 없다. 그러나 '사실상 조합'을 인정한 판례는 있다.

> 판례

조합이 사업을 개시하고, 제3자와의 간에 거래관계가 이루어지고 난 다음에는 조합계약 체결당시의 그 의사표시의 하자를 이유로 취소하여 조합성립 전으로 환원시킬 수 없다(대판 1972.4.25., 71다1833).

제3절 약관에 의한 계약의 성립(약관규제에 관한 법률)

Ⅰ │ 보통거래약관

1. 약관 / 보통거래약관 / 부합계약

(1) 약관의 의의 및 필요성

① 개념 : '그 명칭이나 형태 또는 범위에 상관없이 계약의 한쪽 당사자가 여러 명의 상대방과 계약을 체결하기 위하여 일정한 형식으로 미리 마련한 계약의 내용이 되는 것'이다.

② 계약법의 임의규정만으로는 새로운 거래유형에 적합한 규율을 하지 못할 경우(예 금융거래계약)에 그 실질에 부합하는 '당사자 사이의 법'을 창출할 수 있다.

③ 계약의 해석상 불명료함을 배제해서 '소송위험'을 피할 수 있다.

④ 약관과 개별 합의의 우선순위 : 약관은 법규범적 성질이 아닌 계약 당사자 사이 계약내용에 포함시키기로 한 합의 때문에 구속력이 있는 것이다. 따라서 약관과 다른 합의가 있으면 그 합의가 우선적으로 적용된다.

⑤ 약관의 규제에 관한 법률 : 특정한 거래분야의 약관뿐만 아니라, 모든 약관에 대하여 일반적으로 적용된다(약관의 규제에 관한 법률 제2조 제1호). 1970년대 이후에는 약관에 관한 내용통제의 사상적 기초는 소비자보호의 문제로 전환되었다. 약관에 대한 사후적·사법적인 통제를 넘어 사전적·입법적 통제의 중요성이 증대되었다. 이에 따라 우리나라는 1986년 '약관의 규제에 관한 법률'을 제정·시행하였다.

(2) 약관의 구속력의 근거

① 학설의 대립 : 계약설, 다원설, 자치법설, 상관습설 등

② 계약설(판례, 다수설) : 계약자유원칙에 의거하여 당사자 간의 합의에 의해 약관은 계약 내용을 구성하게 되고 구속력을 갖게 된다.

  ㉠ 약관은 일반적인 법 규범으로서의 성격을 갖지 않는다.

  ㉡ 계약 체결 당시의 제반 사정을 배경으로 한 당사자의 의사해석에 의하여 계약관계를 규율할 수 있고, 약관의 객관적 존재만으로 일률적 처리를 배제하게 된다.

> **판례**
>
> 전기수용가의 이동이 있을 때 전 수용가의 모든 권리의무를 신 수용가가 승계한 것으로 본다는 공급규정은 국민에 대하여 일반적 구속력을 갖는 법규로서의 효력은 없고 단지 한국전력공사와 전기공급계약을 체결하거나 그 규정의 적용에 동의한 수용가에 대해서만 그 효력이 미친다고 볼 것이므로, 특단의 사정이 없는 한 경락에 의하여 부동산을 취득한 자는 전 수용가의 체납전기요금 채무를 당연히 승계하였다고 볼 수 없다(대판 1983.12.27., 83다카893).

(3) 보통거래약관과 부합계약

① **보통거래약관의 의의** : 판매업자(구체적으로는 물건 또는 서비스의 공급자) 측에서 예상되는 거래 조건을 일방적으로 규정하여 이를 미리 인쇄 등으로 서면화해서 매수인에게 제시하면 매수인이 이 서면을 검토한 후 이의가 없는 경우에는 이에 서명 또는 날인함으로써 계약이 체결된 것으로 보는 양 당사자 간의 계약형태로 부합계약에 해당한다.

② **부합계약(附合契約)** : 계약 당사자의 한쪽이 계약 내용을 미리 결정하여 다른 한쪽은 계약 내용을 결정할 자유가 없는 계약이다. 부합계약에서는 계약 자유 원칙이 형해화되기 때문에 공정성 확보가 중요하다. 불공정한 보통거래약관은 계약적 정의에 반하는 것으로 보아 무효라 할 수 있다.

　　예 전기·가스·수도 공급 계약, 운송 계약, 보험 계약

　　㉠ **장점** : 대량거래, 동일 반복적인 거래에서 발생할 수 있는 제반 문제점과 당사자 간의 이해관계를 추출하여 표준화함으로써 개별적 계약의사의 확정이 어려워 계약체결이 지연되는 것을 방지하여 원활하고 신속한 거래에 이바지한다.

　　㉡ **단점** : 다수계약합리화의 기도와 법률적 수단에 의한 경제력 강화의 기도가 있다. 그리하여 기업 측에서는 모든 자와의 거래관계에서 보통거래약관을 통하여 자신에게 유리하도록 법률관계를 형성하고 있다.

③ **보통거래약관의 목적** : 기업이 보통거래약관을 이용하는 가장 중요한 이유는 계약과 관련하여 일어날 수 있는 손해의 위험을 거래상대방에게 전가하는 데 있으며 실제로 거의 모든 거래약관이 위험 전가 내지 면책조항을 두고 있다. 특히 방문판매업자는 자기에게 일방적으로 유리한 계약약관을 가지고 소비자에게 극심한 피해와 불이익을 주고 있다. 즉 판매업자는 집단거래의 합리화라는 미명하에 그 실질에 있어서는 소비자에 대하여 법적·경제적 우월성을 확보하려는 기도를 가지고 있다.

판례

건설회사가 상가 및 그 부지를 특정인에게만 매도하기로 하는 내용의 상가매매계약서는 다수계약을 위해 미리 정형화된 계약 조건이 아니라 할 것이므로 약관의 규제에 관한 법률 제2조 제1항 소정의 '약관'에 해당하지 않는다(대판 1999.7.9., 98다13754, 13761).

지방자치단체가 택지개발사업에 의하여 조성된 택지를 여러 건설업체에게 공급하게 될 것을 예상하여 미리 그 계약의 내용을 위 지방자치단체의 운영규정에서 별지 서식의 형태로 마련하여 두고, 이 별지 서식을 기본으로 하여 작성해 둔 택지공급계약서에 의하여 다수의 건설업체들과 택지공급계약을 체결한 경우, 위 택지공급계약서가 약관의규제에관한법률 소정의 약관에 해당한다(대판 1998.12.23., 96다38704).

---

(4) 약관의 규제에 관한 법률(약관규제법)의 성격

① 약관을 사용하는 거래주체에 관계없이 일반적으로 적용되는 일반법규

② 당사자 사이에 약관의 규제에 관한 법률 적용을 배제한다는 합의가 있어도 그 효력이 부인되는 강행법규

③ 행정관청에 의한 시정명령(권고) 및 과태료가 부과되는 행정법규

(5) 약관의 규제에 관한 법률의 적용범위

① 다음의 경우에는 약관의 규제에 관한 법률이 적용되는 약관에 해당하지 않는다.

㉠ 계약의 일방당사자가 미리 일방적으로 마련한 것이 아닌 것, 즉 계약의 모범으로 삼기 위한 데 지나지 않는 서식(예 부동산 매매의 경우에 부동산중개업소에서 사용하는 부동산매매계약서)

㉡ 약관 작성상의 일방성이 없는 것, 즉 사업자와 고객 사이에 교섭이 이루어진 약관조항(다만, 이러한 경우라도 교섭되지 않은 조항들에는 약관의 규제에 관한 법률이 적용)

㉢ 건설회사가 그 상가와 부지를 특정인에게만 매도하기로 한 상가매매계약서

② 적용 제외

㉠ 약관이 「상법」 제3편, 「근로기준법」 또는 그 밖에 대통령령으로 정하는 비영리사업의 분야에 속하는 계약에 관한 것일 경우

㉡ 특정한 거래 분야의 약관에 대하여 다른 법률에 특별한 규정이 있는 경우, 약관의 규제에 관한 법률이 적용되지 않음(약관의 규제에 관한 법률 제30조)

2. 약관의 계약에의 편입(편입합의)

(1) 의의 및 법적 성질

① 개념 : 당사자 간의 합의에 따라 약관 내용이 계약내용으로서 구속력을 가지게 되는 것이다.

② 약관의 계약에의 편입에 대한 사업자의 청약과 고객의 승낙에 의하여 약관은 계약의 내용이 된다.

③ 고객 입장에서 보면, 계약의 일정 부분을 사업자의 약관에 맡기는 '수권약정' 또는 사업자가 일정한 계약 내용을 채우도록 하는 '테두리약정'이다.

④ 편입합의는 당사자가 약관의 내용을 알고서 이에 동의하는 것과 전혀 다르다. 따라서 고객이 약관의 내용을 모르고 합의했더라도 편입합의가 부정되지는 않는다.

⑤ 편입합의가 있다고 해서 언제나 약관의 모든 내용이 계약내용으로 편입되는 것은 아니며, 사업자와 고객 간 별도 개별 약정이 있으면 그것이 약관에 우선한다.

(2) 성립요건

① 사업자와 고객 사이에 계약의 체결 : 편입합의는 부수적 계약으로서 사업자는 계약체결 과정에서 고객에게 당해 약관을 사용한 계약 체결임을 지적해야 한다.

② 제안설과 합의설(학설대립) : 사업자와 고객 간에 약관의 계약에의 편입에 관한 합의가 필요한가?

㉠ 제안설 : 사업자가 고객에게 약관을 제안하면 계약에 편입된다.

㉡ 합의설 : 사업자가 약관을 명시·설명하고 고객이 그 약관에 따라 계약을 체결하는 데 동의하여야 계약에 편입된다.

(3) 약관의 규제에 관한 법률과 편입합의

① 약관의 규제에 관한 법률은 사업자가 명시·설명의무를 이행하지 않더라도 고객 측에서는 계약체결을 원하는 경우가 있고 특히 약관 중에 유리한 조항이 있는 경우 고객을 보호하는 것이 바람직하다는 점, 계약이 거래계에서 담당하는 사실상의 사회적 기능을 고려할 때 편입요건의 강화로 계약

의 편입을 무더기로 부인하면 거래질서를 해칠 우려가 있다는 점 및 약관규제의 중점이 약관의 명시에서 불공정조항의 무효로 옮겨가고 있다는 점 등을 고려하여 약관의 편입요건은 원칙적으로 사업자의 제안만으로 족한 것으로 규정한다.

② 약관은 일단 사업자의 제안만 있으면 개별약관에 편입되어 계약의 내용을 구성하게 되며, 사업자가 명시·설명의무를 이행하지 않은 때에는 고객의 항변에 의해 계약 내용으로 되는 것을 저지할 수 있다.

판례

> 보험약관에 정하여진 사항이라고 하더라도 거래상 일반적이고 공통된 것이어서 보험계약자가 별도의 설명 없이도 충분히 예상할 수 있었던 사항이거나 이미 법령에 의하여 정하여진 것을 되풀이하거나 부인하는 정도에 불과한 사항이라면 그러한 사항에 대하여서까지 보험자에게 명시·설명 의무가 인정된다고 볼 수 없다(대판 1998.11.27., 98다32564).

---

(4) 명시·설명의무

① **명시의무(약관의 규제에 관한 법률 제3조 제2항)** : 사업자는 계약체결에 있어서 고객에게 약관의 내용을 계약의 종류에 따라 일반적으로 예상되는 방법으로 이를 명시하여야 한다.
  ㉠ 명시시기 : 계약체결 전
  ㉡ 명시방법 : 반드시 서면으로 제시할 필요는 없으며 경우에 따라서는 고객의 눈에 띄기 쉬운 장소에 게재하는 방법으로 명시할 수도 있다.

② **조건부 교부의무(약관의 규제에 관한 법률 제3조 제2항)** : 사업자는 고객이 요구할 때에는 당해 약관의 사본을 교부하여 이를 알 수 있도록 하여야 한다. 계약체결 시 반드시 약관을 교부할 필요는 없다. 다만 고객의 요구가 있는 경우에는 반드시 약관의 사본을 교부하여야 한다.

③ **설명의무** : 고객의 이해에 중대한 영향을 미치는 계약 내용만이라도 고객이 알 수 있도록 설명되어야 명시 효과를 거둘 수 있다. 설명의무는 현재 대량·신속의 거래풍토에서 엄격히 관철되기는 어려우므로 계약의 성질상 설명이 현저히 곤란한 경우에는 면제시킨다.
  ㉠ 설명의 범위 : 약관에 정하여져 있는 중요한 내용
  ㉡ 약관에 정하여져 있는 중요한 내용 : 당해 고객의 이해관계에 중요한 영향을 미치기 때문에 계약체결 시 반드시 알아두어야 할 사항으로서 사회통념상 당해 사항의 알고 알지 못함이 계약체결의 여부에 영향을 미칠 수 있는 사항
    예 해약사유 및 효과, 면책조항, 위약시의 책임, 현행법의 적용을 제한한다는 사항 등
  ㉢ 설명의 방법 : 고객에게 직접 구두로 함을 원칙으로 하나, 부득이한 경우 약관 외 별도 설명문에 의해 성실하고 정확하게 고객에게 설명한 경우에는 설명의무를 다한 것으로 본다.

④ **명시·설명의무의 입증책임**
  ㉠ 명시·설명의무에 대한 입증책임은 사업자가 부담한다(해석상). 따라서 고객 측에서 당해 계약에 관해 사업자의 명시의무이행이 없었다고 주장하면 사업자는 자신이 계약체결 시 약관을 고객에게 명시·설명하였음을 입증하여야 한다.
  ㉡ 사업자가 일반적으로 모든 고객에 대하여 명시·설명하였다는 사실을 개략적으로 증명하면 충분하고 특정고객에게 명시·설명하였음을 직접적으로 증명할 필요는 없다.

⑤ 명시 · 설명의무의 위반 효과

　　㉠ 사업자가 의무에 위반한 경우에 약관이 당연히 계약 내용에서 배제되는 것이 아니고 단지 사업
　　　자가 그 약관을 계약 내용으로 주장할 수 없을 뿐이다(약관의 규제에 관한 법률 제3조 제4항).

　　㉡ 사업자가 명시 · 설명의무를 위반했더라도 고객이 아무런 이의를 제기하지 않는다면 약관은 계
　　　약의 내용으로 편입된다.

　　㉢ 고객 측에서는 당해 약관을 계약내용으로 주장할 수 있다.

판례

보험자가 이러한 보험약관의 명시 · 설명의무에 위반하여 보험계약을 체결한 때에는 그 약관의 내용을 보험계약의
내용으로 주장할 수 없고, 보험계약자나 그 대리인이 그 약관에 규정된 고지의무를 위반하였다 하더라도 이를 이유
로 보험계약을 해지할 수 없다. 상법 제638조의3 제2항에 의하여 보험자가 약관의 교부 및 설명의무를 위반한
때에 보험계약자가 보험계약 성립일로부터 1월 내에 행사할 수 있는 취소권은 보험계약자에게 주어진 권리일 뿐
의무가 아님이 그 법문상 명백하므로, 보험계약자가 보험계약을 취소하지 않았다고 하더라도 보험자의 설명의무
위반의 법률효과가 소멸되어 이로써 보험계약자가 보험자의 설명의무 위반의 법률효과를 주장할 수 없다거나 보험
자의 설명의무 위반의 하자가 치유되는 것은 아니다(대판 1996.4.12., 96다4893).

| Ⅱ | 약관의 공정성 확보를 위한 법적 제도

1. 부당약관에 대한 통제의 법리

(1) 통제의 방법

　　① 부당약관에 대한 통제방법 : 사법적 통제, 행정적 통제, 입법적 통제

　　② 숨은 내용통제 : 약관의 해석을 통하여 숨어 있는 부당한 약관 내용을 통제하는 방법

　　③ 공개된 내용통제 : 입법에 의해 부당약관을 열거규정하고 그 부당약관을 무효로 하는 방법

(2) 약관의 해석 : 부당약관을 통제하기 위한 특수한 해석 방식을 사용함

　　① 원칙적으로 법률행위의 해석에 관한 일반법리를 적용한다. 또한 약관의 특성에 따른 특수한 법리를
　　　추가적으로 적용한다.

　　② 방문판매 시의 계약서는 공정하게 해석되어야 하며, 고객에 따라 다르게 해석되어서는 안 된다(약
　　　관의 규제에 관한 법률 제5조 제1항). 약관은 이를 체결한 모든 계약에 동일하게 적용되어야 한다.

　　③ **약관의 해석원칙** : 사업자가 장래의 거래에 획일적으로 적용하기 위하여 일방적으로 미리 작성한
　　　정형적 계약조건, 즉 약관 조항에 대해 소비자와 사업자 상호간에 해석이 다를 경우에 적용되는
　　　원칙이다. <u>개별 약정 우선원칙, 신의칙에 따른 공정 해석원칙, 객관적 통일적 해석원칙, 작성자 불
　　　이익 원칙, 축소해석의 원칙, 고객에게 불리한 것만 무효로 하는 상대적 무효의 원칙</u> 등 5가지가
　　　있다.

(3) 개별약정우선의 원칙

① 약관에서 정하고 있는 사항에 관하여 사업자와 고객이 약관의 내용과 다르게 합의한 사항이 있을 때에는 당해 합의사항은 약관에 우선한다.

② 개별약정이 우선하여 적용된다는 것은 적용의 순서를 정한 것일 뿐이다. 따라서 개별약정과 다른 약관조항 자체는 무효가 되는 것이 아니고, 개별약정이 일반 민·상법을 위반하여 효력을 상실하는 경우 우선순위에 밀렸던 약관조항이 보충적으로 적용된다.

> **판례**
>
> 금융기관의 여신거래기본약관에서 금융사정의 변화 등을 이유로 사업자에게 일방적 이율 변경권을 부여하는 규정을 두고 있으나, 개별약정서에서는 약정 당시 정해진 이율은 당해 거래기간 동안 일방 당사자가 임의로 변경하지 않는다는 조항이 있는 경우, 위 약관조항과 약정서의 내용은 서로 상충된다 할 것이고, 약관규제법 제4조의 개별약정우선의 원칙 및 위 약정서에서 정한 개별약정 우선적용조항에 따라 개별약정은 약관조항에 우선하므로 대출 이후 당해 거래기간이 지나기 전에 금융기관이 한 일방적인 이율인상은 그 효력이 없다(대판 2001.3.9., 2000다67235).

(4) 객관적·통일적 해석의 원칙

① 약관은 고객에 따라 다르게 해석되어서는 안 되므로 구체적인 고객이 개별적으로 어떻게 이해하고 있는가에 좌우되지 않고, 평균적 고객의 이해 가능성을 표준으로 해석하는 원칙이다.

② 약관 작성자의 주관적 의도·의사와 무관하게 그 문언에 따라 객관적으로 해석되어야 한다.

③ 개개의 계약당사자가 아니라 거래에 참가하는 일반적 평균인의 이해능력을 기준으로 하여야 할 것이며, 또 개별적 당사자의 구체적 이해관계가 아니라 그 거래에 전형적으로 관여하는 집단의 총체적 이해관계를 고려의 대상으로 한다.

(5) 불확정성의 원칙(작성자 불이익의 원칙)

① 약관의 뜻이 명백하지 아니한 경우에는 고객에게 유리하게 해석되어야 한다.

② 이때 고객의 구체적인 사정보다는 그 거래에 관여하는 집단의 총체적인 이해관계가 고려되어야 한다.

> **판례**
>
> 사업자에게 불리하게 불명확한 약관 조항을 해석함
> 신용카드 이용계약을 체결함에 있어서 가입회원의 월간 카드이용 한도액을 정한 경우에는 이는 가입회원의 월수입 등 재산상태를 기준으로 대금 지급 능력을 감안하여 신용거래 한도액을 정한 것이라고 볼 것이므로 신용카드 연대보증인은 그 보증책임 범위에 관하여 특별히 정한 바 없는 이상 위와 같은 피보증인의 신용거래 한도액 내에서 그 대금 채무의 이행을 보증한 것이라 봄이 타당하다(대판 1986.1.28., 85다카1626).

(6) 면책약관 축소해석의 원칙

① 약관의 내용 중 상대방에게 불리한 것은 이를 축소하여 해석하는 것을 말한다.

② 사업자의 면책조항, 하자담보책임 제한조항, 보험급부 면책조항 등은 고객에게 불리한 내용이므로 그 적용범위를 축소하여 해석해야 한다.

(7) 신의성실원칙(금반언의 원칙)

① 인간이 법률생활을 함에 있어서 신의와 성실을 가지고 행동하여 상대방의 신뢰와 기대를 배반하여서는 안 된다는 조리에 근거한 원칙이다.

② 민법 제2조에는 "권리의 행사와 의무의 이행은 신의에 좇아 성실히 하여야 한다."라고 기재되어 있다.

③ 일반적인 보험 표준약관에서도 "회사는 신의성실의 원칙에 따라 공정하게 약관을 해석하여야 하며 계약자에 따라 다르게 해석하지 아니한다."라고 규정되어 있다.

　　예　연예인 지망생에게 부당하게 불리한 조항, 계약의 거래형태 등 제반사정에 비추어 예상하기 어려운 조항, 계약의 목적을 달성할 수 없을 정도로 계약에 따르는 본질적 권리를 제한하는 조항 등은 신의성실의 원칙에 반하여 공정을 잃은 약관 조항으로서 무효이다.

(8) 예문해석(例文解釋)

① 부동산 임대차, 전세, 금전소비대차, 위임 등 계약에 관하여는 관용되는 서식이 있고, 이 계약서에는 일방 당사자에게 일방적으로 유리한 조항이 인쇄·삽입되어 있는 경우가 많다. 대법원 판례는 이런 조항들은 '예문(단순한 예로서 늘어놓은 문언)'에 지나지 않으며, 당사자가 이에 구속당할 의사가 없는 것으로 보아, 그러한 문언을 무효로 하고 있다. 이것은 신의성실의 원칙에 근거를 두고 있다.

② 예문해석의 법리는 일본의 판례에서 비롯되었다.

　　예　가옥 소실의 경우에 보증금을 반환하지 않는다는 보증금 조항과 같은 것은 하나의 例文이고 당사자가 진실로 이와 같은 특약을 할 의사로 기재한 것은 아니므로 당사자를 구속하지 아니한다고 한 후 이를 적용하여 왔다(일본 대심원 1921.5.3.).

③ 우리 대법원도 무허가 건물과 그 부지매매계약을 체결하면서 사용한 부동문자(不動文字)로 인쇄된 조항을 예문으로 본 사례(대판 1979.11.27., 79다1141) 이후 꾸준히 이러한 예문해석 방법을 이용하고 있다. 특히 근저당권설정계약서상의 피담보채권의 범위에 관한 기재에 관하여 예문이라고 본 사례는 매우 많다.

근저당권설정계약서는 처분문서이므로 특별한 사정이 없는 한 그 계약문언대로 해석하여야 함이 원칙이긴 하나, 그 근저당권설정계약서가 금융기관 등에서 일률적으로 일반거래약관의 형태로 부동문자로 인쇄해 두고 사용하는 계약서인 경우에 그 계약조항에서 피담보채무의 범위를 그 근저당권설정으로 대출받은 당해 대출금채무 외에 기존의 채무나 장래에 부담하게 될 다른 원인에 의한 모든 채무도 포괄적으로 포함하는 것으로 기재하였다고 하여도 .... 당사자의 의사는 당해 대출금채무만을 그 근저당권의 피담보채무로 약정한 취지라고 해석하는 것이 합리적인 때에는 위 계약서의 피담보채무에 관한 포괄적 기재는 부동문자로 인쇄된 일반거래약관의 예문에 불과한 것으로 보아 그 구속력을 배제하는 것이 타당하다(대판 1990.7.10., 89다카12152).

2. 약관의 통제 : 불공정한 약관조항에 대한 규제

(1) 약관 통제의 방향

① 약관의 규제에 관한 법률은 무효가 되는 개별적 불공정 약관조항을 열거하여 규정하고 있다.

② 약관조항 중 무효인 불공정 약관 조항이 있을 경우에는 원칙적으로 계약 전부가 무효가 되는 것이 아니라 잔존부분만으로 유효하게 존속한다. 그러나 잔존부분만으로는 계약목적 달성이 불가능하거나 일방 당사자에게 부당하게 불리한 경우에는 그 계약 전부를 무효로 한다.

(2) 일반적 통제

① 신의성실의 원칙을 위반하여 공정성을 잃은 약관 조항은 무효이다.

② 약관의 내용 중 다음의 어느 하나에 해당하는 내용을 정하고 있는 조항은 공정성을 잃은 것으로 추정된다(약관의 규제에 관한 법률 제6조).

　㉠ 고객에게 부당하게 불리한 조항

　㉡ 고객이 계약의 거래형태 등 관련된 모든 사정에 비추어 예상하기 어려운 조항

　㉢ 계약의 목적을 달성할 수 없을 정도로 계약에 따르는 본질적 권리를 제한하는 조항

(3) 면책조항의 금지

약관의 규제에 관한 법률 제7조에 따르면 계약당사자의 책임에 관하여 정하고 있는 약관의 내용 중 다음의 어느 하나에 해당하는 내용을 정하고 있는 조항은 이를 무효로 한다.

① 사업자, 이행보조자 또는 피고용자의 고의 또는 중대한 과실로 인한 법률상의 책임을 배제하는 조항

② 상당한 이유 없이 사업자의 손해배상범위를 제한하거나 사업자가 부담하여야 할 위험을 고객에게 떠넘기는 조항

③ 상당한 이유 없이 사업자의 담보책임을 배제 또는 제한하거나 그 담보책임에 따르는 고객의 권리행사의 요건을 가중하는 조항

④ 상당한 이유 없이 계약목적물에 관하여 견본이 제시되거나 품질·성능 등에 관한 표시가 있는 경우 그 보장된 내용에 대한 책임을 배제 또는 제한하는 조항

(4) 손해배상액의 예정(약관의 규제에 관한 법률 제8조)

① **손해배상액의 예정(제398조)** : 계약당사자들은 거래상 생길지도 모르는 법률상의 분쟁을 예방하기 위하여 미리 채무불이행 등으로 인한 손해배상액을 정하여 두는 것이다.

② **약관의 규제에 관한 법률 제8조** : 고객에게 부당하게 과중한 지연손해금 등의 손해배상 의무를 부담시키는 약관 조항은 이를 무효로 한다.

③ **민법** : 과다한 손해배상액의 예정이 상대방의 궁박·경솔·무경험에 편승한 승리행위라고 보이는 경우에는 민법 제104조에 의해 무효이다.

   ⊙ 손해배상액의 예정에는 지연손해의 배상·전보배상·위약벌 등 명칭 여하를 막론하고 실질이 채무불이행에 따른 손해배상인 경우에는 모두 포함된다.

   ⓛ 본 조에 의해 무효로 되는 부분은 적정한 금액을 초과하는 부분에 한하지 않고 그러한 약관조항 자체를 무효로 하므로 마치 예정이 없었던 것으로 된다. 이 때에는 일반적인 손해배상의 원칙에 의해 배상액이 결정된다.

   ⓒ 어느 정도의 금액 또는 연체이자율이 적정하다고 볼 것이냐에 대해서는 일률적인 기준이 없고 거래유형에 따라 합리적으로 판단되어야 한다. 그러나 적어도 이자제한법상의 최고 이자율을 초과하는 손해배상액의 예정은 무효라고 본다.

(5) 계약의 해제·해지

약관의 규제에 관한 법률 제9조에 따르면 계약의 해제·해지에 관하여 정하고 있는 약관의 내용 중 다음의 어느 하나에 해당되는 내용을 정하고 있는 조항은 이를 무효로 한다.

① 법률에 따른 고객의 해제권 또는 해지권을 배제하거나 그 행사를 제한하는 조항

② 사업자에게 법률에서 규정하고 있지 아니하는 해제권 또는 해지권을 부여하여 고객에게 부당하게 불이익을 줄 우려가 있는 조항

③ 법률에 따른 사업자의 해제권 또는 해지권의 행사 요건을 완화하여 고객에게 부당하게 불이익을 줄 우려가 있는 조항

④ 계약의 해제 또는 해지로 인한 고객의 원상회복의무를 상당한 이유 없이 과중하게 부담하거나 원상회복청구권을 부당하게 포기하도록 하는 조항

⑤ 계약의 해제 또는 해지로 인한 사업자 원상회복의무나 손해배상의무를 부당하게 경감하는 조항

⑥ 계속적인 채권관계의 발생을 목적으로 하는 계약에서 그 존속기간을 부당하게 단기 또는 장기로 하거나 묵시의 기간연장 또는 갱신 가능하도록 정하여 고객에게 부당하게 불이익을 줄 우려가 있는 조항

> **판례**
>
> 계속적인 채권관계에서 부당한 약관조항의 무효
> 계약기간 만료일에 계약갱신의 통보가 없을 때에도 1년간씩 계속 연장되는 것으로 하며 제21조에 의한 연대보증인의 책임도 이에 준한다는 약관조항은 약관의 규제에 관한 법률 제9조 제5호에 위반되어 무효이다(대판 1998.1.23., 96다19413).

(6) 채무의 이행

약관의 규제에 관한 법률 제10조에 따르면 채무의 이행에 관하여 정하고 있는 약관의 내용 중 다음의 어느 하나에 해당되는 내용을 정하고 있는 조항은 이를 무효로 한다.

① 상당한 이유 없이 급부의 내용을 사업자가 일방적으로 결정하거나 변경할 수 있도록 권한을 부여하는 조항

② 상당한 이유 없이 사업자가 이행하여야 할 급부를 일방적으로 중지할 수 있게 하거나 제3자에게 대행할 수 있게 하는 조항

(7) 고객의 권익보호

약관의 규제에 관한 법률 제11조에 따르면 고객의 권익에 관하여 정하고 있는 약관의 내용 중 다음의 어느 하나에 해당하는 내용을 정하고 있는 조항은 이를 무효로 한다.

① 법률에 따른 고객의 항변권, 상계권 등의 권리를 상당한 이유 없이 배제하거나 제한하는 조항

② 고객에게 주어진 기한의 이익을 상당한 이유 없이 박탈하는 조항

③ 고객이 제3자와 계약을 체결하는 것을 부당하게 제한하는 조항

④ 사업자가 업무상 알게 된 고객의 비밀을 정당한 이유 없이 누설하는 것을 허용하는 조항

(8) 의사표시의 의제(擬制)

약관의 규제에 관한 법률 제12조에 따르면 의사표시에 관하여 정하고 있는 약관의 내용 중 다음의 어느 하나에 해당되는 내용을 정하고 있는 조항은 이를 무효로 한다.

① 일정한 작위 또는 부작위가 있을 경우 고객의 의사표시가 표명되거나 표명되지 아니한 것으로 보는 조항. 다만, 고객에게 상당한 기한 내에 의사표시를 하지 아니하면 의사표시가 표명되거나 표명되지 아니한 것으로 본다는 뜻을 명확하게 따로 고지한 경우이거나 부득이한 사유로 그러한 고지를 할 수 없는 경우에는 그러하지 아니하다.

② 고객의 의사표시의 형식이나 요건에 대하여 부당하게 엄격한 제한을 두는 조항

③ 고객의 이익에 중대한 영향을 미치는 사업자의 의사표시가 상당한 이유 없이 고객에게 도달된 것으로 보는 조항

④ 고객의 이익에 중대한 영향을 미치는 사업자의 의사표시 기한을 부당하게 길게 정하거나 불확정하게 정하는 조항

(9) 대리인의 책임가중

약관의 규제에 관한 법률 제13조에 따르면 고객의 대리인에 의하여 계약이 체결된 경우 고객이 그 의무를 이행하지 아니하는 경우에는 대리인에게 그 의무의 전부 또는 일부를 이행할 책임을 지우는 내용의 약관조항은 이를 무효로 한다. 대리권 없이 행한 무권대리의 경우에도 그 무권대리인의 사업자에 대한 책임을 민법 등이 정한 책임범위보다 가중시킬 수 없다고 본다.

(10) 소제기의 금지

약관의 규제에 관한 법률 제14조에 따르면 고객에게 부당하게 불리한 소송 제기 금지조항 또는 재판관할의 합의조항이나 상당한 이유 없이 고객에게 입증책임을 부담시키는 약관조항은 이를 무효로 한다. 사업자가 약관에 고객의 권리구제를 어렵게 하는 부제소합의, 관할의 합의, 입증책임의 전환조항을 포함시키는 것은 무효이다.

PART 1

✚ 더 알아보기

부제소합의
장차 민·형사상의 일절의 소송을 제기하지 않는다는 합의

(11) 일부무효의 특칙(효력유지적 축소해석의 원칙)

① 약관의 규제에 관한 법률 제16조에서는 약관의 일부조항이 무효조항에 해당하거나 사업자가 명시의무·설명의무를 이행하지 아니하여 계약내용이 되지 못하는 경우에 원칙적으로 계약은 나머지 부분만으로 유효하게 존속한다고 함으로써 약관에 의한 거래에 관하여 민법 제137조의 적용을 수정하고 있다. 약관의 규제에 관한 법률 제16조는 민법 제137조 일부 무효의 법리에 대한 특칙이다.

② 민법 제137조 일부무효의 법리 : 계약조항의 일부가 무효인 때에는 그 계약 전체가 무효가 되는 것을 원칙으로 하고 다만 예외적으로 그 무효조항이 없었더라도 당사자가 그 계약을 체결하였을 것이라는 사정이 인정될 경우에만 전부가 유효하게 된다. 그 결과 일반거래에서는 전부 유효를 주장하는 자가 그 사정을 입증하여야 한다.

③ 효력유지적 축소해석의 원칙 : 지나치게 일방적이거나 포괄적인 면책내용을 담고 있는 면책약관조항을 무효화시키지 아니하고 그 면책조항 중 과도한 부분만을 무효로 하여 추출배제하고 합리적인 잔존부분만으로 약관을 유효하게 유지시키는 약관해석의 방법이다. 약관조항이 무효로 되는 경우 나머지 부분만으로 계약의 내용이 원칙적으로 유효하다.

④ 법률행위의 보충해석방법 : 계약 내용에 흠결이 생긴 부분은 계약내용의 완전성을 위하여 보충이 필요하며, 보충 방법으로 임의규정·사실인 관습을 우선 적용하고, 이러한 보충규정이 존재하지 아니하는 경우에 계약당시 당사자의 의도·신의성실의 원칙·임의규정 등이 보충해석의 기준으로 작용한다. 우리 대법원이 인정하는 '수정해석' 방법(대판 1986.3.11., 85다카1490)이나 독일의 '효력유지적 축소해석' 방법이 이런 흠결보충의 한 방법으로 인정될 수 있는지 학설은 대립한다.

⑤ 일본의 "계약의 수정론" : 법률행위의 해석에는 법률행위의 의미를 객관적으로 확정하는 작업 외에 법관이 법적 가치판단에 기하여 법률행위의 내용을 합리적으로 확정하는 작업이 포함되어 있으므로 법관의 가치에 따라 당사자의 의사 중 그 내용이 타당하지 않는 부분을 합리적인 것으로 수정하는 작업이 필요하나. 법관은 그 계약이 협동제의 요구에 의하여 내용적으로 한계를 지우는 범위를 일탈하고 계약자유를 남용하는 경우에는 국가적 보호를 받을 가치가 없는 것으로 그러한 계약의 내용을 개정한다.

(12) 약관에 대한 행정적 통제 : 불공정약관의 심사(공정거래위원회)

① 의의 : 약관의 규제에 관한 법률 제19조에 의거하여 약관심사는 공정위가 직권으로 개시할 수도 있고, 또한 약관조항과 관련하여 법률상 이익이 있는 자, 소비자기본법에 의하여 등록된 소비자단체, 한국소비자원 및 사업자단체가 약관의 심사를 청구할 수 있다.

② 공정위 약관심사와 법원 약관심사 간의 차이

㉠ 공정위의 약관심사는 구체적인 계약관계를 전제하지 않고, 오로지 약관조항 자체의 불공정성을 심사하여 그 효력 유무를 결정한 후 필요한 경우 특정 약관조항의 삭제 및 수정 등 필요한 조치를 취한다.

㉡ 법원은 구체적 계약관계에 있어서 당사자의 권리·의무관계를 확정하기 위한 선결문제로서 약관조항의 효력유무를 심사하며, 그 효과도 개별 사건을 제기한 사람에게만 사후적으로 미친다.

(13) 시정조치 및 벌칙

사업자가 약관을 사용함에 있어 약관의 규제에 관한 법률 제6조 내지 제14조에서 금지하고 있는 불공정약관의 조항이 포함된 약관을 사용한 경우 공정거래위원회는 당해 사업자 등에 대하여 당해 약관조항의 삭제·수정 등 시정에 필요한 조치를 권고할 수 있다(약관의 규제에 관한 법률 제17조의2 제1항).

✚ 더 알아보기

공정거래위원회가 사업자 등에 대하여 약관조항의 삭제·수정 등의 시정명령을 내릴 수 있는 경우(약관의 규제에 관한 법률 제17조의2 제2항)

1. 사업자가 「독점규제 및 공정거래에 관한 법률」 제2조 제3호의 시장지배적사업자인 경우
2. 사업자가 자기의 거래상의 지위를 부당하게 이용하여 계약을 체결하는 경우
3. 사업자가 일반 공중에게 물품·용역을 공급하는 계약으로서 계약 체결의 긴급성·신속성으로 인하여 고객이 계약을 체결할 때에 약관 조항의 내용을 변경하기 곤란한 경우
4. 사업자의 계약 당사자로서의 지위가 현저하게 우월하거나 고객이 다른 사업자를 선택할 범위가 제한되어 있어 약관을 계약의 내용으로 하는 것이 사실상 강제되는 경우
5. 계약의 성질상 또는 목적상 계약의 취소·해제 또는 해지가 불가능하거나 계약을 취소·해제 또는 해지하면 고객에게 현저한 재산상의 손해가 발생하는 경우
6. 사업자가 제1항에 따른 권고를 정당한 사유 없이 따르지 아니하여 여러 고객에게 피해가 발생하거나 발생할 우려가 현저한 경우

• 제17조(불공정약관조항의 사용금지) 사업자는 제6조부터 제14조까지의 규정에 해당하는 불공정한 약관 조항(이하 "불공정약관조항"이라 한다)을 계약의 내용으로 하여서는 아니 된다.
• 제32조(벌칙) 제17조의2 제2항에 따른 명령을 이행하지 아니한 자는 2년 이하의 징역 또는 1억 원 이하의 벌금에 처한다.

제4절 | 계약체결상의 과실

| I | 제도의 목적 및 법적 성질

1. 제도의 의의 및 법적 성질

(1) 연 혁

① 독일의 법학자 예링(R. Von Jhering)이 1861년 발표한 논문, "계약체결상이 과실 또는 무효이거나 완전에 이르지 못한 계약에서 손해배상"에서 계약체결상의 과실(Culpa In Contrahendo)이라는 개념을 사용한 데서 유래하였다.

② 이러한 이론에 터잡아 독일 판례법에 의해 발전해 온 계약체결상의 과실책임론은 비교법적으로 여러 나라에 영향을 끼쳤으며, 우리 민법도 이를 계수하여 명문의 규정을 입법하였다.

(2) 의의 및 유형

① 계약의 체결과정에서 일방이 과실로 체결과정의 상대방에게 손해를 입혔을 경우 그에 대해 일방은 배상책임을 져야 한다는 법리이다. 계약체결상의 과실 문제로는 2가지 유형이 있다.

　ㄱ 목적이 불능한 계약 체결상의 과실(제535조) : 원시적 불능으로 무효인 계약에 대한 책임

　ㄴ 그 밖의 계약 체결상의 과실 : 계약 체결을 위한 협의 과정에서 신의칙에 기한 주의의무, 보호의무, 설명의무를 위반한 데 대하여 상대방이 입은 손해의 전보책임

② 'ㄴ'의 책임의 인정 여부에 대한 학설 대립이 있으며 다수설은 인정하나, 판례는 부정한다.

③ 책임의 인정 단계 : 거래를 위한 접촉단계부터 시작해 계약의 성립단계에서 끝난다.

(3) 목적이 불능한 계약 체결상의 과실(제535조) 기출 16

① 계약 당시부터 목적이 불능인 경우 계약은 원시적 불능으로 무효이다. 따라서 계약은 무효이므로 아무런 책임이 없는 것이 원칙이다. 다만, 그 불능을 알았거나 알 수 있었을 자는(고의 또는 과실) 귀책사유를 이유로 신뢰이익의 배상을 해야 한다.

② 제한행위능력자가 행위능력자인 것처럼 속이고 계약 체결의 협의를 개시한 경우에도 그 제한행위능력자는 계약체결상의 과실책임을 부담한다.

③ 제535조 계약체결상의 과실책임 입법 취지 : 불법행위의 성립을 인정할 수 있지만 계약상의 책임으로 하여 그 거증책임과 이행보조자의 책임에 관해 채무자에게 무거운 책임을 지우는 것이 적절하기 때문에 이런 입법을 한다. 착오로 인한 계약 취소의 경우는 채택하지 않는다. 계약이 원시적 불능인 경우에 채택한다.

(4) 제도의 목적(기능)

① 목적이 원시적으로 불능인 계약을 체결한 경우에 그 계약의 유효를 믿은 상대방이 입은 손해에 대한 배상을 규정한다.

② 제535조로부터 다음 3가지 쟁점을 도출할 수 있다.

     ⊙ 계약책임도 불법행위책임도 아닌 계약체결상의 과실책임을 명문으로 인정한다.

     ⓛ 계약의 목적이 원시적으로 불능인 경우 그 계약이 무효가 된다는 전제에 서 있고 이 점을 간접적으로 정하고 있다(원시적 불능의 도그마).

     ⓒ 손해의 분류로서 이행이익의 손해와 신뢰이익의 손해를 구별한다. 후자를 배상의 원칙으로 삼으면서 전자를 초과할 수 없는 것으로 정하고 있다.

   ③ 계약책임과 불법행위책임 사이의 공백을 메움으로써 피해자를 보호하고 손해의 공평한 분배를 기하기 위한 기능을 담당한다.

(5) 법적 성질에 관한 학설 및 판례(계약책임과 불법행위책임의 중간적 성격)

   ① 계약체결상의 과실책임론을 도입할 경우에도 그 법적 성질을 어떻게 볼 것인가에 대해서는 의견이 갈리고 있다. 이를 계약책임으로 이론을 구성할 것인가와 불법행위책임으로 보아야 하는가 및 제3의 독자적 법정책임으로 보아야 하는가에 대한 견해대립이다.

   ② 우리 대법원 판례는 최근 계약교섭의 파기와 관련한 여러 차례의 판결에서 불법행위의 책임의 성립을 인정함으로써 계약체결상의 과실책임론을 외면하고 있다.

   ③ 학설의 대립 : 계약책임설(다수설), 불법행위책임설, 법정책임설

     ⊙ 계약책임설 : 본질은 채무불이행 책임이라고 본다. 그러나 이것은 계약책임에 속한다고 보기는 어렵다. 왜냐하면 계약이 무효이기 때문이다. 즉, 계약책임은 최소한 계약이 유효함을 전제로 한다고 보아야 한다.

     ⓛ 불법행위책임설 : 본질은 불법행위 책임이라고 본다. 그러나 이것은 불법행위책임에 포함시키는 것도 옳지 않다. 왜냐하면 제750조와 별도로 제535조를 규정하였기 때문이다. 불법행위의 법리로 계약체결상의 과실책임을 모두 포섭하기는 어렵다.

       예 갑이 을과 자동차 매매계약을 체결하기 위한 협의 과정에서 그 자동차의 상태 등 성질에 관하여 설명을 하지 않았으나, 그 계약이 체결되어 자동차의 재산권 이전이 된 상태이다. 이 경우 갑의 설명의무 불이행으로 인한 손해배상을 불법행위책임으로 해결해야 한다면, 한편에서는 계약이 적법하게 성립하고, 또 한편에서는 위법한 불법행위가 성립한다는 모순현상이 발생한다.

     ⓒ 법정책임설 : '계약상 채무불이행책임과 유사한 책임이면서 법정 책임'으로 파악한다. 계약체결을 위한 협의의 개시로서 당사자 간에 접촉이 이루어지면 그때부터 당사자 사이에는 이미 법적 특별구속관계가 발생하고, 그 특별구속관계는 급부의무를 내용으로 하지는 않으나, 보호 내지 주의의무를 내용으로 하는 법정 채권채무관계이다. 독일에서는 관습에 의한 법정책임으로 본다. 입증책임, 이행보조자의 책임, 손해배상청구권의 소멸시효기간 등 계약책임에 관한 규정을 유추 적용한다.

2. 계약의 부수적 의무 불이행 시 계약체결상의 과실 인정여부(계약 교섭 또는 준비단계에서 발생하는 법적 문제에 대한 집합적 행태를 별도의 책임유형으로 구성할 필요가 있는가?) 기출 19

(1) 의 의

① 계약체결상의 과실이 문제되는 영역은 계약 성립 이전 단계이고 그 단계에 바로 책임의 원인이 존재한다는 것이 특징이다.

② 계약 성립 이전 단계이므로 계약의 이행 그 자체(= 급부의무)와는 아무런 관계가 없다.

③ 독일법은 이런 계약 이전 단계에서의 책임을 계약체결상의 과실이라는 하나의 독자적인 법제도로 이해한다.

(2) 독일의 판례

① 사건 내용 : 갑이 백화점에서 리놀륨융단을 구매하기 위해 매장을 둘러보다가 종업원이 지목한 융단을 꺼내는 과정에서 옆에 세워놓은 융단이 넘어지면서 갑이 상해를 입었는데, 갑은 백화점주인을 상대로 손해배상을 청구하였다.

② 판결 : 갑과 백화점 간 매매계약이 성립하지 않았지만 계약체결상의 과실을 적용하였다. 그 근거는 1) 계약에 기한 채무 내용에는 상대방의 신체, 재산에 대한 보호의무를 포함하고 2) 계약 교섭 단계에서는 계약 체결을 목적으로 교섭이 진행되므로 그 단계에서 발생한 손해에 대해 계약책임 규정을 유추적용할 수 있다. 그 결과 백화점은 이행보조자인 종업원의 과실에 대해 사용자로서의 면책가능성을 갖지 못하고 무조건 책임을 지게 된다.

(3) 부수의무 불이행을 채무불이행으로 보는 국내 다수설의 논거

① 오늘날 계약이론에서 계약상 의무는 주된 이행의무가 전부는 아니며, 신의칙상의 모든 부수의무를 포함한다.

② 체약 보조자의 과실에 대해 제391조가 적용되어 본인이 무조건 책임을 지게 된다(불법행위책임을 묻게 되면 본인이 제756조 제1항 단서에 의해 면책될 가능성이 있다).

③ 배상청구권의 소멸시효기간이 10년이다(불법행위보다 더 유리하다).

④ 과실의 입증책임에 있어 제390조의 단서에 의거 가해자 측에서 자신에게 과실이 없음을 입증해야 한다(불법행위에 의한 경우보다 피해자에게 더 유리하다).

(4) 부수의무 불이행에 따른 계약체결상의 과실책임의 유형

① 불능, 계약의 부당파기 등으로 인해 계약이 성립하지 않은 경우
불법행위법의 규율에 따라 책임을 묻는 것이 논리적으로 적합하다. 피용자의 불법행위에 대한 사용자책임이 보상책임의 원리에 입각하고 있어서 사용자의 면책이 실제로 인정되고 있지 않으므로, 계약 불성립인 경우 보호의무 위반으로 인한 손해배상은 불법행위법에 의해 다루어지는 것이 적절하다.

② 계약이 유효하게 성립되었으나 무효, 취소로 계약 파기된 경우

민법은 채무불이행책임에 대해 "계약 내용에 좇은 이행을 하지 아니한 때(제390조)"라고 포괄적 규정을 두고 있다. 따라서 채무이행 범위를 주된 급부 이행에만 한정하는 것은 적절하지 않으며, 계약목적 달성에 필요한 부수적인 행태의무를 계약 체결 전·후를 불문하고 인정된다고 보아야 한다. 이런 계약 전후의 행태의무 불이행에 대해 제390조에 기한 이행이익 배상의무를 지우는 것이 타당하다.

(5) 국내 판례

대법원은 '신의칙상 부수의무'로서 계약 상대방의 생명, 신체, 건강, 재산 등을 해치는 일이 없도록 필요한 조치를 강구하여야 할 "보호의무"의 개념을 인정하고 있다. 그러나 계약상 의무로서 보호의무를 인정하는지까지의 여부는 다소 불분명하다.

> **판례**
>
> 숙박업자는 통상의 임대차와 같이 단순히 여관 등의 객실 및 관련 시설을 제공하여 고객으로 하여금 이를 사용·수익하게 할 의무를 부담하는 것에서 한 걸음 더 나아가 고객에게 위험이 없는 안전하고 편안한 객실 및 관련 시설을 제공함으로써 고객의 안전을 배려하여야 할 보호의무를 부담하며 이러한 의무는 숙박계약의 특수성을 고려하여 신의칙상 인정되는 부수적인 의무로서 숙박업자가 이를 위반하여 고객의 생명·신체를 침해하여 투숙객에게 손해를 입힌 경우 불완전이행으로 인한 채무불이행책임을 부담하고, 이 경우 피해자로서는 구체적 보호의무의 존재와 그 위반 사실을 주장·입증하여야 하며 숙박업자로서는 통상의 채무불이행에 있어서와 마찬가지로 그 채무불이행에 관하여 자기에게 과실이 없음을 주장·입증하지 못하는 한 그 책임을 면할 수는 없다(대판 2000.11.24., 2000다38718).

3. 계약체결상의 과실책임의 성립요건

(1) 계약은 성립하였으나 원시적 불능으로 무효일 것

① 원시적 불능의 급부 : 계약 체결 당시 이미 실현하는 것이 객관적으로(채무자뿐만 아니라 일반인에게도) 불능인 급부이다.

　　예 갑이 자기 소유의 공장을 을에게 판매하는 매매계약을 체결하였는데 계약 전에 이미 그 공장이 화재로 소멸하거나 수용되어서 객관적으로 불능인 상태

　　예 갑이 을에게 토지를 매매했는데 계약체결 전에 이미 그 토지가 정부에 의해 수용된 경우

　　예 깊은 바다에 빠진 다이아반지를 찾아줄 것을 급부로 하는 계약

② 당사자 일방이 그 장애사유의 발생에 관한 위험을 명시적·묵시적으로 인수한 경우에는 무효가 되지 않는다. 따라서 제535조 적용을 배제한다.

③ 급부의 일부가 불능인 경우 나머지 부분만으로 계약 목적을 달성 가능한 때에는 계약이 전부 유효하고 그렇지 못한 경우에만 계약이 무효이다.

④ 매도인이 담보책임을 지는 경우에는 제569조 이하 규정으로 규율하므로, 제535조 적용을 배제한다.

구 분	객관적 불능	주관적 불능
원시적 불능	계약 체결상의 과실 책임	타인의 권리매매(매도인의 담보책임) 채무불이행책임
후발적 불능	채무불이행책임	채무불이행책임

(2) 선의 · 무과실

① 일방은 계약체결 당시에 불능을 알았거나(고의) 알 수 있었어야(과실) 한다. 그 일방은 상대방이 입은 신뢰이익을 배상하여야 한다.

② 이 경우 책임의 성립을 주장하는 자가 상대방의 고의 · 과실에 대한 입증책임을 진다. 이 점은 일반적 채무불이행책임에서 입증책임과 다르다.

③ 통상 장애사유의 존부를 고지해야 할 행태의무를 이행하지 않을 경우 과실이 인정된다.

④ 상대방은 선의이고 무과실이어야 한다. 매도인이 악의 또는 과실이고, 매수인이 선의이고 무과실인 경우에 계약체결상의 과실책임을 인정한다.

⑤ 신뢰이익 배상액이 이행이익을 초과하지 않은 경우여야 한다.

⑥ 대리인이나 계약 체결 보조자의 고의 또는 과실로 인한 경우에 본인의 고의 또는 과실에 준하여 **계약체결상의 과실책임을 인정해야 한다.** 사용자 배상책임 및 이행보조자의 행위로 인한 채무자의 책임규정을 유추적용하여 계약 교섭 당사자가 책임을 진다.

구 분	이행보조자의 계약체결상의 과실책임	시효기간	입증책임
계약책임설(다수설)	본인의 책임(제391조)	10년(제162조 제1항)	가해자(채무자)
불법행위책임설	사용자 책임(제756조)	3년 / 10년(제766조)	피해자(채권자)

(3) 상대방의 손해 발생

4. 계약체결상의 과실에 의한 손해배상의 범위 `기출 19`

(1) 의 의

계약체결을 위한 당사자 간 접촉개시부터 계약체결 시까지 계약 성립을 위한 당사자 간의 협의과정상 일방의 과실로 인하여 타방이 손해를 입게 되는 경우에 그 손해의 배상책임을 인정한다.

(2) 신뢰이익과 이행이익

① **신뢰이익 배상**(유효라고 신뢰했기 때문에 받은 손해) : 계약체결 비용이다(계약이 무효일 때).

② 신뢰손해란 계약체결을 확신하고 준비한 계약준비 비용, 일방의 적극적인 요구로 계약의 이행에 착수한 비용, 정신적 손해까지 포함한다. 그러나 제안서나 견적서 작성 비용은 배상대상에 포함하지 않는다.

③ 침해행위가 인격적 법익을 침해하여 정신적 고통을 유발한 경우에는 정신적 고통에 대한 배상을 포함한다.

④ **이행이익의 배상** : 채무자가 이행했더라면 잃지 않았을 손해이다(계약이 유효일 때).

⑤ 신뢰이익과 이행이익은 불법행위의 배상책임에서는 사용하지 않는 개념이다. 이것은 철저하게 계약책임에서 발생하는 개념이다.

(3) 손해배상의 유형과 내용

책임의 유형	적용 법리	손해배상의 범위
계약이 무효인 경우 계약의 부당 파기	제535조 계약체결상의 과실책임	• 계약을 유효하다고 믿었음으로 인하여 받은 손해이므로 '신뢰 이익'을 배상함
계약이 유효이나 이행하지 않은 경우	제390조 채무불이행과 손해배상	• '이행이익'을 기준으로 산정(계약의 성립이 전제되어야 하기 때문)
채무불이행을 이유로 계약 해제에 따른 손해배상	제390조 채무불이행과 손해배상	• 이행이익 배상과 신뢰이익 배상 중 하나를 선택하여 청구할 수 있음
불법행위책임에 대한 손해배상	제750조 불법행위와 손해배상	• 적극손해 : 비용지출 등 재산상 감소 • 소극손해 : 얻었을 이익의 상실 • 정신적 손해(위자료) : 정신적 고통에 대한 위자료
담보책임에 따른 손해배상	타인의 권리의 매매 담보책임(제570조, 제572조 제3항)	• 이행이익의 배상으로 판단
	물건의 하자담보책임	• 신뢰이익의 배상으로 판단

① 무권대리의 경우 : 본인이 책임을 지지 않으면(대리권이 없거나 추인하지 않으면) 대리행위는 무효이다. 그러나 원시적 불능은 아니다. 무권대리인이 손해배상해야 하는데 이때 손해의 범위는 이행이익의 배상이다.

② 계약 해제의 경우 : 소급적 무효이나 원시적 불능이 아니다. 이 경우 손해배상은 이행이익의 배상이다. 결국 무효라고 해서 모두 신뢰이익의 배상은 아니다.

③ 이행이익의 손해 : 이미 유효하게 성립된 채권의 존재를 전제로 채무자가 채무의 내용에 좇은 이행을 하지 않았기 때문에 채권자가 입은 손해이다. 채무가 이행되었더라면 존재하였을 재산상태와 현존하는 재산상태의 차이이다.

　㉺ 유효하게 성립한 건물 매매계약의 매수인이 채무불이행이나 계약 해제 등으로 매도인으로부터 건물에 대한 소유권이전등기와 인도를 받지 못하게 된 경우, 그 매수인이 건물의 소유권을 취득하였다면 얻었을 건물의 시가나 사용이익, 그리고 전매차익(특별손해에 해당 – 상대방이 알았거나 알 수 있었을 경우 인정) 등

④ 신뢰이익의 손해 : 어떤 법률행위가 무효로 되어있을 때 그 당사자가 무효인 법률행위를 유효라고 믿었기 때문에 입은 손해이다. 법률행위가 유효하다고 믿지 않았더라면 존재하였을 재산상태와 유효를 믿음으로써 현존하는 재산이다.

　㉺ 계약을 체결하기 위해 지출한 비용, 계약의 준비를 위한 비용 등이 신뢰이익(신뢰손해=신뢰 이익의 손해)에 해당한다.

⑤ 이행이익과 신뢰이익의 관계

　㉠ 이행이익은 유효한 법률행위의 존재를 전제로 하는 것이고 신뢰이익은 법률행위가 무효임을 전제로 하는 것이다.

　㉡ 신뢰이익은 이행이익의 한도 내에서만 배상받을 수 있으며(제535조 단서), 이행이익과 신뢰이익을 함께 청구한 경우 판례는 손해액의 산정에 있어 이행이익은 중복배상을 방지하기 위하여 비용지출액을 공제한 순이익에 한정된다고 본다.

⑥ 민법의 규정(제535조 계약체결상의 과실) : 민법에서 따로 이행이익이나 신뢰이익만을 독립적으로 규정하고 있지 않고, 원시적 불능으로 계약이 무효인 경우에 손해배상의 기준이 되는 것으로서 이행이익과 신뢰이익의 개념을 제535조에서 규정하고 있다.

> **판례**
>
> 계약의 일방 당사자가 상대방의 이행을 믿고 지출한 비용도 그러한 지출사실을 상대방이 알았거나 알 수 있었고 또한 그것이 통상적인 지출비용의 범위 내에 속한다면 그에 대하여도 '이행이익'의 한도 내에서는 배상을 청구할 수 있다. 다만 이러한 비용 상당의 손해를 일실이익 상당의 손해와 같이 청구하는 경우에는 중복배상을 방지하기 위하여 일실이익은 제반 비용을 공제한 순이익에 한정된다고 보아야 한다(대판 1992.4.28., 91다29972).

| Ⅱ | 적용 범위

1. 민법상 불능과 계약체결상의 과실책임문제

(1) 계약체결상의 과실책임이 적용되는 불능의 범위(원시적, 확정적, 전부 불능)

① 불능의 유형

㉠ 원시적 불능 / 후발적 불능(계약유효, 채무불이행 책임, 위험부담문제)

㉡ 전부 불능 / 일부 불능(유상계약인 경우 하자담보책임)

㉢ 원시적, 확정적, 전부 불능의 경우의 구제수단

② 원시적 전부 불능 : 무효, 계약체결상의 과실책임문제

③ 원시적 일부 불능 : 일부무효 법리를 적용. 원칙은 전부 무효인데 예외적으로 일부무효

> **＋ 더 알아보기**
>
> 원시적 일부 불능인 매매 등 유상계약은 전부 유효하고 담보책임이 있다. 매매 등 유상계약에서 원시적 일부 불능으로 인하여 담보책임이 인정되는 경우에는 담보책임으로 처리한다(제574조, 제580조). 따라서 이 경우에는 계약체결상의 과실책임이 배제된다.

④ 후발적 불능 : 유효

㉠ 채무자 귀책사유면 채무불이행책임(이행불능) : 계약해제

㉡ 채무자의 귀책사유가 없으면 위험부담의 문제

[예] 부동산매매계약에 있어서 실제면적이 계약면적에 미달하는 경우에는 그 매매가 수량지정매매에 해당할 때에 한하여 민법 제574조, 제572조에 의한 대금감액청구권을 행사함은 별론으로 하고, 그 매매계약이 그 미달 부분만큼 일부 무효임을 들어 이와 별도로 일반 부당이득반환청구를 하거나 그 부분의 원시적 불능을 이유로 민법 제535조가 규정하는 계약체결상의 과실에 따른 책임의 이행을 구할 수 없다(대판 2002.4.9., 99다47396).

(2) 계약체결상의 당사자 사이의 특별구속관계

이 특별구속관계의 내용으로 다양한 용태의무가 있다.

① 계약의 성립 또는 유효성에 관한 신뢰보호적 용태의무

    ㉠ 배려의무, 주의의무 : 계약 상대방의 이익을 적극적으로 배려하고 주의할 의무

        예 고용계약 체결을 위한 협의 과정에서 고용주는 피고용 상대방에게 고용 가능성을 믿게 하여 상대방이 전직 청산할 경우 이에 대한 손해 배상의무가 있음

    ㉡ 설명의무

    ㉢ 정보제공의무, 보고의무

    ㉣ 협력의무

        예 계약 효력 발생을 위해 제3자의 동의·추인, 관청의 허가·인가 등을 필요로 할 때 이에 대해 협력해야 할 의무

② 계약 외적 법익에 대한 보호의무 : 계약교섭에 응하는 상대방의 신체, 재산, 생명 등 기타 법익을 침해하지 않을 보호의무(소극적인 침해 금지의무)

    예 독일 판례에서 백화점의 아마직물롤이 넘어져 고객이 다친 사건, 셀프 서비스 상점에서 야채조각에 미끄러져 고객이 다친 사건, 자동차를 매수하려는 고객이 시운전하다가 다친 사건에서 계약체결상 과실 책임을 인정함

(3) 계약체결상의 과실책임의 적용 범위의 확대 여부

다수설인 계약책임설은 독일의 영향을 받아 제535조의 경우뿐만 아니라 다음의 3가지 유형에도 확대하여 적용한다.

① 적용사례 1 : 계약체결의 준비단계에서의 체약상 과실책임(계약이 불성립한 경우)

    ㉠ 계약의 준비단계에서 계약 외적으로 상대방의 생명 신체 재산 등 법익이 침해되어 계약 상담이 중단된 경우

        예 손님이 상점에서 상품을 사려고 구경하다가, 옆에 세워져 있던 상품들이 쓰러져서 손님이 다친 경우, 자동차를 매수하려는 손님이 그 차를 시운전하다가 다친 경우

    ㉡ 확실하게 계약 체결가능성의 신뢰를 상대방에게 준 후에 정당한 이유 없이 계약 상담을 부당파기하여 상대방에게 손해를 끼친 경우

        예 갑과 을이 부동산을 매매하기로 사전 협의한 후 을이 갑과 그 부동산 답사 약속을 하였는데 그 약속일 전에 갑이 그 부동산을 병에게 미리 매각해 버린 경우

② 적용사례 2 : 계약이 유효한 경우의 체약상 과실

    ㉠ 계약 성립 전의 준비단계에서 신의칙상 통지의무를 위반하고 그것이 원인이 되어 계약이 성립한 후에 손해를 발생시킨 경우에는 상대방이 선의 무과실인 경우에 한하여 계약 체결상의 과실책임을 인정한다.

    ㉡ 그러나 계약 성립 후의 신의칙상 의무 위반은 체결상의 과실책임 문제가 아니라 불완전 이행의 문제(제390조)가 된다(채무불이행책임 발생).

        예 갑이 을에게 전자제품을 매매하면서 계약 성립 전에 사용방법을 잘못 알려주어서 손해를 입은 경우, 갑이 을 회사에 자신의 중대한 질병을 알리지 않고 고용계약을 맺은 후 사용자 을이 손해를 입은 경우

③ **적용사례 3** : 계약이 무효 취소 불성립된 경우의 계약체결상의 과실책임(제535조도 여기에 포함)
　　㉠ 의사무능력을 이유로 법률행위가 무효로 된 경우
　　㉡ 일시적인 심신상실자 또는 제한능력자 선고를 받지 않은 정신병자가 행위 당시에 의사능력이
　　　 없음을 입증하여 계약이 무효로 된 경우에, 그 의사무능력자에게 체약상의 과실책임을 인정하
　　　 여 신의칙상 신뢰이익의 배상책임을 인정(다수설)
　　㉢ 착오를 이유로 의사표시를 취소한 경우
　　　 • 표의자에게 경과실이 있어도 중요 부분의 착오이므로 취소 가능(제109조 제1항)
　　　 • 계약체결상의 과실책임이 문제될 수 있는 것은 표의자에게 경과실이 있는 경우에 한정
　　　 • 기타의 경우 : 강행법규 위반으로 무효가 된 경우, 무의식적 (숨은) 불합의로 계약이 성립하지
　　　　 않은 경우, 요식행위가 방식위반으로 무효가 된 경우에도 상대방이 손해를 입었다면 계약체결
　　　　 상의 과실책임이 인정된다는 견해가 있음

> **➕ 더 알아보기**
>
> 제한능력자(2011년 민법 개정으로 기존 행위무능력자 제도를 폐지함)
> • 미성년자 : 19세에 이르지 않은 사람
> • 피성년후견인 : 질병·장애·노령·그 밖의 사유로 인한 정신적 제약으로 사무를 처리할 능력이 지속적으로 결여
> 　 되어 가정 법원에서 성년후견개시의 심판을 받은 사람
> • 피한정후견인 : 질병·장애·노령·그 밖의 사유로 인한 정신적 제약으로 사무를 처리할 능력이 부족하여 가정법
> 　 원에서 한정후견 개시의 심판을 받은 사람
> ※ 피특정후견인과 피임의후견인은 민법상 제한능력자가 아니며, 완전한 행위능력을 가진다.

④ **판례의 입장** : 판례와 다수설은 서로 다른 입장이다. 판례는 이를 확대 인정한 사례가 없고, 불법행
　　위책임으로 해결한다.
　　㉠ 계약 교섭의 부당한 중도 파기는 불법행위를 구성한다.
　　㉡ 손해는 계약 체결을 신뢰한 상대방이 입게 된 상당인과관계 있는 손해(신뢰이익의 손해)에 한정
　　　 한다.
　　　 예 계약 성립을 기대하고 지출한 계약 준비 비용의 범위는 그러한 신뢰가 없었더라면 통상 지출
　　　　 하지 않았을 비용 상당의 손해에 한정하는 것임. 따라서 경쟁입찰에 참가하기 위해 지출한
　　　　 제안서, 견적서 작성비용 등은 인정하지 않음
　　㉢ 계약의 무효 사례 : 증권거래법상 증권회사 임직원이 고객에 대해 그 거래에서 발생하는 손실의
　　　 전부 또는 일부를 부담하는 것을 약속하고 매매거래를 권유하는 것은 금지된다(강행법규). 이를
　　　 위반하여 증권회사 영업부장과 그러한 약정을 하였는데 후에 손실을 입어 손해배상을 청구한
　　　 사안에서 계약체결상의 과실책임을 인정하지 않고 불법행위책임 문제로 접근하여 판결하였다
　　　 (대판 1994.1.11., 93다26205). 판결은 원고(투자자)가 경험이 있는 투자자라는 점을 이유로 피
　　　 고의 권유행위에 위법성이 없으므로 불법행위 성립을 배척한다.

계약 성립의 좌절 사례

어느 일방이 교섭 단계에서 계약이 확실하게 체결되리라는 정당한 기대 내지 신뢰를 부여하여 상대방이 그 신뢰에 따라 행동하였음에도 상당한 이유 없이 계약의 체결을 거부하여 손해를 입혔다면, 이는 신의성실의 원칙에 비추어볼 때 계약 자유의 원칙의 한계를 넘는 위법한 행위로서 불법행위를 구성한다(대판 2001.6.15., 99다40418).

계약교섭의 부당한 중도파기가 불법행위를 구성하는 경우 그러한 불법행위로 인한 손해는 일방이 신의에 반하여 상당한 이유 없이 계약교섭을 파기함으로써 계약체결을 신뢰한 상대방이 입게 된 상당인과관계 있는 손해로서 계약이 유효하게 체결된다고 믿었던 것에 의하여 입었던 손해 즉 신뢰손해에 한정된다고 할 것이고, 이러한 신뢰손해란 예컨대, 그 계약의 성립을 기대하고 지출한 계약준비비용과 같이 그러한 신뢰가 없었더라면 통상 지출하지 아니하였을 비용상당의 손해라고 할 것이며, 아직 계약체결에 관한 확고한 신뢰가 부여되기 이전 상태에서 계약교섭의 당사자가 계약체결이 좌절되더라도 어쩔 수 없다고 생각하고 지출한 비용, 예컨대 경쟁입찰에 참가하기 위하여 지출한 제안서, 견적서 작성비용 등은 여기에 포함되지 아니한다. 침해행위와 피해법익의 유형에 따라서는 계약교섭의 파기로 인한 불법행위가 인격적 법익을 침해함으로써 상대방에게 정신적 고통을 초래하였다고 인정되는 경우라면 그러한 정신적 고통에 대한 손해에 대하여는 별도로 배상을 구할 수 있다(대판 2003.4.11., 2001다53059).

계약교섭의 부당한 중도파기가 불법행위를 구성하는 경우,........만일 이행의 착수가 상대방의 적극적인 요구에 따른 것이고, 바로 위와 같은 이행에 들인 비용의 지급에 관하여 이미 계약교섭이 진행되고 있었다는 등의 특별한 사정이 있는 경우에는 당사자 중 일방이 계약의 성립을 기대하고 이행을 위하여 지출한 비용 상당의 손해가 상당인과관계 있는 손해에 해당한다(대판 2004.5.28., 2002다32301).

(4) 평 가

① 우리 민법 제535조는 "계약체결상의 과실"이라는 표제 하에, 원시적으로 불능인 급부를 목적으로 하는 계약을 체결한 경우에 그 계약의 유효를 믿은 상대방이 입은 손해를 배상하도록 규정하고 있다.

② 그러나 이 조항은 그 표제에도 불구하고 계약체결상의 과실에 관한 일반규정이 아니라, 독일에서 계약체결상의 과실의 한 유형으로 인정되는 구독일민법 제307조를 받아들인 것인데, 다수의 견해는 이 조항을 통하여 우리 민법이 독일민법학상의 계약체결상의 과실제도를 받아들인 것으로 이해하고 그 적용범위도 원시적 불능의 경우에 한정하지 않고 동조를 광범위하게 유추적용하고 있는 실정이다.

③ 우리 판례는 계약체결상의 과실책임으로 인한 손해의 배상책임을 그 본질상 불법행위책임이라고 이해하는 것으로 보인다. 우리 민법의 불법행위책임 규정은 독일민법의 불법행위책임 규정과는 달리 불법행위의 성립에 대하여 일반적 성립요건주의를 취하고 있으므로, 계약체결상의 과실이론이 문제 삼는 경우들을 민법 제750조에 의하여 충분히 해결할 수 있을 것으로 본다. 따라서 이 문제는 근본적으로 현행 민법의 제정 시에 불법행위법 체계에 대한 충분한 고려 없이 구민법에는 없었던 제535조가 불필요하게 신설되어 생긴 것이라고 평가할 수 있다.

2. 계약체결상의 과실책임 / 불법행위책임 / 채무불이행책임의 비교

(1) 불법행위책임과 채무불이행책임의 비교

① 불법행위는 법률에 반하는 행위에 대한 일반적인 책임이다.

② 채무불이행은 계약에 반하는 행위에 대한 계약 당사자 간의 책임이다.

> 예 갑이 자신의 자동차를 운전하면서 아무런 대가 없이 호의로 을과 함께 타고 가다가 운전자인 갑의 과실로 사고가 나서 을이 다친 경우 계약관계가 아니라 단순히 호의관계이므로 계약책임은 성립하지 않는다. 그러나 갑의 과실로 을에게 손해가 발생하였기 때문에 불법행위책임은 성립한다.

(2) 3개 책임제도의 비교

구 분	과실·손해 발생시점
계약체결상의 과실책임	계약 성립 당시
불법행위책임	계약 성립 전
채무불이행책임	계약 성립 이후

(3) 계약체결상의 과실책임 / 위험부담 / 담보책임의 차이점

① **위험부담(채무자부담주의)** : 민법상 쌍무계약의 일방당사자의 채무가 당사자쌍방의 책임 없는 사유로 후발적 불능이 되어 소멸한 경우, 그에 대응하는 상대방의 채무 또한 소멸하는지의 여부가 쌍무계약에 있어서의 '위험부담'의 문제이다.

② **채무자부담주의 원칙** : 채무자부담주의란 물건을 인도하여야 할 채무를 부담하는 자가 물건도 잃고 채권자로부터 대가도 받지 못하는 경우를 말한다. 반대로 **채권자위험부담**은 채권자가 물건도 받지 못하면서 대가를 지급하여야 하는 경우를 말한다. 민법은 채무자위험부담주의를 원칙으로 하고 있다.

　㉠ 쌍무계약의 당사자 일방의 채무가 쌍방의 책임 없는 사유로 이행할 수 없게 된 때에는 채무자는 그 채무를 면하지만, 동시에 채권자에 대한 반대 채권도 상실한다.

　㉡ 채권자가 반대급부를 이미 이행한 경우에는 채권자는 부당이득을 이유로 급부한 것의 반환을 청구할 수 있다.

　㉢ 이행불능이 채권자의 귀책사유로 인한 때에는 채무자는 자기의 채무는 면하면서 상대방의 급부를 청구할 수 있다.

　㉣ 채권자의 수령지체 중에 당사자 쌍방의 책임 없는 사유로 이행할 수 없게 된 때에도 채무자는 자기의 채무는 면하면서 상대방의 급부를 청구할 수 있다.

> 예 임대차목적물이 임차인의 과실 없이 제3자의 방화행위에 의하여 멸실된 경우, 그 위험은 채무자위험부담의 원칙에 따라 임차물을 사용, 수익하게 할 의무를 부담하는 채무자인 임대인이 부담하여야 하므로 임대인(채무자)은 임차인에게 임대차보증금을 반환할 의무가 있다.

주택을 매매하는 계약을 체결하였는데, 잔금 지급일이 한참 지났는데도 매수인이 이행을 하고 있지 않다가 그 목적물인 주택이 지진으로 붕괴해버리고 말았다. 매수인은 자신에게 책임이 없다며 잔금지급을 못하겠다고 하는데, 어떻게 해야 할까?

주택을 매매하는 계약을 체결한 후에 그 목적인 주택이 지진, 화재 등으로 소실한 때에는 이 쌍무계약에서 생긴 일방의 채무인 주택인도의 채무는 이행불능으로 소멸하게 되는데 이 경우 다른 일방이 부담하는 대금지급채무의도 운명을 함께하여 소멸한다. 쌍무계약의 일방의 채무가 소멸되었다고 하는 손실은 그 소멸된 채무의 채무자(매도인)가 부담하므로 매도인은 대금을 청구할 수 없다.

③ 담보책임 : 계약의 당사자(예 매도인)가 급부한 목적물에 권리의 하자 또는 물건에 숨겨진 하자가 있는 경우에 부담하는 손해배상, 그 밖의 책임을 말한다. 매매에 대하여 기본적 규정이 있고, 증여·도급·소비대차에도 규정되어 있으나, 매매에 관한 규정이 널리 유상계약 일반에 준용된다.

구 분	적용범위	사 례
계약체결상의 과실책임	일방의 책임 있는 원시적 전부불능에 적용함	사인 간 토지의 매매계약 체결 당시에 이미 토지가 정부에 의해 수용된 경우
위험부담	쌍방의 책임 없는 우발적 전부불능에 적용함	사인 간 토지의 매매계약 체결 후에 토지가 정부에 의해 수용된 경우
담보책임	유상계약에 적용함(원시적 수량부족 등)	사인 간 토지의 매매계약 체결하였는데 그 토지의 실제 면적이 계약 면적에 미달된 경우

④ 계약체결상의 과실책임과 담보책임의 상관관계 : 우리 민법은 매도인의 하자담보책임을 무과실책임으로 규정하고 있으므로 하자담보책임의 요건이 계약체결상의 과실책임의 요건보다 완화되어 있다. 따라서 매도인이 매매 목적물의 하자를 설명하지 않은 책임이 있다면, 매수인은 하자담보책임 이외에 계약체결상의 과실책임을 주장할 수 있다.

03 │ 계약의 효력

PART 1

제1절 쌍무계약의 특질 및 동시이행의 항변권

│ I │ 쌍무계약의 특질

1. 계약의 일반적 효력발생요건 중 급부의 유효요건(특별한 유효요건)

(1) 계약 내용의 확정성

① 계약의 내용이 확정되어 있지 않거나 또는 해석을 통하여 확정할 수도 없는 경우에 그 계약은 무효이다.

② 여기서 확정성은 법률적·사실적인 면에서 양자 모두 확정될 수 있는 것이어야 한다.

(2) 계약 내용의 가능성

① 불능이라 함은 사회생활에 있어서의 경험칙, 즉 이른바 거래상의 통념에 의하여 결정되는 것이고, 자연과학적인 의미에 있어서의 불능을 말하는 것은 아니다.

② 이것은 계약성립 이전의 원시적 불능을 말하며 계약성립 후의 후발적 불능이 아니다.

③ 후발적 불능의 경우에는 채무불이행·위험부담 등의 문제가 생길 뿐이고 계약이 무효로 되지는 않는다.

④ 원시적 불능이냐 아니냐를 결정하는 시기는 계약의 성립 시를 표준으로 하여야 한다.

⑤ 계약의 내용이 전부 원시적 불능이면 그 계약은 효력을 발생할 수 없고 무효이다. 다만, 그러한 원시적 불능의 계약을 체결하는 데 과실이 있는 자는, 이른바 계약체결상의 과실책임으로서 일정한 손해배상의무를 지게 된다.

(3) 내용의 적법성과 사회적 타당성

① 계약의 내용은 적법하고 사회적 타당성이 있어야 유효하다.

② 강행법규에 반하는 내용의 계약이나 또는 선량한 풍속 기타의 사회질서에 위반하는 사항을 내용으로 하는 계약은 무효이다(제103조, 제105조).

2. 쌍무계약의 특징

(1) 쌍무계약의 의의

① 계약당사자가 서로 대가적인 채무를 부담하는 계약이다.

② 쌍무계약에서 각 당사자가 채무를 부담하는 것은 상대방이 채무를 부담하기 때문이며, 쌍방당사자의 채무는 상호의존관계에 있다.

　　예 매매계약에서의 재산권이전의무와 매매대금지급의무

③ 쌍무계약에서 양 당사자의 채무의 상호의존관계를 채무의 견련성이라 한다.

(2) 견련성(서로 관련 관계가 되어있는 성질)

① 유치권의 성립요건은 유치대상이 된 물건 그 자체에만 행사할 수 있다. 갑이 을에게 스마트폰 수리를 맡기고 수리대금을 주지 않았다. 그러면 을은 스마트폰을 주지 않아도 된다. 후에 갑이 노트북의 수리를 맡기고 노트북의 수리대금만 지불했다. 그렇다 해도 을은 스마트폰의 수리비를 요구하면서 노트북을 주지 않겠다고 주장할 수는 없다. 유치권의 성립요건은 해당 물건 그 자체에 있기 때문이다. 이를 일컬어 견련성이라 한다.

② 성립상의 견련성 : 계약의 성립으로 일방의 채무와 타방의 채무는 서로 법률상의 원인을 이룬다(有因행위). 계약을 통해서 서로 서로 소유권 이전을 해야 하는 부담이 있고, 대금지급을 해야 하는 부담이 발생(성립)하는 것이다. 쌍무계약에 의해 발생할 일방의 채무가 원시적 불능·불법 등의 이유로 성립하지 않거나 무효·취소된 때에는, 그것과 의존관계에 있는 상대방의 채무도 성립하지 않는다.

③ 이행상의 견련성 : 쌍무계약에서 각 채무는 상호 의존관계에 있는 점에서, 자신의 채무를 먼저 이행하여야 하거나 또는 상대방의 채무가 먼저 이행되어야 할 것이 아니고, 원칙적으로 상환으로 이행할 것이 요구된다. 이 점을 실현하기 위해 "동시이행의 항변권"이 인정된다.

④ 존속상의 견련성 : 쌍방의 채무가 완전히 이행되기 전에 일방의 채무가 채무자의 귀책사유 없이 이행불능으로 되어 소멸한 경우 상대방 채무에 어떠한 영향을 미치는가의 문제가 된다(위험부담문제).

✚ 더 알아보기

채무불이행상 견련성
채무불이행을 이유로 하는 해제권이 발생한다(계약 소멸과 관련됨).

⑤ 청산상의 견련성 : 쌍무계약에서 당사자 일방의 계약 해제로 인한 쌍방 당사자의 원상회복의무는 상호 견련관계에 있다. 그러나 계약 해제로 인한 쌍방 당사자의 원상회복의무는 쌍무계약의 효력이 아니라 계약 해제에 따른 효과이다. 이 경우의 원상회복의무는 공평의 원칙에서 법률이 특별히 인정한 것이다(제549조).

(3) 유치권과 동시이행항변권의 비교

① 공통점 : 임의규정이다. 양자 모두 공평 원칙에 입각하며, 변제기가 도래하여야 한다. 소송상 효력으로 상환이행판결(원고 일부승소 판결)이고, 피담보채권(기본채권)이 소멸하면 소멸한다. 유치권과 동시이행항변권은 서로 병존할 수 있다(둘 중 택 1 가능함).

② 차이점

구 분	유치권	동시이행의 항변권
법적 성질	물권(절대적 효력)	대인적인 권능(채권의 권능, 대인권)
기 능	채권담보(인도거절 권능)	동시교환의 확보, 선이행 저지
발생 원인	유치권에 관한 것이면 발생 원인 불문(쌍무계약에 한정되지 않음)	쌍무계약상 반대채권에 한함
거절할 수 있는 급부 내용 및 대상	특정한 목적물의 인도거절에 한함. 채무자, 점유물 소유자, 제3의 양수인 등 누구에게나 거부(주장) 가능	그 내용을 불문(대금지급, 물건 거절 등). 그 계약 상대방에게만 주장 가능
거절할 수 있는 기간	채무 전액에 대한 변제를 받는 때까지 거절 가능함	상대방이 채무이행하거나 제공이 있을 때까지 행사 가능함
소멸 청구	담보제공, 점유상실로 소멸	특별한 소멸 원인 없음
경매 청구권	경매권 있다(제322조) : 경매를 통해 채권을 실행함	경매권 없다 : 경매를 통해 채권실행 불가능함
소멸 사유	• 피담보채권(기본채권)이 소멸하면 소멸. 채무자가 다른 담보를 제공하고 유치권 소멸을 청구할 수 있음 • 특별한 소멸 사유 : 점유의 상실(제328조), 선관주의 의무 위반(제324조), 상당한 담보의 제공(제327조) 등	• 피담보채권(기본채권)이 소멸하면 소멸. 그 이외에 특별한 소멸 사유는 없음 • 상대방이 다른 담보를 제공해서 항변권을 소멸시킬 수 없음

사례분석

유치권과 동시이행항변권의 병존 가능성

갑은 친구 을이 빌려준 스마트폰을 사용하다가 고장이 나서 수리업자 병에 수리를 의뢰했다. 수리가 완료된 후 을이 소유권자임을 알리며 병에게 스마트폰의 반환을 청구한다면?

병은 을과 아무런 계약관계를 갖지 않으므로 동시이행항변권에 의한 거절을 할 수 없다. 그러나 병의 수리대금(보수) 청구권은 '스마트폰 수리계약에 의해 발생한 채권'이므로 수리업자 병은 유치권(점유할 권리)을 행사하여 반환을 거부할 수 있다. 그런데 동시이행항변권과 유치권이 소송상 행사된 경우에는 상환이행 판결("피고는 원고로부터 ...을 수령함과 동시에 ....을 이행하라")이 내려지므로 이 점에서 양자의 차이는 없다.

Ⅱ 동시이행의 항변권 기출 15

1. 의의 및 법적 성질

(1) 의 의

① 쌍무계약에서 당사자 일방이 동시이행에 있는 상대방의 채무이행이 없음을 이유로 자신의 채무이행을 거절할 수 있는 권능('연기적 항변권'이라고도 부름)이다.

② 근거 : 공평의 원칙과 신의성실의 원칙에 입각하여 인정된다.

③ 항변권은 당사자가 이를 행사하여야만 그 효력이 발생하고 채무이행 거절의 효과가 발생한다. 이 항변권을 행사하지 않으면 이행 거절의 효과는 발생하지 않는다.

④ 항변권이란 "상대방의 권리는 승인하면서 그 청구권의 행사에 대하여 작용을 저지할 수 있는 권리"를 말한다. 항변권은 채무의 이행을 거절하는 소극적 의미만을 가지며 상대방이 채무이행을 해야 항변권자의 채무가 발생한다는 적극적 의미를 갖지 않는다.

　예 갑이 을로부터 자동차를 매매한 경우 매매계약이 유효하게 성립하면 갑의 을에 대한 매매대금 지급 채무는 발생한다. 그런데 채무이행기(인도일)가 도래하였는데도 을이 자동차 인도를 거부하면 갑은 대금지급 채무 이행을 거절할 권리(항변권)를 행사할 수 있다.

⑤ 행사방법(시기) : 동시이행의 항변권은 상대방이 단순 청구하면 언제든지 행사할 수 있다.

⑥ 임의규정이므로 동시이행의 항변권을 배제(포기)하는 당사자 간 특약은 유효하다.

판례

아파트 공급계약서상 분양자가 입주예정일을 넘길 경우 기납부한 중도금에 대하여 입주예정일로부터 입주지정기간 개시일 전일까지 경과된 일수를 입주지체일수로 하여 지체상금을 지급하기로 약정한 반면 수분양자들이 중도금 및 잔금의 납기를 지연한 때에는 지연일수에 지체상금률과 동일한 요율에 따른 연체료를 지급하기로 하는 별도의 약정을 하고, 각각 이행기인 납기 혹은 입주예정일이 지나면 곧바로 지체책임이 발생하도록 하고, 그 대금지급방법도 아파트 건축공정에 상응하여 중도금을 7회에 걸쳐 분납하도록 한 경우, 위 지체상금 및 연체료의 약정은 쌍무계약상 동시이행에 관한 권리를 쌍방이 포기하기로 하는 특약을 한 것으로 해석된다(대판 1999.3.12., 97다37852, 37869).

(2) 법적 성질

① 기 능
㉠ **담보적 기능** : 동시이행의 항변권이 상대방의 채무의 이행을 확보하는 기능을 한다.
㉡ **이행거절권** : 동시이행의 항변권은 상대방의 청구를 즉, 상대방이 이행의 제공을 할 때까지 자기 채무의 이행을 거절할 수 있다(연기적 항변권).

② **동시이행 관계의 특징** : 쌍무계약의 규범적 특징은 '대가성(對價性)'과 '상환성(相換性)'에 있다. 대가성이란 당사자의 주관을 기준으로 하여 판단한 양 급부의 견련성이며, 상환성이란 대립하는 두 개의 급부의 교환적 이행관계를 말한다.

　　　　㉠ 상대방의 이행제공이 있기까지 자신의 이행을 거절할 권능

　　　　㉡ 상대방의 이행제공이 없으면 자기채무의 변제기가 도과하여도 이행지체에 빠지지 않음

　　　　㉢ 상계의 금지 : 동시이행 항변권이 붙은 채권을 자동채권으로 하는 상계는 불가

　　③ 법적 성질

　　　　㉠ 절차법설 : 동시이행 항변권을 원용하여야만 이행거절의 효과가 발생

　　　　㉡ 실체법설 : 동시이행 항변권을 행사하지 않고 존재만 해도 당연히 이행거절효과가 발생

2. 성립요건

(1) 쌍무계약에 기하여 발생한 대립하는 채무의 존재

　　① 견련성 : 쌍방이 서로 대가적 의미 있는 채무를 부담할 것, 즉 채무가 동일한 쌍무계약으로부터 발생한 것이어야 하며 2개의 채무는 계약 목적상 서로 구속하는 관계이어야 한다.

　　② 판례에서 견련성을 인정한 사례 : 공평과 신의칙상 대가관계가 인정될 때

　　　　㉠ 도급, 명의신탁 등이 혼합된 경우

　　　　㉡ 대금감액이 있은 후 매매목적물보다 많은 평수에 대하여 등기이전을 받은 경우

　　　　㉢ 등기청구권이 가압류 된 경우. 그 가압류가 해제될 때까지 부동산 매수인은 매매잔금 지급을 거절할 수 있다.

　　③ 채무의 동일성이 유지되는 한 인정함 : 채권양도, 채무인수, 상속, 채권압류 및 전부, 또는 추심, 이행불능으로 인한 손해배상채무 등

　　④ **쌍무계약에서 주요한 급부의무 상호간에 동시이행의 항변권을 인정하며 주요한 급부의무와 부수적 급부의무 상호간에는 인정하지 않는다.**

　　　　〔예〕 매매계약에서 매도인이 물품의 선전을 부수적 의무로 약정하였는데 매도인이 선전의무를 이행하지 않았음을 이유로 매수인이 대금지급을 거절하는 동시이행항변권을 행사할 수는 없다. 그 이유는 선전의무는 부수적 의무로서 계약 성립의 전제조건이 아니기 때문이다.

　　⑤ **완전한 급부의무의 이행을 청구할 권리**

　　　　부동산매매에서 매수인은 매도인이 부동산의 인도 의무 이행 및 저당권 등 제한물권을 말소하여 인도할 것을 청구할 권리가 있다.

　　⑥ 경개에 의하여 채무의 동일성이 상실되면 동시이행의 항변권은 인정되지 않는다.

　　⑦ 쌍무계약에서 생긴 일방의 **채권이 양도**되거나(제449조) **전부명령**(민사집행법 제229조)에 의해 이전되더라도 **채무의 동일성이 유지되는 한 항변권의 요건인 양 채무의 기초로서 동일한 원인행위는 유지되므로** 동시이행의 항변권은 인정된다(통설).

　　　　〔예〕 갑이 을에게 자동차를 매매하였는데 매수인 을이 채무이행 기일 전에 사망했고 을외 아들 병이 을의 대금채무를 상속받았다. 이 경우 갑의 자동차(재산권) 이전의무와 병의 대금지급의무는 동일한 쌍무계약으로 발생한 것이므로 갑과 병은 각각의 채무에 대한 '동시이행의 항변권'을 행사할 수 있다.

(2) 상대방의 채무가 변제기에 있을 것

① 동시이행의 항변권을 행사하는 자의 채무가 변제기에 있어야 한다.

② 상대방(채무의 변제를 청구하는 자)의 채무는 아직 변제기에 있지 아니하고 자기의 채무만이 변제기에 있는 때에는, 동시이행의 항변권이 성립되지 않는다.

(3) 불안의 항변권

① 선이행의무가 있는 자는 원래 동시이행의 항변권이 없는 것이 원칙이지만 예외적으로 후이행의무자(상대방)에게 신용상태의 불안, 재산상태의 악화 등으로 그 <u>채무 이행이 곤란한 현저한 사유</u>가 있을 때에는 선이행의무자에게 동시이행의 항변권이 인정된다.

> **➕ 더 알아보기**
>
> • 인정 근거 : 민법 제536조 제2항 및 신의칙(판례)
> • 채무 이행이 곤란한 현저한 사유 : 쌍무계약의 한 당사자가 미래에 자기 채무이행이 불가능한 상황에서 상대방에게 <u>이행기가 도래한 현재 채무 이행을 강제하는 것은 공평에 반한다.</u>
> 예 상대방이 파산할 가능성이 농후하여 매매대금을 지급할 수 없게 될 위험한 상태가 현존하는 경우에는 상대방이 담보를 제공하거나 반대급부의 이행에 대한 보증이 없는 한 <u>선이행의무자는 동시이행을 항변할 수 있다</u>(판례).

> **판례**
>
> 계속적 거래관계에 있어서 재화나 용역을 먼저 공급한 후 일정기간마다 거래대금을 정산하여 일정기일 후에 지급받기로 약정한 경우에 공급자가 선이행의 자기 채무를 이행하고, 이미 정산이 완료되어 이행기가 지난 전기의 대금을 지급받지 못하였거나 정산은 완료되었으나 후이행의 상대방의 채무는 아직 이행기가 되지 아니하였지만 이행기의 이행이 현저히 불안한 사유가 있는 경우에는 민법 제536조 제2항 및 신의성실의 원칙에 비추어 볼 때 공급자는 이미 이행기가 지난 전기의 대금을 지급받을 때 또는 전기에 대한 상대방의 이행기 미도래 채무의 이행불안사유가 해소될 때까지 선이행의무가 있는 다음 기간의 자기 채무의 이행을 거절할 수 있다(대판 1995.2.28., 93다53887).

② 불안의 항변권을 발생시키는 사유는 신용불안, 재산상태 악화와 같이 채권자측에 발생한 객관적·일반적 사정뿐만 아니라 공평에 반하는 경우 등도 해당한다.

> **판례**
>
> 도급인이 정당한 이유 없이 기성공사금을 지급하지 아니하고 이로 인하여 수급인이 공사를 계속해서 진행하더라도 그 공사내용에 따르는 공사금의 상당부분을 약정대로 지급받을 것을 합리적으로 기대할 수 없게 되어 <u>수급인으로 하여금 당초의 계약내용에 따른 선이행의무의 이행을 요구하는 것이 공평에 반하는 경우에는 비록 도급인에게 신용불안 등의 사정이 없다 하더라도 수급인은 민법 제536조 제2항에 의하여 계속공사의무의 이행을 거절할 수 있다</u>(대판 2012.3.29., 2011다93025).

③ 선의무이행자가 이행지체 중 상대방의 변제기가 도래한 경우

[판례 1] 동시이행의 항변권이 인정된 사례
매수인이 선이행하여야 할 중도금지급을 하지 아니한 채 잔대금지급일은 경과한 경우에는 매수인의 중도금 및 이에 대한 지급일 다음날부터 잔대금지급일까지의 지연손해금과 잔대금의 지급채무는 매도인의 소유권이전등기의무와 특별한 사정이 없는 한 동시이행관계에 있다(대판 1998.3.13., 97다54604).

[판례 2] 동시이행의 항변권이 부정된 사례(특별한 사정이 있는 경우)
매도인이 매수인으로부터 중도금을 지급받아 원매도인에게 매매잔대금을 지급하지 않고서는 토지의 소유권이전등기 서류를 갖추어 매수인에게 제공하기 어려운 특별한 사정이 있었고, 매수인도 그러한 사정을 알고 매매계약을 체결하였던 경우, 소유권이전등기절차에 필요한 서류를 제공하는 매도인의 의무는 매수인의 중도금지급이 선행되었을 때에 매수인의 잔대금지급과 동시에 이를 이행하기로 약정한 것이라고 볼 수 있으므로, 매수인의 중도금지급의무는 당초 계약상의 잔금지급기일을 도과하였다고 하여도 매도인의 소유권이전등기 서류의 제공과 동시이행의 관계에 있지 않다(대판 1997.4.11., 96다31109).

(4) 상대방이 이행 또는 이행의 제공 없이 이행을 청구할 경우

① 상대방의 이행제공이 있음에도 수령하지 않음으로써 수령지체에 빠진 자도 그 후의 상대방의 단순 청구에 대해서는 동시이행의 항변권을 행사할 수 있다.

② 상대방의 이행이 일부이행 또는 불완전이행일 경우는 공평의 원칙 또는 신의칙에 비추어 자기 채무의 비례적 이행거절, 전부이행 또는 전부거절을 판단해야 한다.

쌍무계약의 당사자 일방이 먼저 한 번 현실의 제공을 하고, 상대방을 수령지체에 빠지게 하였다 하더라도 그 이행의 제공이 계속되지 않는 경우에는 과거에 이행의 제공이 있었다는 사실만으로는 동시이행의 항변권이 소멸한 것은 아니다(대판 1993.8.24., 92다56490).

3. 적용범위 / 효력

(1) 동시이행의 항변권의 적용·준용 범위

① **쌍무계약에서 발생한 채무관계** : 1개의 쌍무계약에서 발생한 채무의 내용이 변경 또는 이전되어도 동일성이 이전되어도 동일성이 유지되는 한 동시이행의 항변권은 존속한다.

ⓔ 채권양도, 채무인수, 포괄승계(상속, 회사합병 등), 전부명령 등으로 채무자나 채권자의 변경이 있더라도 채무의 동일성이 인정되면 동시이행의 항변권은 존속한다.

㉠ 쌍무계약에서 일방 채무가 이행지체나 이행불능 등으로 손해배상의무로 변하거나, 상대방에게 대상청구권이 발생한 경우에도 채무의 동일성은 유지된다.

㉡ 쌍무계약으로부터 발생한 일방의 채무가 소멸하면 동시이행의 항변권도 소멸한다.

ⓔ 일방의 채무가 경개에 의하여 채무자와 채권자를 달리할 경우, 채무의 동일성이 인정되지 않는다(항변권 소멸).

대상청구권

'이행을 불능하게 하는 사정의 결과로 채무자가 이행의 목적물에 대신하는 이익을 취득하는 경우에 채권자가 채무자에 대하여 그 이익을 청구할 수 있는 권리'이다.

민법은 명문으로는 정하고 있지 않으나, 통설 및 대법원 판결(최초 판결 : 대판 1992.5.12., 92다4581, 4598)은 이행불능 효과로서 채권자의 대상청구권을 인정하고 있다.

"매도인에게 매매목적토지가 수용됨으로써 그 보상금을 수령하였음을 이유로 그 금원의 지급을 구하는 청구를, 위 토지에 대한 소유권이전등기의무의 이행불능을 발생케 한 원인인 토지수용으로 인하여 위 토지의 대상인 보상금을 취득하였음을 이유로 그 보상금의 지급을 구하는 것으로서 이른바 대상청구권을 행사하는 취지라고 볼 수 있다"

대상청구권은 채권적 청구권이므로 대상청구권의 요건이 갖추어 졌다고 하여 '대신하는 이익'(예 수용보상금, 수용보상금청구권)이 채권자에게 곧바로, 직접 이전되지는 않는다(대판 1996.10.29., 95다56910).

채무자는 그가 취득한 것 모두를 채권자에게 인도하여야 하며, 그 결과 대체 이익이 채권의 목적물의 통상 가치를 넘는 경우에는 초과가치도 인도하여야 한다(대판 2016.10.27., 2013다7769).

② 쌍무계약 이외에서 발생한 대가적 채무의 동시이행
ㄱ 당사자의 채무가 쌍무계약에서 생긴 것이 아니더라도, 일정한 경우에는 제535조를 준용함으로써 동시이행의 항변권을 인정하고 있다.

판례

비쌍무관계에서 발생한 두 채무가 동일한 법률요건으로부터 생긴 것이어서 공평의 관점에서 보아 견련적으로 이행시킴이 타당한 경우 또는 대가적 의미가 있어 견련관계를 인정하여야 할 사정이 있는 경우에는 동시이행의 항변권을 인정하여야 한다(대판 2021.2.25., 2018다265911).

ㄴ 계약이 무효 또는 취소된 경우, 당사자 간 부당이득 반환의무에 관한 동시이행의 항변권을 인정한다.
③ 쌍무계약 이외에서 발생한 비대가적 채무의 동시이행
ㄱ 공평의 관점에서 견련성을 인정할 필요가 있는 경우에는 동시이행 항변권을 인정한다.
예 채무변제와 영수증 교부, 채무의 이행과 어음의 반환의 경우는 인정한다. 그러나 채무변제와 채권증서의 반환의 경우는 인정하지 않는다.
ㄴ 모든 임대인의 보증금반환의무와 임차인의 목적물반환의무는 동시이행관계를 인정한다. 그러나 임대인의 보증금반환과 임차권등기명령에 의한 임차권등기의 말소 의무는 동시이행관계를 인정하지 않는다.
④ 동시이행관계 인정 여부
ㄱ 인정하는 사례
• 전세권설정자의 전세금반환의무와 전세권자의 목적물인도 및 전세권등기 말소 의무
• 계약해제, 무효, 취소로 인한 원상회복의무, 부당이득반환의무 및 손해배상의무

- 가등기담보에서 채권자의 청산금지급의무와 채무자의 목적부동산에 대한 본등기, 인도의무
- 양도소득세를 매수인이 부담하기로 하는 약정이 있는 경우의 매수인의 양도세납부의무와 매도인의 소유권이전등기의무
- 저당권설정 부동산 매매에서 소유권이전등기 및 저당권등기말소의무와 대금지급의무
- 가압류등기된 부동산 매매에서 소유권이전등기 및 가압류등기말소의무와 대금지급의무
- 구분소유적 공유관계가 해소되는 경우 공유지분권자의 상호간의 지분이전등기 의무
- 제3자를 위한 계약에서도 낙약자의 제3자에 대한 급부의무와 요약자의 반대급부의무

ⓒ 부정하는 사례
- 채무변제와 담보권(저당권·가등기담보·양도담보)등기의 말소 – 변제가 선이행
- 채무변제와 유치물 반환
- 근저당권실행을 위한 경매가 무효가 된 경우, 낙찰자의 채무자의 소유권 이전등기말소의무와 근저당권자의 낙찰자에 대한 배당금반환의무
- 매도인의 토지거래허가신청절차 협력의무와 매수인의 대금지급의무

(2) 동시이행 '항변권'의 효력

① 이행지체책임 면제(불발생) : 이행지체 책임을 추궁하려는 당사자가 자신의 채무이행제공이 있었음을 주장, 입증하여야 한다.

판례

동시이행항변권을 행사하지 않더라도 동시이행항변권이 붙은 채무의 채무자는 변제기에 변제하지 않는다 하더라도 이행지체책임이 없다(대판 1998.3.13., 97다54604, 54611).

임대차 종료 후 보증금 반환 시까지 건물을 점유하는 경우 부당이득문제 : 임차인이 임대차 종료 후에 임차인의 사정으로 임대차건물을 사용수익하지 못하거나 임차인이 설치한 시설물을 반출하지 않은 경우에도 임차인이 임대차계약상의 목적에 따라 사용수익하지 않았다면, 임차인은 임대인에게 부당이득책임을 질 의무가 없다(실질적 이익론)(대판 1989.10.27., 89다카4298).

원인채무의 이행의무와 어음 반환의무가 상호 동시이행의 관계에 있는 경우,...... 채무자가 어음의 반환이 없음을 이유로 원인채무의 변제를 거절할 수 있는 권능을 가진다고 하여 채권자가 어음의 반환을 제공하지 아니하면 채무자에게 적법한 이행의 최고를 할 수 없다고 할 수는 없고, 채무자는 원인채무의 이행기를 도과하면 원칙적으로 이행지체의 책임을 진다(대판 1999.7.9., 98다47542, 47559).

② 상계의 금지 : 상대방이 동시이행의 항변권을 가지는 경우, 그 항변권이 붙어 있는 자신의 채권을 자동채권으로 상계하는 것은 금지된다(대판 1975.10.21., 75다48). 그러나 매도인의 의무가 이행불능으로 인하여 손해배상의무로 비뀐 경우 이와 동시이행 관계에 있는 채무 상호간에는 상계가 가능하다.

③ 동시이행 관계에 있는 금전채무(매매대금, 차임 등)는 상대방의 반대급부가 있을 때까지 이자가 발생하지 않는다.

④ 동시이행의 항변권은 소멸시효의 진행에 영향을 미치지 않는다. 동시이행의 항변권이 붙은 채권은 이행기 도래 이후 반대급부를 제공하면 언제라도 권리를 행사할 수 있으므로 이행기부터 소멸시효가 진행된다.

⑤ 동시이행의 항변권이 행사된 때에 상대방이 이행의 제공 또는 이행을 하였다는 사실에 대한 입증책임은 상대방이 부담한다.

⑥ 동시이행의 항변권을 당사자가 원용하여야 법원에서 심리한다(직권 아님). 항변권의 원용 여부는 원용권자의 자유이다. 원용권자가 이를 원용하지 않는다면 상대방의 청구권은 그대로 완전한 작용을 발휘한다.

⑦ 불안의 항변의 경우 : 해당사유 존재가 밝혀지면 당사자 원용이 없더라도 지체책임이 발생하지 않는다.

판례

쌍무계약의 당사자 일방이 그 당사자에게 반대급부의 이행이 확실하여질 때까지 선이행의무의 이행을 거절할 수 있고, 이와 같이 대가적 채무 간에 이행거절의 권능을 가지는 경우에는 비록 이행거절 의사를 구체적으로 밝히지 아니하였다고 할지라도 이행거절 권능의 존재 자체로 이행지체책임은 발생하지 않는다(대판 1999.7.9., 98다13754, 13761).

---

⑧ 소송의 효과 : 당사자 일방의 채무이행 청구소송에서 상대방이 동시이행의 항변권을 행사한 경우 법원은 원고 패소의 판결을 할 것이 아니라, 피고에게 원고로부터의 반대급부의 이행과 상환으로 이행할 것을 명하는 <u>일부승소의 판결(상환급부판결)</u>을 하여야 한다.

　예 "피고는 원고로부터 금 500만 원을 수령하는 것과 상환으로 그 자동차를 인도하라"는 판결

제2절　기존채무와 관련하여 어음 · 수표가 교부된 경우의 법률관계

┃ Ⅰ ┃ 어음 · 수표의 발행 / 양도 및 어음행위

1. 어음 · 수표의 특징과 채권양도

(1) 어음 / 수표의 의의

① 어음 : 발행인이 소지인에게 일정한 금전의 지급을 약속하거나, 제3자에게 그 지급을 위탁하는 유가증권이다. 주로 기업 간 신용공여 및 지급수단으로 이용된다.

＋ 더 알아보기

어음의 종류
약속어음, 환어음

---

② **약속어음** : 발행인 자신이 주채무자로서 어음의 수취인 또는 정당한 소지인에게 일정한 금액을 지급할 것을 약속하는 형식의 유가증권이다. 상거래에 수반하여 발행되는 상업어음인 **진성어음**과 주로 금융기관 간 자금대차거래에 이용되는 **융통어음**이 있으며, 진성어음은 일반적으로 만기 이전에 할인을 통해 현금화가 가능하다.

③ **환어음** : 발행인이 직접 어음금액을 지급하지 아니하고 제3자인 지급인에게 일정한 금액의 지급을 위탁하는 형식의 유가증권이다. 격지 간 자금 지급의 편리성을 도모하기 위해 도입된 지급수단으로 주로 국제상거래에 이용한다. 발행인 이외에 지급인이 있어야 하며 채무를 확정짓기 위해서는 별도로 지급인의 인수를 필요로 한다.

④ **수표** : 발행인이 '지급인'(반드시 '금융기관'이어야 함)에 대하여 수취인이나 기타 정당한 소지인에게 일정 금액의 지급을 위탁하는 유가증권이다(지급위탁증권).

⑤ 어음과 수표는 오늘날 기업과 일반인에 의해 널리 이용되고 있으므로 상법 및 민법과 밀접한 관련을 갖는다. 또한 민법, 상법과 별도로 어음법과 수표법이 단행법으로 존재한다.

(2) 어음과 수표의 차이점

① 환어음과 수표는 모두 지급위탁증권이라는 점에서 같다. 그러나 수표는 신용기능이 없고 그 지급인이 반드시 금융기관이어야 한다는 점에서 다르다.

② 어음을 발행하기 위해서는 사전에 금융기관에서 당좌예금을 개설해야 한다. 문방구어음은 시중에서 파는 어음종이에 금액을 적어서 사용하지만 신용도에 치명적인 약점이 있다. 수표를 발행하기 위해서는 은행과 당좌거래약정이나 가계종합예금거래 약정을 맺어야 한다.

③ 약속어음과 환어음의 소지인은 만기까지 기다렸다가 지급청구를 해야 하지만 수표 소지인은 언제든지 지급 청구를 할 수 있다.

④ 어음 발행인(채무자)이 지급하기로 한 날짜에 약속어음금을 지급하지 않으면 채권자는 발행인을 상대로 소송보다 간편한 어음금청구소송을 제기할 수 있다. 수표가 지급기일에 지급되지 않으면 수표 발행자는 은행거래정지를 당하고 부정수표단속법에 저촉되어 형사처벌을 받을 수 있다.

⑤ **약속어음 공증** : 공증인은 어음, 수표에 부착하여 강제집행을 인정하고 승낙하는 취지를 기재한 공정증서를 작성할 수 있고 그 어음, 수표에 공증된 발행인과 배서인 및 공증된 환어음을 공증인수한 지급인에 대하여 채무명의로 본다. 따라서 채무를 변제하지 못하면 공증된 어음을 가지고 보증인의 재산에 대해 강제집행절차를 밟을 수 있다.

⑥ **약속어음·차용증·각서**
   ㉠ 약속어음은 배서(채권양도의 의사표시를 증권 뒷면에 기재하는 일·서명·기명날인)만으로 채권을 쉽게 양도할 수 있다.
   ㉡ 차용증이나 각서는 그 증서를 다른 사람에게 양도하는 것으로 채권양도의 효과가 발생하지 않고 채무자의 승낙이 있거나 채무자에 대한 확정일자 있는 통지가 있어야만 채권양도의 효과가 발생한다.

(3) 지명채권과 지시채권(어음 / 수표)

① **지명채권** : 채권자가 특정되어 있는 보통 채권이다. 지명채권에서 채권증서(차용증 등)는 하나의 증거방법에 불과하므로 그 증서가 없더라도 다른 방법으로 채권을 입증하여 청구가 가능하다.

　　예 변제금 채권 : 갑이 을에게 100만 원을 차용한 경우 채권자는 '갑'으로 특정되어 있으므로 지명채권이다.

② **지시채권** : 특정한 사람 또는 그 사람으로부터 순차적으로 지시받은 사람에게 변제할 증권적 채권이다.

　　예 어음, 수표, 화물상환증, 창고증권, 선하증권 등의 상업·어음법·수표법이 규정하는 전형적 유가증권

　　㉠ 이들은 배서금지의 기재가 없는 한 법률상 당연한 지시채권이다.

　　㉡ 상법·어음법·수표법의 적용을 받으며 민법은 거의 적용되지 않는다. 민법의 지시채권에 관한 규정은 실질적으로 독자적 의의를 가지고 있지 않다.

③ **무기명채권** : 특정의 채권자가 지정되지 않고 증권의 소지인에게 변제하여야 하는 채권이다.

　　예 증권적 채권이면서도 증서상에는 채권자가 표시되지 않은 자기앞수표, 철도승차권, 상품권

(4) 지명채권의 양도

① 지명채권 양도는 불요식·낙성계약으로서 양도인과 양수인 간의 계약에 의하여 성립하고 그 효력이 발생한다. 양도계약당사자는 채권자와 양수인이고, 채무자는 관여자가 아니다.

② 채무자에 대한 대항요건

　　㉠ 지명채권의 양도는 양도인이 채무자에게 통지하거나 채무자가 승낙하지 아니하면 채무자 기타 제3자에게 대항하지 못한다.

　　㉡ 채무자에 통지는 양도인이 하여야 하고(대리인에 대한 통지도 가능), 양수인은 양도인을 대위하여 통지하지 못한다.

　　㉢ 채무자가 연대채무인 경우는 전원에게, 보증채무인 경우에는 주채무자에게 통지한다.

　　㉣ 통지의 시기는 양도와 동시에 하지 않고 양도 후(사후통지)도 가능하다. 양도 전(사전의 통지)에 통지는 효력이 없다. 통지는 도달에 의해 효력이 발생한다.

　　㉤ 승낙은 채권양도의 사실에 대한 인식을 표시하는 채무자의 행위로 관념의 통지에 해당한다. 승낙은 확정일자 있는 증서 또는 구두에 의해서도 가능하다. 승낙은 양도인, 양수인 누구에게 하여도 상관없다.

③ 제3자에 대한 대항요건

　　㉠ 채무자 이외의 제3자에 대하여 채권양도를 대항하기 위하여는 확정일자 있는 증서로 통지 또는 승낙을 요한다.

　　㉡ 확정일자는 반드시 원본이어야 하는 것은 아니며 사본도 가능하다. '확정일자 있는 증서'는 통지 또는 승낙이라는 행위에 관한 것을 말하며, 통지 또는 승낙이 있었다는 사실을 별도로 확정일자 있는 증서로서 증명해야 한다는 뜻이 아니다.

(5) 지시채권(어음/수표)의 양도

① 교부 및 배서에 의한 채권양도의 효력발생

➕ 더 알아보기

- 배서 : 채권양도의 의사표시를 증권에 기재하는 것
- 교부 : 증권의 점유를 이전하는 것

㉠ 지시채권의 양도방식 : 지시채권은 그 증서에 배서하여 양수인에게 교부하는 방식으로 양도할 수 있다(제508조).

㉡ 어음법 및 수표법 : 어음 또는 수표상의 권리를 양도한다는 뜻을 기재하고, 기명날인 또는 서명하여 이를 교부함으로써 양도의 효력이 발생한다.

㉢ 배서는 어음 및 수표상 권리이전의 효력발생요건이지 대항요건은 아니다.

㉣ 어음소지인은 어음기일 전에 어음상의 채권을 자유로이 타인에게 양도할 수 있다.

② 지시채권 양도 시 양수인의 보호(지시채권의 유통성 강화)

㉠ 선의취득 : 배서인이 무권리자이거나 또는 배서행위가 무권대리인 혹은 무처분권자에 의하여 행해지는 경우에도 소지인이 이에 대하여 악의 또는 중과실이 없는 한 소지인은 그 증서 상의 권리를 취득한다(제514조). 동산의 선의취득과 취지가 같으며, 경과실이 있어도 선의취득이 인정되고, 도품·유실물에 대한 특칙이 적용되지 않는다는 점에서 그 보호의 범위가 넓다.

㉡ 인적 항변의 제한 : 지시채권의 채무자는 소지인의 전자에 대한 인적 관계의 항변으로 소지인에게 대항하지 못한다(제515조). 인적 항변은 그 배서인에 대하여 대항할 수 있을 뿐이다. 소지인이 누구이든지 언제나 대항할 수 있는 항변은 모든 소지인에게 대항할 수 있다. 인적 항변과 물적 항변의 분류는 해석의 문제이다.

③ 지시채권 양도 시 채무자의 보호

㉠ 변제수령자격 조사의무 면제 : 채무자는 배서의 연속여부에 관해서는 조사할 의무가 있다. 그러나 배서인의 서명 또는 날인의 진위나 소지인의 진위에 관해서는 조사할 권리는 있으나 의무는 없다(제518조). 진위를 조사하지 않았기 때문에 진정한 권리자가 아닌 자에게 변제를 하더라도 그 변제의 효력은 부인되지 않는다. 채무자가 변제하는 때에 소지인이 권리자 아님을 알았거나 중대한 과실로 알지 못한 때에는 그 변제는 무효이다.

㉡ 지시채권의 변제장소 : 증서에 변제장소를 정하지 아니한 때에는 채무자의 현영업소를 변제장소로 한다. 영업소가 없는 때에는 현주소를 변제장소로 한다(제516조).

2. 어음행위(수표행위)

(1) 어음행위(수표행위)의 의의 및 종류

① 어음상의 권리관계를 발생·변동시키는 법률행위의 하나로서 기명날인(서명)을 요건으로 하는 요식적 문서행위이다.

② 어음행위(수표행위)의 종류 : 이중 발행행위를 어음의 기본적 행위라고 하고, 나머지는 부수적 어음행위라고 한다.

- ㉠ 약속어음 : 발행, 배서, 보증
- ㉡ 환어음 : 발행, 배서, 보증, 인수, 인수참가
- ㉢ 수표에 있어서 수표행위 : 발행, 배서, 보증, 지급보증
- ㉣ 모든 어음의 기본행위 : 발행, 부속적 어음행위(그밖의 어음행위)

(2) 어음(수표)상의 권리의무를 변동시키는 법률사실

① 단순한 사실 또는 준법률행위 : 어음 시효의 완성, 어음의 인수를 위한 제시 또는 지급을 위한 제시, 어음금의 지급 또는 거절 등

② 어음관계자들의 의사표시를 요소로 하는 것 : 어음의 발행, 인수, 배서 등

(3) 어음행위(수표행위)의 특징

① 요식성(정형성) : 어음행위는 요식의 증권적 법률행위이다. 따라서 어음 수표 관계에서 사적 자치나 방식의 자유는 그 범위가 제한되며 많은 이해관계자가 개입된다. 많은 단계의 전전 유통이 가능하다. 가시적 방식을 구비할 필요가 있으며 어음 수표법이 정한 형식을 갖추어야 하고 이를 갖추지 못하면 어음행위의 효력을 부정한다.

② 설권성 : 어음 수표행위에 의하여 비로소 어음상의 권리의무가 증권면에 발생한다. 무인성을 전제로 하는 어음행위의 속성이다.

③ 문언성 : 어음 거래 시 어음 관계자에게 주어지는 권리 의무는 어음면에 쓰여진 내용이 전부이다. 문언과 진실과의 불일치한 경우에는 직접 당사자 사이 및 악의의 취득자에 대한 관계에서만 인적 항변 사유가 될 뿐, 어음 외의 실질관계에 의하여 영향을 받지 않는다.

④ 무인성(추상성) : 어음의 유통성 강화에 결정적 역할을 한다. 원인관계나 자금관계가 어떠한 사유로 부존재·무효·취소되더라도 어음행위는 그 자체에 흠이 없는 한 원인관계나 자금관계의 영향을 받지 않고 유효하게 존재한다.

✚ 더 알아보기

- 어음행위의 효력을 원인관계에 결부시키지 않으려는 법적인 제도(어음법 규정)
  - 어음법은 어음의 발행에 관해 "무조건의 지급위탁(환어음과 수표의 경우)", "무조건의 지급약속(약속어음의 경우)"을 어음 요건으로 한다.
  - 어음이 배서에 의하여 유통된 경우 어음 채무자는 다른 어음 관계자들과의 인적 관계로 인한 항변을 가지고 소지인에게 대항하지 못한다.
- 어음관계와 실질관계의 견련성 인정 : 그러나 어음행위의 직접 당사자 사이 그리고 악의의 취득자에 대한 관계에서는 원인관계의 부존재 무효 취소 등을 인적 항변으로 주장하여 어음금의 지급 거절이 가능하다.
- 무인성과 인적 항변과의 관계
  - 직접 당사자 사이 – 어음관계와 원인관계의 견련성, 인적 항변의 허용 – 입증책임의 전환 가능(결국 이 경우에는 입증 책임의 전환 기능 밖에 없음)
  - 제3자와의 사이 – 인적 항변의 절단 – 어음의 피지급성을 확보하여 어음 거래의 유통성을 증진시키는 기능 수행

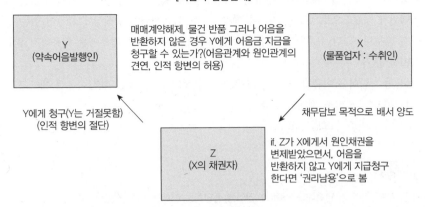

[어음의 법률관계]

⑤ **독립성** : 사법상의 일반원칙은 선행행위가 무효이면 후행행위도 무효이다. 그러나 어음행위의 경우 선행행위가 실질적 무효(형식의 흠결 이외에 사유로 무효가 된 경우)이더라도 후속하는 어음행위는 이에 영향을 받지 않고 효력을 발생한다.

이 결과 어음행위자들은 자신의 전자의 어음행위가 무효이다. 취소될 경우 자신은 책임을 지되 전자에 대해 구상권을 행사하지 못하는 위험을 부담하게 된다.

결론은 **어음채무부담 독립의 원칙이다.** 이로 인해 어음 취득자는 자신의 취득행위 이전에 행하여진 어음 행위의 실질적 유효 무효를 조사하지 않고도 안심하고 어음 취득이 가능하며 어음의 유통성 확보, 어음 신용의 증대를 촉진한다.

판례

어음의 최종 소지인은 그 어음의 최초의 발행 행위가 위조되었다고 하더라도 어음 행위 독립의 원칙상 그 뒤에 유효하게 배서한 배서인에 대하여 소구권 행사 가능(대판 1977.12.13., 77다1753)

• 소구권 : 어음이나 수표지급이 거절됐을 때 그 어음이나 수표를 소지하고 있는 사람이 배서인 또는 발행인 등에게 변상을 청구할 수 있는 권리

(4) 어음행위독립의 원칙

① 동일한 어음에 행하여진 여러 개의 어음 행위는 각각 독립적으로 효력을 가지므로, 다른 행위의 실질적 효력의 유무에 영향을 받지 아니한다는 원칙이다.

➕ 더 알아보기

채무독립의 원칙
실질적·내용적으로 어음채무부담의 면에서의 독립성에 관한 원칙을 의미

② 어음행위독립 원칙으로 인하여 어음취득자는 자기의 취득행위 이전에 행해진 어음행위의 실질적 유효·무효를 조사하지 않고도 안심하고 어음을 취득할 수 있어 어음 유통성이 확보되고 어음 신용이 증대된다.

③ 무능력자의 기명날인, 위조의 기명날인, 가설인의 기명날인 기타 사유로 효력이 없는 기명날인 등 어음행위가 실질적으로 무효인 경우에 적용되므로 어음행위에 형식상에 흠결이 있는 경우에는 적용하지 않는다. 일단 유효하게 성립한 어음채무가 소멸하였을 경우에는 적용하지 않는다.

④ 실정법적 근거

　　㉠ 어음법 : 환어음(어음법 제7조), 보증(어음법 제32조 제2항), 복본(어음법 제65조), 변조(어음법 제69조, 제77조 제1항 제7호)

　　㉡ 수표법 : 변조(수표법 제10조)

⑤ 이론적 근거 : 예외규정설(정책특칙설), 당연법칙설, 병합설(절충설)

　　예외규정설(정책특칙설)은 사법 일반원칙에서 선행행위가 무효이면 후행행위도 무효이지만 어음수표법에서는 어음의 유통성과 신용의 확보를 위하여 법률정책상 예외적으로 인정하는 원칙이라는 입장이다(통설).

⑥ 어음행위독립의 원칙이 배서의 경우에도 적용되는지 여부 - 판례 및 통설(= 적용긍정설) : 어음행위독립의 원칙은 어음거래 안전과 유통성의 제고를 위해 법이 인정한 특칙이다. 어음행위독립 원칙에서 배제를 제외하는 것은 어음거래 안전을 해한다고 판단하여 배서에도 동일하게 원칙이 적용된다.

판례

비록 최초의 발행행위가 위조되었다 하더라도 어음행위독립의 원칙상 그 뒤에 유효하게 배서한 배서인에 대해서는 소구권을 행사할 수 있다(대판 1977.12.13., 77다1753). - 적용긍정설

⑦ 악의의 어음행위자 및 악의의 취득자에 대한 적용여부 : 긍정설(다수설, 판례)

　　㉠ 악의의 어음행위자 : 형식상 완전한 어음에 기명날인 또는 서명한 자는 선행하는 어음행위의 실질적 무효를 알고 있더라도 자기의 독립적인 어음채무부담의 의사표시인 기명날인 또는 서명에 의하여 어음상의 책임을 분담한다.

　　㉡ 악의의 어음취득자 : 어음행위독립 원칙은 어음취득자의 선의·악의에 관계없이 적용한다.

사례분석

갑은 을에게 물품매매 대금 1천만 원의 채무를 부담하고 있어서, 갑은 1천만 원짜리 약속어음을 발행하여 을에게 교부했다. 을이 이 약속어음을 보관 중, 병이 이를 절취하여 그 사실을 알고 있는 정에게 배서 양도하였다. 갑이 정에게 지급거절을 하였을 경우, 정은 배서인 병에 대하여 담보책임을 물을 수 있는가?

위의 사례는 절취 - 위조에 의하여 발행된 약속어음에 배서한 자의 책임이 문제된다. 어음법은 특별히 어음행위독립의 원칙을 규정하여 후행행위는 선행행위의 실질적 하자에 의하여 영향을 받지 않고 오로지 그 자체의 내용에 따라 책임을 지도록 하고 있다. 통설과 판례에 의하면 선행 어음행위인 을과 병 사이의 배서가 실질적으로 무효가 되어도 후행 어음행위인 병과 정 사이의 배서는 이의 영향을 받지 않아 유효하게 성립한다.
그리고 어음행위독립의 원칙이 악의의 취득자에 대하여도 적용되는지가 문제된다. 이에 관하여 견해의 대립이 있으나 어음거래의 안정성 확보를 위하여 어음행위독립의 원칙이 적용되는 것으로 보는 것이 옳다. 이에 따르면 취득자의 선의·악의를 불문하고 어음행위의 독립의 원칙이 적용되므로 병이 절취한 약속어음이라는 사실을 알고 있었던 악의의 정과 병의 관계는 유효하게 성립한다.

(5) 어음 행위의 대리 및 대행 : 표현대리의 제3자 보호문제

구 분	민법상 대리	어음법/수표법상 대리
대리의 형식적 요건	• 현명주의 원칙 • 대리인이 현명하지 않은 경우 상대방이 대리인임을 알면 대리행위는 유효함	• 엄격한 현명주의 원칙 • 대리인이 현명하지 않은 경우 상대방이 대리인임을 알아도 대리행위는 무효임 • 본인 + 대리관계(꼭 대리인 용어 아니라도 가능) + 대리인의 기명날인(서명)
대리의 실질적 요건	대리권 존재	대리권 존재
무권대리	• 협의의 무권대리 : 상대방 선택에 좇아 무권대리인이 책임부담(이행책임, 손해배상책임) • 표현대리 - 본인 책임	• 협의의 무권대리 : 무권대리인이 어음금 지급책임 부담(손해배상책임 없음) • 표현대리 - 본인과 표현대리 모두 합동 책임

① 어음 / 수표행위의 대리 : 어음 / 수표행위는 대리인이나 대표기관에 의해서도 할 수 있다. 어음법 / 수표법은 어음 / 수표행위의 대리에 관해 일반규정을 두고 있지 않으므로 어음 / 수표행위의 대리에 관해서는 민법의 대리에 관한 규정이 적용된다.

② 어음행위대리의 형식적 요건(현명주의) : 어음 행위의 대리에서 대리하는 사람이 본인과 대리인의 관계를 꼭 표시해야 하고 기명날인 또는 서명하여야 한다.

➕ 더 알아보기

대리 관계의 표시(판례)
대리인 외에도 수임인, 후견인 지배인, 지사장, 지점장, 경리과장 등의 표시를 해도 되며 법인일 경우 대표이사, 대표사원, 회장, 사장 등이 직함을 적고 성명을 적어도 무방하다. 대표사의 날인 안에 대표 자격의 표시가 들어있는 경우 대표 관계의 표시로 인정된다. 본인이 자연인이면 "대리인"이라는 표시가 일반적으로 쓰이고(甲 대리인 乙), 회사인 경우에는 이사, 대표이사 등이 쓰인다(甲주식회사 대표이사 乙). 대리인은 현실로 어음행위를 하는 자이므로 어음에 기명날인 또는 서명을 해야 한다(대판 1973.12.26., 73다1436).

③ 실질적 요건 – 대리권 존재 : 어음 / 수표행위의 형식적 요건은 있지만 대리권이 없으면 무권대리다.
④ 협의의 무권대리인의 책임 성립 요건
  ㉠ 무권대리인의 어음상 책임이 발생하기 위해서는 대리 방식을 갖추고 있고 대리인으로서 기명날
     인 또는 서명을 해야 한다(대리행위에 대한 형식적 요건을 충족).
  ㉡ 대리권이 처음부터 없어야 한다.
  ㉢ 그 무권대리행위에 대해 본인의 추인이 없어야 한다.

✚ **더 알아보기**

추 인
민법상 법률행위의 결점을 후에 보충하여 완전히 하는 것이다(취소권의 포기). 민법은 취소할 수 있는 행위(제143
조), 무권대리인의 행위(제132조), 무효한 행위(제139조)의 3자에 대해 추인을 인정하고 있다.

---

⑤ 협의의 무권대리인의 책임 : 대리인이 대리권 없이 대리행위를 한 경우에는 무권대리인인 어음 /
   수표상 책임을 져야 하면 본인에게 어음상의 책임을 지울 수 없다. 본인이 실재하지 않거나 어음행
   위능력이 없는 경우에도 무권대리인으로서 책임을 진다.
  ㉠ 본인이 무권대리인의 어음행위를 추인하면 본인이 어음채무를 부담한다(제135조).
  ㉡ 본인이 무권대리인의 어음행위를 추인하지 않은 경우에도, 무권대리인이 본인의 피고용인인 경
     우에는 어음소지인은 민법 제756조의 사용자책임을 물어 본인에게 어음금액에 상당하는 손해
     배상을 청구할 수 있다. 단, 이 경우에는 과실상계가 허용된다.
⑥ 표현대리의 성립요건 : 민법의 표현대리 규정이 어음법 / 수표법에 수정되어 적용된다.
  ㉠ 대리권을 수여하지 않았더라도 마치 대리권을 수여한 것과 같은 외관이 창출되었고 어음행위의
     상대방이 이를 믿은 경우에 이러한 외관창출에 대해 본인에게 책임이 있는 경우 – 1) 대리권수여
     의 표시를 했으나 실재는 대리권을 수여하지 않은 경우(제125조), 2) 권한을 넘은 경우(제126조),
     3) 대리권이 소멸한 경우(제129조)에는 본인이 그 대리행위에 책임을 져야 한다.
  ㉡ 표현대리인과 거래를 한 제3자는 '선의·무과실'이고 '대리권이 있다고 믿을 만한 정당한 사유
     의 존재'를 충족해야만 표현대리의 성립을 주장할 수 있다. 그러나 어음 / 수표의 경우에는 제3
     자가 '선의·무중과실'이어야 한다.
  ㉢ 제3자의 범위 : 민법은 항상 직접 거래 상대방만을 기준으로 하지만, 어음법은 직접 거래 상대
     방뿐만 아니라 그 후의 어음 취득자를 포함한다(통설). 따라서 이 점은 제한능력자의 어음행위
     의 취소 또는 추인의 상대방과 같다.
  ㉣ 어음행위에는 그 문언성으로 인하여 민법 제115조(본인을 위한 것임을 표시하지 아니한 행위)
     단서 규정을 적용하지 않는다. 그러므로 상대방이 대리인으로서 한 것임을 알았거나 알 수 있었
     을 경우에도 본인을 위하여 어음행위를 한다는 표시가 어음 / 수표에 없는 한 대리인만이 책임
     을 져야 하고 본인은 어음상 책임을 부담하지 않는다. 단, 민법 제115조 단서 규정에 의해 대리
     인과 상대방 사이의 원인관계에서는 적용된다. 즉, 대리인은 그러한 상대방에 대하여 이를 인적
     항변으로 주장하여 책임을 면할 수 있다.

ⓜ 상법상 상행위의 대리행위는 비현명주의를 원칙으로 한다(신속한 거래와 거래 안전을 위함). 그러나 상법상 상행위일지라도 어음행위에는 그 문언성으로 인하여 현명주의를 원칙으로 한다. 그러므로 영업상의 대리권을 가진 지배인이 영업주의 영업을 위하여 어음행위를 하면서 영업주를 표시하지 않은 경우에는 그 행위의 효과는 영업주에게 귀속하지 않고 지배인만이 어음상의 책임을 부담한다.

⑦ 어음 / 수표행위의 표현대리에서 표현대리인과 본인의 책임
ㄱ 본인뿐만 아니라 표현대리인 자신도 무권대리인이기 때문에 무권대리인으로서의 책임을 부담하며, 어음소지인은 본인과 무권대리인 중 선택하여 어음상의 권리를 행사할 수 있다(통설).
ㄴ 표현대리책임을 주장하면 어음소지인이 외관창출에 대한 본인의 책임을 입증해야 한다. 이 입증이 쉽지 않기 때문에, 일반적으로는 불법행위책임인 사용자책임을 주장한다. 이 경우에는 과실상계가 허용되기 때문에 어음금 전액을 배상받을 수는 없다.

⑧ 월권대리 : 대리권이 있는 대리인이 대리권의 범위를 초월하여 어음행위를 한 경우 중에서 표현대리가 성립되지 않는 경우이다(어음법 제8조).
ㄱ 대리권이 있는 대리인의 행위이므로 상대방은 월권대리인의 행위를 신뢰한다. 따라서 월권대리는 많은 경우 표현대리로 인정될 수 있다.
ㄴ 어음행위의 월권 대리행위 중에서 표현대리가 성립되지 않는 경우의 월권대리는 무권대리와 같다. 따라서 월권대리인은 월권부분뿐만 아니라 어음금 전체에 대해 책임져야 하며, 본인은 수권한 범위 내에서만 책임진다.

⑨ 어음행위의 대행 : 대리는 본인과 대리관계를 표시하고 대리인이 기명날인 또는 서명하는 것이지만, 대행은 대리인이 본인을 위하여 대리관계의 표시 없이 직접 본인의 기명날인 또는 서명을 대신하는 것이다. 기명날인 또는 서명의 대행은 대리의 일종으로서 그 유효성을 인정하고 있다. 권한 있는 어음행위의 대행은 본인 행위의 대행이지만 권한 없는 어음행위의 대행은 위조가 된다.

사례분석

의류도매업을 하는 갑은 액면금 1천만 원인 수표 1장을 발행하여 을에게 교부하였고 을은 이 수표를 다시 병에게 배서하여 교부하였다. 병은 이 수표를 갑에게 지급제시하였으나 갑은 위 수표를 발행한 사실이 없다면서 지급을 거절하였다. 위 수표는 갑의 영업소에서 경리업무를 하는 갑의 처 영희가 갑의 당좌계좌에서 갑 명의로 발행하였고 이를 병이 을로부터 교부받았다고 한다. 이 경우 병은 갑으로부터 수표금을 받을 수 있는가?

영희는 갑의 처로서 갑의 경리업무를 처리하면서 갑 명의의 수표를 발행한 것으로 보아, 을이 영희에게 수표를 발행할 권한이 있다고 믿을 만한 정당한 사유가 있다고 판단되므로, 위 수표를 전전양수한 병은 영희의 표현대리를 주장하여 갑으로부터 수표금을 받을 수 있다.

민법상 표현대리규정이 어음행위의 위조에 관하여 유추적용되기 위한 요건

다른 사람이 본인을 위하여 한다는 대리문구를 어음상에 기재하지 않고 직접 본인명의로 기명·날인을 하여 어음행위를 하는 이른바 기관방식 또는 서명대리방식의 어음행위가 권한 없는 자에 의하여 행하여졌다면 이는 어음행위의 무권대리가 아니라 어음의 위조에 해당하는 것이기는 하나, 그 경우에도 제3자가 어음 행위를 실제로 한 자에게 그와 같은 어음행위를 할 수 있는 권한이 있다고 믿을 만한 사유가 있고, 본인에게 책임을 질 만한 사유가 있는 때에는 대리방식에 의한 어음행위의 경우와 마찬가지로 민법상의 표현대리 규정을 유추적용하여 본인에게 그 책임을 물을 수 있다(대판 2000.3.23., 99다50385).

어음행위가 일반 거래관념에 비추어 특히 이례적으로 이루어진 경우에는 그 상대방이 위조자의 권한 유무와 본인의 의사를 조사·확인하지 아니하였을 경우에는 그 상대방이 위조자에게 어음행위를 할 권한이 있다고 믿었다고 하더라도 거기에 정당한 사유가 있다고 보기 어렵다(대판 1999.1.29., 98다27470).

표현대리에 관한 민법 제126조의 규정에서 제3자라 함은 당해 표현대리행위의 직접 상대방이 된 자만을 지칭하고, 이는 위 규정을 표현대리에 의한 어음·수표 행위의 효력에 적용 또는 유추적용할 경우에 있어서도 마찬가지로 해석함이 상당하다(대판 1997.11.28., 96다21751).

어음의 제3취득자는 어음행위의 직접 상대방에게 표현대리가 인정되는 경우에 이를 원용(援用)하여 피위조자에 대하여 자신의 어음상의 권리를 행사할 수가 있다(대판 2002.12.10., 2001다58443).

| Ⅱ | 어음·수표의 법률관계

1. 어음·수표의 실질관계

(1) 어음·수표의 실질관계의 의의 및 종류

① 어음(수표)관계는 추상적인 법률관계이나 어음(수표)거래의 기초가 되는 법률관계를 실질관계 또는 기본관계라고 한다.

② 어음·수표의 실질관계의 종류

    ㉠ 어음(수표)수수의 직접적인 당사자 간의 관계인 원인관계 또는 대가관계

    ㉡ 어음(수표)의 지급자금에 관하여 지급인에 의한 인수 또는 지급의 기초가 되는 자금관계

    ㉢ 어음(수표)수수를 준비하는 법률관계인 어음(수표)예약

(2) 어음(수표)의 원인관계(대가관계)

① 어음(수표)을 수수하는 당사자 간 어음(수표)행위를 하게 되는 원인인 실질적 법률관계로 어음(수표)관계는 원인관계와 경제적으로 밀접한 관계에 있고 어음(수표)관계는 원인관계의 결제를 위한 수단적 성격을 가진다.

    ⑩ 매매, 증여, 소비대차, 채무담보, 어음상의 권리의 매매(어음할인) 등

② 원인관계와 어음(수표)관계의 분리 : 원인관계와 어음(수표)관계는 실질적·경제적으로 목적과 수단의 관계에 있지만, 어음(수표) 유통성 확보와 거래안전 보호를 위하여 법률상 독립·분리되어 있다.

③ 원인관계의 흠결 또는 그 하자에 관하여 어음(수표)채무자는 해의가 있는 소지인에 대하여 이를 인적 항변으로 주장하여 채무의 이행을 거절할 수 있다.

④ 이득상환청구권은 어음(수표)상 권리가 소멸된 경우에 원인관계 또는 자금관계를 고려해 인정된 제도이다.

PART 1

➕ 더 알아보기

이득상환청구권
어음(수표)상의 권리가 상환청구권 보전절차의 흠결 또는 시효완성으로 소멸한 경우에 어음(수표)소지인이 발행인, 인수인 또는 배서인에 대하여 어음(수표)상의 권리소멸로 받은 이득의 상환을 청구할 수 있는 권리

사례분석

어음·수표의 법률관계
음식점을 운영하는 갑과 식품제조판매 사업을 운영하는 을 간에 식품 공급계약을 체결하였다. 갑은 을에게 식품 공급의 대가로 대금 1천만 원을 지급해야 할 채무가 있는데, 현금이 없어서 갑이 어음 또는 수표를 발행하였다. 이 경우 갑과 을 간의 채권채무를 발생시키는 법률관계를 원인관계라 한다.

을은 갑의 채무 이행을 기다릴 여유가 없는 경우에 어음 내지 수표 뒷면에 배서하고 지정하는 사람 병에게 어음 또는 수표를 유통시켰다. 이에 병은 어음, 수표상의 권리를 취득한다. 병은 이 어음, 수표를 정에게 다시 양도하였다. 이것은 지시채권의 양도에 해당한다.
만약 갑과 을 간 어음 발행 후 유통된 후 당초 식품 매매계약이 취소되었을 경우, 정은 그에 관계없이 어음금을 갑에게 청구할 수 있고 갑이 지급을 못하면 을, 병 등에게 어음금(상환청구)을 청구할 수 있다. 수표인 경우 정은 은행에 수표를 제시하고 수표금을 받을 수 있다.

갑과 을 간 법률관계에서 벌어지는 효과는 그들 간의 문제이고, 병과 정에게 주장할 수 없다. 이를 원인관계와 어음 수표상의 권리와 구별된다고 말한다. 만약 을(수취인)이 그후 병, 정에게 어음 액면금보다 낮은 금액을 지급받고 유통(어음할인)시킨 경우 최종소지인 정은 낮은 금액을 주고 어음을 취득했다고 하더라도 어음 액면상의 금액을 갑 등에게 청구할 수 있다.

갑과 을 간 실제 법률관계(계약) 없이 금전을 융통하기 위해 발행하는 어음을 융통어음이라고 하는데, 이를 취득한 병과 정 등은 갑, 을 등에게 어음금을 청구할 수 있고, 갑은 을에게만 융통어음이라는 주장을 할 수 있을 뿐, 병과 정 등에게 어음금 지급 책임을 면할 수 없다.

2. 어음(수표)의 교부가 원인관계에 미치는 영향

(1) 어음(수표)의 기존채무에 대한 변제 유형

① 일반적으로 어음(수표)은 기존채무를 변제하는 수단으로 교부되는데, 그 유형으로는 기존채무의 '지급에 갈음하여 교부하는 경우'와 '지급을 위하여 교부하는 경우', '지급의 담보로서 교부하는 경우'로 구분된다.

② 어음(수표) 교부 목적의 판정 : 당사자 사이의 명시적인 합의가 없는 때에 당사자의 의사 해석 문제이다.

(2) 원인채무의 지급에 갈음하여 어음(수표)을 교부한 경우

원인채무의 소멸, 채무자는 어음(수표)상의 채무를 부담한다.

① 은행에서 발행한 자기앞 수표를 교부한 경우는 물론, 자신이 지급인인 환어음을 원인채무의 지급을 위해 교부하면서 인수를 한 때에는 채무자는 어음소지인에 대해 인수인으로서 주채무를 부담하므로 원인채무의 지급에 갈음하여 교부한 것으로 보아야 한다.

② 당사자 사이에 특약이 없는 한 원인채권을 위한 담보나 보증은 그 효력을 상실한다.

③ 원인채권의 소멸원인에 관하여 경개설, 대물변제설, 절충설이 있으나, 대물변제설이 통설이다.

+ 더 알아보기

대물변제설
경개는 구채무의 소멸을 신채무 발생의 조건으로 하므로 어음(수표)행위의 무인성에 맞지 아니하며, 지급에 갈음한 어음(수표)의 교부는 변제의 수단으로 보아야 한다.

(3) 원인채무의 지급을 위하여 교부한 경우

원인채무는 소멸되지 않으며 채권자에게는 어음(수표)상의 권리와 원인채권이 병존한다.

① 채권자는 어음(수표)상의 권리를 먼저 행사하고 이것에 의해 만족을 얻지 못했을 때 비로소 원인채권을 행사할 수 있다.

② 채권자가 어음을 제3자에게 배서양도한 때에는 어음의 지급거절 시 채권자가 상환의무를 이행하고 어음을 환수할 때까지 원인채권을 행사할 수 없다.

③ 어음(수표)상 상환의무자가 제3자인 때에는 원인채권의 채무자가 상환의무자에게 어음(수표)상의 권리를 행사할 수 있도록 상환청구권보전절차를 밟거나 또는 적어도 상환청구권보전절차를 밟을 수 있는 기간 내에 어음(수표)을 반환하여야 원인채권을 행사할 수 있다. 그러나 채무자가 약속어음을 발행하여 채권자에게 교부한 경우와 같이 어음(수표)상 다른 상환의무자가 없는 때에는 어음상의 채무자와 원인채권의 채무자가 동일하므로 상환 청구권보전절차를 밟을 필요가 없으며, 어음(수표)을 반환함과 동시에 기존채권을 바로 행사할 수 있다.

④ 채권자가 원인채권을 행사하는 경우에는 채무자는 원인채무의 변제와 어음(수표)의 반환에 관하여 동시이행의 항변권을 행사할 수 있다.

(4) 원인채무의 담보를 위하여 교부한 경우

원인채권과 어음(수표)채권이 병존하지만, 어느 채권을 먼저 행사할 것인가는 채권자의 자유이다.

① 원인채권의 변제기가 도래한 경우에 어음(수표)의 지급제시 여부에 관계없이 채무자는 당연히 이행 지체로 되고 채권자는 원인 채권을 행사할 수 있다.

② 단, 채권자는 담보로 받은 어음을 반환하여야 하며, 채권자가 그 어음을 제3자에게 배서양도한 때에는 그 지급거절 시 상환의무를 이행하고 어음을 환수할 때까지 원인채권을 행사할 수 없다.

(5) 어음(수표)상 권리 행사의 효과

채권자가 어음(수표)상의 권리를 행사하여 지급을 받으면 원인채무도 소멸한다. 채권자가 만기 전에 배서 또는 할인에 의하여 어음(수표)을 타인에게 양도한 경우에는 그 양도에 의하여 원인채무가 소멸하지 않으며 배서인으로서의 상환의무를 면하게 된 때에 비로소 원인채무가 소멸한다. 그러나 이 경우 채권자가 무담보배서를 한 경우에는 상환의무를 지지 않으므로 지급과 같은 결과가 되어 원인채무는 곧 소멸된다.

사례분석

원인채무 이행과 어음반환이 동시이행 관계인 경우 이행지체책임

식품소매상 갑은 도매상 을에 대한 2000만 원의 물품대금채무에 대해 발행인이 병인 약속어음을 교부하였고, 그 지급기일은 물품대금채무의 변제기보다 1개월 후로 정하였다. 그런데 을은 위 물품대금채무의 변제기에 위 금원의 지급을 청구하였다가 갑이 위 물품대금채무의 변제기가 약속어음의 지급기일로 유예된 것이라고 주장하자 아무런 말이 없었다. 을은 그 후 지급기일에 위 약속어음을 지급제시하였다가 병의 부도로 지급거절되자 갑에게 청구하였으나 갑은 지급하지 못하였는데, 수개월이 경과된 후 갑에게 물품대금청구를 하면서 물품대금채무의 최초 변제기부터의 지연손해금까지 청구하였다. 이 경우 을이 위 약속어음을 반환하지 않았음에도 갑은 최초 변제기부터의 지연손해금을 지급할 의무가 있는가?

기존채무의 이행을 위하여 어음을 교부한 경우 갑이 을에 대하여 물품대금조로 교부한 발행인 병의 약속어음을 교부한 것은 물품대금채무의 '지급을 위하여' 교부한 것으로 보아야 한다. 따라서 을은 갑에 대한 물품대금채권과 발행인 병 및 배서인 갑에 대한 어음금채권을 병존하여 가진다. 단, 이 경우 갑의 물품대금채무이행과 을의 약속어음 반환의무는 동시이행관계에 있다. 그런데 원인채무의 이행의무와 어음반환의무가 상호 동시이행관계에 있는 경우에 원인채무의 채무자는 어음을 반환 받을 때까지는 이행지체책임을 부담하지 않는지에 관하여 판례는 기존채무의 변제기는 어음에 기재된 만기일로 변경된다고 보아야 하므로 원칙적으로 채무자는 원인채무의 이행기가 아니라 어음에 기재된 만기일 이후부터 이행지체책임을 부담해야 한다. 갑이 지체책임을 진다고 하더라도 다만 그 책임질 기간에 관하여 물품대금채무의 최초 변제기로부터 위 약속어음의 지급기일까지는 지연손해금 지급책임이 없고 그 이후 부분에 한해 지연손해금 지급책임이 있다. 그러나 을이 위 약속어음을 갑에게 반환하지 않았다고 하더라도 갑이 동시이행의 항변을 하지 않았다면 지급기일 후 변제 시까지는 이행지체로 인한 지연손해금을 부담해야 한다.

"기존채무의 이행에 관하여 어음·수표를 교부하는 목적은 원칙적으로 당사자의 의사를 기준으로 하여 판단하여야 할 것이므로, 당사자 사이에 약정이 있는 경우에는 그에 따르면 되고, 특약이 없는 경우에는 '지급을 위하여' 또는 '지급확보를 위하여' 교부된 것으로 추정할 것이며, 따라서 특별한 사정이 없는 한 기존의 원인채무는 소멸하지 아니하고 어음·수표상의 채무와 병존한다고 보아야 한다."라고 하였다(대판 1993.11.9., 93다11203).

"기존채무의 이행을 위하여 어음을 교부한 경우 어음상의 주채무자(발행인)가 원인관계상의 채무자와 동일하지 아니한 때에는 제3자인 어음상의 주채무자(발행인)에 의한 지급이 예정되고 있으므로 이는 '지급을 위하여' 교부된 것으로 추정하여야 한다."라고 하였다(대판 1996.11.8., 95다25060).

기존의 원인채권과 어음·수표채권이 병존하는 경우에 채권자가 원인채권을 행사함에 있어서는 어음·수표의 반환이 필요하고, 이는 채무자의 채무이행과 동시이행의 관계에 있다고 할 것이고, 따라서 채무자는 어음·수표와 상환으로 지급하겠다고 하는 항변으로 채권자에게 대항할 수 있고, 이와 같은 항변이 있을 때에는 법원은 어음·수표와 상환으로 지급하라는 취지의 상환이행의 판결을 하여야 할 것이다(대판 1993.11.9., 93다11203, 11210).

3. 어음(수표)의 자금관계

(1) 자금관계의 의의

① 자금관계는 환어음 및 수표의 지급인과 발행인 사이에 존재하는 지급자금에 관한 실질관계를 말한다.

② 약속어음에서는 발행인 자신이 지급의무자가 되므로 자금관계가 요구되지 않는다. 환어음, 수표에서는 발행인이 지급인에게 지급을 위탁하는 것이므로 발행인과 지급인 사이에 별도의 자금관계가 있어야 한다.

(2) 환어음의 자금관계

① 환어음의 자금관계는 발행인이 지급인에 대하여 어음 지급을 위한 자금을 미리 제공하여 두는 방법이 일반적이지만, 지급인이 지급을 한 후 발행인에 대하여 그 보상을 청구하는 경우(보상관계)도 있다.

② 어음의 발행인이 타인의 위탁에 의하여, 타인의 계산으로 환어음을 발행한 위탁어음의 경우에는 지급자금은 위탁자가 제공하여야 하므로 위탁자가 자금의무자이며 자금관계는 지급인과 위탁자 간에 존재한다.

(3) 수표의 자금관계

① 당좌예금계약 또는 당좌차월계약 : 수표의 지급자금에 관하여 발행인과 지급인 사이에 당좌예금계약 또는 당좌차월(대월) 계약이 체결되어 있어야 한다.

  ㉠ 당좌예금계약 : 발행인이 수표자금에 해당되는 금액을 미리 예금하는 계약이다.

  ㉡ 당좌차월계약(당좌대월계약) : 특약으로, 예금주가 당좌계정약정에 의하여 은행으로부터 당좌예금을 초과하여 차월할 수 있는 금액의 한도를 정하고 그 지급한도액 범위 내에서 수표를 발행한 경우에 수표를 지급한다.

② 수표자금은 지급제시가 있는 때에 존재하면 충분하고(수표법 제3조), 수표자금 없이 수표가 발행되어도 그 효력에는 영향이 없다.

③ **수표계약** : 발행인이 은행을 지급인으로 하는 수표를 발행하기 위해서 지급사무를 취급할 은행과의 사이에 지급자금에 관한 계약 이외에 수표발행에 관한 명시 또는 묵시의 계약을 체결한 것이다. 지급인은 이 수표계약에 의하여 발행인이 발행한 수표를 그 지급자금에서 지급할 의무를 부담하게 된다.

④ **상호계산계약** : 수표계약에 부수하여 수표자금으로 예입된 금액과 수표금액으로 지급된 금액을 일괄하여 결제하기 위한 계약이다.

(4) 자금관계와 어음(수표)관계

① 환어음의 어음관계는 자금관계와 전혀 다른 관계이므로 그 유무나 내용에 의하여 아무런 영향을 받지 아니한다. 수표의 자금관계의 유무나 내용은 수표의 효력에 아무런 영향을 미치지 아니하며 자금관계 없는 자를 지급인으로 한 수표도 유효하다.

② 자금관계를 고려한 어음(수표)법상 예외적 제도 : **인적 항변, 환어음 발행인의 인수인에 대한 상환청구권, 이득상환청구권** 등이 있다.

③ **준자금관계** : 인수인과 지급담당자, 보증인과 피보증인(주채무자), 참가인수인 또는 참가지급인과 피참가인 사이에 존재하는 자금관계에 유사한 실질관계이다. 어음(수표)관계와 준자금관계도 자금관계의 경우와 같다.

④ **어음(수표)예약** : 어음(수표)행위를 하거나 또는 어음(수표)을 수수할 것을 목적으로 하는 어음(수표) 외에 계약이다. 이 경우에 어음(수표)행위는 이 계약(예약)의 이행으로서 하게 된다. 어음(수표)예약을 특히 서면으로 한 것을 가(假)어음 또는 가수표라고도 한다. 이것은 어음 또는 수표로서의 효력이 없으나 그 예약의 위반은 그 예약을 한 당사자 사이에 인적 항변사유가 된다.

(5) 어음에 의한 금융수단(어음할인, 어음대부)

① **어음할인(Bill Discount)** : 어음소지인(할인의뢰인)이 만기 전에 어음금액으로부터 만기까지의 이자 기타 비용(할인료)을 공제한 금액을 지급받고 어음을 양도하는 금융거래이다.

② **어음대부(Loans On Bills)** : 은행융자의 한 방법이며 은행이 대출을 하면서 차주를 채무자로 하는 어음을 발행하게 하는 것이다. 어음이 아니라 차용증서를 받는 경우를 증서대부라고 부르며 어음대부나 어음할인에 비해 장기의 자금을 대출할 때에 쓰인다.

③ **어음할인의 법적 성질** : 소비대차설, 매매설의 대립

➕ 더 알아보기

매매설(통설, 판례)
어음할인은 어음금액으로부터 할인료를 공제한 금액을 대가로 어음상의 권리를 양도하는 것이므로 어음의 매매이다(대판 2015.9.10., 2015다27545). 어음할인의 법적 성질을 어떻게 보느냐에 따라 이자제한법의 적용, 만기 후 지연손해금의 이율, 이득상환청구권의 발생 등에 있어서 차이가 있다.

④ **환매청구권** : 할인어음이 후에 부도 기타 사유로 어음의 신용이 악화된 경우에 할인은행이 할인의 뢰인에 대하여 할인어음의 환매를 청구할 수 있는 권리이다. 이 환매청구권은 은행여신거래기본약관이나 상관습에 의하여 인정되는 것으로서 상환청구권과는 별개로 발생되고 행사된다. 환매청구권의 법적 성질은 매매설의 입장에서 어음의 재매매라고 본다(다수설). 환매청구권의 소멸시효기간은 5년이다.

(6) 어음의 개서

① 기존어음에 대하여 지급을 하지 아니하고 새로운 어음을 발행하여 교부하는 것이다. 어음지급을 연기할 목적으로 이용되며 이 경우에 새로 발행된 신어음을 개서어음 또는 연기어음이라 한다.

② **신어음을 교부하고 구어음을 회수하는 경우** : 그 법적 성질에 관하여 판례는 경개라고 하나, 학설은 어음채무의 무인성에 비추어 대물변제로 보고 있다. 이 경우 구어음상의 권리는 소멸하고, 구어음에 붙은 일체의 항변권과 담보권은 신어음에 이전한다.

③ **구어음을 회수하지 않는 경우** : 양 채무는 병존하고 신어음채무는 구어음의 담보가 된다. 따라서 어음소지인은 어느 어음에 의해서도 권리를 행사할 수 있으나, 어느 하나의 어음의 지급을 받은 때에는 다른 어음으로 지급을 받을 수 없다. 이 경우 지급을 받지 아니한 어음이 개서어음인 줄 모르고 취득한 자는 선의취득에 의하여 어음상의 권리를 행사할 수 있다.

제3절 위험부담 기출 18

| I | 채무자위험부담의 원칙

1. 위험부담의 법적 성질

(1) 위험부담의 의의

매매계약과 같은 쌍무계약의 체결과 완전한 이행 사이의 일정한 시점에서 계약당사자 쌍방의 책임 없는 사유로 인해 발생한 물품의 멸실 또는 훼손을 매도인과 매수인 중 누가 부담하는가 하는 문제이다.

㉋ 갑이 자기 소유의 선박을 을에게 매매하였는데 계약 체결 후 그 선박이 폭풍으로 침몰하여 매도인(채무자) 갑이 선박인도채무를 이행할 수 없게 된 때에 매수인 을은 대금을 지급하지 않아도 좋냐 또는 지급하여야 하느냐 문제를 위험부담이라고 말한다.

(2) 위험(Risk)의 개념

① 채권의 목적이 양 당사자의 책임 없는 사유로, 오직 우연한 멸실(Destruction)이나 훼손(Deterioration)으로 인해 이행할 수 없게 된 경우에 그로 인한 불이익을 계약 당사자 중 누군가가 부담하게 되는 것을 일컫는다. 당사자 일방의 과실에 의하여 야기된 물품의 멸실이나 훼손의 경우에 적용되는 개념이 아니다.

② **멸실** : 단순히 물리적인 파괴뿐만 아니라 압수 등 매수인이 목적물에 대한 점유를 불가능하게 하는 것이다. 물건이 부패, 오손(汚損)에 의해 경제적 가치를 완전히 잃은 경우나 물건은 존재하지만 특별한 사정에 의해 제공할 수 없는 경우를 말한다.

③ **훼손** : 품질저하, 물품의 일부분 손상 또는 부패, 일부분의 부존재를 말한다.

(3) 위험의 종류

① **물건의 위험** : 물건이 불가항력으로 멸실됨으로 말미암아 그것을 갖지 못하게 되는 불이익이다. 물건이 소멸하면, 그 위에 존재하는 물권도 또한 소멸될 것이고, 따라서 물건의 상실 위험은 물권의 귀속자에게 돌아가며, 매매목적물의 멸실의 경우도 일반적으로 **물건의 위험은 소유자에게 돌아간다**. 그것은 물건의 양도 전에는 통상적으로 매도인에게, 양도 후에는 매수인에게 귀속한다.

② **급부위험** : 급부의 목적물이 멸실, 훼손된 경우에 자기 급부에 대한 상대방으로부터의 반대급부를 상실할 가능성을 말한다.

    ㉠ **특정물채무**에서 목적물이 채무자의 책임으로 돌아갈 수 없는 사유에 의해 멸실한 경우에는 특별한 합의가 없는 한 채무자는 급부의 책임을 면한다.

    ㉡ **종류채무**에 있어서 채무자는 최소한 목적물의 특정이 발생할 때까지는 급부의 책임을 면하지 못한다.

③ **대가위험** : 채권자가 채무의 목적인 급부를 취득하지 않았음에도 불구하고 여전히 대금의 지급의무가 있는가의 문제이며, 위험부담문제의 중심을 이룬다. 편무계약에서는 대가위험은 문제로 되지 않는다.

(4) 위험부담의 법적 성격

① **쌍무계약**에 있어서의 **쌍방의 채무**는 서로 의존적 견련관계에 있으므로 한쪽의 소멸이 다른 쪽의 운명에 아무런 영향을 주지 않는다는 것은 적당하지 않다.

② 쌍무계약에서 한쪽 채무의 소멸을 둘러싸고 일반적인 채무의 독립성과 쌍무계약의 채무의 견련성이라는 두 성격의 조화를 꾀하려는 제도가 위험부담제도이다.

③ 위험부담은 쌍무계약에 있어서 두 채무 사이의 존속상의 견련관계를 정하는 제도이다.

(5) 채무자부담주의 원칙

① 쌍무계약의 당사자 일방의 채무가 **쌍방의 책임 없는 사유**로 이행할 수 없게 된 때에 채무자는 그 채무를 면하지만, 동시에 채권자에 대한 반대 채권(반대급부청구권)도 상실한다. 이를 채권자 쪽에서 본다면 채권자는 채권을 상실하는 동시에 반대급부를 하여야 할 채무를 면하게 된다.

② 만약 채권자가 반대급부를 이미 이행하였다면 목적소멸에 의한 부당이득을 이유로 급부한 것의 반한을 청구할 수 있고(제714조), 또한 채무자의 이행이 **불능**으로 되었음을 알지 못하고 그 후에 반대급부를 한 경우에는 '비채변제'에 의한 부당이득으로서 반환청구권을 가진다.

    예 갑이 자신의 스마트폰을 을에게 50만 원에 매도하는 계약을 체결하였다. 갑이 을에게 스마트폰을 인도해주려고 가는 도중, 넘어져서 스마트폰이 행인의 발에 밟혀 파손되었다. 이 경우 갑은 을에게 스마트폰을 인도해 주어야 할 채무를 부담하고 있는 채무자이며, 을은 스마트폰의 인도를 청구할 수 있는 채권자가 된다. 채무자주의에 의거하면 채무자인 갑은 채권자인 을에게 매매대금 지급을 청구할 수 없다.

또한 채권자 갑은 채무자 을에게 스마트폰 인도를 청구할 수 없다. 결국 두 당사자 누구에게도 청구권이 발생하지 않는다(계약 채무의 이행이 면제된다). 따라서 채무자인 갑이 계약이 이행되지 못한 위험을 부담해야 한다.

2. 위험부담의 성립요건 - 후발적 불능과 위험부담의 관계 기출 14

(1) 쌍무계약이어야 함

① 양 당사자의 채무가 대가적 견련관계에 있다.
② 쌍무계약의 목적인 급부내용은 그 종류를 불문한다.

(2) 후발적 불능

① 위험부담은 채무의 '후발적 불능'을 둘러싸고 일어나는 문제이다.
② 쌍무계약의 한쪽의 채무가 원시적 불능인 때에는 계약의 성립상의 견련성의 문제(계약체결상의 과실책임)로서 해결되고 위험부담은 문제가 되지 않는다.

(3) 채무자의 귀책사유 없는 급부불능

① <u>위험부담에 있어서의 불능은 채무자에게 책임 없는 사유로 생긴 것이어야 한다. 채무자의 유책사유로 불능으로 된 때에는 손해배상채무가 종래의 채무에 갈음하고 위험부담의 문제는 생기지 않는다. 단, 채권자에게 책임있는 경우에는 채권자주의를 취한다.</u>
② 급부불능 : 특정물의 멸실, 채무자의 사망, 국가에 의한 적법한 금지조치 및 채무자의 처분권 상실 등 사실상의 불능뿐만 아니라 거래관념상의 불가능도 포함된다.
③ 불능의 사유 : 이행불능 사유는 자연력(천재지변)이든 사람의 행위(제3자의 방화나 실화 등)이든 불문한다.

(4) 전부불능뿐만 아니라 일부불능의 경우에도 인정함

① 일부불능의 경우에는 어떻게 되는가? 채무자는 발생한 불능의 범위에서 채무를 면하고 아울러 이에 대응하는 범위에서 반대급부를 받을 권리도 법률상 당연히 소멸한다.
② 그러나 임대차에 관하여는 민법 제627조의 특칙이 있고, 또한 운송물이 그의 성질이나 하자로 인하여 소멸한 경우에는 상법 제134조 제2항의 특칙이 있다.

➕ 더 알아보기

- 민법 제627조(일부 멸실 등과 감액청구, 해지권) ① 임차물의 일부가 임차인의 과실없이 멸실 기타 사유로 인하여 사용, 수익할 수 없는 때에는 임차인은 그 부분의 비율에 의한 차임의 감액을 청구할 수 있다. ② 전항의 경우에 그 잔존 부분으로 임차의 목적을 달성할 수 없는 때에는 임차인은 계약을 해지할 수 있다.
- 상법 제134조(운송물 멸실과 운임) ① 운송물의 전부 또는 일부가 송하인의 책임없는 사유로 인하여 멸실한 때에는 운송인은 그 운임을 청구하지 못한다. 운송인이 이미 그 운임의 전부 또는 일부를 받은 때에는 이를 반환하여야 한다.

③ 운송물의 전부 또는 일부가 그 성질이나 하자 또는 송하인의 과실로 인하여 멸실한 때에는 운송인은 운임의 전액을 청구할 수 있다.

④ 채권자가 부담하는 **반대급부가 계약내용상 분할할 수 없는 것**이면 어떻게 되는가?

채권자는 일단 전부의 급부를 하고 불능부분에 대응하는 반대급부의 부분을 금전으로 환가하여 부당이득으로서 반환을 청구할 수 있다. 만일에 일부불능으로 계약의 목적을 달성할 수 없게 된 때에는 전부불능의 경우와 마찬가지로 다루어야 할 것이다.

3. 위험부담의 효과 : "채무자는 상대방의 이행을 청구하지 못한다."

(1) 위험부담으로 상실(소멸)하는 대상 : 쌍무계약상 대가관계에 있는 채무

> **사례분석**
>
> 갑은 자기 소유의 주택을 을과 임대차하였는데 을이 그 주택(임대차목적물)을 사용하던 도중 을(임차인)의 과실 없이 이웃집 거주자(제3자)가 방화해서 멸실된 경우
>
> 그 위험 발생으로 인해 소멸하는 것은 채무자위험부담의 원칙에 따라 임대인(채무자)은 임차물을 사용, 수익하게 할 의무를 면하게 되면서 임차인(채권자)에게 차임지급을 청구하는 권리를 상실하게 된다(즉 임차인은 차임지급채무를 상실하게 된다).
> 그러나 이 경우 임대차 목적물이 멸실되어 임대차 계약은 종료되므로 임대인(채무자)은 임차인에게 임대차보증금을 반환할 의무가 있다.
> • 임대차의 쌍무계약에서 대가관계에 있는 채무는 임대인의 사용수익 가능한 상태의 목적물 제공의무와 임차인의 차임지급 및 보증금 일시적 이전 의무이다.
> • 임대인이 보증금을 영구적으로 보유할 것을 임대차 계약의 내용으로 하지 않는다.

(2) 상대방이 채무자에 대하여 이미 이행한 전부 또는 일부의 급부는 상대방의 반대급부의무가 소멸하였기 때문에 부당이득이 되며, 채무자는 이 부당이득을 반환해야 한다.

> **판례**
>
> 위험부담으로 매수인이 이미 지급한 계약금은 부당이득이므로 반환해야 함
> 임야지상의 입목을 매수함에 있어서 입목매수인이 벌채허가 절차에 책임을 지고 입목대금은 벌채작업완료 후 현장에서 검수한 다음 완급하기로 하며 벌채계약기간 경과 시는 입목 매수인은 계약상의 제반 권한을 상실한다는 약정을 한 경우에..........<u>계약당사자 일방의 입목 인도의무가 당국의 산림 정책상의 영림계획변경으로 벌채허가를 얻을 수 없게 됨으로 말미암아 입목 인도의무를 면한 당사자는 상대방으로부터 받은 계약금을 부당 이득한 것이 되므로 이를 상대방에게 반환하여야 할 의무가 있다</u>(대판 1975.8.29., 75다765).

(3) **일부불능** : 그 불능 부분에 상응하는 상대방의 반대급부의무만이 소멸함

① 만약 반대급부의무가 불가분인 경우 또는 가분이라도 나머지 부분으로는 계약 목적을 달성할 수 없는 경우에는 그 반대급부의무 전부가 소멸한다. 그리고 이 경우 상대방은 이행가능한 나머지 급부에 대하여도 이행청구할 수 없고, 채무자는 그 전체 채무를 면한다.

② 임대차에서 임차인의 과실 없이 목적물의 일부가 멸실된 경우, 그 부분의 차임이 즉시 소멸하는 것이 아니라, 임차인이 차임 감액을 청구할 수 있다(제627조).

판례

> 임대차계약에 있어서 목적물을 사용·수익하게 할 임대인의 의무와 임차인의 차임지급의무는 상호 대응관계에 있으므로 임대인이 목적물을 사용·수익하게 할 의무를 불이행하여 임차인이 목적물을 전혀 사용할 수 없을 경우에는 임차인은 차임 전부의 지급을 거절할 수 있으나, 목적물의 사용·수익이 부분적으로 지장이 있는 상태인 경우에는 그 지장의 한도 내에서 차임의 지급을 거절할 수 있을 뿐 그 전부의 지급을 거절할 수는 없다(대판 1997.4.25., 96다44778, 44785).

(4) 채무자가 그 채무의 이행불능으로 인해 그 목적물에 갈음하는 대상(수용보상금청구권, 보험금청구권, 제3자에 대한 손해배상청구권 또는 이 청구권에 기해 취득한 금전 등)을 취득한 경우 상대방은 본래 급부에 갈음하여 그 대상의 양도를 청구할 권리(대상청구권)를 갖는다.

판례

> 이행불능의 효과로서 대상청구권의 인정
> 매도인이 매매목적토지의 수용으로 인해 소유권이전등기의무를 이행할 수 없는 이행불능 상태가 되었는데 그 불능의 원인인 매매목적토지의 수용의 대가로 보상금을 수령하였고, 이에 대해 매수인이 그 보상금의 지급을 구하는 것으로서 대상청구권을 행사하는 것은 적법하다(대판 1992.5.12., 92다4581, 4598).

| Ⅱ | 채권자주의와 위험의 이전 기출 21

1. 채권자주의

(1) 위험부담의 예외(채권자 주의)

① 채권자에게 귀책사유(후발적 불능 사유)가 있거나, 채권자의 수령지체(잔금 부족으로 매도인의 소유권 이전 수령을 지체)중에 후발적 불능이 되었을 때에는 채권자주의로 전환되어 채무자는 반대급부를 청구할 수 있어 채권자가 손실(위험)을 부담한다.

② 이때, 채무자(매도인)는 자기의 채무를 면함으로써 이익을 얻은 때에는 이를 채권자에게 상환하여야 한다.

  ⑨ 매도인 부담으로 물건의 송부비용을 지불하기로 하였다면 그 송부비용은 매수인에게 상환하여야 한다.

(2) 채권자주의 성립요건

① **채권자의 책임 있는 사유로 이행불능이 되어야 함**

이행불능이 전부불능이든 또는 일부불능이든 "채권자에게만 책임이 있는 사유로 이행불능이 된 때"에는 채권자주의가 적용되어 채무자는 반대급부를 청구할 수 있다(제538조 제1항 전단). 채무자의 이행불능이 쌍방의 책임 있는 사유로 발생한 경우에는 채무자의 책임이 있는 경우에 해당하므로 채무불이행책임을 물을 수 있고, 이에 따른 손해배상에서 채권자의 귀책사유를 그 책임의 유무와 범위를 정함에 있어서 참작해야 한다.

◎ 변호사가 위임사무 처리를 수행할 수 있었음에도 불구하고 위임인이 임의로 화해를 하여 위임사무처리를 불가능하게 하였거나 또는 사건의 성공을 조건으로 하여 보수금을 정하였는데 위임인이 고의로 이 조건의 성취를 방해하였을 때에 변호사는 보수청구권을 잃지 않는다.

판례

사용자의 부당한 해고처분이 무효이거나 취소된 때에는 그동안 피해고자의 근로자로서의 지위는 계속되고 있었던 것이 되고 근로자가 그간 근로 제공을 하지 못한 것은 사용자의 귀책사유로 인한 것이다. 따라서 근로자는 민법 제538조 제1항에 의하여 계속 근로하였을 경우에 받을 수 있는 임금 전부의 지급을 청구할 수 있다(대판 1981.12. 22., 81다626).

영상물 제작공급계약상 수급인의 채무가 도급인과 협력하여 그 지시감독을 받으면서 영상물을 제작하여야 하므로 도급인의 협력 없이는 완전한 이행이 불가능한 채무이고, 한편 그 계약의 성질상 수급인이 일정한 기간 내에 채무를 이행하지 아니하면 계약의 목적을 달성할 수 없는 정기행위인 사안에서, 도급인의 영상물제작에 대한 협력의 거부로 수급인이 독자적으로 성의껏 제작하여 납품한 영상물이 도급인의 의도에 부합되지 아니하게 됨으로써 결과적으로 도급인의 의도에 부합하는 영상물을 기한 내에 제작하여 납품하여야 할 수급인의 채무가 이행불능케 된 경우, 이는 계약상의 협력의무의 이행을 거부한 도급인의 귀책사유로 인한 것이므로 수급인은 약정대금 전부의 지급을 청구할 수 있다(대판 1996.7.9., 96다14364, 14371).

---

② **채권자의 책임 있는 사유** : 채권자는 원칙적으로 채무자가 하는 이행에 관하여 직접 법률상의 의무를 부담하지 않으므로 이를 의무위반으로 이해할 수는 없다. 채권자의 어떤 행위나 부작위가 채무자의 이행의 실현을 방해하고 그 작위나 부작위는 채권자가 이를 피할 수 있었다는 점에서 신의칙상 비난받을 수 있는 경우를 가리킨다.

＋ 더 알아보기

범 위

채권자는 채무자의 변제행위에 직접적 영향을 줄 수 없으므로 '채무불이행에 대한 귀책사유'를 채무자의 경우와 동일하게 판단할 수는 없다. 결국, 채권자의 경우에 그 책임사유의 범위는 비교적 넓게 해석될 수밖에 없다(통설). 따라서 채권자의 귀책사유는 반드시 법적 의무를 위반하는 경우에 한정하지 않는다.

◎ 목적물 보관의무를 부담하지 않는 채권자가 자신의 잘못으로 계약목적물을 다루다가 이를 파손하는 경우

◎ 채권자가 회피할 수 있었던 장애사유를 그의 잘못으로 막지 못한 경우에도 '채권자의 귀책사유'가 존재

---

③ 채권자의 수령지체 중의 이행불능 : 쌍방에게 이행불능의 책임이 없는 경우

    ㉠ 채권자의 수령지체 중 당사자 **쌍방에 책임 없는 사유로 이행할 수 없게 된 때**에도 채권자주의가 적용되고 채무자는 반대급부를 청구할 수 있다(제538조 제1항 후단). 채권자의 수령지체가 없었더라면 그 후의 채무자의 이행불능은 발생하지 않았을 것이며 채권자의 지체로 불능이 생겼으므로 이를 채권자에게 책임 있는 사유에 의한 불능으로 볼 수 있기 때문이다.

    ㉡ 채권자 지체 중에 **채무자는 "고의 또는 중과실"에 대해서만 책임**이 있다. 따라서 채무자의 경과실에 의해 이행불능이 발생한 경우에도 채권자는 반대급부를 이행해야 한다.

    ㉢ 이 경우에 채무자가 그의 채무를 면함으로써 이익을 얻은 때에는 이를 채권자에게 상환하여야 한다(제538조 제2항). 그 이익은 부당이득이 되기 때문이다.

판례

위험부담의 채권자주의 요건을 갖추지 못한 사례
조합 정관에서 조합 동의 없이 조합원 개인의 분양권 이전을 금지하고 있다는 것을 쌍방이 잘 알고 있던 상황에서, 원고참가승계인이 조합원인 피고로부터 생활대책용지 분양권을 매수하고 대금을 지급하였다가 조합이 위 대책용지를 제3자에게 양도하는 바람에 위 매매계약이 이행불능이 된 경우에, 이 사유가 쌍방 귀책사유 없는 이행불능이면서도, 위험부담이 채권자(원고승계참가인)에게 이전되었다고 볼 근거가 없어 채무자부담주의를 채택한 민법 제537조에 따라 채무자(피고)가 부당이득을 반환해야 한다(대판 2021.5.27., 2017다254228).

---

④ 상법상의 특칙 : 운송품의 전부 또는 일부가 그 성질 또는 하자로 인하여 멸실한 경우에도, 운송인은 운임의 전액을 청구할 수 있다(상법 제134조 제2항).

(3) 채권자주의의 효과

① 채권자는 반대급부의무를 이행할 책임을 부담하므로, 다른 한편 채무자가 채무이행불능으로 인해 이익을 얻게 되는 경우가 있다.

    예 채무를 면함으로써 지출하지 않아도 될 비용(운임, 재료비 등)

② 만약 채무자가 이런 이익을 그대로 보유하면서 상대방에 대한 반대급부청구권도 함께 보유한다면 이것은 부당이득에 해당한다. 따라서 제538조 제2항은 채무자가 그 이득을 채권자에게 반환하여야 한다고 정하고 있다.

③ 이 반환 청구권은 채무자의 반대급부청구권과 대가관계에 있지 않으므로, 양자 사이에 동시이행 관계는 성립되지 않는다. 또한 채권자가 자신이 이행할 반대급부로부터 이를 공제하여 나머지만을 이행할 수도 없다. 단, 상계 요건을 갖춘 경우에는 쌍방 모두 상계할 수 있다.

④ 위험부담 법리의 확장 적용(노무공급계약에 관한 판례)
대법원은 무효인 해고 기간 동안 노무제공을 할 수 없었던 근로자가 사용자로부터 해당 기간에 상응하는 보수지급청구권을 가지는 근거를 민법 제538조 제1항에서 찾고 있다. 근로자가 해고 기간 동안에 다른 직장에 취업하여 얻은 수입, 즉 중간수입이 있으면 이를 소급임금에서 공제할 수 있는가 하는 문제가 다투어지고 있다. 대법원은 그 근거를 민법 제538조 제2항과 근로기준법 제46조의 휴업수당 규정에서 찾고 있다.

따라서 해고가 무효로 되어 근로자가 해고기간 중의 임금청구를 할 수 있는 경우에도 판례와 다수설은 근로자가 그 부당해고 기간 중에 다른 곳에서 일을 하여 얻은 수입이 있을 때에는 이를 민법 제538조 제2항에 의해 상환할 의무가 있다고 한다. 다만 근로기준법 제46조와 관련해서 제한적으로 근로자의 중간수입공제를 인정하고 있을 뿐이다.

➕ 더 알아보기

평 가
민법 제538조와 근로기준법 제46조의 휴업수당청구권과는 제도상의 취지가 다르기 때문에 같이 취급될 수 없다고 생각되므로 근로자의 중간수입공제는 부정되는 것이 타당하다.

2. 위험의 이전(전가)

(1) 의 의

① 채무자위험부담주의는 매매물건이 매수인에게 인도되기 전까지는 매도인이 물건을 사실상 지배한다는 점에서 당연한 규정이다. 따라서 매매에서 위험부담은 원칙적으로 매매목적물이 매도인과 매수인 어느 쪽의 지배영역에서 멸실 내지 손상되었는가를 기준으로 결정하면 되고, 물건이 매수인의 지배영역으로 들어갔을 경우에는 그에게 위험이 이전한다고 본다.

② 계약 체결 시점에서부터 계약 내용의 이행기까지 쌍방의 귀책사유(고의 또는 과실)가 없는 경우 채무자가 위험부담을 진다는 것이 원칙이다. 그렇다면 이행기 이후에는 쌍방의 귀책사유 없이 물건·권리 등에 손해가 발생한 경우에는 채권자가 위험부담을 지게 된다.

③ 위험의 이전과 하자담보책임의 차이점

   ㉠ 위험의 이전 : 계약 시점을 도과하고 발생한 하자로 인한 손해에 대해 책임을 부담한다.

   ㉡ 하자담보책임 : 계약 시점(계약 시부터 이행기까지)에 채무이행에 하자가 있었음을 매수인이 입증해야 한다.

(2) 매매목적물이 동산인 경우

인도함으로써 위험이 채권자에게 이전된다.

① 동산 인도 시 반드시 소유권 이전을 수반해야 하는 것은 아니다.

   예 소유권 유보부 매매에서 동산을 인도할 때 매수인에게 위험이 이전된다.

② 현실 인도 및 그 밖의 인도(점유개정, 간이인도, 반환청구권의 양도 등) : 매도인이 채무내용에 좇아 인도한 이상 위험이전은 성립한다.

③ 화물상환증, 창고증권의 교부는 운송물 또는 임치물의 인도와 동일한 효력을 가지므로 그 증권이 매수인에게 교부될 때 위험이전이 성립한다.

④ 송부채무는 위험 이전에 도달주의 원칙을 적용하지 않는다. 즉, 매도인이 목적물을 운송업자 등 운송 실행자에게 인도한 때 위험이전이 된다.

지참채무, 추심채무, 송부채무
- 지참채무 : 급부 목적물을 채무자가 채권자 주소에 지참하여 이행하여야 하는 채무
- 추심채무 : 채권자가 채무자의 주소에 와서 목적물을 추심하여 이행을 받는 채무
- 송부채무 : 채권자 및 채무자 주소 이외의 제3의 장소에 목적물을 송달하여 이행하는 채무
  - 결정 방법 : 우선 당사자의 합의로 결정한다.
  - 민법 : 특정물의 인도는 채권 성립 당시에 그 물건이 있던 장소에서 하여야 한다.
  - 특정물인도 이외의 채무변제는 채권자의 현주소에서 하여야 한다(지참채무).

⑤ **불특정물매매** : 그 목적물이 특정되어야 비로소 위험부담이 문제되고 그 특정 이전에는 채무자가 준비한 물건이 채무자의 책임 없이 멸실되어도 그 채무는 소멸하지 않는다. 채무자는 멸실한 물건 대신 새로운 물건을 조달해서 제공할 의무를 부담하며, 상대방의 반대급부의무도 영향을 받지 않는다.

(3) 매매목적물이 부동산인 경우 : 등기를 이전한 경우뿐만 아니라, 점유를 이전한 경우에도 위험이 매수인에게 이전한다(다수설).

(4) 채권자의 수령지체의 경우 : "이행의 제공 시" 위험이 채권자에게 이전한다.

만약 채권자가 이행된 것을 수령하면 채무 자체가 소멸하므로 위험부담 문제는 생기지 않는다.

사례분석

철수는 자신의 자동차를 1천만 원에 영희에게 팔기로 매매계약하였는데, 이행기를 10일 앞두고 트럭 운전사 만수가 도로에서 주행 중이던 철수의 자동차를 과실로 추돌하여 이 자동차가 모두 파손·멸실되었다. 이행기가 되자, 철수는 대금 1천만 원의 지급을 영희에게 청구하였으나 영희는 철수의 급부의무가 소멸되었으므로 자신도 이행할 필요가 없음을 이유로 거절하였다.
(1) 영희의 채무이행 거절은 타당한가?
(2) 만약, 영희가 트럭 운전사 만수에 대한 철수의 손해배상청구권을 그의 의사에 따라 양도받았음에도 불구하고 동일한 이유로써 대금 지급을 거절하였다면, 이는 정당한가?
(3) 만약, 영희가 이행기보다 20일 전(만수 트럭과 추돌사고 발생 전) 위 자동차를 시범 운전하다가 그의 부주의로 도로변 상점 건물에 추돌하면서 자동차의 앞부분이 전파되었을 경우에 며칠 뒤 철수로부터 훼손된 중고자동차를 현상대로 인도받은 영희는 대금 전액을 요구하는 철수의 청구를 거절하였다면 이는 타당한가?

(1) 특정물매매에서 선관주의의무와 위험부담 문제
    이 사안의 자동차 매매는 특정물매매이며, 영희의 채권은 '특정물채권'이다. 특정물매매에서 채무자는 특정물을 상대방에게 실제로 인도할 때까지 선관주의의무를 다해야 하며, '이행기의 현상대로' 특정물을 인도하면 적법한 변제제공이 된다. 따라서 채무자(= 매도인) 철수는 계약성립 시부터 이행을 제공할 때까지 '선량한 관리자의 주의'를 다한 후 이행기에 그대로 이행하여야 한다. 이 규정은 임의규정이므로 특약으로 적용배제할 수 있다. 따라서 특정물채권의 성립 당시에 존재하던 목적물의 현상과 인도할 때의 현상 사이에 불일치가 존재하더라도 채무자가 선량한 관리자의 주의의무를 다했음을 입증하는 데 성공하는 한 그의 채무불이행을 따질 수 없다. 이런 논리 연결을 '특정물도그마'라고 부른다. 선관주의의무를 다했다는 사실은 채무자가 입증해야 한다.

채무자가 선관주의의무를 위반하여 목적물을 멸실하게 하였다면 손해배상의무를 부담하지만, 선관주의의무를 다하였음에도 불구하고 목적물이 멸실 또는 훼손된 경우에 채무자의 목적물 급부 의무는 소멸되며, 결과적으로 채무자의 채권자에 대한 대금지급 청구권이 소멸한다. 물론 이에 상응하여 채무자에 대한 채권자의 목적물 인도 청구권(채권)도 상실된다. 이를 위험부담의 채무자주의라고 부른다.

그렇다면 언제까지 채무자가 반대급부의 위험을 부담하는가? 특정물의 소유권이 종국적으로 이전되기 전까지 채무자가 반대급부의 위험을 부담한다는 견해가 있는 반면에, 채권자의 수령지체나 동산의 인도 혹은 부동산의 이전등기가 이루어진 경우에는 아직 소유권이 종국적으로 이전하지 않았더라도 채무자는 반대급부의 위험을 면할 수 있다는 견해가 있다.

사례에서 위험부담의 법리가 적용되기 위해서는 아래의 요건들이 충족되어야 한다.
① 쌍무계약이어야 함 : 철수와 만수가 체결한 중고자동차의 매매는 양 채무가 대가적 견련관계에 있기 때문에 전형적인 쌍무·유상계약에 해당한다.
② 일방의 채무가 후발적으로 불능에 빠져야 함 : 만수의 트럭에 의해 철수의 중고자동차가 전파되었다면 이는 특정물이 멸실되었음을 말하는 것이므로 특정물인도를 급부의 내용으로 하는 철수의 채무는 후발적으로 불능의 상태에 빠졌다.
③ '후발적 불능'이 양 당사자의 책임 없는 사유로 발생하여야 함 : 이를 위해 후발적 불능에 채무자 철수의 귀책사유가 없어야 하는데, 그 존부는 결국 특정물채무에서 목적물에 대한 선관주의의무를 그 이행 시까지 다했는지에 달려 있다. 철수가 '선량한 관리자의 주의의무'를 다했음을 입증하는 데 성공하는 한 중고자동차의 전파로 인한 급부의무의 불능과 관련한 철수의 귀책사유는 존재하지 않는다.

결국, 중고자동차가 멸실됨으로써 철수가 급부의무를 이행할 수 없게 된 데에 그의 귀책 사유가 부정되기 때문에 중고자동차의 소유권을 이전할 철수의 급부의무에 관한 위험은 영희가 부담한다. 반면에 대금채무의 위험은 채무자인 철수가 부담하게 된다. 따라서 영희의 이행거절은 타당하다.

(2) 위험부담과 대상청구권
철수 소유의 중고자동차가 만수의 불법행위로 인해 멸실되고, 그 결과 철수의 소유권이 상실됨으로써 발생한 철수의 손해배상청구권은 '급부에 갈음하는 이익'으로서 대상(代償)이 된다. 그리고 영희는 대상인 만수에 대한 손해배상청구권의 양도를 철수에게 청구하였다. 따라서 영희는 철수의 대금청구에 대해 적법하게 거절하든지 대상청구권을 주장함으로써 만수에 대해 손해배상을 청구할 수 있다.

그러나 영희가 대상청구권을 행사하려면 철수에게 반대급부의무를 이행하여야 한다. 그렇게 되면 영희로서는 대상물의 취득을 위해 자신의 대금채무를 이행하면서 대상청구권을 행사하거나, 민법 제537조상 '위험부담의 법리'를 원용하여 자신의 반대급부의무가 소멸되었음을 주장할 수 있다. 그런데 영희는 대상청구권을 행사하여 스스로 대상물의 취득을 희망하였음에도 불구하고 '위험부담의 법리'에 따른 대금채무의 소멸을 여전히 주장하는 모순을 보이고 있다. 따라서 대금채무의 이행을 청구하는 철수의 주장에 대한 영희의 거절은 인용될 수 없다. 영희가 대상을 요구할 권리를 주장하는 한 중고자전거의 매매관계는 해소되지 않고 다시 대금채무와의 사이에서 견련관계가 발생하기 때문이다.

(3) 채권자의 귀책사유와 급부의무의 불능(위험부담의 채권자주의)
영희의 시범운전 행위는 철수의 호의로써 이루어졌지만 추돌사고는 계약 목적을 달성하려는 계약관계에 반하는 채권자의 행태에 해당하므로, '채권자의 귀책사유'에 의해 급부의무의 완전이행이 불가능하게 되었다.
그러나 통설의 '특정물도그마'에 따를 때, 목적물 훼손에도 불구하고 특정물 자체의 인도가 가능하기 때문에 철수로서는 이행기에 이르러 훼손된 현상 그대로 인도하면 적법한 변제의 제공이 된다. 따라서 철수의 변제제공에 대해 영희는 목적물을 수령해야 한다. 그러므로 그로 인한 급부 위험, 즉 목적물 훼손으로 인한 일부불능에 빠진 급부에 대한 위험은 채무자 철수의 귀책사유가 아니기 때문에 영희가 부담해야 한다. 다만, 철수는 일부불능에 빠진 급부를 제공하였음에도 불구하고 반대급부의 청구권을 상실하지 않으므로, 영희에 대해 대금의 전액을 지급하라고 청구할 수 있다. 따라서 이러한 철수의 청구에 대한 영희의 거절은 인용될 수 없다.

구 분	계약체결상 과실책임	위험부담	담보책임	채무불이행책임	불법행위책임
발생 원인	원시적, 객관적 전부 불능	후발적 불능	권리, 물건의 하자	채무불이행	불법행위
귀책 사유	• 매도인 악의, 과실 + 매수인 선의· 무과실 • 계약 전 일부불능(일 부멸실), 원시적· 주관적 불능은 매도 인이 담보책임 부담	채권자와 채무자 그 누구의 귀책사유 없 어야 함	• 매도인의 무과실 책임 • 선의 매도인은 타 인권리 매매에서 해제권 인정 • 채권자의 선·악의 는 담보책임에 영 향 미침	• 채무자의 고의, 과실 • 채권자(매수인)의 과실은 과실상계 사유임	가해자의 고의, 과실
구제수단	매수인 : 해제권, 손 해배상청구권	채무자 위험부담주 의 : 채무자(매도인) 가 자신 급부의무 면 하고 반대급부청구 권을 상실	매수인 : 계약해제권, 손해배상청구권(선 의만 O), 대금감액 청구권, 완전물급부 청구권	매수인 선약 불문, 해제 + 손해배상청 구 가능	손해배상 청구
손해배상 청구권	발생함	발생 안 함	채권자 선의만 발생함	발생함	발생함
손해배상 범위	신뢰이익 < 이행이익 초과 X	없 음	이행이익 제척기간 : 6개월	원칙 : 통상손해 단, 특별손해 – 예견 가능성	원칙 : 통상손해 단, 특별손해 – 예견 가능성
과실상계	인정함	채권자 수령지체, 고 의과실이면 채권자 가 위험부담	–	인정함	인정함. 배상액 경감 청구제도 있음
계약 해제, 해지 요건	계약 불성립	계약 종료	계약목적 달성 불가 능한 경우만 해제 가 능, 최고 불필요	채무자 귀책사유 필 요, 이행지체는 최고 필요	계약 당사자의 불법 행위는 해제·해지 사유임
발생 영역	계 약	계 약	계약 전·후	계 약	모든 영역
발생 시점	계약 체결 전	계약 체결 후	계약 체결 후	계약 체결 후	언제나

1. 계약에서 손해배상청구권의 발생

(1) 계약체결상 과실책임

① 계약의 이행이 원시적·객관적으로 전부 불능인 경우에 매도인에게 고의·과실의 귀책사유가 없음
에도 매수인이 계약 성립을 기대한 신뢰이익의 손해를 배상해야 한다. 이 경우 매수인은 선의·무
과실이어야 한다.

② 계약이 성립하지 않았으므로 신뢰이익만을 손해배상하며, 만약 계약이 성립되었다면 이행이익을 배
상해야 한다. 단, 신뢰이익이 이행이익보다 더 큰 경우에도 이행이익을 초과하여 배상할 수 없다.

③ 계약 교섭(준비) 단계에서 일방이 상대방의 신뢰를 저버리고 계약 체결을 거부하여 손해를 입힌 경우에는 불법행위에 해당하여 계약 체결을 신뢰하여 지출한 비용 대부분을 배상받을 수 있다.

(2) 위험부담

① 계약이행 의무자의 귀책사유(고의 또는 과실)가 있는 경우 의무자는 상대방에 대해 계약상 채무불이행에 대한 손해배상책임은 부담한다.

② 그런데 당사자의 귀책사유 없이 계약상 의무를 이행할 수 없게 된 경우라면 이행의무자에게 손해배상책임을 지울 수 없다. 그렇다면, 이때 발생하는 손실을 당사자 사이에 누구에게, 어떻게 배분할 것인가에 관한 문제를 "위험부담"이라고 한다.

③ 위험부담에서는 원칙적으로 계약 당사자 누구에게도 손해배상 청구권이 발생하지 않는다. 채권자와 채무자 그 누구의 귀책사유 없이 채무이행의 후발적 불능이 발생하였기 때문이다.

   예 주택 매매계약 체결 후 주택이 매도인의 귀책사유 없이 화재로 멸실된 경우, 매도인은 귀책사유 없이 목적물을 인도할 수 없게 되었으므로 손해배상 책임이 없지만, 매수인으로부터 매매대금을 받을 수도 없으므로, 결국 최종적으로 경제적 손실을 매도인이 부담하게 된다.

④ 위험부담에 관한 민법규정들은 임의규정으로 본다. 따라서 계약 당사자 간의 합의로 계약에서 달리 정할 수 있다.

(3) 하자담보책임

① 매매 목적물에 하자가 있고 매수인이 선의·무과실인 경우에, 계약목적을 달성할 수 없는 하자일 때에는 계약을 해제할 수 있고, 그런 정도가 아니라면 손해배상청구를 할 수 있다.

   예 건물, 토지 등의 부동산과 같은 특정물의 매매에서 매매대상인 토지에 폐기물이 묻혀있다든지 건물 일부가 다른 사람의 토지로 넘어가 있는 등의 하자가 존재하는 경우

② 매도인에게 하자담보책임을 물어 손해배상을 청구할 수 있는 범위는 신뢰이익의 배상, 즉 문제되는 하자가 없는 상태로 계약을 한 것이라 믿었기 때문에 발생한 손해에 국한된다.

③ 신뢰이익에는 만일 해당 하자 내지 결함에 대해 미리 알게 되었다면 실제 지급한 매매대금을 지급하지 않았을 것인데 하자가 존재하지 않는다고 신뢰하였기 때문에 지급하였던 대금에 대한 손해, 즉 대금감액 손해가 포함된다.

④ 대금감액에 관한 손해

> 판례
>
> 특정물 매매의 하자담보책임의 범위와 매입 토지에 하자
> 손해배상 범위는 하자 있는 토지부분의 매매 당시의 공장부지로서의 대금에서 히자 있는 상대인 지방 및 하친으로서의 시가 상당액을 공제한 금액이라고 봄이 상당하다(대판 1985.11.12., 84다카2344).

(4) 채무불이행과 불법행위

손해배상청구 범위가 같다.

① 계약관계에 있는 두 사람 중 한 사람이 계약의 내용을 이행하지 않아 손해를 입은 경우, 채무불이행으로 인해 입은 손해를 배상할 것을 청구할 수 있다.

② 불법행위란 타인에게 손해를 가하는 위법한 행위를 말하며, 채무불이행이란 채무자가 채무의 내용에 따른 이행을 하지 않음을 의미한다.

③ 채무불이행책임과 불법행위책임은 고의나 과실의 증명책임, 채무자의 연대성, 소멸시효, 상계의 금지 등에서 차이가 있지만, 손해배상의 범위와 과실상계 등에서는 공통된다.

(5) 손해배상청구권이 발생하기 위한 법률적 요건

① 작위 또는 부작위에 의하여 계약상의 의무가 위반되거나 또는 법에 의하여 보호되는 법익이 침해되어야 한다.

② 법익을 침해하는 행위로 인하여 실제적인 손해가 발생해야 한다.

③ 상대방의 행위와 발생한 손해 사이에 인과관계가 존재해야 한다.

2. 채무불이행책임(계약 책임)과 불법행위책임

(1) 성립요건상 차이점

① 계약이 양 당사자의 생각과 의사에 의한 약속이라면, 불법행위의 행위는 약속이 아닌 사고 또는 사건(예 운전자의 고의 또는 과실로 인한 교통사고)이다.

② 사고는 불법행위의 상위 개념으로 불법행위를 포괄하므로 사고는 가해자의 '과실'없이 불법행위가 될 수 없다.

  ㉠ 고의 : 알고서 일부러 행위하는 것(미필적 고의를 포함)

  ㉡ 과실 : 일반적 보통인을 표준으로 하여 요구되는 주의 의무를 결한 것

  ㉢ 일반적 보통인 : 같은 업무와 직무에 종사하는 사람. 과실은 사회와 업무, 직무 수준, 환경 조건 등이 변화하면 그 잣대가 높아지기도 하고 낮아지기도 하는 유동적 개념

판례

[판례 1] 의료계의 의사에 대한 과실의 판단 기준
의료사고에 있어 의료인의 과실은 그와 같은 업무와 직무에 종사하는 사람이라면 누구나 할 수 있는 주의의 정도를 표준으로 하여 과실 유무를 논하여야 하며, 이에는 사고 당시의 일반적인 의학의 수준과 진료환경 및 조건, 의료행위의 특수성 등이 고려되어야 한다(대판 2014.9.4., 2014다9939).

[판례 2] 불법행위에 있어서 고의의 요건으로 위법성의 인식이 포함되는지 여부
불법행위에 있어서 고의는 일정한 결과가 발생하리라는 것을 알면서 감히 이를 행하는 심리상태로서, 객관적으로 위법이라고 평가되는 일정한 결과의 발생이라는 사실의 인식만 있으면 되고 그 외에 그것이 위법한 것으로 평가된다는 것까지 인식하는 것을 필요로 하는 것은 아니다(대판 2002.7.12., 2001다46440).

[판례 3] 위법성과 인과관계 문제
원래 의료행위에 있어서 주의의무 위반으로 인한 불법행위 또는 채무불이행으로 인한 책임이 있다고 하기 위하여는 의료행위상의 주의의무의 위반과 손해의 발생과의 사이의 인과관계의 존재가 전제되어야 하나, 보통인으로서는 도저히 밝혀낼 수 없는 특수성이 있어서 환자 측이 의사의 의료행위상의 주의의무 위반과 손해의 발생과 사이의 인과관계를 의학적으로 완벽하게 입증한다는 것은 극히 어려우므로, 환자가 치료 도중에 사망한 경우에 있어서는, 의료행위를 한 측이 그 결과가 의료상의 과실로 말미암은 것이 아니라 전혀 다른 원인으로 말미암은 것이라는 입증을 하지 아니하는 이상 의료상 과실과 결과 사이의 인과관계를 추정하여 손해배상책임을 지울 수 있도록 입증책임을 완화하는 것이 손해의 공평·타당한 부담을 그 지도원리로 하는 손해배상제도의 이상에 맞는다(대판 2015.3.12., 2012다117492).

③ 채무불이행책임은 주로 계약상 서로 채권·채무 관계에 있는 사람 간 문제이지만, 불법행위책임은 계약관계 유무에 관계없이 모든 사람 사이에서도 일어날 수 있는 법률문제이다.

④ 채무불이행도 채무자에 의한 채권의 침해라는 점에서는 불법행위와 차이가 없으며 채무불이행은 불법행위의 특수한 종류이다. 따라서 채무불이행책임이 생기는 부분에 있어서는 동시에 불법행위책임이 생길 수 있고 이 경우 청구권자는 채무불이행에 의한 손해배상책임과 불법행위에 의한 손해배상책임을 선택하여 물을 수 있다. 이를 청구권경합이라고 한다.

⑤ 불법행위책임과 채무불이행책임에 있어서 소멸시효기간이나 과실의 입증책임 등에 차이가 나지만, 손해배상의 범위, 손해배상의 방법, 과실상계의 적용, 손해배상자의 대위 등에 있어서는 불법행위책임이나 채무불이행책임에 있어 차이가 없다(제763조).

구 분	채무불이행	불법행위
이행보조자 과실	면책가능성 없음	입증하면 면책 가능함(제766조)
배상액 경감 청구	X	고의 중과실이 아닌 경우(제766조)
태아 권리능력	X	O(제762조)
유족 고유 위자료	X	O(제752조)
상계 금지규정	X	O(제496조 - 고의에 기한 불법행위)
시 효	10년	안 날 3년, 한 날 10년
공동 불법행위	개 별	제760조 연대책임
실화책임법	적용 안 함	적용함
공통점	손해배상 범위(제393조), 금전배상 원칙(제394조), 과실상계(제396조), 배상자 대위(제399조), 제763조 준용규정	

(2) 공통점

① 양자 모두 "과실책임"을 원칙으로 한다.

＋ 더 알아보기

매도인의 하자담보책임
"무과실책임"으로서 과실 여부와 무관하게 하자의 존재 자체만으로 책임을 지게 된다.

② 양자 모두 "통상손해"를 배상함이 원칙이고, 통상적인 손해를 벗어난 "특별손해"에 대해서는 "예견가능성"이 있는 때에 한하여만 책임을 물을 수 있다.

③ 양자 모두 "과실상계"가 적용되어 피해자에게 과실이 있는 경우 이를 손해액에 참작하게 되는데, 이때 채무불이행 과실상계 규정이 불법행위책임에서도 준용된다.

④ 양자 모두 금전배상을 원칙으로 하고 "배상자대위"가 적용되므로 채무자가 채권의 목적인 물건이나 권리에 상당하는 금원을 전액 변제한 경우 그 물건이나 권리를 취득하게 된다.

(3) 차이점

채무불이행책임	불법행위책임
• 채무자가 고의나 과실 등 본인의 귀책사유가 없다는 사실을 입증한다.	• 피해자가 가해자의 귀책사유를 입증한다. 소송을 제기하고자 하는 채무자 내지 피해자의 입장에서는 불법행위책임을 묻는 것보다 채무불이행책임을 묻는 것이 더 유리하다.
• 가해자의 고의나 중과실이 결부되지 않은 경우 생계에 중대한 영향을 미칠 가능성이 있을 때 경감규정이 적용되지 않는다.	• 가해자의 고의나 중과실이 결부되지 않은 경우 생계에 중대한 영향을 미칠 가능성이 있을 때 법원에 배상액의 경감을 청구할 수 있다.
• 채무자가 채권자에 대한 채권, 즉 "반대채권" 내지 "자동채권"을 보유하고 있다면 동일 금액에서 상계한다.	• 가해자의 "고의"에 의해 발생한 불법행위책임의 경우 가해자가 반대채권을 보유하고 있더라도 손해배상채권을 수동채권으로 한 상계가 불가능하다.
• 채권자의 배우자, 직계혈족, 형제자매 등 가족에게 고유의 위자료 청구권이 인정되기 어렵다.	• 피해자의 배우자, 부모, 자녀 등에 대한 위자료 청구권이 인정될 수 있다.
• 채무자가 이행지체에 빠진 것을 인식한 날 또는 이행을 최고 받은 다음 날부터 지연손해금이 기산된다.	• 불법행위가 있은 날부터 기산된다.
• 채무를 불이행한 다수에 대해 손해배상청구권이 각기 별개로 존재한다.	• 불법행위에 가담한 다수의 가해자들에게 "공동불법행위"가 성립하므로 "부진정연대책임"이 발생하게 된다.
• 민사채권에 해당할 경우 10년, 상사채권에 해당할 경우 5년의 소멸시효가 적용된다.	• 손해 및 가해자를 안 날로부터 3년 또는 불법행위가 있은 날로부터 10년의 소멸시효가 적용된다.

> **사례분석**
>
> 갑 회사는 사업비를 부풀리는 방법으로 정부 출연금을 횡령한 임직원 을, 병을 공동피고로 불법행위에 기한 손해배상청구소송을 제기하였는데, 1심 재판부는 손해배상 채권의 소멸시효가 완성되었다는 이유로 원고기각판결을 내리게 되었으며, 이에 갑 회사는 항소심에서 을, 병이 근로계약상 요구되는 근로자로서의 의무를 명백히 위반하였음을 근거로 청구원인을 "채무불이행"으로 변경하였다. 결국 원고는 청구원인을 변경함으로써 항소심에서 승소판결을 받을 수 있었다.

(4) 두 책임의 동시 발생문제

> **사례분석**
>
> 택시 운행 중 운전기사의 과실로 인해 승객이 상해의 피해를 입게 된 경우
>
> 계약은 서면으로만이 아닌 구두로도 성립이 가능하여 승객이 목적지를 이야기하면서 데려다 달라고 하고 이를 택시기사가 동의하는 순간 운송계약이 성립한다.
>
> 택시기사가 택시 운행 중 사고를 발생시켰을 때 택시기사의 행위에는 운송계약상의 의무를 이행하기 위한 "계약상 행위"의 측면과 일반인으로서 단순히 운전을 한다는 "사실행위"의 측면이 병존한다.

피해를 당한 승객은 택시기사가 운송계약상의 책임을 다하지 못하여 피해가 발생한 부분에 대해 채무불이행을 원인으로 한 손해배상을 청구할 수 있다. 또한 택시기사의 과실로 인해 승객이 상해의 피해를 입게 된 것이므로, 승객 입장에서는 택시기사에게 불법행위를 원인으로 한 손해배상을 청구할 수도 있다.

만약 승객의 상해로 인한 피해금액이 1000만 원이라면 채무불이행책임이나 불법행위책임 중 하나를 물어 위 금원을 받아낼 수 있을 뿐만 아니라, 민사소송법상 "선택적 병합"에 근거하여 양자 모두를 원인으로 동시에 청구하여 받아낼 수도 있다. 채무불이행책임과 불법행위책임 모두를 묻는다고 하더라도 법원에서 피해금액을 두 배로 인정해주는 것은 아니고 하나의 원인에 기한 청구와 마찬가지로 최대 1000만 원이 인정된다.

(5) 채무자의 고의나 과실이 없는 경우(책임면제)

① 민법 제390조 : 채무자가 채무의 내용에 좇은 이행을 하지 아니한 때에는 채권자는 손해배상을 청구할 수 있다. 그러나 채무자의 고의나 과실 없이 이행할 수 없게 된 때에는 그러하지 아니하다.

② 당사자의 책임 없는 사유로 의무를 이행할 수 없게 되는 경우
지진, 화산폭발 등 천재지변과 전쟁, 내란, 테러 등 비상사태 등의 불가항력(Force Majeure)상황을 말한다.

③ 불가항력의 인정 요건
  ㉠ 외부성 : 인간 행위가 개입되거나 개입되지 않은 사건으로, 계약 당사자가 그 원인을 제공하지 않는 것
  ㉡ 예견 불가능성 : 당사자들이 계약 체결 당시 합리적으로 예견할 수 없었던 것
  ㉢ 회피 불가능성 : 당사자들의 통제를 벗어나 결과발생을 방지하지 못하였을 사정

④ 불가항력의 법적 효과 : 불가항력 사유가 계속되는 동안 채무자는 이행지체 책임 또는 이행불능으로 인한 손해배상 책임을 면할 수 있다. 즉, 불가항력의 경우 의무이행이 불능이 된 경우뿐만 아니라 의무이행의 장애가 지속되는 동안에도 채무자의 책임이 면제된다.
  예 정부의 개성공단 폐쇄조치를 불가항력으로 보아 입주기업의 채무불이행책임을 부정하였음

제4절　제3자를 위한 계약 / 제3자 보호효 있는 계약

| I | 제3자를 위한 계약

민법에서 계약은 원칙적으로 2개 당사자 사이의 법률관계를 전제로 한다. 그러나 제3자가 일정한 권리·의무를 갖는 경우가 있는데, 채권양도, 채무인수, 제3자를 위한 계약이 이에 해당한다.

1. 법적 성질

(1) 의 의

① 계약당사자가 아닌 제3자로 하여금 '직접' 계약당사자의 일방에 대하여 급부청구권(채권)을 취득하게 하는 것을 목적으로 하는 계약이다. 계약을 체결하면 통상 당사자 쌍방 간에 권리의무가 발생하지만, 계약의 효력을 계약당사자가 아닌 제3자에게 확장할 필요에 의해 성립한다.

② '직접'의 이중적 의미

　㉠ 수익자인 제3자는 요약자와 낙약자 간 계약체결에 참여하지 않고 채권을 취득한다.

　㉡ 수익자인 제3자는 요약자의 승계인으로서 지위에서 채권을 취득하는 것이 아니라 원시적으로 채권을 취득한다.

　　예 A·B 사이의 계약으로 A가 B에게 자동차 1대를 급부할 채무를 지고, B가 그 대가로서 500만 원을 직접 제3자 C에게 지급할 채무를 부담하는 경우

　　예 A가 보험회사 B와 생명보험 계약을 체결하면서 자신이 사망하게 되면 자신의 아내인 C가 보험금을 탈 수 있도록 보험회사와 약정한 경우

(2) 3자간의 법률관계

① 요약자(채권자) : 제3자에 대한 이행을 약속받은 A

② 낙약자(채무자) : 제3자에게 급부를 행할 의무를 부담하는 B

③ 수익자(제3자) : 직접 급부를 받을 권리를 취득한 제3자인 C

✚ 더 알아보기

• AB 관계 = 보상(기본)관계
• AC 관계 = 대가관계
• BC 관계 = 급부관계

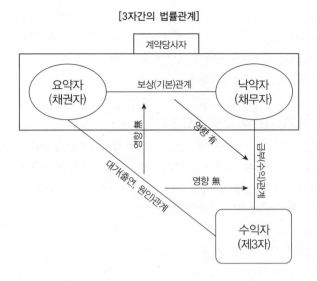

[3자간의 법률관계]

(3) 계약의 당사자

① 제3자를 위한 계약의 당사자는 채권자(요약자)와 채무자(낙약자)이다. 어떠한 경우에도 제3자는 계약의 당사자가 아니다.

② 따라서 비진의표시, 허위표시, 착오, 사기, 강박, 해제의 경우 채권자(요약자)와 채무자(낙약자)를 기준으로 결정해야 하며, 제3자는 이로부터 보호되는 당사자에 해당되지 않는다. 제3자에 의한 사기·강박에서의 제3자에는 이 경우의 제3자(수익자)가 해당된다.

③ 수익자가 낙약자에게 수익의 의사표시를 한 때 권리발생요건이 성립된다. 수익자가 수익의 의사표시를 한 후에는 요약자와 낙약자는 제3자의 권리를 변경 또는 소멸시키지 못한다. 다만, 미리 유보하였거나 제3자의 동의가 있는 경우에는 변경·소멸이 가능하다.

④ 채무자(낙약자)의 채무불이행이 있으면 제3자는 채무자에 대한 손해배상청구권 행사가 가능하다.

(4) 기본관계(보상관계)

① 보상관계 : 채무자(낙약자)가 제3자에게 이행하는 급부에 대하여 채권자(요약자)로부터 반대급부로서 보상받는다는 의미이다.

② 보상관계는 반드시 유상계약일 필요는 없으며, 무상(증여)도 가능하다.

③ 보상관계는 기본행위이며 이 기본행위의 일부인 제3자 약관에 의하여 채무자는 제3자에게 이행(출연)하게 된다.

④ 기본관계의 항변사유로 제3자인 C에게 대항할 수 있다.
　　예 매도인 A와 매수인 B가 부동산매매계약을 체결하고 매매대금은 B가 C에게 주기로 한 경우, A가 부동산등기를 넘겨주지 않은 때 B는 매매대금 지급과 동시이행하겠다는 항변을 하면서 C에게 매매대금을 지급하지 않을 수 있다.

⑤ 낙약자가 수익자에게 급부 제공을 완료한 후에는 요약자와 낙약자 간 계약이 무효 또는 취소되더라도 낙약자는 수익자에게 지급한 급부의 반환을 청구할 수 없다. 낙약자는 요약자에게 부당이득 반환청구 또는 손해배상청구를 해야 한다.

예 A와 B의 부동산매매계약(기본관계)이 무효 또는 취소되는 경우 C는 B에게 매매대금의 지급을 청구할 수 없다. 그러나 이미 B가 C에게 돈을 지급해버린 후에는 AB 사이 계약이 무효 또는 취소되더라도 B는 C에게 지급한 돈의 반환을 청구할 수 없다. B는 A에게 부당이득 반환청구 또는 손해배상청구를 해야 할 것이다.

(5) 대가관계(채권자와 제3자간의 관계, 원인관계)

① 채권자(요약자)가 채무자(낙약자)에게 급부청구권을 행사하지 않고 제3자가 채무자에게 직접 청구권을 행사할 수 있는 이유는 채권자와 제3자간에 일정한 원인이 있기 때문이다. 따라서 이러한 원인관계가 존재하지 않으면 제3자의 권리취득은 채권자에 대한 관계에서 부당이득이 된다. **대가관계는 낙약자의 제3자에 대한 급부제공의 원인이다.**

예 채권자가 제3자에게 증여·유증 등의 방식으로 일방적 출연하는 경우, 제3자의 출연에 대한 반대급부로 채권자가 제3자에게 출연하는 경우 등

② 대가관계에서 통상 요약자가 제3자(수익자)에게 뭔가 줄 것이 있기 때문에 낙약자가 요약자로부터 받아서 제3자에게 주는 것을 단축하여 낙약자가 제3자에게 직접 주도록 하는 경우가 많다. 그러나 이런 요약자와 제3자간 관계는 내부적인 것으로서 외부에 알려질 필요가 없고, 혹시 진정한 대가관계가 없더라도 제3자를 위한 계약의 성립 및 효력에 영향은 없다.

판례

제3자를 위한 계약의 체결 원인이 된 요약자와 제3자(수익자) 사이의 법률관계(대가관계)의 효력은 제3자를 위한 계약 자체는 물론 그에 기한 요약자와 낙약자 사이의 법률관계(기본관계)의 성립이나 효력에 영향을 미치지 아니하므로 낙약자는 요약자와 수익자 사이의 법률관계에 기한 항변으로 수익자에게 대항하지 못하고, 요약자도 대가관계의 부존재나 효력의 상실을 이유로 자신이 기본관계에 기하여 낙약자에게 부담하는 채무의 이행을 거부할 수 없다 (대판 2003.12.11., 2003다49771).

---

(6) 수익관계 : 제3자와 낙약자 사이에는 어떠한 법률관계가 존재하는 것이 아니다. 보상(기본)관계에 의존 낙약자가 요약자에게 급부를 실현하는 것일 뿐이다.

2. 제3자 약관

(1) 의 의

① 제3자 약관 : 제3자로 하여금 직접적으로 채권을 취득하게 하는 요약자와 낙약자 간의 계약 내용 (기본관계 계약에 이런 내용이 포함되어 있음)

② 요약자와 낙약자 사이의 계약이 무효 또는 취소되면 제3자는 권리를 취득할 수 없다. 그러나 요약자와 제3자 간 대가관계는 기본관계의 계약 성립에 아무런 영향을 주지 못한다.

③ 제3자 범위 : 자연인, 법인, 제3자는 현존하지 않아도 가능하므로 태아, 설립중인 법인도 가능하다.

(2) 제3자를 위한 계약에 해당하는 사례(판례)

① 제3자에게 반환할 것을 내용으로 하는 소비대차계약 또는 임치계약, 제3자에게 일정한 급부를 할 것을 약정하는 부담부 증여, 보험계약자 A와 보험회사 B가 보험계약을 체결하고 수익자를 C로 지정하는 보험계약이다.

② 부동산 매도인 A와 매수인 B가 매매계약을 체결하면서 A가 B에게 매매대금을 자신이 아닌 C에게 주라고 요청하는 경우에 해당한다.

③ 주택분양보증의 법적 성질도 제3자를 위한 계약에 해당한다.

> **판례**
>
> 주택분양보증은 구 주택건설촉진법(2003년 주택법으로 전문 개정) 제33조의 사업계획승인을 얻은 자가 분양계약 상의 주택공급의무를 이행할 수 없게 되는 경우 주택사업공제조합이 수분양자가 이미 납부한 계약금 및 중도금의 환급 또는 주택의 분양에 대하여 이행책임을 부담하기로 하는 조건부 제3자를 위한 계약인데, 제3자 지위에 있는 수분양자는 수익의 의사표시에 의하여 권리를 취득함과 동시에 의무를 부담할 수 있고, 제3자를 위한 계약의 수익의 의사표시는 명시적으로뿐만 아니라 묵시적으로도 할 수 있다(대판 2006.5.25., 2003다45267).
>
> 용역경비계약의 약관 규정상 경비회사의 용역경비의무의 불이행으로 인한 손해배상청구에 있어서 위 약관상의 사용 자는 계약당사자 외의 다른 제3자를 의미하고, 따라서 위 계약은 최소한 그 범위 내에서 제3자를 위한 계약으로서, 여기서 제3자라 함은 경비대상물인 건물을 일상적으로 사용하는 건물 소유자 및 그의 처를 포함한 동거가족을 말한 다고 봄이 상당하고, 위 건물에 일시 방문한 자들은 위 제3자의 범위에 속하지 아니한다(대판 1993.8.27., 92다 23339).

④ 계약 당사자가 제3자(수익자)에 대하여 가진 채권에 관하여 그 채무를 면제하는 계약도 제3자를 위한 계약에 준하는 것으로 유효하다.

⑤ 제3자에게 권리뿐 아니라 부수적인 의무를 부담하게 하는 것도 가능하다. 운송계약, 생명보험계약, 공탁계약, 신탁계약에서 제3자를 위한 계약이 많이 이루어진다.

⑥ 병존적 채무인수 : 제3자를 위한 계약이다.

(3) 채무인수와 제3자를 위한 계약

① **면책적 채무인수** : 기존의 채무자는 채무관계에서 벗어나고, 채무가 동일성을 유지하면서 제3자인 인수인에게 옮겨가는 것으로 제3자를 위한 계약이 아니다. 채권자의 승낙이 필요하며 채권자가 채무 인수를 승낙하지 않은 경우에는 면책적 채무인수의 효력은 없지만, 이행인수로서의 효력은 가진다.

② **병존적(중첩적) 채무인수** : 기존의 채무자가 채무관계에서 벗어나지 않고, 새로운 채무자가 추가되 는 것이다. 채권자의 승낙이 필요하지 않다. 제3자를 위한 계약의 하나이다.

③ **이행인수** : 채무자와 인수인 사이의 계약으로, 채무자가 지는 채무를 인수인이 이행할 것을 채무자 에게 약정하는 계약이다. 제3자를 위한 계약이 아니다.

> **판례**
>
> 부동산매매에서 매수인이 매매목적물과 관련된 부담을 인수하고 매매대금에서 공제한 경우는 이행인수이며, 제3자 를 위한 계약이 아니다(대판 2013.9.12., 2012다20703).

④ 계약인수 : 계약 당사자 일방이 계약관계로부터 탈퇴하고 대신 제3자가 계약관계의 당사자로 들어서는 것이다. 채무인수는 특정 채무만을 인수할 뿐이지만 계약인수는 계약당사자가 된다.

사례분석

병존적 채무인수와 이행인수의 제3자를 위한 계약과 관계
매도인 갑이 매수인 을 사이에 아파트를 매매하면서, 매매대금 1억 원을 을이 갑에게 지급하는 대신, 을과 제3자인 병 사이에 약정을 체결하여 병이 갑에게 매매대금을 직접 지급하기로 계약한 경우

이때 매도인 갑이 이러한 계약에 대하여 수익의 의사표시를 하게 된다면, 갑은 을뿐만 아니라, 병에게도 직접 매매대금을 청구할 권리를 취득한다. 이러한 경우 병존적 채무인수가 되며, 제3자를 위한 계약이 된다.
그러나 매수인과 제3자 간에 채무인수 계약을 하면서, 두 당사자 내부관계에서만 제3자 병이 매수인 을의 채무를 인수하여 소멸시키는 계약을 체결할 수 있다. 이런 경우에는 매도인은 제3자에게 직접 대금지급을 청구할 권리를 취득하지 않는다. 이러한 경우는 이행인수가 된다.
제3자를 위한 계약인 병존적 채무인수와 이행인수의 판별 기준은 계약 당사자에게 제3자 또는 채권자가 계약 당사자 일방 또는 인수인에 대하여 직접 채권을 취득케 할 의사가 있는지 여부에 달려 있다. 결국, 계약에 관한 당사자 간 의사표시의 해석문제이다.

---

(4) 부진정한 제3자를 위한 계약

① 제3자(C)에게 채권을 발생시키는 일이 없이, 다만 제3자(C)에 대하여 급부할 것을 당사자의 일방(A)이 상대방(B)에게 청구할 수 있는 채권의 발생을 목적으로 하는 계약은 제3자를 위한 계약에 포함하지 않으며 이를 **부진정한 제3자를 위한 계약**이라 부른다.

　⟮예⟯ 갑이 친구인 병의 음식점 개업을 축하하기 위해 꽃가게 주인 을에게 축하화환을 제작하여 을에게 배달하도록 매매계약을 체결한 경우, 제3자 을은 계약상의 권리를 취득하지 않고 이익만을 취득한다.

② **구별 기준** : 제3자가 급부청구권을 취득하느냐의 여부는 의사해석에 의하여 결정한다.

③ 진정한 제3자를 위한 계약·부진정한 제3자를 위한 계약의 구분 필요성

　㉠ 진정한 제3자를 위한 계약 : 제3자는 직접적으로 낙약자에 대해 급부청구권을 취득하고 행사할 수 있다.

　㉡ 부진정한 제3자를 위한 계약 : 제3자는 직접적으로 낙약자에 대해 급부청구권을 취득하지 못하고, 요약자가 급부청구권을 취득하고 행사할 수 있다.

판례

건축주와 부동산신탁회사가 상가건물의 건축·분양에 관하여 체결한 부동산처분신탁계약 및 자금관리대리사무계약에서 '건설비 등을 건축주의 요청에 의하여 부동산신탁회사가 당사자에게 직접 지급함을 원칙으로 한다'라는 취지로 약정하였더라도, 도급계약의 당사자도 아닌 부동산신탁회사가 위 상가건물의 건축공사의 수급인에 대한 공사대금지급채무를 인수할 뚜렷한 이유가 없는 점 등에 비추어, 위 상가건물의 건축공사의 수급인은 위 약정에 근거하여 부동산신탁회사에 직접 공사대금지급청구를 할 수 없다(대판 2006.9.14., 2004다18804).

(5) 제3자를 위한 계약이 유효한 법적 근거

① 통설 : 계약당사자의 의사에 의하여 제3자를 위한 계약도 효력이 생긴다. 즉, 계약당사자가 특별한 경제·사회적 이유로 계약에서 생기는 효과를 제3자에게 귀속시키려고 할 때에 그 의사표시에 효과를 인정하는 것이 사적 자치 내지 계약내용에 비추어 타당하다.

② 단, 제3자는 그의 의사에 의하지 않고서 이익을 얻게 되나 이는 제3자에게는 귀속하는 법률효과를 절대적인 것으로 하느냐 하지 않느냐의 문제이며 계약 성립 자체에 관한 문제는 아니다.

3. 제3자를 위한 계약의 성립 요건

(1) 제3자 수익약정

① 채권자와 채무자 간 유효한 계약이 성립하여야 한다.

② 제3자에게 직접 권리를 취득하게 하려는 의사표시(제3자 약관)가 있어야 한다. 제3자 약관은 제3자를 위한 계약의 본질적인 내용이다.

(2) 계약 당사자

① 제3자를 위한 계약의 당사자는 채권자와 채무자이며 제3자는 포함되지 않는다.

② **요약자와 제3자 간의 대가관계는 제3자를 위한 계약의 성립요건이 아니다.**

③ 제3자에 의한 사기·강박에서의 제3자에는 이 경우의 제3자(수익자)가 해당된다. 제3자가 채무에게 사기 강박을 한 경우 채권자가 그 사실을 알았거나 알 수 있었을 경우에는 취소사유가 된다(제110조 제2항).

④ 제3자(수익자)는 의사표시(허위표시, 착오, 사기 강박)에서 선의의 제3자 보호를 받지 못한다. 이 경우 제3수익자는 계약으로부터 직접 권리를 취득하기 때문이다. 즉 전득자가 아니다.

(3) 제3자의 현존 특정 여부

① 계약 성립 당시에 수익자가 반드시 현존 특정될 필요는 없다.

② 수익의 의사표시를 할 때 현존 특정되면 족하다.

③ 태아나 설립 중의 법인도 제3수익자가 될 수 있다. 단, 채무가 이행되기 위해서는 제3자가 특정되고 권리능력을 가져야 한다.

(4) 제3자가 취득하는 권리는 채권

① 원칙적으로 제3자의 권리는 채무자에게 급부 이행을 청구할 채권이다.

② 그러나 제3자에게 물권의 취득을 하게 만드는 제3자를 위한 처분행위(물권계약)는 가능하다고 본다(다수설, 판례).

(5) 제3자의 채무 부담 약정의 효력은 무효

① 누구도 자신의 의사에 의하지 않고서는 채무를 부담하지 않아야 하기 때문이다(자기 결정의 원칙).

② 그러나 제3자에게 권리를 주는 동시에 그와 쌍무관계에 있는 반대 급부를 부담하게 하는 계약은 유효하다(대판 1965.11.9., 65다1620).

| Ⅱ | 제3자를 위한 계약의 법적 효과 및 제3자 보호효 있는 계약

1. 제3자를 위한 계약의 법적 효과 기출 17

(1) 제3자의 급부청구권

① 제3자의 채무자에 대한 급부청구권은 채무자(낙약자)에게 계약의 이익을 받을 의사표시를 한 때에 발생한다(제539조 제2항).

② 제2자의 수익의 의사표시는 제3자의 급부청구권의 발생요건이다.

③ 이 규정은 임의규정이다.

④ 이 규정으로 인해 제3자의 의사표시가 있기까지 제3자의 지위는 불안정하게 된다. 즉, 채권자와 채무자 사이에 수익자 약정이 있으면 제3자가 급부청구권을 곧장 취득할 것으로 생각하는 일반 통념과 일치하지 않는다.

　　㉠ 문제점 : 제3자가 수익의 의사표시를 하기 전에 낙약자의 귀책사유로 급부가 불능이 되었거나, 타인에 의한 채권침해의 불법행위가 있더라도 제3자는 손해배상청구할 수 없게 된다.

　　㉡ 다수설 : 다른 법률 규정이 있거나(보험, 운송, 신탁, 우편예금) 거래관행이나 계약 목적·성질에 비추어 계약과 동시에 제3자의 급부청구권이 발생된다고 해석하는 것이 타당한 경우 제539조 제2항을 적용하지 않는다.

> **판례**
>
> 제3자의 권리보호
> 병존적 채무인수(제3자를 위한 계약)가 된다면, 매수인 을이 이미 제3자 병에게 중도금 및 잔금을 지급하였다면, 매도인 갑과 매수인 을이 합의해제를 하여 매수인 을이 계약해제 등을 원인으로 매매대금을 지급받은 제3자 병에게 부당이득반환을 청구할 수 없다(대판 1997.10.24., 97다28698).

(2) 수익의 의사표시

① 수익의 의사표시는 제3자가 채무자(낙약자)에게 하여야 한다(관념의 통지).

② 표시방법은 명시적 묵시적 방법이 모두 가능하다.

(3) 채무자의 제3자에 대한 최고권(제540조)

① 채무자는 상당한 기간을 정하여 계약의 이익의 향수 여부의 확답을 제3자에게 최고할 수 있다.

② 채무자가 그 기간 내에 확답을 받지 못한 때에는 제삼자가 계약의 이익을 받을 것을 거절한 것으로 본다.

(4) 청구권의 확정(제삼자의 권리의 확정)

① 수익의 의사표시에 의하여 제3자에게 급부청구권이 발생한 후(권리가 생긴 후)에는 당사자(요약자와 낙약자)는 이를 변경 또는 소멸시키지 못한다(제541조).

② 예외 : 다음의 경우에는 변경이나 소멸을 허용하며 제3자의 동의를 요하지 않는다(다수설, 판례).

　㉠ 당사자의 약정으로 변경권(수익자 및 급부내용)을 유보한 경우(상법 제733조 보험수익자의 지정 또는 변경의 권리)

　㉡ 계약 당사자(특히 요약자)의 무능력이나 하자 있는 의사표시를 이유로 계약 자체를 취소하는 경우

　㉢ 쌍무계약에서 채무자(낙약자)의 책임 있는 사유로 이행불능 또는 이행지체가 발생하여 채권자(요약자)가 계약을 해제하는 경우

> **판례**
>
> 제3자를 위한 유상 쌍무계약의 경우 요약자는 낙약자의 채무불이행을 이유로 제3자의 동의 없이 계약을 해제할 수 있다(대판 1970.2.24., 69다1410).

③ 제3자를 위한 계약관계에서 낙약자와 요약자 사이의 법률관계(이른바 기본관계)를 이루는 계약이 무효이거나 해제된 경우 그 계약관계의 청산은 계약의 당사자인 낙약자와 요약자 사이에 이루어져야 하므로, 특별한 사정이 없는 한 낙약자가 이미 제3자에게 급부한 것이 있더라도 낙약자는 계약해제 등에 기한 원상회복 또는 부당이득을 원인으로 제3자를 상대로 그 반환을 구할 수 없다.

> **판례**
>
> 매도인 갑과 매수인 을이 토지거래허가구역 내 토지의 지분에 관한 매매계약을 체결하면서 매매대금을 병에게 지급하기로 하는 제3자를 위한 계약을 체결하고 그 후 매수인 을이 그 매매대금을 병에게 지급하였는데, 토지거래허가를 받지 않아 유동적 무효였던 위 매매계약이 확정적으로 무효가 된 사안에서, 그 계약관계의 청산은 요약자인 갑과 낙약자인 을 사이에 이루어져야 하므로 특별한 사정이 없는 한 을은 병에게 매매대금 상당액의 부당이득반환을 구할 수 없다(대판 2010.8.19., 2010다31860, 31877).

(5) 낙약자의 법적 지위 : 낙약자(채무자)의 항변권

① 채무자는 채권자와의 계약에 기한 항변(동시이행항변권, 권리불발생의 항변, 권리소멸의 항변 등)으로 그 계약의 이익을 받을 제3자에게 대항할 수 있다(제542조).

② 항변 : 제3자의 권리를 부인하거나 그 행사를 저지할 수 있는 모든 사실 및 권리를 주장한다. 따라서 채무 존재를 인정하면서 그 이행을 거절할 수 있는 고유한 의미의 항변권에 한정하지 않는다.

(6) 제3자의 손해배상청구권

① 수익자인 제3자는 계약 당사자와 동일하게 다루어진다.

② 채무자의 귀책사유로 채무의 내용에 따른 이행이 없는 경우(이행불능, 이행지체)에는 제3자는 채무자에게 손해배상청구권을 행사할 수 있다.

③ 제3자는 손해배상청구권을 갖지만 계약해제권을 갖지 못한다.

④ 계약 해제로 인한 원상회복 청구권은 채권자가 행사할 수 있으며 제3자는 원상회복 청구권을 행사할 수 없다.

판례

제3자를 위한 계약에 있어서 수익의 의사표시를 한 수익자는 낙약자에게 직접 그 이행을 청구할 수 있을 뿐만 아니라 요약자가 계약을 해제한 경우에는 낙약자에게 자기가 입은 손해의 배상을 청구할 수 있는 것이므로, 수익자가 완성된 목적물의 하자로 인하여 손해를 입었다면 수급인은 그 손해를 배상할 의무가 있다(대판 1994.8.12., 92다41559).

---

(7) 제3자의 기대권(형성권)

① 제3자는 계약이 체결되면 수익의 의사표시를 하기 전까지 장래 급부청구권을 취득할 수 있는 기대권을 갖는다.

② 이 기대권은 형성권이다. 제3자는 수익의 의사표시를 함으로써 급부청구권을 발생시킬 수 있기 때문이다.

③ 제3자의 기대권(형성권)은 재산적 색채가 강하므로 상속·양도는 물론 채권자대위권의 객체가 될 수 있다(다수설).

(8) 시 효

① 제3자가 수익의 의사표시를 할 수 있는 기간은 다른 특약이 없는 한 10년의 제척기간에 걸린다.

② 그러면 제3자가 수익의 의사표시를 한 이후의 급부청구권은 다시 10년의 경과로 소멸시효에 걸리는가? 채권자의 권리도 10년으로 시효 소멸하고 통상 채권이 10년의 소멸시효 기간을 가지므로 제3자의 급부청구권도 계약 성립 시부터 10년의 소멸시효로 소멸한다.

(9) 채권자(요약자)의 권리

① 제3자에게 급부를 청구할 권리 : 채권자는 채무자에게 제3자에 대한 급부이행을 청구할 권리를 가진다. 제3자에 대한 급부이행 청구권은 독점적·배타적 권리가 아니기 때문이다.

② 또한 제3자는 자기에게 급부할 것을 낙약자에게 청구할 급부청구권을 갖는다. 이 2가지 청구권은 연대채권관계가 아니다.

③ 제3자와 요약자는 다수당사자의 채권관계에 있는 것이 아니다.

④ 쌍무계약의 경우 채무자의 제3자에 대한 급부의무와 채권자의 채무자에 대한 반대급부는 동시이행의 관계에 있다.

⑤ 제3자가 확정적으로 수익을 거절한 경우, 채무자는 급부이행을 할 수 없게 된다. 이 경우 채권자(요약자)는 채무자(낙약자)에게 자기에게 급부할 것을 청구할 수 있다. 이 경우 제3자의 이행거절로 인해 채권자 채무자 쌍방의 책임 없는 사유로 채무자의 채무가 급부 불능(제537조)된 것으로 볼 수 없다.

⑥ 제3자가 수익의 의사표시를 한 이후 채무자의 채무불이행에 있는 경우 제3자는 그에 대한 손해배상청구권을 갖는다. 이 경우 채권자도 손해배상을 청구할 수 있다고 본다(다수설).

(10) 제3자를 위한 처분계약의 유효성 여부

① 제3자를 위한 처분계약은 사적 자치의 원칙에 근거하여 그 유효성을 인정할 수 있다.

② 제3자를 위한 처분계약에 의하여 제3자를 위한 물권계약을 하거나, 낙약자로부터 제3자에게 직접 채권을 양도할 수 있다.

③ 제3자를 위한 처분계약이 부동산 물권변동에 있어서 명의신탁 또는 중간생략등기의 탈법적 방법으로 행하여질 경우 : 진실한 제3자를 위한 부동산 물권변동에 관한 합의는 유효하다.

> **판례**
>
> <u>일반거래에서 중간생략등기는 원칙적으로 유효하다.</u>
>
> "부동산등기특별조치법상 조세포탈과 부동산투기 등을 방지하기 위하여 위 법률 제2조 제2항 및 제8조 제1호에서 등기하지 아니하고 제3자에게 전매하는 행위를 일정 목적범위 내에서 형사처벌하도록 되어 있으나 이로써 순차 매도한 당사자 사이의 <u>중간생략등기합의에 관한 사법상 효력까지 무효로 한다는 취지는 아니라고 할 것이다</u>(대판 1993.1.26., 92다39112)."
>
> 토지거래허가구역 내의 중간생략 등기(무효)
> <u>토지거래허가구역 안에서 중간생략등기를 한 경우, 이는 중간자를 매수인으로 하는 토지거래허가를 배제하거나 잠탈하는 내용의 합의</u>에 해당하므로, 최초 매도인과 중간자 사이의 매매계약은 확정적으로 무효이고 따라서 이의 유효를 전제로 하는 중간생략등기의 합의 또한 확정적으로 <u>무효</u>가 된다(대판 1997.11.11., 97다33218).

(11) 제3자에게 부담을 주는 계약의 유효성 여부

① 제3자에게 부담을 주는 계약은 제3자의 자기결정의 원리에 반하므로 원칙적으로 무효이다.

② 그러나 판례에 의하면, 제3자의 동의가 있는 경우, 제3자에게 채권을 발생하게 하면서 동시에 제3자에게 동의 없이 부담을 주는 계약은 유효하다.

> **판례**
>
> <u>제3자를 위한 계약의 당사자가 아닌 수익자는 계약의 해제권이나 해제를 원인으로 한 원상회복청구권이 있다고 볼 수 없다.</u> 대한민국이 서울특별시를 위하여 건설회사와의 사이에 난지도 쓰레기처리장 건설공사계약을 체결한 이상 그 계약의 당사자는 대한민국과 건설회사이고 서울특별시는 위 계약상의 수익자이며,..........서울특별시가 쓰레기처리장 건설공사계약의 당사자가 되는 것은 아니다. 그러므로 서울특별시는 건설회사에게 계약 해제를 원인으로 한 원상회복을 청구할 수 없다(대판 1994.8.12., 92다41559).
>
> 제3자를 위한 계약에 있어서, <u>제3자가 민법 제539조 제2항에 따라 수익의 의사표시를 함으로써 제3자에게 권리가 확정적으로 귀속된 경우에는,</u> 요약자와 낙약자의 합의에 의하여 제3자의 권리를 변경·소멸시킬 수 있음을 미리 유보하였거나, 제3지의 동의가 있는 경우가 아니면 계약의 당사자인 <u>요약사와 낙약사는 제3자의 권리를 변경·소멸시키지 못하고,</u> 만일 계약의 당사자가 제3자의 권리를 임의로 변경·소멸시키는 행위를 한 경우 이는 제3자에 대하여 효력이 없다(대판 2002.1.25., 2001다30285).

2. 제3자 보호효 있는 계약

(1) 의 의

① 일정한 계약에서 계약 당사자가 아닌 제3자가 보호효를 누릴 수 있는 경우의 계약이다.

② 이 경우 제3자는 채무자에게 급부청구권을 갖지는 않지만, 채무자는 채권자 및 제3자에 대한 보호 의무를 부담한다.

(2) 필요성

① 제3자를 위한 계약이 아닌 경우, 계약 당사자가 아닌 제3자는 채무자에게 급부를 청구할 수 없고, 채무불이행을 이유로 손해배상청구권을 갖지 못한다.

② 불법행위는 채무불이행에 비해 과실 입증 면에서 피해자에게 불리하므로 계약당사자가 아니라도 급 부와 밀접한 관련된 피해자에게 채무자의 보호의무위반을 이유로 계약책임을 부과할 필요가 있다.

③ 피해를 입은 제3자가 사용자책임 규정인 제756조 제1항 단서의 면책규정으로 인해 보호받지 못하 게 될 수 있으므로, 제3자를 충분히 보호하기에 일반불법행위 규정만으로는 부족하다.

> **✚ 더 알아보기**
>
> 제756조(사용자의 배상책임) ① 타인을 사용하여 어느 사무에 종사하게 한 자는 피용자가 그 사무집행에 관하여 제삼자에게 가한 손해를 배상할 책임이 있다. 그러나 사용자가 피용자의 선임 및 그 사무감독에 상당한 주의를 한 때 또는 상당한 주의를 하여도 손해가 있을 경우에는 그러하지 아니하다.

④ 채권의 상대적 효력이 불변의 원리라는 관점은 유동적이다. 계약의 복잡화·다양화로 인해 계약의 파급 범위가 확대되고 복잡한 법률관계가 발생하여, 계약 당사자가 계약의 효력이 미치는 경우에 대하여 하나하나 약정할 수는 없으나 채권자처럼 보호를 받아야 하는 경우가 얼마든지 생겨날 수 있다.

　예 식품 제조판매 회사 갑과 공작기계 제작회사 을 간 기계 구입 계약을 체결하였는데 갑의 공장 노동자들이 동 기계를 사용하는 과정에서 상처를 입는 피해를 받았다면 제3자효 있는 계약이론 을 적용하여 공장 노동자들에게도 계약책임에 따른 손해배상청구권을 인정할 수 있다.

(3) 법적 근거

① 독일 / 프랑스에서 제3자 보호효 있는 계약이론 등장 : 계약당사자는 아니지만 계약관계에 의한 보호의무의 이행에 직접 이해관계를 가진 제3자에게는 손해배상청구권을 인정한다. 독일 민법 제 242조(신의성실에 의한 급부)조항인 법률로부터 직접 유래한다(다수설). 독일 판례는 계약의 보충 적 해석을 동원하여, 계약의 보호적 효력이 제3자에게 미치도록 한다는 합의를 도출한다. 프랑스에 서도 채무자의 안전의무는 채권자와의 관계에서뿐만 아니라 이에 관여하지 않는 제3자에게도 미친 다는 판례이론이 존재한다.

② 우리나라 : 제3자를 위한 보호의무는 민법 제2조 제1항 신의성실 원칙에 의한 법정채권관계의 내용 을 이루는 것으로 본다. 그러나 판례는 이를 부정하는 입장이다.

한국안전시스템 사건
· 용역경비업체인 한국안전시스템 회사가 주식회사 한흥과 사이에 창원시 지상 2층 주택건물을 경비대상물로 하여 전자기계장치에 의한 방범제공업무를 내용으로 하는 용역경비계약을 체결하고 용역경비업무를 제공하여 온 과정에서 이 건물의 소유자가 가족과 함께 그곳에 거주하여 왔는데 이 건물 소유자의 처와 그곳에 계를 하기 위하여 놀러온 10명의 계원들과 모임을 갖던 중 복면괴한에 의하여 금품을 강취당하여 각 일정액의 재산상의 피해를 입은 사건에서 용역경비계약의 약관에 나타난 계약의 목적 및 경비대상물의 정의 규정과 손해배상 규정상 경비회사의 용역경비의무의 불이행으로 인한 손해배상청구에 있어서 위 약관상의 사용자는 계약당사자 외의 다른 제3자를 의미하고, 따라서 위 계약은 최소한 그 범위 내에서 제3자를 위한 계약으로서, 여기서 제3자라 함은 계약상 용역경비업무의 성질, 손해배상책임의 대인배상한도액, 용역경비대상물의 소유 및 사용관계, 계약당사자가 위 계약을 체결한 동기 내지 경위 등에 비추어 보면 경비대상물인 건물을 일상적으로 사용하는 건물 소유자 및 그의 처를 포함한 동거가족을 말한다고 봄이 상당하고, 위 건물에 일시 방문한 자들은 위 제3자의 범위에 속하지 아니한다(대판 1993.8.27., 92다23339).

(4) 요 건

① 계약에의 밀접성(급부와의 밀접성) : 제3자는 계약에 기한 주된 급부와 정형적인 방식으로 관계를 가지고 있어야 한다. 따라서 급부에의 우연한 접촉은 인정되지 않는다. 그러나 이런 밀접성의 판단 기준이 매우 모호하다.

ⓔ 임대차 계약 → 임차인과 함께 거주하는 모든 자는 보호되지만 일시적인 방문객은 제외

ⓔ 입원계약 → 병원 내 모든 환자는 보호되지만 문병객은 제외

ⓔ 탈곡기 부품 공급계약 → 곡물 수확에 참여한 모든 근로자는 보호되지만 잠시 도와주는 이웃집 주민은 제외

ⓔ 주택 임대차 계약에서 보호의무자 범위에 임차인의 가족 이외에 가정부, 친구, 손님을 포함할 것인지 더 나아가 우편물 택배 화물 배달부를 포함할 것인지 논쟁 존재

② 보호관계의 존재 : 채권자가 제3자에게 배려의무를 부담하거나, 채권자가 제3자의 위험에 공동으로 책임이 있다.

③ 채무자의 인식 가능성 : 계약 체결 당시에 채무자가 보호될 제3자를 주관적으로 인식하였으며 제3자에 대한 책임의 위험을 예측할 수 있다.

ⓔ 생산자와 상인 간 매매계약에서 최종 구매자(소비자 등)에게 제3자효를 부정함

(5) 보호의무 위반의 효과

① 채무자가 보호의무를 위반하여 보호범위에 있는 제3자가 손해를 입은 경우 그 제3자는 불법행위(제750조)에 기한 손해배상청구를 하는 것이 아니라 채무불이행(제390조)에 기한 손해배상청구를 할 수 있다. 제3자는 계약 당사자가 아니고 계약상의 보호의무에 의해서 보호받을 뿐이므로 계약상의 급부청구권을 갖는 것이 아니고, 보호의무 위반으로 인한 손해배상청구권을 가질 뿐이다.

② 소멸시효, 증명 책임 등의 측면에서 불법행위의 경우보다 채무불이행의 경우가 피해자에게 더 유리하다. 그러나 원 계약 당사자가 계약 내에 계약 책임의 제한 등을 규정하여 그에 따른 손해배상청구를 제한하는 경우, 사업자의 책임을 제한하는 경우(사업자 면책규정) 등에서는 제3자 보호효 있는 계약 이론을 적용할 실익이 거의 없다.

③ 우리나라에서의 불법행위책임은 독일의 불법행위규정에서와 같은 흠결이 없다. 따라서 우리나라에서는 불법행위책임으로 충분히 해결이 가능하다.

04 | 계약의 소멸 : 해제 / 해지

제1절 해제와 해지 / 합의해제 / 약정해제 / 법정해제

| Ⅰ | 계약의 해제와 해제권 / 해제계약

1. 해제 / 해제권의 법적 성질

(1) 해제 / 해제권의 의의

① 해제 : 유효하게 성립하고 있는 계약의 효력을 당사자 일방의 의사표시에 의하여 계약이 처음부터 있지 않았던 것과 같은 상태에 복귀시키는 것이다.

② 해제권 : 일방적 의사표시에 의하여 계약을 해소시키는 권리(약정해제권과 법정해제권)이다.

③ 해제 / 해제권은 계약 당사자가 채무불이행한 경우 상대방 권리 침해를 구제하는 수단이다.

④ 해제에 의하여 계약은 처음부터 있지 않았던 것과 같은 효과(소급효)가 발생한다. 따라서 아직 이행하지 않은 채무는 소멸하고 이미 이행한 것은 법률상의 원인을 잃게 되어 각 당사자는 원상회복의 의무를 부담하게 된다(제548조 제1항). 원상회복을 하더라도 손해가 남아 있으면 채권자는 손해배상을 청구할 수 있다.

⑤ 해제의 소급효는 제3자의 권리를 해하지 못한다. 원래 계약의 효력은 제3자에게 영향을 미치지 않는 것이 원칙이기 때문이다.

(2) 해제와 해지

① 계약의 해지(제543조)는 임대차, 고용, 위임계약 등 '계속적 계약'에서만 주장할 수 있다.

② 해지권은 해제권과 동일하게 약정해지권과 법정해지권이 있다. 해제권은 그 계약을 소급적으로 효력을 잃게 하지만 해지권은 장래에 대하여만 효력을 잃는다.

③ 임대차·고용·위임·조합 등의 이른바 계속적 계약에 있어서는 채무불이행 등을 이유로 계약관계를 도중에서 소멸시킬 경우 이미 완전히 목적을 달성하고 있는 기왕의 부분을 그대로 유효하게 존속시키고, 이행되지 않은 부분을 이후에 한하여 장래에 향하여 소멸시키는 것(해지)이 바람직하다.

(3) 취소와 해제

구 분	취 소	해 제
법률관계의 해소	일방적 의사표시에 의해 법률행위의 효력을 소급적으로 소멸	
적용범위	모든 법률행위에 인정	계약에만 인정
법적 성격	형성권, 최고 필요 없음	형성권, 이행지체의 경우 최고 필요함
발생원인	법률규정에 의해서만 발생(제한능력자, 착오, 사기, 강박) – 법정 취소권만 인정	• 채무자의 채무불이행 또는 계약에 유보된 해제 사유 발생 • 약정과 법률규정에 의해서 발생 (유효성립 후 후발적 사유) – 법정해제와 약정해제 모두 인정
반환범위	• 부당이득 반환에 의함 • 선의 : 현존이익 범위 • 악의 : 이익, 이자, 손해배상 포함 • 제한능력자 : 선악불문 현존이익	선·악 불문하고 원상회복에 의함
손해배상청구	불인정	인 정

(4) 해제와 철회

① 철회는 아직 종국적인 법률효과가 발생하고 있지 않은 법률행위나 의사표시의 효력을 장차 발생하지 않도록 막는 것이다.
   예 소비자의 매매계약 시 청약 철회권
② 해제는 이미 효력을 발생하고 있는 계약을 소멸시켜 그 효력을 소급적으로 소멸케 하는 것이다.
③ 계약(법률행위)이 반사회질서의 법률행위(제103조), 불공정한 법률행위(제104조), 강행법규를 위반한 법률행위(제105조), 상대방이 안 진의 아닌 의사표시(제107조), 통정허위표시(제108조) 등에 해당할 경우 무효이다. 계약(법률행위)의 취소는 착오로 인한 의사표시(제109조), 사기강박에 의한 의사표시(제110조) 등에 해당할 경우 주장할 수 있다.
④ 계약의 무효는 당사자의 주장 여부와는 상관없이 계약이 처음부터 당연히 무효인 것에 비하여 취소는 당사자가 취소권을 행사하지 않는 한 계약의 효력이 유효하다(취소권 행사 조건을 법률로 엄격히 제한함).

2. 해제권의 성질

(1) 해제권의 의의

① 계약당사자가 해제를 하려면 그렇게 할 수 있는 권리, 즉 해제권이 있어야 한다. 해제는 해제권의 행사로 행하여진다.

② 해제권은 일방적 의사표시로 권리관계의 변동을 가져오는 권리이므로 '형성권'이다.

③ 해제권은 계약당사자 또는 당사자의 지위를 승계한 자만이 이를 가질 수 있고 당사자로서의 지위에 수반한다.

④ 당사자의 지위를 이전받은 것이 아닌, 단순한 채권의 양수인, 또는 제3자를 위한 계약에서의 제3자 (수익자)에게는 해제권이 인정되지 않는다.

⑤ 해제권만을 떼어 내 양도할 수 없다.

　　예 매매계약에 있어서의 대금채권처럼 계약에 의하여 성립한 권리를 양수하였을 뿐이고 당사자로 서의 지위를 승계하지 않은 자는 해제권이 없다. 이 경우에 해제권자는 해제권의 행사로 제3자 의 권리를 해하지 못하므로 해제권을 행사하려면 대금채권의 양수인의 동의가 필요하다.

(2) 형성권의 유형

① 형성권 : 권리자의 일방적 의사표시 또는 법원의 확정판결에 의하여 법률관계(권리)의 발생 · 소멸 · 변경 등 일정한 법률상의 효과를 발생시키는 권리이다.

　　예 취소권, 해제권, 해지권, 상계권, 추인권, 채권자취소권 등

② 형성권의 행사에 의해 상대방은 일방적으로 구속되므로, 누가 형성권을 가지는지는 당사자의 약정 또는 법률규정에 의해 정해진다.

③ 권리자의 의사표시만으로 법률효과가 발생하는 권리 : 동의권, 철회권, 취소권, 해제권, 해지권, 면제권, 추인권, 상계권, 최고권, 매매의 일방예약완결권, 약혼해제권, 상속포기권, 공유물 분할청 구권, 환매권 등

④ 법원의 판결에 의해 비로소 효력이 발생하는 경우 : 채권자취소권, 재판상 파양권, 친생 부인권, 재판상 이혼권, 입양취소권, 혼인취소권 등. 당사자가 의사표시를 할 수는 있지만, 제3자에게 미치 는 영향이 큰 탓에 재판을 통해서 법률관계가 형성된다.

⑤ 명칭은 ○○○청구권이나 실질은 형성권인 것 : 지상물매수청구권, 부속물매수청구권, 공작물매수 청구권, 매매대금감액청구권, 차임증감청구권, 지료의 증감청구권, 공유물분할청구권, 전세권소멸 청구권, 지상권소멸청구권. '사 주세요(매수)', '깎아주세요(감액)', '올려 주세요(증액)', '없애 주세 요(소멸)', '나눠 주세요(분할)'는 상대방에게 요구하고 청구하는 것이지만, 형성권이다.

＋ 더 알아보기

분 할
지적공부에 등록된 1필지를 2필지 이상으로 나누어 등록하는 것으로 토지의 분할 시에는 분할측량을 하여야 한다.

(3) 형성권의 특징

① 형성권은 일방적 의사표시에 의해 법률효과를 발생시키므로(상대방 승낙이나 동의를 요하지 않는 단독행위임), 법률에 규정이 있고 그 규정의 요건이 충족될 때에만 인정되는 것이 원칙이다.

② 형성권은 그 자체로서 아무것도 얻을 수 없고 다만 형성권의 행사를 통하여 발생한 권리를 얻으려는 수단에 불과하다. 형성권은 권리에 대응하는 의무가 없다.

③ 형성권 행사의 의사표시는 형성권의 효력이 발생한 후에는 철회할 수 없는 것이 원칙이다.

④ 형성권의 행사는 처분행위의 성질을 갖기 때문에(권리변동을 일으키는 효력) 특정인의 이행행위를 필요로 하지 않는다.

⑤ 형성권은 소멸시효가 아닌 제척기간에 걸린다. 따라서 해제권 행사기간의 정함이 없을 경우, 계약 해제권은 10년의 제척기간이 적용된다. 제척기간은 소멸시효와 달리 포기·정지·중단이 불가능하며, 제척기간 도과 여부는 법원의 직권조사사항이다.

⑥ 형성권은 강행규정이 아니므로 당사자 간 합의로 그 존속기간을 달리 정할 수 있다.

3. 해제계약(= 반대계약 또는 합의해제) 기출 14

(1) 의 의

① 계약 후 당사자 쌍방의 계약실현 의사의 결여 또는 포기로 인하여 쌍방 모두 이행의 제공이나 최고를 하지 않고 장기간 이를 방치하였다면 그 계약은 당사자 쌍방이 계약을 실현하지 아니할 것이라고 묵시적으로 합의 해제되었다고 보아야 할 것이다.

② 해제는 해제권자의 일방적 의사표시로 성립하는 법률행위이며 단독행위이다. 해제계약(= 반대계약 또는 합의해제)은 계약당사자가 전에 맺었던 계약을 체결하지 않았던 것과 같은 효과를 발생시킬 것을 내용으로 하는 계약(법률행위, 쌍방행위)이다. 합의해제는 해제가 아니다.

③ 해제계약도 하나의 계약이고 해제와는 본질적으로 다르므로 계약자유 원칙상 유효하다. 해제계약은 '계약'으로서의 일반적인 성립요건 및 유효요건을 갖추어야 한다.

④ 그러나 해제계약에는 민법상 해제의 일반적인 내용이 원칙적으로 적용되지 않는다. 손해배상이 없고, 이자가산도 없다. 또한 해제계약의 내용은 그저 당사자가 합의한 내용에 따른다.

> **판례**
>
> 계약이 합의에 의하여 해제 또는 해지된 경우에는 상대방에게 손해배상을 하기로 특약하거나 손해배상 청구를 유보하는 의사표시를 하는 등 다른 사정이 없는 한 채무불이행으로 인한 손해배상을 청구할 수 없다(대판 2013.11.28., 2013다8755).
>
> 합의해지 또는 해지계약에는 해제, 해지에 관한 민법 제548조 제2항의 규정은 적용되지 아니하므로, 당사자 사이에 약정이 없는 이상 합의해지로 인하여 반환할 금전에 그 받은 날로부터의 이자를 가하여야 할 의무가 있는 것은 아니다(대판 2003.1.24., 2000다5336, 5343).

⑤ 해제계약에 의해 계약을 맺지 않았던 것과 같은 효과가 발생함으로써 당사자 사이에 어떠한 법률관계가 인정되느냐는 해제계약의 내용과 부당이득에 관한 규정에 의하여 정하여진다.

⑩ 갑과 을이 자동차를 매매하는 계약을 체결한 후 당사자 간 합의에 의해 "우리 이 매매계약을 해제하고 손해배상도 서로 청구하지 않도록 하자"고 약정했다면 당사자는 그 약정대로 손해배상을 청구할 수 없다.

⑥ 합의해제는 묵시적으로도 가능하다(매도인이 수령한 계약금과 중도금을 공탁하였는데 매수인이 이의 없이 수령한 경우).

⑦ 계약이 합의해제된 경우에는 특약이 없는 한 채무불이행으로 인한 손해배상을 청구할 수 없으며 반환할 금전에 그 받은 날로부터 이자를 가산할 의무도 없다. 부동산매매계약이 합의해제되면 매수인에게 이전되었던 소유권은 당연히 매도인에게 복귀한다.

⑧ 합의해제의 해제는 불가하고, 합의해제의 취소는 가능하다.

판례

다수 당사자 사이에서 경개계약을 일부 당사자가 경개계약 합의해제를 한 경우의 효력
갑, 을, 병 사이에 체결된 경개계약을 갑과 을 사이에 합의해제하는 것만으로는 병과 사이의 법률관계가 해결되지 않으므로 그에 관하여 아무런 약정이나 논의도 없이 경개계약을 합의해제하는 것은 경험칙상 이례적이라는 점을 감안하면, 갑과 을이 경개계약을 합의해제하였다고 인정할 수 없다(대판 2010.7.29., 2010다699).

---

(2) 해제계약의 특수한 문제

① 해제계약에 의하여 소급적으로 해제된 계약이 이미 이행되어서 소유권 등과 같은 물권의 이전이 있었던 경우에 해제계약으로 그 물권은 당연히 복귀하는가? 물권행위의 독자성과 무인성을 인정하는 견해에 의하면 당연히 복귀하지 않는다. 즉, 그 복귀에 관한 물권행위와 말소등기 또는 인도를 하여야 복귀한다.

② 그렇다면 채권양도계약이 합의해제되면 어떻게 되는가? 이때에는 계약은 원래 상태대로 당연히 복귀한다. 그러나 대항요건, 즉 채무자에 대한 통지 또는 채무자의 승낙을 갖추지 않으면 제3자에게 대항하지 못한다(제450조).

③ 계약의 해제는 제3자의 권리를 해치지 못한다는 민법 제548조 제1항 단서의 규정만큼은 합의해제의 경우에도 적용된다. "제3자의 범위"는 법정해제의 경우와 같이 등기나 인도를 갖춘 물권자일 것 등 대세적인 효력을 가지는 완전한 권리를 가진 제3자일 것을 요구한다.

판례

채권자대위권을 행사한 사실을 채무자가 안 이후에 대위의 목적이 된 계약을 합의해제 하는 것은 채권자의 대위권행사를 무의미하게 하는 것이어서 이로써 채권자에게 대항할 수 없다(대판 1993.4.27., 92다44350).

계약해제 시 계약은 소급하여 소멸하게 되어 해약당사자는 각 원상회복의 의무를 부담하게 되나 이 경우 계약해제로 인한 원상회복등기 등이 이루어지기 이전에 해약당사자와 양립되지 아니하는 법률관계를 가지게 되었고 계약해제 사실을 몰랐던 제3자에 대하여는 계약해제를 주장할 수 없고, 이 경우 제3자가 악의라는 사실의 주장 · 입증책임은 계약해제를 주장하는 자에게 있다(대판 2005.6.9., 2005다6341).

| Ⅱ | 해제권의 종류 : 약정해제권과 법정해제권

1. 약정해제권과 법정해제권의 관계

(1) 양자의 차이점과 공통점

구 분	약정해제권	법정해제권
대상이 되는 계약	• 채권계약뿐만 아니라 물권계약, 준물권계약에 대해서도 가능 • 쌍무계약, 편무계약 모두 가능	채무불이행을 전제로 하므로 채권계약에 대해서만 인정
발생 원인	계약 당사자 간 약정. 보증금, 계약금 교부는 약정해제권의 유보로 간주	당사자 일방의 채무불이행(이행지체와 이행불능 등)이 있는 경우에 계약을 해제
손해배상	원칙적으로 손해배상 청구 불가함	손해배상 청구 가능함
원상회복	원상회복의무를 부담	원상회복의무를 부담
공통점	해제권의 행사·효과, 해제권의 소멸	

(2) 양자의 관계

① 약정해제권을 유보하였더라도 채무불이행으로 인한 법정해제권이 발생할 수 있다.

② 약정해제권의 유보는 법정해제권 성립에 아무런 영향을 미치지 않는다.

판례

계약서에 명문으로 위약시의 법정해제권의 포기 또는 배제를 규정하지 않은 이상 계약당사자 중 어느 일방에 대한 약정해제권의 유보 또는 위약벌에 관한 특약의 유무 등은 채무불이행으로 인한 법정해제권의 성립에 아무런 영향을 미칠 수 없다(대판 1990.3.27., 89다카14110).

③ 계약 당사자가 여러 명인 경우 해제권을 행사할 때 전원이, 전원에 대하여 해제의 의사표시를 해야 해제가 유효하다. 이때 해제의 의사표시가 동시에 행하여질 필요는 없지만, 해제의 의사표시가 따로 행해질 경우는 가장 늦게 해제표시가 도달한 때 해제의 효력이 발생한다.

➕ 더 알아보기

• 약정해제 : 약속한 거니 최고가 필요 없음, 원상회복해야지, 약속한 거니 손해배상 안 됨
• 계약금 해제 : 약속한 거니 최고가 필요 없음, 원상회복할 게 아직 없음, 약속한 거니 손해배상 안 됨
• 법정해제(채무불이행으로 인한 해제) : 이해지체의 경우는 최고가 필요(이행불능은 불요), 원상회복해야 하고, 손해배상 청구 가능

2. 약정해제권

(1) 의의(해제권 유보의 약정)

① 당사자가 미리 계약에서 해제권을 갖자는(보류하는) 내용의 합의를 하는 경우이다(당사자 사이의 약정에 계약을 해소할 수 있는 가능성을 유보해 두는 것).

② 약정해제의 발생요건과 그 효과는 모두 당사자의 약정(합의)에 따른다.

③ 기체결된 계약을 해제하는 경우 귀책사유 있는 당사자에게 손해배상책임이 발생할 수 있다. 그런데 <u>약정해제는 채무불이행을 전제로 하지 않으므로 채무불이행을 전제로 하는 손해배상청구권을 행사할 수 없다(제551조).</u> 채무불이행에 기해 법정해제를 할 때는 원상회복을 받고도 손해가 발생 시 손해배상청구를 할 수도 있다는 점과 다르다.

(2) 계약금에 의한 해제

교부자는 포기하고 수령자는 배액 상환하여 해제한다.

① 계약 시 계약서에 별도의 약정해제 약정이 없다고 하더라도 계약금이 교부된 경우에는 원칙적으로 약정해제권이 있는 것으로 추정된다. 따라서 당사자 중 어느 일방이 이행에 착수할 때까지 계약금의 교부자는 계약금을 포기하고 계약을 해제할 수 있고, 계약금의 수령자는 그 배액을 상환하고 계약을 해제할 수 있다.

　예 계약금의 수수가 있는 경우에는 해약금 약정이 있다고 추정한다(제565조).

② 다른 약정이 없는 한 계약금의 교부자는 이를 포기하고, 그 수령자는 그 배액을 상환하고 계약을 해제할 수 있다. 만약 계약금을 위약금으로 하기로 하는 특약이 있는 경우 계약금은 손해배상액의 예정으로 볼 수 있다.

③ 당사자 사이의 채무불이행에 관하여 <u>손해배상액을 예정한 경우에 채권자는 통상의 손해뿐만 아니라 특별한 사정으로 인한 손해에 관하여도 예정된 배상액만을 청구할 수 있고 특약이 없는 한 예정액을 초과한 배상액을 청구할 수는 없다.</u> 다만, <u>손해배상액의 예정에 있어 그 손해배상의 예정액이 부당히 과다한 경우 법원은 이를 적당히 감액할 수 있다.</u>

> **판례**
>
> 손해배상의 예정액을 감액할 수 있는 "부당히 과다한 경우"란?
> "그 예정액의 지급이 경제적 약자의 지위에 있는 <u>채무자에게 부당한 압박을 가하여 공정성을 잃은 결과를 초래한다</u>고 인정되는 경우"를 뜻하는 것으로 보아야 한다(대판 1998.12.23., 98다43175).
>
> "채권자와 채무자의 각 지위, 계약의 목적 및 내용, 손해배상액을 예정한 동기, 채무액에 대한 예정액의 비율, 예상손해액의 크기, 그 당시의 거래관행 등 모든 사정을 참작하여 볼 때 <u>일반사회관념에 비추어 손해배상의 예정액이 부당히 과다한 경우를 가리킨다</u>(대판 1987.5.12., 86다카2070)."

(3) 해제조건의 성취에 의한 계약의 소멸

① 해제조건 : 법률행위의 효력의 소멸을 장래의 불확실한 사실에 의존하게 하는 조건이다.

　예 "공무원시험에 합격할 때까지 생활비를 대 주겠다"는 계약은 해제조건부 증여계약이다.

② 해제조건의 성취(법적 성질 : 사건)에 의한 계약 해제와 약정해제는 모두 계약에 근거한다. 그러나 해제조건 성취 시 자동적으로 계약해제가 되지만 약정해제 시 해제권을 행사해야만 계약해제된다.

③ 해제조건은 특약이 없는 한 장래에 향하여서만 법률행위가 실효하는 데 반하여 해제는 소급적으로 계약을 실효시키는 점에 있어서도 양자는 크게 다르다.

④ 상당한 기간 내에 이행이 없으면 위 매매계약은 해제된 것으로 하겠다는 의사표시를 한 경우 그로부터 상당기간이 경과함으로써 위 매매계약은 적법하게 해제된 것으로 본다.

(4) 실권약관(자동해제약정)

① 넓은 의미 : 채무자의 채무불이행을 조건으로 하여 해제권을 보류하는 특약이다.

② 좁은 의미 : 채무불이행의 경우에 채권자 쪽의 특별한 의사표시가 없더라도 당연히 계약의 효력을 잃게 하고 채무자의 계약상 권리를 상실시키는 취지의 약관이다.

   예 할부매매계약에 있어서 매수인이 1회라도 대금지급을 지체하면 계약은 당연히 효력을 잃고 매수인은 목적물에 대한 권리를 잃으나 매도인은 이미 지급받은 대금을 반환할 필요가 없다는 약관이다. 이러한 약관에서는 해제권의 유보가 있는 것이 아니라 채무자의 채무불이행을 해제조건으로 하는 조건부 행위가 있는 것으로 보아야 한다.

③ 실권약관의 효력(해제의 의사표시 없이 계약효력 소멸)

   실권약관은 조건이 되는 사실이 발생하면 계약은 당연히 효력을 잃고 상대방에 대한 해제의 의사표시를 필요로 하지 않는 점에서 해제와 다르다.

④ '중도금을 약정한 일자에 지급하지 않으면 계약은 효력을 잃는다.'는 약정은 중도금을 지급하지 아니하면 자동적으로 해제된다.

⑤ '잔금 지급기일까지 잔금을 지급하지 못하면 계약의 효력을 잃는다.'는 약정은 잔금 지급을 아니하였다고 하여 자동적으로 해제 되는 것이 아니고 매도인이 잔금지급기일에 이행의 제공을 하여 매수인을 이행지체에 빠지게 하였을 때 자동적으로 해제된다.

⑥ 실권약관이 반드시 무효인 것은 아니나 당연히 계약의 효력이 소멸하는 점에서 권리를 잃는 경제적 지위가 약한 채무자에게는 매우 불리한 제도이다. 만약 그 불리한 정도가 매우 심하면 실권약관 그 자체가 사회질서에 위반하는 것으로서 무효로 된다. 그러나 불리한 정도가 그렇게 심하지 않은 경우에도 이러한 약관을 실권약관이라고 해석하지 않고서 단순한 해제권을 보류한 특약으로 해석하여 해제의 의사표시는 필요하다.

판례

부동산매매에 있어서 매수인이 계약을 위약할 때에는 '계약은 자동적으로 해제된다'는 약정은 일종의 해제권 유보조항에 지나지 않는다(대판 1989.7.25., 88다카28891).

3. 법정해제권

(1) 의 의

법률의 규정에 의하여 해제권이 주어지는 경우, 약정해제권의 유보 또는 위약벌에 관한 특약이 채무불이행으로 인한 법정해제권을 배제하지 못한다(판례).

(2) 법정해제권이 발생하는 원인

① 채무불이행을 이유로 하는 계약일반에 공통적인 것(제544조 내지 제546조)

② 매매에서 매도인이 담보책임을 지는 경우 매수인의 해제권(제570조 이하)

③ 도급에서 수급인이 담보책임을 지는 경우 도급인의 해제권(제668조 이하)

④ 소비대차와 사용대차에서 해제권

⑤ 증여에서 해제권

⑥ 신종계약인 경우(리스 등)에는 신의칙에 비추어 급부장애에 대한 책임귀속의 일반원리에 의해 해제권을 인정하는 판례(대판 2001.11.27., 99다61736)

(3) 특 징

① 법정해제권 발생의 요건인 채무불이행은 주된 채무에 대한 채무불이행이어야 하고, 부수적 의무의 불이행을 사유로는 원칙적으로 해제할 수 없다(대판 1994.12.22., 93다2766).

② 채무불이행이 있더라도 법정해제권의 발생을 배제하기로 하는 합의를 할 수는 있으나, 그 합의의 효력은 엄격한 요건 하에서만 인정된다.

③ 법정해제권의 행사 여부는 당사자의 자유이고, 만약 해제 시 계약은 소급적으로 소멸하고 원칙적으로 각 당사자는 자신이 수령한 것을 상대방에게 반환할 의무, 즉 원상회복의무를 부담하게 된다. 또한 원상회복만으로 채무불이행에 기한 손해를 전보받지 못하게 되면 손해배상청구를 할 수도 있다.

제2절 　해제권의 요건 / 효과 / 소멸

해제에 관한 제543조와 제547조 이하 규정은 약정해제와 법정해제에 모두 적용된다.

| I | 해제권의 성립 요건 및 최고

1. 계약불이행으로 인한 해제권의 발생(성립)

(1) 의 의

① 법정해제권의 발생 원인은 채무자의 채무불이행이다(제544조 내지 제546조, 이행지체·이행불능·
불완전이행).

② 해제권의 사회적 작용이 가장 뚜렷하게 나타나는 것은 채무불이행의 경우이다. 상대방에게 해제권
을 주어 계약의 구속에서 벗어나게 하는 데 해제권의 사회적 의의가 있다.

③ 민법이 해제권의 발생원인으로 규정하고 있는 것은 이행지체(제544~545조)와 이행불능(제546조)
이다. 그러나 통설은 불완전이행과 수령지체도 법정해제권의 발생 원인이 된다고 본다.

(2) 이행지체로 인한 해제권 발생 : 최고 필요하며 최고기간 내 불이행하면 해제권 발생

① 이행지체의 성립요건 : 채무의 이행기가 도래하였을 것, 채무의 이행이 가능함에도 이행하지 않았
을 것, 이행이 늦은 데 대하여 채무자에게 귀책사유가 있을 것, 이행하지 않은 것이 위법할 것

② 이행지체로 인한 법정해제권의 발생은 보통의 이행지체의 경우(제544조)와 정기행위의 이행지체의
경우(제545조)이냐에 따라서 채권자가 채무자에 대한 최고의 필요성의 차이가 있다. 보통의 이행
지체 경우에서는 당연히 바로 해제권이 발생하지 않으며 최고 후 최고기간 내의 이행(제공)이 있어
야 해제권이 발생한다. 만약 이런 최고를 하지 않으면 계약 해제를 통고했어도 계약이 해제되지
않는다.

③ 최고를 요구하는 경우 : 채무자가 이행을 지체하고 있을 뿐인 경우에는 최고한 후에야 해제할 수
있다(제544조). 이행지체인 경우에는 이행이 가능한 상황이므로 채무자에게 한 번 더 채무이행의
기회를 주어야 한다.

④ 채무자가 미리 이행하지 않을 의사표시를 한 경우에는 최고를 요하지 않는다(제544조 단서). 당사
자 간에 최고를 하지 않고 해제할 수 있다는 특약을 한 경우, 객관적으로 계약 내용을 이행할 수
없는 경우에는 최고를 요하지 않는다.

➕ 더 알아보기

최 고
타인에게 일정한 행위를 하라고(채무를 이행하라고) 독촉하는 통지행위이다. 최고를 하면 법률 규정에 의해 일정한
효과가 발생한다.

---

⑤ 채무자가 최고에 응하지 않은 경우에는 이행지체의 효과, 시효중단의 효과, 계약 해제권의 발생 등의 효과가 생긴다.

⑥ 매매목적물인 부동산에 대한 근저당권설정등기나 가압류등기가 말소되지 아니한 경우 이행불능은 아니고 이행지체로 보아야 하므로 매수인은 최고 후 해제해야 한다(대판 2003.5.3., 200다50668).

(3) 이행지체로 인한 해제권 성립 요건

① 채무자의 책임있는 사유(귀책사유)로 이행지체가 발생했을 것(위법한 채무불이행일 것)

채무자가 이행하지 않음에 정당한 사유가 있는 경우에는 이행지체가 성립하지 않으며, 따라서 해제권이 발생하지 않는다.

> **판례**
>
> 채무자가 동시이행항변권을 가지고 있는 경우에는 채무자가 이행하지 않아도 이행지체가 성립하지 않으며, 따라서 해제권이 발생하지 않는다. 이러한 때에는 채권자가 먼저 자기의 채무를 이행하거나 이행을 제공하여 채무자를 이행지체에 빠트려야 한다(대판 1993.4.13., 92다56438).

② 채권자가 상당한 기간을 정하여 이행을 최고하였을 것

이행의 최고(= 이행 청구, 제387조 제2항)는 채권자가 채무자에게 급부를 이행할 것을 요구하는 행위이다(의사의 통지).

③ 최고할 때 채무자가 이행해야 할 채무의 내용을 적시할 것(과다 최고, 과소 최고)

ㄱ 채무자의 원래 채무보다 더 많은 급부를 최고하거나(과다 최고) 더 적게 최고할 경우(과소 최고), 차이가 적어서 동일성이 인정된다면 유효한 최고가 된다.

ㄴ 원래 채무와 동일성이 유지되는 한 약간의 수량차이가 있는 경우 최고 효력은 인정된다. 그러나 지나친 과다최고는 부적법하므로 무효이다.

ㄷ 채무자의 본래 채무액보다 과소 최고한 경우에는 원칙적으로 최고에 의해 표시된 수량에 대해서만 효력이 미친다. 그러나 부족액이 아주 작은 경우에는 채무액 전부에 대한 최고의 효력이 있다.

> **판례**
>
> 채권자의 이행최고가 본래 이행하여야 할 채무액을 초과하는 경우에도 본래 급부하여야 할 수량과의 차이가 비교적 적거나 채권자가 급부의 수량을 잘못 알고 과다한 최고를 한 것으로서 과다하게 최고한 진의가 본래의 급부를 청구하는 취지라면, 그 최고는 본래 급부하여야 할 수량의 범위 내에서 유효하다고 할 것이나, 그 과다한 정도가 현저하고 채권자가 청구한 금액을 제공하지 않으면 그것을 수령하지 않을 것이라는 의사가 분명한 경우에는 그 최고는 부적법하고 이러한 최고에 터잡은 계약의 해제는 그 효력이 없다(대판 2004.7.9., 2004다13083).

④ 채무자가 최고 기간 내에 이행 또는 이행의 제공을 하지 않았을 것

채무자의 이행 지체에 그의 귀책사유에 의한 것이어야 하는지에 관해서는 학설이 대립한다.

이행의 최고를 하는 방법으로는 다음이 있다.

　㉠ 채권자가 자기 급부를 제공하여 채무자를 이행지체에 **빠지게** 한 후에 할 수 있다.

　㉡ 채권자가 자기 급부를 제공함과 동시에 상당한 기간을 정하여 채무자에게 이행의 최고를 하는 것이 가능하다. 이행지체로 인한 법정해제권의 발생요건을 경감하는 특약은 유효하다.

⑤ 최고를 하려면 상당한 기간을 정해서 할 것(제544조)

　㉠ 학설과 판례는 촉박한 기간을 정해서 최고한 경우에도 채무를 이행하는데 '상당한 기간'이 지나면 해제권을 취득한다고 본다(대판 1990.3.27., 89다카13110).

　　예 갑이 채무자 을에게 "당장 내일까지 빚진 돈 1억 원을 갚으시오."라고 촉박하게 최고했더라도 일단 최고했다고 인정된다. 따라서 을이 1억 원을 마련하는 데 필요한 상당한 기간이 지나면 갑은 해제할 수 있다.

　㉡ '상당한 기간'의 판정기준은 채무자가 채무이행에 필요한 객관적 사정과 주관적 사정을 모두 고려한다.

판례

이행지체를 이유로 계약을 해제함에 있어서 그 전제요건인 이행의 최고는 반드시 미리 일정기간을 명시해서 최고하여야 하는 것은 아니며 최고한 때로부터 상당한 기간이 경과하면 해제권이 발생한다고 할 것이고, 매도인이 매수인에게 중도금을 지급하지 아니하였으니 매매계약을 해제하겠다는 통고를 한 때에는, 이로써 중도금 지급의 최고가 있었다고 보아야 하며, 그로부터 상당한 기간이 경과하도록 매수인이 중도금을 지급하지 아니하였다면 매도인은 매매계약을 해제할 수 있다(대판 1994.11.25., 94다35930).

---

(4) 최고의 효과

① 기한이 정해지지 않은 채무에 대해서는 "최고"를 함으로써 상대방의 이행지체가 시작되며, 최고를 하면 자기 채권의 소멸시효가 6개월 연장되는 효과를 가져온다.

② 최고는 보통 최고장이라는 서식으로 하나, 그런 형식이 아니더라도 채권자가 채무이행을 독촉하는 내용의 의사의 통지가 있으면 족하다.

③ 계약에 의한 채무이행이 이뤄지지 않는 경우, 계약에 의한 채무이행을 요구하는 최고와 소정기일까지 채무이행이 없는 것을 정지조건으로 계약의 해제를 성립시키기 위한 취지의 통지를 할 수 있다.

④ 채무 이행에 기한을 정하지 않고 최고한 경우에 일단 최고한 후 또 다시 계약해제를 위한 최고를 할 필요는 없다. 이 경우 채권자는 상당한 기간 내를 정하여 이행 청구를 하고 채무자가 그 기간 내에 이행하지 않으면 해제권이 발생한다.

판례

최고를 할 때 일정한 기간 내에 이행할 것을 청구하면 되며, 반드시 불이행 시 해제할 것이라는 의사표시를 요하지는 않는다. 만약 일정한 기간 내에 불이행하면 해제할 것이라고 의사표시한 경우에는 그 기간의 경과로 계약은 당연히 해제된다(대판 1979.9.25., 79다1135).

---

(5) 정기행위(최고를 요하지 않는 경우)

① 계약의 1) 성질에 의하거나 2) 당사자의 의사표시에 의해서 일정한 일시 또는 기간 내에 의무를 이행하지 않으면 그 목적을 달성할 수 없는 계약이다(제545조). 이행의 시기가 중요하므로 최고 없이 해제권이 발생한다.

　　㉠ 절대적 정기행위 : 그 행위의 성질상 당연히 정기행위가 되는 것

　　　　⑩ 여름철 선풍기의 매매, 김장철 채소의 매매. 정기행위의 지체는 그 성질상 이행불능으로 다루어진다.

　　㉡ 상대적 정기행위 : 당사자의 의사표시에 의하여 정기행위가 되는 것

　　　　⑩ 생일선물로 주는 꽃다발의 주문이나 행사 당일에 쓰는 예복의 대여

② 정기행위가 지체에 빠지더라도 해제권자는 자신의 선택에 의해 이행불능으로 처리할 수도 있고 이행지체를 주장할 수도 있다.

판례

입목매매계약의 내용으로서 입목벌채기간을 계약일로부터 만 3년으로 정하고 만일 벌채기간을 위반하였을 경우에는 해 1 정보당 1원 50전을 해년 말에 매도인에게 지급하고 벌채가 끝난 후에는 묘목 2만 주를 매도인에게 인도하기로 약정한 후 18년이 경과하도록 벌채도 않고 다른 계약조항도 이행하지 않은 경우에는 매도인이 입목벌채허가신청에 협력을 하지 않았다든가 입목벌채를 방해하는 등 매도인에게 책임을 물을 수 없는 특별한 사정이 존재하지 않는 한 매수인에게 계약상 채무이행의 의사가 없는 것이라고 일응 보아야 할 것이고 이러한 경우에는 매도인은 이행의 최고를 함이 없이 곧 계약을 해제할 수 있는 것이다(대판 1966.1.18., 65다45).

---

③ 절대적 및 상대적 정기행위를 해제하려면 최고의 필요가 없으며 언제든지 해제할 수 있다. 그러나 정기행위의 채무이행이 그 기간 내에 이루어지지 못했다 하더라도 계약이 당연히 해제되는 것이 아니고, 해제권을 행사하여야 계약 해제의 효과가 발생한다.

(6) 이행불능의 경우에는 원칙적으로 최고 없이 해제권 발생

① 이행불능은 1) 채권의 성립 이후에 발생한 이행불능사유(후발적 불능)가 2) 채무자의 귀책사유로 인하여 발생하였고 3) 그러한 사유가 위법할 것을 요건으로 한다.

② 채무자의 채무이행이 불능하게 된 때는 채권자가 최고하지 않아도 해제할 수 있다(제546조). 이미 이행 자체가 불가능한데 독촉해봐야 소용없기 때문이다.

③ 이행불능이 채무자의 책임 있는 사유로 인한 것이어야 해제권이 발생한다. 따라서 매매목적 토지가 수용된 경우, 매수인의 귀책사유로 매도인의 이행이 불가능한 경우는 이행불능을 이유로 해제할 수 없다.

④ 이행 불능은 이행기를 기다리지 않고 해제권자의 이해제공 필요 없이 즉시 해제권이 발생한다.

⑤ 채무자가 이행을 거절한 경우에는 채권자는 최고하지 않고서도 곧장 계약을 해제할 수 있다. 그러나 이행거절의 의사표시가 적법하게 철회된 경우에는 상당한 기간을 정하여 이행을 최고한 후가 아니면 채무불이행을 이유로 계약을 해제할 수 없다.

(7) 불완전이행으로 인한 해제권의 발생

① 불완전이행 : 채무자가 채무를 이행하기는 하였지만 그 이행이 채무의 내용에 좇은 완전한 것이 아닌 것이다. 불완전한 이행이 채무자의 고의나 과실에 의한 때에는 채권자는 그로 인하여 발생한 손해의 배상을 청구할 수 있다.

② 추완(追完)이 가능한 경우 : 이행지체에 준해서 이행을 최고한 후에 최고 기간 내에 이행이 없을 경우에 해제권을 행사할 수 있다.

　　예 갑이 상점에서 사과 한 상자를 주문했는데 상점에서 배달받은 사과 중 여러 개가 부패한 경우에는 정상 품질의 사과 한 상자로 교환받아서 추완이 가능하다. 구매자(채권자)가 최고하고 채무자가 이행하지 않을 경우 해제가 가능한 이행지체의 문제로 처리한다.

③ 추완(追完)이 불가능한 경우 : 이행불능에 준해서 이행의 최고 없이 곧바로 해제권을 행사할 수 있다.

　　예 갑이 특정한 백자를 골동품점에서 구매했는데 그 백자가 깨어진 상태로 배달받은 경우에는 추완이 불가능하므로 채권자는 즉시 해제권을 행사할 수 있다.

(8) 채권자 지체에 의한 해제권의 발생 : 다수설에 의하면 채권자 지체도 채무불이행의 한 유형에 해당하므로, 채무자는 채권자에게 상당한 기간을 정하여 채무의 수령을 최고하고 그 기간 내에 채무를 수령하지 않으면 해제권을 행사할 수 있으며, 또한 채권자지체를 이유로 채무자에게 손해가 생긴 때에는 손해배상 청구를 할 수 있다.

2. 채무(계약)불이행 이외의 원인으로 인한 해제권의 발생(성립)

(1) 사정변경 원칙에 따른 해제권의 발생(성립)

① 의 의

　㉠ 다수설은 사정변경으로 인한 해제권을 긍정한다. 즉 계약의 기초가 되었던 사정이 변경하여 당초대로 계약내용을 유지하는 것이 부당한 경우 각 당사자는 최고없이 곧바로 계약을 해제할 수 있다고 한다. 이에 대하여 판례는 사정변경으로 인한 해제권을 부정한다.

　㉡ 과거에는 대법원이 사정변경을 이유로 한 계약 해제권을 인정하지 않았지만 2007년 판결을 기점으로 사정변경의 원칙을 근거로 계약 해제가 가능하다고 본다.

판례

사정변경 원칙을 인정함
사정변경으로 인한 계약 해제는, 계약 성립 당시 당사자가 예견할 수 없었던 현저한 사정의 변경이 발생하고 그러한 사정 변경이 해제권을 취득하는 당사자에게 책임 없는 사유로 생겼으며, 계약내용대로 구속력을 인정하면 신의칙에 현저히 반하는 결과가 생기는 경우 계약 준수 원칙의 예외로 인정된다. 여기서 사정은 계약의 기초가 되었던 객관적인 사정이지, 일방 당사자의 주관적 또는 개인적인 사정을 의미하지는 않는다. 또한 계약의 성립에 기초가 되지 아니하는 사정이 그 후 변경되었더라도 특별한 사정이 없는 한 그 계약 내용을 유지하는 것은 신의칙에 반하지 않는다(대판 2007.3.29., 2004다31302).

ⓒ 그러나 그 이후 사정변경을 이유로 계약 해제권을 인정한 구체적 판례는 아직 없다.

　　　예 갑은 음식점을 영위하기 위해 지방자치단체와 시유지를 매입하는 계약을 체결했다. 그 후 그 토지가 공공용지에 편입되어서 갑은 음식점을 건축할 수 없게 되었다. 이로 인해 갑은 사정변경을 이유로 해당 매매계약을 해제하겠다고 했다. 그러나 대법원은 해제하려면 계약의 기초가 된 객관적인 사정이 현저히 바뀌었어야 하는데 '음식점을 짓겠다'는 것은 갑의 개인적 목적에 불과하므로 사정변경을 이유로 한 계약 해제를 할 수 없다고 판시했다.

② 부수적인 채무의 불이행(해제권 발생 안 함)

　　ⓐ 원칙적으로 급부의무의 불이행인 경우에 계약 해제가 가능하며, 부수적인 채무의 불이행(예 토지거래허가 불이행, 토지매매 시 분묘이장 불이행)은 원칙적으로 계약 전체에 대한 해제권이 발생하지 않는다.

　　ⓑ 그러나 그 부수의무 위반으로 인해 계약 목적을 달성할 수 없거나 특별한 약정이 있는 경우에는 예외적으로 해제할 수 있다.

　　ⓒ 부수적 의무의 판별 기준 : 상사자의 합리적인 의사, 계약의 내용, 목적, 불이행의 결과 등을 고려하여 판단한다.

판례

갑은 10분짜리 회사 홍보물을 제작하는 내용의 계약을 영상물 전문제작업체 을과 납품계약을 체결하였다. 을은 영상 제작을 완성했지만 제작 일정이 다소 지연되어 약속한 날짜에 시사회를 진행하지 못했다. 시사회 준비의무는 이 영상물 제작 공급 계약의 부수의무일 뿐이며, 제작업체가 시사회를 진행하지 못했더라도 갑은 계약을 해제할 수 없다(대판 1996.7.9., 96다14364, 14371).

---

③ 급부의무의 "사소한" 불이행(해제권 발생 안 함)

　　급부의무에서 "사소한" 불이행이 있더라도 신의칙상 해제가 허용되지 않는다.

④ 일부 채무의 불이행(해제권 발생)

　　계약의 일부분을 채무자가 불이행한 경우에 원칙적으로 채권자는 계약 전부를 해제할 수 있다. 단, 가분적인 급부의 이행부분이 채권자에게 유의미하며 그에 대응하는 채권자의 의무를 특정할 수 있으면, 미이행 부분에 상응하는 계약부분만을 해제할 수 있다.

| Ⅱ | 해제권의 행사와 효력

1. 해제권과 그 행사

(1) 의 의

① 해제권이 발생하더라도 해제권을 행사하지 않으면 계약 해제의 효력은 발생하지 않는다.

② 해제권은 상대방에 대한 일방적 의사표시로 행사한다. 또한 소송절차에서 해제권자가 해제의 의사표시를 할 수도 있다.

(2) 해제의 의사표시

① 해제권 행사 여부는 해제권자의 자유이며, 해제권은 상대방에 대한 일방적 의사표시로써 한다.

② 해제의 의사표시는 원칙적으로 조건이나 기한을 붙이지 못한다. 그러나 상대방에게 불이익을 주지 않는 경우에는 예외적으로 조건이나 기한을 붙일 수 있다.

③ 해제의 의사표시가 상대방에게 도달하여 그 효력이 발생한 후에는 상대방이 승낙하지 않는 한 해제의 의사표시를 철회할 수 없다.

④ 해제의 의사표시 자체에 제한능력·착오·사기·강박 등의 사정이 있는 경우에는 취소할 수 있다.

(3) 해지권 / 해제권의 불가분성

① 해제권 행사에 있어서의 불가분성 : 계약 당사자의 일방 또는 쌍방이 수인인 경우에 계약의 해제는 특약이 없는 한 전원으로부터 전원에 대하여 하여야 한다(제547조 제1항). 이 경우 해제의 의사표시를 반드시 공동으로 행사할 필요는 없다.

> 예 갑·을·병 3인이 공동 소유한 주택을 정과 매매계약을 체결하였는데, 정이 갑·을·병·정에게 매매 대금을 지급하였으나 이들이 주택 소유권 이전을 해주지 않을 경우, 정은 갑·을·병 3인에게 모두 계약 해제의 의사표시를 해야 한다. 반대로 갑·을·병이 주택소유권 등기 이전에 필요한 서류를 제공하였으나 정이 주택매매대금을 지급하지 않으면 갑·을·병은 모두 정에 대해 계약 해제의 의사표시를 해야 한다.

② 해제권 소멸에 있어서의 불가분성 : 해제권이 당사자의 1인에 대하여 소멸한 때에는 다른 당사자에 대하여도 소멸한다. 해제권이 소멸하는 원인은 불문한다. 즉, 해제권의 포기로 소멸하든 제척기간의 경과로 소멸하든 불문한다.

③ 제547조는 임의규정이므로 당사자의 특약으로 이를 배제할 수 있다.

판례

하나의 부동산을 수인이 공유하는 경우 각 공유자는 각 그 소유의 지분을 자유로이 처분할 수 있으므로, 공유자 전원이 공유물에 대한 각 그 소유지분 전부를 형식상 하나의 매매계약에 의하여 동일한 매수인에게 매도하는 경우라도 당사자들의 의사표시에 의하여 각 지분에 관한 소유권이전의무, 대금지급의무를 불가분으로 하는 특별한 사정이 없는 한 실질상 각 공유지분별로 별개의 매매계약이 성립되었다고 할 것이고, 일부 공유자가 매수인의 매매대금지급의무불이행을 원인으로 한 그 공유지분에 대한 매매계약을 해제하는 것은 가능하다고 할 것이다(대판 1995.3.28., 94다59745).

---

(4) 해제권의 행사기간

① 법정해제권과 약정해제권을 불문하고 10년의 제척기간에 걸린다(통설).

② 이유 : 해제권을 행사한 결과로서 발생하는 청구권, 즉 원상회복 청구권이나 손해배상청구권의 소멸시효가 10년에 걸리는데, 이런 청구권을 발생하게 한 원인이 되는 해제권을 민법 제162조 제1항에 따라 20년에 걸린다고 하는 것은 불합리하다.

③ 그러나 판례는 해제권과 관련하여 원 계약상의 채무가 소멸하면 해제권을 행사할 수 없다는 입장으로 통설과 달리 보고 있다.

2. 계약해제의 효과 `기출` 13

(1) 해제의 효과(소급효 + 부당이득반환 + 원상회복의무)

① 계약을 해제하는 경우 그 직접적인 효과로서 계약은 처음부터 존재하지 않았던 것처럼 소급적으로 소멸한다.

② 따라서 이행하기 전이면 이행할 필요가 없고, 이행한 후이면 부당이득으로서 반환하여야 하나 제748조에 대한 특칙규정인 제548조에 따라 원상회복의무가 주어진다.

③ 계약 소멸의 효과를 계약 시에 소급하여 소멸하도록 할 것인가 아니면 장래에 향하여 소멸하도록 할 것인가와 연관된 2가지 쟁점

㉠ 원상회복의무의 성격과 범위를 어떻게 이해할 것인가?

㉡ 계약해제로 인한 손해배상청구권 규정의 성질은 무엇인가?

(2) 해제의 효과에 대한 학설

① **직접효력설(통설, 판례)** : 해제권이 행사되면 그 직접적인 효과로서 계약상의 채권 및 채무는 처음부터 존재하지 않았던 것처럼 소급하여 소멸한다. 따라서 이미 이행된 급부는 법률상 원인을 상실하게 되므로 부당이득이 되어 부당이득반환의무를 발생시킨다. 다만, 반환의무의 범위가 현존이익의 한도에 그치지 아니하고 원상회복까지 확대된다고 한다. 원상회복의무를 설명할 수 있지만 손해배상의무를 적절하게 설명하지 못한다.

해제로 인해 계약의 모든 내용이 소급적으로 소멸한다면 채무불이행을 이유로 한 손해배상의 근거가 사라지기 때문이다. 직접효력설은 채권관계가 소급적으로 소멸한 것으로 구성하게 되어 제3자의 권리가 부당하게 침해될 우려가 있는데, 제3자의 보호법리를 내세워 이러한 해제의 소급효를 제한하고 있다(제548조 제1항 단서).

물권적 효과설(판례)은 물권행위의 유인성을 인정하는 견해가 취하는 입장이다. 해제는 채권행위의 효력을 소급적으로 소멸시키는 것뿐만 아니라 물권행위 및 물권변동에도 직접 영향을 미쳐 이를 함께 소멸시킨다고 보기 때문에, 이 입장에 의하면 이전된 물권이 해제로 인해 당연히 복권되며, 상대방은 원상회복시킬 의무가 있다.

그 결과 해제된 계약으로부터 새로운 권리를 취득한 제3자는 해제로 인하여 손해가 발생할 여지가 있어서 이를 보호할 문제가 있으므로 제548조 제1항 단서는 의미있는 규정이라고 본다.

② **간접효력설(채권적 효과설)** : 물권행위의 무인성을 인정하는 견해가 취하는 입장이다. 해제는 채권행위의 효력을 소급적으로 소멸시키는 것뿐이고 물권행위 및 물권변동에는 직접 영향을 미치지 않는다. 이전된 물권이 해제로 인해 당연히 복권되지 않으며, 원상회복시킬 의무가 발생한다. 계약해제로 인해 계약이 소멸하더라도 그것은 채권계약의 소급적 소멸의 효과만을 가지며, 물권행위

(물권적 합의)는 여전히 유효하기 때문에 상대방 명의의 등기를 말소해야만 비로소 원권리자에게 물권이 복귀하게 된다.

그 결과 해제된 계약으로부터 새로운 권리를 취득한 제3자는 해제로 인하여 손해가 발생할 여지는 없으므로 제548조 제1항 단서는 주의적 규정에 불과하다고 본다.

판례

'직접 효과설' 및 '물권적 효과설'에 근거한다.
민법 제548조 제1항 본문에 의하면 계약이 해제되면 각 당사자는 상대방을 계약이 없었던 것과 같은 상태에 복귀케 할 의무를 부담한다는 뜻을 규정하고 있는 바 계약에 따른 채무의 이행으로 이미 등기나 인도를 하고 있는 경우에 그 원인행위인 채권계약이 해제됨으로써 원상회복된다고 할 때 그 이론 구성에 관하여 소위 채권적 효과설과 물권적 효과설이 대립되어 있으나 우리의 법제가 물권행위의 독자성과 무인성을 인정하고 있지 않는 점과 민법 제548조 1항 단서가 거래안정을 위한 특별규정이란 점을 생각할 때 해제되면 그 계약의 이행으로 변동이 생겼던 물권은 당연히 그 계약이 없었던 원상태로 복귀한다(대판 1977.5.24., 75다1394).

---

(3) 해제의 효과에 대한 새로운 학설(청산관계설, 독일의 Larenz)

① 해제 이후에도 계약관계는 소멸하지 않으며 장래를 향해서만 소멸하고, 본래의 계약은 원상회복을 위한 청산관계로 변형된다. 이미 이행된 급부를 원상회복하여야 하지만, 이행하지 않은 급부의무는 소멸한다. 해제 효과로서 발생하는 손해배상의무는 해제 시까지 채무자의 채무불이행으로 인하여 채권자가 입은 손해의 배상의무라고 본다(부당이득반환이 아니라고 봄).

➕ 더 알아보기

청산관계
당사자들이 주고 받은 급부를 되돌려주는 관계

---

② 청산관계설은 독일에서 직수입한 이론이다. 근거로는 제551조에서 계약을 해제하더라도 손해배상 청구가 여전히 가능하다고 규정하기 때문이다. 채무불이행을 이유로 손해배상을 청구하려면 일단 채권 채무관계가 존재해야 한다. 따라서 해제 이후에도 계약관계는 소멸하지 않고 새로운 계약관계로 변형되어 여전히 존재하는 것이라고 본다.

③ 평가 : 청산관계설이 해제 이후에도 계약관계가 여전히 남아 있다고 보는 것은 제551조의 필요성을 설명하지 못한다. 해제로 인해 계약 관계가 소급해서 소멸한다면 채무불이행을 이유로 한 손해배상 청구권은 인정되지 않는다. 그래서 우리 민법은 특별히 제551조를 규정해서 해제 후에도 손해배상 청구가 가능하다는 예외적 조치를 규정한 것이다. 더군다나 제548조 제1항 단서는 해제를 하더라 노 "제3자의 권리를 해하지 못한다"고 규정한다. 이것은 해제를 하면 계약 관계가 처음부터 없었던 것으로 돌아가기 때문에 기 계약을 기초로 이해관계를 맺은 제3자들이 줄줄이 예상하지 못한 손해를 입을 수 있는 것이다. 그러니 제3자 보호규정이 필요한 것이다. 따라서 청산관계설의 논리는 적절하지 않다.

(4) 법률적 구속으로부터의 해방과 원상회복의무

① 계약을 해제하면 이행하지 않은 채무는 이행할 필요가 없게 된다. 즉, 매도인이 아직 목적물을 매수인에게 교부하고 있지 않으면 교부할 의무를 면하고, 매수인은 이제는 대금을 제공해도 매도인에게 이행할 것을 요구하지는 못한다. 한편, 매수인도 대금지급의무를 면한다. 이와 같이 계약의 당사자는 계약에 의한 법률적 구속으로부터 해방된다.

② 계약이 해제되면 각 당사자는 상대방에 대하여 계약이 행하여지지 않았던 것과 같은 법적 상태에 되돌아가게 할 의무를 부담한다(제548조 제1항 본문).

　〔例〕 매도인이 목적물을 이미 매수인에게 교부하고 있는 경우에는 반환을 청구할 수 있고, 만일에 매수인으로부터 대금의 일부를 수령하였다면 그것을 반환하여야 한다.

➕ 더 알아보기

원상회복
법률상 원인이 없는 것을 돌려주는 것

---

③ 계약서에 계약이 해제되면 이러한 원상회복 의무를 부담하여야 한다는 사실을 기재하지 않았다 하더라도 해제의 효과로서 당연히 발생한다.

④ 계약 해제로 인한 원상회복청구권을 보전하기 위한 가등기의 가능 여부

　매도인 갑이 매수인 을과 부동산 매매계약을 체결하였고 매매대금 지급과 소유권 이전등기를 완료한 후에 매수인 을은 이 부동산을 제3자 병에게 매매하여 소유권 이전을 완료하였다. 그런데 매도인 갑이 매매 계약상 을의 채무불이행을 이유로 계약을 해제한 경우 부동산의 소유권을 어떻게 원상회복받을 것인가? 매도인 갑은 당초 매매계약에서 계약 해제로 인한 원상회복의 방법으로 소유권이전등기를 하기로 약정한 경우 그 약정에 따라 원상회복청구권 보전을 위한 가등기를 할 수 있다(판례).

판례

매매계약 당시 계약당사자 사이에 계약이 해제되면 매수인은 매도인에게 소유권 이전등기를 해주기로 하는 약정이 있는 경우에는 매도인은 그 약정에 기해 매수인에 대해 소유권 이전등기절차의 이행을 청구할 수 있다 할 것이고 이 경우의 매도인의 소유권 이전등기청구권은 물권변동을 목적으로 하는 청구권이라 할 것이므로 이러한 청구권은 가등기에 의해 보전될 수 있는 것이다(대판 1982.11.23., 81다카1110).

(5) 원상회복의 범위

① 일반적인 부당이득 반환은 그 범위에 제한이 있다. 선의수익자는 이익이 현존하는 한도에서만 반환하면 충분하다(제748조 제1항).

② 그러나 계약해제로 인한 원상회복의무에는 그러한 제한이 없다. 선의 또는 악의를 불문하고 받은 이익을 모두 돌려주어야 한다. 물건을 받은 사람은 함께 그 사용이익도 반환해야 한다. 그리고 돈을 받은 사람은 그 돈을 받은 날로부터 법정이자(연 5%)를 붙여서 돌려주어야 한다(제548조 제2항). 반환의무의 범위는 현존이익에 한정하지 않고 원상회복으로 확대된다. 물건이 급부되어 있는 경우에는 과실(사용이익)도 반환하여야 한다.

③ 원래의 계약에서 발생한 채권이 양도된 경우에는 그 양수인은 원상회복의무를 진다.

사례분석

자동차운수업자 갑이 을로부터 트럭 1대를 5천만 원에 매매했다. 갑은 이 트럭을 사용하여 1달 동안 300만 원의 수입을 얻었다. 계약체결 1달 후에 계약이 해제되었다면 갑은 트럭과 함께 사용이익인 300만 원을 을에게 돌려주어야 한다. 대신 을은 매매대금 5천만 원과 그 이자(연 5%)를 함께 갑에게 돌려주어야 한다. 물론 이 두 개의 채무는 동시이행의 관계에 있다.

---

(6) 원상회복의무는 민법 제741조의 부당이득반환의무와 그 성질이 같은 것인가?(직접효과설 및 판례)

① 계약 해제로 인해 계약상 의무는 소급적으로 소멸하고, 각 당사자가 그 채무의 이행으로서 수령한 것은 법률상의 원인이 없는 수익이 되는 까닭에 원상회복의무는 부당이득반환의무와 같은 성질의 것이다. 따라서 민법 제548조의 규정을 부당이득에 관한 민법 제741조의 특칙으로 보면 된다(이행지체로 인한 손해배상은 없다).

② 원상회복의무는 법정 채무라고 본다.

③ 손해배상청구는 이행이익의 배상이 원칙이지만 신뢰이익의 배상을 구할 수도 있다.

④ 동시이행의 관계 : 해제로 당사자 쌍방이 부담하는 원상회복의무와 손해배상 의무는 동시이행의 관계에 있다.

(7) 원상회복의무와 부당이득반환의무의 본질은?(청산관계설)

① 계약 해제로 인한 청산관계에서 당사자 간에 이미 이행된 급부내용은 계약 성립 전의 상태로 회복하도록 할 반환의무가 발생한다.

② 청산관계의 내용에는 반환의무, 손해배상의무를 모두 포함하며, 이 청산관계는 채권법적 관계이다.

③ 해제로 인한 원상회복의무는 법정 채무가 아니며, 해제 의사표시로 인한 청산관계로 본다.

④ 원래의 계약에서 발생한 채권이 양도된 경우에는 그 양수인은 유효하게 채권을 취득하게 되고 원상회복의무를 지지 않는다.

(8) 손해배상의무

① 상대방의 채무불이행을 이유로 계약을 해제한 경우 채권자는 손해배상을 청구할 수 있다(제551조).

② 계약이 해제되면 법적 구속으로부터 해방되고 원상회복에 의하여도 전보되지 못하는 손해가 남는 때에는 이를 배상하여야 한다. 이 손해배상은 <u>이행이익</u>을 구하는 것이 원칙이다(대판 1983.5.24., 82다카1667).

> 예 갑이 을로부터 아파트를 10억 원에 매매하는 계약을 체결하였는데 이후 갑이 채무불이행을 이유로 계약을 해제하였다. 그런데 계약 체결 후 해제 시까지 아파트의 시가가 10억 원에서 13억 원으로 상승했다. 이 경우 갑은 매매대금 10억 원을 되돌려 받으면서 시가상승분인 3억 원을 손해배상으로 청구할 수 있다.

③ 해제의 효과와 동시이행 : 계약 해제로 인한 원상회복의무뿐만 아니라 손해배상의무에 대해서도 동시이행의 관계를 인정한다(대판 1996.7.26., 95다25138, 25145).

④ 상대방의 고의, 과실 필요함 : 계약 상대방의 채무불이행을 이유로 한 계약의 해지 또는 해제는 손해배상의 청구에 영향을 미치지 아니하지만, 다른 특별한 사정이 없는 한 그 <u>손해배상책임 역시 채무불이행으로 인한 손해배상책임과 다를 것이 없으므로, 상대방에게 고의 또는 과실이 없을 때에는 배상책임을 지지 않는다</u>(대판 2016.4.15., 2015다59115).

3. 해제의 소급효와 제3자 보호 / 해제권의 소멸

(1) 해제의 소급효

① 계약에 따른 채무의 이행으로 이미 등기나 인도를 하고 있는 경우에 그 원인행위인 채권계약이 해제됨으로써 원상회복된다.

② 우리의 법제는 물권행위의 독자성과 무인성을 인정하고 있지 않는 점과 「민법」 제548조 제1항 단서가 거래안정을 위한 특별규정이다. 따라서 계약이 해제되면 그 계약의 이행으로 변동이 생겼던 물권은 당연히 그 계약이 없었던 원상태로 복귀한다(판례).

③ 제3자의 보호문제 발생 : 당사자 일방이 계약을 해제한 때에는 제3자의 권리를 해하지 못한다(제548조 제1항 단서).

사례분석

부동산매매계약의 해제로 인한 제3자 보호
A(매도인)가 자기 소유의 아파트를 매수인에게 10억 원에 매매했다. A는 이 아파트의 부동산 이전등기까지 해서 매수인에게 소유권 이전을 마쳤는데 그 뒤 계약을 해제하면 그 소유권이 곧장 A에게 돌아온다. 따라서 매수인은 이제 진정한 소유자가 아니므로 등기를 말소해야 한다. 그런데 매수인이 아직 말소등기를 하지 않고 있다면 진정한 소유자는 A이므로 A는 원상회복청구권을 행사할 수 있다.

만약 A가 해제권을 행사하여 해제한 시점에서 그 전에 이미 매수인이 제3자인 B에게 이 아파트 매매계약을 체결하여 소유권 이전등기를 완료했다면, 이 경우 A는 B에게 아파트의 소유권을 되돌려 달라고 주장할 수 없다. 그 이유는 제548조 제1항 단서의 제3자 보호 규정 때문이다. 대신 A는 매수인에게 가액 반환과 함께 손해배상을 함께 청구할 수 있다.

(2) 제548조 제1항 단서의 제3자 보호 규정에서 제3자의 범위

① 제3자에 해당하는 경우 : 해제된 매매계약의 매수인으로부터 목적물을 매수하여 소유권을 취득한 자, 매수인과 매매예약을 체결한 후 그에 기한 소유권이전청구권 보전을 위한 가등기를 마친 사람

② 제3자에 해당하지 않는 경우 : 계약상의 채권을 양도받은 양수인, 건축주 허가명의만을 양수한 자, 계약상의 채권 자체를 압류 또는 전부한 자

③ 제3자 범위에 관한 판례의 기준 : "그 해제된 계약에 대해 해제 전에 새로운 이해관계를 가졌을 뿐 아니라 등기 인도 등으로 완전한 권리를 취득한 자"

사례분석

위 사례에서 만약 제3자 B가 아직 소유권 이전등기를 마치지 않은 상태이고 그저 매수인과 매매계약을 체결한 상태라면 아직 완전한 권리를 취득한 것이 아니다. 이 경우에는 B는 제3자로서 보호받지 못하므로 B는 A에게 아파트를 돌려주어야 한다. 물론 B는 매수인에게 담보책임, 채무불이행책임, 불법행위책임을 물어 손해배상을 청구할 수 있다.

여기서 제3자 B는 선의·악의를 불문한다. 이 점에서 비진의 표시, 통정허위표시 등에서는 '선의'의 제3자만이 보호받는 것과 다르다. 이것은 의사표시 성립 당시에 의사표시에 하자가 있음을 제3자가 알면서도 이해관계를 맺은 경우에는 제3자를 보호할 이유가 없다.

그러나 계약 해제 시에는 당초 원래 법률행위는 적법하게 성립하였고 제3자가 이를 알아차릴 수 있는 의사표시의 하자가 없다. 후에 채무불이행 등의 사유로 원래 계약이 해제되어 소멸된다면 제3자는 예측할 수 없는 손해를 받게 되는 것이므로 제3자의 선의 악의 불문하고 보호받아야 한다.

그런데 A가 계약을 해제했지만 아직 말소등기가 이루어지지 않아서 형식적으로만 매수인 앞으로 등기가 남아 있는 경우에는 판례는 이와 같은 정정등기가 있기 전에 거래한 경우에는 "계약 해제 사실을 몰랐던 경우에만" 보호된다고 판시했다. 즉 A가 이미 계약을 해제한 후에 B가 매수인에게 부동산을 취득하였다면 제3자는 선의인 경우에만 보호된다.

판례

계약 당사자의 일방이 <u>계약</u>을 <u>해제</u>하였을 때에는 계약은 <u>소급하여 소멸</u>하고 각 당사자는 <u>원상회복의 의무</u>를 지게 되나 이 경우 계약 해제로 인한 원상회복 등기 등이 이루어지기 전에는 계약의 해제를 주장하는 자와 양립되지 아니하는 법률관계를 가지게 되었고 <u>계약해제 사실을 몰랐던 제3자에 대하여는 계약해제를 주장할 수 없다</u>(대판 2000.4.21., 2000다584).

[계약해제와 제3자 보호]

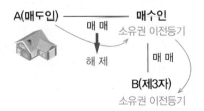

(3) 해제권의 소멸 원칙

해제권은 형성권의 일종으로 10년 제척기간에 걸린다.

① 해제권의 행사의 기간을 정하지 아니한 때에는 상대방은 상당한 기간을 정하여 해제권행사여부의 확답을 해제권자에게 최고할 수 있다. 다만, 이 기간 내에 해제의 통지를 받지 못한 때에는 해제권은 소멸한다(제552조).

② 해제권자의 고의·과실로 인하여 계약 목적물이 현저히 훼손되거나 이를 반환할 수 없게 된 때 또는 가공이나 개조로 인하여 다른 종류의 물건으로 변경된 때에는 해제권은 소멸한다(제553조).

(4) 해제권의 일반적인 소멸사유

① 이행지체로 해제권이 발생하였다 하더라도 채권자가 해제권을 행사하기 전에 채무자가 이행의 제공을 하면 해제권은 소멸한다.

② 당사자 간의 특약 또는 법률의 규정에 따른 행사기간의 경과로 해제권은 소멸한다. 기간의 정함이 없는 경우에도 해제권은 형성권이므로 10년의 제척기간에 걸린다.

③ 해제권은 해제권자의 포기로 소멸되며, 또한 실효의 원칙에 의하여 소멸되기도 한다.

(5) 해제권에 특수한 소멸원인

① 해제권의 행사의 기간을 정하지 아니한 때에는 상대방은 상당한 기간을 정하여 해제권 행사 여부의 확답을 해제권자에게 최고할 수 있다.

② 해제권자의 고의·과실로 인하여 계약의 목적물이 현저히 훼손되거나 이를 반환할 수 없게 된 때 또는 가공이나 개조로 인하여 다른 종류의 물건으로 변경된 때에는 해제권은 소멸한다.

③ 해제권자가 수인이 있는 경우, 그 중 1인에 관하여 해제권이 소멸하면 해제권의 불가분성에 의하여 다른 해제권자의 해제권도 소멸한다.

Ⅰ　계약의 해지

1. 해지의 법적 성질

(1) 의 의

① 계약의 해지란 계속적 채권관계에 있어서 계약의 효력을 장래에 향하여 소멸시키는 계약 당사자의 일방적 의사표시이다.

② 계속적 채권관계에 있어서는 원칙적으로 해지권만 인정되고 해제권은 인정되지 않는다.

③ 계속적 계약 여부의 판단 기준 : 급부의 계속성

　예 계속적 계약 : 임대차, 사용대차, 소비대차, 고용, 위임, 임치, 조합, 종신정기금

　예 일시적 계약 : 매매, 증여, 교환

(2) 법적 성질

① 해지는 일방적 의사표시로서 계약을 소멸시키는 형성권이다.

② 해지는 계속적 채권계약에 한하여 인정되고, 장래에 향하여 효력이 발생한다.

(3) 해지와 해제의 차이점

① 계약의 해지는 오직 장래에 향하여 효력을 발생하는 점에서 계약의 효력을 소급적으로 소멸시키는 해제와 구별된다.

② 해지가 있으면 계약에 의한 법률관계는 해지의 효력이 발생하기 이전에 있어서는 완전히 그 효력을 보유하고 있다. 따라서 이미 행하여진 급부는 반환당하지 않는다. 이 점에서 계약의 해제의 경우에 원상회복의 의무가 생기는 것과 본질적으로 다르다.

구 분	해 제	해 지
공통점	• 형성권 • 약정 또는 법률규정에 의해 발생 • 손해배상청구 가능 • 철회불가	
적용범위	일시적 계약관계에서 인정	계속적 계약관계에서 인정
효 력	계약이 소급적으로 소멸	계약은 장래를 향해서만 소멸
의 무	원상회복의무를 부담	청산의무를 부담

2. 해지권의 종류 : 즉시해지권과 임의해지권

(1) 즉시해지권(민법은 이를 '해지'라고 함)

① 기간 약정이 있는 계속적 채권관계에서 통상적인 종료 전이라도 채권관계를 종료시킬 만한 특별한 사정이 있는 경우에 인정된다.

② 요건 : 사정변경의 원칙에 의한 특별한 사정의 존재

③ 효과 : 해지 즉시 곧장 계약관계가 종료된다.

　예 위임계약에 있어서 상호해지의 자유(제689조 제1항)에 의한 해지

　예 부득이한 사유에 의한 고용계약의 해지(제661조 본문)

(2) 임의해지권(민법은 이를 '계약해지의 통고'라고 함)

① 기간 약정이 없는 계속적 채권관계에서 당사자가 임의로 해지할 수 있기 때문에 특별한 사정을 요구하지 않는다.

② 요건 : 존속기간의 정함이 없어야 한다. 당사자의 채무불이행이 없어도 해지 가능하다.

③ 효과 : 해지 후 상당기간이 경과한 후에 계약관계가 종료된다.

　예 기간 약정이 없는 임대차계약 해지(제635조), 기간 약정이 없는 고용계약 해지(제660조)

| Ⅱ | 해지권의 발생 · 행사 · 효과

1. 해지권의 발생

(1) 해지권의 종류에 따른 발생원인

① 약정해지권의 발생 : 약정해지권은 당사자의 합의에 의하여 발생한다.

② 법정해지권의 발생

　㉠ 민법은 법정해지권의 발생에 관하여 일반적 규정을 두지 않고 각 계약에 따라 개별적 규정을 두고 있을 뿐이다.

　㉡ 제544조 내지 제546조가 법정해지의 경우에도 적용될 수 있는지에 대해서는 긍정설과 부정설(다수설)이 대립된다.

(2) 해지가 인정되는 계약 : 계속적 채권관계(소비대차 · 사용대차 · 임대차 · 고용 · 위임 · 임치 · 조합 · 종신정기금)를 발생시키는 계약에 한정한다.

① 계속적 계약과 일시적 계약의 구별 기준인 '급부의 계속성'은 상대적 개념이며 이들 전형계약이 언제나 계속적 채권관계를 발생시키는 것은 아니다. 구체적인 경우에 계속적 채권관계여부를 검토 · 판단하여 그에 따라 해지권을 인정할 것인가를 결정하여야 한다.

　예 증여는 일시적 채권관계이나 정기증여는 계속적 채권관계에 속한다.

② 계속적 채권관계에 있어서는 언제나 해지만이 있을 수 있고 해제는 문제되지 않는다고 속단하여서는 안 된다. 해지는 계속적 계약에 있어서도 채무자가 채무내용에 따라 이행을 하기 시작한 후에 있어서만 문제되는 것이기 때문이다.

　　예 임대차나 고용과 같은 계속적 계약에 있어서도 임대인이 목적물을 인도하기 전에 또는 노무자가 노무를 제공하기 전에 어떤 사유로(즉, 채무불이행을 이유로 하여) 계약을 해소하게 되는 때에는 그것은 해지가 아니라 해제이다.

③ 계속적 채권관계에서 1회의 급부가 지체되거나 불능인 경우 언제나 채권관계를 유지하는 것이 어려운 것은 아니다. 따라서 계속적 채권관계에서 채무자의 귀책사유에 의한 급부장애가 계속되거나, 중대한 시점에 채무를 불이행하여 당사자 간 신뢰관계가 유지될 수 없을 정도로 파괴된 경우에만 해지권을 인정하여야 한다.

(3) 계속적 계약에서 존속기간을 정한 경우에도 "중요한 사유"가 있으면 해지할 수 있다.

① "부득이한 경우"에 해지권을 인정한 사례 : 고용, 임치, 위임

판례

민법 제661조 소정의 '부득이한 사유'라 함은 고용계약을 계속하여 존속시켜 그 이행을 강제하는 것이 사회통념상 불가능한 경우를 말하고, 고용은 계속적 계약으로 당사자 사이의 특별한 신뢰관계를 전제로 하므로 고용관계를 계속하여 유지하는 데 필요한 신뢰관계를 파괴하거나 해치는 사실도 부득이한 사유에 포함되며, 따라서 고용계약상 의무의 중대한 위반이 있는 경우에도 부득이한 사유에 포함된다(대판 2004.2.27., 2003다51675).

② "부득이한 사유의 구체화" : 소비대차에서 차주의 사망 또는 파산(제614조), 임대차 목적물의 일부 멸실(제627조), 임대차에서 임차인의 파산(제637조), 위임에서 일방의 사망 또는 파산, 수임인의 성년후견개시의 심판(제690조)

③ **채무불이행을 이유로 계속적 채권계약을 해지할 수 있는 경우(당사자 간 신뢰관계를 파괴하는 사유)** : 소비대차와 임대차에서 무단전대, 임차인의 의사에 반하는 임대인의 보존행위, 임대차에서 2기의 차임지체, 고용에서 권리의무의 무단양도, 고용에서 노무자에게 요구되는 특수한 기능의 결여

④ 비전형계약 중에서 계속적 계약에는 민법의 해지의 법리를 적용한다.

　　예 계속적 보증계약, 계속적 물품공급계약(대리점, 특약점 등), 계속적 금융거래계약, 리스계약, 전속계약

⑤ 계속적 계약을 체결한 후 사정변경이 있으면 계약을 해지할 수 있다.

판례

회사 임원, 직원의 지위에 있기 때문에 회사 요구로 부득이 회사와 제3자 사이의 계속적 거래로 인한 회사 채무에 대하여 보증인이 된 자가 그 후 회사로부터 퇴사하여 임원, 직원의 지위를 떠난 때에는 보증계약성립 당시의 사정에 현저한 변경이 생긴 경우에 해당하므로 사정변경을 이유로 보증계약을 해지할 수 있다(대판 1990.2.27., 89다카1381).

특약점계약상의 경업금지의무 이행을 전제로 계속적 계약에 해당하는 별개의 약정을 체결한 경우, 위 경업금지의무 위배가 계속적 계약인 위 약정의 해지사유에 해당한다(대판 1995.3.24., 94다17826).

⑥ 계약유형의 특유한 성질로 인하여 해지권이 인정되는 경우 : 고용관계의 고착화를 방지하기 위한 해지(제659조), 위임의 상호 해지의 자유(제689조)

2. 해지권의 행사

(1) 해지권은 상대방에 대한 일방적인 의사표시로 행사한다.

(2) 해지의 의사표시가 상대방에게 도달하면 이를 철회하지 못한다.

(3) 해제권의 불가분의 원칙은 해지권에도 동일하게 적용된다(제547조 제2항).

(4) 제544조의 최고는 해지권에서는 일반적으로 요구되지 않는다.

3. 해지의 효과

(1) 계약이 해지되면 장래를 향한 채권관계가 소멸하고, 청산의무가 발생한다.

(2) 소급효가 없으므로 당사자 사이에 해지 이전에 이미 이행된 급부는 그대로 유효하다.

(3) **목적물의 반환의무** : 사용대차계약, 임대차계약 등이 해지되면 계약관계의 종료로 더 이상 수익 사용할 권리가 존재하지 않으므로 목적물을 반환해야 한다.

(4) 계약의 해지는 손해배상청구에 영향을 미치지 않는다. 따라서 손해배상 청구가 가능하다. 그러나 해지할 경우 원상회복의무는 없다(현실에서 원상회복비용이 손해배상금액보다 큰 경우가 있어서 이 점이 중요하다).

PART 2

合格의 公式 SD에듀 www.sdedu.co.kr

계약각론[전형계약(15개)과 비전형계약]

- 재산권 설정·이전·급부를 목적으로 하는 계약 : 증여, 매매, 교환
- 타인의 물건·재산권의 경제적 이용 : 소비대차, 사용대차, 임대차
- 노동력의 공급을 목적으로 하는 계약(작위채권의 발생) : 고용, 도급, 여행, 위임
- 물건의 보관을 목적으로 하는 계약 : 임치
- 단체의 결성을 목적으로 하는 계약 : 조합
- 화해 - 분쟁의 해결, 종신정기금 - 노후생활보장
  (화해, 종신정기금은 타인의 물건·재산권의 경제적 이용의 특질을 갖고 있음)

배우기만 하고 생각하지 않으면 얻는 것이 없고, 생각만 하고 배우지 않으면 위태롭다.

- 공자 -

01 | 재산의 이전에 관한 계약

제1절 증여(贈與)

| Ⅰ | 의의 / 성질 / 효력

1. 의 의

(1) 개 념

① 증여 : 당사자의 일방(증여자)이 무상으로 재산을 상대방(수증자)에게 수여하는 의사를 표시하고, 상대방이 이를 승낙함으로써 성립하는 민법상 전형계약이다.

② 증여자 일방의 의사표시만으로 상대방에게 재산의 취득을 강요할 수 없기 때문에 상대방의 승낙이 있어야 성립하는 계약으로 규정한 것이다.

③ 재산을 주는 사람을 증여자, 받는 사람을 수증자라고 한다.

　예 부모가 자식에게 재산을 주는 행위, 신자가 교회에 헌금을 하는 행위, 대학교에 장학금으로 기부하는 행위

④ 수증자의 승낙의 의사표시가 있어야 성립하므로, 승낙을 할 수 없는 태아나 아직 성립되지 않은 단체에 대한 증여의 의사표시는 그 효력이 생기지 않는다.

(2) 유언·사인증여·유증·증여·상속의 차이

① 유언 : 법적으로 유언은 유언자가 자신의 사망과 동시에 일정한 법률효과를 발생시킬 목적으로 행하는 상대방 없는 단독행위이자 요식행위이다. 사인증여와는 달리 반드시 일정한 방식에 따라 행해야 하는 요식행위이다.

② 사인증여(死因贈與, 계약의 일종) : 사인증여는 증여계약을 체결한 시점부터 그 효력이 발생하는 일반증여와 달리, 증여자의 사망으로 효력이 발생하는 차이가 있다.

③ 유증(遺贈, 상대방 있는 단독행위) : 유언이라는 방식으로 대가 없이 상대방에게 재산이나 재산상의 이익을 주는 것이다(단독행위).

④ 유증(유언증여, 단독행위) : 증여자가 사망해야만 소유권이 넘어가는 것이지만 증여(생전증여, 계약)는 증여자가 살아있을 때 소유권을 미리 넘겨주는 것이다.

⑤ 포괄유증과 특정유증

　㉠ 포괄유증(包括遺贈) : 유증에 의해 유증자의 재산이 수증자에게 당연히 포괄적으로 이전한다. 유언자의 사망으로 유증자의 재산은 모두 상속인에 이전하고, 그 후 상속인이 유증의무자로서 수증자와의 양도행위에 의하여 재산권을 취득하게 된다. "포괄유증을 받은 자는 상속인과 동일한 권리의무가 있다(제1078조)." 따라서 수증자와 상속인 사이에는 공동상속인 상호간의 법률관계가 생긴다.

ⓒ **특정유증(特定遺贈)** : 특정한 재산(물건, 권리)이나 이익을 대가없이 상대방에게 주는 것이다. 특정유증을 하면 대상이 된 물건이나 권리는 일단 상속인에게 귀속하게 되고 그 물건이나 권리를 받을 수증자는 상속인(유증의무자)을 상대로 유증을 이행할 것을 청구할 수 있는 채권을 취득하게 된다(채권적 효력). 이 청구권을 행사하여 이행이 완료되면 수증자에게 재산이나 권리가 귀속하게 된다.

⑥ **유증과 상속의 차이** : 유언으로 재산이 분배되는 것이 유증, 유증 후 남은 재산을 법정 상속분에 따라 분배하는 것이 상속이다. 단, 유증으로 인해 상속인이 유증이 없었을 때 법적으로 받을 수 있었던 재산보다 50% 이상 적게 상속받게 되는 경우, 상속인은 단독 또는 다른 공동상속인과 함께 자신의 상속권을 침해한 유증 수증자에게 유류분 반환청구를 할 수 있다.

⑦ **유증과 사인증여의 차이**

사인증여는 증여계약의 일종이고, 유증은 유언의 방식을 통해서만 행해지는 유언자 단독의 의사표시이다. 사인증여는 증여 계약의 일종으로 증여자와 수증자가 모두 계약에 동의해야 하므로 수증자가 사인증여와 관련된 내용을 모르고 있거나 동의하지 않는다면 사인증여는 이루어지지 않는다. 그러나 유증은 단독행위이므로 수증자가 유증의 내용을 몰랐어도 유증자 사망 후 유언집행자가 유증을 집행할 수 있다.

2. 법적 성질 : 무상 · 낙성 · 불요식 · 채권의 계약

(1) 무상계약

① 무상으로 주는 것이지만, 수증자가 받는 것을 수락해야만 증여가 이루어지기에 단독행위가 아닌 계약이다.

② 무상으로 타인에게 재산을 수여하는 경우에도 단독행위인 유증이나 채무면제는 증여가 아니다.

③ **무상** : 수증자로부터 대가(반대급부)를 받지 않고 일방적으로 재산적 이익을 주는 것이다.

④ 수증자가 어떤 부담 또는 의무를 지는 경우에도 그것이 대가관계에 있지 않을 때에는 무상 증여가 된다.

　예 매매 대금이 시세 가격보다 현저하게 낮은 경우에도 당사자 간 급부가 대가관계에 있는 한 증여가 아니라 매매이다.

(2) 낙성계약

① 증여는 당사자의 의사의 합치만으로 성립한다는 점에서 낙성계약이며, 타인의 재산도 증여의 목적으로 할 수 있다.

② 증여는 채권계약이다. 증여자가 재산급여의 의무를 부담할 뿐이므로, 자기에게 속하지 않는 타인의 재산이라도 증여의 목적으로 할 수 있다. 증여자는 이러한 경우 타인의 재산을 취득하여 상대방에게 급부할 의무를 진다.

(3) 불요식계약

① 증여는 불요식 행위이지만 증여의 의사가 서면으로 표시되지 아니한 경우에는 각 당사자는 이를 해제할 수 있다.

② 법률관계를 명확히 하기 위하여 현실적으로 증여계약서를 작성한다 하더라도 이것이 증여계약의 성립요건은 아니다.

(4) 채권계약

① 증여는 채권계약이므로 증여자가 재산급여 의무를 부담할 뿐이다. 따라서 타인의 재산이라도 증여의 목적으로 할 수 있다. 증여자는 이 경우 타인의 재산을 취득하여 상대방에게 급부할 의무를 진다.

② 증여자는 계약에 의하여 부담하는 의무를 그 내용에 좇아 이행해야 한다. 재산권 이전이 증여 목적이라면, 인도, 등기, 양도통지 등을 통하여 종국적으로 그 재산권을 이전해야 한다.

판례

물권변동에 관하여 형식주의를 채택하고 있는 현행 민법의 해석으로서는 부동산 증여에 있어서 이행이 되었다고 함은 그 부동산의 인도만으로써는 부족하고 이에 대한 소유권이전등기절차까지 마친 것을 의미한다(대판 1977. 12.27., 77다834).

기독교의 신도가 그가 적을 두고 있는 교회에 대하여 특정된 재산을 "연보"하였다거나 그 신앙의 대상이 되는 신인 "하나님"께 바쳤다고 한다면 특히 그 재산권의 사용 권한을 교회에 제공하는 것이라는 명확한 표시가 없는 이상 그 재산 자체를 증여한 것이라고 보는 것이 상당하다(대판 1975.7.30., 74다1844).

부모가 자식에게 재산의 명의를 이전하여 준 이후에도 그 재산에 대한 관리·처분권을 계속 행사하였다고 해서 곧바로 이를 증여가 아닌 명의신탁이라고 단정할 수는 없다(대판 2010.12.23., 2007다22859).

기부채납은 기부자가 그의 소유재산을 지방자치단체의 공유재산으로 증여하는 의사표시를 하고 지방자치단체는 이를 승낙하는 채납의 의사표시를 함으로써 성립하는 증여계약이고, 증여계약의 주된 내용은 기부자가 그의 소유재산에 대하여 가지고 있는 소유권 즉 사용·수익권 및 처분권을 무상으로 지방자치단체에게 양도하는 것이므로, 증여계약이 해제된다면 특별한 사정이 없는 한 기부자는 그의 소유재산에 처분권뿐만 아니라 사용·수익권까지 포함한 완전한 소유권을 회복한다(대판 1996.11.8., 96다20581).

---

3. 증여의 효력

(1) 증여자의 의무

① **계약 이행 의무** : 증여자는 계약을 이행하여야 한다.

　　예 동산인 목적물을 인도하여야 하고, 부동산인 경우에는 이전등기와 함께 목적물을 현실적으로 명도하여야 한다. 채권양도의 경우에는 대항요건을 갖추어야 한다.

② **선관주의 의무** : 증여의 목적물이 특정물인 경우 제374조에 따라 증여자는 증여계약이 성립한 때로부터 그 목적물을 선량한 관리자의 주의로 보관하여야 하는지에 관해 긍정설과 부정설이 대립한다.

(2) 증여자의 담보책임

① 상대방에 대하여 부담 있는 증여에 대하여는 증여자는 부담의 한도에서 매도인과 같은 담보의 책임이 있다. 부담부 증여는 매매 등 유상계약과 유사하기 때문이다.

② 원칙 : 증여자는 증여의 목적물인 물건 또는 권리의 하자나 흠결에 대하여 책임지지 않는다. 그러나 증여의 목적물이 불특정물이거나 일정한 금액인 경우에는 특별한 의사표시가 없는 한, 흠결 없는 완전물 급부의무가 있다(통설).

③ 예외 : 증여자가 그 하자나 흠결을 알고서 수증자에게 고지하지 아니한 때에는 증여자는 담보책임을 진다(제559조 제1항 단서). 수증자가 물건이나 권리가 완전한 것이라고 믿었기 때문에 받은 손해를 배상해야 한다.

④ 증여자의 담보책임은 매도인의 담보책임 규정을 유추적용한다. 따라서 담보책임의 존속기간은 1년의 제척기간에 걸린다.

⑤ 증여자의 담보책임은 수증자가 목적물에 대하여 하자나 흠결이 없다고 믿었기 때문에 입은 손해(신뢰이익의 손해)의 배상이 된다.

⑥ 부담부 증여의 경우에 증여자는 매도인과 동일한 담보책임을 진다(제559조 제2항).

⑦ 제559조는 임의규정이므로 당사자의 특약으로 증여자의 담보책임을 인정할 수 있다.

4. 특수한 형태의 증여

(1) 부담부 증여의 법적 성질 [기출] 21

① 의의 : 부담부 증여(상대부담이 있는 증여)는 수증자가 증여를 받으면서 일정한 급부를 하기로 하는 증여이다(제561조).

② 부담부 증여는 증여와 부담이 서로 주종의 관계에 서면서 결합하여 하나의 계약을 이룬다. 증여가 무효이면 부담도 당연히 무효가 된다. 부담의 무효는 증여의 효력에 반드시 영향을 주지 않는다.

③ 부담은 법률행위의 일부로서 부가된 것이라는 의미에서 부관이라 부르고, 조건 기한도 같은 범주에 속하는 것이지만, 부담부 증여에서는 증여로서의 효력은 이미 발생한 점에서 조건 기한과는 구별된다.

④ 부담부 증여에서 부담의 내용을 이루는 급부는 급부로서의 일반요건 즉 적법성, 가능성, 확정성의 내용을 구비하면 된다.

　　예 하천점용 및 공작물설치 허가에 의하여 원고가 비용을 들여 준공한 공작물의 기부채납약정에 하천점용료가 위 공작물 정산설계액에 달할 때까지 토사채취허가를 그 점용료 면제하에 하여 주기로 하는 부담을 붙인 것은 유효하다.

⑤ 기부의 법적 성격 : 기부는 사회공익 또는 공공을 위한 목적으로 종교단체, 시민단체, 자선단체, 교육단체 등에게 이루어지는 무상의 출연행위를 말한다. 기부는 통상의 증여와 거의 같으며, 특히 <u>수증자가 증여받은 재산을 일정한 공익적 목적에 사용할 의무를 부담하는 경우는 부담부 증여가 될 수 있다</u>.

(2) 부담부 증여에서 해제권 인정(소급효 인정) _{기출} 21

① 부담부 증여에 대하여는 증여의 규정 이외에 쌍무계약에 관한 규정이 준용된다. 준용 규정은 동시이행의 항변권(제536조), 채무자위험부담주의(제537조), 채권자 귀책사유로 인한 이행불능(제538조) 조항이다. 따라서 부담부 증여에 있어 부담의무가 있는 상대방(수증자)이 자신의 부담의무를 이행하지 않은 때에는 비록 증여계약이 이행되어 있더라도 그 계약을 해제할 수 있고, 민법 제555조 및 제558조는 적용되지 않는다. 이 경우 해제의 소급효가 있다.

② 비서면 증여계약 해제를 정한 민법 제555조의 해제의 본질은 철회에 해당하고 부담부 증여계약의 경우도 증여에 관한 해제조항은 적용되지만, 부담의 이행이 완료된 이후에는 증여자가 민법 제555조에 의한 해제권을 행사할 수 없다(대판 2022.9.29., 2021다299976, 299983).

③ 수증자가 부담의 이행을 완료한 경우에도 민법 제555조에 따라 부담부 증여계약을 해제할 수 없다.

판례

상대부담 있는 증여에 대하여는 민법 제561조에 의하여 쌍무계약에 관한 규정이 준용되어 부담의무 있는 상대방이 자신의 의무를 이행하지 아니할 때에는 비록 증여계약이 이미 이행되어 있다 하더라도 증여자는 그 계약을 해제할 수 있고, 그 경우 민법 제555조와 제558조는 적용되지 아니한다. 피고가 위 부담의무를 이행하지 아니할 뿐만 아니라, 그 부담 사실 자체를 부정하고 있는 사실이 있고, 비록 원고가 이미 이 사건 토지에 관하여 피고에게 소유권이전등기를 마쳐주었다 하더라도 원고는 피고의 부담의무 불이행을 이유로 이 사건 토지에 관한 증여계약을 해제할 수 있다(대판 1996.1.26., 95다43358).

사례분석

2020년 5월 갑은 자신의 남편을 을의 이사 겸 이사장으로 추대하고 자신의 아들 2명을 을의 교직원으로 채용할 것을 조건으로 갑의 소유인 X토지를 을 학교법인에게 증여하고 을이 이를 이행하지 않을 경우 위 토지를 갑에게 반환하기로 약정하였다. 2020년 7월 갑은 X토지를 증여를 원인으로 을 앞으로 소유권이전등기를 경료했다. 그런데 을이 위 부담의무를 이행하지 않자 갑은 을과의 증여계약을 해제하고 X토지의 소유권이전등기의 말소를 청구하였다.
1. 이에 대하여 을은 민법 제558조에 의해 증여계약의 해제는 이미 이행한 부분에 대하여는 영향을 미치지 않는데 본 건에서 증여의 목적물이 이미 수증자인 을 앞으로 소유권이전등기가 마쳐졌다는 이유로 갑의 청구를 거절하였다. 갑, 을 중 누구의 주장이 옳은가?
2. 만약 갑이 증여계약을 해제하기 전에 을이 X토지를 제3자 병에게 매도하였다면, 그 후에 갑이 증여를 해제하여 X토지를 반환받을 수 있는가?(병의 선의 또는 악의 여부를 나누어 설명하시오)

1. 이 사례는 증여 중에서도 특수한 증여의 하나인 부담부 증여의 문제이다.
(1) 갑이 을에게 한 증여, 부담부 증여인 경우 의무가 있는 상대방인 을이 부담의무를 이행하지 않은 경우에 증여계약의 해제가 가능한지의 여부
피고는 ① 원고의 남편을 피고 학원의 이사 겸 이사장으로 추대하고, ② 원고의 아들 2인을 피고 학원 산하의 학교 교직원으로 채용하고, ③ 이 사건 토지 및 그와 함께 원고가 피고에게 증여 또는 매도한 토지들의 증여 및 매매로 인한 조세공과금은 피고가 책임지기로 하고, 피고가 위 세 가지 약속을 이행하지 아니할 때는 기증받은 토지를 원고에게 반환하기로 약정하였다고 인정하였는 바, 이는 부담부 증여계약이 성립한다. 상대부담 있는 증여에 대하여는 민법 제561조에 의하여 쌍무계약에 관한 규정이 준용되어 부담의무 있는 상대방이 자신의 의무를 이행하지 아니할 때에는 비록 증여계약이 이미 이행되어 있다 하더라도 증여자는 그 계약을 해제할 수 있다. 따라서 부담의무가 있는 을이 자신의 의무를 이행하지 않았으므로 비록 증여계약이 이행되어 있더라도 그 계약을 해제할 수 있다(대판 1997.7.8., 97다2177).

(2) 을이 주장하는 민법 제558조의 적용여부

상대부담 있는 증여에 대하여는 민법 제561조에 의하여 쌍무계약에 관한 규정이 준용되어 부담의무 있는 상대방이 자신의 의무를 이행하지 아니할 때에는 비록 증여계약이 이미 이행되어 있다 하더라도 증여자는 그 계약을 해제할 수 있고, 그 경우 민법 제555조와 제558조는 적용되지 아니한다(대판 1996.1.26., 95다43358). 따라서 이미 이행한 부분에 있어서 민법 제558조가 적용되지 않으므로 갑은 소유권이전등기의 말소청구를 할 수 있다.

(3) 결론 : 갑이 증여한 부담부 증여에 대하여 을이 부담의무를 행하지 않은 경우는 이미 증여가 이행한 후라고 하더라도 이는 증여의 예외적인 경우에 해당하므로 을이 주장하는 민법 제558조는 적용되지 않는다. 따라서 갑은 을이 이행하지 않은 부분에 대하여 계약을 해제하고 소유권이전등기의 말소를 청구할 수 있다.

2. 해제의 제3자에 대한 효력(제3자 보호 문제) 기출 21
(1) 계약의 해제는 제3자의 권리를 해하지 못한다(제548조 제1항 단서). 이 규정은 합의해제에도 유추적용된다. 즉 합의해제도 제3자의 권리를 해하지 못한다.

(2) 제548조 제1항 단서의 제3자의 범위(의미)
① 원칙적으로 해제의 의사표시가 있기 이전에 해제된 계약에서 생긴 법률적 효과를 기초로 하여 새로운 이해관계를 가졌을 뿐 아니라 등기·인도 등으로 대세적 효력을 가지는 완전한 물권적 권리를 취득한 자를 말한다. "계약의 합의해제에 있어서도 민법 제548조의 계약해제의 경우와 같이 이로써 제3자의 권리를 해할 수 없으나, 그 대상부동산을 전득한 매수자라도 완전한 권리를 취득하지 못한 자는 위 제3자에 해당하지 아니한다(대판 1991.4.12., 91다2601)."
② 통설·판례는 제3자의 범위에 해제의 의사표시가 있은 후 그 해제에 기한 말소등기가 있기 이전에 이해관계를 갖게 된 선의의 제3자도 포함시킨다. "계약해제 시 계약은 소급하여 소멸하게 되어 해약당사자는 각 원상회복의 의무를 부담하게 되나 이 경우 계약해제로 인한 원상회복등기 등이 이루어지기 이전에 해약당사자와 양립되지 아니하는 법률관계를 가지게 되었고 계약해제 사실을 몰랐던 제3자에 대하여는 계약해제를 주장할 수 없고, 이 경우 제3자가 악의라는 사실의 주장·입증책임은 계약해제를 주장하는 자에게 있다(대법원 2005.6.9., 2005다6341)."

(3) 결론 : 위 사안에서 갑이 증여계약을 해제하고 원상회복을 청구하였으므로 본 증여계약은 소급적으로 소멸한다. 그런데 을은 X 토지를 제3자인 병에게 매도하여 소유권이전등기까지 마쳤는데 만약 병이 위 증여계약 해제 사실을 알지 못한 선의의 제3자인 경우라면 증여계약 해제의 효과를 제3자 병에게 주장할 수 없다. 그러나 만약 제3자 병이 악의인 경우라면 증여계약 해제의 효과를 병에게 주장할 수 있으므로 병은 X토지를 갑에게 이전해주어야 할 소유권 원상회복 의무를 부담한다.

(3) 정기증여

① 정기증여란 정기적으로 무상으로 재산을 주는 증여를 말한다. 따라서 계속적 채권관계의 성질을 가진다.

② 정기증여는 증여자 또는 수증자가 사망한 때에는 그 효력을 잃는다(제560조).

(4) 사인증여

① 사인증여는 증여자의 사망으로 인하여 효력이 생기는 증여이다.

② 사인증여는 무상으로 수증자에게 재산을 준다는 점에서는 증여와 같지만, 실제로 재산을 감소당하는 자는 증여자 자신이 아니라 상속인이다.

③ 상속인의 재산을 희생해서 증여하는 것이므로 유증과 비슷하다.

④ 사인증여는 사실상 계약의 형태로서 유증을 하는 것인데, 때문에 민법은 사인증여에 유증에 관한 규정을 준용한다고 정하고 있다(제562조).

⑤ 민법은 '유증에 관한 규정을 준용한다.'고 정하고 있어, 유증에 관한 모든 규정이 그대로 사인증여에도 준용되는 것처럼 보이나, 우리 대법원은 다르게 해석하고 있다. 유증의 효력에 관한 규정(민법 제1072조 이하)는 사인증여에도 준용하지만, 능력(민법 제1061~제1063조), 방식(민법 제1065조 이하), 승인과 포기(민법 제1074~제1077조)는 사인증여에 준용되지 않는다고 본다. 또한 포괄적 유증을 받은 자의 권리의무 · 규정(민법 제1078조)도 사인증여에는 준용되지 않는다.

⑥ 유언(유증)의 효력에 관한 민법 규정은 사인증여계약에도 준용된다. 제562조는 사인증여에 관하여는 유증에 관한 규정을 준용하도록 규정하고 있지만, 유증의 방식에 관한 민법 제1065조 내지 제1072조는 그것이 단독행위임을 전제로 하는 것이어서 계약인 사인증여에는 적용되지 아니한다.

판례

민법 제562조가 사인증여에 관하여 유증에 관한 규정을 준용하도록 규정하고 있다고 하여, 이를 근거로 포괄적 유증을 받은 자는 상속인과 동일한 권리의무가 있다고 규정하고 있는 민법 제1078조가 포괄적 사인증여에도 준용된다고 해석하면 포괄적 사인증여에도 상속과 같은 효과가 발생하게 된다. 그러나 포괄적 사인증여는 낙성 · 불요식의 증여계약의 일종이고, 포괄적 유증은 엄격한 방식을 요하는 단독행위이며, 방식을 위배한 포괄적 유증은 대부분 포괄적 사인증여로 보여질 것인바, 포괄적 사인증여에 민법 제1078조가 준용된다면 양자의 효과는 같게 되므로, 결과적으로 포괄적 유증에 엄격한 방식을 요하는 요식행위로 규정한 조항들은 무의미하게 된다. 따라서 민법 제1078조가 포괄적 사인증여에 준용된다고 하는 것은 사인증여의 성질에 반하므로 준용되지 아니한다고 해석함이 상당하다(대판 1996.4.12., 94다37714, 37721).

민법 제562조는 사인증여에 관하여는 유증에 관한 규정을 준용하도록 규정하고 있지만, 유증의 방식에 관한 민법 제1065조 내지 제1072조는 그것이 단독행위임을 전제로 하는 것이어서 계약인 사인증여에는 적용되지 아니한다(대판 2001.9.14., 2000다66430, 66447).

증여자와 수증자의 관계가 피상속인과 상속인의 관계에 있다하여 이를 특별한 사정이 없는 한 유증 내지는 사인증여의 의미로 보아야 한다고 할 수는 없다(대판 1991.8.13., 90다6729).

Ⅱ │ 증여계약의 해제 기출 17

1. 증여계약 해제의 본질(제555조, 제556조, 제557조의 해제는 소급효 없음)

(1) 민법 제555조, 제556조, 제557조의 해제는 특수한 철회의 일종으로서 본래 의미의 해제와는 그 성격이 다르다.

　예 증여자가 증여계약 이행의 일환으로 토지를 수증자에게 인도하여 사용수익권을 부여한 이상, 증여자의 상속인의 해제 의사표시가 있기 전 수증자의 점유는 부당이득의 기초가 되는 무단점유에 해당하지 않는다.

(2) 증여계약의 해제권은 증여자가 해제원인 있음을 안 날로부터 6월을 경과하거나 증여자가 수증자에 대하여 용서의 의사를 표시한 때에는 소멸한다.

2. 증여계약의 해제 원인(1) – 비서면증여의 해제

(1) 증여의 의사가 서면으로 표시되지 않은 경우(비서면증여) 증여계약의 해제

① 증여의사가 서면으로 표시되지 않은 경우에는 각 당사자(즉 증여자와 수증사 모두)는 증여계약을 해제할 수 있다(제555조).

② 해제의 의사표시의 상대방은 증여계약의 상대방 당사자이며, 증여목적물의 전득자와 같은 제3자는 그 상대방이 될 수 없다.

③ **증여계약의 해제는 일종의 특수한 철회이고 본래적 의미의 해제가 아니므로, 형성권의 제척기간(10년)의 적용을 받지는 않는다.**

④ 이 경우의 해제는 이미 이행한 부분에 대하여는 영향을 미치지 않는다(제558조).

⑤ 민법 제555조에서 서면에 의한 증여에 한하여 증여자의 해제권을 제한하고 있는 입법취지는 증여자가 경솔하게 증여하는 것을 방지함과 동시에 증여자의 의사를 명확히 하여 후일에 분쟁이 생기는 것을 피하려는 데 있다.

⑥ 증여계약서의 작성은 증여계약의 성립 요건이 아니다. 증여자가 자기의 재산을 상대방에게 준다는 '증여의사'가 서면에 나타나는 것으로 족하다. 수증자의 수증의 의사표시가 서면에 기재되어 있을 것을 요하지 않는다.

⑦ 증여의 의사표시는 서면상 수증자에 대한 관계에 있어서 표시되어야 하며, 증여자의 제3자에의 서면이나 증여자 자신의 내부관계에서 작성된 서면만으로는 부족하다. 서면 자체는 매도증서로 되어 있더라도 그것이 증여를 목적으로 하는 경우에는 증여의 서면에 해당한다.

(2) 서면에 의하지 아니한 증여는 '이미 이행한 부분'에 대해서는 해제할 수 없다(제558조).

① 이행 : 증여자가 약속대로 재산을 수증자에게 주는 것이다.

② 이행의 판단 기준

　㉠ 동산의 증여 : 인도를 해야 이행이 된다. 현실인도, 간이인도, 점유개정, 반환청구권의 양도 등의 방법이 모두 가능하다.

　㉡ 부동산의 증여 : 그 이행을 위해서는 반드시 계약서를 작성해야 하므로 당사자는 계약서 작성 전까지만 해제할 수 있다.

③ 현실증여는 증여 의사와 인도가 동시에 이루어지는 것이므로 제558조는 적용되지 않는다.

＋　더 알아보기

현실증여
증여계약과 동시에 출연행위가 이루어지는 증여이다. 물권행위와 채권행위가 동시에 하나의 행위로 합쳐져서 행하여진 것으로 본다.

④ 민법 제555조 소정의 서면에 의하지 아니한 증여는 각 당사자가 이를 해제할 수 있고 그 해제의
의사표시는 묵시적으로 가능하더라도 당사자가 단순히 변론에서 상대방의 주장사실을 다투는 것과
독립된 항변사유인 해제의 주장을 하는 것과는 엄연히 구별된다.

판례

민법 제555조 소정의 증여의 의사가 표시된 서면의 작성시기에 관하여는 법률상 아무런 제한이 없으므로 증여계약이 성립한 당시에는 서면이 작성되지 않았다 하더라도 그 후 위 계약이 존속하는 동안 서면을 작성한 때에는 그때부터 서면에 의한 증여로서 당사자가 임의로 이를 해제할 수 없다(대판 1992.9.14., 92다4192).

민법 제555조에서 말하는 증여계약의 해제는 민법 제543조 이하에서 규정한 본래 의미의 해제와는 달리 형성권의 제척기간의 적용을 받지 않는 특수한 철회로서, 10년이 경과한 후에 이루어졌다 하더라도 원칙적으로 적법하다(대판 2009.9.24., 2009다37831).

증여계약에 따른 권리의무가 증여자의 사망 시에 상속되지 아니하는 일신전속권은 아니므로 증여자의 상속인은 서면에 의하지 아니한 증여의 의사표시를 해제할 수 있고, 수증자가 증여받은 부동산을 점유하고 있더라도 소유권이전등기를 하지 아니한 이상 그 소유권을 취득할 수 없다(대판 1996.3.8., 95다54006).

"증여의 의사가 서면으로 표시"되었다고 하려면 당사자 간에 있어서 증여자가 자기의 재산을 상대방에게 무상으로 주는 증여의 의사가 서면을 통하여 확실하게 알 수 있는 정도로 표시되어 있으면 충분하다(대판 1993.3.9., 92다18481).

(3) 제555조의 반대해석상, 「서면에 의한 증여」라면 증여계약을 해제할 수 없다.
① 서면에 의한 증여인지 여부의 판단 기준 : 반드시 증여계약서가 작성되어야만 서면에 의한 증여인
것은 아니다.
② '증여에 이른 경위'와 '서면을 작성하게 된 경위' 등을 고려하여 그 서면이 증여의 의사를 표시한
서면이라고 인정될 수 있으면 되는 것이지 그 명칭은 중요하지 않은 것이다.
③ 다만, 여기서 증여의 의사표시는 증여자가 수증자에 대하여 서면으로 표시되어야 하는 것이기 때문
에, 단순히 제3자에 대한 관계 또는 자신의 내부관계에서 표시하는 것만으로는 (가사 서면으로 그
뜻을 표했다고 하더라도) 해제가 불가능한 서면에 의한 증여는 아니다.

판례

'서면에 의한 증여'란 증여계약 당사자 간에 있어서 증여자가 자기의 재산을 상대방에게 준다는 증여의사가 문서를 통하여 확실히 알 수 있는 정도로 서면에 나타낸 증여를 말하는 것으로서 비록 서면 자체는 매매계약서, 매도증서로 되어 있어 매매를 가장하여 증여의 증서를 작성한 것이라고 하더라도 증여에 이른 경위를 아울러 고려할 때 그 서면이 바로 증여의사를 표시한 서면이라고 인정되면 이는 민법 제555조에서 말하는 서면에 해당한다(대판 1991. 9.10., 91다6160).

3. 증여계약의 해제 원인(2) – 망은행위에 의한 증여의 해제

(1) 의의 : 망은행위로 인해 증여계약을 해제할 수 있는 자는 증여자에 한한다.

(2) 증여자가 증여계약을 해제할 수 있는 수증자의 망은행위의 요건(제556조)

① 증여자 또는 그 배우자나 직계혈족에 대하여 범죄행위가 있은 때

② 증여자에 대하여 '부양의무'가 있는 경우에 이를 이행하지 않은 때

③ '부양의무'의 구체적인 의미 : "민법 제556조 제1항 제2호에서 부양의무는 민법 제974조에 규정되어 있는 직계혈족 및 그 배우자 또는 생계를 같이하는 친족 간 부양의무를 가리키며, 친족간이 아닌 당사자 사이 약정에 의한 부양의무는 이에 해당하지 않는다(판례)."

④ 수증자의 망은행위에 의한 증여계약 해제권은, 망은행위가 있었음을 안 날로부터 6개월이 경과하거나 증여자가 수증자에 대해 용서의 의사표시를 한 때에는 소멸한다(제556조 제2항).

> **판례**
>
> 이때 이러한 범죄행위에 해당하는지는 수증자가 범죄행위에 이르게 된 동기 및 경위, 수증자의 범죄행위로 증여자가 받은 피해의 정도, 침해되는 법익의 유형, 증여자와 수증자의 관계 및 친밀도, 증여행위의 동기와 목적 등을 종합적으로 고려하여 판단하여야 하고, 반드시 수증자가 그 범죄행위로 형사처벌을 받을 필요는 없다(대판 2022.3.11., 2017다207475).
>
> 부담부 증여에 있어서는 쌍무계약에 관한 규정이 준용되어 부담의무 있는 상대방이 자신의 의무를 이행하지 아니할 때에는 비록 증여계약이 이행되어 있다 하더라도 그 계약을 해제할 수 있고, 민법 제556조 제1항 제2호에 규정되어 있는 '부양의무'라 함은 민법 제974조에 규정되어 있는 직계혈족 및 그 배우자 또는 생계를 같이하는 친족 간의 부양의무를 가리키는 것으로서, 이 사건과 같이 위와 같은 친족 간이 아닌 당사자 사이의 약정에 의한 부양의무는 이에 해당하지 아니하여 이 사건 부담부 증여에는 민법 제556조 제2항이나 민법 제558조가 적용되지 않는다(대판 1996.1.26., 95다43358).

4. 증여계약의 해제 원인(3) – 재산상태의 악화로 인한 증여의 해제

(1) 의 의

① 증여계약 후에 증여자의 재산상태가 현저히 변경되고 그 이행으로 인하여 생계에 중대한 영향을 미칠 경우에는 증여자는 증여를 해제할 수 있다(제557조).

② 이는 사정변경의 원칙을 입법화한 것이며, 이 경우의 해제도 위의 2가지 경우와 마찬가지로 이미 이행한 부분에 대하여는 영향이 없다(제558조).

> **판례**
>
> 민법 제557조 소정의 증여자의 재산상태 변경을 이유로 한 증여계약의 해제는 증여자의 증여 당시의 재산상태가 증여 후의 그것과 비교하여 현저히 변경되어 증여 목적 부동산의 소유권을 수증자에게 이전하게 되면 생계에 중대한 영향을 미치게 될 것이라는 등의 요건이 구비되어야 한다(대판 1996.10.11., 95다37759).

서면으로 작성하지 않은 증여계약의 해제 여부

아버지가 아들에게 자신 소유의 주식과 아파트를 주기로 하는 증여계약을 체결하면서 대신 아들이 아무것도 받지 못한 딸에게 현금 3억 원을 주도록 구두로 약속했다. 이러한 내용의 증여계약을 서면으로 작성하지는 않았다. 이에 아들은 아버지와의 약속에 따라 여동생에게 3억 원을 주었다. 그런데 아버지는 마음이 변해서 아들과의 증여계약을 해제하고자 한다. 이것이 가능할까?

증여의 의사표시가 서면으로 표시되지 않은 경우에는 각 당사자는 이를 해제할 수 있다. 다만 이러한 증여계약의 해제는 '이미 이행한 부분'에 대하여는 영향이 없다(소급효가 없다). 그러나 부담부 증여에서 부담의무 불이행으로 인한 해제는 소급효가 있다. 아버지가 아들에게 주식과 아파트를 증여하는 대신 아들이 딸에게 3억 원을 주기로 하는 약속은 수증자인 아들에게 일정한 부담을 지우는 부담부 증여이다. 그리고 서면에 의하지 않은 증여계약은 해제할 수 있다는 규정은 부담부 증여에도 그대로 적용된다.

이 사건에서 아버지와 아들 사이의 증여계약은 서면으로 작성되지 않았으므로 아버지가 아들의 의사와는 상관없이 증여계약을 해제할 수 있다. 그러나 수증자가 이미 부담을 이행한 후에도 증여자가 이행을 완료하지 않는 한 해제할 수 있다고 하는 것은, 양 당사자 간의 균형을 잃은 것이 되어 부당하다. 따라서 제558조의 '이행'은 부담부 증여에 있어서는 부담의 이행을 포함하는 것으로 해석하고, 각 당사자가 해제할 수 있는 것은 양 당사자 모두 이행이 완료되지 않는 사이에 한한다. 즉 어느 일방이라도 이행을 하였다면 증여계약을 해제할 수 없다. 판례도 이와 같다. 따라서 아들이 부담의 이행을 완료한 이상 공평의 원칙에 따라 아버지는 증여계약을 해제할 수 없다.

"원고가 피고에게 토지를 증여하는 대신 그 토지에서 농사를 짓던 원고의 숙모에게 피고가 300만 원을 지급하기로 하는 부담부 증여계약을 체결한 후 피고가 원고의 숙모에게 300만 원을 지급했는데도 증여계약이 서면에 의하지 않았다는 이유로 원고가 증여계약의 해제를 주장한 사건에서 부담부 증여계약에서 증여자의 증여 이행이 완료되지 않았더라도 수증자가 부담의 이행을 완료한 경우에는, 그러한 부담이 의례적·명목적인 것에 그치거나 그 이행에 특별한 노력과 비용이 필요하지 않는 등 실질적으로는 부담 없는 증여가 이루어지는 것과 마찬가지라고 볼 만한 특별한 사정이 없는 한, 각 당사자가 서면에 의하지 않은 증여임을 이유로 증여계약의 전부 또는 일부를 해제할 수는 없다(대판 2022.9.29., 2021다299976)."

| I | 매매의 성립 : 매매예약완결권과 계약금

1. 매매의 법적 성질

(1) 의 의

① 매매란 당사자 일방이 재산권(소유권)을 상대방에게 이전할 것을 약정(합의)하고 상대방이 대금을 지급할 것을 약정(합의)함으로써 유효하게 성립하는 계약이다.

② 매매의 법원 : 민법, 상법, 전자거래기본법, 국제물품매매계약에 관한 국제협약(CISG) 등

(2) 매매의 방법, 대상, 비용의 부담

① 매매는 금전으로 지급한다. 교환은 금전이 아닌 물건 또는 권리로 반대급부가 이루어진다.

② 금전과 금전의 교환인 **환전도 매매**에 해당한다.

③ 매매의 목적이 되는 재산권에는 제한이 없다. 물건, 권리, 지적재산권, 공업소유권, 영업, 기업, 상속권, 장래의 물건과 권리 등이 모두 가능하다.

④ 타인의 소유물이나 권리도 매매의 목적물이 될 수 있다.

⑤ 매매계약 시 비용부담 : 특별한 약정이 없으면 매매계약에 관한 비용은 당사자 쌍방이 균등하게 나누어 부담한다. 매매계약을 위해 지출된 비용은 당사자가 계약으로 어느 일방 또는 쌍방이 특정의 비율로 부담하기로 하는 특약을 할 수 있다.

(3) 법적 성질 및 매매의 성립

① 낙성계약 : 매매는 재산권의 이전과 반대급부로서의 대금의 지급에 관한 합의가 있으면 즉시 성립한다. 그 밖의 계약의 비용, 채무의 이행시기, 이행장소 등에 관한 사항에 관하여는 반드시 합의가 있을 필요는 없다.

> **➕ 더 알아보기**
>
> **현실매매**
> 계약과 동시에 목적물과 대금이 교환되는 매매이다. 예 자동판매기에 의한 매매
> 현실매매는 계약성립과 동시에 이행이 행하여지는 것뿐이므로 매매의 요건에 부합한다. 이는 채권행위와 물권행위가 한 개의 행위로 합체되어 이루어지는 것에 불과하다(통설).

② 불요식계약 : 매매의 의사표시는 구두, 서면 등 어떠한 방법에 의하여도 무방하다. 계약서를 작성하거나 현실적으로 이행하지 않아도 매매계약은 유효하게 성립한다.

③ **재산권이전을 목적으로 하는 계약** : 매매가 성립하면 매도인에게 재산권 이전, 매수인에게 대금지급의 채무가 각각 생긴다. 매매는 채권을 발생시키는 계약으로서, 재산권이 이전한 것으로 되는 효과인 물권효과는 직접적으로는 매매계약에서 생기지 않는다.

④ **쌍무계약** : 매도인·매수인 쌍방이 각각 채무를 부담한다. 당사자의 채무에 관하여는 쌍무계약에 관한 규정(동시이행의 항변권 : 제536조, 위험부담 : 제537조 이하)이 적용된다.

⑤ **유상계약** : 매매는 재화를 금전과 교환하는 전형적인 유상계약이다. 다른 유상계약(예 교환·임대차·이자부 소비대차 등)에도 그 계약유형의 성질에 반하지 않는 한 매매의 규정이 준용된다(제567조).

⑥ **일시적 계약**

2. 복잡한 권리의무 관계의 매매

(1) 이중매매(二重賣買)

① 동일한 재산권에 관하여 둘 이상의 매매를 하는 것이다.

② 매매는 매도인에게 매매의 목적이 되는 재산권 이전의 채무를 발생시킬 뿐이며 재산권 이전의 효력은 매매계약으로부터 직접 생기는 게 아니다.

③ 민법은 물권과 지시채권 및 무기명채권의 양도에 관하여는 형식주의를 취하여 등기나 인도 또는 증서의 배서 교부가 있어야 양도·취득된다고 규정하고(제186조, 제188조, 제508조, 제523조), 지명채권도 대항요건을 갖추어야 한다.

④ 채권은 배타성이 없으므로 채권계약의 단계에서는 이중매매의 두 매수인의 권리는 서로 충돌하지 않는다. 따라서 이중매매는 무효가 아니다. 다만 계약의 이행단계에서 문제가 있으나 이때에도 두 매수인 중에서 먼저 등기나 인도 또는 대항요건을 갖춘 자가 완전히 권리를 취득하며, 다른 편의 매매계약은 이행 불능으로 된다. 이중매매로 매도인이 일방에게 이행불능의 책임을 지는 것과 이중매매의 유효·무효와는 별개의 문제이다.

(2) 매매예약

※ 제1편 제1장 제3절 채권계약의 종류 중 예약(매매계약)과 본계약 편 참조

① **개념** : 앞으로 매매계약을 체결할 것임을 확실하게 하기 위해 장차 본계약을 체결할 의무를 부담하는 계약으로 독립된 채권계약이다.

② 예약도 계약이므로 청약과 승낙에 의해 성립하며, 매매예약에는 본계약 요소가 되는 매매목적물과 대금이 확정되어 있거나 사후에 확정할 수 있는 방법과 기준이 정해져 있어야 한다.

③ 당사자 일방이 장래 일정한 사정이 발생한 경우 목적물을 확실하게 취득할 수 있는 지위를 보류하려는 경우 매매의 예약을 하는 수가 있는데, 이러한 경우 예약완결권은 일방만이 가질 수도 있고 쌍방 모두가 가질 수도 있다.

④ 매매예약의 종류에는 편무예약, 쌍무예약, 일방예약, 쌍방예약이 있으나 우리 민법에서는 일방예약에 관하여만 규정하고 있으며, 매도인과 매수인 간 다른 약정 등이 없으면 매매예약은 일방예약으로 추정된다(제564조).

(3) 매매의 일방예약

① 매매의 일방예약은 상대방이 매매를 완결할 의사를 표시하는 때에 매매의 효력이 생긴다.

② **일방예약의 법적 성질** : 예약 권리자의 예약 완결 의사표시를 정지조건으로 하는 매매라고 본다(정지조건부매매설 – 통설).

③ 의사표시의 기간을 정하지 아니한 때에는 예약자는 상당한 기간을 정하여 매매완결 여부의 확답을 상대방에게 최고할 수 있다.

④ 예약자가 위에서 정한 상당한 기간 내에 확답을 받지 못한 때에는 매매의 일방예약은 그 효력을 잃게 된다(제564조 제3항).

(4) 매매예약의 완결권

① 매매의 일방예약에 있어서는 예약상 권리자의 일방적인 의사표시에 의하여 본 계약이 성립한다(매매의 효력이 생김). 즉 일방적 의사표시에 의하여 본 계약을 성립시킬 수 있는 권리를 예약완결권이라 한다.

② 예약완결권은 양도가 가능하다.

③ 매매예약의 목적물이 부동산일 때에는 그 예약완결권을 가등기함으로써 제3자에게 대항할 수 있다.

④ 당사자가 예약완결권의 행사기간을 약정한 때에는 그 기간 동안 예약완결권은 존속한다. 기간을 정하지 않은 때에는 예약의무자는 상당한 기간을 정하여 매매완결여부를 최고할 수 있으며, 그 기간 내에 확답을 받지 못한 때에는 예약은 그 효력을 잃는다.

⑤ 예약완결권(형성권)의 행사기간을 약정하지 아니한 때에는 예약이 성립한 때로부터 10년 내에 이를 행사하여야 한다.

판례

매매예약 완결권의 법적 성질 및 그 행사기간 및 그 제척기간의 기산점
매매예약의 완결권은 일종의 형성권으로서 당사자 사이에 그 행사기간을 약정한 때에는 그 기간 내에, 그러한 약정이 없는 때에는 그 예약이 성립한 때로부터 10년 내에 이를 행사하여야 하고, 그 기간을 지난 때에는 예약 완결권은 제척기간의 경과로 인하여 소멸한다.
'제척기간'은 권리자로 하여금 당해 권리를 신속하게 행사하도록 함으로써 법률관계를 조속히 확정시키려는 데 취지가 있는 것으로서, '소멸시효'가 일정한 기간 경과와 권리 불행사라는 사정에 의하여 권리 소멸 효과를 가져오는 것과는 달리 그 기간의 경과 자체만으로 곧 권리 소멸의 효과를 가져오게 하는 것이므로 그 기간 진행의 기산점은 특별한 사정이 없는 한 원칙적으로 권리가 발생한 때이고, 당사자 사이에 매매예약 완결권을 행사할 수 있는 시기를 특별히 약정한 경우에도 그 제척기간은 당초 권리의 발생일로부터 10년간의 기간이 경과되면 만료되는 것이지 그 기간을 넘어서 그 약정에 따라 권리를 행사할 수 있는 때로부터 10년이 되는 날까지로 연장된다고 볼 수 없다(대판 1995.11.10., 94다22682, 22699).

| Ⅱ | 매매의 효력

1. 매도인의 급부의무

(1) 재산권이전 의무(재산권 자체의 인도)

① 매도인은 매매의 목적인 재산권을 매수인에게 이전하여야 할 의무를 진다. 따라서 매매의 목적인 권리의 등기, 등록 등의 공시방법을 갖추어야 하는 것이면 등기, 등록에 협력하여야 한다. 부동산의 소유권 이전은 목적물의 인도(점유 이전)와 등기이전을 모두 갖추어야 한다.

② 매매목적물은 계약에서 예정하지 않은 어떠한 부담(제한)이 없는 상태로 이전되어야 한다.

> 예 제3자의 제한물권, 대항력 갖춘 임차권, 압류·가압류·가처분을 완전히 소멸시켜야 하고 등기까지도 말소해야 한다(판례).

③ 매도인은 매수인인 목적물로부터 아무런 부담 없이 모든 이익을 실질적으로 향유할 수 있도록 할 의무를 진다.

> 예 채권양도 시 매도인은 대항요건을 갖추기 위해 확정일자 있는 증서에 의해 채무자에게 양도통지할 의무를 진다.

> 예 이전된 권리의 증명이 필요한 경우에는 그 증명서류를 매수인에게 교부해야 한다(예 채권매각 시 그 채권증서의 교부).

④ 건물매매 시 토지이용권 보장 문제 : 건물의 매도인은 매수인을 위해 건물 존립을 위한 토지이용권을 마련할 의무를 진다(판례).

> 예 갑이 소유한 토지와 그 위의 건물 중 건물만을 을에게 매매한 경우, 특약이 없다면 건물 매수인을 위한 관습지상권을 인정한다.

> 예 갑이 소유한 토지와 을이 소유한 그 토지 위의 건물 중 건물만을 병에게 매매한 경우, 특약이 없다면 건물 매수인을 위한 토지이용권(지상권 또는 임차권)을 포함한 것으로 해석한다.

⑤ 타인의 권리의 매매의 경우에는 매도인은 그 타인의 권리를 취득하여 매수인에게 이전하여 주어야 한다.

⑥ 종물은 주물의 처분에 따르는 것이 원칙이다(제100조 제2항). 특약이 없는 한 매도인은 종물 또는 종된 권리를 함께 이전해야 한다.

(2) 매도인 및 매수인의 급부의무의 동시이행관계

① 매매계약이 적법하게 체결되면 매도인은 매수인에 대하여 매매의 목적이 된 권리를 이전하여야 하며 매수인은 매도인에게 대금을 지급하여야 한다.

② 매매계약에서의 쌍방의무인 매도인의 재산권 이전의무(목적물 인도의무)와 매수인의 대금지급의무는 동시이행관계에 있나.

(3) 점유이전의무

① 물품인도의무는 소유권 이전의무와는 별개의 의무이므로 소유권이 매수인에게 이전되었다고 해도 물품이 인도되지 않았으면 매도인은 여전히 물품인도의무를 부담한다. 특정물매매의 경우 그 특정물을 인도하면 되고, 불특정물매매의 경우 계약에서 정한 물품과 일반적으로 성질상 같은 종류의 물품을 인도하면 된다.

② 매매의 목적인 권리가 물권인 경우 : 등기·등록·인도에 협력할 의무가 있다.

③ 부동산의 점유를 내용으로 하는 물권(토지 소유권, 지상권, 전세권 등 물권의 매매)의 매매인 경우 : 등기 이외에 목적 부동산의 점유도 함께 이전해야 한다.

④ 점유의 이전 : 직접 점유의 이전을 의미한다. 단, 점유개정, 반환청구권의 양도 등의 특별한 인도방식은 당사자 간 합의에 의해야 한다.

2. 매매에서 과실의 귀속 문제 기출 15

(1) **결정의 기준(원칙)** : 제587조는 매매당사자 간의 형평을 꾀하기 위한 규정이다.

① 과실수취권의 귀속을 결정하는 기준은 목적물의 인도 시이며, 목적물의 소유권귀속이나 위험이전과는 관계가 없다.

② 물건으로부터 생기는 과실은 그것을 수취할 권리자에게 귀속하는 것이 원칙이다(제102조). 그런데 민법은 매매의 경우에는 과실과 이자의 복잡한 법률관계를 정리하기 위하여 목적물을 인도하기 전에는 그것으로부터 생긴 과실이 매도인에게 속한다고 규정한다(제587조). 이는 수취권이 누구에게 있는지를 묻지 않는다는 의미이다.

③ 그 결과 매도인은 그가 목적물의 인도를 지체하고 있을지라도 매매대금을 완전히 지급받고 있지 않는 한 목적물을 인도할 때까지의 과실(법정과실 포함)을 수취할 수 있다.

④ 그러나 매매목적물이 인도되기 전이라도 매수인이 매매대금을 모두 지급한 때에는 그 이후의 과실은 매수인에게 속한다고 새겨야 한다(통설·판례). 만약 이때에도 매도인에게 과실수취권을 인정하면 매도인은 2중의 이득(대금의 이자와 과실)을 얻게 되기 때문이다.

판례

매도인이 목적물을 매수인에게 이전하기 전까지는 그 목적물의 과실수취권이 매도인과 매수인 중 어느 쪽에 있는가를 따지지 않고 언제나 과실수취권인 매도인에게 귀속한다. 그러나 일단 매수인이 매매대금 지급을 제공한 이후에는 매도인이 목적물을 점유하여 수취한 과실에 대한 취득권을 갖지 못한다(대판 2021.6.24., 2021다220666).

- **목적물 인도 X, 대금 완납 X → 매도인이 사용이익과 대금 이자를 전부 가진다.**
- **목적물 인도 O, 대금 완납 X → 목적물을 인도는 받았다라고 하더라도 대금을 완납하지 않았으므로 매도인이 사용이익과 모든 과실을 수취한다.**
- **목적물 인도 X, 대금 완납 O → 매매에서 가장 중요한 것은 대금이므로 매수대금 완납여부에 따라 달라진다. 매수인이 목적물을 인도받지 않았다고 하더라도 대금을 완납했으므로 매수인이 사용이익과 과실수취권을 모두 갖게 된다.**

---

(2) **과실의 귀속과 대금의 이자 및 손해배상청구**

① 매수인은 목적물의 인도를 받은 날로부터 대금의 이자를 지급하여야 한다. 그러나 대금의 지급에 대하여 기한이 있는 때에는 그러하지 아니하다.

② 매매계약에서 과실은 대금의 이자에 대응하는 것으로 관념되는 것이므로, 매도인이 목적물을 인도하지 않았으면 매수인이 대금 지급을 지체하더라도 인도가 되기 이전 기간 동안의 목적물의 관리보존비의 상환이나 매매대금의 이자 상당액의 손해배상청구를 할 수 없다.

③ 매수인이 대금을 완전히 지급하지 않은 때에는 매도인의 이행지체가 있더라도 매수인은 인도의무의 지체로 인한 손해배상을 청구할 수 없다(대판 2004.4.23., 2004다8210).

3. 매수인의 대금지급 의무

(1) 대금지급의무의 특징

① **동시이행항변권 인정** : 매매계약을 체결한 후 매도인은 매수인에 대해 매매의 목적이 된 권리를 이전하고 매수인은 매도인에게 기한 내에 매매대금을 지급할 의무가 있다.

② **대금지급 시기** : 쌍방의무는 특별한 약정이나 관습이 없으면 동시에 이행해야 한다.

③ **동일기한의 추정** : 매매의 당사자 일방에 대한 의무이행의 기한이 있는 때에는 상대방의 의무이행에 대해서도 동일한 기한이 있는 것으로 추정된다(제585조).

④ **대금지급장소** : 매매의 목적물의 인도와 동시에 대금을 지급할 경우에는 그 인도 장소에서 이를 지급해야 한다(제586조).

⑤ **대금의 이자** : 매매대금의 지급에 대하여 기한이 없으면 매수인이 목적물의 인도를 받은 때까지 그 매매대금을 지급하지 않은 경우에는 목적물의 인도를 받은 날부터 대금의 이자를 지급해야 한다(제587조 후단).

(2) 권리주장자가 있는 경우와 대금지급거절권

① 매매의 목적물에 대하여 권리를 주장하는 자가 있는 경우에 매수인이 매수한 권리의 전부나 일부를 잃을 염려가 있는 때에는 매수인은 그 위험의 한도에서 대금의 전부나 일부의 지급을 거절할 수 있다. 그러나 매도인이 상당한 담보를 제공한 때에는 그 지급을 거절할 수 없다(제588조).

② 위의 경우 매도인은 매수인에 대하여 대금의 공탁을 청구할 수 있다(제589조).

> **➕ 더 알아보기**
>
> **공탁(供託)**
> 채권자가 변제를 받지 않거나 받을 수 없는 때 또는 변제자가 과실 없이 채권자를 알 수 없는 경우에 채권자를 위해 공탁소에 변제의 목적물을 제공하여 그 채무를 면하는 것이다(제487조).

③ **에스크로(Escrow)제도** : 구매자와 판매자 간 신용관계가 불확실할 때 제삼자가 상거래가 원활히 이루어질 수 있도록 중계를 하는 매매 보호 서비스이다.

> **➕ 더 알아보기**
>
> **공인중개사법 제31조(계약금 등의 반환채무이행의 보장)** ① 개업공인중개사는 거래의 안전을 보장하기 위하여 필요하다고 인정하는 경우에는 거래계약의 이행이 완료될 때까지 계약금·중도금 또는 잔금을 개업공인중개사 또는 대통령령으로 정하는 자의 명의로 금융기관, 제42조에 따라 공제사업을 하는 자 또는 「자본시장과 금융투자업에 관한 법률」에 따른 신탁업자 등에 예치하도록 거래당사자에게 권고할 수 있다.

부동산 매수인이 매매목적물에 관한 근저당권의 피담보채무 또는 임대차보증금채무를 인수하는 한편, 그 채무액을 매매대금에서 공제하기로 약정한 경우 매수인은 매매대금에서 그 채무액을 공제한 나머지를 지급함으로써 잔금지급 의무를 다하게 된다(대판 2004.7.9., 2004다13083).

4. 계약금의 종류 및 법적 성질 기출 17

(1) 계약금의 의의

① 계약을 체결할 때에 당사자의 일방이 상대방에 대하여 교부하는 금전 기타의 유가물이다.

② 계약금으로서 금전 이외의 것이 교부되어도 상관없다. 금액의 다소는 원칙적으로 관계가 없으나 부동산거래에 있어서는 그 가격의 10%가 보통이다. 지나치게 소액인 때에는 증약금에 지나지 않는 경우가 있겠고 반대로 지나치게 다액인 때에는 손해배상의 예정으로서 성질을 겸하는 것으로 보아 야 할 경우가 많다.

③ 매수인이 계약체결 시에 교부하고 그 후 수회에 걸쳐서 대금의 일부씩을 지급하는 경우에는 원칙적 으로 계약체결 시에 교부한 것만이 계약금이다. 그러나 뒤에 지급된 것도 당사자의 의사표시가 계 약금이라는 뜻이 명백한 때에는 그 금액을 계약금으로 보아야 한다.

(2) 계약금의 종류

① 증약금 : 계약 체결의 당사자 사이에 어떠한 합의가 있었는지가 분명하지 않은 경우이더라도 계약 금이 교부되어 있으면 그것은 적어도 어떤 합의가 있었다는 증거는 된다. 따라서 당사자가 특히 위약금 또는 해약금으로서 계약금을 교부한 때에도 증약금으로서의 성질을 인정할 수 있다. 계약금 의 증약금으로서의 성질은 계약금의 최소한도의 성질이다.

② 위약계약금 : 계약금은 이미 상대방에게 교부되어 있는 점에서 단순한 위약금의 약정과는 다르다. 그리고 계약금이 위약계약금으로서 효력을 발생하려면 당사자 사이에 계약서에 그러한 특약이 있 어야 한다.

⊙ 위약벌의 성질을 갖는 위약금 : 계약금을 교부한 자가 계약상의 채무를 이행하지 않는 때에 그 것을 수령한 자가 위약벌로 몰수하는 계약금이다. 이 때에 채무불이행에 의한 손해배상은 위약 금과는 관계없이 따로 청구할 수 있다.

ⓒ 손해배상의 예정으로서의 성질을 갖는 위약금 : 계약불이행의 경우에 계약금을 교부한 자는 그 것을 몰수당하고 계약금을 교부받은 자는 배액을 상환할 것을 약정하는 경우이다. 이러한 의미 의 계약금이 교부된 때에는 손해배상액의 예정으로 추정되는 위약금(제398조 제4항)과 같은 성 질을 갖는 계약금으로 판례는 해석하고 있다.

③ 해약금 : 계약의 해제권을 공유하는 작용을 갖는 계약금이다. 해약금을 교부한 자는 그것을 포기함 으로써, 이 계약금을 받은 자는 그 배액을 상환함으로써 각각 계약을 해제할 수 있다.
계약서를 작성할 때에 해약금이라는 명칭을 사용하지 않더라도 민법은 '계약금은 원칙적으로 이 해약금의 성질을 갖는 것으로 추정한다.'고 규정하고 있다(제565조).

(3) 선급금(선불금 · 내금 · 전도금)과 계약금의 차이

① 선급금은 매매나 도급 등의 쌍무계약을 체결할 때에 대금 또는 보수의 일부분을 지급기한이 도래하기 전에 미리 지급하는 것으로서 본질적으로 대금 등의 일부변제에 지나지 않는다.

② 선급금으로는 계약금계약에 있어서와 같이 매매계약이나 도급계약으로부터 독립한 별개의 계약이 행하여지는 것은 아니다.

③ 계약체결 시에 선급금이 지급되어 있다는 것은 적어도 계약이 성립하였다는 증거는 될 수 있으므로 이 점에서 증약금과 같은 작용을 한다. 그러나 선급금은 해약금과 같이 해제권을 발생시키지는 않는다.

(4) 계약금계약

① <u>계약금의 교부도 하나의 계약이다</u>. 이 계약금계약은 금전 기타 유가물의 교부를 요건으로 하므로 하나의 독립한 <u>요물계약</u>이며, 매매 기타 계약에 부수해서 행해지는 <u>종된 계약</u>이다.

② 계약금의 교부는 현실로 행하여지는 것이 보통이나 상대방에게 현실 교부와 동일한 이익을 부여하는 것이라도 무방하다.
예 매수인이 매도인에 대해 가지는 채권과의 상계에 의하여 현실 교부에 갈음할 수 있다.

③ 종된 계약이므로 주된 계약이 무효 · 취소된 때 또는 계약금으로 유보된 해제권 행사 이외의 사유로 해제된 때에는 계약금계약도 당연히 효력을 잃게 되고 계약금 교부자는 수령자에게 반환을 요구할 수 있다.

④ 계약금계약은 종된 계약이지만 반드시 주된 계약과 동시에 성립하여야 하는 것은 아니다. 주된 계약이 성립한 후에 수수된 계약금도 역시 계약금으로서 효력을 갖는다.

5. 계약금에 의한 매매계약의 해제 – 해약금해제(계약금해제) 기출 18

(1) 의 의

매매계약의 매도인 또는 매수인 중 어느 한 명이라도 "이행에 착수하기 전이라면" 매도인은 계약금의 배액을 매수인에게 지급함으로써, 매수인은 이미 지급했던 계약금을 포기함으로써 각 매매계약을 자유롭게, 일방적인 의사표시로서 해제할 수 있다(제565조).

(2) 매매계약 시 해제권 남용을 방지하기 위한 법원칙(판례)

① 민법 제565조에서의 〈이행에 착수〉의 의미와 범위를 탄력적으로 해석하여 매수인이 매도인에게 일방적으로 중도금 및 잔금을 먼저 지급해버림으로써 매도인의 해약금해제권 행사를 막을 수 있는 기회를 제공한다.

② 이미 중도금지급기일이나 잔금지급기일을 정해 두었다고 하더라도 특단의 다른 사정이 없는 한 그 기일보다 먼저 일찍 중도금 / 잔금을 지급하는 것도 가능하다고 해석함으로써 매수인에게 계약의 구속력을 유지할 수 있는 방어수단을 제공하고 있다.

(3) 해약금은 어떤 효력이 있는가?

① **계약금의 포기** : 계약금의 반환청구권을 포기한다는 뜻이다. 해제권을 행사하면 당연히 계약금포기의 효력이 생기며 포기의 의사표시를 따로 할 필요는 없다.

② **배액의 상환** : 계약금의 수령자는 먼저 받은 계약금에다가 그것과 같은 액수의 금전 또는 물건을 보탠 것을 반환하고 해제할 수 있다. 민법은 '배액을 상환하여'라고 규정하므로 단순히 해제의 의사표시만으로는 해제하지 못하며 그밖에 반드시 배액을 제공하여야 한다. 제공만 하면 되고 상대방이 이를 수령하지 않는다고 해서 공탁까지 할 필요는 없다. 배액이 되지 않는 일부만을 제공하여서는 계약을 해제하지 못한다.

(4) 이행에 착수 : 계약금과 계약 해제가 가능한 기간 `기출 18`

① 해제할 수 있는 기간은 당사자의 일방이 이행에 착수할 때까지이다.

② <u>이행에 착수한다는 것</u> : 이행의 준비가 아니라 이행행위 자체를 착수하는 것이다. 즉, 중도금의 제공 등 채무의 이행행위의 일부를 행하거나 또는 이행을 하는 데 필요한 전제행위를 하는 것을 말한다. 객관적으로 외부에서 인식할 수 있는 정도로 채무의 이행행위의 일부를 하거나 또는 이행을 하기 위하여 필요한 전제행위를 하는 경우를 말하는 것으로서, 단순히 이행의 준비를 하는 것만으로는 부족하나 반드시 계약내용에 들어맞는 이행의 제공의 정도에까지 이르러야 하는 것은 아니다.

㉲ 중도금을 지급하거나 잔대금을 준비하고 소유권이전등기절차를 밟기 위하여 등기소에 동행할 것을 촉구하거나 또는 잔대금을 지급할 준비를 하고서 건물 명도를 요구하는 것이다. 그러나 인테리어 공사행위, 매매대금을 마련하기 위하여 은행으로부터 대출받은 것은 중도금 내지 잔금 채무의 이행행위가 아니다.

> **판례**
>
> 이행에 착수한다 함은 채무의 이행행위 자체에 착수하는 것을 말하는 것이지, 이행의 준비만으로는 이행의 착수라고 볼 수 없으므로 이행기가 되기 전에 잔대금 수령을 최고한 행위가 이행에 착수한 것으로는 볼 수 없다(대판 1979.11.27., 79다1663).

③ 해약금에 의한 계약의 해제는 계약금을 받은 상대방 당사자가 이행의 착수를 하지 않고 있는 경우에는 계약금을 준 당사자가 이행을 착수하고 있더라도 할 수 있는가? 자기 스스로 행한 행위에 의하여 생긴 상대방의 신뢰를 배반하는 행위는 금반언 내지 신의칙에 반하기 때문에 해제를 할 수 없다고 보아야 한다.

④ <u>이행기의 약정이 있는 경우라 하더라도 당사자가 채무의 이행기 전에는 착수하지 아니하기로 하는 특약을 하는 등 특별한 사정이 없는 한 이행기 전에 이행에 착수할 수 있다.</u>

(5) 기한의 이익과 중도금 지급 및 매매계약의 해제 `기출 18`

① 중도금지급은 이행행위 그 자체이다.

② <u>이행기 전의 이행행위도 적법한 이행의 착수가 될 수 있다.</u> '이행기는 채무자의 이익을 위한 것으로 추정되고, 채무자는 상대방의 이익을 해지지 않으면 기한이익을 포기할 수 있다(제153조). 당사자

의 특별한 의사표시가 없으면 변제기 전이라도 채무자는 변제할 수 있다(제468조)'는 민법규정에 의거, 이행기약정이 있는 경우에도 그 이행기로써 바로 이행착수여부를 정하는 결정적 기준으로 삼아 형식적으로 판단할 것은 아니다.

판례

매매계약 체결 이후 시가 상승이 예상되자 매도인이 구두로 구체적인 금액 제시 없이 매매대금의 증액요청을 하였고, 매수인은 이에 대해 확답하지 않은 상태에서 중도금을 이행기 전에 제공하였는데, 그 이후 매도인이 계약금의 배액을 공탁하여 해제권을 행사한 사안에서, 시가 상승만으로 매매계약의 기초적 사실관계가 변경되었다고 볼 수 없어 '매도인을 당초의 계약에 구속시키는 것이 특히 불공평하다'거나 '매수인에게 계약내용 변경요청의 상당성이 인정된다'고 할 수 없고, 이행기 전의 이행의 착수가 허용되어서는 안 될 만한 불가피한 사정이 있는 것도 아니므로 매도인은 위의 해제권을 행사할 수 없다(대판 2006.2.10., 2004다11599).

매도인이 민법 제565조에 의하여 계약을 해제한다는 의사표시를 하고 일정한 기한까지 해약금 수령을 최고하며 기한을 넘기면 공탁하겠다고 통지를 한 이상 중도금 지급기일은 매도인을 위하여서도 기한의 이익이 있다고 보는 것이 옳고, 따라서 이 경우에는 매수인이 이행기 전에 이행에 착수할 수 없는 특별한 사정이 있는 경우에 해당하여 매수인은 매도인의 의사에 반하여 이행할 수 없다고 보는 것이 옳으며, 매수인이 이행기 전에, 더욱이 매도인이 정한 해약금 수령기한 이전에 일방적으로 이행에 착수하였다고 하여도 매도인의 계약해제권 행사에 영향을 미칠 수 없다(대판 1993.1.19., 92다31323).

---

(6) 중도금 미지급과 동시이행 항변권 기출 20

① **동시이행 항변권의 효과인 이행거절권** : 쌍무계약의 '당사자 일방'이 '상대방'의 채무가 이행기에 도달한 경우, 상대방에 대해 이행을 청구할 수 있는데, 이 때 그 당사자 일방이 이행기에 있는 자기의 채무를 이행 또는 이행제공하지 않은 채 상대방에게 채무의 이행을 청구하면 상대방은 그 이행을 거절할 수 있다.

② **자신이 가진 이행거절권이 소멸되는 경우(제536조 제1항)** : 자신의 채무 변제기는 도래하였으나, 상대방의 채무가 변제기가 있지 않은 경우, 자신은 상대방에게 자신의 채무의 이행을 거절할 수 없다.

③ 매수인의 중도금 지급의무를 매도인의 소유권 이전등기 소요서류 제공의무보다 항상 선이행의 관계에 있는 것으로 하는 약정으로 볼 수 없다.

사례분석

매도인 A가 자신의 부동산을 매수인 B에게 팔기로 하는 매매계약을 체결한 경우
• 매매대금 '전액'을 받는 경우 : 매도인 A는 매매대금을 받음과 '동시'에 매수인 B에게 소유권이전등기서류를 넘겨주면 된다. 이를 동시이행 항변권으로 한다.
• '계약금, 잔금'으로 나뉘 받는 경우 : 매도인이 계약금 수령 후 잔금 지급 기일 도래시 계약 불이행에 대한 책임은 매도인과 매수인에게 모두 있다. 매도인 A의 소유권이전등기 이행의무와 매수인 B의 잔금 지급의무는 동시이행의 관계에 있는데, 서로 동시이행 관계에 있는 의무는 타방의 이행제공이 없는 한 그 이행을 거절할 수 있기 때문이다. 따라서 매도인 A가 매수인 B의 위와 같은 동시이행 항변권을 깨려면, 매도인 A는 매수인 B에게 등기의무의 이행제공을 해야 한다. 이 때 매도인 A의 법률적 전략으로는 1) 잔금 지급 기일이 지난 점, 2) 매수인 B가 잔금 지급을 하면 그와 동시에 언제든지 등기를 넘겨줄 의사가 있는 점, 3) 조속히 잔금을 지급해 주기를 바란다는 점 등을 기재한 내용증명을 보내 매수인 B의 동시이행 항변권을 깨야 한다. 그러고나서 잔금미지급에 대한 책임을 물을 수 있다.

- '계약금, 중도금, 잔금'으로 나눠 받는 경우

  매도인 A는 소유권 이전등기의무를 이행하지 않고도 중도금을 우선 수령할 수 있다. 매수인 B의 중도금지급의무는 선이행의무, 즉 매도인 A에게 먼저 이행해야 하는 의무기 때문이다(제536조 제1항). 따라서 매수인 B의 잔금지급 시기가 도래하기 전까지는 매도인 A의 소유권이전등기의무는 이행기에 있지 않다. 즉, 매도인 A는 소유권이전등기서류를 준비해 놓지 않아도 중도금을 수령할 수 있다. 따라서 중도금을 매수인 B가 제때 지급하지 않는 경우, 매도인 A는 소유권이전등기서류의 이행제공 없이도 매수인 B에게 중도금 미지급을 한 손해배상을 청구할 수도 있다.

  그러나 잔금 지급기일이 도래한다면, 그때부터 역시 매도인 A의 소유권이전등기의무와 매수인 B의 잔금지급의무는 동시이행관계에 놓여 버리게 된다. 설령 매수인 B가 중도금 지급을 안 하고 있더라도, 매도인 A는 중도금 지급기일 다음날부터 잔금지급기일까지만 매수인 B에게 중도금 미지급에 대한 손해배상을 청구할 수 있을 뿐, 잔금 지급기일이 지난 다음부터는 중도금 미지급에 대한 손해배상을 청구할 수 없다.

  잔금 지급기일이 도래한 때부터는 양 당사자 모두 상대방의 채무의 이행제공을 받기 전까지는 자신의 채무의 이행제공을 거절할 수 있으므로, 매수인 B는 설령 중도금을 지급하지 않았더라도, 매도인 A가 소유권이전등기서류를 제공하고 있지 않음을 이유로 잔금지급을 거절할 수 있다. 이때 매도인 A가 매수인 B에게 계약의 이행지체 책임을 묻기 위해서는 매도인 A는 소유권이전등기의무의 이행제공을 해야 한다.

판례

매수인이 선이행의무 있는 중도금을 지급하지 않았다 하더라도 계약이 해제되지 않은 상태에서 잔대금 지급일이 도래하여 그 때까지 중도금과 잔대금이 지급되지 아니하고 잔대금과 동시이행관계에 있는 매도인의 소유권이전등기 소요서류가 제공된 바 없이 그 기일이 도과하였다면, 다른 특별한 사정이 없는 한, 매수인의 중도금 및 잔대금의 지급과 매도인의 소유권이전등기 소요서류의 제공은 동시이행관계에 있다 할 것이어서 그 때부터는 매수인은 중도금을 지급하지 아니한 데 대한 이행지체의 책임을 지지 아니한다. 따라서 매수인의 중도금 지급의무를 매도인의 소유권이전등기 소요서류 제공의무보다 항상 선이행의 관계에 있는 것으로 하는 약정으로 보기 어렵다(대판 2002. 3.29., 2000다577).

(7) 해약금에 의한 계약해제의 효과

① 해약금에 의한 계약해제는 계약관계를 소급적으로 소멸하게 하는 점에서는 보통의 해제와 같으나, 당사자 일방의 이행이 있기 전에 한해서 해제할 수 있으므로 원상회복의무와 손해배상청구권은 발생하지 않는다는 점에서 다르다. 해약금에 의한 계약의 해제는 해약금계약이라는 특약에 의한 것이고 채무불이행에 의한 해제가 아니기 때문이다(제565조 제2항).

② 계약금이 교부되어 있더라도 상대방이 계약을 이행하지 않는 경우에 채무불이행을 이유로 계약을 해제할 수 있다. 이 때에는 보류한 해제권의 행사로 계약이 해제되는 것이 아니므로 다른 특약이 없는 한 손해배상 및 계약금의 반환 등의 원상회복도 청구할 수 있게 된다.

(8) 계약의 이행과 계약금 반환

① 해약금으로 보류된 해제권의 행사에 의한 것이 아니라 채무불이행을 이유로 계약이 해제되는 때에도 계약금을 교부한 자는 반환을 청구할 수 있다. 다만, 계약해제를 이유로 손해배상을 청구하는 경우에는 이미 지급한 계약금은 이를 공제 또는 가산하게 될 것이다.

② 계약금을 주고받았으나 계약을 해제함이 없이 계약상의 채무가 이행되지 않은 때에는 계약금의 수령자는 이를 교부자에게 반환하여야 한다. 이 반환청구권의 성질은 계약금을 수수하고 있는 것이므로 계약금계약상의 권리라고 본다. 따라서 이익이 현존하는지 여부를 묻지 않고서 언제나 받은 것과 같은 금액을 지급하여야 한다.

사례분석

갑은 을 소유의 주택을 3억 원에 매매하기로 하는 계약을 체결하면서 계약금 3천만 원을 지급하기로 하였으나, 계약당시 수중에 돈이 없어 위 3천만 원을 그 다음날 지급하기로 약정하였는데, 그 다음날 위 주택보다 더 좋은 주택이 있어 위 계약을 해제하고자 하는바, 이러한 경우에도 을에게 3천만 원을 지급하지 않고서 계약을 해제할 수 있는가?

계약금계약요건 및 계약금지급약정만 한 단계에서 민법 제565조 제1항의 계약해제권이 발생하는지가 쟁점이다. 갑이 계약금을 지급하지 않은 경우에는 요물계약의 성격상 계약금계약이 성립되지 않았으므로, 갑은 민법 제565조 제1항의 규정에 따라 임의해제를 할 수 없다. 다만, 상대방 을은 계약금지급의무이행을 청구하거나 채무불이행을 이유로 계약금약정을 해제할 수 있고, 나아가 그 약정이 없었더라면 주계약을 체결하지 않았을 것이라는 사정이 인정된다면 주계약도 해제할 수도 있을 것이고, 채무불이행으로 인해 상대방 을에게 실제로 발생된 손해가 있다면 그 손해를 배상해야 한다.

판례

주된 계약과 더불어 계약금계약을 한 경우에는 임의해제를 할 수 있기는 하나, <u>계약금계약은 금전 기타 유가물의 교부를 요건으로 하므로 단지 계약금을 지급하기로 약정만 한 단계에서는 아직 계약금으로서의 효력, 즉 계약해제를 할 수 있는 권리는 발생하지 않는다.</u> 당사자가 계약금일부만을 먼저 지급하고 잔액은 나중에 지급하기로 약정하거나 계약금전부를 나중에 지급하기로 약정한 경우, 교부자가 <u>계약금잔금이나 전부를 약정대로 지급하지 않으면 상대방은 계약금지급의무이행을 청구하거나 채무불이행을 이유로 계약금약정을 해제할 수 있고, 나아가 그 약정이 없었더라면 주계약을 체결하지 않았을 것이라는 사정이 인정된다면 주계약도 해제할 수 있을 것이나, 교부자가 계약금잔금 또는 전부를 지급하지 않는 한 계약금계약은 성립하지 아니하므로 당사자가 임의로 주계약을 해제할 수는 없다</u>(대판 2008.3.13., 2007다73611).

---

6. 담보책임 : 이하에서 설명한다.

Ⅲ | 담보책임의 본질 및 성립요건

1. 담보책임의 의의 및 목적

(1) 의 의

① 매매에 의하여 매수인에게 이전된 '권리'나 '권리의 객체인 물건'에 불완전한 점(하자)이 있는 경우에 매도인이 부담하는 일정한 책임이다(손해배상 등 그 밖의 책임).

② 매도인이 <u>재산권에 하자 있거나 목적물 자체에 하자</u>가 있는 목적물을 급부한 경우에 매도인은 책임을 부담해야 한다.

　　예 매입한 토지에 폐기물이 묻혀있는 경우, 매입한 건물의 일부가 타인 소유의 토지로 넘어가 있는 등 하자의 경우, 매수인이 그러한 하자를 알고 있었거나 과실로 인해 몰랐던 경우가 아닌 한, 그 하자로 인해 매매의 목적자체를 달성할 수 없다면 계약해제를 할 수 있고 그 이외의 경우에는 하자에 상응하는 손해배상을 청구할 수 있다.

(2) 제도의 목적 – 공평의 원칙

① 불특정물 매매에서는 이에 반하여 어느 것을 급부할 것인가 결정되지 않았으므로 항상 완전한 물건을 급부할 의무가 있으며, 불완전한 물건을 급부한다 해도 채무불이행이 된다.

② 특정물 매매에서는 특정된 물건을 매수인에게 급부하면 매도인의 채무는 이행된 것으로 된다. 그러나 매매와 같은 유상계약에서는 이렇게 되면 매도인과 매수인과의 공평을 잃을 경우도 생긴다.

　　예 매수인이 완전한 물건임을 전제로 하여 대가(代價)를 지급한 경우

③ 민법은 매도인의 담보책임을 규정하여 매도인·매수인의 공평을 도모하였다.

(3) 제도의 특징

① 매도인의 담보책임은 그의 고의·과실 등 유책사유를 그 요건으로 하지 않으므로 일종의 무과실책임이다. 매도인은 과실이 없더라도 책임을 진다. 담보책임은 무과실책임이라는 점에서 채무불이행책임과 결정적으로 차이가 난다.

＋ 더 알아보기

채무자는 고의 또는 과실이 있는 경우에만 채무불이행책임을 진다(제390조).

② 매도인의 담보책임은 특정물 매매에서만 인정되는 것이 아니라 불특정물 매매에서도 인정된다(제581조).

③ 매도인의 담보책임은 원시적 하자(불가능)와 후발적 하자 모두를 원인으로 한다.

④ 매매에 대하여 기본적 규정이 있고, 증여·도급·소비대차에도 규정되어 있으나, 매매에 관한 규정이 널리 유상계약 일반에 준용된다(제567조).

⑤ 매매계약에서 매도인의 하자담보책임과 관련하여 가장 중요한 점은 권리행사기간이 <u>짧다</u>는 점이다. 매수인이 <u>하자를 안 날로부터 6개월 이내</u>에 행사해야 하며 이는 제척기간이다. 따라서 중단이 인정되지 않고 그 기간이 도과하면 예외 없이 권리가 소멸되어 버린다.

2. 담보책임의 본질 - 매도인이 담보해야 하는 하자의 범위와 관련한 문제

(1) 매도인의 담보책임 : 채무불이행책임과는 별개의 법정책임

① 매도인의 담보책임은 매도인의 과실과는 관계없이 생기는 책임(무과실 책임)인데 매도인·매수인의 특약으로 이와 다른 결정을 하는 것은 자유이다(예외 제584조).

② 학설의 대립 : 담보책임이 무과실책임이라는 점에 대해서는 이견이 없다. 그러나 매도인의 담보책임은 매도인의 채무이행과 관련한 책임을 특별히 규정하여 둔 것으로서, 그 본질에 대한 견해의 대립이 있다.

③ 쟁점 : 매도인의 담보책임이 채무불이행책임과는 별개의 법정책임인지, 아니면 비록 매도인의 담보책임이 채무불이행책임과 따로 규정되어 있음에도 불구하고 그 본질은 채무불이행책임인지의 문제이다.

(2) 법정책임설(다수설)

① 매매계약의 유상성에 근거하여 매수인을 보호하고 거래의 안정성을 보장하기 위해 매도인에게 인정되는 법정책임이다.

② 매도인의 담보책임을 채무불이행책임에 더해 매도인에게 부과된 무거운 책임으로 이해하여 그 하자나 손해배상의 범위에 대해 가급적 좁게 인정하는 것이 형평에 맞다고 본다.

③ 특정물은 계약 당시의 상태로 인도하면 된다는 민법의 원칙에 따라 매도인은 계약 당시의 하자로서 매수인이 몰랐던 하자에 대해서만 담보책임을 진다. 매수인이 하자를 알았다면 그 하자 부분에 대해서는 매매 가격에 반영될 것이기 때문이다. 따라서 매수인이 몰랐던 하자에 대해 당사자 간 이익 조정을 위해 매도인에게 손해배상 책임을 지운다.

④ 손해배상의 범위에 대해 신뢰이익의 범위에 한정한다.

(3) 채무불이행책임설

① 매매의 유상성과 급부·반대급부 간 균형을 유지하기 위해 일반채무불이행의 경우와 달리 무과실책임으로 구성한 채무불이행책임의 특칙으로 본다.

② 매도인의 담보책임 역시 채무불이행책임의 일종이므로 하자나 손해배상의 범위를 넓게 보려고 한다.

③ 하자가 없는 물건을 인도하여야 완전한 채무행이 되므로, 하자 있는 물건을 인도할 경우 채무불이행이 된다. 계약 당시에 하자가 없던 물건이라 하더라도 위험의 이전이 있기 전에 그 물건에 하자가 발생했다면 담보책임은 그것에까지 미친다.

④ 이행이익의 범위까지 그 손해배상의 범위가 확대된다고 본다.

(4) 우리 민법의 입법 의도

① 민법이 매도인에게 하자 없는 물건의 급부의무를 채무이행 의무로서 규정한 것인지는 불분명하다. 그러나 종국적으로는 하자 없는 급부 또는 그와 동등한 상태의 실현을 목표로 하고 있다. 민법 제580조는 그 전체 과정 중에서 일부인 이행 이후 매수인 하자 처리에 관한 방법을 정한 것이다.

② 매매계약 당시에 하자가 있었을 경우, 인도 이전에는 매도인이 그 하자를 보수할 기회를 가질 수 있고, 인도 이후에는 하자의 처리(보수)에 대한 권한이 매수인에게 이전한다. 이 경우 매수인은 매도인에게 하자보수 청구권을 행사해서 종국적으로 하자 없는 상태를 실현할 수 있다. 결국 제580조의 손해배상은 원칙적으로 하자보수비용을 의미하게 된다. 그리고 명문의 규정이 없더라도 매수인의 하자보수 청구권을 당연히 인정하게 된다.

③ 판례의 입장 : 종래 판례는 타인권리매매의 담보책임에 관해 채무불이행책임이라고 판시하였으나 그 밖의 경우엔 입장이 명확하지 않다.

> **판례**
>
> 타인의 권리를 매매의 목적으로 한 경우에 있어서 그 권리를 취득하여 매수인에게 이전하여야 할 매도인의 의무가 매도인의 귀책사유로 인하여 이행불능이 되었다면 매수인이 매도인의 담보책임에 관한 민법 제570조 단서의 규정에 의해 손해배상을 청구할 수 없다고 하더라도 채무불이행 일반의 규정(제546조, 제390조)에 쫓아서 계약을 해제하고 손해배상을 청구할 수 있다(대판 1993.11.23., 93다37328).

3. 성립 요건

(1) 매매계약의 유효한 성립

담보책임은 매매계약의 유효한 성립을 전제로 한다. 만약 매매계약의 유효한 성립 자체가 인정되지 않는다면, 당연무효 또는 계약체결상의 과실책임 등이 문제될 수 있음은 별론으로 하고 담보책임은 논의될 여지가 없다.

(2) 매매목적물의 하자

① 하자의 개념 : 여러 가지 견해들이 있으면, 판례 입장도 개별적 사실관계에서의 구체적 타당성을 고려하는 입장이다.

② 하자의 판단시기 : (특정물)매도인의 하자담보책임 성립요건으로서 '하자'의 존부는 매매계약 성립 당시를 기준으로 판단하여야 한다. 만약 매매계약 성립 이후에 하자가 발생한 경우에는 채무불이행 책임 또는 위험부담의 법리가 적용될 수 있을 뿐이다.

> **판례**
>
> 매매의 목적물이 거래통념상 기대되는 객관적 성질·성능을 결여하거나, 당사자가 예정 또는 보증한 성질을 결여한 경우에 매도인은 매수인에 대하여 그 하자로 인한 담보책임을 부담한다 할 것이고, 한편 건축을 목적으로 매매된 토지에 대하여 건축허가를 받을 수 없어 건축이 불가능한 경우, 위와 같은 법률적 제한 내지 장애 역시 매매목적물의 하자에 해당한다 할 것이나, 다만 위와 같은 하자의 존부는 매매계약 성립 시를 기준으로 판단하여야 할 것이다(대판 2001.1.18., 98다18506).
>
> 하자가 있다고 인정할 수 있기 위하여는, 매수인이 매도인에게 제품이 사용될 작업환경이나 상황을 설명하면서 그 환경이나 상황에 충분히 견딜 수 있는 제품의 공급을 요구한 데 대하여, 매도인이 그러한 품질과 성능을 갖춘 제품이라는 점을 명시적으로나 묵시적으로 보증하고 공급하였다는 사실이 인정되어야만 할 것임은 물론이나, 매도 인이 공급한 기계가 매도인이 카탈로그와 검사성적서에 의하여 보증한 일정한 품질과 성능을 갖추지 못한 경우에는 그 기계에 하자가 있다고 보아야 한다(대판 2000.10.27., 2000다30554, 30561).

(3) 매수인의 선의·무과실

① 매수인이 하자 있는 것을 알았거나 과실로 인해 이를 알지 못한 때에는 매도인의 담보책임은 발생하지 않는다.

② 판례는 매수인의 과실 범위를 매우 좁게 판단한다(일반적인 귀책사유로서 과실보다 좁다).

③ 매수인의 악의·과실을 매도인이 입증해야 한다.

4. 효 과

(1) 대금감액청구권 및 완전물 급부청구권

① 대금 감액은 계약의 일부해제에 해당한다.

② 목적물의 하자가 심해서 계약 목적을 달성할 수 없는 경우에는 계약을 해제하도록 하고, 목적물의 하자가 심하지 않은 정도이고 하자가 있다 해도 계약 목적을 일부나마 달성할 수 있는 경우에는 대금 감액을 통해 계약을 일부 해제하도록 한다.

(2) 계약해제권

① 목적물의 하자로 계약의 목적을 달성할 수 없을 때에는 계약을 해제할 수 있다.

② 채무자(매도인)의 귀책사유를 요건으로 하지 않는다.

(3) 손해배상청구권 : 손해배상의 범위에 관한 학설 대립

① 신뢰이익설 : 매도인의 담보책임이 무과실책임이라는 점에 근거한다. 매매의 목적물에 원시적 하자가 있어서 계약이 일부 무효로 됨을 이유로 그 계약이 유효함을 믿어서 입은 손해에 대한 책임을 매도인에게 부담시키는 제도이므로 신뢰이익의 범위로 한정해야 한다.

② 이행이익설 : 담보책임을 일종의 채무불이행 책임이라고 보는 관점에 근거한다.

③ 판례 : 타인의 권리매매에 관하여 한때 신뢰이익설을 따랐으나(대판 1960.4.21., 1961민상385), 이후에는 이행이익설로 태도를 바꾸었다(대판 1967.5.18., 66다2618).

④ 타인의 권리를 매도한 경우에는 원시적 하자가 있음에도 매도인이 그 권리를 취득하여 매수인에게 이전하여야 할 의무가 있는 바, 매도인이 이 의무를 위반하는 채무불이행이 있으므로 이 경우에는 이행이익을 배상해야 한다(판례의 입장).

⑤ 특정물매매에 관한 하자담보책임(제580조)에 기한 손해배상의 범위에 관하여는 판례의 입장이 분명하지는 않다. 하자담보책임으로 인한 확대손해는 분명히 채무불이행책임으로 다루고 있다(대판 1997.5.7., 96다39455).

갑은 농작물의 종자를 파는 소매상인이다. 농장을 운영하는 농부 을은 갑에게서 감자, 고추 등 농작물 모종(종자)을 700만 원에 매매하면서 매매계약서를 작성했다. "만약 종자의 품질에 하자가 있는 경우 다른 종자로 교환해 준다"는 내용을 매매계약서에 명시해 두었다. 그런데 을이 이 모종을 심어 재배하는 도중 잎말림병에 걸려 농사를 망쳤다. 을은 모종에 잎말림병이 있다는 사실을 발견했지만 농사 일이 너무 바빠서 그 후 5개월이 지난 시점에 갑에게 모종에 심각한 하자가 있으므로 손해배상해 줄 것을 청구하였는데 적법한가?

(1) 만약 을이 갑의 채무불이행을 이유로 손해배상을 청구하기 위해서는, 갑에게 고의 또는 과실이 있어야 한다. 즉, 갑이 매매 당시 그 모종들이 잎말림병에 걸렸다는 사실을 알았거나 알 수 있어야 한다. 소매상의 특성상 도매상으로부터 대량의 종자를 사들여 소량 단위로 수요자에게 판매하기 때문에 소매상이 종자의 질병 등 하자 유무를 알기 어렵다. 따라서 갑은 자신의 고의 또는 과실이 없다고 주장할 가능성이 크다. 이 경우 을은 민사손해 배상청구소송을 제기해야 하는데 갑의 고의·과실의 유무에 대해서 을이 입증책임을 부담해야 함이 원칙이다. 이처럼 매매계약에서 채권자가 채무자에게 채무불이행 책임을 묻는 것은 그 요건이 매우 까다로워서 실현시키기 어렵다.

(2) 그러나 담보책임은 다르다. 매도인의 무과실책임을 원칙으로 하기 때문에 매도인이 과실이 없더라도 권리나 물건 자체에 하자가 있다면 갑은 담보책임을 져야 한다. 일단 갑이 판매한 모종에 잎말림병이 있다면 갑이 매매 당시 그 사실을 몰랐고, 그에 과실이 없다하더라도 갑은 책임을 져야 한다. 그런데 갑과 을 쌍방 간 손해배상 합의가 이루어지지 못할 경우 을은 법적인 조치를 취할 수밖에 없다. 이 경우 을은 민법 제580조에 근거하여 "매도인의 하자담보책임"을 물 수 있다.

매수인 을은 종자의 하자를 발견하였을 경우 매도인 갑과의 계약 자체를 해제하거나 하자에 따른 손해배상을 청구할 수 있다. 그 손해배상의 청구 범위는 신뢰이익의 배상, 즉 하자가 없는 상태로 계약을 한 것이라 믿었기 때문에 발생한 손해에 한정되는데, 그러한 이익에는 만일 하자에 대해 미리 알았다면 약정한 매매대금을 지급하지 않았을 것인데 하자가 없다고 신뢰하였기 때문에 지급하였던 대금에 대한 손해, 즉 대금감액 손해가 포함된다.

하자담보책임을 근거로 계약해제나 손해배상을 청구할 경우 일반적인 손해배상책임을 묻는 경우와 달리 매수인 을이 하자를 알았거나 과실로 알지 못하였다는 사실에 대한 입증책임을 매도인 갑이 부담하여야 하기 때문에 사실상 매도인에게 "무과실책임"이 지워진다. 따라서 매수인 을의 입장에서는 하자담보책임을 묻는 것이 훨씬 유리하다. 이처럼 하자담보책임은 채무불이행책임보다 더 강력하게 거래안전을 지킨다.

그런데 하자담보책임에 의거한 권리행사기간이 "6개월"(제척기간) 이내로 매우 짧다(제582조). 을은 종자의 하자를 발견하고서도 무려 5개월이 지난 시점에 갑에게 손해배상을 청구했다. 만약 을이 "6개월"이 지난 시점에 청구했다면 그 권리는 보호받지 못한다.

소멸시효와 제척기간의 가장 큰 차이점은 "중단"조치를 할 수 있는지 여부로서, 제척기간의 경우에는 "중단"이 불가능하기 때문에 권리 행사기간이 진행되는 동안 실제로 권리를 행사하는 이외의 다른 행위를 통해 기간의 진행을 차단할 수 없다.

반면, 소멸시효의 경우에는 민사소송, 압류, 가압류, 가처분 등의 법률적 조치들을 통해 소멸시효의 진행을 중단시킬 수 있고 일단 중단이 되면 모든 기간이 처음부터 새로 진행된다.

그러므로, 하자담보책임의 경우 제척기간이 적용되기 때문에 중단조치를 할 수는 없으나 6개월 이내에 반드시 민사소송을 제기해야 하는 것은 아니고 매도인에게 하자를 통보하면서 계약해제나 손해배상의 의사를 표시하면 된다.

민법 제582조 소정의 매수인의 권리행사 기간은 재판상 또는 재판 외에서의 권리행사에 관한 기간이므로 매수인은 소정 기간 내에 재판 외에서 권리행사를 함으로써 그 권리를 보존할 수 있고, 재판 외에서의 권리행사는 특별한 형식을 요구하는 것이 아니므로 매수인이 매도인에 대하여 적당한 방법으로 물건에 하자가 있음을 통지하고, 계약의 해제나 하자의 보수 또는 손해배상을 구하는 뜻을 표시함으로써 충분하다(대판 2003.6.27., 2003다20190).

갑과 을이 매매계약서에 종자의 품질에 하자가 있는 경우 다른 종자로 교환해 준다는 내용을 명시해 두었는데, 이 내용은 매도인의 하자담보책임을 묻는 중요한 기준이 된다. 이처럼 물건의 일부 하자 발생 시 수리나 환불이 아닌 교환만 할 수 있는 것으로 매매계약서에 명시되어 있다면 매수인은 하자담보책임에 기한 계약해제나 손해배상을 청구할 수 없게 된다. 이러한 사건은 현실에서 가구, 전자제품, 자동차 등을 소매상으로부터 매입한 경우 계약서상 하자 시 교환의무 규정을 포함시켜 매수인이 손해를 입는 사례가 많다.

특히 계약서에서 매매목적물의 하자가 있는 경우에 매도인은 책임을 지지 않는다는 책임배제 규정이 있는 경우에는 매도인의 하자담보책임을 인정하기 어렵다. 이런 경우 민법 규정보다 합의, 즉 계약내용이 우선하기 때문에 소송을 진행한다 해도 하자담보책임이 기각될 수 있다.

위 사안에서 만일 계약서에 하자 발생 시 매수인의 선택에 따라 교환이나 수리뿐만 아니라 계약해제 및 손해배상청구가 가능하다고 명시하였다면, 을은 700만 원을 전액 환불받을 수 있을 것이다.

5. 담보책임과 채무불이행책임의 관계(양책임의 경합성 문제)

구 분	담보책임(제570조 이하)	채무불이행책임(제390조)
성립요건 (귀책사유의 요부성)	하자에 대한 매도인(채무자)의 귀책사유를 요건으로 하지 않는 무과실책임	채무불이행에 대해 채무자의 고의·과실을 요건으로 하는 과실책임
매수인의 선·악의	담보책임의 발생 내지 효과에 영향을 미침	• 책임의 발생 내지 효과에 영향을 미치지 않음 • 채권자의 선·악의는 손해배상범위에 참작될 뿐임(제396조)
내 용	• 손해배상청구권은 매수인이 선의인 경우에만 인정함(예외 제576조) • 범위 : 신뢰이익 배상(다수설) • 판례 : 타인의 권리의 매매(권리의 일부가 타인에게 속한 경우 포함) → 이행이익의 배상 • 대금감액청구 및 완전물 급부청구, 계약 해제	• 손해배상청구권은 채권자의 선·악의를 불문하고 인정함 • 그 범위는 제390조, 제392조에 의해 이행이익의 배상 • 손해배상, 강제 이행, 계약 해제
계약 해제 사유 및 해제 시 최고 요/부	• 계약 목적을 달성할 수 없는 경우에 해제 가능함 • 해제 시 최고 필요 없음	• 채무자의 채무불이행 시 해제 가능함 • 상당기간 최고 후 해제해야 함
권리의 행사기간	6개월 또는 1년의 제척기간 단, 제570조, 제576조 제척기간 없음	통상의 소멸시효기간 : 10년

(1) 담보책임은 원시적 하자에 대해, 채무불이행책임은 후발적 하자에 대한 책임이다.

① 갑은 자신의 동생 소유의 주택을 을에게 파는 매매계약을 체결했다. 이것은 원시적 하자이므로 갑은 그 주택을 취득하여 양도하지 못하면 제570조 담보책임을 진다.

② 갑은 자기 소유의 자동차를 을에게 판매하는 매매계약을 체결했다. 이후 갑은 그 자동차를 제3자인 병에게 판매하여 처분했다. 이 경우 원시적 하자는 없으며 갑의 매수인에 대한 채무는 후발적 불능이 된다. 따라서 갑은 채무불이행책임을 진다.

(2) 양 책임은 경합할 수 있다. 원시적 하자를 용이하게 보수 · 치유할 수 있는데도 그러지 않았다면 후발적 하자가 되기 때문이다.

갑은 자신의 동생 소유의 주택을 을에게 파는 매매계약을 체결했다. 이것은 원시적 하자이므로 갑은 그 주택을 취득하여 양도하지 못하면 제570조 담보책임을 진다. 그러나 갑은 자신의 동생 소유의 주택을 취득하여 양도하여야 할 채무를 제대로 이행하지 못한 책임도 져야 한다. 이것이 바로 후발적 하자로 인한 채무불이행 책임이다.

(3) 판례 : 양 책임의 경합을 인정한다.

① 토지매매의 하자담보책임 사례

토지 매도인이 성토작업을 기화로 다량의 폐기물을 은밀히 매립하고 그 위에 토사를 덮은 다음 도시계획사업을 시행하는 공공사업시행자와 사이에서 정상적인 토지임을 전제로 협의취득절차를 진행하여 이를 매도함으로써 매수자로 하여금 그 토지의 폐기물처리비용 상당의 손해를 입게 하였다면 매도인은 이른바 불완전이행으로서 채무불이행으로 인한 손해배상책임을 부담하고, 이는 하자 있는 토지의 매매로 인한 민법 제580조 소정의 하자담보책임과 경합적으로 인정된다(대판 2004. 7.22., 2002다51586).

② 수급인의 하자담보책임 사례

액젓 저장탱크의 제작 · 설치공사 도급계약에 의하여 완성된 저장탱크에 균열이 발생한 경우, 보수비용은 민법 제667조 제2항에 의한 수급인의 하자담보책임 중 하자보수에 갈음하는 손해배상이고, 액젓 변질로 인한 손해배상은 위 하자담보책임을 넘어서 수급인이 도급계약의 내용에 따른 의무를 제대로 이행하지 못함으로 인하여 도급인의 신체 · 재산에 발생한 손해에 대한 배상으로서 양자는 별개의 권원에 의하여 경합적으로 인정된다(대판 2004.8.20., 2001다70337).

③ 물품매매의 하자담보책임

국가기록원은 2010년 12월 종이기록물에 손상을 주는 해충과 곰팡이 등을 제거하기 위해 A사에 3700만 원을 지급하고 소독약제를 납품받았다. 이듬해 2011년 11월 국가기록원은 소독약제의 살균력과 살충력이 현저하게 떨어진다는 시험결과 보고서가 나오자 2012년 7월 A사에 물품대금과 검사비를 돌려달라며 소송을 제기했다. 국가기록원과 A사는 제품의 하자는 1년간만 보증한다는 특약을 체결한 상태이다. 당사자 사이의 계약에서 하자담보책임에 관한 특칙을 정한 경우라도 민법 제390조에 따른 채무불이행책임은 계약의 특칙에 의한 하자담보책임과 경합적으로 인정된다(대판 2016.5.24., 2015다215717).

(4) 특정물의 현상인도와 양 책임의 경합문제

① 특정물 도그마론 : 갑이 골동품점에서 도자기를 구입하였고 골동품점은 갑에게 그 도자기를 배달하였다. 그런데 배달 시점에 그 도자기는 일부가 깨져 있었다. 이 경우 이행기에 현 상태대로 물건을 인도하였으므로 채무불이행이 아니라는 주장이다.

제462조(특정물의 현상인도) 특정물의 인도가 채권의 목적인 때에는 채무자는 이행기의 현 상태로 그 물건을 인도하여야 한다.

② 제462조의 의미 : 특정물을 인도할 의무는 그 특정물을 완전한 상태로 이전해야 할 의무이다. 부득이 그 상태대로 일단 물건을 건네주어야 하지만 불완전한 상태로 이전한 경우 채무불이행책임을 져야 한다.

③ 과실 있는 매수인은 하자담보책임을 물을 수 없기 때문에 채무불이행책임을 경합적으로 인정할 실익이 있다. 채무불이행에서 채권자에게 과실이 있는 경우에도 손해배상을 청구할 수 있으며, 단, 손해배상액에서 과실상계하여 감액한다.

사례분석

[사례분석 1]
목공업을 운영하는 갑은 자신의 공방에서 필요한 규격, 성능 등에 적합한 특정한 사양의 가구제조기계를 을 회사로부터 800만 원에 매매하였고, "동 기계의 하자가 있는 경우에는 매수인은 하자 발견 시 3개월 이내에만 수리, 교환, 환불을 매도인에게 청구할 수 있다"는 규정을 명시한 매매계약서를 작성했다. 갑은 을의 매장에서 매매대상 가구제조기계를 살펴보면서 기계 내부에 하자가 있다는 사실을 발견했지만 가격이 저렴하다는 이유로 하자에 대해 아무런 문제 제기를 하지 않고 매매했다. 갑이 동 기계를 인도받은 후 가구를 제작하는 도중 기계의 성능에 심각한 결함이 발생하여 고가의 재료가 파손되고 갑의 신체에 부상이 발생하는 손해를 입었다. 갑은 을에게 손해배상을 청구하는 것이 가능한가?

(1) 채무불이행책임
갑은 을에게 채무불이행책임을 물어 손해배상을 청구할 수 있다. 이 사안의 가구제조기계는 특정물이며 갑은 특정물 채권을 갖고 있다. 이 경우 채무자 을은 특정되어 있는 물건을 채권자 갑에게 인도하여야 하며, 그 물건이 대체물이더라도 다른 물건을 인도할 수 없다. 제462조에 따라 채무자 을은 특정물인 가구제조기계를 선량한 관리자의 주의를 기울여 보존하다가, 그 기계를 갑에게 인도하여야 할 때의 현상 그대로 인도하여야 한다.

그런데 인도할 시점에 이미 기계에 하자가 있었다면 을은 불완전한 채무이행을 한 것이 된다. 따라서 갑은 을에게 채무불이행으로 인한 손해배상을 청구할 수 있다(제390조). 을이 손해배상 책임을 면하기 위해서는 자신에게 고의 또는 과실이 없다는 점을 입증해야 된다. 고의 또는 과실이 없다는 사실의 입증책임이 매도인에게 있기 때문이다.

(2) 하자담보책임
매매계약을 체결했는데 매수인이 기대했던 성능이나 성질을 갖추지 못한 경우에 매도인에게 하자담보책임을 물을 수 있다. 그 하자담보책임의 범위는 1) 하자로 인하여 계약 목적을 달성할 수 없는 경우에는 "계약해제", 2) 이외의 경우에는 "손해배상" 청구가 가능하다.

그런데 하자담보책임은 민법 제582조에 의해 매수인이 사실을 안 날로부터 "6개월" 이내에 행사해야 한다. 공사도급계약의 경우에는 하자보수, 손해배상청구, 계약해제는 목적물을 인도받은 날로부터 1년 이내에 행사해야 한다(제670조). 그리고 당사자의 별도 약정이 없다면 토지, 건물 등의 경우 지반공사 하자에 대해서는 5년간의 담보책임, 이외의 석조 등 재료로 조성된 건물의 경우에는 10년 동안의 담보책임이 존속한다(제671조).

갑과 을 간 매매계약서에서 하자담보책임에 따른 청구 기간을 하자 발견 시점으로부터 3개월 이내로 제한하는 규정을 명시하였다. 이처럼 하자담보책임 기간을 민법에서 정한 6개월보다 더 짧게 단축하는 당사자 간 약정이 유효한가? 이에 대해 판례는 부정한다. 따라서 갑은 하자 발견 후 6개월 기간 내에 하자담보책임에 의거한 손해배상을 청구할 수 있다.

그러나 위 사안에서 매수인 갑은 매매 당시 매매 목적물에 하자가 있다는 사실을 이미 알고 있었다. 특정물에 대한 하자담보책임이 성립하려면, 매수인은 하자에 대하여 선의·무과실이어야 한다(제580조). 이에 대한 증명 책임은 매도인이 진다. 즉, 담보책임을 면하려는 매도인이 매수인의 악의 또는 과실 있음을 증명해야 한다.

[사례분석 2]

갑은 을로부터 을 소유의 중고자동차를 3천만 원에 매매하여 인도받았다. 그런데 을이 동 자동차를 갑에게 인도하기 전에 을이 운전 도중 과실로 하천에 빠져서 자동차가 침수되는 사고가 발생했다. 을은 이 침수 사실을 갑에게 알리지 않고 자동차를 갑에게 인도하였다. 갑은 을로부터 자동차를 인도받은 후 사용하는 과정에서 자동차에 심각한 결함이 있다는 사실을 발견했고 이를 이유로 을에게 손해배상을 청구했다. 갑의 청구는 유효한가?

위 사안에서 중고자동차는 특정물이다. 특정물채무자는 그 물건을 인도하기까지 선량한 관리자의 주의로 보존하여야 한다(제374조). 보존이란 목적물을 멸실, 훼손으로부터 보호하기 위해 필요한 행위를 하는 것이다. 구체적으로 어떠한 보존행위를 필요로 하는가는 목적물의 특성, 계약의 종류에 따라 다르다.

채무자가 선관의무를 위반하여 목적물을 멸실케 한 경우에는 손해배상의무를 부담한다. 따라서 을은 선과의무를 다하지 않아서 자동차를 파손하였으며 이를 수리하지 않고 갑에게 인도하였으므로 갑에게 불완전이행의 책임(손해배상)을 져야 한다. 선관의무를 다하였는지 여부에 대한 입증책임은 채무자 을이 진다.

만약, 채무자가 선관의무를 다하였음에도 목적물이 멸실 또는 훼손된 경우에는 채무자는 손해배상의무를 부담하지 않으며, 그 멸실, 훼손에 따른 위험(급부위험)은 채권자 갑이 부담한다. 다만 쌍무계약의 경우 위험부담의 문제로서 채무자 역시 반대급부청구권을 상실한다.

[사례분석 3]

갑은 아파트 분양 시행사 A회사로부터 아파트를 7억 원의 대금을 지급하고 분양받았다. 그런데 갑은 아파트 입주 후에 거주하면서 아파트 건물 간 거리가 짧아서 일조량이 부족한 점과 아파트에 인접한 도로에서 과다한 차량 소음과 매연으로 피해를 보게 되었다. 또한 갑은 아파트에 설치된 조명, 싱크대 등 시설의 품질과 디자인이 나빠서 사용하는데 불편함이 있는데 아파트 분양대금이 1평당 2천만 원이 넘는 고가임을 고려할 때 심각한 하자라고 판단했다. 이에 따라 갑은 을에게 하자담보책임에 의거한 손해배상을 청구하려고 한다. 가능한가?

위 사안은 특정물에 대한 하자담보책임(제580조) 문제이다. 특정물에 대한 하자담보책임의 '성립요건'으로서 우선 매매 목적물에 '하자'가 있어야 한다. 이 경우 '하자'란 1) 일반적으로 그 종류의 물건이 가지고 있는 통상의 성질이 없는 경우에 하자가 존재한다는 '객관적 하자설'과 2) 당사자 사이에서 합의 또는 전제된 성질이 없는 경우 하자가 존재하나 당사자의 의사가 불분명하면 객관설에 의하여 판단한다는 '주관적 하자설'이 대립한다.

대법원은 '물건이 통상의 품질이나 성능을 갖추고 있는 경우에도 당사자의 특약에 의하여 보유하여야 하는 성질성능을 결여하고 있으면 하자가 인정된다(대판 1997.5.7., 96다39455).'고 하였는바, 특정한 학설에 치우치기보다는 개별 사례에서의 구체적인 타당성을 충분히 고려하여 판단하는 것으로 해석된다.

대법원은 분양 아파트가 건축관계법령 및 주택법상의 주택건설기준 등에 적합하고, 분양계약 체결 당시 수분양자에게 알려진 기본적인 건축 계획대로 건축된 경우, 일조방해 등을 이유로 분양계약상의 채무불이행책임 내지 하자담보책임을 물을 수 없다고 판시하였다(대판 2010.4.29., 2007다9139).

또한 도로에서 유입되는 소음 때문에 인근 주택의 거주자가 사회통념상 수인한도를 넘는 생활이익의 침해를 당한 경우, 그 주택의 분양회사에게 소음으로 인한 불법행위책임을 물을 수 없다고 판결했다(대판 2008.8.21., 2008다9358, 9365).

다음으로 갑은 아파트의 조명, 싱크대 등 내부 시설의 품질이 저조하고 그 분양가격에 비추어볼 때 지나치게 저렴한 시설을 제공한 것이 특정물의 하자에 해당하기 때문에 을에게 손해배상을 청구하려 한다. 그러나 판례는 이런 경우의 하자담보책임을 부정한다(대판 1995.6.30., 95다2616, 95다2623).

이상 판례를 기준으로 위 사안을 판단한다면, 갑은 을에게 하자담보책임에 의거한 손해배상을 청구할 수 없다.

Ⅳ │ 담보책임 발생원인

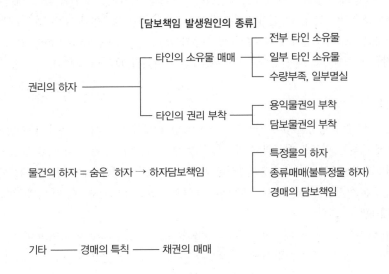

[담보책임 발생원인의 종류]

권리의 하자 ─── 타인의 소유물 매매 ─── 전부 타인 소유물
                                     일부 타인 소유물
                                     수량부족, 일부멸실
            타인의 권리 부착 ─── 용익물권의 부착
                               담보물권의 부착

물건의 하자 = 숨은 하자 → 하자담보책임 ─── 특정물의 하자
                                       종류매매(불특정물 하자)
                                       경매의 담보책임

기타 ─── 경매의 특칙 ─── 채권의 매매

1. 타인의 권리의 매매 : 권리의 하자에 대한 담보책임 기출 16

권리의 하자에 대한 담보책임은 매매에 의하여 이전된 권리에 불완전한 점이 있는 경우의 담보책임(제570~제576조)을 말한다. 기출 22

(1) 권리의 전부가 타인에게 속하는 경우(제570조, 제572조) : 계약 자체는 유효히다.

① 타인 권리도 매매 목적물이 될 수 있으며 매도인은 그 경우, 권리자로부터 권리를 취득한 후 매수인에게 이전하여야 하는 의무를 부담하지만(제569조), 이 의무이행에 실패한 경우에는 매수인이 매매 목적물이 타인 권리임을 알고 있었다(악의)하여도 담보책임을 부담한다.

② 미등기전매는 타인의 권리매매에 해당 : 매도인이 매매를 원인으로 한 소유권 이전등기의무를 이행하기 위해 제3자로부터 소유권 이전등기를 받아서 이행해야 한다.

③ 매수인이 매도인으로부터 인도받은 부동산의 등기·점유를 진정한 권리자로부터 추탈당하는 소송(등기회복 청구, 인도청구 등의 소송)이 제기된 경우에는, 그 소송이 권리자의 승소로 확정된 때 이전불능 상태가 되며, 타인의 권리매매에 해당한다.

(2) 매도인의 해제권에 관한 특칙

① 선의의 매도인을 보호하기 위해 선의의 매도인은 계약을 해제할 수 있다고 규정한다(제571조). 이 경우 매수인의 선의·악의를 불문한다.

② 이 해제권은 담보책임에 속하지 않으며, 편의상 담보책임과 함께 규정한 것일 뿐이다.

(3) 권리의 일부가 타인에게 속하는 경우 : 계약 자체는 유효하다.

예 토지 100평에 대해 을과 매매계약을 체결했는데 80평은 갑에게 소유권이 있고, 20평은 병이라는 사람에게 소유권이 있다. 즉 권리의 일부가 타인에게 속하는 경우이다. 갑은 병으로부터 20평만큼의 소유권을 확보하여 을에게 넘겨줘야 할 의무가 있고, 병의 20평에 대한 소유권을 취득하지 못했다면 갑은 담보책임을 져야 한다. 이 경우를 "일부 타인의 권리"라고 한다.

(4) 책임의 내용

① 대금감액청구권 : 형성권이며, 계약의 일부에 대한 해제권의 성질을 갖는다. 매수인은 그 권리의 타인에게 속하는 비율로 대금의 감액을 청구할 수 있다. 매수인의 선의·악의를 불문한다.

② 해제권 : 선의·악의를 불문하고 매수인은 계약을 해제할 수 있다. 해제 기간에 제한이 없다. 선의의 매수인은 이전된 부분만으로는 계약을 체결하지 않았으리라는 사정이 있는 경우에는 계약의 전부를 해제할 수 있다.

③ 손해배상청구권 : 선의의 매수인은 손해배상을 청구할 수 있다. 따라서 악의의 매수인은 손해배상을 청구할 수 없다. 이 경우의 손해배상 범위는 원칙적으로 매도인이 목적이 된 권리의 일부를 취득하여 매수인에게 이전할 수 없게 된 때의 그 권리의 시가, 즉 이행이익에 상당하는 금액이다(대판 1967.5.18., 66다2618).

(5) 제척기간 : 매수인이 선의이면 이전 불가 사실을 안 날로부터 1년, 악의이면 계약한 날로부터 1년 내에 행사해야 한다.

갑은 국가가 소유한 토지의 서류를 위조하여 마치 자기 땅인 것처럼 허위의 소유권 이전등기를 마쳤다. 갑은 을에게 그 토지를 매도했고 을에게 소유권 이전등기를 완료했다. 이에 국가가 소유권등기 명의자인 을에게 해당 토지의 소유권 이전등기를 말소하라는 소송을 제기했다. 이 소송의 판결에 따라 을은 소유권 이전등기를 국가에 되돌려주었다.

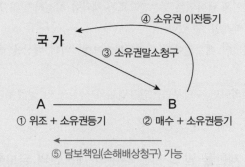

[타인 소유 부동산의 매매 시 법률관계]

갑은 을에게 자기 소유가 아닌 국가의 토지를 매매한 것이지만 결국 그 소유권을 취득하여 을에게 넘겨주지 못하였다. 따라서 을은 갑에게 담보책임을 물을 수 있다. 을은 계약을 해제할 수 있는 것은 물론이고 특히 그 토지가 갑 소유가 아니라는 사실을 몰랐으므로 자신이 입은 손해를 배상할 것을 청구할 수 있다.

2. 목적물의 수량부족·일부멸실의 경우 : 권리가 부족한 경우 매도인의 담보책임

(1) 당사자가 수량을 지정해서 매매한 경우에 목적물의 수량이 부족한 경우를 말한다(계약 당시에 이미 멸실된 경우이어야 함).

(2) **특정물 매매의 경우에만 한정** : 불특정물 매매에서 수량 부족은 단순한 채무불이행 문제이다(제574조).

  ㉐ 몇 개라고 수를 지정하여 산 물건이 부족하거나 계약 당시 벌써 일부소멸되어 있는 경우

  ㉐ 건물 일부의 임대차 계약을 하였는데 임대료와 임대차보증금을 임차 건물의 면적을 기준으로 정하는 등 수량을 기초로 임대차 계약이 이루어진 경우 계약상 임차 면적이 실제 건물의 면적보다 작다면 그 임대차는 수량을 지정한 임대차이다(대판 1995.7.14., 94다38342).

  ㉐ 을은 토지가 100평짜리 땅인 줄 알고 평당 100만 원씩 계약을 체결했다. 실제 측량을 해보니 80평이었다. 이는 20평만큼 소유권 권리의 하자가 있는 것으로 권리의 하자에 해당한다.

  ㉐ 갑이 창고가 딸린 건물을 팔았다. 계약체결 전에 창고가 불타 일부가 멸실되었다면 이는 권리의 하자에 속한다.

    매매 목적물이 된 특정물의 일부가 계약 당시에 이미 멸실된 경우에는 '원시적 불능'에 해당하므로 원칙적으로 '계약체결상의 과실책임'이 문제될 것이다. 그러나 이 경우에 제574조의 담보책임이 적용되는 경우에는 그 범위에서 계약체결상 과실책임은 배제된다.

(3) 책임의 내용

　① 대금감액청구권

　　㉠ 형성권이며, 계약의 일부에 대한 해제권의 성질을 갖는다.

　　㉡ 매수인은 그 권리의 부족한 비율로 대금의 감액을 청구할 수 있다.

　　㉢ 매수인은 선의이어야 한다. 악의의 매수인인 경우 매도인에게 담보책임이 없다.

　② 해제권 : 선의의 매수인은 남아있는 부분만으로는 계약을 체결하지 않았으리라는 사정이 있는 경우에는 계약의 전부를 해제할 수 있다.

　③ 손해배상청구권 : 선의의 매수인에게 인정된다. 이행이익의 배상을 해야 한다.

(4) 제척기간 : 매수인이 선의이면 수량부족·일부멸실의 사실을 안 날로부터 1년 내에 행사해야 한다.

3. 용익적 권리에 의해 제한을 받고 있는 경우의 매도인의 담보책임(제575조)

(1) 적용 범위(대상)

　① 지상권·지역권·전세권·질권·유치권의 목적이 되어 있는 경우

　② 등기된 임차권, 주택임대차보호법의 적용을 받거나 대항력 있는 임차권, 채권적 전세의 목적이 되어 있는 경우

　③ 목적 부동산 위에 존재하여야 할 지역권이 실제로는 존재하지 아니하는 경우(제575조)

사례분석

용익권에 의한 제한

갑 소유의 토지에 대해 병의 전세권이 있는 상태에서 갑과 을의 매매계약으로 인해 토지소유자가 을로 바뀌었다. 즉, 병의 전세권이 을의 소유권보다 빠르기 때문에 병은 자신의 전세권을 을에게 주장할 수 있다. 따라서 을의 입장에서는 매매목적물을 사용할 수 없게 된다. 전세권 외에도 지상권, 지역권도 동일하게 적용된다.

---

(2) 요 건

　① 등기된 임차권의 범위 : 그 목적물의 양수인에게 대항할 수 있는 경우를 모두 포함한다.

　　㉑ 갑은 을 소유의 토지를 매매하여 인도받았다. 그런데 이 매매 전에 을은 자기 소유의 그 토지 위 지상건물을 병에게 임대차하였으며 병은 그 임차권을 등기한 경우 갑은 매수인 을에게 담보책임을 부담한다.

② 용익물권이 매매계약 당시에는 존재했으나 매매 채무 이행기에는 그 용익물권이 소멸하였다면 매도인의 담보책임은 발생하지 않는다.

③ 매수인이 사정을 알지 못한(선의) 때에만 매도인의 담보책임이 생긴다.

(3) 책임의 내용

① 대금감액청구권 : 인정하지 않는다. 목적물에 용익권이 설정되어 있어도 목적물의 소유권 이전이 가능하고, 이것은 권리의 질적인 하자이므로 감액금액을 균등하게 산출하기 어렵기 때문이다.

② 해제권 : 선의의 매수인은 이전된 부분만으로는 계약을 체결하지 않았으리라는 사정이 있는 경우에는 계약의 전부를 해제할 수 있다.

③ 손해배상청구권 : 선의의 매수인에게 인정된다. 이 경우 손해배상 범위는 원칙적으로 매도인이 목적이 된 권리의 일부를 취득하여 매수인에게 이전할 수 없게 된 때의 그 권리의 시가, 즉 **이행이익**에 상당하는 금액이다(대판 1993.1.19., 91다27396).

(4) 제척기간 : 매수인이 용익권의 존재 또는 지역권의 부존재를 안 날로부터 1년 내에 행사해야 한다.

4. 저당권 · 전세권에 의해 제한을 받고 있는 경우의 매도인의 담보책임

매매목적물에 저당권 · 전세권이 설정되어 있을 때에 매수인이 손실을 받은 경우에는 매수인의 선의 · 악의를 불문하고 매도인의 담보책임이 생긴다(제576조). 매매 목적물이 제3자에게 속하고 있어 매수인이 그 물건을 추탈(追奪)당한 경우의 매도인의 책임이라는 의미에서 '추탈담보'라고 부르지만, 민법은 매수인이 제3자로부터 추탈당하였을 것을 그 책임의 발생요건으로 하고 있지 않으므로 이 용어는 적당하지 않다.

(1) 저당권이 설정된 경우

① 매매 목적물에 저당권이 설정된 사실만으로는 매도인의 담보책임은 발생하지 않는다.

② 저당권이 실행되어서 매수인이 소유권을 취득하지 못하거나 이미 취득한 소유권을 상실할 때, 또는 매수인이 스스로 출재하여 소유권을 보존한 경우에는 매수인을 보호해야 하므로 매도인의 담보책임이 발생한다.

　　예 임의경매절차에서 목적 부동산이 제3자에게 경락됨으로써(매수인이 경락받은 경우에는 담보책임의 여지가 없음) 매수인이 그 소유권을 애초부터 취득할 수 없거나, 일단 취득한 소유권을 후에 상실하게 된 경우

③ 매수인이 그 "출재로 그 소유권을 부존한 때" 즉 매수인이 저당권의 피담보채권을 변제 등으로 소멸시킴으로써 결국 저당권을 소멸시킨 경우에는 매도인은 이를 매수인에게 상환해야 한다.

　　예 **갑이 자기 소유 부동산에 피담보채권의 채무자로서 저당권을 설정한 경우, 이 부동산의 매수인이 이 채무를 변제하여 저당권을 소멸시켰다면 매수인은 당연히 매도인에 대해 구상권을 갖는다. 그러나 갑이 이 피담보채무의 채무자가 아닌 경우에는 매수인은 매도인에게 구상권을 취득하지 못하며, 단지 변제자대위에 의해 그 피담보채권 및 그 담보에 관한 권리를 취득할 뿐이다.**

따라서 민법 제576조는 이런 경우에도 매수인이 담보책임에 근거하여 매도인에게 구상권을 가진다고 함으로써 매수인을 보호하려는 것이다.

④ 이 경우 저당권의 목적물은 부동산에 제한하지 않으며, 부동산 위에 설정된 지상권 및 전세권을 저당권의 목적물이 될 수 있다. 이 때 매수인이 출재하여 권리를 보존한 경우에는 담보책임을 물을 수 있다.

(2) 전세권이 설정된 경우(제576조)

① 전세권은 용익물권이므로 전세권자가 점유하면 매수인의 용익을 방해한다. 따라서 전세권은 그 설정된 사실 자체로 매도인은 담보책임을 진다.

② 전세권자는 전세금 우선변제를 받을 권리 및 경매청구권이 있어서 이들 권리가 실행되면 매수인이 손해를 입는다. 따라서 매도인은 담보책임을 진다.

(3) 저당권의 목적인 지상권·전세권의 매매인 경우

① 저당권의 목적은 부동산에 한정하지 않으며, 부동산 위에 설정된 지상권·전세권도 목적이 될 수 있다.

② 이런 지상권·전세권 위에 저당권이 설정된 토지를 매수한 매수인은 그 저당권이 실행되면 권리를 취득하지 못하거나 스스로 출재해서 권리를 보존해야만 한다. 따라서 이 경우에도 매수인을 보호하기 위해 매도인은 담보책임을 부담한다.

사례분석

저당권에 의한 제한(저당권의 추급력)
갑은 자신의 토지를 담보로 병으로부터 5천만 원을 차용하고 병에게 저당권을 설정하여 주었다. 그 후 갑은 을에게 자신의 토지를 매각하였으나, 갑의 채무불이행으로 인해 병이 저당권을 실행하여 정에게 토지가 경락되었다. 이 경우 을은 갑에 대하여 담보책임을 물을 수 있다.

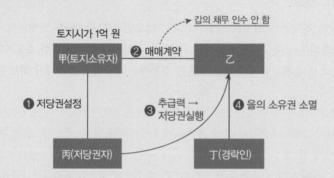

갑의 채무불이행은 을이 갑의 채무를 인수하지 않았다는 뜻이다. 병의 저당권실행으로 인해 을이 소유권을 잃고 경락인 정이 소유권을 얻게 된다. 이 때 을이 소유권을 잃게 된 본질적인 원인은 갑 때문이므로 을은 갑에게 담보책임을 물을 수 있다. 이는 저당권뿐 아니라 전세권의 경우 전세권의 행사로 인해 경매가 실행되어도 마찬가지이다.

(4) 책임의 내용

매수인은 저당권 또는 전세권의 존재에 관한 그의 선의·악의를 불문한다.

① 소유권을 취득할 수 없거나, 소유권을 잃은 경우에 언제나 **계약 해제권과 손해배상청구권** 행사가 가능하다.

② 매수인이 출재하여 소유권을 보존한 경우 그 출재의 **상환청구권 및 손해배상청구권**을 행사가능하다.

③ 변제자 대위에 관한 규정을 적용한다.

5. 물건의 하자에 대한 매도인의 담보책임 `기출` 18

(1) 의 의

매매에 의하여 이전된 권리의 객체인 물건(목적물)에 숨어 있는 불완전한 점(하자)이 있는 경우의 담보책임이다(제580조).

㉩ 매입한 건물이 외부에서 발견할 수 없는 흰개미에게서 침해를 받고 있는 경우

(2) 성립요건

① 매매의 목적물에 하자가 있을 것 : 하자의 유무는 그 종류의 물건으로서 보통 갖추고 있어야 할 품질·성능을 기준으로 하여 판단한다.

㉩ 매도인이 견본·광고로서 특수한 품질·성능이 있다고 한 경우에는 이것이 기준으로 된다.

② 매수인의 선의·무과실 : 매수인이 거래에서 보통 필요한 정도의 주의를 하여도 발견할 수 없는 하자가 있는 경우에 매도인의 담보책임이 생긴다. 이 사정은 매도인이 입증하여야 한다.

(3) 법률적 장애는 물건의 하자인가 권리의 하자인가?

① 판례는 법률적 장애는 물건의 하자라고 본다.

㉩ 공장부지 용도로 토지를 매매했는데 법적 규제로 인해 공장 건축이 불가능한 경우

㉩ 벌목의 목적으로 산림을 매매했는데 보안림구역이어서 벌채가 불가능한 경우

② 물건의 하자로 보는 입장에서는 경매에 대해 제580조는 적용하지 않는다. 권리의 하자로 보는 입장에서는 경매의 경우에도 제575조를 적용한다.

(4) 특정물 하자인 경우 담보책임의 범위

① 계약 해제권을 인정 : 목적물의 하자가 계약 목적을 달성하기 어려울 정도로 중대한 경우에만 계약 해제권이 인정된다. 계약 해제권은 계약의 전부 또는 일부에 인정된다. 목적물이 수량적이고 가분적인 경우이면서 하자가 일부만 있어서 계약의 목적을 나머지 부분에 관해서는 달성 가능한 때에는 계약 일부만 해제할 수 있다.

② 손해배상청구권을 인정 : 목적물의 하자가 계약 목적을 달성하기 어려울 정도로 중대한 것이 아닐 경우에는 계약 해제권이 인정되지 않고 매수인에게 손해배상청구권만 인정된다. 하자를 쉽게 또는 작은 비용으로 보수할 수 있는 경우에는 계약을 해제하지 못하고 그 보수에 필요한 비용을 손해배상의 일부로 청구 가능하다.

(5) 불특정물 매매 또는 종류 매매

① 특정한 후에 특정된 목적물에 하자가 있을 경우에 제580조가 준용된다. 따라서 이 경우 특정물 매매와 같은 내용으로 하자담보책임을 물을 수 있다.

② 종류매매(불특정물) 하자인 경우 담보책임의 범위 : 원칙적으로 특정물 하자 경우와 같다.
구 민법에서는 제580조가 불특정물의 매매에도 적용되느냐에 대해 논의가 있었으나 현행법에서는 준용규정을 두어 입법적으로 해결하였다(제581조).

(6) 어느 경우나 매수인이 하자가 있음을 안 때로부터 6월 내에 하여야 한다(제척기간).

(7) 상사매매에 있어서 매도인의 담보책임의 배제(신속한 거래를 달성하기 위한 목적)

상사매매에 있어서 검사 및 하자통지의무를 게을리 한 매수인에 대해서는 매도인이 하자담보책임을 지지 않도록 하고 있다(상법 제69조).

(8) 하자담보책임과 과실상계

① 과실상계 : 어떤 불법행위사건에서 가해자와 피해자가 있는데, 사고의 원인을 제공한 주된 책임이 가해자에게 있지만 피해자에게도 사고의 원인에 대한 일부 책임이 있는 경우에 피해자의 과실을 참작해서 가해자가 배상하여야 할 손해배상금액을 깎아주는 것이다.
　[예] 교통사고에서 피해자가 술에 취한 채 야간에 무단 횡단하다가 사망한 경우에 매우 높은 비율로 과실상계를 당하게 된다.

② 하자담보책임에서 도급인의 과실을 참작하여 수급인의 책임을 감경할 수 있는 것일까?
　[예] 도급인 갑과 수급인 을이 저장탱크제작도급계약을 체결하였는데, 을이 제작하여 납품한 저장탱크에 하자가 발생하여 갑이 손해를 보았다. 이에 따라 갑은 을에게 저장탱크에 대한 하자보수비를 청구하고, 더 나아가 위 저장탱크에 생긴 균열로 그 탱크 안에 저장하고 있던 액젓이 변질되어 입게 된 손해도 배상하라고 소송을 걸었다. 만약 도급인에게도 과실이 있는 경우 이러한 과실상계를 허용할 것인가?

> **판례**
>
> 액젓 저장탱크의 제작·설치공사 도급계약에 의하여 완성된 저장탱크에 균열이 발생한 경우, 보수비용은 민법 제667조 제2항에 의한 수급인의 하자담보책임 중 하자보수에 갈음하는 손해배상이고, 액젓 변질로 인한 손해배상은 위 하자담보책임을 넘어서 수급인이 도급계약의 내용에 따른 의무를 제대로 이행하지 못함으로 인하여 도급인의 신체·재산에 발생한 손해에 대한 배상으로서 양자는 별개의 권원에 의하여 경합적으로 인정된다.

수급인의 하자담보책임은 법이 특별히 인정한 무과실책임으로서 여기에 민법 제396조의 과실상계 규정이 준용될 수는 없다 하더라도 담보책임이 민법의 지도이념인 공평의 원칙에 입각한 것인 이상 하자발생 및 그 확대에 가공한 도급인의 잘못을 참작할 수 있다.

액젓 저장탱크의 하자보수비용과 액젓 변질로 인한 손해배상책임을 인정함에 있어 도급인의 과실을 각 80%와 90%로 참작한 원심의 조치는 형평의 원칙에 비추어 현저히 불합리하다(대판 2004.8.20., 2001다70337).

사례분석

[사례분석 1] 매도인의 하자담보책임 '법률적 하자'
갑은 전원주택을 건축할 용도로 강변의 토지를 매입했는데 도로를 낼 수 없는 맹지였다. 이 경우, 갑은 착오를 이유로 계약 취소를 주장할 수 있나?

판례는 법률적 하자에 대한 착오에 대해서는 취소를 인정하지 않는 것이 보통이다. 상대방이 적극적으로 잘못된 정보를 제공한 경우라야 취소가 가능하지만, 이를 증명하는 것은 매우 어렵다. 상대방이 잘못된 정보를 제공했다는 말만해서는 아무 소용이 없고, 녹음 또는 상대방이 보낸 안내문 등 증거를 제시할 수 있어야 한다.

그러면 매도인의 하자담보책임을 묻는 방법은? 매수인은 매도인에게 물건의 하자를 이유로 손해배상을 청구하거나 계약해제를 요구할 수 있다(제580조).

그 요건은 다음과 같다.
1) 법률적 하자가 계약 당시에 이미 존재하고 있어야 한다.
2) 매수인은 계약 당시 이를 알지 못하고 알지 못함에 과실이 없어야 한다.

판례는 토지의 매수인이 등기부만을 열람하고 도시계획상 도로로 되어 있는지 조사하지 않은 것은 매수인에게 과실이 있다고 본다. 따라서 이 사례에서 갑이 도로개설이 가능하다고 믿었던 객관적 사정(토지이용계획확인서의 오류 등)이 있다면 과실이 없는 것으로 볼 수 있어서 매도인의 담보책임에 의거 계약을 해제할 수 있다.

[사례분석 2]
시행사 갑이 A토지를 매입하였으나 건축허가를 받을 수 없어 매도인에게 하자담보책임을 물어 매매계약을 해제하려고 한다. 그러나 매매계약 당시 이 토지가 건축이 제한되는 시설녹지였거나 당초의 매수 목적에 따른 건축법상의 건축허가를 얻는 데 어떠한 법률상의 제한이 있었던 것이 아니었으며, 갑이 잔금 지급 및 건축허가절차를 지체하던 중 해당 토지가 국립공원구역으로 묶였고 사업계획이 15층 아파트 1동 118세대의 신축·분양으로 변경되면서 건축허가가 부결된 상황이다.

이런 경우에는 매도인의 하자담보책임을 물어 계약 해제하는 것이 불가능하다.

[사례분석 3] 특정물매매의 목적물에 하자가 있는 경우
갑이 자기 소유의 주택을 을에게 매각하였는데, 그 주택이 과거에 침수되어 벽과 바닥에 심한 균열이 있는 경우 을은 갑에 대하여 어떠한 책임을 물을 수 있는가?

이 사례는 자기 소유의 주택을 딱 집어서 을에게 넘겨준 것이므로 특정물매매이다. 그 물건을 다른 물건과 바꿀 수 없는 것을 특정매매라고 하는데 주택의 벽과 바닥에 균열이 있는 것은 물건의 하자에 해당한다.

[사례분석 4]

갑은 2023년 3월 1일 전기제품수리 및 중고전기제품판매업을 하는 을의 매장에서 을이 직접 수리하였다는 중고 TV 1대를 200만 원에 매수하였다. 갑은 같은 날 을에게 대금 전액을 지급하고 그 중고 TV를 인도받아 집으로 가져갔다. 그런데 갑과 그의 친구 병이 TV를 시청하던 중 TV가 폭발하여 갑과 병은 신체에 화상을 입었다. 조사 결과 TV의 폭발은 을이 그 TV를 수리하던 중 화선을 잘못 연결한데 그 원인이 있음이 밝혀졌다. 이 경우 갑과 병은 을에게 각 어떠한 청구를 할 수 있는가?

1. 을의 하자담보책임(제580조)에 따른 갑의 권리구제방법
(1) 을이 갑에게 판매한 중고TV는 특정물에 해당하고 갑과 을 사이의 계약은 목적물과 매매대금이 특정되었으므로 특정물매매에 해당한다.
　① 매매계약이 유효하게 성립하였을 것 : 매매계약이 유효하게 성립하지 않으면 당연무효 또는 계약체결상의 과실책임 등이 문제될 뿐이다.
　② 매매계약 성립 당시를 기준으로 매매목적물에 하자가 있어야 한다.
　③ 매수인이 선의무과실일 것 : 이때 매수인 악의, 과실의 입증책임은 매도인이 진다. 사안의 경우, 각 요건을 모두 충족하므로 B는 A에 대해 하자담보책임을 진다.

(2) 갑의 권리구제방법
　중고 TV는 특정물로서 수리가 잘못되어 TV로서의 통상의 성능을 갖추지 못하였으므로, 을은 하자담보책임을 진다. 목적물의 하자로 계약의 목적을 달성할 수 없을 때에는 계약을 해제할 수 있다. 채무자의 귀책사유를 요건으로 하지 않으므로 채무불이행으로 인한 해제권이 아니고 별도의 법정해제권이다. 따라서 갑은 목적물 TV의 하자로 계약 목적 달성이 불가능한 상태이므로 매매계약을 해제할 수 있다.

　갑과 그의 친구 병이 TV 폭발로 인해 얼굴 화상을 입은 것은 확대손해이다. 이 확대손해에 대해서는 판례에 따르면 매도인 을에게 귀책사유가 있어 하자담보책임이 아닌 채무불이행책임으로서 손해배상하여야 한다. 채무불이행책임으로 볼 경우, 매도인에게 귀책사유가 인정되어야 한다. 학설(다수설)은 담보책임이 무과실책임이므로 하자에 상응하는 대금감액인 신뢰이익설이 타당하다고 본다.

　매수인 갑은 이 하자를 안 날로부터 6월 내에 권리를 행사해야 한다(제척기간).

2. 을의 채무불이행책임 성립 여부와 갑의 권리구제방법
　을은 하자 있는 TV를 매매하였으므로 불완전이행에 따른 채무불이행책임을 져야 한다. 불완전이행이란, 채무의 이행으로서 급부는 있었으나 그 급부가 불완전한 경우를 말한다. 통설은 불완전이행에 따른 채무불이행으로서 법정해제권을 인정한다. 추완 가능 시에는 이행지체에 준해 최고 후 해제 가능하고, 추완 불가 시에는 이행불능에 준해 최고 없이 해제 가능하다.

➕ 더 알아보기

불완전이행에 따른 채무불이행책임의 성립 요건
• 이행행위의 존재, 이행행위가 불완전할 것
• 채무자의 귀책사유가 있을 것
• 위법할 것

　갑은 을에 대해 불완전이행을 이유로 계약해제권과 손해배상청구권을 행사할 수 있다. 특히 사안에서는 불완전한 중고 TV를 판매한 을에게 귀책사유(고의 또는 과실)가 있기 때문에, 매도인 을은 갑에 대하여 불완전이행으로 인한 손해배상의무를 부담한다(제390조). 이때 손해배상의 범위는 불완전한 중고 TV를 판매한 것과 상당인과관계 있는 손해를 말한다. 갑과 그의 친구 병은 TV 폭발로 인해 얼굴 화상을 입은 것은 확대손해로서, 상당인과관계 인정되므로 이행이익에 대하여 손해배상하여야 한다.

담보책임은 채무불이행책임과는 그 요건과 효과가 다른 별개의 제도로서 매수인을 보호하기 위한 또 하나의 구제수단이다. 따라서 양 책임은 중첩적으로 병존한다. 판례에 따르면 매매의 목적인 특정물에 원시적 하자가 있는 경우에도 불완전급부로 인한 채무불이행책임이 인정된다(하자담보책임과 채무불이행책임의 경합인정 여부).

3. 을의 불법행위책임(제750조)에 따른 갑의 권리구제방법
일반불법행위책임의 요건사실은 가해행위, 위법성, 고의 또는 과실, 손해발생과 손해액수, 가해행위와 손해발생 사이의 인과관계이다(제750조). 그런데 이 사안의 경우 제조물책임법이 민법에 대한 특별 규정으로서 우선 적용된다. 이 사안은 제조물책임법 제2조 제1호의 가공된 동산, 제2호의 안정성 결여, 제3호의 가공을 업으로 하는 자에 해당한다. 따라서 갑과 병은 을에게 손해배상을 청구할 수 있으며, 전보받을 수 있는 손해배상의 범위는 확대손해인 신체 화상에 해당한다(제조물책임법 제3조 제1항).

계약책임(하자담보책임, 채무불이행책임)과 불법행위책임 경합 인정 여부 : 요건과 효과가 다른 별개의 제도로서 매수인을 보호하기 위한 또 하나의 구제수단이다. 따라서 양 책임은 중첩적으로 병존한다.

[사례분석 5] 불특정물 또는 종류물매매의 목적물에 하자가 있는 경우
갑은 을로부터 주문받은 제네시스 자동차 한 대를 인도하였으나, 그 인도된 자동차의 엔진에 결함이 있는 경우 을은 갑에게 어떠한 책임을 물을 수 있는가?

종류물매매는 똑같은 성질을 가지고 있는 여러 개의 물건 중에서 일정 수량을 골라서 넘겨주는 것을 말한다. 엔진에 결함이 있었으므로 이는 종류물매매에 하자가 있다고 표현한다. 을은 갑에게 하자담보책임을 물러 제네시스승용차를 반납하고 새로운(하자가 없는 완전한) 제네시스를 요구(완전물급부청구권)할 수 있다. 자동차의 하자가 심해서 도저히 계약 목적을 달성할 수 없는 경우에는 을은 계약을 해제할 수 있다.

6. 경매에 있어서 담보책임 특례

(1) 의 의

① 채권자가 채무자 소유가 아닌 재산에 집행을 하여 타인 소유물이 경매로 매각되거나, 채무자 소유이기는 하지만 그에 존재하는 선순위 부담이 알려지지 않은 상태로 경매에서 매각되는 경우가 발생할 수 있다.

② 이에 대해 민법 제578조는 경락인이 권리의 하자를 이유로 하는 담보책임을 물을 수 있다고 정하면서, 이때 일차적인 책임은 채무자가, 보충적인 책임은 배당을 받은 채권자가 부담하고, 손해배상책임은 채무자 또는 채권자가 권리의 하자를 알았던 경우로 한정하고 있다.

(2) 적용 대상

① 공경매에 한하여 '권리하자'의 경우에만 담보책임을 진다. 즉, 물건의 하자(하자담보책임)에 대해서는 담보책임을 지지 않는다.

② 여기서 경매는 통상의 강제경매, 담보권실행경매, 국세징수법에 의한 공매 등의 '공경매'를 말하고, 사경매는 포함되지 않는다(제578조 제3항 참조).

③ 매수한 '권리에 하자'가 있는 경우에는 앞에서 설명한 권리에 하자가 있는 경우의 매도인의 담보책임에 따라서, 즉 그 하자의 유형에 따라서 제571조 내지 제575조의 규정에 의해 그 담보책임이 정해진다(제578조 제1항). 그러나 경매의 '목적물에 하자'가 있는 경우에 대해서는 담보책임이 생기지 않는다(제580조 제2항). 경매의 결과를 확실하게 하여 경매제도의 신용을 유지하기 위해서이다.

(3) 담보책임 부담자 순위

① 1차적으로 '채무자'가 책임을 지고, 채무자가 무자력인 경우에는 '대금의 배당을 받은 채권자'가 2차적으로 매수인에 대하여 책임을 진다.

② 경매의 매수인은 경매대금의 배당을 받은 채권자에 대하여 그 대금의 전부나 일부의 반환을 청구할 수 있다(제578조 제2항).

(4) 담보책임의 범위(내용)

① 담보책임은 '계약의 해제'와 '대금감액청구'의 두 가지에 한정되고, 손해배상청구는 원칙적으로 인정되지 않는다(제578조 제1항).

② 보통의 매매에서 매도인의 담보책임과 같이 손해배상청구권을 경매의 경락인에게 인정한다면 이것은 너무 가혹하다. 그 이유는 경매는 채무자의 의사에 기한 것이 아니기 때문이다. 다만, 채무자가 물건 또는 권리의 흠결을 알고 고지하지 아니하거나 또는 채권자가 이를 알고 경매를 청구 한 때에 한해, 경매의 매수인은 그 흠결을 안 채무자 또는 채권자에 대하여 손해배상을 청구할 수 있다(제578조 제3항).

판례

민법 제578조 제1항, 제2항은 매매의 일종인 경매에 있어서 목적물의 하자로 인하여 경락인이 경락의 목적인 재산권을 완전히 취득할 수 없을 때에 매매의 경우에 준하여 매도인의 위치에 있는 경매의 채무자나 채권자에게 담보책임을 부담시켜 경락인을 보호하기 위한 규정으로서 그 담보책임은 매매의 경우와 마찬가지로 경매절차는 유효하게 이루어졌으나 경매의 목적이 된 권리의 전부 또는 일부가 타인에게 속하는 등의 하자로 경락인이 완전한 소유권을 취득할 수 없거나 이를 잃게 되는 경우에 인정되는 것이고 경매절차 자체가 무효인 경우에는 경매의 채무자나 채권자의 담보책임은 인정될 여지가 없다(대판 1993.5.25., 92다15574).

민법 제578조 제1항의 채무자에는 임의경매에 있어서의 물상보증인도 포함되는 것이므로 경락인이 그에 대하여 적법하게 계약해제권을 행사했을 때에는 물상보증인은 경락인에 대하여 원상회복의 의무를 진다(대판 1988.4.12., 87다카2641).

---

7. 채권 매도인의 담보책임

(1) 의 의

① 채권 매도인의 담보책임은 채권에 권리의 하자가 있는 경우와 채무자의 자력을 담보하는 특약을 맺는 경우에 문제된다.

② 채권 매매에서 채권의 권리의 하자가 있는 경우에는 매도인의 담보책임 중 권리의 하자로 인한 담보책임을 부담하는 것이 원칙이다.

③ 또한 채권 매매에서 채무자의 자력(변제능력)을 담보하는 특약이 있는 경우에는 매도인에게 그 보증에 따른 일정한 담보책임을 부담시킨다.

(2) 채권의 권리의 하자가 있는 경우

① 채권도 권리인 점에서 민법 제570조 이하의 규정이 적용된다. 따라서 채권의 전부 또는 일부가 타인에게 속하는 경우 민법 제570조 내지 제573조가 적용된다.

② 채권의 일부가 무효·변제 등의 이유로 존재하지 않게 된 때에는 민법 제574조가 적용된다.

③ 채권이 질권의 목적으로 되어 있는 때에는 민법 제576조가 적용된다.

(3) 제580조(매매의 목적물에 하자에 의한 하자담보책임)의 규정은 채권매매에는 전혀 적용되지 않는가?

① 채권을 매매하면서 매수인이 목적물인 채권에 어떤 담보권이나 보증이 있다고 해서 매수하였는데, 실제로는 그 담보권이나 보증이 없다면 매수인은 채권의 하자로 인해 손해를 입게 된다. 이런 채권의 법률적 하자를 물건의 하자로 볼 것인가 아니면 권리의 하자로 볼 것인가가 매우 중요하다.

② 채권의 법률적 하자

  ㉠ 물건의 하자로 보는 견해 : 제580조 적용

  ㉡ 권리의 하자로 보는 견해 : 제575조 적용

(4) 채무자의 자력에 관한 담보책임

① 의의 : 채권의 매도인은 채권의 존재와 채권액에 대해서는 책임을 지지만 채무자의 변제자력에 대해서까지 책임을 지지 않는다. 그러나 채권을 매매하면서 매도인이 채무자의 자력을 담보하는 특약을 맺는 경우에는 예외적으로 담보책임을 진다. 다만 어느 때의 채무자의 자력을 담보하는지 문제되고 민법 제579조는 이에 관해 추정규정을 두고 있다.

② 추정규정 : 변제기에 도달한 채권의 매도인이 채무자의 자력을 담보한 때에는 "매매계약 당시"의 자력을 담보한 것으로 추정한다. 변제기에 도달하지 아니한 채권의 매도인이 채무자의 자력을 담보한 때에는 변제기의 자력을 담보한 것으로 추정한다.

➕ 더 알아보기

제579조 제1항은 채권 매도인이 채무자의 자력을 담보한 때에는 매매계약 당시의 자력을 담보한 것으로 추정한다. 제2항은 변제기에 도달하지 아니한 채권의 매도인이 채무자의 자력을 담보한 때에는 변제기의 자력을 담보한 것으로 추정한다.

예 2023년 5월 10일 이미 이행기가 도래한 채권을 2023년 7월 20일 매도한 경우 매도한 날 2023년 7월 20일을 기준으로 채무자의 자력을 담보한 것으로 추정한다. 즉 채권 매도 당시 채무자에게 자력이 없음에도 불구하고 채권을 매매한 경우 매도인이 책임을 진다. 따라서 7월 20일에는 채무자가 자력이 있었는데 후에 채무자의 사정으로 자력이 없어져서 결국 채권의 양수인이 변제를 받지 못한 경우에는 담보책임을 물을 수 없다.

예 2023년 3월 15일 이행기가 도래힐 채권을 2023년 2월 20일 매도한 경우 이행기가 도래힐 3월 15일을 기준으로 채무자의 자력을 담보한 것으로 추정한다.

---

③ 책임의 내용 : 매도인은 매수인이 채무자의 무자력으로 인해 변제 받지 못한 부분에 대해 손해배상책임을 진다.

담보책임의 원인		매수인의 선의·악의	책임의 내용(매수인의 권리)			제척기간
			대금감액청구권	해제권	손해배상청구권	
권리의 하자	전부 타인의 권리 (제570, 제571조)	선 의	–	O(선의의 매도인)	O	–
		악 의	–	O(선의의 매도인)	X	–
	일부 타인의 권리 (제572, 제573조)	선 의	O	O(매수)	O	1년 선의 – 안 날 악의 – 한 날
		악 의	O	X	X	
	수량부족·일부멸실(제574조)	선 의	O	O(매수)	O	
		악 의	X	X	X	
	제한물권에 의한 제한(제575조)	선 의	–	O(목적)	O(목적) 기타 – 손해권만 인정	1년 선의 – 안 날
		악 의	–	X	X	
	저당권·전세권 행사에 의한 제한(제576조)	선의·악의 불문	–	O(상실·보존)	O	–
물건의 하자	특정물(제580조)	선의, 무과실	–	O(목적)	O(목적) 기타 – 손해권만 인정	6월 선의 – 안 날
		악 의	–	X	X	
	종류물(제581조)	선의, 무과실	–	O(목적)	O	
		악 의	–	X	X	
권리의 하자	경매(제578조 – 제570~제577조)	• 1차적 : 채무자 = 해제권 또는 대금감액청구권 + 손해배상청구권(고지 안 함, 알고 경매) • 2차적 : 배당받은 채권자 = 대금 반환(전부 또는 일부) + 손해배상청구권 • 물건의 하자에 대한 하자담보책임을 인정 안 함(제680조)				
	채권(제579조)	• 변제기 도달한 경우 – 매매 당시의 자력 담보 추정함 • 변제기 도달 안 한 경우 – 변제기의 자력 담보 추정함				

건축을 목적으로 매매된 토지에 대하여 건축허가를 받을 수 없어 건축이 불가능한 경우, 법률적 제한 내지 장애역시 매매목적물의 하자에 해당한다 할 것이나, 다만 위와 같은 하자의 존부는 매매계약 성립 시를 기준으로 판단하여야 할 것이다(대판 2000.1.18., 98다18506).

타인의 권리를 매매의 목적으로 한 경우에 있어서 그 권리를 취득하여 매수인에게 이전하여야 할 매도인의 의무가매도인의 귀책사유로 인하여 이행불능이 되었다면 매수인이 매도인의 담보책임에 관한 민법 제570조 단서의 규정에의해 손해배상을 청구할 수 없다 하더라도 채무불이행 일반의 규정(민법 제546조, 제390조)에 좇아서 계약을 해제하고 손해배상을 청구할 수 있다(대판 1993.11.23., 93다37328).

부동산을 매수한 자가 그 소유권이전등기를 하지 아니한 채 이를 다시 제3자에게 매도한 경우에는 그것을 민법제569조에서 말하는 '타인의 권리 매매'라고 할 수 없다(대판 1996.4.12., 95다55245).

매도인의 하자담보책임에 관한 규정은 그 계약의 성질이 이를 허용하지 아니하는 것이 아닌 한 다른 유상계약에도준용된다(대판 1987.7.7., 86다카2943).

타인의 권리를 매매한 경우에 매수인이 행사하는 매매계약의 해제권은 일종의 법정해제권이라 할 것이며 그 행사의효과로서 발생하는 원상회복의무의 범위에 관하여는 달리 특별한 규정이 없으니 민법 제548조 제2항의 규정에의함이 상당하다 할 것이다(대판 1974.3.26., 73다1442).

➕ 더 알아보기

법문상 악의의 매수인에게는 대금감액청구권과 손해배상청구권이 없다. 그러나 판례는 악의의 매수인에게도대금감액청구권이 있다는 입장이다.

수량지정매매에 있어서의 매도인의 담보책임에 기한 매수인의 대금감액청구권은 매수인이 선의인 경우에는 사실을안 날로부터, 악의인 경우에는 계약한 날로부터 1년 이내에 행사하여야 하며.......(대판 2002.11.8., 99다58136)

Ⅴ │ 환매 / 재매매의 예약 / 소유권 유보부 매매

1. 환 매

(1) 의의 및 성격

① 매도인이 일단 매각한 목적물에 대하여 대금 상당의 금액을 매수인에게 지급하고 다시 사는 계약으로 일반직으로 매매계약의 해제라고 해석된나.

➕ 더 알아보기

순수 환매(민법상 환매)
매도한 물건을 회수하기 수단으로 사용되는 것이 순수한 환매이며 민법상 환매에 관한 규정은 순수한 환매를 전제로한 규정이다.

② 환매는 매매계약과 함께 이루어지는 계약으로 일종의 해제권 유보 있는 매매이다. 따라서 일단 매매행위가 끝나면 환매를 한다는 특약을 할 수 없다. 이것은 재매매의 예약에 의해서 행하여진다.

③ 환매할 수 있는 대상은 동산이나 부동산, 기타 재산권 등이 모두 가능하다.

(2) 환매권의 법적 성격

① **해제권** : 환매권은 원매매의 해제권으로 간주하며, 재산권으로서 양도성을 갖는다.

② **환매권의 등기** : 환매권은 부동산의 경우에는 환매특약을 등기하여 보존할 수 있다. 따라서 제3자에게도 효력이 있다(대항력 인정). 등기된 환매권이 붙은 부동산을 양수한 제3자는 환매권의 실행이 있는 경우에 소유권을 상실하게 된다. 매수인은 매도인에게 환매 시까지 제한물권 설정이 가능하다.

③ **양도성** : 등기된 환매권의 양도는 이전의 부기등기를 하여야 제3자에게 대항할 수 있다. 등기되지 않은 환매권의 양도는 채권양도에 준한다.

④ **종속성** : 환매권 보류의 특약은 원매매계약의 종된 계약이다. 따라서 원매매계약의 무효·취소는 환매권에 영향을 미친다.

⑤ **환매권의 대위행사와 매수인의 권리** : 환매권은 양도성이 있으므로 매도인(환매권자)의 채권자는 이를 대위행사할 수가 있다. 그런데 민법은 매수인(환매의무자)의 보호를 위한 규정을 두고 있으니 매도인의 채권자가 매도인을 대위하여 환매하고자 하는 때에는 매수인은 법원이 선정한 감정인의 평가액에서 매도인이 반환할 금액을 공제한 잔액으로 매도인의 채무를 변제하고 잉여액이 있으면 이를 매도인에게 지급하여 환매권을 소멸시킬 수 있다.

(3) 환매제도의 채권담보 기능

① 환매를 통해 금융을 제공하는 자(매수인) 측에서 보면 자금이 필요한 매도인을 상대로 담보권을 설정하는 것과 같은 복잡한 법적 절차를 거치지 않고 확실하게 채권을 확보할 수 있어 편리하며 금융을 제공받는 자(매도인) 편에서도 목적물의 소유권을 이전하므로 많은 돈을 융통할 수 있다.

② 목적물이 부동산인 경우에는 매수인은 환매등기를 함으로써 제3자에 대하여서도 목적물의 반환을 주장할 수 있는 이익이 있기 때문에 금융수단으로써 이용되고 있다.

(4) 환매 기간

① 환매기간은 부동산은 5년, 동산은 3년을 넘지 못한다. 약정기간이 이를 넘는 때에도 무효는 아니고 부동산은 5년, 동산은 3년으로 단축한다.

② 계약당사자가 일단 환매 기간을 정한 때에는 다시 이를 연장하지 못한다. 계약서에 환매기간을 정하지 아니한 때에는 그 기간은 부동산은 5년, 동산은 3년으로 한다.

(5) 환매대금

① 원 칙

> 환매대금 = 최초 매매대금 + 매매 비용(매수인이 부담한 매매비용)

② 예외 : 환매대금, 당사자 사이의 특약으로 정한 금액

     ⊙ 목적물의 과실과 매매대금의 이자는 다른 특약이 없는 한 상계한 것으로 간주한다.

     ⓛ 당사자 약정으로 환매대금을 정한 경우에도 최초 매매대금 + 매매 비용(매수인이 부담한 매매 비용) + 이자의 합산액을 초과하지 못하며, 이를 초과한 부분만이 무효이다.

③ 환매의 경우 매수인이 수취한 과실과 매도인(환매권자)의 대금의 이자와는 특별한 약정이 없으면 상계한 것으로 간주한다(제590조 제3항).

④ 매수인이 지급한 비용의 상환 청구가 인정된다(제594조).

(6) 환매의 실행

① 환매 기간 내에 실행해야 함 : 환매권자가 환매의사를 표시한 것만으로는 부족하고 환매대금을 원 매수인에게 제공(변제의 제공)하여야 한다. 환매권은 일정 기간 내에 다른 특약이 없으면 최초의 대금 계약의 비용을 제공하여 환매권자의 일방적 의사표시에 의하여 행하여진다(제594조 제1항). 매도인은 환매기간 내에 대금과 매매비용을 매수인에게 제공하지 아니하면 환매할 권리를 잃는다.

② 비용상환 청구권 : 매수인이나 전득자가 목적물에 대하여 비용을 지출한 때에는 매도인은 민법 제203조의 규정에 의하여 이를 상환하여야 한다. 그러나 유익비에 대하여는 법원은 매도인의 청구에 의하여 상당한 상환기간을 허여할 수 있다.

③ 환매의 효력 발생 : 환매권은 예약완결권의 일종이며, 예약완결권을 행사하여 환매의 효력이 발생하게 만드는 정지조건으로 한다. 따라서 원매매계약과 환매권계약은 동시에 성립하고, 다만 환매권 행사에 의해 환매의 효력(매수인의 소유권이전 의무, 매도인의 대금지급 의무)이 발생한다.

④ 공유지분의 환매 : 공유자의 1인이 환매할 권리를 보류하고 지분을 매도한 후 목적물의 분할이나 경매가 있는 때에 매도인은 매수인이 받은 또는 받을 부분이나 대금에 대하여 환매권을 행사할 수 있다. 그러나 매도인에게 통지하지 아니한 매수인은 분할이나 경매로써 매도인에게 대항하지 못한다.

(7) 환매의 효과

① 환매가 성사되면 목적물은 매도인에게 복귀한다. 이는 해제의 경우 원상회복과 동일하다.

② 그러나 민법에서 정하고 있는 환매의 규정(제590~제595조)은 실제의 거래와 부합되지 않으므로 보통 재매매의 예약의 규정(제564조)을 적용하는 경우가 많다.

사례분석

갑을 환매권자로 하는 을 소유의 아파트(부동산)이 경매 진행 중이다. 등기부상 환매금액이 4억 원, 환매기간은 5년이므로 아직 환매기간이 1년 정도 남아 있다. 최초 감정 가격은 4억 5천만 원이나, 3번 유찰되어 금번 4회차 최저 매각 가격이 2억 8천만 원이다. 이 부동산의 현재 시세 가격은 4억 7천만 원으로 형성되어 있다. 선순위 환매등기는 매수인 부담이 되는 관계로 환매기간 내 환매권자의 환매권 실행으로 경락인(매수인)은 소유권을 상실하게 된다는데, 이 경우 입찰에 참여해도 되는가?

만약 누군가가 입찰에 참여하여 이 부동산을 2억 8천만 원에 경락(매수) 받았다고 가정하자. 이 경우 경락인(매수인)은 환매권자의 선택에 따라 다음과 같은 결과를 얻을 수 있다.

(1) 환매권자가 환매기간 내에 환매권을 행사하면 소유권을 상실하게 되지만, 환매권자로부터 4억 원의 환매대금을 받고 경락 부동산의 소유권을 넘겨주게 되므로 환매금액과의 차이인 1억 2천만 원의 이익을 보게 된다.

(2) 환매권자가 환매기간이 지나도록 환매권을 행사하지 않은 경우 경락인은 경락을 원인으로 하는 소유권을 취득하게 되어 경락금액과의 차액만큼 이익을 보게 된다. 물론 선순위 환매 등기 이전에 대항력 있는 임차인의 존재 여부는 권리분석 등을 통해 정확하게 확인해야 한다.

2. 재매매의 예약

(1) 의 의

① 재매매의 예약이란 매매계약 체결 시 매도인이 장래 목적물을 도로 사겠다고 예약하는 것이다.

② 환매는 재매매의 예약에 비하여 요건이 엄격한 데 대하여 재매매의 예약은 대금이나 기간 등을 자유로이 정할 수 있기 때문에 담보형식으로서의 효용을 발휘하고 있다. 그리고 그 예약완결권의 가등기로써 예약권리자는 제3자에게 대항할 수 있게 된다.

  [예] 채무자 갑이 채권자 을로부터 연이자율 4%로 1억 원을 빌리면서 갑 소유의 주택을 1억 원에 매도하고, 1년 후 1억 4천만 원으로 갑이 을로부터 다시 구매하기로 약정하였다. 이것은 재매매의 예약을 한 경우이며 갑은 실질적으로 당해 주택을 담보로 하여 을로부터 1억 원을 빌린 것이 된다.

사례분석

갑은 유일한 주택 한 채를 소유하고 있는데 이 주택은 그의 할아버지로부터 내려온(상속받은) 집이다. 갑은 돈이 급해서 2023년 7월 1일에 을로부터 2억 원의 가격으로 매매하였으며, 계약비용(= 중개수수료, 계약서작성비용, 측량비용, 감정평가비용 등)은 총 1000만원이 들었다. 갑은 이 주택을 가능한 한 빠른 시간 내에 다시 찾아오고 싶어 한다. 그래서 매매 조건으로 을에게 3년 안에 적당한 가격을 지불하고 환매권을 달라고 요구했고 을이 승낙하였다. 갑은 어떻게 환매할 수 있는가?

이 경우 7월 1일에 갑과 을은 매매계약을 2개 체결한 것이 된다. 매매계약이 주된 계약이고 환매특약은 종된 계약이다. 그런데 갑이 이 환매권을 등기하지 않았다면 만약 을이 이 주택을 제3자에 이미 매각해 버린 경우에 갑은 환매권을 행사할 수 없다. 따라서 환매권을 등기할 경우에만 제3자에게도 주장할 수 있다.

7월 1일에 동시에 환매계약을 하지 않았고 원매매 계약 체결 이후에 환매계약을 하였다면 이것은 재매매의 예약이 된다. 목적물이 부동산인 경우 환매권은 본등기에 부기등기하지만, 예약완결권은 가등기하여 보전할 수 있다. 환매권과 재매매의 예약에 따른 예약완결권은 모두 형성권이므로 권리자가 환매권 또는 예약완결권을 행사하면 상대방의 승낙을 필요하지 않고 그 계약이 성립한다.

환매권을 행사할 때 반드시 환매대금을 지급하여야 한다. 그리고 환매대금의 민법 규정은 임의규정이므로, 당사자 간에 특약이 있으면 그 특약에 따라야 하고, 만약 특약이 없다면 법이 정한 대로 따른다. 특약이 없을 경우 환매대금을 계산하는 방식은 다음과 같다.

> 매매대금 2억 원 + 매수인 부담의 매매비용 500만 원 = 2억 + 500만 원

계약비용은 갑과 을이 반씩 부담해야 한다. 이때 매매대금 원금에 대한 이자를 원칙적으로 갑(매도인)이 을(매수인)에게 지불해야 하지만(환매권 행사로 원매매계약이 해제되어 원상복구해야 하기 때문임) 을이 이 주택을 사용하여 과실을 얻은 것이 있다면 이자와 과실을 서로 상계한다.

이에 비해 재매매의 예약에 따른 예약완결권을 행사할 경우 권리자는 매매대금 제공 없이도 예약완결권을 행사해서 재매매 계약을 성립시킬 수 있다. 재매매의 예약에서 대금(변제금)이나 예약기간(융자기간)에 제한이 없고, 계약자유의 원칙상 자유로이 약정할 수 있다. 그러나 폭리행위가 되는 부당한 고액의 재매매대금을 약정하지 못하며, 또한 이자제한법의 규제를 받는다.

환매와 재매매의 예약은 양도담보의 일종에 해당하며, 이런 양도담보는 민법 제607조, 제608조, 가등기담보 등에 관한 법률의 규율을 받는다. 특히 판례는 양도담보에서 채권자의 청산의무를 인정한다.

(2) 종 류

① 매도인의 재매매의 청약에 대하여 매수인이 승낙의무를 지는 것과, 승낙없이 바로 재매매가 성립되는 것이 있는데 후자가 보통이다(제564조).

② 이것은 주로 금융의 수단으로 행하여지며 매매대금이 융자금 및 변제금에 해당하고 매매의 목적물이 채권의 담보물에 해당한다. 목적물이 부동산일 때에는 예약완결권을 가등기하여 보전할 수 있다.

③ 환매에 관해서는 민법 제590조 내지 제595조에서 이를 정하고 있는데, 재매매의 예약에 관해 따로 규정하는 것은 없다. 그러나 이것도 매매의 예약이므로 매매의 일방예약에 관한 민법 제546조가 적용될 수 있다.

④ 환매를 재매매의 예약으로 보는 경우에 양자의 관계 : 제590조 또는 제595조가 적용되는 경우는 이를 재매매의 예약 중에서도 특히 환매라고 하고 그 요건에 해당하지 않거나 그 밖의 경우는 이를 재매매의 예약으로 본다(통설).

환매하기 위해서는 매매계약과 동시에 환매의 특약을 하여야 하고 일정기간 내에 환매를 하여야 하며, 부동산의 경우에는 환매등기를 할 수 있다. 그러나 매매계약 후에 환매의 특약을 맺거나 또는 일정 기간을 넘는 환매기간을 설정하는 경우에는 재매매의 예약으로 보고 또 재매매의 예약에서는 그 청구권을 보전하기 위해 가등기를 할 수 있을 뿐이라는 점에서 다르다. 결국 민법이 정하는 환매는 재매매의 예약을 법률로 특별히 제한한 것으로 볼 수 있다.

3. 환매와 재매매의 예약 비교 기출 19

구 분	환 매	재매매의 예약
의 의	매도인이 매매계약과 동시에 특약으로 목적물을 다시 매수할 수 있는 권리를 유보하여 일정기간 내에 그 환매권을 행사하여 목적물의 소유권을 회복할 수 있는 것(제590조)	• 매도인이 물건이나 권리를 타인에게 매도한 후 장차 그 물건이나 권리를 다시 매수할 것을 예약하는 것 • 일종의 매매예약이며 예약완결권의 행사에 의해 본계약 성립시킴
기 능	• 보통 채권담보목적(매도담보) • 소비대차와 결합된 부동산의 매도담보에 대하여는 가등기담보등에 관한 법률 적용	보통 환매와 마찬가지로 채권담보 기능(매도담보)
목적물	동산, 부동산, 채권, 지적재산권도 가능	동산, 부동산, 채권, 재산권 등 권리
특약시기	원매매계약과 '동시에' 해야 함	제한 없음(원매매계약 후에도 가능)
존속기간	부동산 5년, 동산 3년	• 기간제한 없음 • 단 예약완결권은 형성권으로서 달리 정한 바가 없는 한 10년의 제척기간 적용은 있을 수 있음
대금	환매대금은 원매매대금에 계약비용을 포함한 금액에 한정. 다만 환매의 경우 다른 특약을 할 수 있으므로 재매매예약과 실질적 차이는 없음	제한 없음(환매와 유사함)
공시방법	환매등기	청구권 보전의 가등기
공통점	• 목적물 : 모두 가능함 • 청산절차에 가등기담보법을 적용함	

(1) 양자의 공통점

① 매매에 의한 방식(매도담보) : 환매제도와는 금융담보 작용을 하는 점에서는 동일하나 그 요건이나 환매기간 기타 절차면에 여러 가지 제한이 많으므로 환매를 이용하지 않고 자유로운 재매매의 예약이 행하여진다.

② 국세기본법 제42조에서는 양도담보권자에게 납세의 이행청구를 한 후에 재매매의 예약을 한 계약이 체결된 경우에 기한의 경과 기타 그 계약의 이행 이외의 이유로 계약의 효력이 상실된 때에도 양도담보재산이 존속하는 것으로 본다고 규정되어 있다.

③ 채권담보 목적으로 매매를 하고 채무를 변제하면 그 소유권을 반환해 주기로 한 경우, 환매이건 재매매의 예약이건 제607조 및 제608조가 적용되므로 채무자가 채무를 변제하지 못한 경우 채권자(매수인)는 그 목적물의 가액과 채무액의 차액을 청산해주어야 소유권을 취득하며, 그 청산절차에는 가등기담보등에 관한 법률이 적용되는 점은 공통점이다.

④ 환매와 재매매 제도가 매도인과 매수인 양자 간에 이익을 위한 것이라고는 하지만 매매의 이익이 매수인보다는 매도인에게 있다.

사례분석

갑은 을로부터 10억 원을 차용하며 1년 이내에 차용한 10억 원을 변제하기로 약속하면서 갑 소유의 토지를 을에게 매각하여 을에게 목적 토지의 소유권 이전등기를 완료하였다. 갑과 을은 목적 토지 매매계약과 함께 1년 후에 갑이 을로부터 목적 토지를 11억 원에 다시 구매하는 것으로 예약하였다. 이에 따라 갑은 토지를 매각하면서 환매권을 등기하거나 재매매 예약완결권을 가등기하였다. 그런데 을은 목적 토지를 을의 변제기인 1년이 도래하기 전에 미리 제3자 병에게 매매하여 병에게 소유권이전등기를 경료하였다.

민법 제608조는 차주에게 불리한 약정은 환매 기타 어떠한 명목이라도 무효이며, 매도담보에도 제607조와 제608조가 적용된다고 선언한다. 부동산의 환매나 재매매의 예약에도 가등기담보 등에 관한 법률이 그대로 적용된다.

가등기담보 등에 관한 법률에 의하여 비록 담보물인 목적 토지의 소유권 이전등기를 채권자에게 완료하였다고 하더라도 토지 소유권은 이전하지 않으며, 채권자가 그동안 채무자로부터 받은 변제금과 원금과의 차액인 초과대금을 청산해 준 때에 비로소 채권자에게 소유권이 이전한다. 채무자는 이 청산금을 지급받기 전까지는 채무액 10억 원을 채권자에게 지급하고 그 채권담보의 목적으로 경료된 소유권이전 등기의 말소를 청구할 수 있다.

그러나 갑은 그 채무의 변제기가 경과한 때로부터 10년이 경과하거나, 또는 선의 제3자가 소유권을 취득한 때에는 소유권이전 등기 말소를 청구할 수 없다. 단, 채무자가 환매권을 등기하거나 재매매 예약완결권을 가등기하였을 경우에 반환기간이나 예약완결권 행사기간이 만료한 때로부터 말소청구기간이 기산되고, 또한 그 때부터 선의 제3자는 선의취득을 할 수 있다.

---

(2) 가등기담보 등에 관한 법률(가등기담보법)

① 제1조(목적) : 이 법은 차용물의 반환에 관하여 차주가 차용물을 갈음하여 다른 재산권을 이전할 것을 예약할 때 그 재산의 예약 당시 가액이 차용액과 이에 붙인 이자를 합산한 액수를 초과하는 경우에 이에 따른 담보계약과 그 담보의 목적으로 마친 가등기 또는 소유권이전등기의 효력을 정함을 목적으로 한다.

② 제3조(담보권의 실행의 통지와 청산기간) : 채권자가 담보계약에 따른 담보권을 실행하여 그 담보 목적부동산의 소유권을 취득하기 위하여는 그 채권의 변제기 후에 제4조의 청산금의 평가액을 채무자 등에게 통지하고, 그 통지가 채무자 등에게 도달한 날로부터 2개월(청산기간)이 지나야 한다.

③ 제4조(청산금의 지급과 소유권의 취득)

　　㉠ 채권자는 제3조 제1항에 따른 통지 당시의 담보목적부동산의 가액에서 그 채권액을 뺀 금액(청산금)을 채무자 등에게 지급하여야 한다. 이 경우 담보목적부동산에 선순위담보권 등의 권리가 있을 때에는 그 채권액을 계산할 때에 선순위담보 등에 의하여 담보된 채권액을 포함한다.

　　㉡ 채권자는 담보목적부동산에 관하여 이미 소유권 이전등기를 마친 경우에는 청산기간이 지난 후 청산금을 채무자 등에게 지급한 때에 담보목적부동산의 소유권을 취득하며, 담보가등기를 마친 경우에는 청산기간이 지나야 그 가등기에 따른 본등기를 청구할 수 있다.

　　㉢ ㉠부터 ㉡까지의 규정에 어긋나는 특약으로서 채무자 등에게 불리한 것은 그 효력이 없다. 다만, 청산기간이 지난 후에 행하여진 특약으로서 제삼자의 권리를 침해하지 아니하는 것은 그러하지 아니하다.

④ 제11조(채무자 등의 말소청구권) : 채무자 등은 청산금채권을 변제받을 때까지 그 채무액(반환할 때까지의 이자와 손해금을 포함)을 채권자에게 지급하고 그 채권담보의 목적으로 마친 소유권 이전등기의 말소를 청구할 수 있다. 다만, 그 채무의 변제기가 지난 때부터 10년이 지나거나 선의의 제삼자가 소유권을 취득한 경우에는 그러하지 아니하다.

4. 할부매매 및 소유권 유보부 매매

(1) 의 의

① 할부매매 : 상품의 인도는 즉시 이루어지더라도 그 매매대금의 지급이 오랜 기간에 걸쳐 이루어지는 매매를 의미한다.

② 소유권 유보부 매매 : 할부매매에 있어서 매도인이 매매 목적물을 매수인에게 인도하되 대금이 모두 지급될 때까지 소유권을 유보하고 대금의 완불이 있으면 소유권이 자동적으로 매수인에게 이전되는 것으로 약정하는 것이다. 할부매매의 한 부분을 구성한다(부분집합).

(2) 특수성

① 통상의 매매의 경우 상품의 인도와 매매대금의 지급에 시일을 요하지 아니한다.

② 통상의 매매는 특별히 소비자의 보호가 문제가 되지 아니하므로 민법에 의하여 규율되는 반면, 할부판매는 일반적으로 경제적 강자인 판매자와 거래에 경험이 많지 않은 일반 소비자 사이에서 이루어지고 또 판매자가 일방적으로 정해 놓은 정형적인 약관에 의하여 이루어지므로 소비자를 보호할 필요가 있다.

③ 상대적으로 약자인 일반 소비자를 보호하기 위하여 "할부거래에 관한 법률"('할부법')을 제정·운영한다.

(3) 할부매매의 대상

① 동산과 용역, 부동산에 모두 가능하다.

② 그러나 동산과 용역에 관한 할부매매는 할부거래에 관한 법률을 적용한다

(4) 소유권 유보부 매매의 작용

① 양도담보와 매우 유사한 변칙 담보이다.

② 특히 동산에 관하여 점유를 수반하지 않는 경우 질권설정이 인정되지 않는 현행 민법의 담보제도의 약점을 보완하는 기능을 담당한다.

(5) 소유권 유보에 관한 합의가 없는 할부매매 시 소유권 이전의 시점

① 동산 : 매매대금의 전부를 지급하기 전이라도 동산(물건)을 인도하는 때에 소유권을 이전한다.

② 부동산

    ㉠ 매매대금의 전부를 지급하기 전에 부동산의 소유권 이전등기를 한 경우에는 소유권 이전등기 시점에 소유권이 이전한다. 매매 대금 채권을 담보하기 위해 부동산 위에 저당권을 설정한다.

    ㉡ 매매대금의 전부를 지급한 시점에 부동산의 소유권 이전등기를 하기로 약정한 경우에는 매수인은 소유권 이전등기 때까지는 소유권이 없다. 매수인은 매매 대금을 전부 지급한 시점에 소유권 이전등기 청구권을 행사할 수 있다.

(6) 소유권 유보에 관한 합의가 있는 할부매매 시 소유권 이전의 시점

① 소유권 유보의 특약 : 할부판매에서 대금을 모두 지급할 때까지 소유권이 매도인에게 보유되는 특약이다. 통설은 이를 인정한다.

② 소유권 유보의 법적 구성(법적 성질) : 정지조건부 소유권이전설 – 순수한 매매법리에 따른 이론 구성(다수설, 판례)

매매계약은 채권계약이므로 합의로 무조건 성립한다. 매수인에 의한 매매대금의 완납이라고 하는 정지조건의 성취와 더불어 소유권은 매수인에게 자동적으로 이전하게 된다. 따라서 정지조건이 성취에 의해서 비로소 매수인은 소유권을 취득한다. 대금 완전 지급을 할 때 다시 소유권 이전의 물권적 합의를 할 필요가 없다.

➕ 더 알아보기

- 소유권 : 매도인에게 유보
- 정지조건 : 대금의 완전 지급을 정지조건으로 하는 소유권 양도의 물권적 합의

---

③ 소유권 유보부 매매의 목적물이 대금 완납 전에 일반 채권자에 의한 압류로 집행되는 경우 매도인은 그 집행에 대하여 제3자 이의의 소를 제기할 수 있다.

➕ 더 알아보기

민사집행법 제48조(제3자이의의 소) ① 제3자가 강제집행의 목적물에 대하여 소유권이 있다고 주장하거나 목적물의 양도나 인도를 막을 수 있는 권리가 있다고 주장하는 때에는 채권자를 상대로 그 강제집행에 대한 이의의 소를 제기할 수 있다. 다만, 채무자가 그 이의를 다투는 때에는 채무자를 공동 피고로 할 수 있다.

---

(7) 소유기대권(물권적 기대권)의 법적 성격

① 매수인은 그 기대권을 현재의 재산권으로서 처분할 수 있다.

② 매수인은 그 기대권을 양도, 담보제공을 할 수 있다(권리질 설정).

③ 매수인의 기대권에 대한 침해는 불법행위가 되어, 손해배상청구권이 발생한다.

④ **물권적 기대권의 내용의 모호성 문제** : 물권적 기대권은 물권법정주의 내지 일물일권주의에 대한 침해의 여지가 있다. 따라서 소유권 유보부 매매에서의 피담보채권의 변제비율에 따라 매도인에게 유보된 소유권의 지분이 이전되는 것으로 해석하자는 의견이 대두되고 있다.

(8) 연장된 소유권 유보부 매매이론

① 매수인의 매매대금 완제 전에 매매목적물의 제3자에 대한 처분의 위험에서 매도인을 보호하기 위하여 등장한 이론이다.

② 매수인의 점유 중의 동산에 매수인이 가공하여 민법 제259조의 규정에서처럼 가공물의 가액의 증가가 원재료의 가액보다 현저한 경우에도 그 가공물에 대한 소유권은 매도인에게 속한다고 가공조항을 약정할 수 있다. 그러나 가공조항에 의하여 가공물에 대한 소유권을 매도인이 취득한다고 하더라도 매수인이 그 가공물을 선의의 제3자에게 양도한 경우에는 우리 민법 제249조의 선의취득에 의하여 매도인은 가공물에 대한 소유권을 상실하게 된다. 그리하여 매도인은 매수인이 가공물의 전매로 취득하게 될 장래채권을 미리 매도인에게 양도하게 하는 선채권양도조항을 설정한다.

③ 그러나 문제는 유보목적물의 전매로 발생할 채권을 미리 양도한 경우에 민법 제450조의 대항요건의 성립여부에 관한 것이다. 이러한 문제를 해결하기 위해서는 민법 제450조의 채권양도의 대항요건을 다소 완화하는 방법을 들 수 있다. 그리하여 대항요건으로서 채권양도사실에 대한 양도인의 채무자에 대한 확정일자에 의한 통지와 관련하여 장래의 불특정 채무자에게 그 확정일자 있는 통지의 도달시를 양도인(매수인)과 제3자(채무자)사이에 이루어지게 될 매매목적물에 관한 전매계약이 체결된 일자로 의제하는 것이다.

(9) 양도담보설(담보물권설)과 담보물권적 이론 구성(소수설)

① 소유권은 처음부터 매수인에게 이전한다. 매도인은 목적물에 대한 잔존 금액을 피담보채권으로 하는 담보권을 취득한다는 견해이다.

② 매수인은 목적물의 인도를 받으면 소유권을 취득하게 되고 매도인에게 소유권이 유보되지 않으며 매도인은 잔대금채권을 피담보채권으로 하는 담보물권을 가진다.

③ 매도인이 목적물을 인도한 후에 발생하는 소유권 유보는 대차한 금전채권을 확보하기 위한 매도담보로 이해한다.

④ 매도인과 매수인 간에는 단순한 매매대금의 채권 채무관계가 존속하는 것이 아니라 준소비대차(제605조)가 발생한 것으로 본다.

(10) 양설의 구체적인 비교

구 분	정지조건부 소유권이전설	담보물권설
매도인의 법적 지위	소유자로서의 지위	담보권자로서의 지위
매수인의 법적 지위	물권적 기대권자로서의 지위	소유권 취득자로서의 지위
매수인의 파산	매수인의 파산 시에 매도인의 환취권 인정 (매도인 파산의 경우에는 매수인의 법적 지위에 변화 없음)	매수인의 파산 시에 매도인의 별제권 인정
매수인의 일반채권자에 의한 압류	압류 시 매도인의 제3자 이의의 소 가능	압류 시 매도인의 우선변제 청구의 소 가능

(11) 동산에 대한 소유권 유보부 매매와 선의취득

① 동산 매매의 경우 원칙적으로 매도인이 매수인에게 물건을 '인도'하면 물건의 소유자는 매수인이 된다. 그러나 '소유권 유보부 매매'에서는 매도인이 매수인에게 물건을 인도하지만, 그 소유권은 여전히 매도인에게 있는 것으로 약정한다.

② 소유권 유보부 매매에서 제3자가 그 매수인으로부터 다시 물건을 매수하는 경우에, 실제 그 물건의 소유권은 매도인에게 있으므로 매수인으로부터 물건을 매수한 사람은 그 물건의 소유권을 취득하지 못한다는 것이 판례의 입장이다. 다만 매수인으로부터 물건을 매수한 사람은 '선의취득' 제도로 보호를 받을 수 있는 여지는 있다(대판 1996.6.28., 96다14807).

➕ 더 알아보기

선의취득(善意取得, 즉시 취득)
민법은 부동산의 등기에는 공신력을 인정하지 않으면서 동산의 점유에는 공신력을 인정하고 있다. 따라서 평온·공연하게 동산을 양수한 자가 선의이며 과실 없이 그 동산을 점유한 경우에는 양도인이 정당한 소유자가 아닌 때에도 즉시 그 동산의 소유권을 취득한다(제249조).

③ 소유권 유보부 매매에서 매수인은 매매목적물을 점유하고 있기에 자신의 매매대금채무를 모두 완제하기 이전에 그 목적물을 제3자에게 처분하는 경우가 있고, 이 경우에 제3자의 선의취득으로 인하여 매도인은 자신의 유보소유권을 상실할 위험에 처한다. 그럼에도 불구하고 매도인에게 유보소유권을 인정하되, 매수인에게는 소위 물권적 기대권의 인정을 통하여 오히려 매수인의 권리보호의 강화를 위한 시도가 이루어져 왔다.

4. 유질계약

(1) 유질(流質)

질권설정자가 질권설정계약과 동시에 또는 채무변제기 전의 계약으로서 변제에 갈음하여 질권자에게 질물의 소유권을 취득하게 하거나 기타 법률에서 정한 방법에 의하지 아니하고 질물을 처분케 하는 약정을 하는 것이다.

예 갑은 갑자기 급한 돈이 필요하여, 을로부터 500만 원을 빌리면서 3개월 내에 변제하기로 하면서 시가로 1천만 원이 넘는 고급 시계에 대해 질권을 설정해 주었다. 을은 그 시계가 매우 고가인 것을 확인하곤 "만약 3개월 내에 빌린 돈을 갚지 않으면 이 시계를 갑이 소유하는 것으로 하자."고 갑과 합의했다. 이런 유질계약은 금지된다.

(2) 유질계약의 금지(제339조)

① 유질계약을 허용하면, 궁박한 상태에 있는 채무자가 자금의 융통을 위하여 고가물의 입질을 강요당하여 폭리행위의 희생물이 될 우려가 있기 때문이다.

② 채무변제기 전의 유질계약을 금지하는 것이며, 변제기 후의 유질계약은 일종의 대물변제로서 유효하다. 금지에 해당하는 유질계약의 효력은 당연무효이다. 민법 제399조는 강행규정이므로 당사자의 합의로도 이를 배제할 수 없다.

③ 유질계약의 금지는 상법 및 전당포영업법에 예외규정이 있다. 즉 상행위에 의한 채권을 담보하기 위해서 설정된 질권에는 민법 제339조가 적용되지 않는다(상법 제59조). 대부업법에 의한 전당포주는 유질권을 갖는다. 질권설정계약에 포함된 유질약정이 상법 제59조에 따라 유효하기 위해서는 질권설정계약의 피담보채권이 상행위로 인하여 생긴 채권이면 충분하고, 질권설정자가 상인이어야 하는 것은 아니기 때문이다.

④ 이와 같은 민법상의 유질계약의 목적은 환매·양도담보 등 다른 제도에 의해 달성될 수 있으므로 유질계약만을 금지함에 실효성이 없다. 또한 절대적으로 유질계약을 금지하면 채무자의 자금융통의 길을 막게 되어 채무자 보호의 본래 목적에서 벗어나게 된다.

(3) 양도담보와 매도담보의 차이점

넓은 의미의 양도담보는 매도담보에 좁은 의미의 양도담보를 더한 개념이다.

(4) 매도담보(매도저당)

① 매도담보는 융자를 받으려는 자가 어떤 담보물을 융자자에게 팔고 그 대신 대금을 받으면서 일정한 기한 내에 그 물건을 되살 수 있는 특약을 하는 담보방법이다.

예 철수가 자기 소유의 3천만 원짜리 자동차를 영희에게 1천만 원에 파는 형식의 매매계약을 하면서 그 대신 철수가 영희로부터 1천만 원을 빌리고 사실상 자기 소유의 자동차를 채권의 담보로 설정하는 것이다.

② 기한 내에 매도인이 되삼으로써 그 물건을 되찾을 수 있고, 기한 내에 되살 수 없을 때에는 매수인이 확정적으로 그 물건의 소유자가 될 수 있다는 점에서 신용의 수수(주고 받음)를 매매의 형식으로 행하되 실질적으로는 융자와 그 담부의 역할을 하는 것이다.

③ 민법상 환매 계약이 이에 해당되는 것이지만, 환매에 있어서는 환매대금, 환매기간 등에 제한 규정이 있어서 이를 피하기 위해 보통 재매매의 예약의 방법이 이용된다.

④ 현행 민법에서 부동산 담보물권으로서 저당권만이 인정되어 있고(현행 민법에서는 부동산에 대한 질권을 폐지함) 매도담보제도는 관행상 행해지고 있었으며, 다만 채권법상 계약의 하나로 환매계약에 관한 규정이 있을 뿐이었다.

그리하여 매도담보와 양도담보는 모두 실제 거래상 이용되어 오다가 관례에 의해 관습법으로 인정되었는데, 실제에 있어서 매도담보와 양도담보의 구별을 명확히 하여 이용하고 있지는 않으므로 구체적 경우에 실질적으로 계약 내용을 검토해서 양자를 구별해야 한다.

(5) 양도담보

① 양도담보는 민법이 규정하는 제도는 아니다. 과거에는 이것을 일종의 탈법행위로 간주했으나 지금은 판례를 통해 양도담보의 유효성이 인정되고 있다.

② 담보로 하려는 물건의 소유권을 채권자에게 옮겨주고 일정한 기간 내에 돈을 갚으면 소유권을 다시 되돌려 받는 방법이다.

③ <u>소유권을 채권자에게 완전히 넘겨준다는 점에서 가등기와 다르다.</u>

④ <u>매도담보의 경우에는 금전의 대차라고 하는 채권채무관계가 남지 않는 반면에 양도담보의 경우에는 금전의 대차라고 하는 채권채무관계가 남아 있다는 점에서 다르다.</u>

사례분석

위 사례에서 겉으로만 보면, 매도담보는 철수가 영희에게 3천만 원짜리 자동차를 1천만 원의 헐값에 파는 것처럼 보이고, 양도담보는 철수가 영희에게 돈을 빌리기 위해 담보로서 3천만 원짜리 자동차의 소유권을 이전하는 것처럼 보인다. 민법은 이 2가지 제도를 구별하여 취급하지 않는 경향이다. 그리고 매도담보든 양도담보든 담보물이 부동산인 경우에는 모두 '가등기담보 등에 관한 법률'의 적용을 받는다.

(6) 대물(代物)변제의 약정(제607조)

① 차용물에 갈음하여 다른 재산권을 이전할 것을 예약하는 경우이다.

② 예약당시의 대물의 가액이 차용액 및 이자의 합산액을 넘지 못한다(넘는 부분은 무효로 되어 반환의무 생김).

③ 준소비대차에서 차주(借主) 보호(제608조) : 성질상 대물반환의 예약이라면 그 명목여하에 불문하고 제607조를 적용하여 차주(借主)를 보호한다.

(7) 가등기 담보 : 차용물 반환채무를 담보하기 위하여 변제기에 차용물을 반환(변제)하지 아니하면 대물을 양도한다는 약정(대물변제의 약정)을 하고 그 약정에 따른 대물(부동산 등) 인도 청구권 보전을 위하여 가등기를 경료한다. 대주(貸主)의 편의상, 제소 전 화해조서도 작성한다.

5. '할부거래에 관한 법률'상 할부매매(할부계약)

(1) 의의 및 특징

① 할부거래는 그 목적물과 대금 지급방법 면에서 일반 매매와 다르다.

② 부동산을 사고 그 대금을 몇 번에 나누어 일정액을 지급하더라도 여기에는 할부법이 적용되지 않고 결국 할부법이 정하는 여러 가지 소비자 보호를 받을 수 없다.

③ 동산이나 용역에 해당하지만 할부법에 의하여 규율하는 것이 적당하지 않거나 다른 특별법에 의하여 규율하는 것이 적당한 동산이나 용역 거래도 할부법이 적용되는 할부판매의 대상에서 제외된다.

④ 서면 작성 의무 : 사업자는 할부계약을 체결한 때에는 지체 없이 계약서 1통을 일반 소비자에게 교부하도록 하고 만일 계약서의 의무 기재사항이 빠져 있거나 그 내용이 불확실한 경우에는 그 계약내용은 어떠한 경우에도 일반 소비자에게 불리하게 해석될 수 없다.

(2) 할부계약의 목적물(동산, 용역)

① 매수인이 동산의 대금 또는 용역의 대가를 2개월 이상 기간에 걸쳐 3회 이상 분할하여 매도인(용역을 제공하려는 자를 포함)에게 지급하기로 약정한 것이다.

② 2당사자 또는 3당사자 신용카드(신용제공자가 관여함)에 의한 할부판매도 2개월 이상 기간에 걸쳐 3회 이상 분할하여 지급하는 것이면 이에 포함된다.

(3) 적용대상 거래의 범위 : 사업자와 개인 간 거래에만 적용

① 할부법은 동산 등을 공급하는 사업자와 이를 최종적으로 소비하는 일반 소비자 간에서 일어나는 거래를 규율하는 법이다.

② 사업자로부터 동산 등을 공급받아 이를 자신의 영업에 사용하는 상인 간의 거래에는 적용되지 아니한다.

③ 사업자가 아닌 개인과 개인 간의 거래에도 할부법은 적용되지 아니한다.

(4) 할부법에서 보호하는 소비자의 권리(청약철회권)

① 의의 : 소비자가 계약을 체결하여 효력이 적법하게 발생한 후에도 소비자에게 충동매수가 아니었는가를 다시 생각할 기회를 주고 사업자나 소비자 양쪽 모두에 계약체결에 잘못이 없는 경우에도 일정한 기간 내에 계약의 효력을 소멸시킬 수 있는 권한이다.

② 청약철회를 할 수 있는 기간(Cooling-off Period) : 소비자는 계약서를 교부받은 날 또는 계약서를 교부받지 아니한 경우에는 목적물의 인도 등을 받은 날부터 '7일 이내'에 할부계약에 관한 청약을 철회할 수 있다.

③ 소비자는 할부계약을 철회한다는 의사표시만 하면 이로써 충분하고 사업자가 그 청약의 철회가 할부법에 위반하여 효력이 없다는 점을 주장하기 위하여 계약서의 교부 등을 하였다는 점을 증명하여야 한다.

④ 청약의 철회는 반드시 서면으로 하여야 한다. 청약의 철회는 청약을 철회한다는 의사표시가 기재된 서면을 보낸 날에 그 효력이 발생한 것으로 본다(이것은 민법에서 어떤 의사표시를 하면 그것이 도달된 날에 의사표시의 효력이 발생하는 것과 대조되는 규정).

⑤ 철회권을 행사할 수 없는 경우
　㉠ 소비자의 책임 있는 사유로 목적물이 멸실 또는 훼손된 경우
　㉡ 사용에 의해 그 가치가 현저히 감소될 우려가 있는 것으로서 다음 목적물을 사용한 경우

➕ 더 알아보기

철회 불가 목적물
선박, 항공기, 궤도를 운행하는 차량, 건설기계, 자동차, 냉장고 및 세탁기, 낱개로 밀봉된 음반·비디오물 및 소프트웨어, 냉동기, 전기 냉방기, 보일러와 할부가격이 10만 원 이하인 할부계약. 다만, 여신전문금융업법에 의한 신용카드를 사용하여 할부판매를 하는 경우에는 할부가격이 20만 원 이하인 할부계약

⑥ **청약철회권 행사의 효과** : 청약철회권이 행사되면 소비자는 이미 인도받은 동산 등을 사업자에게 반환하여야 하고 그 반환비용은 사업자가 부담하고, 할부판매 약관에 그 반환비용을 소비자가 부담하기로 규정되어 있다 하더라도 이러한 규정은 무효이다. 사업자는 동산 등을 반환받음과 동시에 이미 지급받은 할부금을 소비자에게 반환해야 한다.

(5) 할부법에서 보호하는 소비자의 권리(항변권)

① 할부판매도 민법상의 매매계약의 일종인 만큼 사업자가 계약을 약정대로 이행하지 아니하거나 그 외 잘못이 있는 경우 소비자는 할부금의 지급을 거절할 수 있는 권리를 가진다.

② 사업자는 소비자의 항변권을 제한하는 약관을 할부계약서에 넣어 자신의 이익을 보호하려고 한다. 그래서 할부법은 사업자와 소비자의 이해관계를 조정하기 위하여 소비자가 할부금 지급거절의 항변권을 행사할 수 있는 경우를 명시하고 있다.

③ 항변권을 행사하여 소비자가 신용제공자에게 지급을 거절할 수 있는 금액은 할부금의 지급을 거절할 당시에 소비자가 신용제공자에게 지급하지 아니한 나머지 할부금이다.

(6) 할부계약에서 소비자가 항변권을 행사할 수 있는 경우

① 할부계약이 무효·취소 또는 해제된 경우

② 목적물의 전부 또는 일부가 할부판매계약에서 정한 인도 등의 시기까지 소비자에게 인도 또는 제공되지 아니한 경우

③ 사업자가 하자담보책임을 이행하지 아니한 경우

④ 기타 사업자의 채무불이행으로 인하여 할부계약의 목적을 달성할 수 없는 경우

(7) 사업자의 할부계약해제권

① 사업자는 소비자가 할부금 지급의무를 게을리할 경우 14일 이상의 기간을 정하여 이행을 서면으로 최고한 다음 그래도 의무를 이행하지 아니할 경우 할부계약을 해제할 수 있다.

② 소비자가 할부대금의 지급을 지체한다고 바로 계약을 해제할 수 없다.

③ 계약이 해제된 경우 사업자와 소비자는 원상회복의 의무를 지고 사업자가 지급받은 할부대금의 반환과 소비자의 동산 등의 반환의무는 동시이행관계에 있고 상대방이 의무를 이행할 때까지 자신의 의무이행을 거절할 수 있다.

④ 다만, 소비자의 의무 불이행으로 계약이 해제된 경우 사업자는 소비자에게 손해배상을 청구할 수 있고 그 손해배상의 범위는 모든 손해가 아니라 할부법에 정해진 일정 범위 내에 제한된다.

(8) 소비자가 '기한의 이익'을 상실하는 경우

기한의 이익이란 소비자가 물건이나 용역을 할부로 구입하여 계약에 정한대로 그 대금을 납부하면 소비자는 할부기간이 끝날 때까지 그 대금을 분할하여 지급할 수 있는 이익을 말한다.

① 할부금을 다음 지급기일까지 연속하여 2회 이상 지급하지 아니하고 그 지급하지 아니한 금액이 할부가격의 10%를 초과하는 경우

② 생업 종사를 위하여 또는 외국인과 결혼 및 연고관계로 인하여 외국에 이주하는 경우

(9) 소비자에게 불리한 할부약관의 무효 : 사업자와 소비자 사이의 할부계약의 내용 중에서 청약철회권의 요건, 행사기간, 효력발생시기, 배제사유, 청약권철회의 효력, 신용제공자가 있는 경우에 청약의 철회, 사업자의 할부계약의 해제, 손해배상청구금액의 제한, 기한의 이익상실 및 소비자의 항변권에 관한 내용이 할부법에서 정한 내용보다 소비자에게 불리한 것은 무효이며 이 경우에는 할부법의 규정이 바로 적용된다.

사례분석

회사원 A씨는 어학공부를 위해 인터넷 동영상 교육 서비스를 제공하는 업체의 회원으로 가입했다. A씨는 일시불 결제가 부담스러워서 회비 70만 원을 신용카드로 12개월 할부 결제했다. 그러나 6개월이 지난 지금, 할부금은 계속 납부하고 있지만 업체의 부도로 동영상 서비스를 받지 못하고 있다.

이 경우 A씨는 신용카드사에 할부금 납부의 거절을 요청할 수 있다. 신용카드를 이용해 20만 원을 초과하는 구입금액을 3회 이상 할부로 지불키로 계약했으나, 할부금 완납 전에 할부법이 정한 사유가 발생하면 소비자는 카드회사에 잔여할부금 납부를 거절할 수 있다. 그러나 납부 거절이 가능한 할부금은 사유 발생 사실을 카드회사에 통보한 날 남아있는 잔여할부금으로 사유 발생 즉시 납부거절의사를 카드회사에 통보해야 한다. 항변사유 발생 후 신용카드사에 소비자가 통보를 지연한 기간의 할부금에 대해서는 납부를 거절할 권리가 없어 통보지연기간에 해당하는 할부금은 판매업체에 청구할 수밖에 없다.

---

6. 특수한 매매(특수판매) : 방문판매 등에 관한 법률

(1) 의 의

① 방문판매법은 방문판매, 전화권유판매, 다단계판매, 후원방문판매, 계속거래, 사업권유거래 등 모두 6가지의 판매·거래 유형에 대하여 규정하고 있으며, 이들 6가지 유형의 판매·거래 방식을 '특수판매'라고 한다.

② **특수판매에 대한 규제 이유** : 특수판매에서는 소비자가 기대하지 않은 피해를 당할 위험이 상대적으로 크다. 소비자가 충분히 생각할 여유가 없고, 판매자보다 해당 상품에 대한 지식·정보가 매우 적으므로, 판매자의 주도하에 대화가 진행된다. 이러한 과정에서 판매자의 주도하에 강압적이거나 거짓·과장된 설명이 행해지기 쉬워 소비자 피해가 발생한다.

(2) 특수판매의 유형별 개념(방문판매 등에 관한 법률)

① **방문판매** : 상품의 판매업자 또는 유상으로 용역을 제공하는 것을 업으로 하는 용역제공업자가 방문 등의 방법으로 영업소(대리점·자동차나 자전차 또는 우마차에 설치한 판매시설·호텔 또는 체육시설) 이외의 장소에서 계약의 청약을 받거나 계약을 체결하여 상품을 판매하거나 용역을 제공하는 것이다(방문판매 등에 관한 법률 제2조 제1호).

판매원이 소비자의 가정, 직장 등을 방문하여 상품구입 권유를 하는 방식이 일반적이지만 반드시 이 같은 형태의 판매 방식만을 말하는 것은 아니다.

매수인의 철회권(Cooling-off)
방문판매나 용역제공자와 계약체결한 상대방은 원칙적으로 계약서를 교부받은 날로부터 14일, 계약서의 교부가 없는 때에는 상품의 인도나 용역이 제공된 날로부터 14일 이내에 서면으로 그 계약에 관한 자기의 청약을 철회할 수 있다(방문판매 등에 관한 법률 제8조).

② **전화권유판매** : 전화를 이용하여 소비자에게 권유를 하거나 전화회신을 유도하는 방법으로 상품을 판매하는 방식이다(방문판매 등에 관한 법률 제2조 제3호). 전화로 재화나 서비스를 소개·광고하는 데 그치고 실제 계약은 추후 이루어진다면 전화권유판매가 아니라 일반판매 또는 통신판매에 해당한다.

③ **다단계판매** : 권유에 의한 판매원의 가입이 3단계 이상 단계적으로 이루어지고, 다른 판매원들의 거래실적 등에 따라 수당을 지급하는 방식을 가진 판매조직을 통해 상품을 판매하는 방식이다(방문판매 등에 관한 법률 제2조 제5호). 다단계판매는 주변 사람들을 상대로 판매에 그치지 않고 그 사람을 판매조직에 가입시켜 자신의 하위판매원으로 활동하게 하는 등 매우 적극적으로 판매하는 방식이다.

④ **후원방문판매** : 방문판매와 다단계판매의 요건을 모두 갖추었으면서 특정 판매원의 거래실적 등이 직근 상위판매원 1인의 후원수당에만 영향을 미치는 수당 지급방식을 가진 판매조직을 통해 상품을 판매하는 방식이다(방문판매 등에 관한 법률 제2조 제7호). 후원방문판매는 판매원 본인 외 하위판매원 실적에 따라 후원수당을 지급하는 특성을 지니므로 판매원이 하위 판매원을 모집·추천하도록 유인하여 하방확장성을 지니고, 상위판매원으로의 승급을 유인하므로 사행성이 존재한다는 점에서 다단계판매와 후원수당 지급단계만 다를 뿐 본질적으로 동일하다.

⑤ **계속거래** : 1개월 이상의 기간 동안 계속하여 또는 부정기적으로 상품을 공급하는 계약을 체결하여 판매하는 거래이다(방문판매 등에 관한 법률 제2조 제10호).
   예 잡지 구독, 레저·스포츠시설 이용권 판매 등 대부분의 회원제 거래

⑥ **사업권유거래** : 사업기회를 알선·제공하는 방법으로 거래상대방을 유인하여 상품을 구입하게 하는 거래이다(방문판매 등에 관한 법률 제2조 제11호).
   예 온라인쇼핑몰을 개설하여 주는 대신 컴퓨터를 판매하거나 번역 업무를 맡기면서 번역관련 서적이나 테이프 등을 판매하는 등의 거래

7. 전자상거래와 통신판매 : 전자상거래 등에서의 소비자보호에 관한 법률(전자상거래법)

(1) 전자상거래 : 전자거래의 방법으로 상행위를 하는 것이다.

(2) 통신판매 : 통신판매란 판매자가 판매에 관한 정보를 우편, 전기통신, 광고물, 광고시설물, 전단지, 방송, 신문, 잡지 등을 통하여 불특정 다수에게 제공하고, 소비자가 우편환, 우편대체, 지로, 계좌이체 등 직접 판매자를 대면하지 않는 방법으로 청약하도록 하여 재화 또는 용역을 판매하는 것을 말한다. 단, 방문판매 등에 관한 법률 제2조 제3호에 따른 '전화권유판매'는 통신판매의 범위에서 제외하며 방문판매법을 적용한다.

1. 교환계약의 법적 성질

(1) 교환의 의의

① 교환계약은 당사자 쌍방이 '금전 이외의 재산권'을 서로 이전할 것을 약정함으로써 성립하는 쌍무·유상·낙성·불요식의 계약이다(제596조).

② 교환은 외형상으로 매매 거래가 2건 진행되는 것이지만, 민법상 매매와 별개의 계약이다.

③ 상대방의 재산권을 취득하면서 그 대가를 내 재산권으로 대물로 치르는 것이다.

④ 부동산 매매에서 실거래신고가 필요하지 않아 검인만 받으면 되므로 상대적으로 간단한 거래 방식이다.

(2) 교환의 대상물

① 매매는 '재산권' 이전의 대가로 매수인이 금전을 지급하는 계약이다.

② 교환은 계약의 목적물이 '금전 이외의 재산권'에 한한다는 점에서 매매와 다르다.

③ 노무 제공이나 일의 완성과 같이 재산권 이전이 아닌 것은 교환계약의 목적이 될 수 없다.

④ 교환은 당사자 쌍방이 금전 이외의 재산권을 상호 이전할 것을 약정함으로써 효력이 생기는 계약이다.

⑤ 환전은 교환이 아니라 매매에 해당한다.

(3) 금전의 보충지급의 경우

① 쌍방이 서로 교환하는 목적물 내지 재산권의 가격이 균등하지 않을 때에는 그 차액을 보충하기 위한 금전(보충금)을 지급하는 것이 가능하며 이 경우에도 '교환'에 해당한다.

② 당사자 일방이 재산권이전과 금전의 보충지급을 약정한 때에는 그 금전에 대하여는 매매대금에 관한 규정을 준용한다.

(4) 효 력

① 교환도 유상계약이다. 따라서 매매에 관한 규정이 일반적으로 준용된다(제567조). 따라서 쌍방 당사자는 담보책임 등을 부담할 수 있다.

② 교환계약은 쌍무계약이므로, 동시이행의 항변권 및 위험부담에 관한 규정(제536조 이하)이 적용된다.

2. 교환계약의 해제와 제3자 보호

(1) 교환계약의 해제

① 교환계약에는 매매계약의 규정을 준용한다.

② 교환계약에서 '계약이 본격적으로 이행되는 단계'(해제권 상실) : 교환계약의 상대방이 보충금을 지급, 법무사 사무실에 소유권이전등기에 필요한 서류를 맡긴 뒤 이를 통지한 것이다.

③ 중도금 지급 이후의 부동산 이중매매가 민사상 채무불이행에 따른 손해배상의 문제가 아니라 배임죄 위반으로 형사처벌해야 할 문제이다.

"부동산 매매계약에서 중도금이 지급된 이후부터는 이중매매 등으로 매수인의 부동산 취득·보전에 지장을 초래하면 매수인과의 신임관계를 저버리는 행위로 배임죄가 된다(대판 2020.5.14., 2019도16228)."

(2) 보충금과 계약해제

① 교환목적물의 가치가 동일하지 않아서 일방이 재산권을 이전할 것을 약정하면서 아울러 일정액의 금전을 보충지급할 것을 약정한 경우 이때 지급되는 금전을 보충금이라고 한다.

② 보충금에 대해서는 매매규정이 준용된다. 그러므로 보충금을 지급하지 않으면 교환계약을 해제할 수 있다.

(3) 제3자 보호

① 교환계약 당사자의 일방이 계약을 해제하여도 제3자의 권리를 침해할 수 없다.

② 계약의 해제로부터 보호받는 제3자 : 그 해제된 계약으로부터 생긴 법률적 효과를 기초로 하여 새로운 이해관계를 가졌을 뿐만 아니라 등기 또는 인도 등으로 완전한 권리를 취득한 자이다.

　예 소유권이전등기를 마친 자, X토지를 매수하여 소유권이전 등기청구권 보전을 위한 가등기한 자, 주택임대차보호법에 의한 대항력을 갖춘 자 등은 계약의 해제로부터 보호받는 제3자에 해당한다.

　예 甲소유의 X토지와 乙소유의 Y주택에 대한 교환계약에 따라 각각 소유권 이전등기가 마쳐진 후 그 계약이 해제되었다. 이 경우 계약의 해제 전 X토지상의 乙의 신축건물을 매수한 자는 계약해제의 소급효로부터 보호되는 제3자에 해당하지 않는다.

[판례 1] 교환계약의 해제
등기명의자 아닌 자와 교환계약을 맺고 이에 의하여 토지의 인도를 받은 자가 등기명의인이 제기한 토지인도청구소송에서 패소하였다 하여 그 사실만으로는 소유권이전등기채권이 이행불능되었다고 할 수 없으므로 위 교환계약을 해제하려면 상당한 기간을 정하여 이행을 최고하였어야 한다(대판 1965.9.7., 65다1293).

교환계약의 해제에도 그 요건에 관하여 민법 제544조의 규정이 적용된다.

[판례 2] 교환계약의 당사자가 목적물의 시가를 묵비한 경우 기망에 해당하지 않음
일반적으로 교환계약을 체결하려는 당사자는 서로 자기가 소유하는 교환 목적물은 고가로 평가하고 상대방이 소유하는 목적물은 염가로 평가하여 보다 유리한 조건으로 교환계약을 체결하기를 희망하는 이해 상반의 지위에 있고 각자가 자신의 지식과 경험을 이용하여 최대한으로 자신의 이익을 도모할 것이 예상되기 때문에, ... 일방 당사자가 자기가 소유하는 목적물의 시가를 묵비하여 상대방에게 고지하지 아니하거나 혹은 허위로 시가보다 높은 가액을 시가라고 고지하였다 하더라도 이는 상대방의 의사결정에 불법적인 간섭을 한 것이라고 볼 수 없다(대판 2002.9.4., 2000다54406, 54413).

[판례 3] 보충금의 지급에 갈음하여 이전받을 목적물에 설정된 저당권의 피담보채무를 인수한 경우는 교환계약임
교환계약에서 당사자의 일방이 교환 목적물인 각 재산권의 차액에 해당하는 금원인 보충금의 지급에 갈음하여 상대
방으로부터 이전받을 목적물에 관한 근저당권의 피담보채무를 인수하기로 약정한 경우, 특별한 사정이 없는 한
채무를 인수한 일방은 위 보충금을 제외한 나머지 재산권을 상대방에게 이전하여 줌으로써 교환계약상의 의무를
다한 것이 된다(대판 1998.7.24., 98다13877).

박씨는 2007년 5월 사촌 형제인 피해자 박아무개씨와 토지 교환계약을 맺은 뒤 2010년 6월 계약 내용을 일부
변경한 합의까지 마쳤다. 합의에 따라 박씨와 피해자는 서로 돈을 지급했다. 이어 피해자는 2011년 12월 법무사
사무실에 소유권이전등기에 필요한 서류를 맡긴 뒤 이를 박씨에게 통지했다. 그런데도 박씨는 피해자에게 소유권을
이전하지 않은 채 2013년 1월 교환대상 토지를 분할하고 지역권설정등기까지 마쳐, 배임 혐의로 재판에 넘겨졌다.

"부동산 매매계약에서 중도금이 지급된 것과 마찬가지로 교환계약이 '본격적으로 이행되는 단계'에 이른 때에는,
계약 당사자는 상대방의 재산적 이익을 보호·관리할 신임관계에 있게 된다. 그때부터 당사자는 배임죄에서 말하는
'타인의 사무를 처리하는 자'에 해당한다. 그런 당사자가 부동산을 제3자에게 처분하는 등의 행위를 하면 신임관계를
저버리는 행위로, 배임죄가 성립한다."

사례분석

[사례분석 1]
갑은 자기 소유의 주택을 10억 원의 가격으로, 을은 자기 소유의 토지를 8억 원의 가격으로 갑과 을이 교환하고
대신 을이 보충금으로 2억 원을 갑에게 지급하기로 합의했다.

- 매도인 담보책임 적용 : 갑 소유 주택의 누수·균열을 모르고 교환한 때에 을은 갑에게 하자담보책임을 물을 수
  있다.
- 채무자 위험부담주의 적용 : 계약 체결 후 갑의 주택이 홍수로 인해 붕괴 멸실된 때에 을은 을 소유 토지를 인도하지
  않아도 된다.
- 동시이행항변권 및 채무불이행에 따른 해제권 인정 : 을이 채무이행기까지 보충금 2억 원을 제공하지 않으면 갑은
  주택 소유권 이전을 거부할 수 있고 또한 교환계약을 해제할 수 있다.

[사례분석 2]
갑 소유 건물 A(시가 30억 원, 금융기관 명의의 근저당권 채권최고액 5억 원 설정돼 있음)와 을 소유인 건물 B(시가
25억 원)를 서로 맞바꾸는 교환계약을 하였다. 건물 A가 건물 B보다 5억 원이 더 비싸서 을이 건물 A에 설정된
갑 명의의 근저당권 상 대출채무 5억 원을 인수하기로 약속하였다. 그런데 약속한 기일이 지나도 을이 위 대출채무
이자와 원금을 갚지 않아 갑이 어쩔 수 없이 위 대출원리금을 모두 상환해야 했다. 이 경우 교환계약을 해제할 수
있나?

보충금으로 을이 인수하기로 한 대출금채무를 을이 변제하지 않아 건물 A에 대한 경매가 개시되거나 그러한 우려가
있어 건물 A의 소유권자인 갑이 대출금채무를 대신 갚게 되었다. 이 경우 갑은 위 교환계약을 계속 유지하고자
하는 경우 을에 대하여 상담자가 대신 변제한 대출금액 상당의 금원을 손해배상금 또는 구상금으로 청구할 수 있다
(대판 1998.7.24., 98다13877). 이 경우 갑의 건물 A 소유권을 이전할 의무는 상대방의 건물 B 소유권이전의무
및 대출금 상당 손해배상금 지급의무와 동시이행되어야 하는 관계가 된다.

만일 갑이 이 교환계약을 종료하고자 한다면 갑은 을이 대출금 이자 및 원금을 갚는 의무를 이행하지 않았음을
이유로 교환계약을 해제할 수 있는데 이 경우 갑의 건물 A 소유권이전의무의 이행 또는 이행의 제공을 다하면서
이행최고와 해제통지를 하여야 한다. 그런데 실제 소송사례에서 이행제공이나 이행최고, 해제통지가 법정 요건을
불비한 경우가 많아 계약이 해제되지 못하는 경우가 많다.

02 | 물건의 이용에 관한 계약

| Ⅰ | 소비대차의 성립요건 및 효력

1. 법적 성질

(1) 의의 및 연혁

① 당사자 일방(대주)이 금전 기타 대체물의 소유권을 상대방(차주)에게 이전하고 차주는 약정된 일정한 기간이 경과한 후에 동종, 동질, 동량의 물건을 반환할 것을 약정함으로써 성립하는 계약이다(제598조).

② 소비대차는 꼭 금전이 아니라도 가능하다.

> ⑩ 갑이 을에게 책을 빌려주었는데, 을이 이 책을 불쏘시개 감으로 태워서 쓰고 갑에게 새로 한 권을 사주면 소비대차가 된다.

③ 연혁(소비대차의 변화 방향)

현물 소비대차	⇨	금전 소비대차
무이자 소비대차	⇨	이자부 소비대차
소비신용을 위한 소비대차	⇨	생산신용을 위한 소비대차

(2) 법적 성질

① 낙성계약 : 당사자 간 합의만으로 성립한다.

② 불요식계약 : 증서의 작성은 법률상 요건이 아니다.

③ 무상계약 : 원칙적으로 무상계약이다. 단, 법률 또는 특약으로 이자지급이 정해진 경우에는 유상계약이 되며 매매에 관한 규정을 준용한다. 상인 사이의 금전소비대차는 이자부인 것이 원칙이다.

④ 편무계약 : 원칙적으로 편무계약이다.

    ㉠ 무이자부 소비대차 : 대주의 원본 대여의무와 차주의 반환의무가 상호의존관계에 있지 않으므로 편무계약으로 본다(= 편무계약설, 통설).

    ㉡ 이자부 소비대차 : 당사자 간 이자 약정이 있는 이자부 소비대차인 경우에는 양자가 상호 대가적 관계에 있으므로 쌍무계약이 된다(다수설, 판례). 그러나 대주의 원본 대여의무와 차주의 이자지급 의무는 동시이행관계에 있지 않다.

(3) 소비대차 / 사용대차 / 임대차의 차이점

구 분	소비대차	사용대차	임대차
계약종류	• 이자부 : 유상 쌍무계약 • 무이자부 : 무상 편무계약	무상 편무계약	유상 쌍무계약
계약의 목적물	금전대체물	동산, 부동산 (원물 반환)	동산, 부동산 (원물 반환)
인도 후 목적물 소유자	차주에게 소유권 이전	대 주	임대인
반환시기 약정 없을 경우 반환 또는 계약 해지	• 대주 : 상당한 기간을 정하 여 반환, 최고 가능 • 차주 : 언제든지 가능	• 대주 : 사용 수익에 충분한 기간이 경과했으면 가능 • 차주 : 사용 수익이 완료되 면 반환	임대인 임차인 둘 다 언제든 지 계약 해지 통고 가능함(임 대인 통고 시 6월 임차인 통 고 시 1월 후 발생)

2. 소비대차의 성립과 소멸

(1) 성립요건

① **의사의 합치** : 대주와 차주가 합의한다. 이자부소비대차는 반드시 당사자 간 이자 약정이 필요하다.

② **목적물** : 금전 기타 대체물만 인정한다. 유가증권은 일종의 대체물이므로 소비대차의 목적물로 인정한다.

➕ 더 알아보기

대체물과 부대체물
대체물과 부대체물은 로마법에서부터 등장하는 법의 기초개념이다. 대체물(예) 금전, 곡물, 기름)은 수량·무게·부피로 거래되는 물건으로, 거래 관념상 개성이 없어 동종의 다른 물건으로 대체가 가능한 것이다. 부대체물(예) 토지, 건물, 골동품)은 그렇지 않은 물건을 말한다.

---

(2) 대물대차

① 금전소비대차에서 대주가 현금 대신에 약속어음·수표·국채·예금통장과 인장 등 유가증권이나 기타 물건을 교부하고 차주가 이를 인도받아 성립하는 소비대차 계약이다.

② 대물대차의 목적물인 유가증권 등은 그 가격이 수시로 변화하므로 소비대차의 차용액이 얼마인지 결정하는 데 당사자 간 분쟁 발생 가능성이 크며, 경제력이 약한 차주를 보호할 필요가 있다. 따라서 차주를 보호하기 위한 대물대차 규정(제606조, 제608조)은 강행규정이다.

③ 대물대차에서 차주는 그가 받은 물건에 갈음하는 물건을 반환하는 것이 아니라 '<u>인도 시의 가액으로써' 약정한 금액의 금전을 반환</u>하는 것이며, 이 일성액의 금전을 반환하면 동종·동량·동질의 물건을 반환한 것으로 본다.

[예] 철수(대주)가 영희(차주)에게 1천만 원을 빌려준다고 했음에도 약속장소에서 1천만 원의 현금 대신 금으로 된 목걸이와 시계를 건네주었다. 영희가 금을 받는 것을 승낙하기는 했지만 금의 경우 현금과 달리 그 가치가 변할 수 있다는 점에서 영희가 받은 차용액(빌린 돈의 액수)이 얼마 인지에 대해 다툼이 발생할 여지가 있다. 민법 제606조는 대물대차의 경우에 그 인도 시의 가액 (금목걸이를 건네줄 때의 1천만 원의 가격)이 영희가 철수로부터 빌린 금전이 된다고 규정하여 차주를 보호하고 있다.

(3) 소비대차의 실효 및 해제에 관한 특칙

① 민법상 소비대차는 낙성계약이므로 대주가 목적물을 교부하지 않아도 당사자 간 합의만으로 계약 이 성립한다. 이에 대한 특칙으로 제599조를 규정한다.

② **파산과 소비대차의 실효** : 목적물 인도 전에 당사자 일방이 파산 선고를 받은 경우에는 소비대차의 효력이 상실된다(제599조). 사정변경의 원칙을 입법화한 것이다.

③ **무이자 소비대차와 해제권** : 목적물 인도전에는 당사자는 언제든지 계약 해제가 가능하다. 다만, 해제로 인하여 상대방에게 손해배상해야 한다(제601조).

3. 소비대차의 효력 : 대주의 의무

(1) 차주에게 목적물을 이용하게 할 의무(목적물의 소유권 이전 의무)

목적물을 이용하게 하기 위하여 소유권을 이전해야 한다. 소유권 자체를 이전해야 한다는 점에서 사용 대차나 임대차와 큰 차이가 난다.

(2) 대주의 담보책임(602조)

① 이자부 소비대차인 경우

ㄱ 차주가 목적물의 하자에 대하여 선의 무과실이어야 한다(제602조 제1항 – 제580~제582조 준 용, 제602조 제2항을 적용하지 않음). 대주의 과실 유무는 묻지 않는다. 따라서 목적물에 하자 가 있으면 대주는 매도인의 하자담보책임과 같은 책임을 부담한다.

ㄴ 계약해제권 : 목적물의 하자가 중대한 것이어서 계약 목적을 달성할 수 없거나 또는 목적물의 하자가 중요하지 않더라도 차주가 계약 성립을 원하지 않을 경우에는 차주에게 해제권이 인정 된다(다수설).

ㄷ 대물대차의 경우 대물대차로서 특정물이 인도된 경우에 그 물건으로 차주가 금전적 이익을 얻 지 못한 경우에는 대주는 담보책임을 지며 차주에게 완전물청구권을 인정하지 않는다(다수설).

ㄹ 담보책임으로 인한 차주의 권리는 6개월의 제척기간에 걸린다.

ㅁ 제602조는 강행규정이다.

② 무이자 소비대차인 경우

ㄱ 대주가 하자 있음을 알면서도 차주에게 알리지 않은 경우에만 담보책임이 발생한다(제602조 제 2항 단서).

ⓛ 목적물에 하자가 있는 경우 차주는 하자 있는 물건의 가액으로 반환할 수 있을 뿐이므로, 차주에게 하자 없는 완전한 물건의 인도청구권을 인정하지 않는다.

ⓒ 하자의 존재 여부에 대한 입증 책임은 차주가 부담한다.

4. 소비대차의 효력 : 차주의 의무

(1) 이자지급 의무

① 이율은 원칙적으로 당사자가 자유롭게 정할 수 있고 약정 이율이 없으면 법정이율에 의한다. 이자부의 경우에는 이자 계산의 시기에 관한 특칙을 정한다. 목적물을 인도받은 때부터 이자를 계산한다.

② 차주의 책임 있는 사유로 차주의 수령지체 시에는 대주가 이행을 제공한 때부터 이자를 계산한다(제600조).

(2) 목적물 반환의무

① 반환하여야 할 물건은 원칙적으로 동종, 동질, 동량의 물건이어야 한다(제598조). 예외로 차주가 하자있는 물건을 받은 경우에는 그 가액을 반환하면 된다(제602조 제2항 반환의 편의).

② 반환 불능으로 된 경우에는 불능시의 차용물 시가로 반환한다(제604조). 단 제376조, 제377조 제2항 금전채권의 경우에는 그렇지 않다. 대물대차의 경우에는 약정된 금액의 금전으로 반환한다.

   ⓞ 무이자 소비대차인 경우 : 목적물에 하자가 있는 경우 차주는 하자 있는 물건의 가액으로 반환할 수 있을 뿐이다.

   ⓛ 이자부 소비대차인 경우 : 차주가 하자 없는 물건의 급부를 청구하지 않은 때에는 동일한 결과가 인정된다(통설).

③ 반환하여야 할 통화가 강제통용력을 잃은 경우에는 차주는 다른 통화로 지급하여야 한다.

④ 대물반환의 예약의 경우에는 본래의 차용물에 갈음하여 다른 재산권을 반환한다.

⑤ 반환하여야 할 시기 : 반환시기의 약정이 있는 경우에는 약정에 따라(제603조 제1항) 반환한다.

⑥ 기한 이익의 상실 사유가 있는 경우 : 대주는 곧 물건의 반환 청구가 가능하다.

   예 차주가 담보를 손상·감소·멸실하거나, 담보제공의무를 불이행하거나 파산선고를 받은 경우에는 기한의 이익이 상실되어 대주의 반환청구가 있으면 곧 반환하여야 한다(민법 제388조, 채무자 회생 및 파산에 관한 법률 제425조).

⑦ 반환시기의 약정이 없는 경우 : 대주는 상당기간을 정하여 반환의 최고를 하여야 한다(제603조 제2항). 이 경우 최고의 방법에 아무런 제한이 없으며, 소장의 송달로도 가능하다. 소장의 송달 시로부터 변론 종결 시까지 사이에 상당한 기간이 경과한 때 차주는 최고의 항변권을 상실한다(대판 1963. 5. 9. , 63다131 등). 반환시기의 약정이 없는 경우에는 차주는 언제든지 기한의 이익을 포기하고 반환이 가능하다. 그러나 이자부 소비대차인 경우에는 변제기까지의 이자를 붙여서 반환할 수 있다.

(3) 차주의 담보제공의무 : 목적물 반환 확보를 위하여 대주가 차주에게 담보제공의무를 부과시킨 경우에 그러한 담보제공 약정은 소비대차 계약에 부종하는 계약이 된다.

| Ⅱ | 대물반환의 예약 / 준소비대차 / 신용카드거래 / 팩토링금융

1. 대물반환의 예약

(1) 의 의

① 소비대차 또는 준소비대차를 하면서 차용물의 반환에 관하여 차주가 그 불이행 시에는 차용물에 대신하여 다른 재산권을 이전할 것을 미리 약정하는 것이다. 대물변제가 예약의 형식으로 행하여진다.

② 채무자가 변제기에 원금과 이자를 변제하지 못하면, 채무자가 본래의 급부에 갈음하여 다른 급부로 이행할 것을 미리 약속하는 것을 말한다.

　　예 갑(채무자)은 을(채권자)로부터 1억 원을 빌려 1년 내에 갚기로 하고 만약 변제기까지 상환하지 못하면 갑 소유의 부동산 소유권을 채권자에게 이전하기로 약정한 경우

③ 이 경우 채무자의 궁박한 상황을 이용하여 채권자가 폭리를 취한다면 규제의 대상이다. 그래서 민법 제607조와 제608조는 채권자의 폭리를 규제하고 있고, 이는 반사회적 법률행위로 절대적 무효인 법률행위이다. 제607조, 제608조는 강행규정이다.

> **➕ 더 알아보기**
>
> • 제607조(대물반환의 예약) 차용물의 반환에 관하여 차주가 차용물에 갈음하여 다른 재산권을 이전할 것을 예약한 경우에는 그 재산의 예약당시의 가액이 차용액 및 이에 붙인 이자의 합산액을 넘지 못한다.
> • 제608조(차주에 불이익한 약정의 금지) 전2조의 규정에 위반한 당사자의 약정으로서 차주에 불리한 것은 환매 기타 여하한 명목이라도 그 효력이 없다.

(2) 제607조, 제608조의 적용 범위

① '소비대차 또는 준소비대차 상의 채무변제'를 위한 '대물변제 예약'에 대해서만 적용한다. 그러나 차용물이 아닌 '기존채무 변제'를 위한 '대물변제 예약'에는 본조를 적용하지 않는다.

② "대물변제의 예약"은 "대물반환 예약"보다 넓은 의미 개념인데, 대물변제의 예약 중 원래의 채무가 소비대차에 기한 경우를 대물반환의 예약이라고 한다.

> **판례**
>
> 민법 제607조에서 말하는 차용액이라 함은 소비대차 또는 준소비대차 계약에 의하여 차주가 반환할 의무가 있는 것만을 의미하는 것이고, 널리 유상행위에 수반하여 행하여지는 경우까지 포함하는 것은 아니다(대판 1965.9.21., 65다1302).

③ 목적물은 특별한 제한이 없으며, 부동산, 동산 및 채권을 모두 포함한다.

④ 변제기 전에 대물변제를 하기로 예약한 경우에만 적용되며, 변제기가 되어 대물변제를 합의한 경우는 적용되지 않는다.

(3) 제607조 위반 여부 판단 기준

① 목적물의 가액 산정 기준 : 예약 당시 기준이다. 이미 담보가 설정된 재산에 대해 매물변제예약한 경우 담보가액을 제외한 나머지를 기준으로 한다.

② 채권액의 산정 : 예약 당시 원금과 약정이자를 기준으로 한다. 변제기까지의 약정이자만을 포함하고 변제기 이후의 지연이자(지연배상)는 포함하지 않는다.

(4) 제607조 위반의 효과

① 효력이 없다(제608조) : 일부무효설(초과부분 무효), 무효행위전환설(대물반환예약은 무효이나 약한의미의 양도담보로 전환), 채권담보의사설(무효이나 그 속에 포함된 채권담보계약은 유효)

② 판례의 입장 : 매물변제예약은 무효이나 "약한 의미의 양도담보로서 효력이 있다"(무효행위전환설) – 청산의무를 부담한다. 그러나 가등기담보 등에 관한 법률(강행규정)의 적용대상이 되는 경우에는 청산절차를 거치지 않고 당사자의 특약에 따라 가등기에 기한 본등기를 한 경우, 그 특약이 채무자에게 불리한 것이라면 그 특약은 무효이며, 따라서 본등기도 무효가 되어야 한다. 따라서 약한 의미에서 양도담보로서 담보의 목적 내에서 유효하다고 볼 수 없다(대판 1994.1.25., 92다20132). – 청산의무를 부담하지 않는다.

> **판례**
>
> 대물반환 예약은 무효이더라도, 일정한 경우 '약한 의미의 양도담보'로서 효력 인정
> 대물반환의 예약을 하고 그 목적물인 부동산에 대한 소유권이전등기에 필요한 일절의 서류를 채권자에게 교부한 경우에 대물반환예약의 효력은 인정될 수 없다 하여도 양도담보의 효력은 인정되어야 할 것이며 그 채무담보를 위하여 근저당권설정등기가 되어 있다 하여도 아무런 영향을 줄 바 못된다(대판 1968.6.28., 68다762).

③ "약한 의미의 양도담보로서의 효력"의 의미 : '양도담보'는 채권담보의 목적으로 물건의 소유권(또는 기타의 재산권)을 채권자에게 이전하고, 채무자가 이행하지 아니한 경우에는 채권자가 그 목적물로부터 우선변제를 받게 되지만, 채무자가 이행을 하는 경우에는 목적물을 다시 원소유자에게 반환함으로써 채권을 담보하는 비전형담보이다. 민법상 양도담보에 대해서는 제372조(타법률에 의한 저당권) 준용 규정밖에 없다.

④ '강한 의미의 양도담보'는 채권자와 채무자 사이에서 양도담보권자는 사적 실행(즉 권리취득에 의한 실행)하는 과정에서 따로 정산이 이루어질 필요가 없다는 것이다. '약한 의미의 양도담보'는 최소한 채권자와 채무자 사이에 정산이 있어야 한다는 것이다.

> **판례**
>
> 양 당사자 사이에서 합리적인 거래를 한다면 당연히 부족한 부분을 현금으로 메우든지 하는 정산이 있을 것이므로 양도담보는 원칙적으로 정산형 양도담보 즉 약한 의미의 양도담보이다(대판 1996.11.15., 96다31116).

(5) 가등기담보권의 실행 방법 : 가등기담보 등에 관한 법률(가등기담보법)

① 양도담보는 판례로 규율되었는데 가등기담보 등에 관한 법률이 제정(1984년)되면서 이것을 법문화 하였다. 가등기담보 등에 관한 법률 제3조(담보권 실행의 통지와 청산기간), 제4조(청산금의 지급 과 소유권의 취득)과 같이 이미 정산형 담보를 예정한 조문을 두게 된 것이다. 형식상 근저당권으로 등기부상 기재되어 있더라도 그 실질이 가등기담보라면 가등기담보 등에 관한 법률이 적용된다.

② 정산을 하는 양도담보를 전제로 그 정산방식은 '처분정산'과 '귀속정산' 2가지로 구분된다.

③ 가등기담보 등에 관한 법률상 담보권자는 1) 담보권 실행(청산금 정산), 2) 경매 실행의 2가지 권리 를 선택하여 행사할 수 있다(가등기담보법 제12조).

④ 가등기담보권자는 채무자가 빌린 돈을 갚지 않더라도 바로 본등기를 할 수 없다. 가등기담보 등에 관한 법률에 따라 부동산가액에서 채권액을 공제해 반환하는 청산절차를 거친 후에야 본등기를 할 수 있다. 이처럼 부동산을 채권자의 소유로 하면서 채무자에게 정산을 해주는 것을 귀속정산이라 한다. 가등기담보법은 귀속정산만을 허용한다. 특히 가등기담보 등에 관한 법률은 귀속실행절차에 대하여 엄격한 규제를 하고 있다.

⑤ 권리취득에 의한 실행 절차

> 변제기 도래 → 담보권 실행 통지 → 청산기간(2개월) 경과 → 청산금 지급 → 본등기(소유권 취득)

⑥ '처분정산'형 방식은 채무자인 담보권설정자에 불리하므로 가등기담보 등에 관한 법률상 허용되지 않 는다. 처분정산은 경매를 통한 공적 실행으로서의 정산과 같이 제3자에게 물건을 팔아서 채무자에게 채무를 갚고 남은 돈을 돌려주는 것을 말한다. 이 경우는 가등기담보권이 저당권과 다를 바가 없다.

판례

가등기담보 등에 관한 법률은 강행규정으로 가등기담보법에서 정하지 않는 방식의 청산은 인정될 수 없지만, 가등기 담보권을 실행하는 방법으로는 특단의 약정이 없는 한 처분정산이나 귀속정산 중 채권자가 선택하는 방법에 의할 수 있는 것이다(대판 1988.12.20., 87다카2685).

가등기담보 등에 관한 법률이 제3조와 제4조에서 가등기담보권의 사적 실행방법으로 귀속정산의 원칙을 규정함과 동시에 제12조와 제13조에서 그 공적 실행방법으로 경매의 청구 및 우선변제청구권 등 처분정산을 별도로 규정하고 있는 점...................등을 종합하여 보면, 가등기담보권의 사적 실행에 있어서 채권자가 청산금의 지급 이전에 본등기와 담보목적물의 인도를 받을 수 있다거나 청산기간이나 동시이행관계를 인정하지 아니하는 '처분정산'형의 담보권실행은 가등기담보 등에 관한 법률상 허용되지 아니한다(대판 2002.4.23., 2001다81856).

사례분석

갑은 을로부터 1억 원을 차용하면서 변제기는 1년 후, 이자는 연 5%로 정하고 채무 담보를 위해 을 앞으로 시가 5억 원의 갑 소유 A아파트(1순위로 채권최고액 5천만 원인 병의 근저당권이 설정되어 있음)에 관하여 소유권이전청구 권 보전의 가등기를 경료하여 주었다. 그런데 변제기가 도래하였으나 갑은 이 채무를 변제하지 못했다.
(1) 만약 갑의 채무불이행에 대해 을이 가등기담보 등에 관한 법률에서 정한 청산절차를 거치지 않고 A아파트에 대해 가등기에 기한 본등기를 경료하였다. 이 경우 을이 경료한 본등기는 유효한가?
(2) 만약 을이 가등기에 기초한 본등기를 한 후에 다시 제3자에게 A아파트를 매도하려고 하는데 갑은 A아파트를 다시 찾아올 수 있는가?
(3) 만약 이 사안에서 갑의 을에 대한 채무의 원인이 갑이 을에 대한 물품 매매 대금 반환채무(1억 원)에 기한 것이라 면 을의 본등기는 유효한가?

(1) 가등기담보 등에 관한 법률은 피담보채무가 소비대차 또는 준소비대차에 기한 차용금채무인 경우만을 규율하고, 그리고 담보목적물의 가액이 채무의 원리금을 초과하는 경우에 적용된다. 이 사안에서 피담보채무가 금전소비대차에 의한 것이며, 담보목적물 가액이 5억 원으로 채무원리금 1억 원을 초과한다. 따라서 이 사안은 가등기담보 등에 관한 법률의 적용대상이다. 그리고 이 사안의 규율 방법은 판례에 의해 정립된 것이다. 판례에 따르면 을이 A부동산에 대해 한 소유권이전청구권 보전의 가등기에 기한 본등기를 하기 위해서는 가등기담보 등에 관한 법률이 정한 청산절차를 따라야 하므로, 을이 위 법에서 정한 청산절차를 거치지 않고 가등기에 기한 본등기를 한 것은 무효이다.

(2) 을이 가등기담보 등에 관한 법률에 의한 청산절차를 거치지 않은 이상 을은 확정적으로 소유권을 취득한 것이 아니다. 따라서 갑은 피담보채무 및 이에 붙인 이자, 손해배상금의 지급을 조건으로 을에게 가등기 및 본등기의 말소를 구하거나, 청산절차이행을 청구할 수 있다. 단, 을로부터 A아파트를 양도받은 병이 선의라면 병의 소유권 취득은 유효하므로 갑은 이를 되찾을 수 없기 때문에, 갑은 을이 제3자에게 처분하기 전에 먼저 부동산처분금지 가처분을 해두는 것이 필요하다.

(3) 이 사안은 가등기담보 등에 관한 법률이 적용되지 않는 경우에 채권자가 권리 실현을 할 수 있는 것인지의 문제이다. 결국 이 문제는 가등기담보 등에 관한 법률의 적용범위에 대한 원론적 문제, 차금금 채무, 즉 피담보채권의 발생원인이 무엇인가에 따라서 적용여부가 달라진다. <u>가등기담보 등에 관한 법률은 피담보채무가 소비대차 또는 준소비대차에 기한 차용금채무인 경우만을 규율하고, 그리고 담보목적물의 가액이 채무의 원리금을 초과하여야 한다. 반면 ① 소비대차 이외의 사유로 생긴 채권, 가령 매매대금이나 물품대금의 반환채무의 담보, ② 담보부동산에 대한 대물변제 예약 당시의 시가가 피담보채권에 미치지 않는 경우, ③ 동산 양도담보의 경우 등과 같은 경우에는 위의 적용범위가 아니므로, 가등기담보 등에 관한 법률의 적용대상이 아니다.</u>

이 사안에서 채무자 갑이 채무를 이행하지 못하여 채권자 을이 가등기에 기한 본등기를 마치고 자기 앞으로 목적물을 인도받은 경우인데 이런 경우 가등기뿐만 아니라 본등기에서도 약한 의미의 양도담보 규정이 적용되어야 한다는 판례가 있다. 특히 채권자 을이 미리 본등기에 필요한 서류를 받아두거나 제소 전 화해를 한 경우, 채무자 갑이 불이행했을 경우 곧바로 가등기에 기한 본등기를 경료해 버리는 경우에 가등기담보 등에 관한 법률 적용 여부가 다투어진다. 만약 을이 가등기담보 등에 관한 법률에 따른 청산절차 진행 전에 이미 선의의 제3자에게 소유권을 이전했다면 담보가등기권자가 선의의 제3자에게 대항할 수는 없다.

차용금을 대신하여 부동산 소유권을 이전하기로 하는 약정은, 미묘한 사실관계에 따라서 가담법의 적용대상이 될 가능성이 높기는 하지만 항상 가등기담보 등에 관한 법률이 적용된다고 말할 수는 없다. 그러나 채권자와 채무자 사이의 균형을 고려할 가등기담보 등에 관한 법률의 규율 대상이 된다고 판단된다면, 적어도 가등기담보 등에 관한 법률의 사적실행을 하기 위한 절차만은 반드시 준수해야 채권자로서 불이익을 감수하는 일은 없다. 그리고 제소 전 화해와 같은 별개의 약정이 개입하는 경우라면 채무자만 항상 보호받아야 하는 것도 아니며 채권자와 채무자 사이의 의사합치가 가장 중요하다.

(6) 법적 성질 : 두 가지로 구분된다.

① **정지조건부 대물변제계약** : 만약에 기한 내에 변제를 하지 않으면 목적물의 소유권이 당연히 채권자에게 이전된다고 약정하는 것이다. 따라서 목적물에 관하여 강한 양도담보계약이 행하여진 결과와 같게 된다. 그것이 담보물권의 목적물인 때에는 유질·유저당과 관련하여 그 효력이 검토되어야 한다.

② **진정한 의미의 대물변제의 예약** : 만약에 채권자·채무자의 일방 또는 쌍방의 특정의 물건의 급부로써 대물변제를 할 수 있는 권능을 보유할 뿐인 경우이다. 채권자만이 이 권능을 보유하는 경우에는 채권자의 의사에 의하여 강한 양도담보계약 또는 유담보계약과 같은 효력을 지니게 되므로 정지조건부 대물변제예약과 마찬가지로 취급하여야 한다.

그리고 어느 경우에 있어서나 그 물건의 예약 당시의 가액이 이에 붙인 이자의 합산액을 넘어서는 안 되며(제607조), 이를 넘는 경우에는 그 예약은 효력이 없다(제608조).

2. 대물변제

(1) 의 의

① 채권의 소멸 형태 중의 하나로서, '채무자가 부담하는 원래의 급부에 갈음하여 다른 급부를 현실적으로 함으로써 채권을 소멸시키는 변제자와 채권자 사이의 계약'이다.

➕ 더 알아보기

- 경개 : 당사자의 합의만으로 구채권의 소멸과 신채권의 발생이라는 효과 발생
- 대물변제 : 신채권이 발생되는 것이 아니고 현실의 대물급부에 의해 기존의 채권이 소멸

예 갑(채무자)이 을(채권자)에게 지급할 1천만 원의 물품매매대금을 을의 승낙을 얻어 그가 원래 지급해야 할 1천만 원의 매매대금 지급채무에 갈음하여 자신의 자동차를 주는(변제) 것이다.

② 대물변제는 다른 급부의 종류에 제한이 없고 본래의 급부와 가치가 같아야 하는 것도 아니다. 따라서 대물반환의 예약과 같이 민법 제607, 제608조의 규율대상이 아니다.

판례

대물변제의 경우 민법 제607조, 제608조가 적용되는지 여부
채무자가 채권자 앞으로 차용물 아닌 다른 재산권을 이전한 경우에 있어 그 권리의 이전이 채무의 이행을 담보하기 위한 것이 아니고 그 채무에 갈음하여 상대방에게 완전히 그 권리를 이전하는 경우 즉 대물변제의 경우에는 가사 그 시가가 그 채무의 원리금을 초과한다고 하더라도 민법 제607조, 제608조가 적용되지 아니한다(대판 1992.2. 28., 91다25574)는 것이 확립된 법리이다.

사례분석

대물변제의 경우 민법 제607조, 제608조가 적용되는지 여부
갑은 을로부터 3억 원을 차용하면서 변제기는 6개월 후, 이자는 월 1%로 하여 금전을 차용하였는데, 변제기가 도래하였음에도 도저히 채무 원리금을 변제할 수 없게 되자 자기 소유의 시가 5억 원 상당의 부동산에 대한 소유권을 을에게 이전하는 방법으로 대물변제를 하였다. 그 후 갑은 을에게 위 부동산의 시가가 채무원리금을 초과한다는 이유로 민법 제607조, 제608조에 따라 대물변제의 효력이 없다고 주장하면서 부동산의 반환을 청구하고자 한다. 이 경우 갑의 주장은 정당한가?

갑이 을에게 부동산의 소유권을 이전한 것이 채무의 이행을 담보하기 위한 것이 아니고 대여금 채무에 갈음하여 완전히 소유권을 이전하는 대물변제로서 이루어진 것이라면 설령 부동산의 시가가 채무의 원리금을 초과한다고 하더라도 민법 제607조, 제608조가 적용될 수는 없다. 따라서 갑의 주장은 타당하지 않다.

(2) 대물변제의 요건

① 채권이 존재할 것 : 대물변제는 채권의 소멸을 목적으로 하므로 본래의 채권이 존재해야 한다. 채권이 존재하지 않을 경우에는 대물변제계약이 무효이며, 급부된 것은 부당이득으로서 반환되어야 한다.

② **본래의 급부와 다른 급부를 할 것** : 본래의 급부가 금전 지급인 경우는 동산이나 부동산의 소유권 이전, 채권의 양도, 예금증서의 교부, 어음이나 수표의 교부 등이 해당한다. 다른 급부는 본래의 급부와 같은 가치일 것을 필요로 하지 않는다. 대물급부의 가치가 부족하거나 크더라도 그 과부족이 청산되어야 하는 것은 아니다. 그 불균형이 심하면 폭리행위로서 민법 제104조에 의하여 무효가 될 수 있다.

③ **대물급부가 현실적으로 행해질 것** : 대물변제계약은 요물계약이므로 본래의 급부에 갈음한 다른 급부는 현실적으로 해야 한다.

④ **대물급부가 본래의 변제에 <u>갈음하여</u> 행하여졌을 것** : 대물변제로서의 급부는 본래의 급부의 이행수단으로서 된 때에는 성립하지 않고, 본래의 변제에 갈음하여 행해야 한다.

⑤ **금전채무를 부담하고 있는 채무자가 어음이나 수표를 교부했을 경우**

　㉠ 변제를 위해 교부된 경우 : 교부된 어음이나 수표에 의해 채권액이 회수되지 않았을 때는 다시 본래의 급부를 청구할 수 있다.

　㉡ 변제에 갈음하여 교부된 경우 : 대물변제가 되어 채권이 소멸하므로 채권자가 다시 본래의 급부를 청구할 수 없고 부도 등의 회수위험을 부담한다. 채권자가 이런 불이익을 받는 것은 가혹하므로 통설, 판례는 변제를 위해 교부된 것이라 추정한다.

⑥ **채권자의 승낙이 있을 것** : 대물변제는 채권자와 채무자 기타 변제를 할 수 있는 자와의 합의에 의해 생기므로 당연히 채권자의 승낙을 필요로 한다.

(3) 대물변제의 효과

① 대물변제는 변제와 동일한 효과가 생긴다.

② 대물변제로 채권이 소멸하고, 그에 수반한 물적, 인적 담보도 소멸한다.

③ 대물변제로서 급부된 물건에 하자가 있는 경우에도 본래의 채권은 소멸하였으므로 채무불이행을 이유로 하자 없는 물건의 인도를 청구할 수 없다.

④ 대물변제계약도 유상계약이므로 매매에 있어서 매도인의 담보책임에 관한 민법 제580조의 규정이 준용된다. 손해배상청구와 계약해제의 청구가 가능하다.

(4) 대물변제의 예약

① 장래 일정한 사유가 발생한 경우 본래 급부에 갈음할 대물급부를 할 것을 내용으로 하는 합의이다.

② 대물변제계약은 요물계약이지만, 대물변제예약은 현실적 대물급부 없이도 유효하다. 따라서 실제 대물변제예약은 대물변제의 전단계로서의 예약으로서보다는 일종의 담보로서 많이 이용한다.

③ **채무의 불이행이 있는 경우**

　㉠ 정지조건부 대물변제예약 : 채권자가 부동산 소유권을 취득한다.

　㉡ 진정한 대물변제예약 : 예약완결권 행사로 부동산 소유권을 취득한다.

④ <u>일종의 비전형담보로서 이용되는 대물변제의 예약에 관해서는 민법 제607조, 제608조가 적용되어 담보의 범위에서만 그 효력이 인정</u> : 본래의 급부에 갈음한 재산의 예약 당시의 가액이 소비대차에 따른 차용원리금의 합계를 넘지 못한다. 초과액은 채무자에게 반환해야 한다. 대물변제예약에 따른 장래의 소유권 이전등기청구권을 보전하기 위해 가등기를 하였다면 '가등기담보 등에 관한 법률'의 규제를 받는다.

대물반환 예약 무효의 판단 기준(시점은 예약당시, 차용금은 원금, 이자 모두 고려)

갑은 30년 전에 을로부터 차용금 1000만 원을 차용하면서 갚지 않을 경우 차용당시 시가 1000만 원짜리 A토지 소유권을 을에게 이전해주기로 하면서 그 토지에 소유권 이전등기청구권 가등기를 했는데, 아직까지도 차용금도 갚지 않고 있고 그 사이 A토지 가격은 1억 원으로 상승하였는데 채권자 을이 30년 전 약정에 따라 현재 소유권 이전등기를 경료했다면, 이 약정은 민법에 따라 무효일까?

이 사안은 민법 제607조 소정의 대물반환의 예약이며, 민법 제607조, 제608조가 적용되어 그 재산의 가액이 차용 원리금의 합산액을 넘는 경우에는 그 효력이 없지만, 여기서 그 재산의 가액이 차용액과 이에 붙인 이자의 합산액을 넘는지의 여부는 예약 당시를 기준으로 할 것이므로 이 경우는 예약 당시 차용액과 재산 가액이 같아서 이 약정은 무효가 아니다. 그리고 차용금은 원금뿐만 아니라 이자까지도 모두 감안해야 한다.

민법 제607조의 취지

채무자가 그 소유 토지를 차용 원리금에 대한 대물변제조로 채권자에게 양도하기로 약정하고 그 차용 원리금의 담보조로 그 토지에 소유권이전등기청구권 가등기를 하였다가 그 차용 원리금에 갈음한 현실적인 대물변제조로 채권자 앞으로 소유권이전등기를 한 경우, 채무자와 채권자 간의 그 약정은 민법 제607조 소정의 대물반환의 예약이라 할 것이어서 같은 법 제607조, 제608조가 적용되어 그 재산의 가액이 차용 원리금의 합산액을 넘는 경우에는 그 효력이 없고, 여기서 그 재산의 가액이 차용액과 이에 붙인 이자의 합산액을 넘는지의 여부는 예약 당시를 기준으로 할 것이지 소유권이전 당시를 기준으로 할 것은 아니다(대판 1996.4.26., 95다34781).

(5) 금전(돈)을 빌려주는 경우의 채권확보 방법

① 채무자 甲의 부동산에 저당권을 설정하는 방법(제356조)

② 담보가등기를 설정하는 방법(가등기담보 등에 관한 법률 제1조)

③ 甲의 동산이나 부동산에 양도담보를 설정하는 방법(판례)

④ 甲의 부동산에 대하여 대물반환예약을 하는 방법(제607조)

⑤ 금전소비대차계약공정증서(민사집행법 제56조 제4호) 또는 약속어음공정증서(공증인법 제56조의 2)를 작성하는 방법

위 방법 중에서 저당권설정, 담보가등기, 부동산양도담보, 대물반환예약의 경우에는 당사자 사이에 설정계약을 한 후 등기를 하여야 하고, 동산양도담보 및 금전소비대차계약공증, 약속어음공증의 경우에는 공증인사무소에서 공증의뢰를 하면 된다.

(6) 채권확보 방법에 따른 구체적인 실행절차

① 저당권자는 저당물의 경매를 청구할 수 있으며, 저당권 순위에 따른 우선변제권이 있다.

② 담보가등기(재산의 예약 당시 가액이 차용액과 이자를 합산한 액수를 초과하는 경우, 민법 제608조에 의해서 무효가 되는 대물반환의 예약, 양도담보도 포함됨)는 청산을 하여 소유권을 취득하거나, 경매를 청구할 수 있으며, 경매절차에서는 담보가등기를 저당권으로 보게 되며, 담보가등기순위에 따른 우선변제권이 있다.

③ 양도담보는 채권담보 목적으로 소유권 기타 재산권을 채권자에게 이전하여 대외적 관계에서는 채권자가 소유자가 되고, 채권자와 채무자 사이의 대내적 관계에서는 채무자가 소유권을 보유하며, 채무자가 채무를 이행하는 경우에는 목적물을 그 소유자에게 반환하고, 채무자가 채무를 이행하지 않는 경우 채권자가 확정적으로 소유권을 취득하기 위해서는 정산을 하여 청산금을 채무자에게 지급하여야 하는 담보제도이다.

④ 대물반환예약은 그 재산의 예약당시의 가액이 차용액 및 이자의 합산액을 넘지 못하여야 하고, 그렇지 않으면 무효가 된다(부동산양도담보와 대물반환예약은 가등기담보 등에 관한 법률이 적용되는 경우가 있음).

⑤ 금전소비대차계약공정증서 또는 약속어음공정증서는 강제집행을 할 수 있는 집행권원이 되지만 우선변제권은 없으며, 소멸시효기간도 판결 확정된 경우와 다르게 원인채권의 소멸시효기간이 적용된다(금전소비대차의 경우 10년, 약속어음의 경우 3년 등).

3. 준소비대차 기출 15

(1) 의 의

① 당사자 쌍방이 소비대차에 의하지 아니하고 금전 기타의 대체물을 지급할 의무가 있는 경우에 당사자가 그 목적물을 소비대차의 목적으로 한 계약이다(소비대차의 효력 발생).

   예 농부 갑이 농기계판매회사 을로부터 2천만 원에 트랙터를 산 후, 갑의 매매대금지급채무를 을과 합의하여 소비대차의 목적으로 하였다면, 2천만 원의 매매대금채무는 소멸하고, 소비대차계약이 성립함으로써 갑은 을에 대해 2천만 원의 대여금반환채무를 부담하게 된다.

② 경개와의 구별

   ㉠ 같은 점 : 모두 기존 채무를 소멸하게 하고 신채무를 성립시키는 계약이다.

   ㉡ 다른 점 : 준소비대차는 기존채무와 신채무와의 사이에 동일성이 인정되는 반면에, 경개는 기존채무와 신채무와의 사이에 동일성이 없다.

> **판례**
>
> 당사자의 의사가 명확하지 않은 경우 경개로 보게 되면 채권자는 기존채권의 담보를 잃고 채무자는 항변권을 잃게 되어 모두에게 불리하게 되므로, 준소비대차로 보아야 한다(대판 2003.9.26., 2002다31803, 31810).

(2) 성립요건

① 유효한 구채무(기존채무)가 존재해야 함 : 만약 구채무기 계약의 무효, 취소 해제 등의 사유로 존재하지 않게 된 경우(무효)에는 준소비대차의 효력도 생기지 않는다(판례). 제605조 조문상 "소비대차에 의하지 아니하고"라고 기재한다. 그러나 기존채무가 별개의 소비대차에 기하여 발생하고 있더라도 상관없이 준소비대차계약이 가능하다(판례).

민법 제605조 소정의 준소비대차는 구채무가 소비대차일 경우에도 성립한다. 준소비대차가 이루어진 경우 구채무가 당연히 소멸한다고 볼 수는 없고, 그 소멸 여부는 당사자의 의사에 따를 것이지만, 원칙으로 구채무는 동일성을 유지하면서 소비대차의 형태로 존속하고, 그 담보도 그대로 존속한다(대판 1994.5.13., 94다8440).

② 기존채무의 당사자 간 기존채무의 목적물을 소비대차의 목적물로 한다는 합의가 있을 것
   ㉠ 준소비대차는 구채무와 신채무 사이에 동일성이 있는 것이므로 기존채무의 당사자와 준소비대차계약의 당사자가 동일해야 한다(판례).
   ㉡ 유인성 : 구채무(기존채무)를 전제로 한다. 왜냐하면 구채무가 처음부터 존재하지 않거나 무효 또는 취소된 경우에 준소비대차도 무효이고 신채무는 소급하여 소멸한다. 이에 반해 신채무가 무효 또는 취소된 경우에는 구채무는 소멸하지 않았던 것이 된다.

(3) 효 력

① 소비대차로서의 효력(구채무 소멸과 신채무 성립) : 소비대차의 효력이 발생한다(제605조).
② 동일성 유지
   원칙은 동일성을 인정한다. 따라서 <u>구채무에 붙어 있던 동시이행항변권, 담보권, 보증, 채권자취소권 등은 그 계약의 성질에 반하지 않는 한 그대로 신채무에 존속한다.</u>
   例 대환대출 : 대환은 형식상 별도의 대출이다. 그러나 실질적으로는 기존 채무의 변제기 연장에 불과하다. 동일성이 유지되는 준소비대차이므로 기존채무에 대한 보증책임이 존속한다.
③ 신・구 채무 동일성의 의미 : 신・구 채무가 성질상 구별되지 않는 같은 것이라는 뜻이 아니다. 구채무를 위하여 있었던 담보, 구채무에 붙어 있었던 항변권 등이 신채무에도 그대로 존속하는지 여부를 뜻한다. 판단 기준은 의사해석의 문제이다. 그러나 <u>채권자가 담보나 항변권을 잃는 것을 스스로 원하지는 않을 것으로 추정되므로 의사가 명백하지 않은 경우에는 원칙적으로 동일성을 유지하려는 의사가 있는 것으로 추정한다</u>(대판 1989.6.27., 89다카2957).
④ 신채무의 소멸시효 : 시효는 그 성질상 채무 자체의 성질에 의하여 결정될 것이지, 당사자의 의사에 의하여 좌우될 것은 아니므로, 언제나 신채무를 표준으로 정해야 한다(판례).

민법 제164조 제3호 소정의 단기소멸시효의 적용을 받는 노임채권이라도 채권자인 원고와 채무자인 피고 회사사이에 위 노임채권에 관하여 준소비대차의 약정이 있었다면 동 <u>준소비대차계약은 상인인 피고 회사가 영업을 위하여 한 상행위로 추정함이 상당하고, 이에 의하여 새로이 발생한 채권은 상사채권으로서 5년의 상사시효의 적용을 받게 된다</u>(대판 1981.12.22., 80다1363).

⑤ 기존 채권채무의 당사자가 그 목적물을 소비대차의 목적으로 하기로 약정한 경우 그 약정의 해석
   기존채권, 채무의 당사자가 그 목적물을 소비대차의 목적으로 할 것을 약정한 경우 그 약정을 경개로 볼 것인가 또는 준소비대차로 볼 것인가는 일차적으로 당사자의 의사에 의하여 결정되고, 만약 당사자의 의사가 명백하지 않을 때에는 특별한 사정이 없는 한 동일성을 상실함으로써 채권자가 담보를 잃고 채무자가 항변권을 잃게 되는 것과 같이 스스로 불이익을 초래하는 의사를 표시하였다

고는 볼 수 없으므로 일반적으로 준소비대차로 보아야 하지만, 신채무의 성질이 소비대차가 아니거나 기존채무와 동일성이 없는 경우에는 준소비대차로 볼 수 없다(대판 2003.9.26., 2002다31803, 31810).

현실적인 자금의 수수 없이 형식적으로만 신규 대출을 하여 기존 채무를 변제하는 이른바 대환은 특별한 사정이 없는 한 형식적으로는 별도의 대출에 해당하나, 실질적으로는 기존 채무의 변제기 연장에 불과하므로, 그 법률적 성질은 기존 채무가 여전히 동일성을 유지한 채 존속하는 준소비대차로 보아야 하고, 이러한 경우 채권자와 보증인 사이에 사전에 신규 대출 형식에 의한 대환을 하는 경우 보증책임을 면하기로 약정하는 등의 특별한 사정이 없는 한 기존 채무에 대한 보증책임이 존속된다.

기존 대출과 신규 대출은 그 대출과목, 대출원금, 이율 및 지연손해금률 등이 서로 다르고, 기존 대출의 이자채무 일부가 신규 대출의 원금으로 변경되기도 하였으며, 그와 같이 대출과목을 변경하게 된 것이 기존 대출금의 대출기한을 연장하기 위하여는 기존 대출 중의 어음거래약정 또한 연장하여야 하는데 어음거래약정의 경우 1개월 이상을 연장할 수 없었기 때문이라면, 비록 기존 대출금 채무의 변제기한을 연장할 목적으로 신규 대출을 하였을지라도 이러한 경우의 '대환'은 기존채무를 확정적으로 소멸케 하고 신채무를 성립시키는 계약으로서 양 채무 사이에 동일성이 없는 경개에 해당한다(대판 2002.10.11., 2001다7445).

4. 신용카드거래

(1) 의 의

① 신용카드
  ㉠ 재화의 구매자와 판매자 간에 거래가 발생할 때 이에 대한 구매대금 지불을 전자적인 형태로 처리하는 지급결제수단이다.
  ㉡ 신용카드 가맹점에서 금전채무의 상환, 금융상품(자본시장법상 금융투자상품, 예금, 적금 및 부금)을 제외한 사항을 결제할 수 있는 증표로서 신용카드업자가 발행한 전자적 지급결제수단이다.

② 신용카드의 경제적 성격 : 카드회사가 재화의 판매시점(Point-of-sale)에서 신용을 구매자에게 제공하는 것으로 카드회사 또는 제3자로부터 신용을 제공받을 수도 있음을 증명하는 하나의 자격증권이다.

(2) 신용카드의 법적 성질

① 증거증권성 : 신용카드는 회원이 물품구입 시에 가맹점에 제시해야 하는 증거증권으로서의 성질을 가진다.

② 면책증권성 : 가맹점이 외견상 유효한 카드를 소지한 자와 신용거래를 한 경우, 그가 진정한 회원이 아니었더라도 이로 인한 책임을 부담하지 않는다. 그러나 신용카드에는 대부분 사용한도액이 정해져 있기 때문에 면책증권성은 절대적인 것은 아니고 허가된 범위 내에서만 또 과실이 없는 경우에만 인정된다는 점에서 다른 면책증권과는 다르게 제한적이다.

③ 일신전속성 : 네트워크에 가입한 회원에게만 발행하므로 원칙적으로 일신전속적인 성격이 있으므로 이를 타인에게 대여, 입질, 양도하지 못한다.

④ 유가증권성의 여부 : 신용카드는 권리 자체를 표명하는 유가증권은 아니고, 다만 회원으로서의 자격을 증명할 뿐이다. 신용카드에 의하여 증명되는 회원자격은 신용카드의 이전이나 배서 등의 방법으로 양도될 수 없다.

(3) 신용카드거래의 법률관계 : 신용카드를 매개로 이루어지는 계약관계 전체

① 3당사자 계약관계 : 3당사자를 하나의 계약관계로 묶을 수 있는 민법상 전형계약유형은 존재하지 않지만, 비전형계약인 소비자신용계약의 한 유형으로 분류되고 있다.

② 통설 : 채권양도설

신용카드가맹점은 신용카드에 따른 거래로 생긴 채권을 신용카드업자와 은행법에 따라 설립된 은행 외의 자에게 양도하여서는 아니 되고, 신용카드업자 등 외의 자는 이를 양수하여서는 아니 된다(여신전문금융업법 제20조 매출채권의 양도금지 등).

(4) 회원과 신용카드사의 계약(신용카드이용계약)

① 신용카드회원이 회원가입을 신청하여 신용카드회원과 신용카드사 간에는 신용카드 이용계약이 성립하며, 양자의 관계는 법률이 아니라 회원약관에 의해 규율되고 있다.

② 신용카드 이용계약은 위임 입금 당좌계정관계 등의 여러 가지 요소에 의하여 이루어지기 때문에, 위임계약에 유사한 비전형적 계약관계이다.

판례

미성년자가 신용카드거래 후 신용카드 이용계약을 취소한 경우의 법률관계
미성년자가 신용카드발행인과 사이에 신용카드 이용계약을 체결하여 신용카드거래를 하다가 신용카드 이용계약을 취소하는 경우 미성년자는 그 행위로 인하여 받은 이익이 현존하는 한도에서 상환할 책임이 있는바, 신용카드 이용계약이 취소됨에도 불구하고 신용카드회원과 해당 가맹점 사이에 체결된 개별적인 매매계약은 특별한 사정이 없는 한 신용카드 이용계약취소와 무관하게 유효하게 존속한다 할 것이고, 신용카드발행인이 가맹점들에 대하여 그 신용카드사용대금을 지급한 것은 신용카드 이용계약과는 별개로 신용카드발행인과 가맹점 사이에 체결된 가맹점 계약에 따른 것으로서 유효하므로, 신용카드발행인의 가맹점에 대한 신용카드이용대금의 지급으로써 신용카드회원은 자신의 가맹점에 대한 매매대금 지급채무를 법률상 원인 없이 면제받는 이익을 얻었으며, 이러한 이익은 금전상의 이득으로서 특별한 사정이 없는 한 현존하는 것으로 추정된다(대판 2005.4.15., 2003다60297, 60303, 60310, 60327).

사례분석

미성년자 갑(2005.5.2.생)은 비정규직으로 일하여 매월 약 150만 원의 임금을 받으면서 혼자 살고 있었고, 그의 부모는 갑의 그와 같은 사정을 잘 알고 있었다. 갑은 2023.5.1. H카드사와 신용카드이용계약을 체결하고 같은 달 10일에 월 사용한도액이 500만 원인 카드를 수령하였고, 그로부터 1개월 후 K백화점에서 의류(50만 원), 구두(20만 원)를 위 신용카드로 각 구매하였으며, 같은 시기에 갑은 X유흥주점에서 친구들과 술파티를 하고 신용카드로 120만 원을 결제하였다. 갑이 카드결제일인 2023.7.10. H카드사로부터 200만 원의 카드이용대금청구서를 받았다. 이에 갑은 자신의 무분별한 소비를 후회하며 H카드사에 대해 신용카드이용계약을 취소하며 카드이용금액 200만 원을 지급 거절할 수 있는가?

미성년자 갑은 비록 법정대리인(부모)의 동의를 받아 월 150만 원의 소득을 얻고 있었으나, 이것이 포괄적인 처분행위인 카드이용계약체결에 대한 묵시적 동의를 하였다고 볼 수 없다. 따라서 미성년자인 갑 또는 그의 법정대리인 누구든 신용카드이용계약을 취소할 수 있다.

제한능력자임을 이유로 법률행위가 취소된 경우 그 법률행위는 소급하여 무효가 된다(제141조). 이로써 이행하지 않았다면 이행하지 않아도 되고, 이미 이행하였다면 부당이득반환청구가 가능하다. 그런데 미성년자 갑이 신용카드 회원계약을 취소할 수 있지만 그 소득 범위 내에서 가맹점에서 체결한 물품 구매계약을 취소할 수는 없다. 의류와 구두 구매계약은 총합 80만 원에 그쳐 독자적인 소득범위 내에 있고, 계약 내용을 고려하더라도 법정대리인의 묵시적 동의가 인정되므로 취소할 수 없다.

다만, 갑이 유흥비로 지출한 구매계약은 일상적인 지출이 아니므로 부모의 동의가 있었다고 볼 수 없다. 따라서 갑은 이 유흥비 120만 원의 구매계약을 취소할 수 있다. 그러나 판례는 이런 경우에도 신용카드회사가 가맹점에 그 구매대금을 지급한 경우에는 이로써 회원이 대금채무를 면하여 이득을 얻었으며 이런 이익은 현존하는 것으로 추정된다고 보아 회원의 반환의무를 인정한다. 결국 갑은 카드대금 200만 원을 모두 H카드사에게 지불해야 한다.

(5) 신용카드사와 가맹점과의 계약(가맹점계약)

① 신용카드사와 가맹점 간에는 가맹점계약이 체결되며, 그에 따라 회원은 가맹점에 신용카드를 제시하고 매출전표에 서명함으로써 물품 및 용역을 제공받게 된다.

   ㉠ 일반가맹점 : 신용카드회사와 가맹점계약을 체결, 신용카드거래 시 물품 판매, 용역제공

   ㉡ 결제대행업체(PG사) : 결제대행업체와 계약을 해서 신용카드 결제함. 쇼핑몰, 오픈마켓에서 사용

   ㉢ 수기특약가맹점 : 회원 서명 없는 전표가 인정되는 특수한 가맹점계약을 체결한 가맹점

② 신용카드사와 가맹점 사이의 가맹점계약은 **비전형계약인 중개계약에 유사한 무명계약**이라는 견해와 제3자를 위한 계약이라는 견해가 있다. 가맹점계약을 제3자를 위한 계약관계로 보더라도 **낙약자인 가맹점이 회원에게 부담하는 급부의 내용이 처음부터 확정되어 있지 않다**는 점에서 비전형적 계약유형에 속하는 것으로 파악해야 할 것이다.

(6) 회원과 가맹점과의 계약(소비자계약)

① 회원과 가맹점과의 소비자계약은 보통 매매계약, 위임계약, 도급계약 등의 전형계약은 물론 접객숙박계약 등의 비전형계약관계가 발생할 수 있고, 대금결제가 현금 대신에 신용카드를 이용하여 이루어지는 점에 특색이 있다.

② 이때 가맹점은 소비자인 회원에 대한 대금의 청구에 관하여 쌍무계약의 일반적인 효과인 동시이행의 항변권을 갖지 않으며, 다만 매출전표에 서명하는 것과 물품 및 용역의 제공이 동시이행의 관계에 서게 된다.

(7) 회원의 가맹점 거래대금을 카드회사가 지급한 법률관계

① **채권양도설** : 신용카드업자는 가맹점으로부터 매출전표를 송부받음으로써 가맹점이 회원에 대하여 가지고 있던 대금채권을 양수받는 것이다. 따라서 신용카드업자가 가맹점에 대해서 회원의 매출채무를 결제하는 것은 채권양도에 대한 대가를 지급하는 것이 된다.

② **채무인수설** : 회원이 가맹점에서 구입한 물품의 대금지급채무를 카드업자가 인수한 것이다. 따라서 카드업자는 가맹점과의 채무인수계약에 의하여 회원의 채무를 인수한 것이 되므로 회원의 매출채무를 변제하는 것이 된다.

      ⊙ 면책적 채무인수설 : 신용카드사는 회원약관에 따라 회원의 대금채무를 인수하여 새로운 채무
         자가 되고, 회원은 가맹점에 대하여 아무런 채무를 부담하지 않게 된다.

      ⓛ 병존적 채무인수설 : 회원과 가맹점 사이에 매매계약 등으로부터 발생한 채권채무관계는 그대
         로 존재하고 신용카드사가 회원의 채무를 병존적으로 인수하는 것이며, 단, 가맹점은 특별한
         사유가 없는 한 신용카드회원에게 대금을 직접 청구하지 않겠다는 특약을 한 것이다.

   ③ 판례 : 그 입장이 불명확하나 채무인수설을 취한 경우와 채권양도설을 취한 경우가 있고, 회원약관
     도 채무인수설을 취한 것으로 보고 있다.

(8) 신용카드거래의 법적 쟁점(문제점)

   ① 매매계약에 기초한 항변권의 보장이 필요함 : 신용카드거래에도 계약법상 인정되는 이상의 채무소
     멸, 대금감액청구권, 기지불대금의 감액청구권 등을 가맹점과 카드회원이 카드회사에 주장할 수
     있어야 타당하다.

   ② 카드의 무권한자의 사용에 대한 책임 제한 : 신용카드업자가 회원으로부터 신용카드의 분실, 도난
     등의 통지를 받은 때에는 그로부터 그 회원에 대하여 신용카드 사용으로 인한 책임을 진다. 이 책임
     이행을 위한 보험, 공제의 가입, 준비금 적립 등의 조치가 필요하다. 또한 이 책임의 한계와 관련하
     여 가맹업자의 귀책사유의 범위가 문제된다. 현행 표준약관은 회원이 책임을 지는 신고일 60일 이
     전의 부정사용분에 대하여서는 가맹점의 과실 있는 경우 회원의 책임제한을 인정한다.

> **판례**
>
> 가맹점이 정당한 회원인지 여부 등에 대한 확인을 게을리하여 손해를 자초하거나 확대하였다면 그 과실의 정도에
> 따라 회원의 책임을 감면함이 거래의 안전을 위한 신의성실의 원칙상 정당하다(대판 1986.10.28., 85다카739).

   ③ 보증인의 책임제한 : 우리나라 신용카드 거래에서 보증인제도의 남용이 심각하다.

> **판례**
>
> 월간 이용한도액을 정한 신용카드연대보증인의 보증책임의 범위 제한
> 신용카드이용계약을 체결함에 있어서 가입회원의 월간카드이용한도액을 정한 경우에 신용카드 연대보증인은 그
> 보증책임 범위에 관하여 특별히 정한 바가 없다면 위와 같은 피보증인의 월간카드이용한도액 즉 <u>월간신용거래한도</u>
> <u>액 범위 내에서 그 대금채무의 이행을</u> 보증한다(대판 1987.7.7., 87다카314).

   ④ 이율, 연체이율의 제한 : 연체이자는 손해배상의 예정으로서의 성격과 소비대차의 약정이라는 성격
     의 양면을 갖는다.

   ⑤ 신용정보의 관리와 개인정보(프라이버시) 침해 : 카드회사와 기타 여신기관이 회원의 신용정보를
     수집·사용하는 과정에서 개인정보 누출의 문제가 발생할 수 있으며 이에 대한 손해배상청구권 등
     소비자 보호책이 필요하다.

(9) 개선방안

우리나라의 신용카드시장은 3당사자 체제로 구성되어 지급카드네트워크 확장에 불리하다. 또한 네트워크 시스템을 통합관리하는 VAN사업자의 역할로 인해 신규 지급카드사업자의 시장진입이 수월하여 회원서비스시장(발급시장)에서 과다경쟁이 발생한다. 반면, 가맹점서비스시장(매입시장)에서는 '지급카드시장 양면의 비대칭성'과 '복잡한 수직거래 및 계약구조'로 인해 가맹점이 지불하는 수수료율이 더 높게 책정된다.

그럼에도 우리나라 신용카드 규제법률들은 신용카드시장 활성화에 중점을 두고 있고 가맹점 및 소비자(회원)의 권리와 의무는 관련 약관에 의해 규제되고 있다. 따라서 신용카드 3당사자를 민사법적 주체로 정립하여 이들의 권리의무를 통합적으로 규율하는 법체계의 정립이 필요하다.

5. 팩토링금융 / 소비자 대부

(1) 팩토링의 의의

① 기업이 상품을 판매하여 발생한 외상매출금과 받을 어음 등 매출채권이 발생하여 이 매출채권을 금융이관에 양도해서 현금화하는 금융기법이다.

② 공급기업이 팩터(채권구매자)에게 채권을 양도한 것이므로 구매기업은 팩터에게 매입대금 상환의무를 갖는다.

③ **위험과 부담의 이전 여부** : 팩터가 상환청구권(매출채권 거래처가 파산한 경우 돈을 회수할 권리)을 가지고 있는 경우에는 판매기업이 팩터로부터 단기차입금을 거래한 것으로 본다. 그러나 팩터가 상환청구권을 보유하지 않은 경우에는 판매기업이 팩터에게 매출채권(자산)을 양도한 것으로 본다.

(2) 팩토링에 의한 대금채권 양도의 법적 성격

① 팩토링고객(판매회사)은 매출채권을 팩토링회사에 양도하여 그로 하여금 추심하게 한다.

② 이의 법적 성격에 관해 채권양도설, 소비대차설, 절충설이 대립한다.

③ **채권양도설** : 팩토링계약이 팩토링고객사에서 팩토링회사로 채권과 신용위험을 모두 이전시키는 경우에는 이를 채권양도의 매매라고 보는 것이 타당하다. 매수인이 매매대금지급을 못하는 경우 팩토링회사는 불안의 항변권을 행사할 수 있다. 또한 매수인은 매매계약상의 항변사유를 가지고 대항하여 팩토링회사에 잔존한 할부금의 지급을 거절할 수 있다.

④ **소비대차설** : 만약 팩토링고객사와 팩토링사 간 대금추심권만을 양도하고 소비자의 신용위험(채무자의 변제자력)에 대해서는 팩토링고객사(판매자)가 책임을 부담하는 경우에는 팩토링고객사와 팩토링사 간에 소비대차한 것으로 볼 수 있다.

(3) 외상매출채권 담보대출과의 차이점

① 외상매출채권 담보대출은 구매기업이 금융기관에 상환을 하는 것은 동일하지만, 구매기업이 대금을 변제하지 않을 경우 변제의무가 판매기업에게 전가된다.

② 외상매출채권 담보대출은 판매기업에 대한 상환청구권이 발생하는 방식이다. 따라서 판매기업 입장에서는 대출보다 팩토링을 이용하는 것이 더 장점이 많다.

(4) 소비자 대부(금융)

① 개념 : 소비자가 어떤 상품을 구매하기 위한 자금이 필요한 경우 매도인이 아닌 제3자(대부업자)로 부터 그 매매대금을 대부받는 것으로 소비대차계약에 해당한다.

② 대부업 : 금전 대부를 업으로 하거나 등록된 대부업자 또는 여신금융기관으로부터 대부계약에 따른 채권을 양도받아 이를 추심하는 것을 업으로 하는 것이다(어음할인, 전당포, 양도담보, 할부금융 등 명칭에도 불구하고 실질적으로 금전의 대부에 해당하는 행위 포함). 중개, 알선, 주선, 컨설팅 등 명칭에도 불구하고 실질적으로 금전의 대부를 중개하는 행위는 대부중개에 해당한다.

> **➕ 더 알아보기**
>
> 대부업 등록을 하지 않고 대부업을 영위하는 경우 5년 이하의 징역 또는 5천만 원 이하의 벌금에 처한다(대부업법 제19조).

(5) 법률관계

① 소비자와 금융업자 사이에 직접 **소비대차**로 구성된다. 그러나 실제로는 매도인과 금융업자 사이에 '대출제휴판매의 기본계약'을 체결하고 이를 전제로 매도인이 소비자에게 상품을 매매하는 경우가 대부분이다.

② 이런 약정은 소비자와 금융업자 간 소비대차계약의 기초가 될 뿐이며 그 자체가 소비대차계약의 내용을 구성하는 것이 아니다. 따라서 소비자 보호를 위해 소비자에게 매출제휴에 기한 매매계약상 의 항변권을 인정할 필요가 있다.

③ 현재 입법예고된 「개인금융채권의 관리 및 개인채무자 보호에 관한 법률」(안) : 채권의 추심자는 채무자에게 채권 소멸시효 기간을 반드시 통지해야 한다.

통상 금융회사 대출채권 시효는 5년이다. 하지만 일부 추심자들은 소멸시효가 완성된 채권을 싸게 사들인 뒤 채무자에게 "1만 원만 입금하면 이자 전액과 원금 50%를 감면해주겠다"는 식으로 변제를 요구하는 사례가 많다. 실제로 채무자가 소멸시효가 있는지도 모르고 조금이라도 돈을 갚게 되면 보통 법원에서는 채권 상환 의지가 있는 것으로 보고 소멸시효를 부활시킨다. 채무자 입장에서는 갚지 않아도 되는 돈을 갚아야 하는 일이 생기는 것이다. 이 때문에 법률은 추심자가 채무자에게 소멸시효 기간을 반드시 통지하도록 규정하고 있다.

제2절 사용대차(使用貸借)

(1) 의 의

① 사용대차는 당사자의 일방(貸主)이 상대방(借主)에게 무상으로 사용·수익하게 하기 위하여 목적물을 인도할 것을 약정하고 상대방은 이를 사용·수익한 후 그 물건을 반환할 것을 약정함으로써 성립하는 계약이다(제609조).

② 사용대차는 빌린 물건 그 자체를 반환한다는 점에서 소비대차와 다르고 임대차와 같으며, 사용·수익의 대가를 지급하지 않는 점에서 임대차와 다르다.

(2) 법적 성질

① **무상계약** : 사용대차는 무상으로 동산·부동산으로부터 금전이나 유가증권까지 목적으로 할 수 있으므로 친근하고 특수한 관계에 있는 자 사이에서만 많이 성립하게 되어 이 점에서 법률관계로서의 문제는 적다. 무상이기 때문에 대주의 담보책임은 증여자와 같이 가볍다(제612조).

② **낙성계약** : 당사자 간 합의만으로 계약은 성립한다.

③ **편무계약** : 대주는 목적물을 차주에게 인도할 의무가 있으며 그 뒤에도 대주는 차주에게 목적물의 사용·수익을 허용하여야 할 의무가 있다. 그러나 임대인과 같이 목적물을 수선하여 이용에 적합하도록 해줄 적극적인 의무는 없다. 차주는 물건을 사용·수익하고 사용대차의 종료 후에는 원상으로 회복하여 목적물을 반환하여야 한다(제615조). 이러한 대주의 의무와 차주의 의무 사이에는 대가관계가 없으므로 편무계약에 속한다.

④ 물건의 계속적 사용·수익에 관한 계약이다(계속적 계약).

(3) 목적물의 범위

① 동산, 부동산, 대체물, 비대체물 모두 가능하다(농지의 사용대차에는 일정한 제한이 있음).

② 물건 이외의 권리를 무상으로 사용하는 계약은 사용대차와 비슷한 무명계약으로 본다.

(4) 대가 지급의 문제

① 사용대차는 원칙적으로 무상이지만, 대주가 차주에게 일정한 부담을 지우는 것(예 차주가 공조·공과금을 부담하는 약정)은 가능하다.

② 대차 관계에서 대가를 반드시 금전에 한정하지 않는다. 또한 임대차에서 임차인이 지급하는 대가는 금전에 한정하지 않는다.

　예 갑이 을에게 갑 소유의 주택을 무상으로 빌려주었는데 을이 이 주택에 인접한 갑 소유의 밭과 주차장을 관리해주기로 약정한 경우, 이것을 일률적으로 임대차로 볼 것은 아니며 유상의 무명계약으로 볼 수 있다.

③ 무상의 대차계약이라고 해서 반드시 사용대차가 되는 것은 아니다.

　예 갑이 길 위에서 노점을 운영하는 을에게 호의를 가지고 무상으로 라디오를 빌려준 경우, 이것은 법률에 규율되지 않는 단순한 호의관계로 보아야 한다.

(5) 대주의 의무

① 대주는 목적물을 차주에게 인도할 의무가 있으며 그 뒤에도 대주는 차주에게 목적물의 사용·수익을 허용하여야 할 의무가 있다. 그러나 임대인과 같이 목적물을 수선하여 이용에 적합하도록 해줄 적극적인 의무는 없다.

② 담보책임 : 증여자의 담보책임에 관한 규정(제559조)을 준용한다(제612조). 원칙적으로 대주는 담보책임이 없다. 그러나 예외적으로 대주가 악의인 경우 또는 차주가 일정한 부담을 지는 사용대차의 경우에는 담보책임을 인정한다.

(6) 차주의 권리·의무

① 목적물의 사용·수익권 : 물권적 권리가 아니며, 채권적 권리에 불과하다. 제3자에게 대항할 수 없다. 사용·수익의 범위는 계약에 의해 결정되며, 차주가 그 범위를 넘는 행위를 한 경우에는 채무불이행책임을 부담하게 된다. 대주는 계약 해지권 및 손해배상청구권 행사가 가능하다.

② 차용물의 보관의무 : 차주는 선량한 관리자의 주의의무를 가지고 차용물을 보관할 의무가 있다. 의무 위반 시 대주는 손해배상청구권 행사가 가능하며, 차주는 차용물의 통상적인 필요비를 부담해야 한다. 따라서 대주의 적극적인 관리의무가 없다.

③ 차용물의 반환의무 : 차주는 원래의 차용물 자체를 반환해야 한다. 차용물이 증대한 경우에는 증대한 현상대로 반환해야 하지만, 차주가 차용물에 부속시킨 물건의 경우에는 철거하여 원상회복 후에 반환해야 한다. 반환장소는 계약에 따르고 정한 바가 없으면 계약 당시 원래 물건이 있던 장소이다.

   예 토지소유자와 사용대차계약을 맺은 사용차주가 자신 소유의 수목을 그 토지에 식재한 경우, 그 수목의 소유권자는 여전히 사용차주이다. 그 이유는 토지소유자와 사용대차계약을 맺었다면 정당한 권원에 의해 식재한 것이므로 수목은 사용차주의 소유가 된다. 사용대차는 무상이지만 당사자 간의 계약이므로 차주에게 그가 부속한 물건의 소유권을 인정한다.

④ 공동차주의 연대의무 : 수인이 공동으로 물건을 차용한 경우에는 그들 차주는 연대하여 그 의무를 부담한다(임의규정). 사용대차의 경우 공동차주의 연대의무에 관하여 제616조는 "수인이 공동하여 물건을 차용한 때에는 연대하여 그 의무를 부담한다."라고 규정하고 있고, 제654조는 위 제616조를 임대차에도 준용한다고 규정하고 있다. 연대하여 의무를 부담한다는 의미는 수인의 채무자가 채무 전부를 각자 이행할 의무가 있고, 채무자 1인의 이행으로 다른 채무자도 그 의무를 면한다는 것이다.

✚ 더 알아보기

민법은 분할채권관계를 다수당사자의 채권관계의 원칙적인 모습으로 보고 있다(제408조). 분할채권관계에서 채권 또는 채무는 채권자 또는 채무자의 인원수에 따라 분할되고, 채권자 또는 채무자 각자는 독립한 채권 또는 채무를 가진다.

(7) 사용대차의 기간

① **기간약정이 있는 경우** : 당사자 사이에 차용물의 반환시기를 약정하였다면, 그 기간의 만료 시에 사용대차계약관계는 당연히 종료된다. 그리고 차주는 차용물을 대주에게 반환할 의무를 지게 된다(제613조 제1항).

② **기간약정이 없는 경우** : 계약 또는 목적물의 성질에 의한 사용·수익이 종료된 때 사용대차는 종료하고, 차주는 차용물을 반환하여야 한다(제613조 제2항 본문). 그러나 현실로 사용·수익이 종료하지 아니한 경우라도 사용·수익에 충분한 기간이 경과한 때에는 대주는 언제든지 계약을 해지할 수 있다(제613조 제2항 단서).

> **판례**
>
> 민법 제613조 제2항 소정의 <u>사용수익에 충분한 기간이 경과하였는지의 여부는 사용대차계약 당시의 사정, 차주의 사용기간 및 이용상황, 대주가 반환을 필요로 하는 사정 등을 종합적으로 고려하여 공평의 입장에서 대주에게 해지권을 인정</u>하는 것이 타당한가의 여부에 의하여 판단하여야 할 것이다.
>
> 무상으로 사용을 계속한 기간이 40년 이상의 장기간에 이르렀고 최초의 사용대차계약 당시의 대주가 이미 사망하여 대주와 차주 간의 친분 관계의 기초가 변하였을 뿐더러, 차주측에서 대주에게 무상사용 허락에 대한 감사의 뜻이나 호의를 표시하기는커녕 오히려 자주점유에 의한 취득시효를 주장하는 민사소송을 제기하여 상고심에 이르기까지 다툼을 계속하는 등의 상황에 이를 정도로 <u>쌍방의 신뢰관계 내지 우호관계가 허물어진 경우, 공평의 견지에서 대주의 상속인에게 사용대차의 해지권을 인정해야 한다</u>(대판 2001.7.24., 2001다23669).

(8) 당사자의 해지권 및 해제권

① **대주의 해지권** : 대주가 사용대차계약을 해지할 수 있는 경우는 한정되어 있다.

    ㉠ 차주가 사용대차계약 또는 목적물의 성질에 의하여 정해진 용법에 위반하여 사용·수익하거나, 대주의 승낙 없이 제3자에게 차용물을 사용·수익하게 한 때(제610조 제3항)

    ㉡ 반환시기의 약정이 없는 사용대차계약에서 사용·수익에 충분한 기간이 경과한 때(제613조 제2항 단서)

    ㉢ 차주가 사망하거나 파산선고를 받은 때(제614조)

> **+ 더 알아보기**
>
> 다만, 건물 소유 목적의 토지 사용대차인 경우 해지권이 제한될 수 있다.

> **판례**
>
> 일반으로 <u>건물의 소유를 목적으로 하는 토지 사용대차에 있어서는, 당해 토지의 사용수익의 필요는 당해 지상건물의 사용수익의 필요가 있는 한 그대로 존속하는 것이고</u>, 이는 특별한 사정이 없는 한 <u>차주 본인이 사망하더라도 당연히 상실되는 것이 아니어서</u> 그로 인하여 곧바로 계약의 목적을 달성하게 되는 것은 아니라고 봄이 통상의 의사해석에도 합치되므로, 이러한 경우에는 <u>민법 제614조의 규정에 불구하고 대주가 차주의 사망사실을 사유로 들어 사용대차계약을 해지할 수는 없다</u>(대판 1993.11.26., 93다36806).

② 차주의 해지권 : 다른 특약이 없는 한, 차주는 언제든지 사용대차계약을 해지할 수 있다.

③ 당사자(대주 및 차주)의 해제권 : 사용대차계약의 당사자인 차주 및 대주는 목적물의 인도 전에는 언제든지 사용대차계약을 해제할 수 있다(제612조, 제601조). 사용대차가 무상계약임을 고려한 규정이다. 다만 당사자는 사용대차계약 해제로 인한 상대방의 손해를 배상하여야 한다(제601조).

판례

甲 학교법인이 구황실과 사용대차계약을 체결하여 구황실재산 토지를 무상으로 학교부지로 사용하여 왔는데, 위 토지의 관리·처분에 관한 사무를 위탁받은 한국자산관리공사가 1992년에 위 토지의 관리청이었던 용산구청장이 변상금을 부과·고지함으로써 무상사용의 의사표시를 철회하였다는 이유로 甲 법인에 구 국유재산법 제72조 등에 따라 변상금을 부과한 사안에서, 사용대차계약에 이르게 된 경위, 구 구왕궁재산처분법(1954년 폐지), 구 구황실재산법(1963년 폐지), 문화재보호법의 제정 및 개정 경위, 그동안 위 토지를 관리한 구황실재산 사무총국장과 문화재관리국장이 사용기간을 따로 정하지 않은 채 수차례 위 토지의 사용을 허락해 온 점, 甲 법인이 설립한 대학교를 정상적으로 운영하여 왔고 현재 위 토지 위에는 교수회관, 대학본부, 학생회관, 대학원관 등의 건물이 있는 점에 비추어, 용산구청장이 종전 변상금 부과처분을 할 당시 사용대차계약 체결 후 상당한 시간이 지났다는 사정만으로 甲 법인이 위 토지를 사용·수익하기에 충분한 기간이 경과한 것으로 볼 수 없다. 따라서 이와 다른 전제에 선 한국자산관리공사의 변상금 부과처분이 위법하다(대판 2018.6.28., 2014두14181).

제3절 임대차

I │ 임대차의 성립과 임차권

(1) 임대차계약의 의의

① 당사자 일방이 상대방에게 목적물을 사용 및 수익하게 할 것을 약정하고 상대방이 이에 대하여 차임을 지급할 것을 합의(약정)함으로써 그 효력이 발생하는 계약이다(제618조).

② 이러한 합의에 의하여 임대차계약의 중심적 효과인 임대인의 차임청구권 및 임차인의 목적물에 대한 사용수익청구권이 발생한다. 따라서 임대차계약의 체결사실에는 임차목적물, 차임이 구체적으로 특정되어 있어야 한다.

구 분	소비대차	임대차
목적물	대체물·소비재	• 원칙적으로는 비대체물·내구재·대체물도 임대차가 성립 가능 • 동산과 부동산 모두 가능
대차계약 종료 시	종류채무 또는 금전채무가 발생	특정물채무가 발생
유상/무상 여부	무상계약	유상계약

③ 소비대차, 사용대차, 임대차 등의 대차형 계약에서 반환시기의 약정은 계약의 불가결한 요소이며, 단순히 법률행위 효력의 발생 또는 소멸을 제한하는 부관과는 다르다. 따라서 임대차계약의 성립을 주장하는 자로서는 항상 임대기간에 관한 사실까지도 주장·증명해야 한다.

(2) 임대차계약의 법적 성질

① **채권계약** : 임대차계약은 물권에 속하는 전세권과 대응되는 채권으로서의 임차권을 발생시키는 계약이다.

② **낙성계약** : 당사자 간 합의로 성립되며 임차물 인도는 임대차 계약의 성립요건이 아니다.

③ **유상계약** : 임대차계약은 지상권설정계약과 달리 차임 지급이 계약의 요소이다. 이때의 차임은 금전에 한하지 않는다.

④ **쌍무계약** : 임대인은 목적물을 임대 기간 동안 계속적으로 제공하여야 하며 임차인은 통상 매월·매년 등의 회귀적 채무로 지급하여야 하므로 양자는 대가적 관계에 있다.

⑤ **불요식계약** : 임대차계약은 특별한 방식을 필요로 하지 않는 불요식계약이다. 그러나 농업경영을 하고자 하는 자에게 농지를 임대할 경우의 농지임대차계약은 서면에 의한 계약 체결을 원칙으로 하며(농지법 제24조), 민간임대주택에 관한 특별법에 의한 임대주택의 임대차계약은 표준임대차계약을 이용하도록 강제하고 있다(민간임대주택에 관한 특별법 제47조).

⑥ **계속적 계약** : 임대차는 목적물을 사용 수익한 후 이를 반환하는 계속적 급부를 내용으로 하는 계속적 계약관계다. 따라서 신의칙이 적용될 여지가 많다. 물건을 사용 수익한 후 이를 반환하는 법률관계로는 채권관계인 임대차 이외에 물권관계인 지상권과 전세권도 있다.

(3) 임대차의 목적물

① 원칙적으로 '물건(유체물 중에서 사용·수익으로 소멸하지 않는 것)'에 한한다.

② 주로 비대체물, 내구재를 대상으로 하지만, 대체물, 소비재라도 소멸하지 않고 소비 이외의 방법으로 사용하는 경우에는 임대차가 가능하다.

③ 물건 중에서 '전기 기타 관리할 수 있는 자연력'은 임대차의 목적물이 될 수 없다.

④ 물건의 일부에 대해서도 임대차는 성립한다.

(4) 목적물의 소유권 없는 임대차의 가능 여부

① 임대인이 임차인과 임대차계약을 체결할 때 반드시 임차목적물이 임대인의 소유에 속하여야 할 필요는 없다. 임차목적물이 임대인에게 속하는 것은 임대차계약의 성립요건이 아니다.

② 타인 소유의 물건을 임대하였다고 하여 임대차계약의 해지 사유로는 될 수 없다. 반드시 임대인의 소유일 것을 계약내용으로 삼은 때에만 착오취소가 가능하다.

③ 임차인의 소유물에 대해서도 임대차는 성립한다.

(5) 임차권의 법적 성질

① 임차권은 임대인에 대한 권리인 채권일 뿐이다.

② 임차권은 배타성이 없다. 따라서 임차물에 대한 매매, 교환, 증여가 있게 되면, 임대차는 효력을 상실한다.

③ 임대차는 양도성이 제한된다. 임대인 동의 없으면 임차권을 양도하거나 전대하지 못한다.

④ 제652조(강행규정) : 제627조, 제628조, 제631조, 제635조, 제638조, 제640조, 제641조, 제643조 내지 제647조의 규정에 위반하는 약정으로 임차인이나 전차인에게 불리한 것은 그 효력이 없다. 임대차는 임차인과 전차인을 보호하기 위해 편면적 강행규정을 두고 있다.

(6) 임차권(채권)과 전세권(물권)

① 전세권 : 전세금을 지급하고 타인의 부동산을 점유해 그 부동산의 용도에 좇아 사용·수익하며, 그 부동산 전부에 대해 후순위권리자 기타 채권자보다 전세금의 우선변제를 받을 권리이다.

구 분	전세권	임차권
권리의 법적 성격	물 권	채 권
임대인 동의 여부	필 요	불필요
권한 신청 시기	전세기간 만료 전	임차 기간 만료 후
경매 신청 권한	판결 없이 가능	확정 판결 이후
존속 기간	10년 이내	약정에 따라 다름
공시방법	등기 필수	등기는 가능하나 필수는 아님
양도 및 전대 가능여부	임대인의 동의 없이 가능	임대인 동의 필수

② 채권적 전세 : 단순히 임대차계약만 하는 것이며, 등기하지 않는 채권계약이다. 대항력을 갖추기 위해서 주택인도와 주민등록 전입신고가 필요하며, 확정일자를 받으면 우선변제권을 갖는다.
채권계약이지만 마치 물권계약에 버금가는 임차인을 보호해주기 위해서 특별법으로 주택임대차보호법을 만든 것이다. 대항력과 우선변제권을 부여하며, 일상생활에 하는 가장 일반적인 방식이 전세계약이고 임대차계약(채권계약)에 해당한다.

③ 채권적 전세계약의 전세권 : 전세계약과 등기함으로써, 소유하고 지배하는 물권계약이다. 일반적으로 전세권이 아닌 전세계약이 많은 이유는, 물권계약은 더 강한 권리를 가지기 때문에 임대인이 전세권을 설정을 기피한다. 따라서 특별법으로서 주택임대차보호법을 만들어 임대차계약의 전세 세입자를 보호하는 것이다.

(7) 지상권과 임차권

① 지상권은 타인의 토지에 건물 기타 공작물 또는 수목을 소유하기 위하여 그 토지를 사용하는 권리로서 물권이다(제279조).

② 지상권과 임차권의 공통점은 "타인의 토지의 이용"을 목적으로 하는 권리이다.

③ 지상권은 '물권'으로서 이를 제3자에게 대항할 수 있다. 토지임차권은 채권으로서 이를 등기하여야만 제3자에게 대항할 수 있다. 다만 건물의 소유를 목적으로 한 토지임대차는 임차인이 그 지상건물에 대하여 소유권보존등기를 하면 임차권의 대항력을 취득할 수 있다(제621조, 제622조).

④ 지상권자는 다른 사람에게 지상권 자체를 양도하거나 지상권의 존속기간 내에서 지상권이 설정된 지상물을 임대할 수 있다(제282조). 임차인은 임대인의 동의 없이 임차권을 양도하거나 임차물을 전대할 수 없으며 만약 이를 위반하면 임대인은 임대차계약을 해지할 수 있다(제629조).

⑤ 지상권설정자는 소극적인 인용의무만을 부담한다. 토지에 필요비를 지출한 경우 지상권설정자에게 그 상환을 청구하지 못한다. 임대인은 토지를 사용·수익하기에 적합한 상태에 두어야 한다는 적극적인 의무를 부담한다. 임차인이 필요비를 지출한 경우 임대인에게 그 상환을 청구할 수 있다.

⑥ 지상권의 지료는 그 요소가 아니며, 당사자 간 약정으로 지료에 관하여 정할 수 있다. 토지임대차의 차임은 그 요소가 된다.

⑦ 지상권은 2년 이상 지료지급을 연체한 경우 지상권설정자가 지상권소멸청구를 할 수 있다. 토지임차인은 2기 이상 차임지급을 연체한 경우 임대인이 해지통고를 할 수 있다.

⑧ 지상권은 지상물의 종류에 따라 최단기간의 정함(30년, 15년, 5년)이 있으며 그 갱신의 경우에도 동일하다. 임대차는 당사자가 그 존속기간을 계약을 정한 경우 그 기간이 존속기간이 되고, 그 기간에는 제한이 없다. 존속기간의 정함이 없는 경우 임차권에서는 언제든지 해지통고를 할 수 있다.

⑨ 지상권은 지상권 소멸된 때 지상시설이 존재하고 있으면 지상권자는 계약 갱신을 청구할 수 있고, 지상권설정자가 이를 거절하는 때에는 지상권자는 지상물의 매수를 청구할 수 있다. 임대차는 건물·공작물·수목의 소유를 목적으로 한 토지임대차의 경우에는 지상권에 관한 규정을 준용한다.

⑩ 지상권은 경제사정 변동이 있을 때에 당사자는 지료의 증액이나 감액을 청구할 수 있다. 임대차는 임대물에 대한 공과부담의 증감 기타 경제사정의 변동으로 약정한 차임이 상당하지 않게 된 때에는, 당사자는 장래의 차임의 증액 또는 감액을 청구할 수 있다.

(8) 지역권(地役權)과 임차권

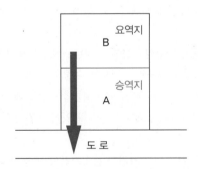

① **지역권** : 일정한 목적을 위하여 타인의 토지를 자기 토지의 편익에 이용하는 물권이다(제291조). 이때 편익을 받는 토지를 요역지(要役地)라 하고, 편익을 위하여 제공되는 토지를 승역지(承役地)라 한다.

② 지역권은 승역지를 요역지의 편익에 이용하는 권리이다. '토지의 편익에 이용'한다는 것은 요역지의 사용가치를 증가시키는 것을 말한다. 지역권에서 편익을 받는 것은 토지이지 사람이 아니다.

③ 지역권의 경우에는 승역지 소유자에게 적극적 행위의무를 부담하게 할 수 있다. 그리고 지역권은 유상, 무상을 불문한다. 지역권에 관해 대가를 지급하기로 약정하였더라도 그 약정은 등기할 수 없고 등기하더라도 제3자에게 대항할 수 없다.

④ B가 맹지여서 A토지에 통행을 위한 지역권을 설정하면 B는 A토지를 통행로로 사용하면서 A소유자는 A토지를 통행을 방해하지 않는 범위에서 사용할 수 있다(공동이용권). 이에 반해 B가 A토지에 임대차를 하면 채권관계가 되며 B는 이 토지를 독점해서 사용할 수 있다.

(9) 부동산 임차권의 물권화(임차인의 권리 보호)

① 임차권은 채권이므로 원칙적으로 대항력을 가질 수 없다. 그러나 민법과 민사특별법은 임차권의 대항력을 인정하는 특례를 규정하고 있다.

➕ 더 알아보기

대항력
절대적인 성격, 물권에서만 인정되는 권리

② 물권화의 방법 : 민법상 등기를 통해서 물권화한다. 민사특별법(주택임대차보호법, 상가임대차보호법)에서는 '건물의 인도와 전입신고(사업자등록)'을 통해 물권화한다.

③ 대항력 인정 : 부동산임차인은 당사자 간에 반대약정이 없으면 임대인에 대하여 그 임대차등기절차에 협력할 것을 청구할 수 있다. 부동산임대차를 등기한 때에는 그때부터 제삼자에 대하여 효력이 생긴다(제621조 제1항).

④ 임차주택의 양수인(그 밖에 임대할 권리를 승계한 자를 포함한다)은 임대인의 지위를 승계한 것으로 본다(주택임대차보호법 제3조 제4항, 상가건물 임대차보호법 제3조 제2항).

⑤ 건물등기 있는 차지권(토지의 임대차)의 대항력 : 건물의 소유를 목적으로 한 토지임대차는 이를 등기하지 아니한 경우에도 임차인이 그 지상건물을 등기한 때에는 제3자에 대하여 임대차의 효력이 생긴다(제622조). 건물이 임대차 기간만료 전에 멸실 또는 후폐한 때에 그 임대차는 효력을 잃는다.

⑥ 제3자 침해에 대한 방해배제 청구권 : 물권은 절대권이므로 방해배제 청구권을 행사할 수 있지만, 채권은 상대권이므로 방해배제 청구권을 행사할 수 없다. 그러나 부동산 임차권에 대항력을 인정하는 경우에 임차인은 제3자 침해에 대한 방해배제 청구권을 행사할 수 있다.

⑦ 임차권의 처분성 인정 : 임차인이 임대인의 동의를 얻어 부동산 임차권을 양도하거나 임차부동산을 전대할 수 있다.

⑧ 임차권 존속 보장 : 민법은 부동산 임차권의 존속기간의 제한 규정을 두고 있지 않다. 그러나 주택임차권의 최단 존속기간(2년)과 상가건물임차권의 최단 존속기간(1년)에 관하여는 특별규정을 두고 있다. 또한 주택, 상가건물, 농지의 임대차에 대해 일정한 경우 존속기간의 연장을 인정한다.

(10) 임대차의 존속기간

① '임대차 최장 존속기간 20년' 민법 제651조 위헌판결 후 삭제(2016년) – 향후 체결되는 임대차 계약에서는 '존속기간 제한은 없다'

② 예외 : 처분능력 또는 권한 없는 자의 단기임대차의 존속기간 제한

처분능력 또는 권한 없는 자가 할 수 있는 단기 임대차는 물건의 이용에 관한 관리행위이며 처분행위가 아니므로, 처분의 능력 또한 권한이 없는 자도 할 수 있지만, 장기의 임대차를 하는 경우에는 실질상 처분행위를 한 것과 같은 결과가 되므로, 다음과 같은 이러한 제한을 두고 있다(제619조). 처분의 능력이나 권한이 없는 자가 제619조에서 정한 기간을 넘는 임대차를 한 경우에는 '무권대리 행위'가 될 것이다.

(11) 기간의 약정이 없는 임대차

① 임대차 존속기간을 영구 무한으로 약정하는 것은 원칙적으로 부정된다(통설).
② 주택임대차 보호법의 적용을 받는 주거용 건물의 경우에는 기간의 정함이 없거나 기간을 2년 미만으로 정한 임대차는 그 기간을 2년으로 본다는 최단기의 제한을 규정하고 있다(주택임대차보호법 제4조 제1항).
③ 기간의 약정이 없는 때에는 당사자는 언제든지 계약해지의 통고를 할 수 있다. 다만 해지의 효과는 해지 후 일정 기간이 경과한 때에 발생한다(제635조). 즉 토지, 건물 기타 공작물에 대해서는 임대인이 해지를 통고한 경우에는 6월, 임차인이 해지를 통고한 경우에는 1월, 동산에 대하여는 누가 해지를 통고하든 5일이 경과하면 해지의 효력이 생긴다.
④ 제635조는 강행규정이므로 이에 위반하는 약정은 무효이다.

| Ⅱ | 임대인의 권리와 의무

1. 임대인의 권리

(1) 차임지급 청구권

임대인은 임차인에게 차임을 지급할 것을 청구할 수 있다(제618조).

(2) 차임증감청구권(제628조, 강행규정)

① 민법의 차임증감청구권 : 임대물에 대한 공과부담의 증감 기타 경제사정 변동으로 인하여 약정한 차임이 상당하지 아니하게 된 때에는 당사자는 장래에 대한 차임의 증감을 청구할 수 있다(제628조).

② 주택임대차보호법의 차임증감청구권 : 임대인은 임대차계약이 존속 중에 약정한 차임이나 보증금이 임대주택에 대한 조세, 공과금, 그 밖의 부담의 증가나 경제사정의 변동으로 적절하지 않게 된 때에는 장래에 대하여 그 증액을 청구할 수 있다. 단, <u>증액청구는 5%를 초과할 수 없고, 증액이 있은 후 1년 이내에 하지 못한다. 약정한 차임이나 임차보증금의 20분의 1의 금액을 초과하여 증액청구를 할 수 없다. 다만, 특별시·광역시·특별자치시·도 및 특별자치도는 관할 구역 내의 지역별 임대차 시장 여건 등을 고려하여 위 20분의 1의 범위에서 증액청구의 상한을 조례로 달리 정할 수 있다</u>(주택임대차보호법 제7조 제1~2항).

③ 임대차계약이 종료된 후 재계약을 하는 경우(계약갱신의 경우) 또는 임대차계약 종료 전이라도 당사자가 합의하는 경우에는 차임이나 보증금을 증액할 수 있다(대판 2002.6.28., 2002다23482).

④ 당사자 사이에 차임증액을 금지하는 특약이 있는 경우에는 차임증액청구를 할 수 없다. 그러나 차임불증액의 특약이 있더라도 그 약정 후 그 특약을 그대로 유지시키는 것이 신의칙에 반한다고 인정될 정도의 사정변경이 있는 경우에는 차임증액청구를 할 수 있다(대판 1996.11.12., 96다34061).

⑤ 증액청구에 따라 차임이나 보증금을 올려주었거나 재계약을 통해서 올려준 경우에는 그 증액부분의 임대차계약서를 작성하여 확정일자를 받아 두어야만 그 날부터 후순위권리자보다 증액부분에 대해서 우선하여 변제받을 수 있다.

(3) 임대물 반환청구권

임대차계약이 종료하면 임대인은 임차인에게 임대물의 반환을 청구할 수 있으며, 이 경우 임차인에게 임대물의 원상회복을 요구할 수 있다(제615조, 제618조 및 제654조).

(4) 그 밖에 임대물의 보존에 필요한 행위를 할 권리

임대인이 임대물의 보존에 필요한 행위를 하는 때에는 임차인이 이를 거절하지 못한다(제624조).

(5) 임차지상의 건물에 대한 법정 저당권

토지임대인이 변제기를 경과한 최후 2년의 차임채권에 의하여 그 지상에 있는 임차인 소유의 건물을 압류한 때에는 저당권과 동일한 효력이 있다(제649조).

(6) 임차 건물 등의 부속물에 대한 법정 질권

① 토지임대인이 임대차에 관한 채권에 의하여 임차지에 부속 또는 사용의 편익에 공용한 임차인 소유의 동산 및 그 토지의 과실을 압류한 때에는 질권과 동일한 효력이 있다(제648조).

② 건물 기타 공작물의 임대인이 임대차에 관한 채권에 의하여 건물 기타 공작물에 부속한 임차인 소유의 동산을 압류한 때에는 질권과 동일한 효력이 있다(제650조).

(7) 계약 해지권

① 임대인은 임차권의 무단 양도를 이유로 임차인과의 계약을 해지할 수 있다(제629조 제2항). 해지를 하기까지는 임차인은 임대차계약에 따른 권리와 의무를 가진다.

② 전대차계약은 임대인의 동의 여부와 관계없이 전대인(원래의 임차인)과 전차인(새로운 임차인) 당사자 간의 계약으로 유효하게 성립한다. 그러나 임차인은 임대인의 동의 없이 임차물을 전대할 수 없으며, 이를 위반한 경우 임대인은 임대차계약을 해지할 수 있다(제629조).

③ 임차인이 차임을 2회 이상 연체한 경우에도 계약을 해지할 수 있다.

④ 임차인이 임차주택을 계약 또는 그 주택의 성질에 따라 정하여진 용법으로 이를 사용, 수익하지 않은 경우에도 계약을 해지할 수 있다.

⑤ 임차인으로서 의무를 현저히 위반한 경우에도 해지가 가능하다.

2. 임대인의 의무

(1) 주택을 사용·수익하게 할 의무(수선의무)

임대인은 목적물을 임차인에게 인도하고 임대차계약 존속 중 사용·수익에 필요한 상태를 유지하게 할 의무를 부담한다(제618조).

예 주택의 벽이 갈라져 있거나 비가 새는 경우, 낙뢰로 인한 주택의 화재 발생 등 천재지변 또는 불가항력적인 사유로 주택이 파손된 경우 등에는 임대인이 수리를 해야 한다.

(2) 수선의무의 범위

① 소규모 수선 : 목적물에 파손 또는 장해가 생긴 경우 그것이 임차인이 별 비용을 들이지 아니하고 손쉽게 고칠 수 있을 정도의 사소한 것이어서 임차인의 사용·수익을 방해할 정도가 아니라면 임대인은 수선의무를 부담하지 않는다.

② 대규모 수선 : 수선하지 않으면 임차인이 계약서 정한 목적에 따라 사용·수익할 수 없는 상태로 될 정도의 것이라면 임대인은 수선의무를 부담한다.

③ 수선의무는 그 발생 원인에 임대인의 귀책사유 존부와 관계없이 임대인이 부담한다.

예 상가건물의 벽이 갈라져 있거나 비가 새는 경우, 낙뢰로 인한 상가건물의 화재 발생 등 천재지변 또는 불가항력적인 사유로 상가건물이 파손된 경우에 임대인이 수리해야 한다.

④ 임대인은 임차인이 실수로 상가건물을 파손한 경우에도 상가건물을 수리해 주어야 한다. 이 경우 임대인은 상가건물을 수리해 주고, 임차인에게 손해배상을 청구하거나 상가건물파손을 이유로 계약을 해지할 수 있다.

⑤ 임대인의 수선의무는 특약에 의해 이를 면제하거나 임차인의 부담으로 정할 수 있다. 그러나 이런 특약은 통상 생길 수 있는 파손 등 소규모 수선에 한정하며 대규모 수선은 포함되지 않는다.

(3) 임대인의 수선의무 불이행에 대응한 임차인의 권리

① 임대인의 수선의무 불이행으로 인한 확대손해가 발생한 경우 임차인은 임대인에게 손해배상을 청구할 수 있다.

　예 주택을 임대차하였는데 주택의 전기배선의 하자가 있는데도 임대인이 이를 수선하지 않았다. 임차기간 중 전기배선 합선으로 인해 화재가 발생하여 임차인이 손해를 입은 경우 임대인은 확대손해에 대한 배상책임을 부담해야 한다(대판 2000.7.4., 99다64384).

② 임대인의 수선의무 불이행시 수선이 끝날 때까지 임차인은 차임의 일부 또는 전부의 지급을 거절할 수 있다. 임차인은 임대인의 수선을 용인할 의무가 있는데 이로 인해 임차 목적을 달성할 수 없는 때에는 그에 해당하는 기간의 차임의 지급의무가 발생하지 않는다.

　㉠ 목적물을 전혀 사용할 수 없는 경우에는 차임 전체의 지급을 거절할 수 있다.

　㉡ 목적물의 부분적 지장인 경우 그 지장이 있는 한도에서 차임 지급을 거절할 수 있다(대판 1997. 4.25., 96다44778).

③ 사용 · 수익할 수 없는 부분의 비율에 따른 차임의 감액을 청구할 수 있다.

④ 나머지 부분만으로 임차의 목적을 달성할 수 없는 경우에는 임대차계약을 해지할 수 있다. 또한 임대인이 임차인의 의사에 반하여 보존행위를 하는 경우에 임차 목적을 달성할 수 없는 때에는 임차인은 계약을 해지할 수 있다(제625조).

판례

임대인은 주택의 파손 · 장해의 정도가 임차인이 별 비용을 들이지 않고 손쉽게 고칠 수 있을 정도의 사소한 것이어서 임차인의 사용 · 수익을 방해할 정도의 것이 아니라면 그 수선의무를 부담하지 않는다. 다만, 그것을 수선하지 않아 임차인이 정해진 목적에 따라 사용 · 수익할 수 없는 상태로 될 정도의 것이라면 임대인은 그 수선의무를 부담하게 된다(대판 2004.6.10., 2004다2151, 2168).

임대인의 수선의무는 특약에 의하여 이를 면제하거나 임차인의 부담으로 돌릴 수 있다. 그러나 특별한 사정이 없는 한 건물의 주요 구성부분에 대한 대수선, 기본적 설비부분의 교체 등과 같은 대규모의 수선에 대해서는 임대인이 그 수선의무를 부담한다(대판 1994.12.9., 94다34692, 34708).

난방시설의 경우 임차인이 별 비용을 들이지 않고 손쉽게 고칠 수 있을 정도의 사소한 파손 또는 장해로 보기 어려우므로, 임대인이 수선의무를 부담하게 된다. 계약체결 시 임대인의 수선의무면제특약을 체결하였다 하여도 만일 면제되는 수선의무의 범위를 명시하지 않았다면, 임차인이 부담하는 수선의무는 통상 생길 수 있는 파손의 수선 등 소규모의 수선에 한하는 것이고, 대파손의 수리 · 건물 주요 구성부분에 대한 대수선, 기본적 설비부분의 교체 등과 같은 대규모의 수선은 이에 포함되지 않는다. 따라서 여전히 임대인이 수선의무를 부담한다고 해석된다(대판 1994. 12.9., 94다34692, 34708).

임차인은 임대인이 상가건물을 수선해주지 않는 경우 손해배상을 청구할 수 있고, 상가건물 임대차계약을 해지하거나 파손된 건물의 수리가 끝날 때까지 차임의 전부 또는 일부의 지급을 거절할 수 있다(대판 1997.4.25., 96다44778, 44785).

(4) 임대인의 보존행위와 임차인의 인용의무

① 임대인이 임대물의 보존에 필요한 행위를 하는 때에는 임차인은 이를 거절하지 못한다(제624조).

② 그러나 임대인이 임차인의 의사에 반하여 보존행위를 하는 경우에 임차인이 이로 인하여 임차의 목적을 달성할 수 없는 때에는 계약을 해지할 수 있다(제625조).

(5) 방해제거의무

주택임대차계약체결 후 임대인이 주택을 임차인에게 인도하였으나, 여전히 종전의 임차인 등 제3자가 주택을 계속 사용·수익하는 등 새로운 임차인의 주택의 사용·수익을 방해하는 경우 임대인은 그 방해의 제거에 노력해야 한다(제214조, 제623조).

판례

> 통상의 임대차관계에 있어서 임대인이 임차인에 대하여 안전배려 또는 도난방지 등의 보호의무를 지는지 여부
> 통상의 임대차관계에 있어서 임대인의 임차인에 대한 의무는 특별한 사정이 없는 한 단순히 임차인에게 임대목적물을 제공하여 임차인으로 하여금 이를 사용 수익하게 함에 그치는 것이고, 더 나아가 <u>임차인의 안전을 배려하여 주거나 도난을 방지하는 등의 보호의무까지 부담한다</u>고 볼 수 없을 뿐만 아니라 임대인이 임차인에게 임대목적물을 제공하여 그 의무를 이행한 경우 임대목적물은 임차인의 지배 아래 놓이게 되어 그 이후에는 임차인의 관리하에 임대목적물의 사용·수익이 이루어지는 것이다(대판 1999.7.9., 99다10004).

(6) 임차보증금의 반환의무

① 임대인은 임대차기간의 만료 등으로 임대차가 종료된 때에는 임차인에게 보증금을 반환할 의무가 있다.

② 임대인의 임차보증금 반환의무는 임차인의 임차주택 반환의무와 동시이행 관계에 있다.

(7) 임대인의 담보책임

임대차는 유상계약이므로 매매에 관한 규정이 준용된다. 그 결과 임대인은 매도인과 같은 담보책임을 부담한다.

예 타인 소유의 상가건물에 대하여 임대차계약을 체결한 임대인이 임대권한을 취득하여 임차인에게 사용·수익하게 할 수 없는 경우 임대인은 담보책임을 부담해야 한다. 유상계약의 일종인 상가임대차계약의 경우 타인권리매매의 매도인의 담보책임 규정이 준용된다. 따라서 유상계약의 당사자가 급부한 목적물에 하자가 있는 경우 책임을 부담하며 그 내용으로 임차인은 임대차계약을 해제하고 손해배상을 청구할 수 있다(제570조, 제567조).

사례분석

[사례분석 1]
3명이 공동으로 소유한 주택을 한 사람이 임차하는 임대차계약을 체결하면서 주택의 하자에 대해 임대인은 책임이 없다는 담보책임 배제 특약을 했다. 그런데 이 주택에 상당한 결함이 있었다는 사실을 임대인 3명 중 한 사람이 알고 있었음에도 임차인에게 이를 고지하지 않았다. 임차인이 이 주택을 사용하던 도중 주택의 하자로 인해 손해를 입었다면 임대인의 하자담보책임은 어떻게 되는가?

담보책임 배제 / 제약 / 면제 약정의 효력을 논할 때 제584조가 말하는 "대인(매도인)이 알고 고지 아니한" 경우에 해당하는지가 핵심이다. 이때 임대인이 3인이고, 그 중 한 사람만이 알고 있었다는 증거가 있을 경우, 만약 임차인이 이 주택의 하자를 알았다면 임대차계약을 체결하지 않았을 것이라고 볼 수 있다면, 임대인 3명 중 한 명만이 하자를 알았던 경우에도 전체 임대인에 대하여 담보책임 제한이 효력이 없다.

[사례분석 2] 임차인이 임대인에게 담보책임을 물어 손해배상을 청구할 수 있는지 여부
갑은 일반유흥음식점을 영업목적으로 계약서에 명시하여 건물 소유주 을과 건물을 임차하였다. 임대차계약을 체결할 당시 건물의 용도가 근린생활시설로 지정되어 있었고 임대인은 영업허가가 가능하다고 분명하게 임차인에게 설명하였다. 갑은 임차건물을 인도받고 인테리어 등 시설 설비를 위하여 2천만 원을 지출하였다. 그런데 갑은 을로부터 최종적으로 영업허가가 불가능하다는 통보를 받았다. 갑은 임대인을 상대로 임대차계약을 해지하고 손해배상을 청구하는 것이 가능한가?

임대차계약 체결당시 존재하였던 법률적 제한으로 인하여 임차의 목적을 달성할 수 없는 경우에 임차인은 계약을 해지하고 이로 인한 손해배상을 청구할 수 있다. 따라서 갑은 을에게 임대차계약의 해지를 통지하고, 시설 설비를 위하여 지출한 2천만 원의 손해배상을 청구하는 것이 가능하다. 그러나 계약을 소급적으로 소멸시키는 해제를 할 수는 없다.

[사례분석 3]
갑은 을 소유의 주택을 거주목적으로 하여 1년 전 전세로 2년간 임대차계약을 하고 이 주택 1층에 거주하고 있다. 그동안 2층에서 보일러파이프에 누수가 생겨 1층으로 물이 떨어지며 스며들고 번져 벽지에 곰팡이와 썩은 냄새가 발생했고 보일러의 성능에 결함이 발생하여 갑은 생활상 큰 고통을 겪었다. 이런 경우 건물에 심각한 하자로 갑은 임대차계약을 해지하고 손해배상과 이사비용을 청구할 수 있는가?

목적물 하자로 인해 계약을 해지하기 위해서는 하자가 있고, 그 하자로 인해 계약목적을 달성할 수 없을 정도, 즉 임차목적물을 주거 용도로 사용할 수 없을 지경이어야 한다. 그런데 위 사례는 주택 누수와 보일러 성능 결함 등의 하자는 수리할 수 있는 것으로서 이로 인해 주택을 전혀 사용하지 못하는 정도는 아니므로 임차인 갑은 그 하자로 인해 임대차 계약을 해지할 수 없다. 그러나 갑은 임대인의 하자담보책임을 물어 을에게 손해배상을 청구할 수 있다.

판례

[판례 1]
임대차계약에 기한 임차권(임대차보증금반환청구권을 포함한다)을 그 목적물로 한 매매계약이 성립한 경우, 매도인이 임대인의 임대차계약상의 의무이행을 담보한다는 특별한 약정을 하지 아니한 이상, 임차권 매매계약 당시 임대차 목적물에 이미 설정되어 있던 근저당권이 임차권 매매계약 이후에 실행되어 낙찰인이 임대차 목적물의 소유권을 취득함으로써 임대인의 목적물을 사용·수익하게 할 의무가 이행불능으로 되었다거나, 임대인의 무자력으로 인하여 임대차보증금반환의무가 사실상 이행되지 않고 있다고 하더라도, 임차권 매도인에게 민법 제576조에 따른 담보책임이 있다고 할 수 없고, 이러한 법리는 임차권을 교환계약의 목적물로 한 경우에도 마찬가지이다(대판 2007.4.26., 2005다34018, 34025).

[판례 2]
임차인이 임대차계약에 따라 임대인으로부터 임차목적물을 명도받아 점유를 계속하여 온 경우에는, 임차목적물에 있는 법률적 제한으로 말미암아 임차의 목적을 달할 수 없게 되어 임대인의 담보책임을 묻는다 하더라도 계약의 효력을 장래에 향하여 소멸하게 하는 해지를 할 수는 있으나, 그 효력을 소급적으로 소멸시키는 해제를 할 수는 없다(대판 1994.11.22., 93다61321).

(8) 임대료 멈춤법과 임대인의 하자담보책임

코로나 등 재난상황으로 인해 상가 임차인이 임차목적물을 사용·수익하지 못할 경우, 임차인의 차임을 일부 감면하는 '임대료 멈춤법'이 논의되었다. 행정당국의 집합금지명령으로 인해 임차인이 상가건물을 사용·수익하지 못한 경우에 임대인이 상가건물의 하자 등에 대한 담보책임(제567조)을 유추 적용할 수 있는지가 문제된다. 그러나 재난상황의 책임이 임대인에게 없는 경우에 상가 임차인에게 임대인의 담보책임을 물어 차임감액을 청구하는 것은 법리상 허용되지 않을 것으로 보인다.

│ Ⅲ │ 임차인의 권리와 의무

1. 임차인의 권리

(1) 임차권(사용 수익권)

임차인은 계약 또는 목적물의 성질에 의하여 정하여진 용법으로 이를 사용·수익하여야 한다.

예 주거 목적으로 임차하였는데 공장으로 사용하면 그 용법의 위반이 된다.

(2) 임차물의 일부 멸실과 계약해지권

① 임차물의 일부가 임차인의 과실 없이 멸실 기타 사유로 인하여 사용·수익할 수 없는 때에는 임차인은 그 부분의 비율에 의한 차임의 감액을 청구할 수 있다.

② 이 경우에 그 잔존 부분으로 임차의 목적을 달성할 수 없는 때에는 임차인은 계약을 해지할 수 있다(제627조).

(3) 차임증감청구권

① 민법의 차임증감청구권(제628조) : 임대물에 대한 공과부담의 증감 기타 경제사정의 변동으로 인하여 약정한 차임이 상당하지 아니하게 된 때에는 당사자는 장래에 대한 차임의 증감을 청구할 수 있다. 이 경우 당사자 사이에 협의가 성립되지 않으면 임차인의 입장에서는 법원에 조정신청을 하여 감액을 요청할 수도 있다.

② 주택임대차보호법의 차임감액청구권(주택임대차보호법 제7조 제1항) : 임차인은 임대차계약의 존속 중에 약정한 차임이나 보증금이 임대주택에 대한 조세, 공과금, 그 밖의 부담의 증가나 경제사정의 변동으로 적절하지 않게 된 때에는 장래에 대하여 그 감액을 청구할 수 있다.

③ 임대차계약이 갱신되는 경우에도 임대차가 존속하고 있는 것으로 보아야 하므로 감액청구를 할 수 있다.

④ 증액금지의 특약과는 달리, 감액금지의 특약은 임차인에게 불리하기 때문에 효력이 없다(주택임대차보호법 제10조, 민법 제652조 및 제628조). 따라서 임차인은 차임감액금지특약을 하였더라도 경제사정의 변경 등을 원인으로 차임감액청구를 할 수 있다.

2. 임차인의 등기명령청구권 – 등기 있는 임차권과 등기 없는 임차권의 대항력 기출 19

(1) 의 의

① 임차권등기명령은, 본래 부동산등기부에는 지상권, 전세권 등 물권이 공시되는 것이 원칙이나, 예외적으로 계약기간이 종료되었음에도 임대인으로부터 보증금을 돌려받지 못한 주택임차인을 보호하기 위하여 법원의 명령에 따라 그 임차권을 등기부를 통해 공시하는 제도이다.

② 등기명령청구권은 등기권리자가 등기의무자에 대하여 등기에 협력할 것을 청구할 수 있는 '실체법상의 권리'이다. 임대차계약 등 법률행위에 의한 등기명령청구권은 채권행위로부터 발생하는 채권적 청구권으로 보아야 한다.

(2) 임차권등기명령 신청의 요건

① 당해 임대차계약이 종료된 경우에만 신청할 수 있다. 따라서 묵시적 갱신을 통해 그 기간이 자동연장된 것으로 볼 수 있는 경우라면, 별도의 해지통고를 거쳐 계약이 종료된 것으로 볼 수 있게 되는 때 비로소 임대차등기명령을 신청할 수 있다.

② 기간 만료에 따른 계약 종료는 물론, 합의해지에 의하여 계약이 종료된 경우에도 임차권등기명령을 신청할 수 있다.

③ 임차보증금 전액을 돌려받지 못한 경우는 물론, 보증금 중 일부를 돌려받지 못한 경우에도 임차권등기명령을 신청할 수 있다.

④ 단, 반대특약이 없어야 한다. 부동산임차인은 당사자 간의 반대 약정이 없으면 임대인에게 임차권등기절차에 협력할 것을 청구할 수 있다. 그런데 대부분의 부동산임대차에서는 반대의 약정이 존재하기에 실익이 크지 않다(제621조).

(3) 효 력

① 임차권등기명령을 활용하면 반드시 종전 주택에 거주하지 않더라도, 즉 타 장소로 이사하여 전입신고를 마치더라도, 등기부를 통해 공시된 임차권을 통하여 종전 임차주택에 대하여 (보증금 회수를 위한) 대항력과 우선변제권을 유지할 수 있다.

② 주택임대차보호법은 민법 제621조에 따라 주택임대차등기를 한 경우에는 주택임대차보호법상 주택임대차와 동일한 효력을 인정하여 대항력과 우선변제력을 인정하고 있다. 부동산임대차를 등기한 때부터 제삼자에 대하여 효력이 생긴다.

(4) 등기하지 않은 임차권의 대항력

① 임대차는 그 등기를 하지 않아도 임차인이 주택의 인도와 주민등록을 마친 경우 그 다음 날부터 제삼자에 대해 효력이 발생한다. 이 경우 전입신고를 한 때에 주민등록이 된 것으로 본다(주택임대차보호법 제3조 제1항).

② 상가건물임대차는 그 등기를 하지 않아도 임차인이 건물의 인도와 사업자등록을 신청하면 그 다음 날부터 제삼자에 대해 효력이 발생한다(상가건물 임대차보호법 제3조 제1항).

③ 건물의 소유를 목적으로 한 토지임대차는 이를 등기하지 않아도 임차인이 그 지상건물을 등기한 경우 제삼자에게 임대차의 효력이 발생한다(제622조 제1항).

④ 토지임차인으로부터 건물의 소유권을 취득한 자는, 토지임대인의 동의를 얻어 건물의 소유를 목적으로 하는 토지임차권을 양수한 경우에만, 그의 토지임차권의 대항력이 인정된다.

⑤ 지상건물이 경매절차에 의해 매각된 경우, 매수인은 건물의 소유권과 함께 건물의 소유를 목적으로 하는 토지임차권도 취득하지만, 토지임대인의 동의에 의하여 토지임차권을 취득한 것은 아니므로, 토지임대인에 대하여 토지임차권으로 대항할 수는 없다.

판례

매수인은, 임차인의 변경이 임대차를 지속시키기 어려울 정도로 신뢰관계를 파괴하는 배신행위가 아니라고 인정될 특별한 사정이 있음을 입증한 경우에는, 임대인의 동의가 없더라도 임차권의 이전으로 임대인에게 대항할 수 있다.

3. 임차인의 비용상환청구권[필요비 상환청구권(제626조 제1항)]

(1) 의 의

임차인이 임차물의 보존에 관한 **필요비**를 지출한 때에는 임대인에 대하여 상환을 청구할 수 있다.

＋ 더 알아보기

필요비
임차물 자체의 보존을 위하여 투입된 비용

---

(2) 성립요건

① 임차목적물의 보존에 관하여 비용을 지출할 것

② 임대인이 부담할 비용일 것

③ 필요비의 지출에 임대인의 동의가 있을 것을 요하지 않을 것. 또한 임대인이 그로 인해 이득을 얻을 것을 요하지도 않는다.

(3) 효 과

① 임차인은 필요비를 지출한 즉시 지출한 비용 전액을 청구할 수 있다.

② 임차목적물을 임대인에게 인도한 때에는 6월 내에 청구해야 한다.

③ 임대인으로부터 필요비를 상환받을 때까지 차기의 차임 지급을 거절할 수 있다.

④ 임차목적물에 유치권을 갖는다.

(4) 포기 특약

① 임의규정이므로 가능하다.

② 그래도 대규모 수선의 경우에는 청구할 수 있다.

4. 임차인의 비용상환청구권[유익비 상환청구권(제626조 제2항)] 기출 14

(1) 의 의

① 유익비는 본래는 임대인이 부담하여야 할 것은 아니지만 임차인이 지출한 유익비를 통해 임차목적물의 가치가 증가하면 그 가치증가로 인한 이익은 임차목적물의 소유자인 임대인도 누리게 된다는 점에서 민법은 임대인에 대한 유익비 상환청구권까지 정하고 있다.

② 임차인이 <u>유익비</u>를 지출한 경우에는 임대인은 임대차 종료 시에 그 가액의 증가가 현존한 때에 한하여 임차인이 지출한 금액이나 증가액을 상환하여야 한다.

➕ **더 알아보기**

유익비
임차물 자체의 객관적 가치를 증가시키기 위하여 투입된 비용이다.

(2) 요 건

① 임차목적물의 객관적 가치를 증가시키기 위해 지출한 비용이어야 한다.
　㉠ 임차인의 편의를 위해 설치한 것은 해당하지 않는다.
　㉡ 간이음식점 경영을 위해 부착시킨 시설물을 위한 비용은 유익비가 아니다.

② <u>임차인이 지출한 결과가 임차목적물의 구성부분으로 되어야 한다. 만약 독립성이 있으면 부속물매수청구권의 문제가 된다.</u>

③ 가액의 증가가 현존해야 한다.

④ 유익비의 지출에 임대인의 동의가 있을 것을 요하지 않는다.

(3) 효 과

① 임대차계약이 종료한 때 상환을 청구할 수 있다.

② 임차목적물을 임대인에게 인도한 때에는 6월 내에 청구해야 한다. 이 경우에 법원은 임대인의 청구에 의하여 상당한 상환기간을 허여할 수 있다.

③ 임차인은 그가 지출한 금액과 현존하는 증가된 가액 중 임대인이 선택한 것을 청구할 수 있다.

④ 유치권을 갖는다.

⑤ 동시이행항변권을 인정한다.

(4) 포기 특약의 효력

판례

임대차계약서에 "임차인은 임대인의 승인하에 개축 또는 변조할 수 있으나 계약대상물을 명도시에는 임차인이 일체 비용을 부담하여 <u>원상복구하여야 함</u>"이라는 내용이 인쇄되어 있기는 하나, 한편 계약체결 당시 특약사항으로 "<u>보수 및 시설은 임차인이 해야 하며 앞으로도 임대인은 해주지 않는다. 임차인은 설치한 모든 시설물에 대하여 임대인에게 시설비를 요구하지 않기로 한다.</u>" 등의 약정을 한 경우, <u>임차인은 시설비용이나 보수비용의 상환청구권을 포기하는 대신 원상복구의무도 부담하지 않기로 하는 합의</u>가 있었다고 보아, 임차인이 계약서의 조항에 의한 <u>원상복구의무를 부담하지 않는다</u>(대판 1998.5.29., 98다6497).

건물 임차인이 자신의 비용을 들여 증축한 부분을 임대인 소유로 귀속시키기로 하는 약정은 임차인이 원상회복의무를 면하는 대신 투입비용의 변상이나 권리주장을 포기하는 내용이 포함된 것으로서 특별한 사정이 없는 한 유효하므로, 그 약정이 부속물매수청구권을 포기하는 약정으로서 강행규정에 반하여 무효라고 할 수 없고 또한 그 증축부분의 원상회복이 불가능하다고 해서 유익비의 상환을 청구할 수도 없다(대판 1996.8.20., 94다44705, 44712).

임대차계약에서 "임차인은 임대인의 승인하에 개축 또는 변조할 수 있으나 부동산의 반환기일 전에 임차인의 부담으로 원상복구키로 한다"라고 약정한 경우, 이는 임차인이 임차 목적물에 지출한 각종 유익비의 상환청구권을 미리 포기하기로 한 취지의 특약이라고 봄이 상당하다(대판 1995.6.30., 95다12927).

임야 상태의 토지를 임차하여 대지로 조성한 후 건물을 건축하여 음식점을 경영할 목적으로 임대차계약을 체결한 경우, 비록 임대차계약서에서는 필요비 및 유익비의 상환청구권은 그 비용의 용도를 묻지 않고 이를 전부 포기하는 것으로 기재되었다고 하더라도 계약 당사자의 의사는 임대차 목적 토지를 대지로 조성한 후 이를 임차 목적에 따라 사용할 수 있는 상태에서 새로이 투입한 비용만에 한정하여 임차인이 그 상환청구권을 포기한 것이고 대지조성비는 그 상환청구권 포기의 대상으로 삼지 아니한 취지로 약정한 것이라고 해석하는 것이 합리적이다(대판 1998.10.20., 98다31462).

(5) 비용상환청구권의 상대방

① 전차인의 임대인에 대한 청구 가부 : 전차인은 임대인에게 의무만을 부담할 뿐 권리를 갖지는 못하므로 전차인은 임대인에게 비용상환청구권을 행사할 수 없다.

② 새로운 소유자에 대한 청구 가부

   ㉠ 대항력 있는 경우 : 새 소유자가 지위를 승계하므로 청구 가능하다.

   ㉡ 대항력 없는 경우 : 종전 소유자에게 청구할 수 있을 뿐이며, 새 소유자가 청구할 수 없다.

(6) 필요비 상환청구권과 유익비 상환청구권의 비교

① 임차인의 필요비 상환청구권과 임차인의 유익비 상환청구권은 임대인이 목적물을 반환받은 때에는 그 날로부터 6개월 이내에 행사하여야 한다.

② 임차인의 필요비 상환청구권과 임차인의 유익비 상환청구권은 임차물에 투입되어 임차목적물에 관하여 생긴 채권으로서 임차인은 임차물에 대하여 유치권을 취득한다. 그러나 임대인이 유익비에 관하여 기한을 허여받은 경우에는 임차인에게 유치권이 생기지 않는다.

③ 임대차 종료 이후에 임차인이 점유할 권리가 없음을 알면서 점유하는 때에는 불법점유가 되고, 그 후에 지출한 비용에 대해서는 유치권이 생기지 않는다(제320조 제2항).

④ 임차인의 비용상환청구권을 정한 민법 규정은 "임의규정"으로서 당사자 사이의 약정으로 임차인이 비용상환청구권을 포기하기로 정하는 것은 유효하다.

구 분	유익비 상환청구권	부속물 매수 청구권
규정의 성질	임의 규정(배제 특약을 허용)	강행규정(배제 특약을 허용 안 함)
유치권 성립 여부	목적물에 관하여 생긴 채권 – 유치권 성립	목적물에 관하여 생긴 채권이 아님 – 유치권 성립 안 함
임대인의 동의·매수	이런 요건이 필요 없음	임대인의 동의를 얻어 부속시키거나 임대인에게서 매수한 경우로 한정됨(제646조)
건물의 구성부분 여부	물건이 건물의 구성부분을 이루는 경우에 유익비 상환청구의 대상이 됨	물건의 독립성이 인정되는 경우, 부속물 매수 청구의 대상이 됨

필요비는 임차인이 지출한 때 곧바로 그 상환을 청구할 수 있다. 유익비는 임대차종료 시에 임차물의 가액 증가가 현존할 때에만 임대인은 임차인이 지출한 금액 또는 그 증가액 중 하나를 선택하여 상환하여야 한다. 이 경우 지출한 금액이나 증가액은 임차인이 입증하여야 한다(대판 1962.10.18., 62다437).

5. 임차인의 부속물 매수청구권(형성권) - 강행규정 기출 17, 20

(1) 의 의

① 건물 기타 공작물의 임차인이 사용의 편익을 위하여 임대인의 동의를 얻어 이에 부속한 물건이 있는 때에는 임대차의 종료 시에 임대인에 대하여 그 부속물의 매수를 청구할 수 있다. 임대인으로부터 매수한 부속물에 대하여도 매수를 청구할 수 있다(제646조).

② 건물 기타 공작물의 임차인이 적법하게 전대한 경우에 전차인이 그 사용의 편익을 위하여 임대인의 동의를 얻어 이에 부속한 물건이 있는 때에는 전대차의 종료 시에 임대인에 대하여 부속물의 매수를 청구할 수 있다(제647조).

(2) 부속물 매수 청구권의 성립요건(대판 1993.10.8., 93다25738)

① 건물 기타 공작물의 임대차일 것

② 임차인이 건물 사용의 편익을 위하여 부속시킨 것일 것

③ 부속물이 독립성을 가질 것

④ 임대인의 동의를 얻거나, 임대인으로부터 매수하여 부속시킨 것일 것

⑤ 임대차가 종료하였을 것(임차인의 채무불이행으로 해지된 경우 제외)

⑥ 일시사용을 위한 임대차가 아닐 것

> **판례**
>
> 5층 건물 중 공부상 용도가 음식점인 1, 2층을 임차해 음식점 영업의 편익을 위해 설치한 시설물은 건물의 객관적 사용의 편익을 가져오는 것이므로 부속물에 해당한다(대판 1993.2.26., 92다41627).
>
> 사무실로 사용되어 온 건물 2층을 임차하여 삼계탕집 경영을 위한 시설물을 설치한 경우 이는 건물의 객관적 가치를 증가시키기 위한 것이 아니다(대판 1993.10.8., 93다25738).

(3) 부속물의 요건

① 부속물 : 1) 건물에 부속된 물건으로 2) 임차인의 소유에 속하고, 3) 건물의 구성부분으로는 되지 아니한 것으로서 4) 건물의 사용에 객관적인 편익을 가져오게 하는 물건이다. 따라서 부속된 물건이 오로지 건물임차인의 특수한 목적에 사용하기 위해 부속된 것일 때에는 부속물매수청구권의 대상이 되는 물건이 아니다.

② 부속물 판단 : 당해 건물의 객관적 사용 목적은 그 건물 자체 구조와 임대차계약 당시 당사자 사이에 합의된 사용 목적, 기타 건물의 위치, 주위환경 등 제반 사정을 참작해 정해진다.

   예 임차인이 영업을 위해 직접 필요한 시설을 설치한 경우에는 부속물매수청구권의 대상이 아니다.

(4) 효과

① 부속물매수청구권은 형성권이므로, 임차인의 일방적 의사표시로 매매계약이 성립하는 효과가 발생하고, 부속물의 매매대금은 그 매수청구권 행사 당시의 시가를 기준으로 산정된다.

② 동시이행항변권 : 임차인은 부속물의 대금을 받을 때까지 그 부속물의 인도 거절할 수 있으며, 임차물도 인도거절할 수 있다(대판 1981.11.10., 81다378).

③ 부속물은 임차 목적물과는 독립된 물건이므로 부속물에 관한 대금 채권이 임차목적물에 관하여 생긴 채권으로 볼 수 없으므로 유치권의 성립을 부정한다(통설과 판례).

(5) 권리의 배제 – 강행규정

① 부속물매수청구권에 관한 위 규정은 임차인을 보호하기 위한 강행규정이므로, 임차인에게 불리한 부속물매수청구권 배제의 특약은 무효이다(제652조). 단, 면제 특약이 언제나 무효인 것은 아니다. 임차보증금과 차임을 저렴하게 해 주거나 원상회복의무를 면하게 해주는 사정이 있는 경우에는 임차인에게 불리하지 않아서 무효로 되지 않을 수 있다.

② 임대차계약이 차임연체 등 임차인의 채무불이행으로 인해 해지된 경우 임차인은 부속물매수청구권을 행사할 수 없다(대판 1990.1.23., 88다카7245, 7252).

사례분석

갑은 주유소 영업을 위해 3,300평방미터(1천평) 면적의 토지를 을과 임대차 계약체결했다. 임차인 갑은 계약 당시 이 토지 위에 오일펌프와 지하유류저장탱크를 자신의 비용으로 설치할 것을 임대인 을과 합의했다. 임대차 계약 종료 시 갑은 오일펌프와 지하유류저장탱크를 부속물로 보아 임대인에게 부속물 매수청구권을 행사할 수 있는가?

오일펌프는 지상에 부착된 것이라서 비교적 쉽게 분리 가능하지만, 임차목적물(토지)에 부속되어 있다고 봐야 하므로 부속물이다. 임대인이 그 오일펌프를 원하는지 여부와 관계없이, "객관적"으로는 오일펌프가 주유소의 편익에 기여하는 것이다. 임대인이 임차인에게 "당신 비용으로 설치하라"고 했다면, 해당 물건을 임차목적물에 "부속"시켜도 좋다는 허락이 있는 것이다. 따라서 임대차 종료 시에 임차인은 오일펌프에 대하여 부속물매수청구권을 가진다. 만약 임대인이 자기 비용으로 오일펌프를 설치해 줬다면, 그것은 임대인 소유이므로, 임차인의 매수청구권은 성립하지 않는다.

지하유류저장탱크는 분리에 과다한 비용이 들고, 분리할 경우 고철에 불과하여 탱크자체의 효용이 현저히 감소하는 것이므로 토지에 부합된 것으로 보아야 한다(대판 1995.6.29., 94다6345). 따라서 이미 그것은 토지소유자가 소유하는 물건(토지)의 일부로 되어 버렸으므로 임차인이 부속물매수청구권을 행사할 여지가 없다. 부속물매수청구권은 해당 물건이 임차인 소유임을 전제로 하기 때문이다.

그러면 임차인은 원상회복 의무가 있느냐, 이익상환청구권을 행사할 수 있느냐가 문제된다. "임차인의 비용으로 설치하라"고 임대인이 허락하였으므로, 이제 와서 원상회복을 구할 수는 없다고 해석해야 한다. 즉 지하유류저장탱그에 대해서 임대인은 원상회복을 구하지 않겠다는 특약을 한 것으로 해석힐 수 있다.
판례는 임대차 계약에 원상회복의무 면제의 약정이 있는 경우에는 이는 필요비ㆍ유익비 상환청구권을 포기한 것이라 볼 수 있다고 판결했다. 필요비ㆍ유익비 상환청구권을 포기하는 약정도 원칙적으로 유효하다. 만약 임차인이 소송을 통해 지하유류저장탱크의 유익비 상환 청구를 하려면 토지를 명도한 후 6개월 이내(제척기간)에 소를 제기해야 한다.

유익비상환청구의 범위는 임차인이 유익비로 지출한 비용과 현존하는 증가액 중 임대인이 선택한 것을 상환받게 된다. 따라서 임차인은 현존하는 가치증가분과 설치비용 중 선택적으로 상환받을 수 있다.

대법원 판례 중에는 지하유류저장탱크를 토지에 부합되지 않았고, 여전히 독자적 물건으로서 단순히 '부속'된 상태로만 있다고 본 경우도 있다. 결국 해당 사건의 특수한 사실관계를 고려하여 판단하여야 한다. 만일 이 사건에서도 이렇게 봐야 한다면, 임차인이 부속물 매수청구권을 행사할 수 있다.

판례

카페 영업을 하기 위해 임차인이 공사를 한 사안에서 해당 시설들은 <u>카페 운영자의 카페영업을 위한 시설물일 뿐</u>이 사건 건물이나 점포의 객관적 편익을 가져오는 물건이라고 볼 수 없으므로, 카페 운영자의 부속물매수청구권은 <u>인정되지 않는다</u>(대판 1991.10.8., 91다8029).

<u>삼계탕집을 경영하기 위해 보일러, 온돌방, 방문틀, 주방내부, 합판을 이용한 점포장식, 가스, 실내전등, 계단전기</u> <u>등을 설치하고 페인트 도색을 하는 등 공사를 한 경우 위 시설들</u>은 이 사건 건물의 구성부분으로 됐거나 삼계탕집 경영자의 삼계탕집 경영이라는 특수한 목적에 사용하려는 것이므로 매수대상이 되는 <u>부속물에 해당하지 않는다</u>(대판 1993.10.8., 93다25738, 25745).

---

6. 지상물매수청구권(형성권) – 임대인과 임차인의 권리(강행규정) 기출 15

(1) 의 의

① 다른 사람의 토지에 지상물을 소유하기 위해 그 토지를 사용하다가 그 기간이 만료되었거나, 사정으로 인해 용익권이 소멸한 경우에 용익권자가 그 지상물에 대한 매수를 청구할 수 있는 권리이다.

② 무분별한 지상물 철거로 인한 국민경제상 손실을 막기 위한 제도이다.

➕ 더 알아보기

제643조(임차인의 갱신청구권, 매수청구권) 건물 기타 공작물의 소유 또는 식목, 채염, 목축을 목적으로 한 토지임대차의 기간이 만료한 경우에 건물, 수목 기타 지상시설이 현존한 때에는 제283조의 규정을 준용한다.

제283조(지상권자의 갱신청구권, 매수청구권) ① 지상권이 소멸한 경우에 건물 기타 공작물이나 수목이 현존한 때에는 지상권자는 계약의 갱신을 청구할 수 있다. ② 지상권설정자가 계약의 갱신을 원하지 아니하는 때에는 지상권자는 상당한 가액으로 전항의 공작물이나 수목의 매수를 청구할 수 있다.

제652조, 제627조, 제628조, 제631조, 제635조, 제638조, 제640조, 제641조, 제643조 내지 제647조의 규정에 위반하는 약정으로 임차인이나 전차인에게 불리한 것은 그 효력이 없다.

---

(2) 권리 행사권자

① 토지를 소유하지 않고도 적법하게 지상에 지상물을 소유할 수 있는 방법은 1) 지상권을 취득하는 경우, 2) 토지 소유자로부터 토지를 임차한 경우이다.

② 이때 토지의 지상권이 소멸하거나 임대차 기간이 만료되었을 때 지상에 현존하는 지상물을 임차인 또는 지상권자(지상물 소유자)가 임대인 또는 지상권설정자에게 지상물을 사라고 청구할 수 있다.

(3) 토지임차인에게 지상물매수청구권이 인정되기 위한 요건

① 건물 기타 공작물의 소유 또는 식목, 채염, 목축을 목적으로 한 토지임대차일 것

② 토지임대차의 기간이 만료한 경우에 건물, 수목 기타 지상시설이 현존하고 있을 것. 이때 건물은 계약 만료 시에만 현존하면 되는 것이기 때문에, 객관적으로 경제적 가치가 있는지나 임대인에게 소용이 있는 것인지의 여부와는 무관

③ 토지임대인이 토지임차인의 토지임대차계약의 갱신청구를 거절한 경우일 것

④ 임차인에게 불리하지 않은 지상물매수청구권 배제 약정이 없을 것

(4) 지상물매수청구권의 대상

① 행정관청의 허가를 받지 않은 무허가 건물, 미등기건물도 가능하다.

② 종전 임차인으로부터 건물을 매수하여 점유하고 있으나 아직 등기를 하지 않은 자도 가능하다.

③ 임대차 기간 중에 축조되었다고 하더라도 그 만료 시에 그 가치가 잔존하고 있으면 가능하다.

> **판례**
>
> "토지의 임대목적에 반하여 축조되고 임대인이 예상할 수 없을 정도의 고가의 것이라는 특별한 사정이 없는 한 그 범위에 포함되는 것이고 반드시 임대차계약 당시의 기존 건물이거나 임대인의 동의를 얻어 신축한 것에 한정되지 않는다."

④ 소유자를 달리하는 여러 대지에 걸쳐 건립된 건물(제3자의 토지에 걸쳐 있는 건물)은 임차지 위에 서 있는 건물 부분 중 구분 소유의 객체가 될 수 있는 부분에 한하여 허용된다.

⑤ **행사 범위** : 권리 행사 당시의 건물 시가를 기준으로 하며 부속물을 포함한다. 그러나 건물 신축을 위해 지출한 모든 비용은 아니다.

⑥ 기간의 정함이 없는 임대차에 있어서 임대인에 의한 해지 통고에 의하여 그 임차권이 소멸된 경우에도 인정한다.

(5) 효 과

① 지상물매수청구권은 형성권이므로 임차인의 그 일방적 행사에 의해 임차인과 임대인 사이에 지상물에 관한 매매계약이 체결된 것과 유사한 효과가 발생한다.

② 그러므로 임차인은 임대인에 대해 상당한 가액의 매매대금지급청구권을, 임대인은 임차인에 대해 지상물 인도청구권 및 이전등기청구권을 취득한다.

③ 지상 건물이 제3자에게 양도된 경우

  ㉠ 임내인의 통의가 있다면 건불 양수인도 직접 지상물매수청구권을 행사할 수 있다.

  ㉡ 임대인의 동의가 없다면 건물 양수인도 직접 지상물매수청구권을 행사할 수 없다. 또한 토지임차인의 경우도 부정하여야 한다.

④ **소송상의 문제** : 임대인이 건물의 철거 및 토지의 인도를 청구하고 임차인이 지상물매수청구권을 행사할 경우 법원이 임차인의 청구를 인용한다면 석명권(민사소송법상 법원의 설명요구권)을 행사하여 임대인으로 하여금 건물에 대한 소유권이전등기 및 인도 청구로의 청구취지 변경을 지시하여야 한다.

(6) 지상물매수청구권의 배제

① 임차인이 차임 2회를 연체하였다는 이유로 임대차가 해지 종료된 경우 임차인은 지상물매수청구권을 행사할 수 없다.

② 지상권자의 지료 연체를 이유로 토지 소유자가 그 지상권 소멸청구를 해서 지상권이 소멸한 경우에는 지상물매수청구권이 인정되지 않는다.

③ 임차인이 지상물매수청구권을 행사한 이후 해당 토지를 계속 점유 사용하면 부당이득 임료 상당액을 반환해야 한다.

7. 지상물매수청구권에 대한 포기특약의 효력 `기출` 18

지상물매수청구권을 포기하는 약정은 원칙적으로 무효이다. 그러나 제반사정을 고려하여 이 약정이 임차인에게 불리하지 않다고 판단되는 경우 유효할 수도 있다.

(1) 의 의

임대차계약서에 "임대차계약이 종료된 경우 임차인은 위 부동산을 원상으로 회복해 임대인에게 반환한다"는 내용을 포함시킨 경우, 이 포기약정은 무효이다. 제644조는 강행규정이므로 임차인과 전차인에게 불리한 것은 효력이 없다.

> **판례**
>
> 임차인이 지상건물을 철거하여 토지를 인도하고 철거하지 않을 경우 그 소유권을 임대인에게 이전하기로 하는 약정은 무효이다(대판 1992.10.9., 92다22435).

(2) 포기 특약이 유효인 경우

① 임대차 계약의 내용, 임대차 계약의 체결 경위와 제반 사정 등을 종합적으로 고려해 실질적으로 임차인에게 불리하다고 볼 수 없는 특별한 사정을 인정할 수 있을 때에는 그 특약은 위 강행규정에 저촉되지 않는다(대판 1997.4.8., 96다45443).

② 유효한 경우의 사례(판례)

㉠ 사례 1 : 원래 철거될 운명인데 은혜적 목적으로 일시 사용을 허용해준 임대차에서 언제든 철거한다는 특약은 유효하다. 따라서 임차 토지 위에 건축된 아파트 분양용 견본주택의 매수청구권은 부인된다.

㉡ 사례 2 : 임대료가 시가에 비해 매우 저렴하고, 임대차기간이 장기여서 임차인이 건물 투자비용을 회수하기에 충분했다고 볼 수 있는 경우가 있었다.

㉢ 사례 3 : 해당 건물을 임대인이 매수해도 임대인이 이를 활용하기 어려운 사정이 있거나, 이 건물을 철거해도 큰 손실이라 볼 수 없을 정도로 가액이 소액인 경우도 인정된다.

구 분	비용상환청구권	부속물매수청구권	지상물매수청구권
민법 규정 성격	임의규정	강행규정	강행규정
권리의 성격	청구권	형성권	형성권
행사 주체	모든 임차인	건물 기타 공작물의 임차인, 전차인	특정한 토지의 임차인, 전차인
권리 발생 시기	• 필요비 – 지출 즉시 • 유익비 – 임대차계약 종료 시	임대차계약 종료 시 계약갱신청구권 행사 없이 동권리 행사가능	• 임대차의 종료 시 발생, 철거집행 전까지 행사 가능 • 계약갱신청구권 불응시 동권리 행사가능
청구대상 및 대상물의 독립성	임차물의 구성부분, 독립성 불요	건물/공작물의 부속물, 독립성 필요	임차토지의 지상물, 독립성 필요
제척기간	임차물 반환 시로부터 6개월	10년	10년
유치권 행사	가 능	불 허	불 허
임대인의 동의	필요 없음	임대인의 동의 또는 임대인으로부터 매수	3불요(허가·등기 + 임대인 동의 + 경제적 가치 불요)
권리 배제 특약	원상회복의 특약은 권리 포기로 간주함	무 효	무 효

8. 임차인의 의무

(1) 차임지급의무

① 임차인은 임차물의 사용·수익의 대가로 차임을 지급할 의무가 있다(제618조).

② 차임은 동산, 건물이나 대지에 대하여는 매월 말에, 기타 토지에 대하여는 매년 말에 지급하여야 한다. 그러나 수확기 있는 것에 대하여는 수확 후 지체 없이 지급하여야 한다(제633조). 그러나 당사자는 계약서에 이와 달리 차임지급시기를 정하여도 된다.

(2) 임차물 보관 의무

① 임차인은 계약이나 임차주택의 성질에 따라 정해진 용법으로 이를 사용·수익해야 할 의무를 부담한다.

② **선관주의의무** : 임차인은 계약 종료로 목적물을 반환할 때까지 선량한 관리자의 주의로써 임차물을 보관하여야 한다.

③ **통지의무** : 임차물이 수리를 요하거나 임차물에 대하여 권리를 주장하는 자가 있는 때에는 임차인은 지체 없이 임대인에게 이를 통지하여야 한다. 그러나 임대인이 이미 이를 안 때에는 그러하지 아니하다(제634조).

④ **인용의무** : 임대인이 임차물의 보존에 필요한 행위를 하려고 할 때에는 임차인은 거절하지 못한다(제624조).

⑤ **임차인의 의사에 반하는 보존행위와 해지권** : 임대인이 임차인의 의사에 반하여 보존행위를 하는 경우에 임차인이 이로 인하여 임차의 목적을 달성할 수 없는 때에는 계약을 해지할 수 있다(제625조).

PART 2

(3) 임차물의 반환의무 및 원상회복의무

① 임차인은 임대차가 종료한 때에는 임대인에게 그 임차물을 반환해야 한다. 이 경우 임차물을 원래의 상태로 회복하여 반환해야 한다(제615조, 제654조).

② 임차인이 임차목적물을 수리하거나 변경한 때에는 원칙적으로 수리·변경 부분을 철거하여 임대 당시의 상태로 사용할 수 있도록 해야 한다. 다만, 원상회복의무의 내용과 범위는 임대차계약의 체결 경위와 내용, 임대 당시 목적물의 상태, 임차인이 수리하거나 변경한 내용 등을 고려하여 구체적·개별적으로 정해야 한다(대판 2019.8.30., 2017다268142).

(4) 공동임차인의 연대의무

① 사용대차의 경우 공동차주(共同借主)의 연대의무에 관하여 민법 제616조는 "수인이 공동하여 물건을 차용한 때에는 연대하여 그 의무를 부담한다."라고 규정하고 있고, 민법 제654조는 위 민법 제616조를 임대차에도 준용한다고 규정하고 있다. 그러므로 공동임차인 간에는 연대하여 그 의무를 부담한다.

② 여기서 연대하여 의무를 부담한다는 의미는 수인의 채무자가 채무 전부를 각자 이행할 의무가 있고, 채무자 1인의 이행으로 다른 채무자도 그 의무를 면한다는 것이다.

사례분석

갑은 자기 소유의 아파트를 을과 병 2 사람을 공동임차인으로 하여 보증금 2,000만 원, 월세 80만 원으로 하여 임대하였다. 그런데 을과 병은 입주 후 6개월까지만 월세를 지급하고 그 이후의 월세를 지급하지 않고 있다. 임대차 계약 당시 을과 병은 월세 부담비율에 대한 언급을 하지 않았다.

을과 병은 공동임차인이고 공동임차인 간에는 연대하여 그 의무를 부담해야 한다. 따라서 을과 병은 공동차주로서 연대하여 임대인 갑에 대하여 의무를 부담하게 될 것이므로, 갑은 당연히 을과 병에게 밀린 월세 전액의 지급을 청구할 수 있다. 그리고 을이 월세를 전부 지급한 경우, 을은 병에게 병의 부담부분에 관해 구상권을 행사할 수 있다.

임차인이 월세를 지급하는 대신 보증금에서 공제하라고 할 수 있는지에 관하여 판례는 그 권리를 부정한다. 따라서 임대인 갑은 임차인들의 채무불이행, 즉 차임연체를 이유로 계약기간의 경과를 기다리지 않고 곧바로 임대차계약을 해지할 수 있다.

판례

임차인이 임대차계약을 체결할 당시 임대인에게 지급한 임대차보증금으로 연체차임 등 임대차관계에서 발생하는 임차인의 모든 채무가 담보된다 하여 임차인이 그 보증금의 존재를 이유로 차임의 지급을 거절하거나 그 연체에 따른 채무불이행책임을 면할 수는 없다(대판 1994.9.9., 94다4417).

Ⅳ | 임차권의 양도 및 전대차

1. 임차권의 양도

(1) 임차권의 양도와 임차물 전대의 제한

① 임차인은 임대인의 동의없이 권리를 양도하거나 임차물을 전대하지 못한다. 임차인이 이 규정에 위반한 때에는 임대인은 계약을 해지할 수 있다(제629조, 임의규정).

② 그러나 임차인이 임대인의 동의를 얻어 임차물을 전대한 때에는 전차인은 직접 임대인에 대하여 의무를 부담한다. 이 경우에 전차인은 전대인에 대한 차임의 지급으로써 임대인에게 대항하지 못한다(제630조 제1항).

③ 위의 규정은 임대인의 임차인에 대한 권리행사에 영향을 미치지 아니한다(제630조 제2항).

④ 임차인이 임대인의 동의를 얻어 임차물을 전대한 경우에는 임대인과 임차인의 합의로 계약을 종료한 때에도 전차인의 권리는 소멸하지 아니한다(제631조).

⑤ 위의 전대차에 관한 규정은 건물의 임차인이 그 건물의 소부분을 타인에게 사용하게 하는 경우에는 적용하지 아니한다(제632조).

(2) 임차권 양도의 의의

① 임차권을 그 동일성을 유지하면서 임차인이 임차권을 타인에게 이전하는 계약이다.

② 임차권은 지명채권의 일종이며, 임차권의 양도는 임차권 그 자체의 직접적인 이전을 목적으로 하는 임차권 매매계약이다.

③ 준물권계약이므로 이행이라는 문제를 남기지 않는다. 이 점에서 이행이라는 문제를 남기는 채권양도와 다르다.

> **➕ 더 알아보기**
>
> 제629조(임차권의 양도, 전대의 제한) ① 임차인은 임대인의 동의없이 그 권리를 양도하거나 임차물을 전대하지 못한다. ② 임차인이 전항의 규정에 위반한 때에는 임대인은 계약을 해지할 수 있다.

(3) 임차권 양도의 법적 효과

① 임차인은 그의 지위에서 벗어나고 양수인이 임차인의 지위를 승계하여 임차인으로서 권리의무를 취득한다.

② 전대차에서는 임차인이 원래의 임차인 지위를 그대로 유지하면서 제3자에게 임차물을 사용 수익하게 한다는 점에서 다르다.

(4) 임대인이 임대차의 목적물을 타인에게 양도한 경우

주택임대차보호법에서는 임대인의 지위가 부동산 양수인에 승계된다고 규정한다. 그러나 전세권의 경우는 민법에 아무런 규정이 없다.

(5) 임차권 양도의 유효성

① 임대인의 동의가 있는 임차권 양도의 경우 : 양도인은 임대차 관계에서 벗어나게 되고, 임차권은 그 동일성을 유지하면서 양수인에게 이전된다. 그러나 양도인의 연체차임채무나 기타 손해배상채무 등은 원칙적으로 양수인에게 이전하지 않는다.

② 임대인의 동의가 없는 임차권 양도의 경우 : 임차인은 임대인과의 당초 임대차 관계는 그대로 존속한다. 그러나 임차인(양도인)과 양수인 사이의 양도계약은 유효하게 성립하며, 임차인은 양수인에 대해 임대인으로부터 양도계약의 동의를 받아줄 의무를 부담한다. 이 경우 양수인의 임차물에 대한 점유는 임대인에 대한 관계에서는 불법점유가 된다. 따라서 임대인은 소유권에 기해 임차인에게 임차물의 반환을 청구할 수 있으며, 동의 없는 양도를 이유로 임대차계약을 해지할 수 있다.

③ 임차권 양도는 기존 임차권의 매매이므로 임차보증금을 기존에 비해 증액할 경우에는 별도로 임대인과 양수인이 임대차 계약서를 작성하여 확정일자를 받아야 대항력을 갖는다.

④ 임차인은 당사자 간에 반대 약정이 없으면 임대인에 대해 그 임대차 등기 절차에 협력할 것을 청구할 수 있다. 이 경우 부동산 임대차를 등기한 때로부터 제3자에 대하여 효력이 발생한다(제621조). 단, 임차권 등기가 경료된 부동산은 그 후에 대항력을 갖춘 소액임차인이라 하더라도 보증금 중 일정액의 보호 즉 최우선 변제금에 대하여 보호되지 않는다(상가임대차보호법 제6조 제6항).

(6) 임차권 양도의 법률관계와 대항력 문제

① 임차권 양도 계약은 임대인의 동의 유무와 상관 없이 일단은 유효하게 성립하게 되며, 임차권은 그 동일성을 유지하면서 양수인에게 이전된다.

② 양수인은 임차물에 주민등록 전입신고를 할 수 있지만 그 외의 공시 방법이 없으므로 대항력을 갖는지 여부가 문제된다.

③ 임대인의 동의를 받은 임차권 양도계약은 주민등록 신고 등 요건을 갖추면 제3자에게 대항력을 갖는다. 즉, 대항력 있는 임차인이 임차권을 제3자에게 양도하고 그 양수인이 주민등록 전입신고를 하면 양수인은 그 양도인의 대항력 있는 임차권을 승계받아 대항력이 그대로 유지된다. 이 경우 해당 임차물을 임대인으로부터 매매한 매수인이나 경매를 통해 매매한 경락인이 피해를 볼 가능성이 크다. 따라서 새로운 매수인이나 경락인은 매도인의 하자담보책임 확인서와 점유사실 확인서를 받아 양도된 임차권이 대항력 있는지 여부를 확인해야 한다.

갑은 자기 소유의 아파트를 을이 사용 수익하도록 하는 임대차 관계에 있다. 을은 임대차 계약 기간의 만료로 인해 임대차 계약을 해지하려고 한다. 그런데 갑의 채권자 병이 그 목적 부동산에 대해 후순위로 가압류를 법원에 신청하여 법원에 의해 강제집행이 되어 있다. 이런 상황에서는 아무도 새로운 임대차 계약이 이루어지기 어렵다. 이런 경우 임차인이 임차권 양도로 보증금을 회수할 수 있을까?

갑이 채권자 병에 대해 상당한 채무를 부담하고 있고 이 채무를 담보하기 위해 가압류 등 강제집행 상태에 있다면, 임대인 갑이 임대차 보증금을 임차인 을에게 반환해줄 수 있는 여력이 없다고 볼 수 있다. 또한 임대차 보증금의 반환 가능성이 낮은 상태에서 새로운 임대차 계약이 성립될 가능성도 매우 낮다. 이 경우 임차인 을이 대항력 있는 임차권을 갖고 있다면 그 임차권을 제3자에게 양도하고 그 대가로 임차보증금을 양수인으로부터 받을 수 있다. 이 방법에 의하면 임차권 양도로 그 대항력이 양수인에게 승계되기 때문에 양수인은 채권자 병에 앞서서 선순위로 임대차 보증금의 반환을 받을 권리를 갖는다. 만약 제3자가 이 부동산을 갑으로부터 매매하거나 경락받는 경우 그 매수인과 경락인은 불측의 손해를 입을 수도 있게 된다.

2. 전대차 기출 16

(1) 의 의

[전대차의 법률관계]

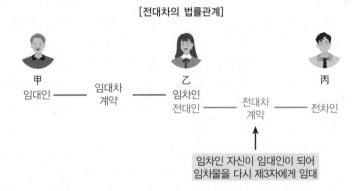

甲
임대인 ——— 임대차 계약 ——— 乙
임차인 전대인 ——— 전대차 계약 ——— 丙
전차인

↑
임차인 자신이 임대인이 되어
임차물을 다시 제3자에게 임대

① "전대차"란 임차 목적물을 제3자가 사용·수익할 수 있도록 임차인이 다시 재 임대(무상인 사용 대차 포함)하는 것을 말한다.
② 계약당사자 : 전대인(임차인)과 전차인(제3자)
③ 전대차 계약을 하면, 전대인(임차인)과 전차인(제3자) 사이에는 별개의 새로운 임대차 관계가 생기나, 임차인(전대인)과 임대인의 관계는 그대로 존속한다. 이 점이 임차권을 제3자에게 양도하고 자신은 계약 관계에서 탈퇴하는 임차권 양도와의 차이이다.

(2) 전대차의 법률관계 : 임차권의 전대 금지와 그 효과

① 민법은 임차권의 전대를 원칙적으로 금지하고 있으므로, 임대인은 자신의 동의 없이 임차인이 임차 상가건물을 전대한 때에는 임대차계약을 해지할 수 있다(제629조).
② 임차권의 전대제한 규정은 강행규정이 아니므로, 전대차는 임대인의 동의가 없더라도 임차인과의 사이에 채권·채무가 유효하게 성립한다.

③ 그러나 전차인이 임대인이나 그 밖의 제3자에게 임차권이 있음을 주장하기 위해서는 임대인의 동의가 필요하다(제629조, 제652조).

④ 전대인은 전차인에게 임대인으로부터 전대차에 관한 동의를 받아줄 의무가 있다.

⑤ 임대인의 동의는 전대차 계약이 체결되기 전이든 후이든 상관없이 있기만 하면 된다.

⑥ 임대인의 전대차에 대한 동의는 묵시적으로도 가능하고 사후 추인의 형식으로도 가능하다. 다만, 동의가 있었다는 사실은 임차인과 전차인이 입증해야 한다.

(3) 전대차의 법률관계 : 임대인의 동의가 있는 전대차의 효과

① 전대인(임차인)과 전차인 사이의 관계는 전대차 계약의 내용에 따라 정해지고, 전대인은 전차인에 대해 임대인으로서의 권리의무를 가진다.

② 임대인과 임차인(전대인) 사이의 관계는 전대차에 불구하고 아무런 영향을 받지 않는다. 즉 임대인은 임차인에 대해 임대차계약에 따른 권리를 행사할 수 있다(제630조 제2항).

③ 임대인과 전차인 사이에는 직접적으로 아무런 관계가 없다. 그러나 민법은 임대인의 보호를 위해 전차인이 직접 임대인에 대해 의무를 부담하도록 하고 있다(제630조 제1항 전단).
즉, 전차인은 전대차 계약에 따라 전대인(임차인)에 대해 월세 등의 지급의무를 지는데, 월세를 일정한 전제 하에 직접 임대인에게 지급하면 전대인(임차인)에게 지급하지 않아도 된다. 그러나 전차인은 전대인(임차인)에게 월세를 지급했다는 이유로 임대인에게 임차권을 주장할 수는 없다(제630조 제1항 후단).

④ 전대차는 임대차를 기초로 하므로, 임대인과 임차인의 임대차 관계가 기간만료 등으로 종료하면 자동적으로 임차인과 제3자 간의 전대차 관계도 소멸한다. 그러나 임대인과 임차인의 합의로 계약을 종료한 경우에는 전차인의 권리가 자동으로 소멸하지 않으므로, 전차인은 전대차의 존속을 임대인과 임차인에게 주장할 수 있다(제631조).

⑤ 임대차계약이 해지를 이유로 종료되더라도 상가건물이 적법하게 제3자에게 전대된 경우에는 전차인에게 그 사유를 통지하지 않으면 임차인은 임대차계약이 해지된 것을 이유로 전차인에게 대항하지 못한다. 전차인이 해지의 통지를 받은 때에도 6개월이 지나야 해지의 효력이 생긴다(제638조).

⑥ 임차물 사용을 편리하게 하기 위해 임대인의 동의를 얻어 전차인이 설치한 물건이나, 임대인으로부터 매수하였거나 임대인의 동의를 얻어 임차인으로부터 매수한 물건에 대해서는 전대차의 종료 시 전차인은 임대인에게 그 부속물의 매수를 청구할 수 있다(제647조).

(4) 전대차의 법률관계 : 임대인의 동의가 없는 전대차의 효과

① 전대차 계약은 계약 당사자 사이에서 유효하게 성립하고, 전차인은 전대인에게 목적물을 사용·수익하게 해 줄 것을 내용으로 하는 채권을 취득하며, 전대인은 전차인에 대해 차임청구권을 가진다.

② 전대인은 전차인을 위해 임대인의 동의를 받아 줄 의무를 지게 된다.

③ 임차인이 전대를 하더라도 임대인과 임차인 사이의 임대차 관계는 그대로 존속한다. 물론 임대인은 무단 전대를 이유로 임차인과의 계약을 해지할 수 있다.

④ 임대인의 동의 없이 임차물을 전대한 경우에는 임대인에게 그 효력을 주장할 수 없으므로, 전차인이 임차물을 점유하는 것은 임대인에게는 불법점유가 된다. 따라서 임대인은 소유권에 기해 전차인에게 임차상가건물의 반환을 청구하거나 방해배제 청구를 할 수 있다.

(5) 임차물 일부 전대차의 예외

① 임차인이 임차 목적물인 건물의 소부분(일부분)을 타인에게 사용하는 경우에는 임대인의 동의 없이 전대가 가능하다(제632조).

② 다만 자신이 임차물을 여전히 사용하면서 임차물의 일부만 전대차하는 경우는 임대인의 동의를 받을 필요가 없고 이 경우는 각각 자신이 맺은 계약에만 구속된다(제632조). 그러나 이러한 일부 전대차의 경우에도 사업자 등록상 영업소로 하고자 하면 세무서에서는 임대인의 동의를 요구하고 있다.

③ 건물의 소부분의 의미는 거래관념에 의하여 결정된다.

④ 따라서 임차인이 그 임차물의 일부분을 다른 사람에게 사용하게 할 경우 전대의 제한, 전대의 효과 및 전차인의 권리의 확정에 관한 규정은 적용되지 않는다(제632조).

⑤ 다만, 이 규정은 임의규정이므로 당사자 간의 특약으로 임차물의 일부분이라도 다른 사람이 사용할 수 없도록 약정한다면 그 계약 내용에 따라 적용된다.

(6) 무단 양도·무단 전대에 관한 판례 이론

① 임대인의 동의 없이 임차인이 임차권을 양도하거나 임차물을 전대하는 경우, 원칙적으로 금지되며, 따라서 임대인은 임대차 계약을 해지할 수 있다.

② 그러나 임대인과 임차인 사이의 신뢰관계를 파괴할 정도의 배신적 행위라고 인정될 수 없는 특별한 사정이 있는 경우에는 유효하다(대판 1993.4.27., 92다45308).

(7) 무단 전대차에 따른 계약 해지의 효과 및 임차물 반환 청구 절차

① 임대인의 동의 없는 불법 전대차의 경우 전대인과 전차인간의 전대차 계약은 당사자 사이에서는 유효하나 임대인은 자신의 임대차 계약(전대차 계약이 아님)을 해지할 수 있다.

② 임대인이 임대차 계약을 해지하는 경우 임대차는 종료하고 따라서 전차인 역시 그 기초가 되는 임대차계약이 종료함으로 인해 임대인에 대해서는 원인 없이 임차물을 불법 점유하는 자의 지위에 처한다.

③ 이 경우 임대인은 임대차 계약 의무 위반을 이유로 임대차 계약을 종료하면서 임차인에게 명도 청구할 수 있으며, 물권적 청구권(소유권에 기한 방해배제 청구권)에 의해 명도 청구할 수 있다. 물론 물권적 청구권의 상대방은 직접 점유한 전차인이 되어야 한다. 이 경우 전차인은 전대인을 상대로 채무불이행을 이유로 한 손해배상을 청구할 수 있다.

✚ 더 알아보기

판례가 무단 양도·무단 전대의 유효성 여부에 대해 판단하는 기준
- 임대인과 임차인 사이의 신뢰관계가 실질적으로 손상되지 않는 경우
- 임대인이 정당한 이유 없이 임차권 양도 또는 전대차에 대한 동의를 거절하는 경우
- 건물에 대한 저당권이 실행되어 경락인이 건물의 소유권을 취득한 때에는 특별한 사정이 없는 한 건물의 소유를 목적으로 한 토지의 임차권도 소유권과 함께 경락인에게 이전됨
- 임차권의 양수인이 임차인과 부부로서 임차건물에 동거하면서 함께 가구점을 경영하고 있는 경우

(8) 전세권에서의 전전세

① **전전세** : 전세권자가 그 전세권의 범위 내에서 전세 목적물의 일부 또는 전부를 제3자에게 다시 전세권을 설정해 주는 것이다.

② 전세권자는 설정행위로 전전세가 금지되어 있지 않는 한, 그의 전세권의 존속기간 내에서 전전세할 수 있다(제306조).

③ 전전세권은 원전세권자(전세를 얻은 사람)와 전전세권자(다시 전세를 얻은 사람) 사이에 전전세권 설정의 합의와 등기에 의해 성립된다(제186조).

④ 전전세권의 존속기간은 원전세권의 존속기간 내여야 한다(제306조).

⑤ 전전세의 경우에도 전세금을 지급해야 한다. 전전세권은 원전세권을 기초로 하여 성립하는 것이므로, 전전세의 전세금은 원전세의 전세금을 초과할 수는 없다.

⑥ 전전세권이 설정되더라도 원전세권은 그대로 유지되나, 원전세권자는 전전세권에 의해 제한되는 한도에서 스스로 그 목적 부동산을 사용·수익할 수 없게 된다.

⑦ 전전세권자는 그 목적 부동산을 점유하여 사용·수익할 수 있으며, 그 밖에 전세권자로서의 모든 권리를 가지게 된다. 단, 원전세권설정자에 대해서는 아무런 권리의무를 가지지 않는다.

⑧ 전전세권자는 전전세권이 소멸하면 전세권 설정자에게 목적물을 인도하고, 전세권설정등기의 말소등기에 필요한 서류를 발급하는 동시에 전전세금의 반환을 청구할 수 있다.

⑨ 전전세권자는 전전세권설정자가 전전세금을 반환하지 않고 지체하면 전전세권을 이유로 목적물의 경매를 청구할 수 있다(제318조). 이 경우 전전세권 목적물 전부에 대한 후순위권리자나 그 밖의 채권자보다도 전전세금을 우선변제 받을 수 있다(제303조 제1항). 다만, 이 경매청구권은 원전세권도 소멸하고 원전세권설정자가 원전세권자에 대한 원전세금의 반환을 지체하고 있는 경우에만 행사할 수 있다.

| V | 임대차의 해지 및 종료 / 임대차 보증금과 권리금

1. 임대차의 해지

(1) 임대차의 해지통고

① 임대차기간 약정이 없는 때에는 당사자는 언제든지 계약해지 통고를 할 수 있다(제635조 제1항).

② 상대방이 계약해지 통고를 받은 날로부터 다음 기간이 경과하면 해지의 효력이 생긴다(제635조 제2항).

　㉠ 토지·건물 기타 공작물에 대하여는 임대인이 해지를 통고한 경우에는 6월, 임차인이 해지를 통고한 경우에는 1월

　㉡ 동산에 대하여는 5일

③ 임대차기간의 약정이 있는 경우에도 당사자 일방 또는 쌍방이 그 기간 내에 해지할 권리를 보류한 때에는 위와 같다(제636조).

④ 임차인이 파산선고를 받은 경우에는 임대차기간의 약정이 있는 때에도 임대인 또는 파산관재인은 민법 제635조의 규정에 의하여 계약해지의 통고를 할 수 있다. 이 경우에 각 당사자는 상대방에 대하여 계약해지로 인하여 생긴 손해의 배상을 청구하지 못한다(제637조).

⑤ 해지통고의 전차인에 대한 통지 : 임대차약정이 해지의 통고로 인하여 종료된 경우에 임대물이 적법하게 전대되었을 때에는 임대인은 전차인에 대하여 그 사유를 통지하지 아니하면 해지로써 전차인에게 대항하지 못한다. 전차인이 임대차 약정이 해지통고로 종료되었다는 통지를 받은 때에는 민법 제635조 제2항의 규정을 준용한다(제638조).

(2) 묵시의 갱신 기출 13

① 주택임대차보호법상 계약종료일에 계약이 반드시 종료되는 것은 아니다. 최초 계약 체결이나 갱신으로 인한 종료일이 있더라도 법에서 정해진 기간에 임대인이나 임차인이 갱신을 거절한다는 등의 통지를 하지 않으면 그 계약은 묵시적으로 갱신된다. 이를 묵시적 갱신이라고 하며, 갱신요구권행사에 따른 갱신과는 구별된다.
묵시적 갱신은 갱신요구권과 달리 횟수 제한이 없고 거절 사유가 법에 정해져 있지 않다. 주택임대차가 종료됐는지에 대한 판단은 계약갱신요구권이 행사됐는지, 그에 대한 법정 거절 사유가 있었는지를 확인하는 것뿐만 아니라 갱신요구권이 행사되지 않았다면 묵시적 갱신이 되지는 않았는지도 확인해야 한다.

② 그러나 당사자는 민법 제635조의 규정에 의하여 계약해지의 통고를 할 수 있다.

③ 이 경우에 전임대차에 대하여 제3자가 제공한 담보는 기간의 만료로 인하여 소멸한다.

(3) 차임연체와 계약해지

① 건물 기타 공작물의 임대차에는 임차인의 차임 연체액이 2기의 차임액에 달하는 때에는 임대인은 계약을 해지할 수 있다(제640조).

② 건물 기타 공작물의 소유 또는 식목, 채염, 목축을 목적으로 한 토지임대차의 경우에도 임차인의 차임 연체액이 2기의 차임액에 달하는 때에는 임대인은 계약을 해지할 수 있다(제641조).

③ 토지임대차의 해지와 지상건물 등에 대한 담보물권자에의 통지 : 차임연체로 인한 임대차계약 해지의 경우에 그 지상에 있는 건물 기타 공작물이 담보물권의 목적이 된 때에는 민법 제288조의 규정을 준용한다(제642조).

➕ 더 알아보기

제288조(지상권소멸청구와 저당권자에 대한 통지) 지상권이 저당권의 목적인 때 또는 그 토지에 있는 건물, 수목이 저당권의 목적이 된 때에는 전조의 청구는 저당권자에게 통지한 후 상당한 기간이 경과함으로써 그 효력이 생긴다.

(4) 임차인의 갱신청구권과 매수청구권

건물 기타 공작물의 소유 또는 식목, 채염, 목축을 목적으로 한 토지임대차의 기간이 만료한 경우에 건물, 수목 기타 지상시설이 현존한 때에는 <u>민법 제283조의 '지상권자의 갱신청구권, 지상물매수청구권'에 관한 규정을 준용</u>한다(제643조).

(5) 전차인의 임대청구권과 매수청구권

건물 기타 공작물의 소유 또는 식목, 채염, 목축을 목적으로 한 토지임차인이 적법하게 그 토지를 전대한 경우에 임대차 및 전대차의 기간이 동시에 만료되고 건물, 수목 기타 지상시설이 현존한 때에는 전차인은 임대인에 대하여 전전대차와 동일한 조건으로 임대할 것을 청구할 수 있다. 이 경우에 임대인이 임대할 것을 원하지 아니하는 때에는 민법 제283조 제2항의 규정을 준용한다(제644조).

(6) 지상권의 목적인 토지에 대한 임차인의 임대청구권과 매수청구권

위의 규정은 지상권자가 토지를 임대한 경우에 준용한다.

(7) 강행규정

① 임대인에 비해 경제적 약자인 임차인의 이익을 보호하기 위해, 민법은 제627조, 제628조, 제631조, 제635조, 제638조, 제640조, 제641조, 제643조 내지 제647조의 규정에 위반한 약정으로 임차인이나 전차인에게 불리한 것은 효력이 없다고 규정하고 있다(제652조). 그러므로 임대차계약 당사자가 계약서에 위 법조문과는 다른 약정을 하였다고 하더라도 임차인에게 불리한 것이면 법률적으로 유효한 계약이 아니다.

② 그러나 민법 제628조, 제638조, 제640조, 제646조 내지 제648조, 제650조 및 제652조의 규정은 일시사용하기 위한 임대차 또는 전대차인 것이 명백한 경우에는 적용하지 아니한다(제653조).

2. 임대차의 종료

(1) 임대차 기간의 만료

① 임대차는 임대차 기간의 정함이 있는 경우에는 그 기간의 만료로 종료된다.

② 임대차 기간의 정함이 있는 경우에도 해지권 유보의 특약을 한 경우, 임차인이 파산선고를 받은 경우 등 해지사유가 있는 경우에는 계약해지의 통고로써 임대차계약을 중도에 해지할 수 있다(제636조, 제637조).

③ 임대인이 임대차기간이 끝나기 6개월 전부터 2개월 전까지의 기간에 임차인에게 갱신거절의 통지를 하거나, 계약조건을 변경하지 않으면 갱신하지 않는다는 뜻의 통지를 한 경우에는 임대차 기간이 끝난 때에 종료한다(주택임대차보호법 제6조 제1항 참조).

(2) 이행불능을 이유로 한 해지

① 임대차는 임대인이 그 목적물에 대한 소유권 기타 이를 임대할 권한이 있을 것을 요건으로 하지 않으므로, 임대인이 임차목적물의 소유권을 상실하였다는 이유만으로는 임대인의 의무가 이행불능 상태에 빠졌다고 단정할 수 없다.

② 그러나 임차목적물의 소유권이 변동되고 그 소유권을 취득한 제3자가 임차인에게 목적물의 인도를 요구하여 임차인이 이를 인도한 경우 임대인이 임차인으로 하여금 목적물을 사용·수익하게 할 의무가 이행불능이 된다. 이 경우 임차인은 이러한 이행불능을 이유로 임대차계약을 해지하여 임대차를 종료할 수 있다.

③ 그런데 대항력을 갖춘 주택임대차와 상가건물 임대차의 경우 임차주택이나 임차상가건물의 소유권이 신소유자에게 이전되면 특단의 사정이 없는 한 신소유자가 임대인의 지위를 승계한 것으로 간주되므로, 새로이 소유권을 취득한 제3자로부터 인도청구가 있었더라도 계약해지를 할 여지는 없다.

(3) 임대인의 수선의무 위반을 이유로 한 해지

① 임대인이 수선의무를 이행하지 않을 경우 임차인은 이를 이유로 임대차계약을 해지하여 임대차를 종료할 수 있다.

② 이 수선의무는 임대인의 귀책사유로 수선이 필요하게 되었을 것을 요구하지 않으므로, 임대인이 불가항력으로 목적물이 훼손된 사실을 주장하여도 이는 유효한 항변사유가 될 수 없다.

(4) 계약해지의 통고

① 임차인은 임대차계약이 묵시적으로 갱신된 경우에는 언제든지 그 계약을 해지할 수 있으며, 이 경우 임차인이 계약해지를 통지하는 경우에는 임대인이 그 통지를 받은 날부터 3개월이 지나면 임대차는 종료된다(주택임대차보호법 제4조 제1항, 제6조의2).

② 임차인 또는 임대인은 임대차계약을 체결하면서 그 계약서에 예를 들어 "전근, 취학 등 부득이한 사유가 생기면 임차인이 통보한 날부터 1개월 후에 계약이 해지된 것으로 본다." 라는 해지권 유보의 특약을 약정한 경우에는 임대차 기간의 약정이 있는 경우에도 그 부득이한 사유를 증명하고 중도에 임대차계약을 해지할 수 있으며, 이 경우 임대인이 해지통고를 받은 날부터 1개월이 지나면 임대차는 해지된다(제635조, 제636조).

(5) 임차인의 파산

① 임차인이 파산선고를 받은 경우에는 임대차 기간의 약정이 있는 경우에도 임대인 또는 파산관재인은 계약해지의 통고를 할 수 있고, 임차인이 해지통고를 받은 날부터 6개월이 지나면 임대차는 종료된다(제637조 제1항).

② 이 경우 각 당사자는 상대방에 대해 계약해지로 생긴 손해배상을 청구하지 못한다.

(6) 임차인이 즉시 해지할 수 있는 경우 : 임대차 기간의 약정이 있더라도 다음과 같은 해지 사유가 있는 경우에는 임대차계약을 중도에 해지할 수 있다. 이 경우에는 해지의 의사표시가 상대방에게 도달한 때에 임대차는 종료된다.

① 임대인이 임차인의 의사에 반하여 보존행위를 하는 경우 임차인이 이로 인해 임차의 목적을 달성할 수 없는 때(제625조)

② 임차물의 일부가 임차인의 과실 없이 멸실 그 밖의 사유로 사용·수익할 수 없는 경우 그 잔존부분으로 임차의 목적을 달성할 수 없는 때(제627조)

(7) 임대인이 즉시 해지할 수 있는 경우

① 임차인이 임대인의 동의 없이 임차권을 양도하거나 임차주택을 전대한 경우

② 임차인이 차임을 2회 이상 연체한 경우(민법 제640조, 주택임대차보호법 제6조 제3항)

③ 임차인이 임차주택을 계약 또는 그 주택의 성질에 따라 정하여진 용법으로 이를 사용, 수익하지 않은 경우(제654조에 따른 제610조 제1항의 준용)

④ 그 밖에 임차인으로서의 의무를 현저히 위반한 경우

(8) 임대차관계의 소멸 및 손해배상

① 임대인 또는 임차인이 임대차계약을 해지한 때에는 임대차관계는 장래를 향해 그 효력이 소멸된다(제550조).

② 임대차계약의 해지는 손해배상의 청구에 영향을 미치지 않으므로, 상대방에게 고의 또는 과실이 있으면 그 손해배상을 청구할 수 있다(제551조, 제390조 및 제750조).

(9) 임대차 종료에 따른 임차물의 반환 및 임차보증금의 반환

① 임대차가 종료되면, 임대차계약의 내용에 따라 임차인은 임차물을 반환할 의무 등을 지게 되고, 임대인은 임차보증금을 반환할 의무를 지게 된다(제536조).

> **판례**
>
> 임대차가 종료되었는데도 임대인이 보증금을 돌려주지 않는 경우에는 임차인은 보증금을 반환해줄 때까지 이사를 가지 않는 것이 필요하며, 만약 임차인이 이사를 가면 대항력과 우선변제권이 없어진다(대판 2008.3.13., 2007다54023).

② 임대차가 종료되더라도 임차인이 보증금을 돌려받을 때까지는 임대차관계가 존속하는 것으로 간주되므로, 임대인과 임차인은 임대차계약상의 권리의무를 그대로 가지게 된다. 따라서 임차인은 차임지급의무를 지는 한편 보증금을 반환받을 때까지 임차주택의 인도를 거절하는 동시이행항변권을 가지게 되고, 임대인은 차임지급청구권을 가지는 한편 임차주택을 인도받을 때까지 보증금의 지급을 거절하는 동시이행항변권을 가지게 된다. 다만, 임차인은 반대의무인 임차주택의 인도를 하지 않더라도 집행권원을 받게 되면 강제집행을 개시할 수 있다(주택임대차보호법 제3조의2 제1항, 민사집행법 제41조).

(10) 임차보증금반환채권과 공제

① 임차보증금반환채권은 임대차 종료 후 목적물을 임대인에게 인도할 때까지 발생한 연체 차임, 관리비, 부당이득, 손해배상금 등 임차인의 모든 채무를 공제한 잔액이 있을 것을 조건으로 하여 그 잔액에 관하여 발생하는 정지조건부 권리로서 임대인의 임대차목적물 인도청구권과 동시이행관계에 있다.

② 임차보증금은 위와 같은 임대차관계에 따른 임차인의 모든 채무를 담보하는 담보적 효력을 가지며, 그 결과 임대인은 임대차와 관련된 자신의 채권을 우선변제받을 수 있게 된다.

③ 임대인의 우선변제권의 행사를 통상 '공제'라 표현하며, 이는 상계권의 행사가 아니다.

(11) 임차권등기명령신청권의 취득

① 임차인은 임대차가 종료된 후 보증금을 반환받지 못한 경우 임차권등기명령을 신청할 수 있는 권한을 얻게 되고, 임대차등기명령에 따라 임차권등기를 마치면 대항력과 우선변제권을 취득하거나 유지할 수 있게 된다(주택임대차보호법 제3조의3 제5항).

② 따라서 임차인은 임대차등기를 마친 후 임차주택을 인도하고 이사를 가더라도 대항력과 우선변제권을 유지할 수 있으며, 그 경우에는 차임지급의무를 면하는 한편 보증금반환채권의 지체에 따른 지연손해금채권을 가지게 된다.

(12) 유익비상환청구 및 부속물매수청구

① 임차인은 일정한 경우에 한해 임대인에게 유익비의 상환을 청구하거나 부속물의 매수를 청구할 수 있다(제626조 제2항, 제646조).

② 다만, 임대차계약이 임차인의 차임연체 등 채무불이행으로 해지된 경우에는 부속물의 매수를 청구할 수 없다(대판 1990.1.23., 88다카7245, 7252).

3. 임차인의 사망과 주택임차권의 승계 – 임대차의 종료 사유가 아님

(1) 근거규정 : 주택임대차보호법 제9조(주택 임차권의 승계)

① 임차인이 상속인 없이 사망한 경우에는 그 주택에서 가정공동생활을 하던 사실상의 혼인 관계에 있는 자가 임차인의 권리와 의무를 승계한다.

② 임차인이 사망한 때에 사망 당시 상속인이 그 주택에서 가정공동생활을 하고 있지 아니한 경우에는 그 주택에서 가정공동생활을 하던 사실상의 혼인 관계에 있는 자와 2촌 이내의 친족이 공동으로 임차인의 권리와 의무를 승계한다.

③ ①과 ②의 경우에 임차인이 사망한 후 1개월 이내에 임대인에게 ①과 ②에 따른 승계 대상자가 반대의사를 표시한 경우에는 그러하지 아니하다.

④ ①과 ②의 경우에 임대차 관계에서 생긴 채권·채무는 임차인의 권리·의무를 승계한 자에게 귀속된다.

> **➕ 더 알아보기**
>
> 주택임대차보호법의 적용범위에 있는 임대차계약만이 주택임대차보호법 제9조에 따라 임차권승계인이 결정되는 것이고, 주택임대차보호법을 적용받지 않는 임대차계약(예 상가건물임대차)에서는 민법의 상속규정에 따라 임차권 상속인이 결정되게 된다.

(2) 상속인이 없는 경우

① 그 임차주택에서 가정공동생활을 하던 사실상의 혼인관계에 있는 사람이 있는 경우 그 사람이 단독으로 임차인의 권리와 의무를 승계한다.

② 그 임차주택에서 가정공동생활을 하던 사실상의 혼인관계에 있는 사람조차 없는 경우 임차권을 포함한 임차인의 상속재산은 국가에 귀속하게 된다.

(3) 상속인이 있는 경우

① 그 상속인이 임차인과 함께 임차주택에서 가정공동생활을 하고 있는 경우(동일 세대원) 그 상속인이 임차인의 권리와 의무를 승계한다. 이때는 사실상의 혼인관계 있는 사람이 임차권을 승계할 여지가 없다.

② 그 상속인이 임차인과 함께 임차주택에서 가정공동생활을 하고 있지 않았던 경우 임차주택에서 가정공동생활을 하던 사실상의 혼인관계에 있는 사람과 사망한 임차인의 2촌 이내 친족이 공동으로 임차인의 권리와 의무를 승계하게 된다.

(4) 임차권승계의 포기

임차권의 승계자가 임차권의 승계를 원하지 않을 때에는, 임차인이 사망한 후 1개월 이내에 임대인에게 "임차권을 승계하지 않겠다는 명확한 의사를 표시"하는 방법으로 임차권의 승계를 포기할 수 있다.

㉫ 임차인이 연체한 월세(차임)가 보증금보다 많을 때 승계포기의사를 표시함으로써 불리한 승계에서 벗어날 수 있다.

(5) 임차권승계의 효과

① 임차권승계를 받아 임차인의 권리·의무를 승계한 사람은 임대차관계에서 생긴 채권과 채무를 모두 승계한다.

② 임대차관계에서 생긴 채권이란 임대차주택인도청구권, 보증금반환청구권, 수선청구권, 차임감액청구권 등이며, 임대차관계에서 생긴 채무는 차임지급의무, 원상회복의무 등을 말한다.

③ 다만, 임대차관계와 관계없는 별도의 채권·채무는 임차권승계인에게 승계되지 않으며, 민법의 상속법 규정에 따라 처리되게 된다.

(6) 임대차계약이 자동 종료하는지 여부

① 임대차계약기간 도중에 임차인이 사망하였다고 하여, 그 사실만으로 임대차계약이 자동종료되지는 않는다. 또한 그 사정으로 임대인이나 임차인 측에게 임대차계약의 (법정)해지권이 발생하지도 않는다.

② 다만, 쌍방 원만히 합의하여 임대차계약을 해지(종료)시키는 것은 당연히 가능하다.

③ 쌍방 합의해지가 없으면 정해진 임대차계약기간 동안은 기존과 동일한 임대차계약이 존속되는 것이 원칙이다. 따라서 차임이 연체되면 임대인은 임대차계약 해지를 청구할 수 있고, 추후 보증금반환 시 연체된 차임만큼 제하고 반환할 수 있다.

(7) 민법에 따른 전세권의 경우(전세권의 소멸사유)

① **일반적인 소멸사유** : 전세권은 물권의 일반적 소멸원인, 즉 <u>존속기간의 만료, 혼동, 소멸시효, 전세권에 우선하는 저당권의 실행에 의한 경매, 토지수용</u> 등으로 소멸한다.

② **전세권설정자의 소멸 청구** : 전세권설정자는 전세권자가 전세권설정계약 또는 그 건물의 성질에 따라 정해진 용법으로 이를 사용 수익하지 않은 경우에는 전세권의 소멸을 청구할 수 있다. 이 경우 전세권자에게 원상회복 또는 손해배상을 청구할 수 있다(제311조).

③ **전세권의 소멸 통고** : 각 당사자는 전세권의 존속기간을 약정하지 아니한 때에는 언제든지 상대방에 대해 전세권의 소멸을 통고할 수 있고, 상대방이 이 통고를 받은 날로부터 6개월이 지나면 전세권은 소멸된다(제313조).

④ **목적 부동산의 멸실** : 전세권의 목적물 전부 또는 일부가 불가항력으로 멸실된 때에는 그 멸실된 부분의 전세권은 소멸된다(제314조 제1항).

⑤ **전세권의 포기** : 전세권자는 전세권의 존속기간을 약정하고 있더라도 자유로이 이를 포기할 수 있다. 그러나 전세권이 제3자의 권리의 목적이 된 때에는 제3자의 동의 없이는 포기할 수 없다(제371조 제2항).

4. 임대차보증금

(1) 임차보증금의 법적 성질

① 임차보증금은 정지조건부 반환채권을 수반하여 소유권이 이전된 금전이다.

② 여기서의 정지조건이라는 것은 일정한 조건의 성취시점에 임차인의 채무불이행이 없거나 또는 체불임료 등 모든 피담보채무를 공제한 잔액이 있을 것을 의미한다.

> **판례**
>
> 임차보증금의 법적성질(정지조건부 소유권신탁양도설)
> <u>보증금계약은 양도담보와 동양(同樣)인 일종의 신탁적 소유권양도계약</u>으로서 임대인은 임대차종료후 차임 기타 임차인의 채무불이행이 없을 것을 정지조건으로 하여, 즉 불이행이 있으면 이를 공제하고 반환할 것을 약정하는 <u>정지조건부반환채무를 수반하는 소유권신탁양도</u>이다(대판 1987.6.23., 87다카98).

(2) 정지조건의 성취시기(공제의 시기) : 임대인이 보증금에서 손해배상액 등을 공제할 수 있는 시기, 임대인의 입장에서 볼 때에 임차보증금 반환청구채권의 정지조건 성취시기에 관하여는 견해의 대립이 있다.

① **종료시설** : 임대차가 종료하는 때에 임차인의 채무불이행이 없으면 보증금의 전액을 반환하고, 채무불이행이 있으면 그에 상응하는 액수를 공제하고 잔액을 반환하는 조건이라고 보는 견해이다.

② **명도시설(인도시설)** : 임대차가 종료한 후 임차인이 임차물을 반환할 때에 임차인의 채무불이행이 없으면 보증금의 전액을 반환하고, 채무불이행이 있으면 그에 상응하는 액수를 공제하고 잔액을 반환하는 조건이라고 보는 견해이다.

③ **절충설** : 종료시설과 명도시설을 절충하여 임대차가 종료하는 때에 보증금의 반환의무가 발생하나, 다만 임차인의 채무불이행으로 인한 공제는 임차물의 반환 시까지로 보는 견해이다. 명도시설과 실제 적용에 있어서는 차이를 보이지 아니한다.

(3) 구별의 실익 : 어느 설을 취하는지에 따라 다음의 2가지에 대한 구별의 실익이 있다.

① **보증금반환의무와 목적물반환의무 사이의 동시이행관계** : 종료시설 및 절충설에 의하면, 임대차종료 시에 임차보증금반환채권이 발생하므로 동시이행관계가 인정될 수 있으나, 명도시설(인도시설)에 의하면 명도(인도)시에 임차보증금반환채권이 발생하므로 결국 명도(인도)의 선이행을 요구하는 결과가 되어 동시이행관계는 성립될 여지가 없다.

② **담보의 시적범위** : 임대차 종료 후 발생된 임대인의 채권이 담보의 범위에 들어가느냐의 문제로서 임대인과 임차인의 지위 변동이 없으면 설령 담보의 범위에 들어가지 않더라도 상계로서 대항할 수 있으므로 어느 설에 의하건 결과적으로 차이가 없게 된다.

③ 그러나 채권양도, 전부 등으로 임대인이나 임차인의 지위와 채권귀속자가 달라질 경우에는 차이가 있게 된다. 종료시설에 의하면 임대차 종료 후에 발생된 채권은 담보의 범위에 들어가지 않게 되나, 명도시설(인도시설)이나 절충설에 의하면 당연히 포함되게 된다.

(4) 판례의 태도

① 현재 판례는 <u>인도시설(명도시설)</u>에 따른 것이 주류이다(대판 1999.12.7., 99다50729).

② 따라서 판례의 입장은 ㉠ <u>임대인의 보증금반환의무와 임차인의 목적물 명도의무 사이에 동시이행의 관계에 있다는 점</u>, ㉡ <u>임대보증금은 임대목적물이 명도될 때까지 발생한 임차인의 모든 채무를 담보한다</u>는 점이다.

(5) 임대인의 차임청구권과 보증금의 관계

① 임대차계약이 종료되었으나 목적물이 명도되지 않은 경우 임차인은 보증금이 있음을 이유로 연체차임의 지급을 거절할 수 있는가?
임차인은 차임 지급을 거절할 수 없다.

판례

임대차보증금은 임대차계약이 종료된 후 임차인이 목적물을 명도할 때까지 발생하는 차임 및 기타 임차인의 채무를 담보하기 위하여 교부되는 것이므로 특별한 사정이 없는 한 <u>임대차계약이 종료되었다 하더라도 목적물이 명도되지 않았다면 임차인은 보증금이 있음을 이유로 연체차임의 지급을 거절할 수 없다.</u> 만일 차임지급을 거절할 수 있다고 한다면, 임대인은 자신의 의사와 관계없이 그 후의 차임 등에 대한 담보(보증금)를 상실하게 되고, 또 2기 이상의 차임지급 지체시 임대차계약을 해지할 수 있는 권리를 박탈당하는 결과가 되기 때문이다. 그리고 <u>임대차계약이 종료 후에 임차인이 임차목적물을 반환할 때까지 임차인의 채무가 있으면 임대인으로부터 상계의 의사표시가 없더라도 당연히 보증금에서 공제된다</u>(대판 1987.6.23., 86다카2865).

② 임대차계약 종료 후에 임대인은 보증금이 남아 있음에도 불구하고 따로 연체차임 등을 청구할 수 있는가?

  ㉠ 보증금의 성격에 관하여 종료시설의 입장에서는 임대차종료시점을 기준으로 보증금과 연체차임 등 임차인의 채무가 당연히 정산되므로 임대인은 보증금으로 충당되는 범위 내에서는 따로 연체차임 등을 청구할 수 없다고 본다.

  ㉡ 명도시설이나 절충설의 입장에서는 보증금은 목적물 명도 시까지 임차인의 채무를 담보하는 것이므로, 목적물이 명도될 때까지는 임대차계약이 종료되었다 하더라도 임대인에게 담보의 상실을 강제할 수 없고, 따라서 임대인은 보증금과는 별도로 연체차임을 청구할 수 있고, 임차인은 보증금이 남아 있음을 이유로 이를 거절할 수 없다.

  ㉢ **판례는 명도시설의 견해를 취하고 있다.**

  ㉣ <u>임대인은 임대기간이 만료되었고 수령한 보증금이 남아 있다 하더라도 임대목적물이 명도되지 않은 이상 임대기간 동안의 연체차임을 청구할 수 있으므로</u>, 임대인으로부터 그 차임청구권을 전부받은 원고 역시 보증금과 관계없이 연체차임을 청구할 수 있고, 피고로서는 임차목적물을 명도하지 않은 이상 연체차임에서 보증금을 공제할 것을 주장할 수 없다(대판 1995.7.25., 95다14664, 14671 등 다수).

(6) 임대차 보증금의 담보적 효력[보증금에 의한 우선변제(당연충당)]

① 부동산 임대차에 있어서 수수된 <u>보증금은 차임채무, 목적물의 멸실·훼손 등으로 인한 손해배상채무 등 임대차관계에 따른 임차인의 모든 채무를 담보</u>하는 것으로서 그 피담보채무 상당액은 임대차관계의 종료 후 목적물이 반환될 때에 특별한 사정이 없는 한 별도의 의사표시 없이 보증금에서 당연히 공제된다(대판 1999.12.7., 99다50729 등).

② 이것은 상계권의 행사가 아니고 담보적 효력에 기한 우선변제권의 행사로서 통상 '공제'라는 표현을 사용한다. 따라서 임차인의 다른 채권자는 임차인의 보증금반환채권에 관하여 임대인에 우선하여 변제를 받을 방법이 없다.

③ **피담보채권의 범위** : 보증금에 의하여 담보되는 채권은 당해 '임대차계약에 의하여 임대인이 임차인에 대하여 갖는 일체의 채권'이다(대판 1999.12.7., 99다50729 등).

④ 연체차임 및 그 지연손해금채권뿐만 아니라 임차인의 보관의무위반으로 인한 손해배상채권도 이에 속한다.

  ㉄ 임차인이 임의로 한 공사의 복구비 상당의 손해금도 포함한다.

⑤ 시간적으로 보증금의 교부 전에 발생한 채권이라도 임대차계약으로부터 생긴 것이라면 포함될 것이고, 임대차 종료 후 명도 시까지 생긴 채권, 예컨대 차임 상당의 손해배상채권에 대하여도 담보적 효력이 미친다.

(7) 부동산 소유권이 이전된 때 임차인의 보증금이 양수인에게 대항력을 가지는 경우

① 부동산의 임대차가 등기되어 있는 때

② 건물의 소유를 목적으로 한 토지 임대차에서 임차인이 그 지상건물을 등기한 때

  이 경우에 부동산 양수인(새로운 소유자)은 기존 임대차 계약의 승계 여부를 선택할 자유가 없으며 반드시 승계하여야 한다.

공경매에서는 보증금을 공시하도록 의무화해서 신 양수인을 보호하고 있지만, 일반 매매에서는 그런 보증금 공시가 없으므로 신 양수인이 기존 임대차 보증금의 존재를 확인해야 한다.

5. 임대차보증금 반환채권 기출 22

(1) 임대인의 임차보증금 반환의무

① 임대인은 임대차기간의 만료 등으로 임대차가 종료된 때에는 임차인에게 보증금을 반환할 의무가 있다.

② 임대인의 임차보증금 반환의무는 임차인의 임차주택 반환의무와 동시이행의 관계에 있다.

(2) 임차보증금 반환채권

① 임차인은 임대차 종료 시 임대인에게 임차보증금 반환채권에 기한 보증금반환청구권을 행사할 수 있다.

② 임차인은 임대차 계약 기간 만료 이후 차임 연체 등 제한 사유가 없다면 당연히 보증금 반환을 청구할 수 있다.

③ 만약 임대인이 새로운 임차인과 임대차계약을 해야만 보증금을 반환할 수 있다고 주장하는 것은 정당한 항변이 아니므로 단순한 채무불이행에 해당한다. 이 경우 임차인은 보증금 반환 청구소송을 제기하여 임대인의 의무 이행을 강제할 수 있다.

④ 임대차 보증금 반환 청구소송에서 해당 부동산의 경매 신청 시 반대의무 이행이나 이행의 제공을 집행개시의 요건으로 하지 않으므로 해당 부동산을 임대인에게 인도하지 않더라도 경매신청을 할 수 있다.

(3) 법정지연손해금의 청구 요건

① 임대차 기간이 만료되면 그때 이후부터 임차인이 바로 연 5%의 민사법정이자를 임대인에게 청구할 수 있는 것이 아니다. 임대인의 전세보증금 반환의무와 임차목적물의 반환(명도)의무는 동시이행의 관계에 있기 때문이다.

② 임차인이 임차목적물에 계속 거주하면서 전세보증금의 반환을 구하는 경우에는 임대인은 보증금을 반환해주지 않아도 되고 더불어 보증금반환의무 지연에 따른 민사법정이자도 지급할 이유가 없다. 결국, 임차인은 임차주택에 거주하는 것과 연 12%의 이자상당액을 선택해야 하는 셈이다.

(4) 임차인의 손해배상청구

① 임대차 만료 시 임대인이 정당한 사유 없이 임차보증금의 반환을 거부할 경우 임차인은 임대인에게 손해배상청구를 할 수 있다.

② 이 경우 법원에서 인정하는 손해배상 범위는 임대인의 전세보증금 미지급(채무불이행)으로 인해 발생할 수 있는 통상손해에 한하며, 예외적으로 특별손해는 임대인이 이를 알았거나 알 수 있었을 경우에만 청구 가능하다.

(5) 임대차 보증금반환채권의 소멸시효

① 임대차보증금 반환채권은 10년간 행사하지 않으면 소멸시효가 완성된다(제162조).

② 주택임대차보증금 반환채권의 경우도 만약 임대인이 임대사업자로 등록되어 있다면, 상법에서 규정하는 상인에 해당하여, 5년의 소멸시효가 적용될 수 있다.

사례분석

갑과 을 사이의 임대차계약 기간은 2005년 5월 30일로 만료되었지만, 임차인 갑은 계속 해당 주택에 거주, 2018년까지 주택에 가재도구를 남겨놓고 출입하면서 점유를 지속했다. 결국, 갑은 보증금을 돌려받기 위해 2019년 4월 22일에 보증금 반환 소송을 제기하였다. 그런데 을은 임대차보증금 반환채권의 소멸시효 완성을 이유로 보증금을 돌려줄 의무가 없다고 주장한다.

임대차보증금 반환채권은 10년간 행사하지 않으면 소멸시효가 완성된다. 만약 소멸시효가 적법하게 진행되었다면, 임대차계약은 이미 2005년 5월 30일에 끝났고, 그때부터 소멸시효가 진행됐기 때문에 갑이 소를 제기한 2019년 4월 22일에는 이미 소멸시효가 지났다. 그러나 임대차계약 기간이 끝난 뒤에도 임대인이 보증금을 돌려주지 않았기 때문에 임대차관계가 계속 유지된다고 봐야 한다. 그리고 갑은 주택을 적법하게 점유하면서 보증금 반환채권을 행사하고 있었기 때문에 그 기간 동안에는 소멸시효가 진행하지 않았고, 따라서 보증금 반환채권의 소멸시효는 아직 남아 있다.

---

6. 권리금 `기출 22`

(1) 권리금의 법적 성질

① 상가 건물에서 영업을 하는 자가 영업시설·비품·거래처·신용·영업상의 노하, 상가 건물의 위치에 따른 영업상의 이점 등 유무형의 재산적 가치의 양도 또는 이용대가로서 보증금과 차임 이외에 지급하는 금전 등의 대가이다.

② 권리금은 권리금계약에서 급부에 대한 반대급부를 말한다. 따라서 영업이나 영업의 일부요소에 대한 대가와 관련 없이 지급되는 금전은 권리금의 개념에 포함되지 않는다. 권리금은 반대급부이기 때문에 권리금이 합리적으로 정해지기 위해서는 급부에 대한 가치평가가 합리적으로 이루어질 필요가 있다.

③ 영업의 무형적 요소에 대한 권리금은 원칙적으로 수익환원법에 의해서 평가되고, 유형적 요소는 원칙적으로 원가법에 의해서 평가된다.

④ 권리금계약이 상법상 영업양도에 해당하는 경우에는 영업양도인은 경업금지의무라는 계약상 의무도 부담한다.

⑤ 2015년 상가건물 임대차보호법(상임법)이 개정에 의해서 상가건물인차인 보호를 위해서 권리금회수기회 보호방안이 도입되었고 연장선상에서 권리금계약에 대한 정의규정이 상임법에 신설되었다.

(2) 권리금의 범위 및 종류 : '새로운 임차인이 내기로 했던 권리금과 임대차 계약 종료 당시의 권리금 가운데 더 낮은 금액'으로 정해진다.

① 바닥권리금(지역권리금) : 상가 위치와 영업상의 이점 등에 대한 대가로 주고받는 권리금이다.

② 영업권리금 : 영업 노하우와 거래처 등의 가치에 대한 권리금이다. 만약 업종이나 품목이 바뀌면 인정되지 않는다.

③ 시설권리금 : 임차인이 기존의 임차인이 투자한 시설이나 인테리어를 그대로 인수할 때 지급하는 권리금이다.

④ 이익권리금 : 허가권을 같이 거래하고 그에 대한 대가로 지불하는 권리금이다. 이는 영업권리금과 마찬가지로 기존 임차인과 새 임차인 간의 사업 연속성이 있을 때 발생하는 권리금이다.

(3) 권리금계약의 당사자

① 권리금 계약 : 신규임차인이 되려는 자가 임차인에게 권리금을 지급하기로 하는 계약이다.

② 상가건물 임대차보호법 제10조의3 제2항은 기존임차인과 신규임차인을 권리금계약의 당사자로 규정하고 있다. 그러나 이 규정은 권리금 회수기회 보호 관점에서 권리금계약을 규정하고 있다고 해석해야 한다. 권리금회수기회 보호 문제가 발생하는 경우는 기존임차인과 신규임차인 사이에 권리금계약이 체결되는 경우에 한정되기 때문이다.

(4) 임차인의 권리금 회수 기회 보장제도

① 권리금 회수기간은 신규임차인 주선 기간과 같다.

② 임대인은 정당한 사유 없이 임차인의 권리금 회수를 방해할 수 없다.

③ 임차인이 임대차기간이 끝나기 <u>6개월 전부터 임대차 종료 시까지</u> 임대인에게 신규 임차인을 주선하고 신규 임차인으로부터 권리금을 받는다고 하면, 임대인은 정당한 사유 없이는 반드시 임차인이 소개해 준 사람과 임대계약을 체결해야 하고, 만일 이를 거부하거나 방해한다면 임차인에게 권리금 상당의 손해배상을 해줘야 한다(상가건물 임대차보호법 제10조의4).

(5) 권리금 보호 방법(상가건물 임대차보호법 제10조의4)

① 임대인이 권리금보호제도를 위반하여 임차인에게 손해를 발생하게 한 때에는 그 손해를 배상할 책임이 있다. 이 경우 그 손해배상액은 신규임차인이 임차인에게 지급하기로 한 권리금과 임대차 종료 당시의 권리금 중 낮은 금액을 넘지 못한다.

② 위에 따라 임대인에게 손해배상을 청구할 권리는 임대차가 종료한 날부터 3년 이내에 행사하지 아니하면 시효의 완성으로 소멸한다.

③ 임차인은 임대인에게 임차인이 주선한 신규임차인이 되려는 자의 보증금 및 차임을 지급할 자력 또는 그 밖에 임차인으로서의 의무를 이행할 의사 및 능력에 관하여 자신이 알고 있는 정보를 제공하여야 한다.

(6) 권리금 회수 방해를 이유로 한 임차인의 손해배상청구권 성립요건(권리금 돌려받기 방법)

상가임대차보호법은 권리금 회수기회 보호를 위해 권리금 회수 방해를 이유로 한 손해배상청구권을 규정하고 있으며 아래의 5가지 요건을 충족해야 한다.

① 임대인의 행위가 권리금 회수 방해 유형 4가지 중 하나에 해당할 것

② 권리금 회수 방해 금지 기간에 의무가 위반될 것

③ 임대인에게 임차인의 계약갱신을 거절할 정당한 사유(8가지)가 없을 것

④ 임대인에게 신규임차인과 계약체결을 거절할 정당한 사유(4가지)가 없을 것

⑤ 임차인이 소멸시효 기간 내에 손해배상청구권을 행사할 것

(7) 권리금 회수 방해 유형의 공통점

① 임대인은 임차인이 주선한 신규임차인이 되려는 자에게 방해 행위를 해야 한다.

② 상가 임차인이 임대인의 권리금 회수 방해를 이유로 손해배상을 청구하기 위해서는 먼저 임차인이 임대차계약기간 종료 6개월 전부터 종료 시까지 임대인에게 신규임차인을 주선해야 한다.

③ 상가 임대인이 방해금지 기간이 경과한 후에 임차인의 권리금 회수를 방해했다면 임차인은 권리금 회수 방해를 이유로는 손해배상을 청구할 수 없다.

④ 상가 임대인이 계약 거절 의사를 확정적으로 표시한 경우, 상가 임차인은 신규임차인을 주선할 필요 없이 손해배상을 청구할 수 있다.

판례

임차인이 임대인에게 권리금 회수 방해로 인한 손해배상을 구하기 위해서는 원칙적으로 임차인이 신규임차인이 되려는 자를 주선하였어야 한다. 그러나 임대인이 임차인에게 임대차 종료 후에는 신규임차인과 임대차계약을 체결하지 않고 자신이 상가를 직접 이용할 계획이라고 밝힌 경우는 정당한 사유 없이 임차인이 신규임차인이 되려는 자를 주선하더라도 그와 임대차계약을 체결하지 않겠다는 의사를 확정적으로 표시한 것이므로 이러한 경우에까지 임차인에게 신규임차인을 주선하도록 요구하는 것은 불필요한 행위를 강요하는 결과가 되어 부당하다(대판 2019.7.4., 2018다284226).

권리금 회수 방해로 인한 손해배상책임이 성립하기 위하여 반드시 임차인과 신규임차인이 되려는 자 사이에 권리금 계약이 미리 체결되어 있어야 하는 것은 아니다(대판 2019.7.10., 2018다239608).

---

(8) 임대인의 권리금 회수 방해행위 사례

① 임차인이 주선한 신규임차인이 되려는 자에게 권리금을 요구하거나 임차인이 주선한 신규임차인이 되려는 자로부터 권리금을 수수하는 행위

② 임차인이 주선한 신규임차인이 되려는 자로 하여금 임차인에게 권리금을 지급하지 못하게 하는 행위

③ 임차인이 주선한 신규임차인이 되려는 자에게 상가건물에 관한 조세, 공과금, 주변 상가건물의 차임 및 보증금, 그 밖의 부담에 따른 금액에 비추어 현저히 고액의 차임과 보증금을 요구하는 행위

④ 그 밖에 정당한 사유 없이 임대인이 임차인이 주선한 신규임차인이 되려는 자와 임대차계약의 체결을 거절하는 행위

(9) 임대인이 임차인이 주선한 신규임차인이 되려는 자와 임대차계약의 체결을 거절할 수 있는 행위의 정당한 사유

① 임차인이 주선한 신규임차인이 되려는 자가 보증금 또는 차임을 지급할 자력이 없는 경우

② 임차인이 주선한 신규임차인이 되려는 자가 임차인으로서의 의무를 위반할 우려가 있거나 그 밖에 임대차를 유지하기 어려운 상당한 사유가 있는 경우

③ 임대차 목적물인 상가건물을 1년 6개월 이상 영리목적으로 사용하지 아니한 경우

④ 임대인이 선택한 신규임차인이 임차인과 권리금 계약을 체결하고 그 권리금을 지급한 경우

(10) 임대인이 임차인과의 계약갱신도 거절할 수 있고, 신규임차인과의 계약도 거절할 수 있는 정당한 사유

① **임차인 잘못** : 3기의 차임액에 이르도록 차임 연체, 부정한 방법으로 임차

② **쌍방 합의** : 상당한 보상금 제공

③ **임차인 잘못** : 무단 전대, 고의 중과실 파손

④ **건물 멸실**

⑤ **철거나 재건축으로 점유 회복 필요**(사전고지, 안전사고, 다른 법령)

(11) 상가임대차 권리금 포기 조항의 유효성 여부

① 상가건물 임대차보호법은 권리금 회수기회를 보호해주고 있으므로 이에 반대되는 특약으로서 임차인에게 불리한 약정은 효력이 없다(강행규정).

② 상가건물 임대차보호법 제15조(강행규정) : 이 법의 규정에 위반된 약정으로서 임차인에게 불리한 것은 효력이 없다.

(12) 손해배상청구권의 소멸시효 중단

권리금 회수 방해로 인한 손해배상청구권의 소멸시효를 중단하기 위해서는 3년이 경과되기 전에 임대인에게 손해배상을 청구하거나 임대인으로부터 손해배상 채무를 인정받거나 가압류, 압류, 가처분 등의 조치를 취해야 한다(제168조).

> **판례**
>
> [판례 1] 임대인이 스스로(직접) 영업할 계획은 정당한 사유가 아님
> 임대인이 스스로 영업할 계획이라는 이유만으로 임차인이 주선한 신규 임차인이 되려는 자와 임대차계약의 체결을 거절한 경우, 상가건물 임대차보호법 제10조의4 제1항 제4호에서 정한 정당한 사유에 해당하지 않는다(대판 2020. 9.3., 2018다252441, 252458).
>
> [판례 2] 임대인이 업종을 이유로 계약 거절하는 것은 정당한 사유가 아님
> 업종 제한 등을 이유로 신규임차인과의 계약 체결을 거부하는 것에는 정당한 사유가 없으므로 임차인의 권리금 회수를 방해한 경우에 해당하여 손해배상책임을 인정하여야 한다(대판 2021.10.14., 2019다236392).
>
> [판례 3] 임대료 3개월 연체(+ 상가 3기 연체, 내용증명)
> 임차인이 과거 임대차 계약기간 중 3기 차임액에 이르도록 차임을 연체한 사실이 있는 경우, 계약갱신을 요구할 당시에는 차임연체액이 3기 차임액에 이르지 않게 되었더라도 임대인은 임차인의 계약갱신 요구를 거절할 수 있고, 임차인이 주선한 신규임차인과의 계약도 거절할 수 있다(대판 2021.5.27., 2020다263635, 263642).

| Ⅵ | 특별법(주택임대차보호법, 상가건물 임대차보호법)상의 임대차

1. 주택임대차보호법상 임대차 특례규정

(1) 주택임대차보호법상 주택임차권의 대항력

① 임대차기간(2년)의 보장

② 보증금을 함부로 올리지 못하는 증액의 제한

③ 집에서 나가라고 했을 때 안 나가도 되는 대항력의 부여

④ 나중에 집주인(임대인)이 파산해도 집 보증금에 대한 우선 변제권 인정

⑤ 주택임차권의 승계 – 상속법에 대한 특례

(2) 임대차 3법

① 계약갱신청구권제 · 전월세상한제 · 전월세신고제 도입을 골자로 하는 주택임대차보호법 및 부동산 거래신고법의 개정 내용이다.

② 계약갱신청구권제와 전월세상한제는 2020년 7월 31일에 공포안이 의결 즉시 시행되었으며, 전월세 신고제는 2021년 6월 1일 시행되었다.

2. 계약갱신청구권(주택임대차보호법) [기출] 21

(1) 계약갱신청구권에 관한 주택임대차보호법의 관련 규정

① 주택임대차보호법 제6조(계약의 갱신)

⊙ 임대인이 임대차기간이 끝나기 6개월 전부터 2개월 전까지의 기간에 임차인에게 갱신거절(更新拒絶)의 통지를 하지 아니하거나 계약조건을 변경하지 아니하면 **갱신하지 아니한다는 뜻의 통지를 하지 아니한 경우**에는 그 기간이 끝난 때에 전 임대차와 **동일한 조건으로 다시 임대차한 것으로 본다.** 임차인이 임대차기간이 끝나기 2개월 전까지 통지하지 아니한 경우에도 또한 같다.

⊙ ⊙의 경우 **임대차의 존속기간은 2년**으로 본다.

⊙ 2기(期)의 차임액(借賃額)에 달하도록 연체하거나 그 밖에 임차인으로서의 의무를 현저히 위반한 임차인에 대하여는 ⊙을 적용하지 아니한다.

② 주택임대차보호법 제6조의2(묵시적 갱신의 경우 계약 해지)

⊙ ①⊙에 따라 계약이 갱신된 경우 같은 조 ⊙에도 불구하고 임차인은 언제든지 임대인에게 계약해지(契約解止)를 통지할 수 있다.

⊙ ⊙에 따른 해지는 임대인이 그 통지를 받은 날부터 3개월이 지나면 효력이 발생한다.

③ 주택임대차보호법 제6조의3(계약갱신 요구 등)

⊙ ①에도 불구하고 **임대인은 임차인이 ①⊙ 전단의 기간 이내에 계약갱신을 요구할 경우 정당한 사유 없이 거절하지 못한다.** 다만, 다음의 어느 하나에 해당하는 경우에는 그러하지 아니하다.

- 임차인이 2기의 차임액에 해당하는 금액에 이르도록 차임을 연체한 사실이 있는 경우
- 임차인이 거짓이나 그 밖의 부정한 방법으로 임차한 경우
- 서로 합의하여 임대인이 임차인에게 상당한 보상을 제공한 경우
- 임차인이 임대인의 동의 없이 목적 주택의 전부 또는 일부를 전대(轉貸)한 경우
- 임차인이 임차한 주택의 전부 또는 일부를 고의나 중대한 과실로 파손한 경우
- 임차한 주택의 전부 또는 일부가 멸실되어 임대차의 목적을 달성하지 못할 경우
- 임대인이 **다음**의 어느 하나에 해당하는 사유로 목적 주택의 전부 또는 대부분을 철거하거나 재건축하기 위하여 목적 주택의 점유를 회복할 필요가 있는 경우
  - 임대차계약 체결 당시 공사시기 및 소요기간 등을 포함한 철거 또는 재건축 계획을 임차인에게 구체적으로 고지하고 그 계획에 따르는 경우
  - 건물이 노후·훼손 또는 일부 멸실되는 등 안전사고의 우려가 있는 경우
  - 다른 법령에 따라 철거 또는 재건축이 이루어지는 경우
- 임대인(임대인의 직계존속·직계비속을 포함한다)이 목적 주택에 실제 거주하려는 경우
- 그 밖에 임차인이 임차인으로서의 의무를 현저히 위반하거나 임대차를 계속하기 어려운 중대한 사유가 있는 경우

⊙ 임차인은 ⊙에 따른 **계약갱신요구권을 1회에 한하여 행사할 수 있다.** 이 경우 **갱신되는 임대차의 존속기간은 2년**으로 본다.

⊙ **갱신되는 임대차는 전 임대차와 동일한 조건으로 다시 계약**된 것으로 본다. 다만, **차임과 보증금은 제7조의 범위에서 증감할 수 있다.**

⊙ ⊙에 따라 갱신되는 임대차의 해지에 관하여는 제6조의2를 준용한다.

⑩ 임대인이 목적 주택에 실제 거주하려는 경우의 사유로 갱신을 거절하였음에도 불구하고 갱신요구가 거절되지 아니하였더라면 갱신되었을 기간이 만료되기 전에 정당한 사유 없이 제3자에게 목적 주택을 임대한 경우 **임대인은 갱신거절로 인하여 임차인이 입은 손해를 배상**하여야 한다.

㉥ ⑩에 따른 손해배상액은 거절 당시 당사자 간에 손해배상액의 예정에 관한 합의가 이루어지지 않는 한 다음의 금액 중 큰 금액으로 한다.
- 갱신거절 당시 월차임(차임 외에 보증금이 있는 경우에는 그 보증금을 제7조의2 각 호 중 낮은 비율에 따라 월 단위의 차임으로 전환한 금액을 포함한다. 이하 "환산월차임"이라 한다)의 3개월분에 해당하는 금액
- 임대인이 제3자에게 임대하여 얻은 환산월차임과 갱신거절 당시 환산월차임 간 차액의 2년분에 해당하는 금액
- 제1항 제8호의 사유(임대인이 목적 주택에 실제 거주하려는 경우)로 인한 갱신거절로 인하여 임차인이 입은 손해액

(2) 계약갱신청구권의 의의 및 요건

① 임차인이 희망하는 경우 1회에 한해 2년 계약 갱신을 청구할 수 있는 권리이다.

② **계약 갱신 청구 가능 기간**: 임대차 기간이 끝나기 6개월~1개월 전까지 청구가 가능하다.

③ 계약갱신 요구하면 무조건 2년 살아야 하나? 아니다. 임차인은 언제든지 임대인에게 계약해지를 통지할 수 있으며, 임대인은 통지받은 날부터 3개월 지나야 계약해지할 수 있다. 임차인은 계약해지를 통보하더라도 계약만료 전이라면 3개월간 임대료를 납부해야 한다.

④ 만약 임대인이 직접 거주 목적을 이유로 계약갱신을 거절했는데, 이것이 허위라면? 임차인은 임대인에게 손해배상을 청구할 수 있다.

➕ 더 알아보기

허위의 갱신 거절 시 손해배상액 산정
- 임대인과 임차인 간 손해배상 예정액
- 임대인과 임차인 간 손해배상 예정액이 없는 경우 법정 손해배상 예정액 중 가장 큰 금액

---

⑤ 묵시적 갱신도 갱신요구권 행사로 보는가? 아니다. 계약갱신요구권 행사는 임차인의 명확한 의사표시를 하는 경우로 한정된다.

(3) 계약갱신청구권과 묵시적 갱신의 효과 상 차이점

① 임대기간이 자동 경과되어 묵시적으로 갱신시킨 경우 이는 계약갱신청구권에 의한 계약 연장으로 보지 않는다.

② 묵시적 갱신이 적용된 경우, 임대인의 입장에서 보면 '임차인은 언제든 임차계약 해지를 요구할 수 있지만' 임대인은 임차인이 '해당 기간 및 계약갱신청구로 연장 가능한 기간까지' 그저 눈 뜨고 당할 수밖에 없으므로 매우 불리한지라 임차인을 변경하지 않을 경우에는 묵시적 갱신이 되지 않도록 필히 해당 청구권을 사용하였다는 사실을 미리 내용증명 등의 방식으로 입증해 두어야 한다.

(4) 분쟁 사례(판례)

① 계약기간 월세를 2회 연체한 경우 : 재계약 전이라면 임대인 '승' vs. 후라면 임차인 '승'

② 집주인 몰래 반려동물을 키우고 있는 경우 : 특약이 있다면 임대인 '승' vs. 특약 없고 큰 문제 없었다면 임차인 '승'

③ 집의 일부분을 망가뜨린 경우 : 중대한 훼손이라면 임대인 '승' vs. 경미한 훼손이라면 임차인 '승'

(5) 전월세상한제

① 계약갱신청구권을 사용한 재계약의 경우 임대료의 상승폭을 직전계약 임대료의 5%로 제한한다. 만약 5%를 초과하여 계약하였다면 5% 초과분에 대해서 무효이며 초과 지급한 임대료상당의 반환을 청구할 수 있으나 기존 계약자체가 무효인 것은 아니다.

② 임대인이 타인에게 소유권을 넘겼어도 기존 계약은 연장가능하며 5% 상한 역시 적용된다.

③ 그러나 어디까지나 임대인과 임차인 간의 협의사항이기 때문에 5% 인상을 임차인이 거부할 경우에도 임대인은 계약갱신을 해야 하고 임대료 5% 인상 또한 강제할 수 없다. 꼭 인상해야겠다면 소송으로 가거나 분쟁조정을 거쳐서 그 결과에 의해 인상 여부가 결정된다.

④ 다만 새로운 임차인과 계약을 할 경우에는 전월세상한제 적용을 받지 않으며 또 계약을 1회 갱신하여 4년 계약이 끝났을 경우, 재계약 시에도 5% 상한제 적용을 받지 않는다.

(6) 전월세 신고제 : 주택 임대차 계약을 맺으면 30일 내로 계약 당사자와 보증금, 임대료, 임대기간, 계약금, 중도금, 잔금 납부일 등의 계약사항을 지자체에 의무적으로 신고해야 한다.

주택임대차보호법	상가건물 임대차보호법
1. 적용 범위	
• 주택의 전부 또는 일부, 대지 포함 • 주거용 건물의 전부, 일부 무허가, 미등기주택, 미등기 전세 O • 주거용 건물로 용도 변경 후 O • 비주거용 건물 일부 주거용으로 사용 경우 X • 일시 사용을 위한 임대차 X • 자연인 O, 법인 X(토지주택공사, 지방공사, 중소기업 O) • 법의 적용을 받기 위한 보증금 제한 없음	• 상가건물의 임대차 (주택 또는 상가 용도 구별기준 : 공부상 기준이 아니라 실제 사용사실을 기준으로 함) • 주된 부분을 영업용으로 사용할 경우 O • 미등기 전세 O • 자연인 O, 법인 O 법의 적용을 받기 위한 보증금 제한 있음. 서울 9억 원 이하, 과밀억제권역 6.9억 원 이하, 광역시 5.4억 원 이하, 기타 3.7억 원 이하(초과 시 인정 : 차임증감청구권, 권리금 보호, 계약갱신 요구권, 차임 연체와 해지, 표준계약서)
2. 대항력	
주택인도 + 주민등록(전입신고) → 다음날 오전 0시	건물인도 + 사업자등록 신청 → 다음날 오전 0시
3. 우선변제권	
• 대항요건 + 확정일자 → 후순위권리자보다 우선 변제 • 경매신청 시 반대의무의 이행이 집행개시요건 아님	주택임대차보호법과 동일함
4. 최우선 변제권	
대항요건(경매신청의 등기 전) → 다른 담보물권자보다 보증금 중 일정액 우선변제. 주택가액의 1/2 초과 금지	주택임대차보호법과 동일함

5. 임차권 등기명령	
• 최단 존속기간 2년 • 임차인은 2년 미만으로 정한 기간이 유효함을 주장하는 것이 가능	• 최단 존속기간 1년 • 임차인은 1년 미만으로 정한 기간이 유효함을 주장하는 것이 가능
6. 계약 갱신 요구권	
• 임대차 기간 끝나기 6개월~2개월 전까지 1회에 한하여 갱신 요구, 존속기간 2년 임차인 언제든 해지 통고 가능 (임대인은 통보받은 날로부터 3개월 경과 시 해지됨) • 임대인 거절 사유 : 2기, 무단전대, 고의 중과실로 파손, 전부 또는 대부분 철거 또는 재건축, 임대인 실거주	• 임대차 기간 끝나기 6개월~1개월 전까지 전 임대차와 동일한 조건으로 임대차 • 최초 임대차 기간 포함한 전체 임대차 기간이 10년 초과하지 않는 범위 내에서 임대인 거절 사유 : 3기, 무단전대, 고의 중과실로 파손, 전부 또는 대부분 철거 또는 재건축
7. 법정 갱신	
• 임대인 : 6개월~2개월 전까지 갱신 거절, 계약조건 변경, 갱신하지 않겠다는 의사 통지 없는 경우 • 임차인 : 2개월 전까지 통지하지 않은 경우 • 존속기간 : 2년 • 임차인만 해지 통고 가능함	• 임대인 : 6개월~1개월 전까지 갱신 거절, 계약조건 변경, 갱신하지 않겠다는 의사·통지 없는 경우 • 임차인 : 1개월 전까지 통지하지 않은 경우 • 존속기간 : 1년 • 임차인만 해지 통고 가능함
8. 차임증감 청구권(임대차 계약 존속 중)	
• 약정한 차임 또는 보증금의 1/20(5%) 초과 금지 • 월차임 전환 시 10%와 기준 금리 +2% 중 낮은 비율	• 청구 당시의 차임 또는 보증금의 5/100(5%) 초과 금지 • 12%와 기준 금리 × 4.5배 중 낮은 비율
9. 특이사항	
임차권의 승계 • 상속인 있는 경우 – 가정 공동생활할 경우 → 상속인이 상속함 – 가정 공동생활 안 할 경우 → 가족, 사용자 + 2촌 이내 친족이 상속함 • 상속인 없는 경우 가족, 사용자가 승계함	권리금의 보호 • 임대인은 임대차 기간 끝나기 6개월 전부터 임대차 종료 시까지 임차인의 권리금 수수를 방해해서는 안 되는 의무 부담 • 위 의무 불이행시 손해배상 청구 가능 → 임대차 종료일로부터 3년 내 청구해야 함

2. 상가건물 임대차보호법상 특례규정

(1) 적용 대상

상가건물 임대차보호법은 상가건물 임차인 중 <u>일정 보증금 이하의 임차인만을 보호</u>한다.

(2) 대항력의 부여(상가건물 임대차보호법) : 상가건물 인도 및 사업자등록 신청

임대차는 채권이므로 원칙적으로 대항력이 없지만, 상가건물 임대차보호법이 적용되는 상가건물 임대차는 그 등기를 하지 않았다 하더라도 임차인이 상가건물을 인도받았고, 사업자등록을 신청했다면 그 다음 날부터 제3자에 대해 대항력을 주장할 수 있다(상가건물 임대차보호법 제3조 제1항).

(3) 임차인의 지위 유지

① 대항력을 갖춘 임차인은 상가건물이 매매, 경매 등의 원인으로 소유자가 변경된 경우에도 새로운 소유자에게 임차인으로서의 지위를 주장할 수 있다(상가건물 임대차보호법 제3조 제2항 및 제3항).

② 즉, 상가건물이 경매, 매매 등으로 그 건물의 소유자가 변경되어도, 임차인은 임대차 기간이 만료될 때까지 계속 상가건물을 사용·수익할 수 있고, 또한 보증금을 전액 반환받을 때까지 상가건물을 비워주지 않아도 된다(상가건물 임대차보호법 제9조 제2항).

(4) 임대차 존속기간의 보장

① 기간을 정하지 않았거나 기간을 1년 미만으로 정한 상가건물 임대차는 그 기간을 1년으로 본다.

② 다만, 임차인은 1년 미만으로 정한 기간이 유효함을 주장할 수 있다(상가건물 임대차보호법 제9조 제1항).

(5) 임차인의 계약갱신 요구

전체 임대차기간이 10년을 초과하지 않는 한 임차인이 임대차기간이 만료되기 6개월 전부터 1개월 전까지 사이에 계약갱신을 요구할 수 있고, 임대인은 정당한 사유가 없는 한 이를 거절할 수 없다(상가건물 임대차보호법 제10조 제1~제2항).

(6) 차임 또는 보증금 등 증감 청구권 및 증액 제한

① 임차건물에 관한 조세, 공과금 그 밖의 부담의 증감이나 감염병의 예방 및 관리에 관한 법률 제2조 제2호에 따른 제1급감염병 등에 의한 경제사정의 변동 등으로 차임 또는 보증금이 적정하지 않다고 생각되는 경우 임차인 및 임대인 당사자는 그 증감을 청구할 수 있다.

② 다만, 임대인이 증액을 요구하는 경우에는 청구 당시의 차임 또는 보증금의 5%의 범위 내에서만 증액을 할 수 있다(상가건물 임대차보호법 제11조 제1항).

(7) 우선변제권의 인정

임차인이 ① 상가건물을 인도받고, ② 사업자등록 신청을 했으며, ③ 세무서장으로부터 임대차계약서에 확정일자를 받았다면, 임차건물이 경매 또는 공매되는 경우 그 건물(임대인 소유의 대지 포함)의 환가대금에서 후순위권리자 그 밖의 채권자보다 우선하여 보증금을 변제받을 수 있다(상가건물 임대차보호법 제5조 제2항).

(8) 소액임차인의 최우선변제권 인정

① **소액임차인** : 아래의 임차보증금에 해당되는 상가건물의 임차인

  ㉠ 서울특별시 : 6천500만 원 이하

  ㉡ 수도권정비계획법에 따른 과밀억제권역(서울특별시 제외) : 5천500만 원 이하. 광역시(수도권 정비계획법에 따른 과밀억제권역에 포함된 지역과 군지역은 제외), 안산시, 용인시, 김포시 및 광주시 : 3천800만 원 이하

  ㉢ 그 밖의 지역 : 3천만 원 이하

② **임차 보증금** : 보증금 이외에 차임이 있는 경우에는 월 단위의 차임액에 100을 곱하여 보증금과 합산한 금액이 임차보증금으로 된다.

③ 소액 임차인은 임차건물이 경매 또는 공매로 소유권이 이전되는 경우, 집행절차에 참가하여 보증금 중 일정액을 다른 담보물권자보다 가장 우선하여 배당받을 수 있다.

(9) 임차권등기명령제도

상가건물 임대차가 종료되었음에도 보증금을 돌려받지 못한 임차인은 임차건물의 소재지를 관할하는 지방법원, 지방법원지원 또는 시·군법원에 임차권등기명령을 신청할 수 있다.

(10) 대항력 및 우선변제권

① 임차권등기를 마치면 임차인은 임대인 및 제3자에 대해 대항력과 우선변제권을 갖는다.

② 다만, 임차인이 임차권등기 이전에 이미 대항력 또는 우선변제권을 취득한 경우에는 그 대항력 또는 우선변제권이 그대로 유지되며, 임차권등기 이후에는 대항요건을 상실하더라도 이미 취득한 대항력 또는 우선변제권을 상실하지 않는다(상가건물 임대차보호법 제6조 제5항).

(11) 상가건물 임대차보호법 부칙 제2조의 헌법 합치 결정(헌법재판소)

① 상가 임차인의 계약갱신요구권 행사기간을 5년에서 10년으로 연장하면서 이를 개정 상가건물 임대차보호법 시행 후 갱신되는 임대차에도 적용토록 한 상가건물 임대차보호법 부칙 제2조는 헌법에 어긋나지 않는다고 헌법재판소는 결정(헌재 2021.10.28., 2019헌마106)했다.

② '개정 상가임대차법' 부칙 제2조는 개정법 시행 당시 존속 중인 임대차 전반에 대해 적용하도록 규정하지 않고 개정법 시행 후 갱신되는 임대차에 한해 적용하도록 규정했기에 적용범위가 적절히 한정되어 있어 임대인과 임차인 모두를 보호하는 조항이다.

> **판례**
>
> 상가 임대차계약이 '개정 상가임대차법' 시행 당시(2018.10.16.) 이미 구법에 따라 전체 임대차기간이 5년을 초과하였다면, 이 기간이 경과한 후에 임차인이 임대차계약의 갱신을 요구한 것은 전체 임대차기간을 10년까지 보장하는 '개정 상가임대차법'의 적용을 받을 수 없는 것이다. 따라서 이러한 임대차계약에는 개정 상가임대차법 제10조 제2항이 적용되지 않기 때문에 임차인은 임대차계약에 적용되는 의무임대기간이 10년이라는 이유로 임대차계약의 갱신을 요구할 수 없다(대판 2020.11.5., 2020다241017).
>
> 상가건물 임대차보호법상 보장받는 전체 임대차기간이 경과하여 계약갱신청구권을 행사할 수 없더라도 권리금 회수 기회는 보호받을 수 있으므로 권리금 회수 방해 행위가 있었다면 손해배상 청구가 가능하다(대판 2019.5.16., 2017다225312, 225329).

PART 2

| Ⅶ | 리스계약

1. 리스계약의 법적 성질

(1) 리스(Lease)의 의의

① 좁은 의미의 리스계약 : 금융리스(Finance Lease, 시설대여 계약)를 말한다.

② 시설이나 장비를 대여하는 회사 즉, 리스회사와 시설이나 장비를 임차하는 자가 계약 체결하고 리스료를 지불하는 것이다.

③ 여신전문금융업법 제2조는 ②와 같은 내용으로 리스의 개념을 정의하고 있다.

④ 상법 제46조 제19호는 '기계, 시설, 그 밖의 재산의 금융리스에 관한 행위'라고 정의하고 있다.

> **판례**
>
> 리스계약의 개념정의
> 리스계약은 리스(시설대여)회사(리스업자 ; Leasor)가 리스이용자(대여시설이용자 ; Leasee)에 의해 선정된 물건(예 기계류)을 취득하여(간접리스의 경우) 그 물건에 대한 직접적인 유지관리 책임을 지지 않으면서 리스이용자에게 일정기간(리스기간) 사용하게 하고 그 기간에 걸쳐 일정한 대가(리스료)를 정기적으로 분할지급 받음으로써 투자금을 회수하는 것을 내용으로 하는 계약을 말한다.

(2) 리스계약의 특징

① 리스료의 산정은 물건 가액, 이자, 보험료, 이익 등을 합한 전액을 기준으로 하여 시설 대여자가 리스 기간 중에 리스료를 전부 회수할 수 있는 금액으로 산정된다.

② 시설물의 소유권은 시설 대여자가 가진다.

③ 시설대여자는 물건의 하자, 멸실 등 물건에 관해 발생한 사유에 대한 어떤 책임도 부담하지 않는다.

④ 리스 기간 중 시설 이용자는 해지할 수 없다.

⑤ 시설 이용자는 유지관리, 수선, 검사 등 물건의 이용에 필요한 모든 의무를 부담한다.

⑥ 리스기간은 당해 물건 내용연수의 1/2 이상의 기간에 해당된다.

⑦ 리스기간이 종료되면 계약에 따라 리스이용자가 사용하던 리스자산의 법적 소유권이 무상 또는 유상으로 리스이용자에게 이전될 수도 있고, 사용하던 리스자산을 리스제공자에게 반환할 수도 있다.

(3) 리스계약의 법적 성질

① 학설 : 특수임대차설, 특수소비대차설 등이 대립한다.

② 판례 : 비전형계약으로서 그 실질은 물적 금융이라고 본다.

③ 임대차보다는 소비대차에 의한 매도담보 또는 양도담보에 근접한 비전형계약이다.

(4) 리스의 종류 : 운용리스와 금융리스

① 운용리스(Operating Lease) : 리스제공자가 자산의 소유에 따른 위험과 보상의 대부분을 보유하는 것이다. 불특정한 다수를 대상으로 가동률이 높은 기계류(예 의료기기·자동차·건설기계·복사기·전산기기 등)를 임대하여 투하자본을 회수한다.

② 금융리스(Finance Lease) : 리스제공자가 자산의 소유에 따른 위험과 보상의 대부분을 리스이용 자에게 이전하는 것이다. 특정한 이용자를 대상으로 하는 리스를 말한다.

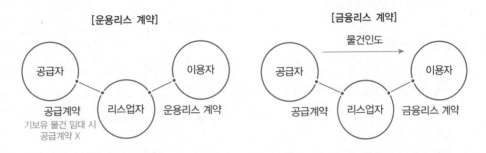

구 분	운용리스	금융리스
법적 성질	임대차(통설)	3당사자 간 비전형계약
적용 법규	민법상 임대차 규정	상 법
소유권	리스업자	리스업자
물건관리	원칙적으로 리스업자는 유지의무를 부담하고 리스이용자는 관리의무를 부담	리스이용자가 유지·관리 의무를 부담
하자담보책임	리스업자는 임대인으로서 물건하자에 대한 책임이 있음	리스업자는 물건하자에 대한 하자담보책임이 없음
중도해지	중도해지 가능함. 중도해지 수수료 지급함	원칙적으로 중도해지를 금지함. 예외적으로 중도해지 시 중도해지 수수료 지급하고 리스업자의 손해까지 배상

2. 리스계약의 법률관계

(1) 리스물건공급자와 리스업자 및 이용자의 법률관계

① 리스업자와 공급자와의 법률관계 : 리스업자는 리스이용자가 지정하는 물건을 공급자에게 발주하게 되며, 이 양자 간에는 매매계약이 성립하므로 리스이용자에게 목적물을 공급하면 리스업자는 공급자에 대하여 대금지급의무를 지게 된다. 약관에 따라 리스이용자가 리스업자의 명의로 공급자와 계약을 체결하는 경우에도 매수인은 리스업자가 되므로 대금지급채무는 동일하게 리스업자가 부담하는 것이다.

② 리스이용자와 공급자와의 법률관계 : 리스업자의 목적물 발주에 따라 공급자는 리스이용자에게 당해 물건을 인도하거나 이용자가 지정하는 장소에 설치할 의무를 지닌다. 리스이용자는 목적물의 사용·관리에 관하여 공급자의 지시에 따라야 하며, 보관의무 위반 등으로 인한 손해배상책임을 리스업자에 대하여 지게 된다.

③ **리스업자와 리스이용자와의 법률관계** : 리스업자는 리스이용자에 대해 리스료지급청구권, 리스기간이 만료한 때의 리스물건반환청구권 등의 권리를 갖는다. 이러한 것은 동시에 리스이용자의 의무가 된다.

④ **리스거래에서 리스대여업자의 이익회수 보호를 위한 제도**
  ㉠ 리스업자의 하자담보책임의 면제
  ㉡ 리스이용자의 목적물 수선 및 비용부담의무
  ㉢ 이용자의 중도해지금지

(2) 리스업자의 의무

① **목적물 조달의무** : 리스계약이 성립하면 리스업자는 리스이용자가 지정한 목적물을 공급자로부터 구입하여 이용자에게 인도하거나 또는 이용자가 지정하는 장소에 설치하도록 하여야 한다. 목적물의 인도 방법(전달 경로)이 어떠한 경우라 할지라도 <u>목적물의 명의 당사자인 리스업자가 목적물 매매계약의 매수인이 된다.</u>

② **목적물 인도지연책임과 하자담보책임** : 임대차계약에서 임대인은 목적물을 임차인에게 인도하고 계약존속중 사용, 수익에 필요한 상태를 유지할 의무가 있다(제623조). 그러나 리스계약에서는 목적물 인도가 지연되거나 하자가 있는 경우에도 약관에 의해 리스업자는 책임이 없음을 정하는 것이 보통이다. 목적물은 리스업자가 공급하는 것이 아니기 때문이다(간접리스).

(3) 리스이용자의 의무

① **리스물건의 수령, 차수증 교부의무** : 리스이용자는 매도인이 공급하는 리스물건을 인수하고 소정의 장소에 설치한 후 소정기간 내에 검사를 마치고 리스업자에게 차수증을 교부하여야 한다. 리스이용자는 이 차수증을 교부한 날로부터 목적물을 사용할 수 있다.

② **리스료지급의무** : 리스이용자는 리스물건의 사용, 수익에 대한 대가로서 리스업자에 대하여 리스료를 지급할 의무가 있다. 리스료는 체감법, 체증법 등 다양한 방법으로 정해지며, 지급방법(분할지급, 선급 등)도 제한이 없다. 리스료를 지급하지 않으면 기한의 이익 상실 또는 계약해지 사유가 된다.

③ **부보의무** : 리스이용자는 약관이 정하는 바에 따라서 보험자와 동산종합보험 또는 배상책임보험 등 손해보험계약을 체결할 의무를 진다.

④ **담보제공의무** : 리스이용자는 약관에 의하여 리스업자가 정하는 방법으로 채무이행을 보증하는 담보를 제공하여야 한다.

⑤ **목적물 보관의무** : 리스이용자는 리스물건을 선량한 관리자의 주의로써 보관하여야 한다. 리스이용자는 목적물의 보관에 관하여 매도인 또는 제조자의 지시를 따라야 하며 물건의 설치 보관에 관하여 제3자가 손해를 입은 때에는 이를 배상할 책임을 지도록 되어 있다.

⑥ **목적물 수선의무** : 리스이용자는 약관에 따라서 리스물건이 정상적으로 그 기능을 유지하도록 보전하여야 하며, 이를 위하여 자기의 비용부담으로 그 보수에 관한 계약을 매도인과 체결하도록 되어 있다.

⑦ **표지부착의무** : 리스이용자가 목적물을 인도받은 때에는 지체 없이 그 물건에 리스업자의 소유임을 명시하는 표지를 부착하여야 한다(리스거래약관). 특히, 리스이용자의 재산에 대한 강제집행이 있는 경우에 제3자 이의의 소(민사집행법 제48조)를 리스업자가 제기하는 경우에 필요하다.

⑧ **목적물 불양도의무** : 목적물의 소유권이 리스업자에게 있기 때문에 리스이용자는 리스물건을 타인에게 양도하지 못한다. 리스이용자는 리스업자의 소유권을 침해하거나 제3자로 하여금 그 목적물을 사용·수익하게 하지 못한다.

⑨ **목적물 반환의무** : 리스기간이 종료한 때에는 리스이용자는 리스물건을 리스업자에게 반환하여야 한다. 리스물건의 반환장소는 약관에 따라서 리스업자가 지정하도록 되어 있으며 반환비용은 약관상 리스이용자가 부담하는 경우가 대부분이다.

(4) 리스이용자의 권리

① **목적물 사용권** : 리스이용자는 리스기간 동안 리스물건을 약정된 방법에 따라 사용, 수익할 권리가 있다. 사용장소는 당사자가 미리 약정한 곳이어야 하며 리스업자의 동의 없이 리스물건을 임의로 이동하지 못한다.

② **재리스의 청약** : 리스이용자는 리스기간이 만료한 때에는 약관에 따라 재리스계약의 청약을 할 수 있다. 이 청약은 약관상 리스기간이 만료하기 전(보통 2개월 전)에 하는 것이 상례이며 재리스기간은 1년이 보통이다.

③ **리스계약해지권의 불인정** : 리스이용자는 약관에 의하여 리스기간 중 리스계약을 해지하지 못한다.

03 | 노력(노무)의 이용에 관한 계약

제1절 고용

│ I │ 고용의 법적 성질과 효과

1. 법적 성질

(1) 의의

① 고용은 당사자(노무자) 일방이 상대방(사용자)에 대하여 노무를 제공할 것을 약정하고 상대방이 이에 대하여 보수를 지급할 것을 약정함으로써 성립하는 계약이다(제655조).

② 고용계약은 노동력의 공급 내지 이용을 목적으로 하는 '노무공급계약'의 일종이다.

③ 노무의 종류는 육체적인 것이든 정신적인 것이든 제한이 없다.

(2) 법적 성질

① 고용은 노무의 공급을 목적으로 하는 <u>낙성·쌍무·유상·불요식의 계약</u>이다.

② **유상계약** : 노무 제공에 대한 보수지급은 고용계약의 본질적인 요소이다.

　㉠ 보수에 관한 약정이 없는 것은 고용이 아니라 무명계약에 속한다.

　㉡ 보수의 종류는 제한이 없으므로 금전 이외에 기술의 전수나 물건의 급부도 가능하다.

　㉢ 보수를 정하는 기준으로서 민법상 아무런 제한이 없으나, 동거하는 친족을 사용하는 사업과 가사사용인 이외에 모든 사업장에는 '최저임금제도'가 적용된다(최저임금법 제3조).

③ **종속적 노무관계** : 고용계약에 의한 노무는 사용자의 지휘·명령에 따른 종속적 관계에서 나오는 노무이므로 사용자와 노무자 사이에는 고용관계라는 종속된 노무관계가 존재한다.

④ **계속적 채권관계** : 고용의 종료 사유와 신의칙이 중요하다. 신뢰관계를 중대하게 해치는 사유가 발생하면 고용관계가 즉시 종료하는 것이 아니고 당사자에게 해지권이 부여된다.

⑤ **일신전속적인 성격** : 권리 및 의무의 일신전속성에 반할 경우 양 당사자는 즉시 계약을 해지할 수 있지만 해지시 즉시 소멸하는 것이 아니고 사용자의 동의가 있으면 제3자에게 노무 제공이나 노무 인수 등이 가능하기 때문에 일신전속성이 일정부분 약화되어 단지 상대적인 제한사유가 된다.

(3) 노동법과 근로관계 규율 체계

① **노동법** : 자본주의 경제질서하에서 근로자들의 약점을 보완하기 위하여 노사관계를 규정함으로써 그들의 인간다운 생활과 생존권 확보를 보장하게 하는 법규이다.

② **개별적 근로관계법** : 「근로기준법」, 「최저임금법」, 「선원법」, 「산업재해보상보험법」, 「직업안정법」, 「직업훈련기본법」 등

③ 집단적 노사관계법 : 「노동조합 및 노동관계조정법」, 「근로자참여 및 협력증진에 관한 법률」, 「노사협의회법」 등

(4) 민법과 근로기준법의 관계

① 고용과 관련된 법률관계는 민법과 근로기준법에서 규정하고 있다.

② 근로기준법은 상시 5인 이상의 근로자를 사용하는 모든 사업 또는 사업장에 적용된다. 따라서 고용계약에 관한 민법 규정은 그 적용되는 영역이 매우 좁게 된다.

③ 민법은 5인 미만의 상시 근로자를 사용하는 사업 또는 사업장, 동거하는 친족만을 사용하는 경우와 가사사용인에 대해서만 제한적으로 적용된다. 근로기준법에 규정되지 않은 부분은 민법 제2조의 신의성실 원칙과 권리남용금지의 원칙, 그 밖의 조항이 적용된다.

④ 민법상 고용에 관한 총 9개 조항은 노동법의 일반법적 효력을 가진다.

⑤ 민법은 일반법의 차원에서 대등한 당사자 간의 계약관계를 기준으로 권리와 의무 관계를 정립한 반면, 근로기준법은 특별법으로서 강행규정으로 사용자가 지켜야 하는 의무들을 명시하고 있다. 따라서 특별법인 근로기준법이 일반법인 민법에 우선 적용되며, 민법은 근로기준법에 규정이 없는 경우에만 보충적으로 적용된다.

(5) 근로기준법상 근로자의 개념(근로기준법 제2조 제1항)

① 근로자 : 직업의 종류와 관계없이 임금을 목적으로 사업이나 사업장에 근로를 제공하는 사람을 말한다.

② 임금 : 사용자가 근로자의 대가로 근로자에게 임금, 봉급, 그 밖에 어떠한 명칭으로든지 지급하는 일체의 금품이다(순환논법에 의한 정의).

③ 근로기준법상 근로자에 해당된다면 근로기준법, 고용보험법, 산업재해보상보험법, 근로자퇴직급여보장법 등이 적용되지만, 해당되지 않으면 이러한 법들이 적용되지 않는다.

④ 고용계약은 근로기준법을 적용받는 근로계약으로서 민법의 계약자유원칙을 수정하여 일정한 최저기준을 강제하는 데 반하여, 순수한 형태의 도급 또는 위임계약은 근로기준법의 적용을 받지 않는 것이 원칙이다. 그러나 현실에서는 계약형식은 도급이나 위임이지만 실제로는 노무제공자의 독립성과 재량이 발휘될 여지가 없이 사실상의 사용종속적 관계에서 노무를 제공하는 경우가 많고, 따라서 근로기준법 적용 여부가 문제되는데, 비정규직 고용의 문제 중에서 중요한 부분을 차지하는 특수고용직 노동자의 문제가 이에 해당된다.

판례(대판 2012.5.10., 2010다5441)는 근로기준법상 노동자의 정의에 대하여 "근로기준법상의 근로자에 해당하는지 여부를 판단함에 있어서는 그 계약의 형식이 민법상의 고용계약인지 또는 도급계약인지에 관계없이 그 실질에 있어 근로자가 사업 또는 사업장에 임금을 목적으로 종속적인 관계에서 사용자에게 근로를 제공하였는지 여부에 따라 판단하여야 할 것"이라는 입장을 확립하고 있다. 따라서 원칙적으로는 계약의 명칭이나 형태를 불문하고 사용종속관계가 인정된다면 근로기준법의 적용을 받는 노동자로 볼 수 있다.

(6) 판례 상 사용종속관계의 구체적인 판단기준

① 업무의 내용이 사용자에 의하여 정하여지고 취업규칙 또는 복무(인사)규정 등의 적용을 받으며 업무수행과정에 있어서도 사용자로부터 구체적, 개별적인 지휘감독을 받는지 여부

② 사용자에 의하여 근무시간과 근무장소가 지정되고 이에 구속을 받는지 여부

③ 근로자 스스로가 제3자를 고용하여 업무를 대행케 하는 등 업무의 대체성 유무

④ 비품, 원자재나 작업도구 등의 소유관계

⑤ 보수의 성격이 근로 자체의 대상적 성격이 있는지 여부와 기본급이나 고정급이 정하여져 있는지 여부 및 근로소득세의 원천징수 여부 등 보수에 관한 사항

⑥ 근로제공관계의 계속성과 사용자에의 전속성의 유무와 정도

⑦ 사회보장제도에 관한 법령 등 다른 법령에 의하여 근로자로서의 지위를 인정받는지 여부

＋ 더 알아보기

법원이나 노동부에서 노동자성을 인정하지 않은 사례
- 근무일이나 근무시간에 제한이 없는 경우
- 업무수행방법에 대한 구체적이고 직접적인 지휘감독이 없는 경우
- 기본급 등 고정적인 급여가 없는 경우
- 계약해지 외에 별도의 징계조치가 없는 경우
- 겸업이 가능한 경우
- 4대보험에 가입되어 있지 않은 경우 등

---

(7) 근로기준법상 사용자의 개념(근로기준법 제2조 제1항)

① **사용자** : 근로자의 상대적 개념으로 근로자에게 근로를 지시하고 근로 제공에 대한 대가를 지급해야 하는 자를 말한다.

② **근로기준법상 사용자 범위**

세 가지 유형으로 구분해서 정의한다. 근로기준법의 사용자 정의는 근로관계 당사자로서의 의미보다는 사용자로서 인정되는 범위에 대해 규정하기 위한 것이다.

ⓐ 사업주

ⓑ 경영담당자

ⓒ 기타 근로자에 관한 사항에 대하여 사업주를 위하여 행위하는 자

③ **사용자가 근로자에 대해 수행하는 역할** : 계약체결의 당사자(고용하는 자), 임금지급 의무 및 노무 수령 권한이 있는 자, 업무 지시 및 지휘 감독자, 인사명령 권한 자, 근로자에 대한 안전 및 보건관리 의무 준수자

④ **사용자 여부의 판단(판례)** : 판례에서는 실질적인 종속관계, 임금지급 등의 주체, 실질적인 인사권, 업무지휘명령권 등의 권한 여부 등을 종합적으로 고려하여 판단하고 있다.

ⓐ 사업주 외 사용자 여부 : 위탁, 도급, 파견 등 근로자에게 사업주와 그에게서 위임을 받은 경영담당자 이하 종업원이 아닌 외부 업체가 실질적으로 사용자인지 여부를 다투는 경우

ⓑ 사업주 내 사용자 여부 : 사업주에게서 권한을 위임받은 자에 대해 권한의 정도 및 정당성에 관해 다투는 경우

위수탁관리계약 시 위탁자의 사용자 여부
위수탁관리계약시 위탁자가 사용자로 인정되기 위해서는, <u>수탁자와 근로자 간에 체결한 근로계약이 형식적이고 명목적인 것에 지나지 않고, 근로자들이 사실상 위탁자와 종속적인 관계에서 근로를 제공하고 위탁자가 그에 대한 임금을 지급하는 등, 적어도 묵시적인 근로계약관계가 성립되어있다고 평가되어야 한다.</u> 이를 평가하기 위해 업무내용을 정하고 업무수행에 있어 직접 지휘·감독하였는지 여부, 실질적인 인사권(채용·배치·승진·징계·해고 등) 여부, 위탁자의 임금지급 여부, 수탁자의 인사관리상 독립성, 사업주로서의 독자성 결여 여부 등으로 판단하고 있다(서울행정법원 2001.11.22., 2001구29700).

형식상 대표이사의 사용자 여부
<u>형식상으로는 대표이사직에서 사임하였으나 실질적으로는 사주로서 회사를 사실상 경영하여 왔다면 임금 등 청산의 무위반의 점에 대해 책임을 부담하여야 할 근로기준법상 사용자에 해당한다.</u> 사실상 사업경영담당자에 해당한다면 근로기준법상 사용자에 해당한다(대판 1997.11.11., 97도813).

현장소장의 사용자 여부
비록 건설회사의 현장소장에 지나지 아니하더라도 <u>자신의 책임하에 이 사건 피해자들을 선발, 고용하고 작업을 지휘, 감독하면서 회사로부터 임금명목의 돈을 지급받아 이를 위 피해자들에게 지급하는 업무</u>를 행하여 왔다면, 피고인은 위 피해자들에 대한 관계에 있어서는 '<u>근로자에 관한 사항에 대하여 사업주를 위하여 행위하는 자</u>'에 해당한다(대판 1983.11.8., 83도2505).

(8) 고용계약과 근로계약의 관계

① <u>민법상의 고용계약과 근로기준법상의 근로계약은 서로 다른 정의를 사용하고 있지만, '근로의 제공'과 '임금의 지급'이라는 쌍무계약에 기초를 두고 있으며 근로자와 사용자 간의 '사용종속적인 관계'를 전제한다는 점에서 본질적으로 차이가 없다(판례, 동일설이 다수설임).</u>

<u>근로기준법상 근로자에 해당하는지는 계약의 형식이 고용계약인지 도급계약인지 위임계약인지보다 근로제공 관계의 실질이 근로제공자가 사업 또는 사업장에 임금을 목적으로 종속적인 관계에서 사용자에게 근로를 제공하였는지 여부에 따라 판단하여야 한다.</u>
甲 주식회사와 판매용역계약을 체결하고 백화점에 파견되어 판매원으로 근무하던 乙 등이 甲 회사를 상대로 퇴직금 지급을 구한 사안에서, 乙 등을 비롯한 백화점 판매원들이 지정된 근무장소에서 백화점 영업시간 동안 지정된 물품만을 지정된 가격으로 판매한 점, 백화점 근무 시 백화점 매장관리 지침을 준수하면서 백화점에서 요구하는 통상적인 수준의 서비스 품질을 유지할 것을 요구받은 점, 甲 회사는 전산시스템을 통하여 각 매장의 재고현황을 실시간으로 파악할 수 있었던 점, 甲 회사가 판매용역계약을 체결한 후 내부 전산망을 통하여 乙 등 백화점 판매원들에게 업무와 관련하여 각종 공지를 한 점, 乙 등 백화점 판매원들이 휴가, 병가 등을 사용할 경우 사전 또는 사후에 甲 회사에 보고한 점, 매장에서 사용되는 비품, 작업도구 등이 모두 甲 회사 소유로 무상으로 제공된 점 등을 고려하면, 乙 등 백화점 판매원들은 甲 회사와 판매용역계약을 체결하여 계약의 형식이 위임계약처럼 되어 있지만, <u>실질은 임금을 목적으로 종속적인 관계에서 甲 회사에 근로를 제공한 근로계약관계라고 봄이 타당하다</u>(대판 2017.1.25., 2015다59146).

② 민법 제920조의 미성년자의 행위를 채무로 하는 계약을 대리할 때 법정대리인이 미성년자의 동의를 얻어야 한다는 규정과 근로기준법 제67조 제1항의 친권자나 후견인은 미성년자의 근로계약을 대리할 수 없다는 규정은 양자가 충돌하는 관계에 있다.

① 다수설은 근로기준법이 대리를 금지시키고 있기 때문에 법정대리가 적용되지 않으므로 미성년자가 법정대리인의 동의를 얻어 스스로 근로계약을 체결할 수 있다고 본다.

① 결론 : <u>법정대리인은 절대로 미성년자의 근로계약을 대리하여 체결할 수 없다.</u>

➕ 더 알아보기

근로기준법 제68조(임금의 청구) 미성년자는 독자적으로 임금을 청구할 수 있다.

(9) 강행규정에 위반한 고용계약의 소급적 무효의 효과

① 강행규정을 위반하여 고용계약을 체결한 경우 소급적으로 무효가 되어 제공한 노무에 대하여 보수를 지급받을 수 없는가?

② 고용계약도 의사표시에 의한 법률행위이므로 의사표시의 하자 또는 법률의 위반으로 인한 민법상 무효·취소 요건은 원칙적으로 그대로 적용되어야 한다. 그러나 신의칙이 적용되는 고용계약에서는 일정 부분 제한된다.

③ 고용계약이 무효 또는 취소되었다고 할지라도 사실상 노무자가 노무를 제공하였더라면, 소급효를 제한함으로써 그 기간에 상응할 만한 보수를 지급하도록 하는 것이 필요하다. 이러한 제한의 법적 근거에 대하여 견해대립이 있다.

① **사실적 계약관계론** : 고용계약이 무효 또는 취소되었다고 할지라도 사실상 노무자가 노무를 제공했기 때문에 반대급부(보수)를 청구할 수 있다.

① **청산관계설** : 무효 또는 취소 시 장래에 대해서만 고용의 효력을 부인하는 특수한 청산의 관계가 된다.

2. 고용계약의 효과(노무자의 의무)

(1) 근로계약의 주된 의무(노무제공 의무, 선량한 관리자의 주의 의무)

① 근로자는 근로계약서에 기재된 업무를 정해진 시간과 장소에서 성실하게 제공해야 하는데 근로자의 귀책사유로 근로제공 의무를 이행하지 못하게 되면, 사용자는 근로자에게 손해배상을 청구하거나 근로계약을 해지할 수 있다(제390조).

② 노무자는 사용자의 지시 명령에 따라 노무를 제공하여야 한다.

③ 노무자가 노무를 제공하면서 사용자의 지시 명령에 따르지 아니할 경우에는 채무불이행으로 인한 손해배상책임을 부담하며, 당사자 간의 특약이나 법률의 규정이 있으면 사용자로부터 징계를 받을 수 있다.

④ 노무자는 **선량한 관리자의 주의**를 다해서 노무를 제공하여야 한다. 노무자가 선관주의의무를 위반한 경우에는 손해배상할 책임이 있다.

(2) 근로계약의 부수의무 : 성실의무와 보호의무

① 계약당사자의 신의성실 원칙에 따른 의무로 근로자는 성실의무를, 사용자는 보호의무를 부담한다.

② 근로계약에 규정이 없어도 근로자는 근로관계에 있어 사용자의 이익을 침해하는 행위를 하지 않고 그 이익을 보호해야 하는 성실의무를 진다. 그러한 성실의무에는 영업비밀 유지업무, 충실의무, 경쟁업체에 대한 겸업금지 규정, 청렴의무 등을 진다.

③ 영업비밀 유지의무

필기구 제조업체의 연구실장으로서 영업비밀에 해당하는 기술정보를 습득한 자가 타 경쟁회사로부터 고액 급여와 상위 직위를 보장받기로 하고 전직한 후 경쟁 회사에 그 전 회사의 기술정보를 공개하고 이를 사용해 잉크를 생산한 행위는 영업비밀 유지의무 위반행위에 해당한다.

　㉠ 판례(대판 2011.7.14., 2009다12528) : "계약관계 존속 중은 물론 종료 후라도 또한 반드시 명시적으로 계약에 의해 비밀유지의무를 부담하기로 약정한 경우뿐만 아니라 그러한 규정이 없었다고 하더라도 신의성실의 원칙 또는 묵시적으로 그러한 의무를 부담하기로 약정했다."

　㉡ 부정경쟁방지 및 영업비밀보호에 관한 법률 : 영업비밀유지를 규정하고 이를 위반한 데 대한 손해배상책임과 형사책임을 부과하고 있다. 그러나 근로자 퇴직 후의 영업비밀 유지기간은 직업선택의 자유를 제한할 우려가 크기 때문에 제한적으로 해석한다.

④ 충실의무 위반 : 회사의 영업비밀을 이용해 개인의 이득을 취하는 경우에 영업비밀유지 의무위반에 해당한다. 이를 위반해 해고한 조치는 정당하다.

　예 도시개발공사 소속 근로자의 부동산투기행위는 객관적으로 그 공사의 사회적 평가에 심히 중대한 악영향을 미치는 것으로 충실의무 위반으로 평가될 수 있다.

⑤ 겸직 금지의 위반 : 노무자는 일정한 경우에 사용자의 사업과 동일한 업무를 하지 않을 경업피지의무를 부담한다(상법 제17조 제1항). 이 의무는 고용계약이 종료한 뒤에도 인정한다. 기업질서나 노무제공에 지장이 없는 겸직까지 전면적, 포괄적으로 금지하는 것은 부당하다.

⑥ 청렴의무 위반 : 근로자가 성실의무를 위반한 경우, 해고예고 없이 즉시 해고할 수 있다.

3. 고용계약의 효과 : 사용자의 의무

(1) 사용자의 보수 지급 의무

① 사용자는 노무제공에 대한 대가(임금)를 노무자에게 제공해야 한다. 또한 사용자가 근로자의 근로를 수용하지 못한 경우에도 임금 전액을 지급해야 한다(제538조).

② 노무제공에 대하여 보수는 금전으로 지급하는 것이 보통이지만, 금전 이외의 지급을 약정할 수 있다.

③ 근로기준법상 임금(보수)은 통화로 지급하여야 하고, 직접 근로자에게 전액을 지급하여야 한다(근로기준법 제43조 제1항).

④ 보수액과 지급시기 결정기준(약정 → 관습 → 후불)

보수는 약정한 시기에 지급하여야 하며, 시기의 약정이 없으면 관습에 의하고 관습이 없으면 약정한 노무를 종료한 후 지체 없이 지급하여야 한다.

⑤ 고용계약의 보수지급은 후급이 원칙이므로 노무자는 동시이행항변권을 행사할 수 없다. 단, 당사자 간 합의에 의해 보수를 사전지급하는 것도 가능하다.

⑥ 일정한 기간을 단위(1주간, 1개월간, 1년간 등)로 보수를 약정할 경우에는 그 시기가 경과한 후에 지급한다.

⑦ 근로기준법은 임금을 적어도 월 1회 이상 일정기에 지급하여야 한다고 규정하고 있다(근로기준법 제43조 제2항).

⑧ 사용자는 전차금 기타 근로할 것을 조건으로 하는 전대채권과 임금을 상계하지 못한다(근로기준법 제21조).

⑨ 보수청구권은 일정한 한도(1/2 상당액)에서 압류가 금지된다(민사집행법 제246조).

➕ 더 알아보기

고용관계에 관한 특별법
최저임금법, 근로기준법, 남녀고용평등법

---

⑩ 민법상 보수채권은 1년간 행사하지 않으면 시효로 소멸한다(제164조). 그러나 근로기준법상의 근로자의 임금 채권은 3년의 소멸시효에 걸린다(근로기준법 제49조).

(2) 노무 제공이 불능인 경우의 보수 청구 여부

① 노무자의 노무 급부가 양당사자의 책임 없는 사유로 실현 불가능하게 된 때에는 민법 제537조 채무자위험부담주의를 적용하여 노무자는 원칙적으로 사용자에 대하여 보수지급청구권을 행사할 수 없게 된다.

② 사용자의 경영상 장애로 인해 노무자가 노무를 제공하지 못했을 경우에는 노무자의 보수지급청구권 즉 대가위험이 채권자인 사용자에게 이전될 것인가? 이에 대해 통설(지배영역설)은 공장의 소실, 주문의 감소, 판매부진 등 경영상 장애가 **노무제공의 객관적 불능**이라면 민법 제537조의 **채무자위험부담주의** 원칙이 적용되어 노무자의 보수지급청구권이 상실될 것이나, 사용자의 귀책사유로 인한 장애라든지 수령지체 중에 불능이라면 민법 제538조 제1항이 적용되어 보수지급청구권은 상실하지 않고 노무자는 임금 전액을 청구할 수 있다.

③ 노무자의 귀책사유로 노무제공이 불능인 경우 : 노무자는 보수를 청구할 수 없다. 그러나 이 경우에도 당사자 간 특약으로 보수 지급을 약정하는 것은 가능하다.

④ 사용자의 귀책사유로 노무제공이 불능인 경우 : 노무자는 노무 제공 의무를 면함과 동시에 보수를 청구할 수 있다. 그러나 이 경우에 노무자가 노무제공이 불가능한 기간 중에 다른 직장에 종사하여 이익(중간이익)을 얻은 경우에는 이를 사용자에게 상환하여야 한다(제538조 제2항). 근로기준법에서는 이 경우 사용자는 노무자에게 평균 임금의 70/100(70%) 이상을 지급하도록 규정하고 있다(근로기준법 제46조).

(3) 보호의무와 위반의 효력

① 사용자는 근로계약에 내재된 신의성실원칙에 따른 근로자를 보호해야 하는 의무를 진다. 대표적인 것이 안전을 배려할 의무, 파견근로자에 대한 사용사업주의 의무, 직장내 성희롱예방 의무 등이다.

② 파견근로자에 대한 사용사업주의 의무 : 근로자파견관계에 있어 근로계약이 없는 파견근로자가 사용사업주 업무를 수행하다가 업무상 사고를 당한 경우 사용사업주는 그 재해를 당한 파견근로자에 대해 사용자 책임을 진다.

③ 직장 내 성희롱예방 의무 : 이를 위반한 경우에는 사용자는 남녀고용평등법을 위반한 형사처벌뿐만 아니라 불법행위에 따른 손해배상 책임을 진다.

(4) 사용자의 안전배려의무

① 사용자는 근로계약에 수반되는 신의성실 원칙에 따라 근로자가 노무를 제공하는 과정에서 생명, 신체, 건강을 해치는 일이 없도록 필요한 조치를 마련해야 할 보호의무를 부담한다. 이러한 의무를 위반해 근로자가 손해를 입은 경우 채무불이행으로 인한 손해배상책임을 진다.

② 노무자는 사용자에게 적절한 조치를 취할 것을 요구하거나 이를 위반한 행위의 중지 또는 개선을 요구할 수 있다.

③ 사용자가 위 의무를 이행하지 않아서 급부를 계속할 수 없을 정도로 급박한 위험이 현존하는 경우에는 노무자는 작업을 중지할 수 있다.

(5) 중대재해처벌법(2022.1.27. 시행)

① 물류창고 건설현장 화재사고, 가습기 살균제 사건과 같은 중대재해를 예방하기 위해 제정하였다.

② 시민·종사자의 생명·신체를 보호하기 위한 사업주·경영책임자의 안전·보건조치 의무를 규정하고 있으며, 사업주·경영책임자가 고의 또는 중대한 과실로 안전·보건조치 의무를 위반하여 중대재해가 발생한 경우 처벌한다.

③ 의무이행주체

　㉠ 사업주 : 자신의 사업을 영위하는 자, 타인의 노무를 제공받아 사업을 하는 자

　㉡ 경영책임자 등 : 사업을 대표·총괄하는 권한과 책임이 있는 사람 또는 이에 준하여 안전보건에 관한 업무를 담당하는 사람(중앙행정기관, 지방자치단체장, 지방공기업의 장 등)

④ 적용범위 : 상시근로자 5인 이상의 사업·사업장의 사업주 또는 경영책임자 등

⑤ 적용시기

　㉠ 상시근로자 50인 이상 사업장 : 2022.1.27. 시행

　㉡ 상시근로자 50인 미만 사업장 : 2024.1.27. 시행

⑥ **의무이행사항** : 사업주, 경영책임자 등이 실질적으로 지배·운영·관리하는 사업 또는 사업장에서 종사자(산업재해)와 원료·제조물, 공중이용시설, 공중교통수단의 안전·보건상 유해 또는 위험을 방지하기 위한 조치 의무

구 분		재해요건	경영 책임자 등 처벌	법인·기관 양벌규정
중대산업재해	사 망	1명 이상	1년 이상 징역 또는 10억 원 이하 벌금	50억 원 이하의 벌금
	부 상	2명 이상 (6개월 이상 치료)	7년 이하의 징역 또는 1억 원 이하 벌금	10억 원 이하의 벌금
	질 병	직업성 질병자 연간 3명 이상		
중대시민재해	사 망	1명 이상	1년 이상 징역 또는 10억 원 이하 벌금	50억 원 이하의 벌금
	부 상	10명 이상 (2개월 이상 치료)	7년 이하의 징역 또는 1억 원 이하 벌금	10억 원 이하의 벌금
	질 병	10명 이상 (3개월 이상 치료)		

│ Ⅱ │ 고용계약의 해지와 종료

1. 민법이 정한 고용의 종료 : 3가지 유형

고용관련 민법 9가지 조항 중 5개가 고용계약 해지와 관련이 있다. 민법에 의한 계약종료는 당사자 간의 대등한 계약이므로, 필요한 경우에 자유롭게 해지할 수 있다는 것을 전제로 하고 있다.

(1) 고용기간이 만료된 경우

고용기간이 만료한 때에 고용이 종료하며, 일정한 요건하에 묵시의 갱신을 인정한다(제662조).

① **고용기간의 만료와 예외** : 당사자가 고용기간을 정한 경우 그 기간의 만료로 고용은 종료한다. 다만, 고용기간이 만료되기 전에 또는 만료된 후에도 당사자의 합의로 이를 갱신할 수 있다.

② 고용기간이 만료한 후에 갱신의 합의 없이 근로자가 계속해서 노무를 제공하고 이에 대해 사용자가 상당한 기간 내에 이의를 제기하지 않는 경우, 당사자의 의사로 간주해 전 고용과 동일한 조건으로 다시 고용한 것으로 본다(제662조 제1항).

③ 다만 기간의 정함이 없는 고용의 경우 당사자는 언제든지 계약해지의 통고를 할 수 있고, 그 통고를 받은 때부터 1개월이 지나면 해지의 효력이 생긴다(제662조, 제660조).

④ **묵시의 갱신** : 고용기간이 만료한 후 노무자가 계속하여 그 노무를 제공하는 경우에 사용자가 상당한 기간 내에 이의를 하지 아니한 때에는 이전의 고용과 동일한 조건으로 다시 고용한 것으로 본다(대판 1986.2.25., 85다카2096). 그러나 당사자는 민법 제660조의 규정에 의하여 해지통고를 할 수 있다. 이 경우에는 이전의 고용에 대하여 제3자가 제공한 담보는 기간의 만료로 인하여 소멸한다.

당초의 해외취업 계약기간이 1년이었다면 그 연장계약기간도 특단의 사정이 없는 한 1년으로 연장되었다고 보아야 하며 이에 반하는 주장을 하는 경우 그 주장자에게 입증책임이 있다(대판 1986.2.25., 85다카2096).

(2) 약정기간이 3년을 넘거나 또는 기간의 약정이 없는 경우

당사자에게 해지통고권을 부여하며, 해지 통고 후 일정기간이 경과하면 해지 효력이 발생한다(제659조, 제660조).

① 기간의 정함이 있는 고용계약의 최장기간을 3년으로 제한하고 있다. 이는 고용기간을 길게 함으로써 노무자에게 불이익을 주지 않기 위한 것이다. 고용기간이 짧아야 근로자를 보호할 수 있다는 민법상 대등한 당사자 계약의 특징이다.

② 3년 이상의 경과와 해지통고권 : 고용의 약정기간이 3년을 넘거나 또는 당사자의 일방 혹은 제3자의 종신까지로 된 때에는, 각 당사자는 3년을 경과한 후 언제든지 계약해지의 통고를 할 수 있다(제659조). 이 경우 상대방이 해지의 통고를 받은 날로부터 3개월이 지나면 해지의 효력이 생긴다.

③ 기간의 약정이 없는 고용의 해지통고 : 고용기간의 약정이 없는 때에는 각 당사자는 언제든지 계약해지의 통고를 할 수 있다(제660조). 그 경우 상대방이 해지의 통고를 받은 날로부터 1개월이 경과하면 해지의 효력이 생긴다. 다만 기간으로 보수를 정한 때에는, 통고를 받은 당기 후의 1기를 경과함으로써 해지의 효력이 생긴다.

기간의 정함이 있는 근로관계가 반복되는 근로관계인 경우에는 이를 통상 연쇄적 근로관계라고 한다. 이러한 계약형태는 사용자가 기간을 정한 계약을 연속적으로 체결함으로써 근로자의 해고를 용이하게 하려는데 목적이 있다면 이러한 행위는 근로기준법 위법이라 할 것이다(대판 2022.1.13., 2019다218837).

(3) 특정한 사유가 있는 경우

해지권의 발생을 인정한다(제657조, 제658조, 제661조, 제663조).

① 부득이한 사유와 해지권 : 고용기간의 약정이 있는 경우에도 부득이한 사유 있는 때에는 각 당사자는 계약을 해지할 수 있다.

② 그러나 그 사유가 당사자 일방의 과실로 인하여 생긴 때에는 상대방에 대하여 손해를 배상하여야 한다.

(4) 그 밖의 경우

다음의 경우에는 고용계약을 즉시 해지하여 통고할 수 있다. 상대방에게 그 통지가 도달한 때부터 통고기간이 필요 없이 해지의 효력이 생긴다.

① 사용자가 근로자의 동의 없이 그 권리를 제삼자에게 양도한 경우(제657조 : 권리의무의 전속성)

② 사용자가 약정하지 아니한 노무의 제공을 요구한 때나 근로자가 약정한 기능이 없는 경우(제658조 : 노무의 내용과 해지권)

근로자가 약정한 기능을 갖고 있는지 여부를 판단하기 위해 고용계약 체결 시 피용자의 자격증명에 관한 사항을 계약서에 기재하는 방법이 사용되고 있다.

③ 고용기간의 약정이 있는 경우에도 부득이한 사유가 있는 때에는 당사자는 계약을 해지할 수 있다(제661조 : 부득이한 사유와 해지권).

④ 고용기간의 약정이 있는 때에도 사용자가 파산선고를 받은 경우에는 노무자 또는 파산관재인은 계약을 즉시 해지할 수 있다(제663조 : 사용자파산과 해지통고). 이 경우에는 각 당사자는 계약해지로 인한 손해 배상을 청구하지 못한다(제663조). 노무자의 파산은 관계없고 계속 고용관계가 유지된다.

➕ 더 알아보기

노무자의 사망으로 고용관계는 자동적으로 종료되며(따라서 고용계약을 해지할 필요가 없음), 사용자의 사망은 고용관계를 종료시키지 못하는 것이 원칙이다. 단 고용계약상 약정에 따라 소멸하는 경우도 있다.

---

(5) 권리의무의 전속성과 고용계약의 해지

① 사용자는 노무자의 동의 없이 그 권리를 제3자에게 양도하지 못한다.

② 노무자는 사용자의 동의 없이 제3자로 하여금 자기에 갈음하여 노무를 제공하게 하지 못한다. 당사자 일방이 이 규정에 위반한 때에는 상대방은 계약을 해지할 수 있다.

2. 근로계약 해지권에 대한 제한

(1) 근로기준법상 사용자의 근로계약에 대한 일방적 해지권 제한

① 근로기준법에서는 사용자는 정당한 이유 없이 근로자에게 해고, 휴직, 정직, 감봉, 기타의 벌을 하지 못한다고 명시하고 있다(근로기준법 제23조).

② 따라서 사용자가 근로계약을 일방적으로 해지하는 것은 부당해고가 돼 법적으로 부당해고 구제신청의 대상이 된다.

(2) 고용기간의 만료와 예외

① 근로계약 기간을 정한 경우 기간의 만료, 업무완성에 필요한 기간을 정했거나 정년제 근로자가 정년에 도달한 경우 등은 근로관계의 자동 소멸 사유로서 해고에 해당되지 않는다.

② 기간의 정함이 있는 근로계약의 경우에도 원칙적으로 2년을 초과하는 경우에는 기간의 정함이 없는 무기계약직으로 계약의 형태가 변경돼 정년이 될 때까지 고용이 된다고 본다(기간제 및 단시간 근로자 보호 등에 관한 법률 제4조).

(3) 정당한 이유 없는 해고의 금지

① 사용자는 근로자에게 정당한 이유 없이 해고, 휴직, 정직, 전직, 감봉, 그 밖의 징벌(懲罰)을 하지 못한다(근로기준법 제23조 제1항).

정당한 이유
사회통념상 근로계약을 계속시킬 수 없을 정도로 근로자에게 책임 있는 사유가 있는 경우를 말한다(대판 1992.4. 24., 91다17931).

② 경영상 이유에 의한 해고에서 사용자가 근로기준법 제24조 제1항부터 제3항까지의 규정에 따른 요건을 갖추어 근로자를 해고한 경우에는 근로기준법 제23조 제1항에 따른 정당한 이유가 있는 해고를 한 것으로 본다(근로기준법 제24조 제5항).

③ 해고에 정당한 이유가 있다는 점의 주장·입증책임은 사용자에게 있다(대판 1992.8.14., 91다29811).

(4) 정리해고의 제한

사용자는 경영상의 이유에 의해 근로자를 해고할 경우 ① 긴박한 경영상 필요가 있어야 하고, ② 해고 회피노력을 다해야 하며, ③ 해고대상자를 합리적이고 공정한 기준을 정해 선정해야 하고, ④ 근로자 대표에 해고 50일 전에 통보하고 해고 회피노력과 해고대상자 선정에 관해 협의해야 한다(근로기준법 제24조).

(5) 해고시기의 제한

① 사용자는 근로자가 업무상 부상 또는 질병의 요양을 위해 휴업한 기간과 그 후 30일 동안, 산전 산후의 여성이 근로기준법에 따라 휴업한 기간과 그 후 30일간은 해고하지 못한다(근로기준법 제23조).

② 이를 위반해 근로자를 해고한 경우 벌칙조항이 적용되고, 사법상 무효가 된다.

③ 다만, 사용자가 업무상 부상 또는 질병에 대해 일시보상을 했거나 사업을 계속할 수 없는 경우에는 예외적으로 해고 시기의 제한을 받지 않는다(근로기준법 제23조).

(6) 해고절차의 제한

① 해고의 예고 : 사용자는 근로자를 해고하려면 적어도 30일 전에 예고해야 하고, 30일 전에 예고를 하지 않은 때에는 30일분 이상의 통상임금을 지급해야 한다(근로기준법 제26조).

② 해고의 서면통지 : 사용자는 근로자를 해고하려면 해고의 사유와 시기를 서면으로 통지해야 한다. 이 서면의 통지가 없는 경우에는 해고의 효력이 없다(근로기준법 제27조).

(7) 노동유연성과 고용계약의 해지

① 노동유연성 : 외부 환경변화에 인적자원이 신속하고도 효율적으로 배분 또는 재배분되는 노동시장의 능력을 말한다.

② 해고의 자유(외부적 수량적 유연성) : 한국 전체 노동자 중 41%가 비정규직에 속한다. 사용자는 비정규직을 계약기간 종료를 이유로 자유로이 해고가 가능하다. 보험설계사·대리운전기사·학습지교사·택배기사 등 법적으로 노동자로 인정받지 못하지만, 사실상 노동자에 해당하는 특수고용 노동자는 전체 취업자의 약 10%인 230만 명 정도이다.

③ **근로시간, 임금 조정의 자유(내부적 수량적 유연성)** : 탄력적 근로시간제, 선택적 근로시간제 등 사용자가 수요에 따라 업무시간을 조절할 수 있는 유연근로시간제도가 법적으로 보장된다. 사용자는 연봉제·성과급제 도입 등을 통해 임금의 유연성을 넓게 확보할 수 있다.

④ **외부화(파견·용역·하도급 등 간접고용의 자유)** : 대부분 업종에서 파견노동자를 사용할 수 있으며, 파견허용업종에서 제외된 제조업·건설공사현장 등은 사내·사외 하도급을 통해 같은 효과를 누릴 수 있다. 청소·경비·보안·주차 등 간접업무에는 주로 간접고용을 사용한다.

⑤ **기능적 유연성(배치전환의 자유)** : 배치전환에 대해 판례는 업무상 필요한 범위 내에서 상당한 재량을 인정한다.

제2절   도 급

| I | 도급의 법률관계상 특징

1. 도급의 본질과 특성

(1) 도급의 의의

① 당사자 일방이 어느 '일을 완성'할 것을 약정하고 상대방이 그 일의 결과에 대하여 보수를 지급할 것을 약정함으로써 효력이 생기는 계약이다.

② '일'은 노무에 의하여 생성되는 결과물로 유형적인 것(예 건물 건축, 선박 제조, 도로 건설, 가구 제작 등)뿐만 아니라 무형적인 것(예 음악 연주, 통역, 연극 공연 등)도 가능하다.

③ 도급에서 도급인은 완성된 결과에 대하여만 보수를 지급한다. '일'을 완성하지 못하면 채무를 이행하지 못한 것이 되고, 보수는 그 일부에 관하여도 청구할 수 없는 것이 원칙이다.
    예 환자가 의사 또는 병원과 계약을 체결할 때, 병을 완전히 고치는 것을 목적으로 하면 도급이 되며, 이 경우 병을 완치하지 않으면 보수나 비용을 청구할 수 없다. 이에 반해 환자가 의사 또는 병원과 치료를 받기 위한 통상의 계약은 위임이 되며, 이 경우 병을 완치하지 못해도 일정한 치료 행위를 하였으면 보수나 비용을 청구할 수 있다.

④ **수급인의 재량권** : 수급인은 일의 완성을 위해 재량을 가지고 노무를 제공한다. 이런 수급인의 재량권은 도급의 취지에 따른 도급인의 포괄적인 지시 아래에서의 재량이다.

⑤ **신뢰관계** : 도급에서 도급인과 수급인 간 인적 신뢰관계는 일의 완성을 위한 수단에 불과하므로, 고용 및 위임에 비해 그 신뢰관계는 강도가 약하다.

(2) 도급과 하도급의 비교[건설산업기본법 제2조(정의)]

① **도급** : 원도급, 하도급, 위탁 등 명칭과 관계없이 건설공사를 완성할 것을 약정하고, 상대방이 그 공사의 결과에 대하여 대가를 지급할 것을 약정하는 계약

② **하도급** : 도급받은 건설공사의 전부 또는 일부를 다시 도급하기 위하여 수급인이 제3자와 체결하는 계약

③ 수급인 : 발주자로부터 건설공사를 도급받은 건설사업자

④ 하수급인 : 수급인으로부터 건설공사를 하도급받은 자

⑤ '하도급거래공정화에 관한 법률'상의 건설하도급 거래는 건설업자가 발주자의 지위를 갖고 공사의 일부를 다른 사람에게 위탁하는 경우도 적용되며, 하도급법이 적용되는 하도급 거래에는 하도급법이 건설산업기본법에 우선하여 적용된다.

⑥ 민법은 하도급을 별도로 규정하고 있지 않으므로, 계약자유 원칙에 입각하여 하도급은 수급인의 자유이다. 그러나 도급은 인적 신뢰관계를 기초로 하므로 수급인의 변경 또는 일의 주요한 부분에 대한 제3자에 대한 재도급이 배신적 행위로 되는 경우에는 하도급은 원도급 계약의 해제사유가 된다고 보아야 한다.

(3) 근로자파견[파견근로자 보호 등에 관한 법률(파견법) / 도급의 차이]

① 근로자파견 : 파견사업주가 근로자를 고용한 후 그 고용관계를 유지하면서 근로자파견계약의 내용에 따라 사용사업주의 지휘ㆍ명령을 받아 사용사업주를 위한 근로에 종사하게 하는 것이다(파견근로자 보호 등에 관한 법률 제2조 제1호).

② 현행 파견법은 경비, 청소, 주차 관리, 자동차 운전, 통ㆍ번역 등 32개 업종에만 파견을 허용하고 주조 금형 용접 등 '뿌리산업'을 비롯한 제조업에는 금지하고 있다. 파견이 허용된 업종이라도 2년 이상 파견근로자를 사용하면 원청이 직접 고용해야 한다.

> **판례**
>
> 파견근로자는 사용사업주가 '직접고용의무'를 이행하지 아니하는 경우에는 그를 상대로 고용 의사표시를 갈음하는 판결을 구할 사법상의 권리가 있고, 판결이 확정되면 사용사업주와 파견근로자 사이에 직접 고용관계가 성립한다(대판 2016.7.22., 2014다222794).

③ 근로자파견의 경우 사용사업주가 파견근로자를 지휘ㆍ명령해 사용사업주를 위한 근로에 종사토록 하지만, 도급은 수급인이 직접 소속 근로자를 지휘ㆍ명령하여 일을 완성해야 하는 차이가 있다.

④ 파견법상 '근로자파견'에 해당하는지 여부 판단은 파견사업주, 수급인, 수임인 등(파견사업주 등)이 사업주로서의 실체를 갖추고 있는지를 기준으로 한다. 파견사업 상 근로자들은 파견법에 의해 보호를 받고, 고용노동부의 허가를 받지 않은 불법 파견 업체는 처벌을 받게 된다.

(4) 사내하도급(사내하청) / 도급의 차이

① '파견근로자보호법(파견법)'은 경비와 청소 등 32개 업종에만 파견근로를 허용하기 때문에, 제조업체는 고용 유연성을 확보해야 할 때 사내하도급을 활용하는 경우가 많다.

② 사내하도급은 원도급업체가 자기 사업장 내에서 이루어지는 업무의 일부를 하도급업체로 하여금 수행토록 하는 도급 유형을 말한다.

③ 사내하도급과 근로자 파견은 모두 비정규직 고용 형태이다.

④ 사내하도급은 업무의 구체적인 지휘명령권이 일감을 받은 하수급업자(고용주)에게 있지만, 근로자 파견은 업무의 구체적인 지휘명령권이 일감을 발주한 원청업체에 있다. 사내하도급에서 원도급업체가 구체적인 업무 지시를 하면 불법 파견이 된다.

⑤ 사내하도급은 조선, 자동차, 철강, 기계, 금속 업종 등 국내 주요 제조업체에서 광범위하게 활용되고 있는데, 원청업체 근로자와의 차별 및 고용불안에 시달려 문제가 제기되어 왔다.

　　예 사내하도급은 원도급 업체에서 2년 초과해서 근무하더라도 해당 업체의 정규직이 될 수 없는 반면, 파견 근로자는 2년 초과 근무 시 원도급업체가 정규직으로 직접 고용해야 한다.

⑥ **근로자 공급** : 근로자공급은 근로자공급사업주가 자신의 지배 하에 있는 근로자를 타인(사용사업주)으로 하여금 사용하게 하는 것(직업안정법 제33조)을 말한다.

(5) 도급계약과 위임, 용역계약의 차이

① **위임** : 당사자 일방이 상대방에 대해 사무처리를 위탁하고 상대방이 이를 승낙함으로써 성립하는 계약이다(제680조). 위임관계에서는 위임자와 수임자 간에 근로기준법상의 사용종속관계가 존재하지 않는다.

② **용역계약** : 자재나 금전을 투입하지 않고 기술과 인력만 투입하는 계약이다. 계약 내용에 따라 민법상 도급, 위임 등에 해당될 수 있다.

　　예 경비용역(경비업법), 청소용역(공중위생관리법), 설계·기술용역(엔지니어링산업진흥법)

③ 도급에 있어서는 수급인 자신이 노무를 제공하였더라도 약속한 일을 완성하지 않는 한 보수를 청구할 수 없는 것이 원칙이고 일을 완성하면 지출되지 않은 경비라도 계약금액 전액을 받을 수 있다. 반면 용역계약은 일종의 사무처리 위탁이 있어 계약금액 중에 지출되지 않은 금액(불합리하게 집행한 금액 등 포함)은 정산 또는 반납해야 한다.

판례

아파트 청소·경비를 목적으로 한 용약계약은 위임계약
입주자대표회의와 주택관리업자의 법률관계가 민법상 위임관계이고, 퇴직급여충당금은 위임사무를 처리하는 데 필요한 선급비용(제687조 참조)으로서 수임인인 주택관리업자는 위임인에게 남은 선급비용을 반환해야 한다(대판 2015.11.26., 2015다227376).

④ 도급은 일이 완성되지 않은 것 자체가 계약위반에 해당한다. 일의 완성이 도급의 목적이기 때문이다. 반면 위임은 일의 완성여부가 문제되지 않고 일의 처리가 적절했는지 여부가 중요하다. 따라서 위임은 결과와 상관없이 일을 처리하는 데 최선을 다했다면 계약위반은 인정되지 않는다.

(6) 총액방식과 단가방식(공사, 납품대금 산정 방식)

① 총액방식에 따르면 대금을 총액으로 정하게 된다. 반면에 단가방식에 따르면 개별공정이나 항목에 대한 단가와 요율을 근거로 대금을 정하게 된다.

② 총액방식의 경우에는 공사비가 상승하게 되면 수급인이 원칙적으로 공사비 상승분을 부담하게 된다. 반면에 단가방식에서는 도급인이 원칙적으로 단가상승의 위험을 부담하게 된다.

③ 물품납품 계약을 체결하는 경우에, 총액방식에서는 대금을 총액으로 산정해 물품을 납품하게 되고 단가방식에서는 개별 항목의 가격을 토대로 대금을 산정하게 된다.

(7) 프리랜서 계약

① 프리랜서 : 특정한 회사에 소속되지 않고 독자적으로 일을 하는 사람을 일컫는 말로, 작가, 음악가, 기자 및 컴퓨터프로그램 개발자 등 다양한 직업군의 사람들을 말한다.

② 프리랜서 계약 : 민법상 위임계약 또는 도급계약에 해당하며, 근로기준법상 근로자와 사용자 간의 근로계약이 아닌 계약이다.

③ 프리랜서 계약은 사용자가 근로기준법상의 의무를 부담하지 아니하는 범위 내에서 타인에게 사무를 위임하거나 용역을 의뢰하고자 할 때 체결하는 것이 일반적이다.

④ 어떠한 계약이 프리랜서 계약인지 근로기준법의 적용을 받는 근로계약인지 여부는 계약의 형식보다는 그 실질이 근로자가 사용자에 대한 종속적 관계('사용종속관계')에서 임금을 목적으로 사용자에게 근로를 제공하였는지 여부에 따라 판단한다.

> **판례**
>
> 사용자가 정한 취업규칙 또는 복무(인사)규정 등이 적용되는지, 기본급이나 고정급이 정해져 있는지, 근로소득세를 원천징수하는지, 사회보장제도에 관하여 근로자로 인정되는지 등의 사정은 사용자가 경제적으로 우월한 지위를 이용하여 임의로 정할 여지가 크기 때문에, 그러한 점들이 인정되지 않는다고 해서 그것만으로 근로자성이 부인되지는 않는다(대판 2019.11.28., 2019두50168).

2. 도급의 법적 성질

(1) 유상·쌍무계약

① 일의 완성과 보수 지급이 견련성을 가지는 대가적 관계인 쌍무계약이다.

② 도급은 보수를 지급하는 것을 원칙으로 하며 보수는 금전으로 후불 지급하는 것이 원칙이다. 그러나 당사자 간 약정으로 선급 또는 분할급으로 정할 수 있다.

③ 수급인이 노무를 제공하였더라도 약정한 결과(일의 완성)가 발생하지 않으면 보수를 청구할 수 없다.

(2) 낙성·불요식계약

① 도급은 당사자 간 합의로 성립(낙성계약)하며, 특별한 방식을 요구하지 않는다(불요식계약).

② 건설공사(토목·건축 등)에 관한 도급계약을 체결할 때에는 반드시 도급 금액·공사기간 등 일정한 사항을 계약서에 명기하여야 한다(건설산업기본법 제22조 제2항). 그러나 이러한 서면 작성규제는 행정적 감독을 위한 취지이므로 요식행위가 아니며, 서면으로 작성하지 않은 건설공사의 도급계약이 무효가 되는 것은 아니다.

｜Ⅱ｜ 제작물공급계약 기출 20

1. 법적 성질

(1) 의 의

① 당사자의 일방이 상대방의 주문에 따라 자기 소유의 재료를 사용하여 만든 물건을 공급하기로 하고 상대방이 대가를 지급하기로 약정하는 계약이다.

② **구성요건** : 물건 제작의 주문, 수급인의 재료, 제작물의 인도(제작물의 소유권의 양도)

(2) 법적 성질 : 하자담보책임에 관하여 매매에 관한 민법 제580조를 적용할 것인지, 도급에 관한 민법 제667조 이하 규정을 적용할 것인지의 문제이다.

① 대체물인 경우 → 매매의 성질

② 부대체물인 경우 → 도급의 성질

판례

제작물공급계약은 그 제작의 측면에서는 도급의 성질이 있고 공급의 측면에서는 매매의 성질이 있어 대체로 매매와 도급의 성질을 함께 가지고 있으므로, 그 적용 법률은 계약에 의하여 제작 공급하여야 할 물건이 대체물인 경우에는 매매에 관한 규정이 적용되지만, 물건이 특정의 주문자의 수요를 만족시키기 위한 부대체물인 경우에는 당해 물건의 공급과 함께 그 제작이 계약의 주목적이 되어 도급의 성질을 띠게 된다(대판 2010.11.25., 2010다56685).

판례에서 '부대체물'에 관한 계약이므로 '도급'의 성질을 가진다고 본 사례들 : 승강기 제작·설치계약, 성형압출기 제작·설치계약, 철망생산기계 제작·공급계약, 폐수처리장치 제작·설치계약, 율무, 코코아 등의 국산차 자동포장 기계

---

(3) 제작물공급계약의 특징

① 제작물공급계약은 주문자가 공급자에게 제조 자체에 대해서가 아니라 제조물이 '공급'되는 데 대하여 대가를 지급할 의무를 지는 점에서 전형적 도급계약과 다르다.

② 여기서 '공급'이란 기본적으로 인도 및 소유권을 이전하는 것을 의미한다. 다만 공급자가 제작물을 주문자 측의 장소에 설치하고 시운전까지 하는 급부의무까지 지는 경우에는 설치 및 시운전까지 완료되었을 때 '공급'되었다고 한다.

③ 제작물공급계약은 주문자의 지시가 있으면 이에 따르면서 물품을 제작할 의무를 내포한다는 점에서 전형적 매매계약과 다르다.

④ 제작물공급계약에서는 공급자가 자신이 이미 제작하여 보유하고 있는 물건 중에서 공급하든 자신의 부담으로 조달한 재료로 새로 제작하여 공급하든 상관없는 것이 일반적이다.

2. 매매와 도급의 적용상 차이점

(1) 하자담보책임

① 매매계약 : 매매계약 체결 시에 "매수인이 하자있는 것을 알았거나 과실로 인하여 이를 알지 못한" 경우에는 매도인의 하자담보책임이 부정된다(제580조 제1항).

② 제작물공급계약이 매매계약으로 취급된다면 향후 제조될 물건에 하자가 있을 수밖에 없거나 하자가 발생할 가능성이 높음을 매수인이 알았거나 과실로 알지 못한 경우에는 민법 제580조 제1항에 의하여 매도인은 하자담보책임을 지지 않게 된다.

③ 도급계약의 경우에는 목적물상의 물건상 하자가 "도급인이 제공한 재료의 성질 또는 도급인의 지시에 기인"하는 경우에는 수급인의 하자담보책임이 부정되는 것이 원칙이고(제669조), 다만 "수급인이 그 재료 또는 지시의 부적당함을 알고 도급인에게 고지하지 아니한 때"에는 도급인은 여전히 하자담보책임을 질 수 있다(제669조).

④ 도급계약에서 하자가 중요하지 않고 그 보수에 과다한 비용을 요하는 경우에는 하자보수청구권이 인정되지 않지만(제667조 제1항), 제작물공급계약으로서 도급으로 성질이 결정되면, 수급인은 '일의 완성'만이 아니라 완성도 있는 물건을 제작공급할 의무를 지는 것이므로, 제667조 제1항의 원용이 쉽지는 않다.

(2) 공급자의 지시의 부적절함에 대한 주문자의 고지의무

① 도급계약에서 수급인은 작업의 방법, 완성물의 모습 등에 관한 도급인의 지시에 따라야 하지만, 수급인은 도급인의 지시가 부적절함을 알았거나 알 수 있었던 경우에는 이를 도급인에게 고지하여야 한다. 수급인이 이를 게을리한 경우에는 민법 제669조의 면책을 원용할 수 없다. 수급인은 전문가로서 일을 완성시켜야 하는 자이기 때문이다.

② 제작물공급계약이 매매로 성질이 결정되는 경우에도 이러한 고지의무가 신의성실의 원칙에 기하여 인정될 여지는 있지만 항상 당연히 인정되는 것은 아니다.

(3) 대금감액청구권의 인정 여부

① 매도인의 하자담보책임의 내용으로 인정되는 손해배상청구권은 이미 대금감액적 의미의 손해배상청구권이다. 즉 민법 제580조, 제581조에서는 물건의 하자가 존재하는 만큼 이미 손해가 발생한 것으로 인정된다.

② 도급의 경우에는 가치의 비율로써 수급인의 보수를 감액시키는 보수감액청구권의 인정 여부가 문제되는데, 보수에 갈음하는 손해배상청구(제667조 제2항)의 한 내용으로서 도급인의 보수감액청구권을 인정하는 것이 보통이다.

(4) 도급인의 해제권의 소급효 제한(제668조 단서)

① 건축도급계약에서 '일의 미완성'을 이유로 한 도급인의 해제에도 불구하고 기성부분에 대해서는 도급계약이 실효되지 않고 기성부분에 상응하는 보수를 지급할 의무가 남는다(판례).

② 판례는 모든 제작물공급계약에 대하여 해제효과 제한법리를 확대적용하지는 않고 있다.

제작부터 공장 내 설치와 시운전까지 포함하여 주문된 기계(압력여과기)의 제작공급계약에서, 제작·설치에 관한 도급계약이 체결된 기계가 공장 내에 설치하는 통상의 기계로서 쉽게 분해하여 재조립할 수 있다면, 토지에 고정적으로 부착하여 용이하게 이동할 수 없는 토지의 정착물이라고 볼 수 없고, 계약해제로 인한 원상회복을 인정한다고 하여 사회·경제적으로 중대한 손실을 초래한다고 볼 수도 없으므로, 그 도급계약에는 민법 제668조 단서가 적용되지 않는다(대판 1994.12.22., 93다60632, 60649).

(5) 공급자의 하자담보책임의 제척기간

① 도급인은 수급인의 하자담보책임에 기하여 하자보수청구권, 손해배상청구권, 해제권, 감액권을 가지는데, 그 구제방법은 인도 후(또는 일의 종료 후) 1년 내에 행사하도록 정하여져 있다. 이는 제척기간이지만 출소기한이 아니라 재판상 또는 재판 외의 권리행사기간에 불과하다는 것이 판례이다.

② 이와 달리, 매수인은 매도인의 하자담보책임에 기하여 손해배상청구권과 해제권을 가지고, 종류물 매매의 경우에는 완전물청구권도 가진다. 이는 모두 물건상 하자를 안 날로부터 6개월의 기한에 걸린다.

(6) 상법 제69조의 적용 여부

① 상인 간의 제작물공급계약에서는 이것을 매매와 도급 중 어느 쪽으로 취급하느냐에 따라 상법 제69조 제1항의 적용 여부가 달라질 수 있다.

② 판례 : 매매로 성질이 결정되는 제작물공급계약에는 상법 제69조 제1항이 적용되지만, 도급으로 성질이 결정되는 제작물공급계약에는 상법 제69조 제1항이 유추 적용되지 않는다.

(7) 대금지급의무의 이행기 도래

① 매수인은 목적물의 인도와 상환으로 대금을 지급하여야 한다. 그러므로 어떤 제작물공급계약이 매매로 취급된다면 목적물이 미세한 품질·성능상 미흡한 점이 있더라도 대금채무는 구체적으로 발생하여 그 이행기가 도래하고 주문자는 인도와 상환으로 대금을 지급하여야 한다.

② 도급인은 완성물의 인도와 동시에 또는 일의 완성 후 지체 없이 보수를 지급하여야 한다. 그러므로 어떤 제작물공급계약이 도급에 해당한다면 주문자는 '일의 미완성'을 주장하면서 대금지급의무가 아직 발생하지 않고 있다고 주장할 수 있다.

(8) 주문자의 임의해제권 인정 여부

① 도급인은 제673조의 임의해제권을 가지지만, 매수인은 이를 가지지 않는다.

② 제673조의 해제권 행사 시 도급인이 배상하여야 하는 손해는 상당인과관계 있는, 제393조가 인정하는 범위 내의 모든 손해이다. 다만 계약해제로 인하여 지출을 면한 비용 등의 손익상계가 인정된다.

(9) 단기소멸시효의 적용 여부

① 도급받은 자의 공사에 관한 채권은 3년의 단기소멸시효에 걸린다(제163조 제3호).

② 매매계약에 관한 채권은 10년간 행사하지 아니하면 소멸시효가 완성한다.

(10) 소유권유보약정의 가부

제작물공급계약이 매매로 성질이 결정되는 경우에는 제작물공급계약에 부수된 약정으로 소유권유보약정을 하는 것이 가능하다. 이 약정은 부합을 방지하는 권원으로서 작용할 수 있다.

3. 도급규정의 적용 범위

(1) 제작물공급계약이 도급의 성질을 가진 경우 도급에 관한 규정의 적용 내용

① 일의 완성에 관한 주장·증명책임 : 도급계약에서 일의 완성에 관한 주장·증명책임은 일의 결과에 대한 보수의 지급을 구하는 수급인에게 있다.

② 제작물 완성의 의미 : 목적물의 주요구조 부분이 약정된 대로 시공되어 사회통념상 일반적으로 요구되는 성능을 갖춘 것으로 인정되어야 한다.

> **판례**
>
> 제작물공급계약에서 목적물의 인도는 완성된 목적물에 대한 단순한 점유의 이전만을 의미하는 것이 아니라 도급인이 목적물을 검사한 후 그 목적물이 계약내용대로 완성되었음을 명시적 또는 묵시적으로 시인하는 것까지 포함하는 의미이다(대판 2006.10.13., 2004다21862).

③ 보수(대금)의 지급시기 : 목적물 인도와 동시이행 : 도급인은 완성된 목적물을 인도받음과 동시에 수급인에게 보수를 지급하는 것이 원칙이다.

④ 공사대금채권의 단기소멸시효는 3년 적용된다.

⑤ 도급계약의 보수 일부를 선급하기로 하는 특약이 있는 경우, 수급인은 그 제공이 있을 때까지 일의 착수를 거절할 수 있고 이로 말미암아 일의 완성이 지연되더라도 채무불이행책임을 지지 않는다.

⑥ 매매의 하자담보책임이 아니라 도급의 하자담보책임이 적용된다.

⑦ 도급인은 하자담보책임이 아니라 채무불이행을 이유로 한 손해배상 청구도 가능하고, 계약이 해제되면 원상회복의무도 부담한다.

> **판례**
>
> 채무의 이행으로 물건이 인도된 경우 원상회복의 범위는 그 수령한 원물을 반환하는 것이 원칙이지만, 수령한 원물이 멸실 등으로 반환할 수 없게 되었을 때에는 예외적으로 그 가격을 반환하여야 한다(대판 1990.3.9., 88다카31866).

승강기 제작 설치는 매매인가 도급인가?

승강기 제조회사 갑은 건축주 을 회사에 10인승용 승강기 3대를 제작해 설치해 주고 공정률에 따라 공사대금을 지급받기로 계약했다. 그런데 갑이 마무리 공사를 제외하고 승강기 3대의 설치 공정을 모두 완료했음에도 을은 갑에게 약속한 중도금을 지급하지 않았다. 갑은 수차례 중도금 지급을 독촉했으나 을이 응하지 않자, 갑은 나머지 공사를 중지한 채 승강기와 부속 자재를 남겨 두고 공사현장에서 철수했다. 그 후 건축주 을이 건축설계를 변경하는 바람에 건물에 승강기를 설치해 가동하는 것이 불가능하게 됐고, 현장에 남겨진 승강기와 자재는 멸실되거나 훼손돼 버렸다. 공사대금 변제기간 7년이 지나서야 갑은 애초 약정에 따라 을의 공사대금 지급의무 및 공사에의 협력의무 위반을 이유로 계약을 해제한다고 통보하면서, 공급한 승강기의 반환이 불가능하게 됐으므로 손해배상을 구한다는 소송을 제기했다.

대법원 판결 내용(대판 2010.11.25., 2010다56685)

핵심 쟁점은 을의 의무가 시효로 소멸했는지 여부다. 갑과 을의 계약이 도급이라면 갑의 채권은 공사에 관한 채권으로서 3년의 단기 소멸시효가 완성됐으나, 매매라면 10년의 일반소멸시효가 적용될 수 있어 아직 시효가 남았다. 대법원은 갑과 을의 계약을 도급으로 보고 갑의 채권이 시효로 소멸했다고 판단했다.

"갑은 공사대금의 지급을 최고한 후 7년이 지나서 소를 제기하였으므로, 계약금 및 중도금채권은 공사대금채권의 단기소멸시효 기간인 3년이 경과하였거나 적어도 상인 간의 거래에 따른 채권으로서 상사소멸시효 기간인 5년이 경과하여 이미 시효로 소멸하였다."

대법원이 이 사건의 제작물공급계약을 도급으로 본 이유는 다음과 같다.

갑이 제작·설치하기로 한 승강기는 을이 신축하는 건물에 맞춰 일정한 사양으로 특정돼 있으므로, 갑과 을의 계약은 대체가 '어렵거나' 불가능한 제작물의 공급을 목적으로 하는 계약으로서 도급의 성질을 띤다.

원칙적으로 대체가 곤란하더라도 대체가 가능한 경우에는 대체물로 봐야 한다. 따라서 이 사건의 승강기는 신축하는 건물에 맞춰 일정한 사양으로 특정됐지만, 승강기 제작 회사에서 미리 준비한 일련의 사양 가운데 하나인 10인승 승객용을 선택한 것이다. 따라서 이를 대체물로 보는 것이 정확하다.

그러나 갑과 을의 계약이 도급인 이유는 승강기가 부대체물이어서가 아니라, 갑이 승강기 제작뿐만 아니라 '설치'까지 할 의무를 부담했기 때문이다. 승강기를 단순히 파는 데 그치는 게 아니라 설치까지 해주기로 했으며, 설치가 계약 내용 가운데 핵심에 해당한다고 보인다.

| Ⅲ | 도급인과 수급인의 의무

1. 도급인의 의무

(1) 보수지급 의무

① 보수는 금전 지급이 원칙이지만 금전 이외 어떤 것으로도 지급하는 것을 약정할 수 있다.

② 도급액을 약정하지 않은 경우에는 거래 관행에 따라 수급인이 실제로 지출한 비용에 상당한 이윤을 포함시킨 금액을 보수액으로 정해야 한다.

③ 보수는 완성된 목적물의 인도와 동시에 지급하여야 한다. 그러나 목적물의 인도를 요하지 아니하는 경우에는 일을 완성한 후 지체없이 지급하여야 한다.

④ 보수 지급 시기는 특약(제1기준)에 따르거나, 관습(제2기준)에 따르거나, 일이 완성된 때 지체없이 지급(제3기준)해야 한다(제656조).

(2) 수급인의 목적부동산에 대한 저당권설정청구권

① 부동산공사의 수급인은 자신의 보수(주로 건축공사비)에 관한 채권을 담보하기 위하여 부동산을 목적으로 한 저당권의 설정을 청구할 수 있다(제666조).

② 저당권설정청구권은 순수한 청구권이므로 도급인이 수급인의 청구에 승낙을 하고 저당권 설정 등기를 함으로써 저당권이 성립된다.

③ 도급인이 목적 부동산을 제3자에게 양도하면 수급인의 저당권설정청구권은 소멸하게 된다. 따라서 양수인에게 대항하려면 수급인은 저당권설정청구권을 가등기로 보존해 두어야 한다.

④ 저당권설정청구권은 도급의 대상이 된 부동산에 한하여 설정 가능하다. 이 경우 피담보채권은 수급인의 보수 채권이며, 이 채권이 변제기에 도래할 것을 필요로 하지 않으며 도급계약이 성립한 후에는 언제든지 수급인은 저당권설정청구권을 행사할 수 있다.

(3) 도급인의 파산선고와 계약 해제

① 도급인이 파산선고를 받은 경우에는 수급인 또는 파산관재인은 계약을 해제할 수 있다. 이 경우에는 수급인은 일의 완성된 부분에 대한 보수 및 보수에 포함되지 아니한 비용에 대하여 파산재단의 배당에 참가할 수 있다. 이 경우 각 당사자는 상대방에게 계약해제로 인한 손해배상을 청구할 수 없다(제674조).

② 수급인이 파산한 경우에는 채무자회생 및 파산에 관한 법률 제335조·제337조 및 제341조가 적용된다. 현행법은 수급인이 파산할 경우 파산관재인은 필요한 재료를 제공하여 채무자 또는 제3자로 하여금 잔여 공사를 하게 할 수 있음을 명시하고 있다(채무자 회생 및 파산에 관한 법률 제341조 제1항).

(4) 공사도급의 제3자 손해에 대한 수급인의 손해배상책임 – 불법행위책임

① 공사 도중 1) 수급인의 귀책사유로 인하여 제3자에서 손해를 입힌 경우에 수급인은 손해배상책임을 져야 한다. 또한 2) 도급인의 귀책사유에 의하여 제3자에서 손해를 입힌 경우에 수급인은 도급인과 연대하여 연대 손해배상책임을 져야 한다.

② 건설산업기본법 제44조는 도급인의 귀책사유로 인한 제3자에 대한 손해에 대해 제3자는 도급인에게 손해배상을 청구할 수 없고 수급인에게 손해배상을 청구해야 한다고 규정한다. 그런데 민법 제757조 본문은 '도급인은 수급인이 그 일에 관하여 제3자에게 가한 손해를 배상할 책임이 없다'라고 규정해 원칙적으로 도급인은 책임이 없다는 점을 규정하고 있다.

수급인이 자기책임 하에 도급인으로부터 독립적으로 일을 하기 때문인 점을 고려한 것이다. 그러나 민법 제757조 단서는 '그러나 도급 또는 지시에 관하여 도급인에게 중대한 과실이 있는 때에는 그러하지 아니하다'라고 규정해 예외적으로 도급인도 수급인이 제3자에게 가한 손해를 배상할 책임이 있음을 규정하고 있다.

이처럼 건설산업기본법 제44조와 민법 제757조 단서는 서로 충돌하고 있다. <u>건설산업기본법은 민법에 대한 특별법이므로 이 사항에 대해서는 민법 규정의 적용은 배제된다.</u> 전기공사업법의 경우 건설산업기본법 제44조와 같은 규정이 없으므로 전기공사업법이 적용되는 공사에 관해서는 앞서와 같이 민법 규정에 의해 도급인의 책임여부가 결정된다.

③ 수급인은 하수급인이 고의 또는 과실로 하도급받은 건설공사를 부실하게 시공하여 타인에게 손해를 입힌 경우에는 하수급인과 연대하여 그 손해를 배상할 책임이 있다. 따라서 제3자는 원수급인과 하수급인 중에 선택하여 또는 동시, 순차적으로 손해배상을 청구할 수 있다.

(5) 공사도급의 제3자 손해에 대한 도급인의 손해배상책임

① 도급인은 도급 또는 지시에 관하여 중대한 과실이 없는 한 수급인이 그 일에 관하여 제3자에게 가한 손해를 배상할 책임이 없다(제757조). 그러나 예외적인 경우에 도급인은 책임을 지게 된다.

② 수급인에게 고의 또는 과실이 없는 경우에 제3자에게 생활침해로 인한 손해가 발생한다면 도급인이 배상책임을 부담한다(예 소음, 진동, 폐수 등 인근 주민에 발생한 피해).

➕ 더 알아보기

민법 제217조(매연 등에 의한 인지에 대한 방해금지) ① 토지소유자는 매연, 열기체, 액체, 음향, 진동 기타 이에 유사한 것으로 이웃 토지의 사용을 방해하거나 이웃 거주자의 생활에 고통을 주지 아니하도록 적당한 조처를 할 의무가 있다.

③ 공사현장에서 구체적인 공사를 직접 지휘·감독한 경우 도급인도 책임(판례) : 도급인이 감리적인 감독을 한 경우에는 도급인의 책임을 부정한 반면, 현장감독관을 파견하여 공사현장에서 구체적인 공사를 직접 지휘·감독한 경우에는 도급인의 책임을 인정했다.

　　㉠ 도급인의 책임을 부정한 사례 : 단순히 공사의 운영 및 시공의 정도가 설계도 또는 시방서대로 시행되고 있는가를 확인하여 공정을 감독하는 데에 불과한 이른바 감리적인 감독을 함에 지나지 않을 때에는 양자의 관계를 사용자 및 피용자의 관계와 같이 볼 수 없다.

　　㉡ 도급인의 책임을 인정한 사례 : 도급인이 수급인에 대하여 특정한 행위를 지휘하거나 특정한 사업을 도급시키는 경우와 같은 이른바 노무도급의 경우에 있어서 도급인이라 하더라도 사용자로서의 배상책임이 있다.

2. 수급인의 의무

(1) 일의 완성의무 및 목적물 인도의무

① 수급인은 정하여진 시기·방법에 따라 일을 완성할 의무를 부담하며 물건의 제작이나 수리 등의 도급의 경우는 그 목적물을 인도할 의무를 진다.

② 수급인은 채무의 본지(本旨)에 따라 주문대로의 일을 완성하여야 하며, 만약 일의 결과에서 하자가 있는 때에는 담보책임 즉 하자보수 의무 및 손해배상의무를 부담한다(제667조).

③ 수급인이 일을 착수해야 할 시기에 관한 특약이 없는 경우에는 도급인이 최고한 때로부터 수급인은 이행지체에 빠진다. 따라서 수급인이 착수를 게을리 한 경우에는 도급인은 계약을 해제할 수 있다. 그러나 도급은 일의 완성을 목적으로 하는 것이므로 일의 착수가 다소간 지연되더라도 약정기일까지 일의 완성에 지장 없는 경우에는 신의칙상 도급인의 해제권은 발생하지 않는다.

④ 일의 완성 전에 재해 등 수급인의 책임에 의하지 않을 사유로서 이행불능이 된 경우에는 원칙적으로 그 위험은 수급인이 부담하게 된다.

⑤ 수급인은 도급인에 대하여 일이 완성되면 보수청구권이 있다.

⑥ 지체상금 약정을 한 경우 수급인은 원칙적으로 지연에 대한 책임을 부담한다. 그러나 수급인이 책임질 수 없는 사유로 의무 이행이 지연되었다면 해당 기간만큼은 지체상금의 발생기간에서 공제되어야 한다.

(2) 제3자에 의한 일의 완성

① 일의 성질이나 당사자 사이의 특약에 의하여 수급인이 스스로 노무를 제공하여야 하는 경우가 아니면, 제3자에 의하여 일을 완성할 수 있다.

② 제3자를 사용하는 경우에는 제3자를 이행보조자로 사용하는 경우와 제3자로 하여금 독립해서 일의 전부나 일부를 완성하게 하는 경우(하도급)의 2가지로 구분된다.

③ 제3자를 이행보조자로 사용하는 경우에는 제3자의 고의 또는 과실에 대해 수급인이 책임을 부담한다. 또한 재해보상의 문제가 생긴 때에는 수급인(원도급인)을 사용자로 본다(근로기준법 제90조).

④ 그러나 하도급의 경우 제3자는 이행대행자가 되므로 그에 대한 지시·감독상의 과실이 있는 경우에만 도급인이 책임을 진다.

⑤ 하도급[= 하청(下請)]의 경우 하수급인은 원수급인(元受給人)의 수급인이며 도급인과는 직접적인 관계가 성립되지 않는다.

(3) 도급인의 지시·감독에 수급인이 따를 의무의 인정 여부

① 수급인은 도급계약의 내용에 따라 일을 완성할 의무를 부담하며, 도급인의 지시·감독에 수급인이 따를 의무는 원칙적으로 없다.

② 그러나 도급인은 일의 완성에 필요한 한도에서 지시를 하거나 재료를 공급할 수 있으며(제669조) 이런 경우에 수급인은 도급인의 지시를 따라야 한다.

③ 도급인의 지시가 부당할 경우에 수급인은 그런 지시를 따를 의무가 없다. 그러나 도급인의 지시가 부적당함에도 불구하고 수급인이 도급인에게 이를 고지하지 않고 수급인이 그 지시를 따름으로써 일의 결과에 하자가 발생한 경우에는 수급인에게 하자담보책임이 인정된다.

(4) 완성물 인도의무

① 유형물인 경우에는 완성된 목적물을 인도하여야 한다(사실상의 점유 이전이 필요함). 무형적인 경우에는 일을 완성하면 충분하며 인도의무는 발생하지 않는다.

② 민법상 명문의 규정은 없지만, 도급인은 수급인이 인도할 물건이 도급계약에 따라 완성된 것인지 살펴보고 수령할 의무(검수 의무, 점검 의무)가 있다.

③ 수급인의 완성물 인도의무와 보수지급은 동시이행 관계에 있다.

④ 목적물이 도급인의 소유에 속하는 경우 수급인은 보수를 지급받을 때까지 그 목적물을 유치하여 유치권을 행사할 수 있다.

사례분석

수급인의 완성물 인도의무와 보수지급

甲은 도급인, 乙은 수급인으로 주택공사 도급계약을 체결하였고 정해진 이행기에 乙은 주택을 甲에게 인도하였다. 그러나 甲은 건설의 완성도가 미흡하다며 막무가내로 공사대금 지불을 거부하고 있다. 乙은 甲에게 공사대금 지급을 구하는 소송을 제기하면 승소할 수 있을까?

민법 제665조 제1항은 "보수는 그 완성된 목적물의 인도와 동시에 지급하여야 한다. 그러나 목적물 인도를 요하지 아니하는 경우에는 그 일을 완성한 후 지체없이 지급하여야 한다."와 같이 규정하고 있다. 또한 대법원 판례는 "제작물공급계약에서 보수의 지급시기에 관하여 당사자 사이의 특약이나 관습이 없으면 도급인은 완성된 목적물을 인도받음과 동시에 수급인에게 보수를 지급하는 것이 원칙이고, 이때 목적물의 인도는 완성된 목적물에 대한 단순한 점유의 이전만을 의미하는 것이 아니라 도급인이 목적물을 검사한 후 그 목적물이 계약내용대로 완성되었음을 명시적 또는 묵시적으로 시인하는 것까지 포함하는 의미이다(대판 2006.10.13., 2004다21862)."와 같이 판시하고 있다. 결국 당사자 사이에 법적 분쟁이 생겨서 소송이 진행되는 결과가 발생한다면, "도급계약에 있어 일의 완성에 관한 주장·입증책임은 일의 결과에 대한 보수의 지급을 구하는 수급인에게 있으므로, 도급인이 도급계약상의 공사 중 미시공 부분이 있다고 주장한 바가 없다고 하더라도 그 공사의 완성에 따른 보수금의 지급을 구하는 수급인으로서는 공사의 완성에 관한 주장·입증을 하여야 한다(대판 1994.11.22., 94다26684, 26691)."와 같은 대법원 판례에 따를 때, 수급인이 목적물을 완성하였고 상대방에게 인도하였다는 점을 주장·증명하여야 할 것이다.

---

3. 완성물의 소유권 귀속 문제[수급인 원시취득설(다수설과 판례)]

(1) 수급인귀속설(원시취득설)

① 완성물이 동산인지, 부동산인지에 상관없이 모두 완성물의 소유권은 원칙적으로 수급인에게 원시적으로 귀속된다(단, 당사자 간 약정으로 달리 정할 수 있음). 수급인이 도급인에게 목적물을 인도하면 소유권이 이전된다.

② 이는 가공에 관한 민법 제259조의 법리상 당연한 결과이다.

➕ 더 알아보기

제259조(가공) ① 타인의 동산에 가공한 때에는 그 물건의 소유권은 원재료의 소유자에게 속한다. 그러나 가공으로 인한 가액의 증가가 원재료의 가액보다 현저히 다액인 때에는 가공자의 소유로 한다.
② 가공자가 재료의 일부를 제공하였을 때에는 그 가액은 전항의 증가액에 가산한다.

③ 판례의 입장은 <u>원칙적으로 수급인의 소유</u>에 속한다고 하면서도 <u>소유권을 도급인에게 귀속시키기로</u> <u>합의한 것으로 보여질 경우에는 도급인에의 소유권 귀속</u>을 인정하고 있다.

④ 도급인이 원재료를 제공한 경우 : 도급인이 제공한 원재료를 수급인이 가공하여 그 가액이 현저하게 증가한 경우이더라도 수급인은 소유권을 취득하지 못하고 '도급인이 소유권을 취득'한다(통설, 판례). 제259조(가공)는 법률상 원인 없이 타인의 물건을 가공한 경우만 적용하는 것이므로(통설) 수급인이 도급계약의 의무이행으로 도급인을 위해 가공한 경우에는 적용되지 않는다. `기출 13`

⑤ 수급인이 재료의 전부나 중요 부분을 공급하는 경우 : 당사자 간 특약에 의해 목적물의 소유관계가 결정된다. 이러한 특약은 명시적·묵시적 방법으로 모두 가능하다. 이에 관한 당사자 간 특약이 없는 경우에는 수급인귀속설과 도급인귀속설이 대립하고 있지만 판례는 특약이 없는 경우 도급인에게 인도할 때까지는 수급인이 그 완성물을 원시취득하는 것으로 보고 있다.

㉠ 동산 : 수급인에게 소유권 귀속(통설)

㉡ 부동산(건물) : 완성과 동시에 수급인에게 소유권이 원시적으로 귀속되며, 도급인에게 부동산을 인도함으로써 비로소 소유권이 도급인에게 이전된다(다수설, 판례).

(2) **비판적 견해(도급인귀속설)** : 수급인귀속설의 논리는 현행 민법의 물권변동에 관한 형식주의와 모순된다.

① 수급인의 주된 관심사는 보수청구권 확보이며, 이를 위하여 유치권, 동시이행의 항변권, 저당권 등을 활용할 수 있으므로 도급계약당사자의 의사에 비추어 굳이 수급인이 소유권을 취득한다고 하여야 할 이유가 없으므로 완성된 건물의 소유권은 도급인에게 원시적으로 귀속된다. 따라서 이 경우 가공에 관한 민법 규정(제259조)이 적용되지 않는다.

② 수급인 명의로 소유권보존등기를 하려면 건축물대장에 목적 부동산을 올린 다음에 이에 기해 보존등기를 해야 한다. 그러나 건축허가를 건축주가 받기 때문에 수급인은 건축물대장에 올릴 수 없다.

③ 수급인이 건축물의 소유권을 원시취득할 경우 그 건축물이 소재한 토지의 소유권자가 도급인인 경우 토지 임차권 및 토지 이용권과 관련한 복잡한 문제가 발생한다.

④ 수급인은 공사대금채권을 담보하기 위해 목적 부동산에 저당권 설정을 청구할 수 있는데, 이것은 그 부동산의 소유권을 도급인이 갖고 있는 것을 전제로 한 것이다.

판례

<u>수급인이 자기의 노력과 출재로 건축 중</u>이거나 완성한 건물의 소유권은 도급인과 수급인 사이의 특약에 의하여 달리 정하거나 기타 특별한 사정이 없는 한 도급인이 약정에 따른 건축공사비 등을 청산하여 소유권을 취득하기 이전에는 <u>수급인의 소유</u>에 속한다(대판 1999.2.9., 98두16675).

신축건물 소유권을 원칙상 자기 노력과 재료를 들여 이를 긴축힌 사림이 원시취득하는 것임은 물론이나, 건물신축노급계약에 있어서는 <u>수급인이 자기의 노력과 재료를 들여 건물을 완성하더라도</u> 도급인과 수급인 사이에 도급인 명의로 건축허가를 받아 소유권보존등기를 하기로 하는 등 <u>완성된 건물의 소유권을 도급인에게 귀속시키기로 합의한</u> 경우에는 그 건물의 <u>소유권은 도급인에게 원시적으로 귀속</u>되는바, 이때 신축건물이 집합건물로서 여러 사람이 공동으로 건축주가 되어 도급계약을 체결한 것이라면, 그 집합건물의 각 전유부분 소유권이 누구에게 원시적으로 귀속되느냐는 공동 건축주들의 약정에 따라야 한다(대판 2005.11.25., 2004다36352).

│ Ⅳ │ 도급에서의 위험부담 및 담보책임

1. 도급에서의 위험부담

(1) 도급에서의 위험부담 문제 발생

① 도급계약 특히 공사도급의 경우에는 비교적 장기간에 걸쳐 이루어지는데 이런 이행과정 중에 천재지변 기타 불가항력에 의하여(즉, 도급인과 수습인 모두 책임없는 이유로) 기성 부분이나 완성된 목적물이 멸실 또는 훼손되어 일의 완성이 불가능하게 된 경우 그 손해를 누가 부담하여야 하는가?

② 민법 제537조는 채무자(수급인) 위험부담주의를 선언

원칙적으로 수급인은 일의 완성 의무를 면하는 대신 지출된 비용을 부담하여야 하고, 도급인에 대하여 비용(공사대금) 청구를 하지 못하게 된다.

③ 예외 : 다음의 경우에는 수급인은 도급인에게 공사대금을 청구할 수 있다.

㉠ 도급인(채권자)의 귀책사유로 인해 채무가 이행할 수 없게 된 경우

㉡ 도급인의 수령지체 중에 당사자 쌍방의 책임 없는 사유로 수급인의 채무가 이행할 수 없게 된 경우. 다만, 이 경우 수급인은 일(공사)의 나머지 부분을 완성하는 데 필요한 비용 등을 공제해야 하므로 이 부분은 도급인에게 상환하여야 한다.

④ 위험부담에 관한 민법 규정은 임의규정이므로 당사자 간 다른 약정이 있는 경우에 그 약정이 우선하게 된다.

(2) 위험부담이 도급인(채권자)에게 이전 시기

① 원칙적으로는 목적물이 도급인에게 인도된 때를 말한다.

② 그러나 완성된 목적물이 도급인에게 인도되기 전이라도, 일의 이행이 진행 중에 대상물(건물 등)의 소유권이 도급인에게 귀속되는 경우(즉 도급인이 재료의 전부 또는 주요 부분을 직접 제공한 경우에 해당함)에는 도급인이 소유권을 취득한 물건이 소멸된 것과 같으므로 도급인이 비용에 관한 책임을 부담하여야 한다. 즉 이 경우 수급인은 도급인에게 건축자재의 재공급이나 건축자재 대금의 지급을 청구할 수 있다.

사례분석

갑은 자신이 운영하는 갑회사의 기업홍보용 영상물을 전시회에서 상영하기 위하여 을회사에 40일 내에 영상물을 제작할 것을 의뢰하여 계약을 체결하였다. 전시회는 계약시점부터 45일 후에 계획되어 있었다. 그런데 영상물 제작을 위해서는 갑회사의 시사회 참여가 필수적이었는데, 갑회사는 회사 내부 사정으로 인하여 시사회에 참여하지 않고 촬영 연기를 을에게 요청하였고, 이로 인해 을회사는 당초에 계약했던 내용대로 기한 내에 영상물을 공급할 수 없게 되었다. 이에 을회사는 계약 내용과는 다르지만 독자적으로 성의껏 제작한 영상물을 기한 내에 갑회사에 공급하였는데, 이 경우 을회사는 갑회사에 보수를 청구할 수 있을까?

민법 제538조 제1항 제1문은 "쌍무계약의 당사자 일방의 채무가 채권자의 책임있는 사유로 이행할 수 없게 된 때에는 채무자는 상대방의 이행을 청구할 수 있다"라고 규정하고 있고, 대법원 판례는 위와 같은 위험부담의 법리를 영상물 제작공급계약(도급계약)의 경우에도 적용하여 "영상물 제작공급계약상 수급인의 채무가 도급인과 협력하여 그 지시감독을 받으면서 영상물을 제작하여야 하므로 <u>도급인의 협력 없이는 완전한 이행이 불가능한 채무이고,</u>

한편 그 계약의 성질상 수급인이 일정한 기간 내에 채무를 이행하지 아니하면 계약의 목적을 달성할 수 없는 정기행위인 경우라면, 도급인의 영상물제작에 대한 협력의 거부로 수급인이 독자적으로 성의껏 제작하여 납품한 영상물이 도급인의 의도에 부합되지 아니하게 됨으로써 결과적으로 도급인의 의도에 부합하는 영상물을 기한 내에 제작하여 납품하여야 할 수급인의 채무가 이행불능케 된 경우, 이는 <u>계약상의 협력의무의 이행을 거부한 도급인의 귀책사유로</u> 인한 것이므로 <u>수급인은 약정대금 전부의 지급을 청구할 수 있다</u>"고 판시한 바 있다(대판 1996.7.9., 96다14364, 14371).

위와 같은 민법 규정 및 대법원 판례를 볼 때, 본 사안에서 을회사가 갑회사에 계약 내용대로의 영상물을 공급하지 못한 것은 무단으로 시사회에 참석하지 않은 갑회사의 귀책사유로 인한 것이고, 을회사는 갑회사의 귀책사유로 인해 기존 계약이 이행불능케 되자 독자적으로 성의껏 제작하여 영상물을 납품하였는 바, 이러한 경우 민법 제538조 제1항 제1문의 규정에 따라 을회사는 갑회사에게 약정했던 보수를 청구할 수 있다.

(3) 건설도급계약과 위험부담 문제 : 건물을 건축하고 있던 중 홍수·지진 등 도급인이나 수급인의 책임 없는 사유로 건물이 멸실된 경우 그 손해를 누가 부담하는지가 문제이다. 당사자의 책임 없는 사유로 이행이 후발적으로 불가능하게 된 경우 그 손해의 책임부담에 관한 문제를 위험부담이라고 한다.

① **건물 완성 전에 멸실된 경우**

　㉠ **다시 완성하는 것이 불가능한 경우** : 민법 제537조의 규정에 의하면 건물공사가 쌍방의 책임 없는 사유로 불가능하게 되면 수급인은 공사를 이행할 의무가 없어지게 되나, 멸실된 부분의 공사대금을 청구할 수도 없게 된다.

　㉡ **다시 완성하는 것이 가능한 경우** : 건축공사에 있어서 홍수·지진 등으로 인하여 건축 중의 건물이 붕괴되었다 하더라도 다시 재료를 구하여 공사를 계속할 수 있으므로 채무의 이행불가능은 상정하기 어렵다. 그렇다면, 수급인은 공사를 계속하여야 할 의무가 있으나, 멸실된 부분에 대한 공사대금을 청구할 수 없게 된다. 일의 완성을 위하여 재료를 수급인이 준비하기로 약정한 경우에는 멸실된 이후에도 수급인이 재료를 준비하여야 한다. 따라서 원칙적으로는 멸실된 재료비에 대한 대금을 청구할 수 없다.

② **건물 완성 후에 멸실된 경우** : 완성된 건물 소유권이 도급인에게 원시적으로 귀속되는 것으로 보는 경우에는 건물이 완성된 후 멸실된 경우에도 건물 완성으로 인하여 도급인에게 소유권이 귀속하고 위험은 도급인 부담으로 되므로 수급인에게 공사대금청구권이 있게 된다.

③ **수급인이 공사대금을 지급받지 못하여 유치권을 행사하며 인도를 거부하고 있을 때 불가항력적인 사유로 건물이 멸실된 경우** : 수급인이 위험을 부담하여야 한다면 이행지체 상태에 빠져 있는 도급인에게 유리한 결론에 도달하는 것이 되므로 불합리하며, 이 경우에는 그 위험은 도급인에게 옮겨가 수급인이 공사대금을 청구할 수 있다고 해석하여야 한다.

2. 수급인의 담보책임 기출 20

(1) 의 의

① **완성된 목적물 또는 완성 전의 성취된 부분에 하자가 있는 때** : 상당한 기간을 정하여 하자 보수 청구가 가능하다. 그러나 하자가 중요하지 않은 경우 또는 보수에 과다한 비용을 요할 때는 하자보수 청구가 불가하다.

② 도급인은 하자의 보수에 갈음하여 또는 보수와 함께 손해배상을 청구할 수 있다.

③ 도급의 담보책임에는 민법 제536조 "동시이행의 항변권"의 규정을 준용한다.

➕ 더 알아보기

하자담보책임과 도급의 하자담보책임
민법은 매매의 하자담보책임과 도급의 하자담보책임을 별개로 구분하여 규정한다.

구 분	매매의 하자담보책임	도급의 하자담보책임
민법 규정	제580조	제667조 이하 규정
매수인/수급인의 의무	매도인의 하자보수의무를 인정하지 않음. 손해배상의무만을 인정함	수급인의 하자보수의무를 인정함
권리행사기간	목적물 하자 있음을 안 날로부터 6개월 내	목적물 인도 받은 날로부터 1년 내
상법 제69조항 검사와 하자통지의무 특칙 적용	상인 간 매매에 적용함	도급에는 적용 안 함

(2) 담보책임 성립요건

① **수급인의 무과실 책임(법정무과실책임)** : 수급인은 그 일의 결과에 하자가 있을 때에는 그 책임으로 돌릴 사유(과실)의 유무를 불문으로 책임을 부담하여야 한다(통설·판례).

② **완성물의 하자** : 수급인의 담보책임은 그 하자가 재료의 하자에 의한 것을 안 경우와(이 경우는 매도인의 담보책임의 규정이 준용되지 않는다), 공작이 불완전함으로써 일의 목적물에 하자가 생긴 경우에 인정된다(이것이 도급에 특유한 담보책임 : 제667~제672조). 일의 전부를 완성하지 않아도 부분적으로 하자가 있으면 그에 대한 담보책임을 물을 수 있다.

➕ 더 알아보기

• 하자 : 법률 또는 당사자가 예기한 상태나 성질이 결여되어 있는 일이다.

• 건설공사에서 하자보수대상 하자의 범위 : "시공상의 하자"라 함은 시설물이 설계도서에 적합하지 않게 시공되었거나, 시공 후 균열·파손·누수 또는 기능상의 장애 등이 발생한 부분을 말한다(건설공사의 하자담보책임에 관한 운영지침 제3조).

기능, 미관, 안전상의 기준 3가지 중 어느 하나의 기준을 충족하지 못하면 하자를 보수할 의무가 있다.

③ **하자가 도급인이 제공한 재료의 성질 또는 도급인의 지시에 기인한 것이 아닐 것** : 하자가 도급인이 제공한 재료의 성질 또는 도급인의 지시에 기인한 경우에는 수급인의 담보책임은 발생하지 않는다. 이 경우 도급인의 재료나 지시에 의한 하자라는 입증책임은 수급인에게 있다.

④ **면책특약이 없을 것** : 당사자가 담보책임을 부담하지 않는다거나 경감한다는 특약을 한 경우나, 하자가 도급인의 책임에 의한 경우는 수급인은 그 책임이 면제 또는 경감된다(제669조, 제672조). 면책특약은 약관규제에 관한 법률에 위반되지 않는 한 유효하다. 그러나 <u>담보책임의 면책특약을 한 경우에도 수급인이 하자를 알고 있으면서 그 내용을 도급인에게 고지하지 않은 사실에 대해서는 그 면책특약은 무효이다.</u>

(3) 담보책임의 발생시기 및 존속기간(제670조)

① 도급계약에 따른 하자의 보수, 손해배상의 청구 및 계약의 해제는 목적물의 인도를 받은 날로부터 1년 내에 하여야 한다.

② 목적물의 인도를 요하지 않는 경우에는 위 1년의 기간은 일의 종료한 날로부터 기산한다.

➕ 더 알아보기

• 목적물을 인도하는 도급 → 인도 시부터 담보책임이 발생
• 목적물의 인도를 필요로 하지 않는 도급 → 일이 종료한 때부터 담보책임이 발생

③ 그러나 위 기간은 당사자 간에 계약으로 달리 정할 수도 있다.

(4) 담보책임의 내용 : 하자보수 청구권, 손해배상청구권

민법이 그 하자가 수급인의 과실에 의하여 발생한 것임을 필요로 하지 아니함은 물론 그것이 숨은 하자인가 아닌가를 묻지 아니하고 하자보수청구권을 인정하는 등 수급인에게 엄격한 하자담보책임을 지우고 있는 것은 한편으로는 도급인으로 하여금 하자 없는 완전한 목적물을 취득케 함을 목적으로 하고, 다른 한편으로는 수급인에게 보수청구권을 쉽게 확보할 수 있도록 하기 위한 것이기도 하다(대판 1994.9.30., 94다32986).

① 하자보수에 갈음한 손해배상(제667조 제1항 전단)을 청구할 수 있는 경우 : 하자보수가 불가능한 경우 또는 하자가 중요한 경우에 한정된다. 그리고 하자보수에 갈음한 도급인의 손해배상청구권은 하자가 발생하여 보수가 필요하게 된 시점에서 성립된다.

② 하자가 중요하지 않으면서 그 보수에 과다한 비용을 요하는 경우 : 하자보수청구(제667조 제1항 단서)뿐만 아니라 하자보수에 갈음한 손해배상도 청구할 수 없고, 그 하자로 인하여 입은 손해배상만을 청구할 수 있다.

③ 하자의 보수가 어렵지 않고, 이로 인하여 도급인에게 특별한 손해가 남지 않는 경우 : 신의칙에 따라 먼저 하자보수를 청구해야 한다.

(5) 수급인의 하자보수에 갈음한 손해배상의 특징

① 급부목적물의 하자발생에 대한 수급인의 귀책사유의 존재가능성이 내재하는 수급인의 담보책임으로서의 손해배상의 범위는 급부목적물의 하자발생에 대한 매도인의 귀책사유의 존재가 거의 없는 매도인의 하자담보책임으로서의 손해배상의 범위와는 각각 다르다.

② 수급위의 담보책임의 내용으로서 민법 제667조 제2항에 의하면 도급인은 하자의 보수에 갈음하여 또는 보수와 함께 손해배상을 청구할 수 있다. 이 규정은 둘 가운데서 어느 하나를 선택적으로 청구할 수 있다는 의미의 선택채권을 규정하고 있다. 어느 경우든 수급인의 과실은 요구되지 않는다. 매매와 다른 도급의 특수성으로 인해 목적물의 하자발생이 도급계약에 반하는 수급인의 행위에 기인한 것으로서 대부분 과책이 추정된다.

(6) 수급인의 하자보수에 갈음한 손해배상의 구체적 범위

① **통상손해의 범위** : 그 하자로 인하여 입은 통상 손해는 특별한 사정이 없는 한 수급인이 하자 없이 시공하였을 경우 목적물의 교환가치와 하자가 있는 현재 상태의 교환가치와의 차액이다(판례).

② 교환가치의 차액을 산출하기가 현실적으로 불가능할 때 통상손해는 하자 없이 시공하였을 경우의 시공비용과 하자 있는 상태대로의 시공비용의 차액이다.

③ 통상 손해는 유상계약에 있어서 급부와 반대급부 사이의 대가적 균형유지상 목적물의 하자로 인하여 발생하는 최소한도의 손해이다.

④ 통상 손해는 하자에 의한 일의 가치감소로 인한 손해로서 역시 하자손해이고, 실질적으로는 보수감액에 해당한다.

⑤ 하자가 중요한 경우에는 하자보수에 갈음하는, 즉 실제로 하자보수에 필요한 비용이 손해배상액에 포함된다. 특히 하자가 중요한 경우의 그 손해배상액수 즉 하자보수비는 목적물의 완성시가 아니라 하자보수청구시 또는 손해배상청구시를 기준으로 산정해야 한다.

⑥ 하자보수에 갈음한 손해배상의 범위에 속하는 손해는 급부와 반대급부 간에 생긴 대가적 불균형 그 자체손해 즉 일의 결과와 직접적으로 연관되어 있는 손해(하자손해)와 이보다 범위가 넓은 일의 하자와 밀접한 상관관계에 있는 손해를 포함하지만 주로 하자손해가 대부분을 차지한다.

판례

도급인은 수급인에 대한 안전조치 의무 없음
원칙적으로 도급인에게는 수급인의 업무와 관련해 사고방지에 필요한 안전조치를 취할 주의의무가 없다(대판 2020.6.25., 2017도1233).

---

(7) 수급인의 담보책임의 제척기간

① **원칙** : 공사의 하자로 인하여 목적물이 멸실 또는 훼손된 때에는 도급인은 멸실 또는 훼손된 날로부터 1년 내에 담보책임의 권리를 행사하여야 한다(제671조, 제척기간).

② **특칙** : 토지, 건물 기타 공작물의 수급인은 목적물 또는 지반공사의 하자에 대하여 인도 후 5년간 담보의 책임이 있다. 그러나 목적물이 석조, 석회조, 연와조, 금속 기타 이와 유사한 재료로 조성된 것인 때에는 그 기간을 10년으로 한다(제671조 제1항).

(8) 채무불이행책임과의 경합 여부

학설은 대립하지만 판례는 경합성을 인정한다.

액젓 저장탱크의 제작·설치공사 도급계약에 의하여 완성된 저장탱크에 균열이 발생한 경우, 보수비용은 민법 제667조 제2항에 의한 수급인의 하자담보책임 중 하자보수에 갈음하는 손해배상이고, 액젓변질로 인한 손해배상은 위 하자담보책임을 넘어서 수급인이 도급계약의 내용에 따른 의무를 제대로 이행하지 못함으로 인하여 도급인의 신체·재산에 발생한 손해에 대한배상으로서 양자는 별개의 권원에 의하여 경합적으로 인정된다(대판 2004.8.20., 2001다70337).

채무불이행을 이유로 하는 손해배상책임은 원칙적으로 채무자에게 고의나 과실이 있어야 한다(제390조). 따라서 채무자가 채무를 이행하지 않았더라도 자신에게 귀책사유가 없다는 사실을 입증하면 손해배상책임을 면할 수 있다. 채무의 내용에 좋은 이행을 하지 아니하였다면 그 자체가 바로 위법한 것이지만 채무불이행에 채무자의 고의나 과실이 없는 때에는 채무자는 손해배상책임을 부담하지 않는다(대판 2013.12.26., 2011다85352).

3. 도급계약의 해제권(일의 완성 전 도급인의 해제권)

(1) 도급인의 '일의 완성 전 임의해제권'과 수급인의 손해배상범위

① 계약법상 일반원칙 : 계약 당사자의 채무불이행에 의하여 법정해제권이 발생하거나 양 당사자의 합의에 의해 계약을 해제할 수 있을 뿐, 당사자 일방의 임의적인 의사로 계약을 해제할 수 없다.

② 도급의 특칙 : 그러나 민법 제673조는 "수급인이 일을 완성하기 전에는 도급인은 손해를 배상하고 계약을 해제할 수 있다."라고 규정하고 있다. 이는 도급계약의 특성상 계약 성립 후 도급인의 사정변경으로 인하여 일의 완성을 필요로 하지 않게 된 경우 계약관계를 지속하게 하는 것은 도급인에게 가혹하고 사회, 경제적으로 비효율적이기 때문에 예외적으로 도급인의 임의해제권을 인정하고 있다는 것이다.

③ 도급인의 임의해제권의 특징 : 이 경우에는 해제의 소급효가 적용되지 않으므로, 수급인은 수행한 부분에 대하여 원상회복을 할 필요 없이 기성부분을 도급인에게 인도하면 된다. 또한 도급인은 수급인에게 손해배상을 하여야 한다. 그 배상의 범위는 수급인이 이미 지출한 비용(재료비, 노무비 등)과 일이 완성될 경우에 장차 얻었을 이익을 합한 것에 일을 중지함으로써 면하게 된 수급인의 비용을 공제한 금액을 기준으로 산정한다.

민법 제673조에서 도급인으로 하여금 자유로운 해제권을 행사할 수 있도록 하는 대신 수급인이 입은 손해를 배상하도록 규정하고 있는 것은 도급인의 일방적인 의사에 기한 도급계약 해제를 인정하는 대신, 도급인의 일방적인 계약해제로 인하여 수급인이 입게 될 손해, 즉 수급인이 이미 지출한 비용과 일을 완성하였더라면 얻었을 이익을 합한 금액을 전부 배상하게 하는 것이다(대판 2002.5.10., 2000다37296, 37302).

도급인의 임의해제권 행사로 인한 수급인의 손해배상에 있어서 과실상계나 손해배상 예정액의 감액을 주장할 수는 없으나 손익상계는 해야 한다(대판 2002.5.10., 2000다37296, 37302).

도급인이 도급 계약을 중도 해제한 경우 특별한 사정이 없는 한 도급인은 수급인에 대한 손해배상에 있어서 과실상계나 손해배상예정액 감액을 주장할 수 없다. 이 경우 도급금액의 과다 여부나, 배상하여야 할 손해배상액의 적절한 분담 등을 고려하지 아니하고 이행이익 전부의 배상을 하여야 한다(대판 2002.5.10., 2000다37296, 37302).

④ **쟁점** : 수급인이 준비하여둔 재료를 계약해제로 인하여 사용할 수 없게 되었지만 이를 다른 공사현 장에서 처분하면 상당한 대가를 얻을 수 있다고 보이는데도 불구하고 수급인이 노력하지 않고 위 재료를 방치한 경우에도 도급인이 수급인의 손해를 책임져야 하는 걸까? 판례에 따르면, 수급인의 노력을 타에 사용하여 소득을 얻었거나 또는 얻을 수 있었음에도 불구하고, 얻지 못한 소득 및 타에 사용하거나 처분하면 얻을 수 있는 대가가 어느 정도인지를 심리하여 그 부분을 손익상계의 법리에 따라 위 손해액에서 공제하여야 한다고 본다.

(2) 일의 착수 지연으로 인한 도급인의 계약해제권

① 수급인이 일의 착수를 지체하면(이행지체) 도급인은 도급계약을 해제할 수 있다(제544조).

② 그러나 일의 착수가 지연되더라도 약정한 기한 내에 일을 완성할 수 있을 경우에는 신의칙상 도급 인의 해제권은 인정되지 않는다.

4. 도급계약의 해제권(일의 완성 후 도급인의 해제권) 기출 14

(1) 하자담보책임으로 인한 계약 해제권

① 도급인이 완성된 목적물의 하자로 인해 계약의 목적을 달성할 수 없는 때에는 계약을 해제할 수 있다(제668조).

② 계약의 목적을 달성할 수 없다는 것의 의미 : "하자가 중대하고 보수가 불가능하거나 가능하더라도 장기간을 요하는 등 계약해제권을 행사하는 것이 정당하다고 인정되는 경우를 의미한다 할 것이고, 단지 도급인이 상당한 기간을 정해 하자보수를 청구했음에도 수급인이 그 하자를 보수하지 않는다 는 사정만으로 계약해제권을 행사할 수는 없다(대판 2010.6.10., 2010다10252)."

(2) 일의 완성물 성격에 따른 해제권 성립 여부

① <u>건물 기타 토지의 공작물이 아닌 경우</u> : 도급인이 완성된 목적물의 하자로 인하여 계약의 목적을 달성할 수 없는 때에는 계약을 해제할 수 있다.

② <u>건물 기타 토지의 공작물인 경우(공사도급)</u> : 공사 완료 후에는 계약을 해제할 수 없다. 단, 계약해 제는 못하지만 하자보수 및 손해배상 청구는 할 수 있다.

(3) 해제권 행사가 불가한 상황에서 하자에 대한 도급인의 권리행사

<u>그러나 목적물에 하자가 존재하나 하자로 인해 계약목적을 달성할 수 없는 경우까지는 아니라면 도급 인은 수급인에게 다음을 청구할 수 있다.</u>

① 상당한 기간을 정해 하자보수를 청구(제667조 제1항)

② 하자보수에 갈음해 또는 보수와 함께 손해배상을 청구(제667조 제2항)

수급인이 일의 하자에 관하여 담보책임을 부담할 경우, 도급인은 하자보수의 청구와 손해배상의 청구를 자유로이 선택하여 할 수 있는 외에 보수하고도 또 손해가 있을 때에는 양자를 함께 청구할 수 있으며, 또 이 하자 때문에 계약의 목적을 달성할 수 없을 경우에는 계약을 해제할 수 있다(대판 1994.12.22., 93다60632, 60649).

하자담보책임 사건에서 도급인이 하자를 발견하지 못하여 그 손해를 확대시킨 과실이 인정된다면 손해배상액 산정 시에 참작하게 된다(대판 1998.3.13., 2001다21632, 21649).

(4) 면제 특약

① 수급인의 하자담보책임은 면제특약이 없는 한 제품수령 및 대금지급에 의한 거래의 종료에 관계없이 법정기간(제670조) 동안 당연히 부담해야 한다.

② 면제특약이 존재하거나 하자담보책임 기간이 도과한 후라도 수급인이 그러한 하자를 알면서도 도급인에게 고지하지 아니한 경우에는 그 책임을 져야 한다(제672조).

(5) 하자가 도급인이 제공한 재료 또는 지시에 기인한 경우의 면책

① 수급인의 담보책임과 도급인의 계약해제권은 목적물의 하자가 도급인이 제공한 재료의 성질 또는 도급인의 지시에 기인한 때에는 적용하지 아니한다(즉, 담보책임이 없다).

② 그러나 수급인이 재료 또는 지시의 부적당함을 알고 도급인에게 고지하지 아니한 때에는 그러하지 아니하다.

(6) 수급인의 하자보수 이행지체 또는 이행거절로 인한 도급인의 해제권

① 계약의 내용과 목적 등에 비춰볼 때 하자보수 의무가 계약상의 주된 채무이어야만 도급인은 해제권을 행사할 수 있다.

② 만약 부수적 채무에 불과하다면 해당 채무의 불이행을 이유로 계약을 해제하지 못한다.

"이행거절로 계약을 해제하려면 채무가 계약의 목적 달성에 있어 필요불가결하고 이를 이행하지 않으면 계약의 목적을 달성하지 못해 채권자가 계약을 체결하지 않았을 것이라고 여겨질 정도의 주된 채무이어야 하고, 그렇지 않은 부수적 채무를 불이행한 데에 지나지 않는다면 계약을 해제할 수 없다(대판 2005.11.25., 2005다53705, 53712)."

(7) 제척기간

① 도급인의 계약해제 및 하자의 보수, 손해배상의 청구는 목적물을 인도받은 날로부터 1년 내에 해야 한다(제670조 제1항).

② 그러나 기간이 도래했더라도 도급계약에 따라 완성된 목적물에 하자가 있는 경우 수급인의 하자담보책임과 채무불이행책임은 별개의 권원에 의해 경합적으로 인정된다.

[사례분석 1] 도급계약과 하자담보책임의 범위

영화제작사 A는 인형 제작사 B에게 영화 제작 시 등장인물을 형상화한 '움직이는 탈인형 제작'을 의뢰하고 이를 공급받는 계약을 맺었다. A사는 잔금지급 시점을 납품 이전으로 요구한 계약내용에 따라 충분한 검수가 이뤄지지 않은 상태에서 제작이 끝난 탈인형의 사진만 보고 대금을 모두 지급했다. 이후 A사는 납품받은 탈인형의 팔이 움직이지 않자 하자보수를 요청했지만 B사는 "계약서상 '목적물 검사에 합격하면 보수를 지급한다'는 규정에 따라 보수를 지급받았으므로 목적물 검사에 합격한 것으로 볼 수 있다"라며 거절했다. 이에 A사는 B사에 대해 계약을 해제하고 하자보수 또는 손해배상을 청구할 수 있을까?

(1) 계약 해제 가능 여부

A사가 주문하고 B사가 제작 납품 후 대금을 지급받는 계약은 '제작물 공급계약'으로서 제작의 측면에서는 도급의 성질이 있고 공급의 측면에서는 매매의 성질이 있다. 위 사례처럼 공급해야 할 물건이 특정주문자의 수요를 만족시키기 위한 부대체물이라면 해당 물건의 공급과 함께 제작이 계약의 주목적이므로 도급에 관한 규정이 적용된다.

A사가 탈인형의 하자를 보수해달라고 청구했음에도 B사가 단순히 하자를 보수하지 않는다는 사정만으로는 계약해제권을 행사할 수 없다. 다만 객관적으로 하자가 중대하고 보수가 불가능하거나 가능하더라도 장기간을 요한다고 판단되면 A사는 해당 계약을 해제할 수 있다.

따라서 위 사례에서 탈인형 제작 계약의 목적은 사람이 직접 쓰고 움직이는 캐릭터를 표현하기 위한 것인데 탈인형의 팔이 거의 움직이지 못할 만큼 객관적으로 봤을 때도 움직임이 제한된다면 A사는 계약의 목적을 달성할 수 없음을 주장·입증해 계약을 해제한 후 물품을 돌려줌과 동시에 대금을 반환받을 수 있다.

만약 A사가 탈인형의 팔이 움직이지 않는 것이 계약 목적을 달성할 수 없을 정도로 중대한 하자라는 점을 입증하지 못해 계약을 해제하지 못한다면, A사는 탈인형의 팔이 움직일 수 있도록 보수할 것을 청구함과 동시에 발생한 손해를 입증해 손해배상을 청구할 수 있다.

(2) 잔금의 지급시점을 납품 이전으로 요구하고 있어 충분한 검수가 이뤄지지 못한 상태에서 대금을 지급한 것이 문제되는지 여부

제작물 공급계약에서 제작물이 정상적으로 완공되어 적절히 가동되는지 여부에 관해서는 수급인에게 입증책임이 있으므로 수급인이 이를 입증하지 못하면 도급인을 상대로 그 보수를 청구할 수 없다.

대법원은 최종 검수 완료 및 승인 이후 잔금을 지급키로 했는데 검사에 불합격했음을 이유로 잔금지급을 거절한 사안에서 "도급계약의 당사자들이 '수급인이 공급한 목적물을 도급인이 검사해 합격하면 도급인은 수급인에게 보수를 지급한다'고 정한 경우 도급인의 수급인에 대한 보수지급의무와 동시이행관계에 있는 수급인의 목적물 인도의무를 확인한 것에 불과하고 검사 합격은 법률행위의 효력 발생을 좌우하는 조건이 아니라 보수지급 시기에 관한 불확정 기한이므로 수급인이 도급계약에서 정한 일을 완성한 다음 검사에 합격한 때 또는 검사 합격이 불가능한 것으로 확정된 때 보수지급청구권의 기한이 도래한다(대판 2019.9.10., 2017다272486, 272493)"고 판시했다.

따라서 검사 합격은 보수지급시기에 관한 불확정 기한으로 하자보수 청구의 효력을 좌우하는 조건이 아니다. 위 사례에서도 문제가 되는 조항에서 최종 검수의 의미는 잔금지급 시기에 관한 내용일 뿐 하자가 존재하지 않음을 확인해 추후 하자보수를 청구하지 않겠다는 의미로 해석될 수 없기에 A사는 최종 검수 문구와 무관하게 하자보수 등을 청구할 수 있다.

A사는 하자보수 책임에 따른 계약해제나 손해배상을 할 수 없더라도 B사의 이행의 실현을 기대할 수 없다는 점을 주장해 민법 제546조에 따라 이행불능을 이유로 계약을 해제할 수 있고 하자보수 비용에 대해선 민법 제390조에 따라 채무불이행으로 인한 손해배상으로 청구할 수 있다.

또한 A사가 지속적으로 수정을 요청했지만 B사가 개선하지 않고 더 이상 작업이 어렵다고 통보한 것이 계약상 주된 채무의 이행거절인 경우에는 A사는 계약을 해제할 수 있다.

A사는 탈인형의 하자가 존재하고 이로 인해 계약의 목적을 달성할 수 없음을 이유로 한 계약해제 또는 이행불능으로 인한 계약해제를 진행해 대금의 반환을 요청하거나 하자보수 및 하자로 인해 발생한 손해의 배상을 청구할 수 있을 것이다.

[사례분석 2]
갑은 건설회사 을에게 건물신축공사를 도급하면서 그 하자담보책임기간을 1년으로 약정하였다. 그런데 위 건물은 완공되어 갑이 인수한 지 1년 6월이 경과된 시점에서 천정에서 누수와 지붕의 일부 함몰 현상이 발생했고 그 원인을 알아본 결과 을이 재료를 설계도와 달리 시공함으로 인하여 그러한 하자가 발생된 사실이 밝혀졌는바, 이러한 경우에도 약정된 담보책임기간이 경과되어 하자의 보수 및 손해배상을 청구할 수 없는가?

민법 제672조에서는 수급인은 제667조(수급인의 담보책임), 제668조(도급인의 해제권)의 담보책임이 없음을 약정한 경우에도 알고 고지(告知)하지 아니한 사실에 대하여는 그 책임을 면하지 못한다고 규정하고 있다.

그렇다면 위 사안과 같이 수급인의 담보책임기간을 단축하는 경우에도 그 기간경과 후 발생된 하자에 대하여 수급인이 알고 고지하지 아니한 사실이 있을 경우 그 책임을 면하지 못한다고 보아야 할 것인지 문제된다.

[사례분석 3]
수급인 갑은 도급인 을과의 가옥건축도급계약을 체결하고 동 주택 소유권은 을에게 귀속된다고 합의하였다. 갑은 기초공사와 조벽공사까지 끝내고, 을은 갑에 대하여 대금 3억 원 중 1억 원을 지급한 상황이다.
(1) 주택 공사가 완성되기 전에 주택이 지진으로 인하여 붕괴된 때는 어떻게 되는가?
(2) 그 주택이 완성되어 을 명의로 등기되기 전에 갑의 채권자 병 또는 을의 채권자 정이 이를 압류할 수 있는가? 또한 갑이 이 주택에서 사용할 식탁, 쇼파, 책상, 의자, 침대의 제작까지를 주문받은 경우에 이에 관하여는 어떻게 되는가?
(3) 을이 그 가옥에 입주한 후 지붕에서 물이 새고 벽에 금이 가는 등 하자가 있는 경우, 또는 위 생활용품이 당초 주문한 것과 품질이 다른 경우 을은 어떤 구제를 청구할 수 있는가?

상기 사례는 3가지 주요논점으로 압축된다.
(1) 누가 위험부담을 담당하는가?
이 사례에서 누가 그 지진으로 붕괴된 주택에 대한 위험을 부담하는가가 문제된다. 여기서 민법 원칙상 채무자 위험부담주의가 적용되어(제537조) 수급인 갑이 1억 원을 상환하여야 한다.

(2) 소유권이 도급인과 수급인 중 누구에게 있는가?
갑과 을 중 누가 그 집에 대한 소유권을 가지고 있는가의 문제는 우선 도급계약에서 재료를 누가 제공했는가에 따라 학설은 나뉜다.
첫째, 도급인이 재료를 댄 경우는 당연이 도급인이 소유권을 원시취득한다.
둘째, 수급인이 재료를 모두 댄 경우는 학설은 나뉘나 판례와 통설적 입장은 다음과 같다.

원칙적으로 수급인의 소유에 속한다고 하면서도 소유권을 도급인에게 귀속시키기로 합의한 것으로 보여질 경우에는 도급인에의 소유권 귀속을 인정하고 있다. 그러므로 이 사례도 통설적 견지에서 본다면 소유권을 도급인에게 귀속시키기로 합의한 것으로 보여지는 경우이므로 소유권은 도급인인 을이 가지고 있다. 단, 건물이 벽을 갖추고 지붕이 건축되었을 경우에 소유권의 객체가 된다. 그러므로 갑은 이 가옥의 소유권을 갖지 못하므로 갑의 채권자는 압류할 수 없다. 따라서 을의 채권자만이 그 목적 건물에 압류를 설정할 수 있다.

또한 책상, 침대 등의 제작물공급계약이 도급계약인가 매매인지가 문제가 된다. 판례는 대체물일 경우는 매매계약으로 보고 부대체물일 경우는 도급계약으로 본다. 상기 사례는 책상, 침대 등이 대체물이므로 매매계약으로 볼 수 있다. 매매계약 시 동산의 인도 전까지는 매도인에게 소유권이 귀속된다. 따라서 소유권은 당연히 매도인인 갑에게 있고 그러므로 갑의 채권자 병은 그 책상 등 동산에 압류가 가능하다.

(3) 수급인의 담보책임과 매도인의 하자담보책임의 경합 그리고 불완전 이행의 적용여부

갑은 수급인으로서의 담보책임을 지며(제667조), 그러므로 을은 상당한 기간을 정하여 그 하자의 보상을 청구할 수 있다. 또한 하자 보수에 갈음하여 손해배상을 청구할 수 있다. 그러나 해제권은 건물에 대해서는 인정되지 않는다(제668조).

다음으로 유상계약에는 매매 규정을 준용하므로(제567조) 매도인의 하자담보책임이 준용될 수 있어 청구권의 경합이 일어나나 특별규정인 수급인의 담보책임으로도 충분히 도급인은 보호되므로 수급인의 담보책임(제667조)이 적용되는 것으로 본다.

다음으로 주택에 하자가 있으므로 이것은 불완전이행의 문제가 되며, 하자담보로 해결할 수 없는 경우 즉 하자로 인하여 확대손해가 난 경우에 불완전이행의 적용에 대해서 학설은 1. 하자담보로 해결할 수 있다는 견해와 2. 확대손해는 불완전이행으로 해결해야 한다는 견해와 3. 귀책사유가 있을 시 언제나 불완전이행이 된다는 견해가 있다.

따라서 이 경우에는 수급인의 담보책임이 특칙으로서 하자담보책임에 앞서 적용되며, 하자손해의 확대의 경우 불완전이행의 요건이 만족되는 한 언제나 적용되어 도급인을 두텁게 보호해야 한다고 본다.

책상 가구의 흠결은 그러한 주문제작이 도급계약인가 매매계약인가가 문제된다. 판례는 부대체물은 도급계약으로 대체물은 매매계약으로 보며, 상기사례에서 책상은 대체물이므로 매매계약으로 보며 종류물 채권이므로 채무자는 채무불이행에 따른 배상책임을 진다.

판례

민법 제672조가 수급인이 담보책임이 없음을 약정한 경우에도 알고 고지하지 아니한 사실에 대하여는 그 책임을 면하지 못한다고 규정한 취지는 그와 같은 경우에도 담보책임을 면하게 하는 것은 신의성실의 원칙에 위배된다는데 있으므로, 담보책임을 면제하는 약정을 한 경우뿐만 아니라 담보책임기간을 단축하는 등 법에 규정된 담보책임을 제한하는 약정을 한 경우에도, 수급인이 알고 고지하지 아니한 사실에 대하여 그 책임을 제한하는 것이 신의성실의 원칙에 위배된다면 그 규정의 취지를 유추하여 그 사실에 대하여는 담보책임이 제한되지 않는다고 보아야 한다(대법원 1999.9.21., 99다19032).

위와 같은 판례에 따르면 위 사안의 경우 을이 설계도에 시공하도록 되어 있는 재료를 사용하지 않고 다른 재료를 사용함으로써 발생된 하자에 대해서는 그 책임을 면하지 못한다고 하여야 할 것인바, 갑은 을에 대하여 하자보수 및 손해배상청구를 할 수 있다.

1. 여행계약의 법적 성질

(1) 의 의

① 소비자와 여행사, 숙박업자, 운송업자 등 간의 여행상품을 대상으로 하는 계약이다.

② 여행계약은 당사자 한쪽이 상대방에게 운송, 숙박, 관광 또는 그 밖의 여행 관련 용역을 결합하여 제공하기로 약정하고 상대방이 그 대금을 지급하기로 약정함으로써 효력이 생긴다(제674조의2).

③ 2015년에 민법개정으로 전형계약에 편입되었다.

(2) 여행계약의 유형

① 여행업자가 여행자를 수행하여 여행에 관한 총괄적인 서비스를 직접 제공하는 것이다(민법상 여행 계약).

② 여행업자가 교통·숙박·식사 등을 제공해야 할 제3채무자와 여행자 사이의 계약 체결을 중개 또는 알선해주고 여행자가 그 스스로 여행하는 것이다(중개에 관한 법규의 적용을 받음).

(3) 법적 성질

① **낙성계약** : 여행자와 여행주최자 간 합의만으로 여행계약은 성립한다. 그러나 약관에서 여행자와 여행주최자 간 합의가 있고, 여행자가 일정한 여행대금(통상 10%)을 미리 납부하여야 계약이 성립 한다고 정하는 경우는 일정액의 여행대금의 납입을 정지조건으로 하는 낙성계약이다.

> **➕ 더 알아보기**
>
> 여행 광고에 실린 정보는 '청약의 유인'에 불과하다.

② **불요식계약** : 원칙적으로 불요식계약이지만 일반적으로 여행업자가 일방적으로 작성한 약관부 서 면 계약을 한다. 따라서 여행자의 지위 등 여행계약의 세부내용은 여행업자가 작성한 약관으로 정 해진다.

③ **도급과 유사한 계약** : 여행의 무형적 결과 실현을 그 내용으로 하는 도급의 성질을 가진다. 현지에 서 용역을 제공하는 여행 안내자(가이드)는 여행주최자의 이행보조자에 불과하다. 이 경우 안내자 의 과책에 대해 제391조(이행보조자의 고의, 과실)에 따라 책임을 져야 한다.

2. 여행주최자의 의무와 담보책임 [기출] 19

(1) 여행업자의 의무

① 약정한 여행을 제공할 의무가 있다.

② 안전배려의무 및 위험에 대해 설명할 의무가 있다.

③ 여행계약에 관한 개정민법의 8개 조문 외에 민법의 일반이론이 당연히 적용된다.

④ 현지여행사나 가이드 등의 부당행위에 대해서도 여행주최자는 책임을 진다. 즉 이들은 여행주최자의 이행보조자로서 민법 제391조에 따라 이들의 고의나 과실이 여행주최자의 고의나 과실로 다루어진다.

⑤ 여행주최자의 의무에 관한 규정들은 편면적 강행규정으로서 여행자에게 불리한 것은 효력이 없다.

판례

패키지 여행계약의 법적 성질과 여행업자의 의무
여행업자는 기획여행계약의 상대방인 여행자에 대하여 기획여행계약상의 부수의무로서, 여행자의 생명·신체·재산 등의 안전을 확보하기 위하여, 여행목적지·여행일정·여행행정·여행서비스기관의 선택 등에 관하여 미리 충분히 조사·검토하여 전문업자로서의 합리적인 판단을 하고, 또한 그 계약 내용의 실시에 관하여 조우할지 모르는 위험을 미리 제거할 수단을 강구하거나 또는 여행자에게 그 뜻을 고지하여 여행자 스스로 그 위험을 수용할지 여부에 관하여 선택의 기회를 주는 등의 합리적 조치를 취할 신의칙상의 주의의무를 진다(대판 1998.11.24., 98다25061).

여행 실시 도중 안전배려의무 위반을 이유로 기획여행업자에게 손해배상책임을 인정하기 위해서는, 1) 발생한 사고와 기획여행업자의 여행계약상 채무이행 사이에 직접 또는 간접적으로 관련성이 있고, 2) 그 사고 위험이 여행과 관련 없이 일상생활에서 발생할 수 있는 것이 아니어야 하며, 3) 기획여행업자가 그 사고 발생을 예견하였거나 예견할 수 있었음에도 그러한 사고 위험을 미리 제거하기 위하여 필요한 조치를 다하지 못하였다고 평가할 수 있어야 한다. 이 경우 기획여행업자가 취할 조치는 여행일정에서 상정할 수 있는 모든 추상적 위험을 예방할 수 있을 정도일 필요는 없고, 개별적·구체적 상황에서 여행자의 생명·신체·재산 등의 안전을 확보하기 위하여 통상적으로 필요한 조치이면 된다(대판 2017.12.13., 2016다6293).

---

(2) 하자담보책임

① 여행주최자는 여행의 하자에 대해 무과실의 담보책임을 져야 한다.

② 여행에 하자가 있는 경우 : 여행주최자에게 귀책사유가 없더라도, 여행자는 여행주최자에게 하자의 시정 또는 대금의 감액을 청구할 수 있다. 그리고 여행자는 시정청구, 감액청구를 갈음하여 손해배상을 청구하거나 시정청구, 감액청구와 함께 손해배상을 청구할 수 있다.

③ 여행에 중대한 하자가 있는 경우 : 여행자는 그 시정이 이루어지지 않거나 계약의 내용에 따른 이행을 기대할 수 없는 경우에 계약을 해지할 수 있다.

④ 여행주최자는 계약의 해지로 인하여 필요하게 된 조치를 할 의무를 지며, 계약상 귀환운송의무가 있으면 여행자를 귀환운송하여야 하는데, 상당한 이유가 있으면 여행주최자는 여행자에게 그 비용의 일부를 청구할 수 있다(제674조의7 제3항).

⑤ 하자로 인하여 여행이 실패로 끝나거나 불완전한 상태에서 실행됨으로써 휴가기간이 허비된 경우에 여행자는 민법의 일반규정에 따라 정신적 손해를 배상받을 수 있다.

⑥ 담보책임에 따른 여행자의 권리는 여행기간 중에도 행사할 수 있으며, 계약에서 정한 여행 종료일부터 6개월 내에 행사하여야 한다(제674조의8).

(3) 여행주최자의 급부의무 불이행과 하자담보책임의 차이

① 여행계약상 여행사가 부담하는 계약상 급부의무는 채무불이행 책임으로서 과실책임이다. 그러나 담보책임은 "여행에 하자"가 있기만 하면 성립한다.

② 계약상 안전배려의무 위반이 손해배상소송에서 과실과 연결되지만, 이런 과실책임과 절연된 무과실책임으로서의 담보책임은 "여행의 하자"만 입증하면 된다.

③ "여행의 하자"는, 여행계약이 상정하는 여행이 마땅히 갖추어야 할 내용을 갖추지 못한 상태를 의미하고, "마땅히 갖추어야 할 내용"이 무엇인지는 1차적으로 계약당사자의 의사, 2차적으로 거래통념에 의하여 결정될 수밖에 없다.

(4) 여행자의 의무

① 여행대금 지급 의무

② 신의칙상의 협력 의무

3. 여행계약의 해제와 해지

(1) 여행계약의 해제·해지

① **여행자의 사전해제권** : 여행자는 출발 전에 언제나 여행계약을 해제할 수 있으며 그로 인한 손해를 배상해야 한다(제674조의3).

② 당사자의 부모 사망이나 천재지변 등 부득이한 사유가 있는 경우에 각 당사자는 계약을 해지할 수 있는데, 부득이한 사유가 당사자 한쪽의 과실로 인하여 생긴 경우에 그 당사자는 상대방에게 손해를 배상하여야 한다.

③ 여행자는 여행에 중대한 하자가 있는 경우에 그 시정이 이루어지지 않거나 계약의 내용에 따른 이행을 기대할 수 없는 경우에는 계약을 해지할 수 있다(제674조의7 제1항).

④ 계약이 해지된 경우 여행주최자는 대금청구권을 상실한다. 다만, 여행자가 실행된 여행으로 이익을 얻은 경우에는 그 이익을 여행주최자에게 상환해야 한다(제674조의7 제2항).

⑤ 여행주최자는 계약의 해지로 인하여 필요하게 된 조치를 할 의무를 지며, 계약상 귀환운송 의무가 있으면 여행자를 귀환운송 해야 한다. 이 경우 상당한 이유가 있는 때에는 여행주최자는 여행자에게 그 비용의 일부를 청구할 수 있다(제674조의7 제3항).

⑥ 귀환운송비용 등 해지로 인하여 발생하는 추가비용은 그 해지사유가 어느 당사자의 사정에 속하는 경우에 그 당사자가 부담하고, 누구의 사정에도 속하지 않는 경우에는 각 당사자가 절반씩 부담한다(제674조의4). 현재의 표준약관에 의하면 여행사의 귀책사유에 의하지 않는 한 여행자가 추가비용을 부담하여야 한다.

⑦ **제674조의9(강행규정)** : 제674조의3, 제674조의4 또는 제674조의6부터 제674조의8까지의 규정을 위반하는 약정으로서 여행자에게 불리한 것은 효력이 없다.

(2) 상대방에게 손해배상액을 지급하지 않고 여행계약을 해제할 수 있는 경우

여행사 또는 여행자는 여행출발 전에 다음 어느 하나의 사유가 있는 경우 상대방에게 손해배상액을 지급하지 않고 여행계약을 해제할 수 있다(국외여행 표준약관 제16조 제2항).

계약 해제권자	손해배상액을 지급하지 않고 여행계약 해제가 가능한 경우
여행사	• 여행자의 안전과 보호를 위하여 여행자의 요청 또는 현지사정에 의하여 부득이하다고 쌍방이 합의한 경우 • 천재지변, 전란, 정부의 명령, 운송·숙박기관 등의 파업·휴업 등으로 여행의 목적을 달성할 수 없는 경우 • 여행자가 다른 여행자에게 폐를 끼치거나 여행의 원활한 실시에 현저한 지장이 있다고 인정될 때 • 질병 등 여행자의 신체에 이상이 발생하여 여행에의 참가가 불가능한 경우 • 여행자가 계약서에 기재된 기일까지 여행요금을 납입하지 않는 경우
여행자	• 여행자의 안전과 보호를 위하여 여행자의 요청 또는 현지사정에 의하여 부득이하다고 쌍방이 합의한 경우 • 천재지변, 전란, 정부의 명령, 운송·숙박기관 등의 파업·휴업 등으로 여행의 목적을 달성할 수 없는 경우 • 여행자의 3촌 이내 친족이 사망한 경우 • 질병 등 여행자의 신체에 이상이 발생하여 여행에의 참가가 불가능한 경우 • 배우자 또는 직계존비속이 신체이상으로 3일 이상 병원(의원)에 입원하여 여행 출발 전까지 퇴원이 곤란한 경우 그 배우자 또는 보호자 1명 • 여행사의 귀책사유로 계약서 또는 여행일정표(여행설명서)에 기재된 여행일정대로의 여행실시가 불가능해진 경우 • 여행요금의 증액으로 인하여 여행을 계속하기 어렵다고 인정될 경우

제4절 현상광고

1. 현상광고의 법적 성질

(1) 현상광고의 의의

① 현상광고는 광고자가 어느 행위를 한 자에게 일정한 보수를 지급할 의사를 표시하고 이에 응한 자가 광고에 정한 행위를 완료함으로써 성립하는 계약이다(제675조).

> 예 일간신문사에서 시행하는 신춘문예 작품공모, 미아(迷兒)나 유실물을 찾아주면 일정한 금액의 현상금을 지급하겠다는 광고

② 노무제공계약 중 하나 : 청약이 불특정 다수인에게 광고라는 특수한 방법으로 행하여지고, 이에 응한 자가 지정한 행위를 완료하는 승낙을 하여야 비로소 계약이 성립한다.

(2) 현상광고의 본질

① 학설 : 계약설(다수설)과 단독행위설(소수설)이 대립한다.

② 판례 : 현상광고는 법률행위이므로 그 효력의 발생, 즉 그 광고에 정한 행위의 완료에 조건이나 기한을 붙일 수 있다고 본다.

예 경찰이 탈옥수 신창원을 수배하면서 "제보로 검거되었을 때에 신고인 또는 제보자에게 현상금을 지급한다."는 현상광고를 한 경우
- 지정행위는 신창원의 거처 또는 소재를 경찰에 신고·제보하는 행위
- 조건 : 검거되는 것

(3) 법적 성질

① **요물계약** : 현상광고는 광고에 응한다는 의사표시만으로는 계약이 성립하지 않으며, 광고에서 지정한 행위를 제공(완료)하여야 비로소 계약이 성립한다.

✚ 더 알아보기

제공(완료)
인도를 필요로 하는 경우에는 인도, 인도를 필요로 하지 않는 경우(경연참가)에는 통지

② **편무계약, 유상계약**
  ㉠ 계약이 성립하면 계약 효과로서 광고자의 보수지급할 의무만 남게 되므로 편무계약이다.
  ㉡ 응모자가 광고에서 지정한 행위를 제공한 것이 승낙으로서 계약 성립의 요소가 되므로 계약성립 이후에 응모자는 광고자의 보수지급 의무에 대응한 대가적 견련관계의 의무를 부담하지 않는다.
  ㉢ 광고자의 보수지급 의무는 응모자의 지정행위에 대한 대가로서 견련성을 가지므로 유상계약이다.
③ **불요식계약** : 현상광고는 특별한 형식을 요하지 않는 불요식계약이다.

2. 현상광고의 성립과 효력

(1) 광 고

① 광고는 불특정 다수인에 대한 청약의 의사표시이다.
② 광고에는 상대방이 행하여야 할 행위가 분명하게 지정되어야 한다. 그 행위의 종류에는 선량한 풍속 기타 사회질서에 위반되지 않는 한 법률행위, 사실행위가 모두 가능하다.
③ 광고에는 보수지급 의사가 표시되어야 하며, 보수의 지급 방법은 제한이 없고, 확정된 보수일 필요는 없으나 최소한 보수액을 확정할 수 있는 방법은 표시되어야 한다.

(2) 계약 성립을 위한 지정행위의 완료 요건

① 지정된 행위가 일의 완성물인 경우 : 완성물의 인도(분실한 핸드폰을 찾는 광고이면 그 핸드폰을 인도함)
② 지정된 행위가 인도를 필요로 하지 않는 일인 경우 : 지정행위 완료의 통지(노래경연에 참가 의사를 통지함)로써 계약 성립

(3) 광고의 적격기간

① 광고에서 응모기간을 정한 경우에는 적격기간이 된다. 따라서 그 기간 내에 광고자에게 도달하여야 승낙으로서 효력이 있다(도달주의).

② 응모기간을 정하지 않은 광고는 광고자가 상당한 기간 내에 지정행위를 완료하지 못하면 효력을 상실한다.

(4) 현상광고의 철회에 대한 특별규정

① 광고자가 광고에 지정행위의 완료기간을 정한 때에는 그 기간만료 전에는 광고를 철회하지 못한다 (제679조 제1항).

② 광고에 행위의 완료기간을 정하지 아니한 때에는 지정행위의 완료 전에 자유롭게 철회할 수 있으나, 그 방법은 전의 광고와 동일한 방법에 의함을 요한다.

③ 동일한 방법으로 철회할 수 없을 때에는 그와 유사한 방법으로 철회할 수 있으나 이 철회는 철회한 것을 알지 못한 제3자에 대하여는 철회로서의 효력이 생기지 아니한다(제679조 제2~제3항). 즉, 이 철회는 철회한 것을 안 자에 대하여만 효력이 있다.

(5) 보수 수령권자

① 광고에 정한 행위를 완료한 자가 수인인 경우에는 먼저 행위를 완료한 자가 보수를 받을 권리가 있다. 따라서 최초로 지정행위를 완료한 자에 대해서만 계약이 성립한다.

② 단, 우수현상광고에서는 완료한 여러 개의 지정행위 중에서 우수한 지정행위 완료자에게 보수를 지급한다.

③ 수인이 동시에 완료한 경우에는 각각 균등한 비율로 보수를 받을 권리가 있다.

④ 그러나 보수가 성질상 분할할 수 없거나 광고에 1인만이 보수를 받을 것으로 정한 때에는 추첨에 의하여 결정한다.

(6) 광고부지의 행위

① 광고가 있음을 알지 못하고 광고에 지정한 행위를 완료한 경우에는 청약에 대하여 승낙을 한 것은 아니므로 계약은 성립되었다고 볼 수 없다.

② 그러나 민법은 광고부지 행위의 경우에도 계약 성립을 인정하여 보수청구권을 갖는다는 특별규정을 두고 있다(제677조).

③ 광고부지의 행위의 법적 성격 : 준현상광고로서 단독행위라고 본다(통설).

3. 우수현상광고

(1) 의 의

① 광고에 지정한 행위를 몇 사람이 했을 때 그 우수자에게만 보수를 주는 광고이다.

② 지정행위는 우열을 가릴 수 있는 소설·작사·작곡·도안 등의 행위이어야 한다.

③ 우수현상광고는 일정한 기간 내에 응모자 중에서 우수한 자를 선택해야 하기 때문에, 응모의 기간이 정해져 있지 않으면 무효이다(제678조 제1항).

④ 우수현상광고는 철회하지 못하는 것이 원칙이다.

(2) 현상광고의 청약과 승낙, 응모와 판정

① 우수현상광고에서 광고는 청약의 유인이며, 응모는 청약에 해당하고 우수한 지정행위로서의 판정이 승낙에 해당한다.

② 응모 : 응모자는 광고에 응하여 완료한 지정행위를 인도하거나, 또는 성질상 인도를 요하지 아니하는 경우에는 광고자에게 지정행위를 하였음을 통지하여야 한다(의사표시의 도달주의 적용).

③ 판 정

    ㉠ 우수의 판정은 광고 중에 정한 자가 한다.

    ㉡ 광고 중에 판정자를 정하지 아니한 때에는 광고자가 판정한다.

    ㉢ 원칙적으로 우수한 자가 없다는 판정은 할 수 없다. 그러나 광고 중에 다른 의사표시가 있거나 지정행위의 성질 상 판정의 표준이 정해져 있는 때에는 우수한 자가 없다는 판정도 가능하다.

    ㉣ 수인의 행위가 동등으로 판정된 때에는 민법 제676조 제2항의 규정을 준용한다.

제5절   위 임

1. 위임의 법적 성질

(1) 위임의 의의

① 당사자 일방(위임인)이 상대방(수임인)에 대하여 사무의 처리를 위탁하고, 상대방이 이를 승낙함으로써 성립하는 계약이다(제680조).

    예 의뢰인이 변호사에게 소송 의뢰, 환자가 의사에게 진료 의뢰, 아파트 입주자대표회의와 아파트 관리회사 사이의 법률관계(대판 1997.11.28., 96다22365) 등

② 사무의 범위 : 법률상 또는 사실상의 모든 행위를 포함한다.

    예 법률행위(물건의 매매·임대차), 준법률행위(채무변제·등기신청 등), 사실행위(건물관리). 그러나 가족법상의 법률행위(혼인, 협의상의 이혼, 입양 등)는 수임인에게 위임할 수 없다.

(2) 법적 성질

① 낙성계약 : 당사자 간 합의로 성립하며 특정한 방식을 필요로 하지 않는다. 일(사무처리)의 범위를 명확히 하고자 하는 경우에는 위임장을 작성하기도 하나 이것이 위임계약은 아니고 수권범위를 특정하는 것이며, 위임장은 위임계약의 증거방법에 불과하다.

② 무상·편무계약 : 특별한 약정이 없으면 수임인은 위임인에게 보수를 청구할 수 없다(무상계약 원칙). 따라서 위임인이 수임인에게 보수를 지급하는 약정은 위임 계약의 성립 요건이 아니다. 위임이 무상인 경우에는 편무계약이며, 유상인 경우에는 쌍무계약이다.

(3) 위임계약의 법률관계의 특수성

① **신뢰관계** : 수임인은 위임인의 강한 신뢰를 기초로 위임사무를 스스로 처리하여야 한다. 이는 선관주의 의무, 제3자의 대행금지, 해지의 자유를 인정한다.

② **통칙성** : 위임계약은 위임자가 전문가의 도움을 받는 법적 방법이다. 따라서 민법상 위임 규정은 계약관계에 의거하지 않고 타인 사무처리를 하는 법률관계에 대한 통칙으로 준용된다.

　　예 수치인의 권리의무(제701조), 업무집행조합원의 권리의무(제707조), 부재자의 재산관리인(제24조), 회사의 이사(상법 제382조), 친권자에 의한 재산관리(제919조), 법정후견인에 의한 피후견인의 재산관리(제956조, 제959조), 상속인에 의한 상속재산의 관리(제1048조) 등

(4) 위임과 위탁

① 위임과 위탁(상법에서는 '위탁매매인'이라는 용어를 사용함)은 둘 다 권한자에게 권한을 유보한 상태에서 수임·수탁자가 그의 명의와 책임하에 권한을 행사하는 것이다.

② 그러나 위임은 주로 상하관계, 위탁은 수평관계에서 이루어진다는 점이 다르다.

(5) 위임과 대리 / 대행

구 분	위 임	대 리
행위의 법적 성격	계 약	단독행위
사무의 범위	법률행위, 비법률행위 모두 가능	법률행위만 가능
법률관계의 목적 (중요 내용)	계약 당사자(위임인과 수임인) 사이의 내부관계	본인(대리권 수여자·위임인)과 제3자(대리행위의 상대방)와의 외부관계
수임인과 대리인의 의무	수임인은 구체적 사무를 처리할 의무 부담	대리인은 대리권 수행할 권한을 가질 뿐이며 특정한 의무를 부담하지 않음
양자의 관계	대리권 수여 없는 위임계약이 성립할 수 있음	대리권 수여 행위는 위임의 성격을 가짐

① 위임과 대리는 서로 구별되는 것이라고 본다(통설, 판례).

② 위임인이 수임인에게 제3자와 법률행위를 할 것을 위임한 경우에는 그 위임계약 속에 대리권 수여 행위도 포함한 것으로 해석된다(다수설).

③ '위임'은 당사자 일방이 상대방에 대해 사무 처리를 위임하고 상대방이 이를 승인함으로써 성립하는 계약이나 '임의대리'는 임의대리인인 사람에게 하나의 자격을 부여할 뿐이며, 그 수권행위만으로는 대리인에 대해 본인이 기대하는 법률효과를 발생시켜야 한다고 하는 의무를 지우는 것은 아니다.

④ 위임계약에 의해 당사자 간에 사무를 처리할 채권관계가 발생하고 수단으로서 대리권이 부여되는 것이 통례로 위임과 대리는 반드시 별개의 행위에 의해 행해져야 하는 것은 아니다.

⑤ 위임계약과 수권행위가 일체로서 행해지고 있는 것이 보통이기 때문에 구체적으로 대리권이 있는지가 문제로 되는 때에는 위임계약의 내용을 해석, 수권행위의 유무를 결정하게 된다.

⑥ 대리는 대리인이 본인을 위한 것임을 표시하고 대리인이 자신의 명의로 권한을 행사한다.

⑦ 대행은 본인이 자신의 명의로 권한을 행사하되, 사실상의 사무 처리는 대행자가 한다.

(6) 고용계약과 도급계약, 위임계약

① 고용, 도급, 위임은 모두 계약당사자 일방이 노무를 제공하고 다른 일방은 그에 대하여 대가를 지급하는 계약이라는 점에서 공통점이 있다.

② 고용계약은 근로기준법의 적용을 받는 근로계약으로서 민법의 계약자유원칙을 수정하여 일정한 최저기준을 강제하는 데 반하여 순수한 형태의 도급 또는 위임계약은 근로기준법의 적용을 받지 않는 것이 원칙이다.

③ 위임은 노무제공자가 자신의 판단과 재량권에 따라서 독립적으로 업무를 처리한다는 점에서 고용과 다르다.

④ 판례 : 원칙적으로 계약 명칭이나 형태를 불문하고 사용종속관계가 인정된다면 근로기준법의 적용을 받는 노동자로 볼 수 있다. 실제에 있어서는 매우 제한적인 해석을 하고 있다.

구 분	도 급	위 임
의무·책임의 내용	• 수급인 : 일의 완성, 담보책임 • 도급인 : 보수 지불	• 수임인 : 사무 처리, 선관주의의무, 보고의무 등 • 위임인 : 특약에 의한 보수 지불 의무, 비용 선급 의무, 필요비 상환의무, 담보제공의무
종료 원인	• 도급인의 중도 해제권 • 도급인의 파산	• 쌍방의 해제권 • 일방의 사망·파산 • 수임인의 피성년후견인 선고

2. 위임계약에서 수임인의 의무 기출 13

(1) 선량한 관리자의 주의의무에 따른 사무처리

① 수임인은 위임사무를 본지에 따라 처리할 의무를 부담하게 되는데, 이는 수임인의 가장 기본적이고 본질적인 의무이다(제681조).

② 위임사무를 본지에 따라 처리하는 것은 위임계약의 목적과 사무의 성질에 따라서 가장 합리적으로 처리하는 것을 말한다.

③ 위임계약이 무상이든 유상이든 수임인은 언제나 위임사무를 선관주의에 따라 수행해야 할 의무를 부담한다. 수임인이 이러한 선관주의 의무를 위반한 때에는 채무불이행이 되며 그로 인해 위임인에게 발생한 손해를 배상할 책임을 지게 된다(제681조).

➕ 더 알아보기

• 선량한 관리자의 주의 : 위임사무의 처리에 통상적으로 요구되는 주의(추상적 과실)
• 자기 재산과 동일한 주의(제695조) : 수임인의 개별적 능력에 따른 주의(구체적 과실). 그 구체적인 내용은 개별적 사례의 구체적인 사실관계 등에 따라 판단한다.

수임인의 선관주의의무

관광회사가 관광단지조성을 위한 용지의 매수업무를 군에게 위탁한 업무의 위탁은 민법상의 위임계약의 성질을 가진다 할 것이므로 수임받은 군으로서는 그 위임의 본지에 따라 선량한 관리자의 주의로서 그 위임사무를 처리하여야 할 것이고 만약 위와 같은 주의의무를 다하지 아니한 업무처리를 하여 위탁자에게 손해를 끼쳤다면 수임인으로서는 그 손해를 배상할 책임이 있다. .... 수임인이 위임의 본지에 쫓은 업무처리를 하지 아니함으로써 위탁자가 입게 된 손해액은 수임인이 위임의 본지에 쫓은 업무처리를 하였다면 지급하지 아니하여도 될 비용을 지급한 경우에 그 지급한 비용이 이에 해당한다(대판 1987.10.13., 87다카1345).

법무사는 그 직무를 수행하는 과정에서 의뢰인의 지시에 따르는 것이 위임의 취지에 적합하지 않거나 오히려 의뢰인에게 불이익한 결과가 되는 것이 드러난 경우에는, 그러한 내용을 의뢰인에게 설명 내지 조언할 의무가 있다(대판 2003.1.10., 2000다61671).

연예인인 갑이 을과 갑의 연예활동과 관련한 매니지먼트 업무를 을에게 위임하는 내용의 전속계약은 민법상 위임계약과는 달리 그 존속과 관련하여 당사자들의 이해관계가 강하게 결부되어 있으므로 연예인인 갑이 언제든지 계약을 해지할 수는 없다고 하더라도, 위 전속계약이 기본적으로 위임계약의 속성을 지니고 있음에 비추어 볼 때 계약의 존속을 기대할 수 없는 중대한 사유가 있는 경우에만 계약을 해지할 수 있다고 볼 것은 아닌바, 계약당사자 상호간의 신뢰관계가 깨어지면 연예인인 갑은 전속계약을 해지할 수 있다(대판 2019.9.10., 2017다258237).

(2) 위임인의 지시와 수임인의 복종 의무(수임인의 재량성)

① 위임인의 지시가 있는 경우에는 수임인은 그 지시를 따라야 한다.

② 그러나 위임인의 지시가 부당한 경우 수임인은 그 지시에 따랐다고 해서 면책되지 않는다.

③ 수임인은 위임인에 비해 그 일에 관해 더 높은 기능과 전문성을 갖춘 것이므로 수임인은 위임인의 지시의 적절성 여부를 판단하여, 부적당한 지시라면 이를 고지하고 지시의 변경을 요구하여야 한다. 또한 그럴 여유가 없는 급박한 사정이 있을 때에는 수임인은 재량으로 필요한 조치를 취할 수 있다.

(3) 수임인의 복임권에 대한 제한 준수 의무(위반 시 책임 문제)

① 위임은 신뢰관계에 기초하므로 수임인이 원칙적으로 자기 스스로 위임사무를 처리해야 하며 위임인의 동의(승낙) 없이 제3자에게 위임사무를 처리하게 할 수 없다(제682조). 이를 위반하면 수임인은 채무불이행 책임과 손해배상책임을 부담한다.

② 그러나 수임인이 위임사무를 처리하는데 이행보조자를 사용하는 것은 가능하다.

③ 부득이한 경우에는 위임인의 동의 없이 제3자에게 위임사무를 처리하게 할 수 있다.

④ 수임인은 위임인의 승낙이나 부득이한 사유로 인해 제3자로 하여금 자기에 갈음하여 위임사무를 처리하게 한 경우에는 임의대리인이 복대리인을 선임한 경우(제121~제123조의 규정을 준용)와 동일한 책임을 진다(제682조 제2항, 제121조, 제123조).

⑤ 수임인의 지위는 위임인의 동의 없이는 임의로 양도할 수 없다.

(4) 복대리인에 대한 수임인의 책임(복대리인의 법률관계)

① 임의대리인이 복임권을 가져 복대리인을 선임한 경우에는, 복대리인의 행위에 대하여 무조건 책임을 지는 것이 아니라, 복대리인의 선임·감독에 대하여만 책임을 진다.

② 그러나 대리인이 본인의 '지명'으로 복대리인을 선임한 경우에는 대리인이 다시 복대리인의 자격에 관하여 조사할 필요는 없으므로, 이때는 적임이 아니거나 불성실하다는 사실을 알고도 본인에 대한 통지나 해임을 게을리했을 경우에만 책임을 진다(제121조).

(5) 복위임의 법률관계

① 수임인은 복수임인의 선임·감독의 책임을 부담한다. 단, 위임인이 지명하여 복수임인을 선임한 경우에는 복수임인의 부적임 또는 불성실을 알고도 그 사실을 통지하지 않거나 해임을 해태한 경우에만 책임을 진다.

② 복수임인은 위임인에 대하여 수임인과 동일한 권리 의무를 가진다. 이것은 위임인과 수임인 사이의 권리의무를 한도로 하며, 다시 수임인과 복수임인 사이의 복위임계약에서 정하여지는 권리의무를 한도로 한다.

③ 복수임인이 위임사무의 처리로 인해 받은 금전 등을 직접 위임인에게 인도한 경우 복수임인은 수임인에 대한 인도의무를 면한다.

(6) 수임인의 보고의무

① 수임인은 위임인의 청구가 있는 때에는 위임사무의 처리상황을 보고하고 위임이 종료한 때에는 지체 없이 전말을 보고하여야 한다.

② 판례 : 변호사가 수임사건에서 패소한 경우 의뢰인에게 설명의무가 있다.

(7) 수임인의 취득물 등의 인도 및 이전의무

① 수임인은 위임사무의 처리로 인하여 받은 금전 기타의 물건 및 수취한 과실을 위임인에게 인도하여야 한다.

② 수임인이 위임인을 위하여 자기의 명의로 취득한 권리는 위임인에게 이전하여야 한다.

(8) 수임인의 금전소비에 대한 책임

① 수임인이 위임인에게 인도할 금전 또는 위임인의 이익을 위하여 사용할 금전을 자기를 위하여 소비한 때에는 소비한 날 이후의 이자를 지급하여야 하며 그 외에 손해가 있으면 배상하여야 한다.

② '금전'을 소비한 경우에만 적용하고, '물건'을 소비한 경우에는 채무불이행 또는 불법행위의 일반원칙에 의해 해결한다.

③ 법정 이자 외에 손해배상책임을 인정한다(제397조에 대한 예외). 금전채무불이행의 손해배상액은 법정이율 또는 약정이율에 한정한다(제397조)의 특칙에 해당한다.

(9) 위임종료 시 수임인의 긴급처리 의무

① 위임사무가 종료한 경우에 급박한 사정이 있는 때에는 수임인, 상속인이나 법정대리인은 위임인, 상속인이나 법정대리인이 위임사무를 처리할 수 있을 때까지 사무의 처리를 계속하여야 한다. 이 경우에는 위임계약의 존속과 동일한 효력이 있다.

② 위임인이 임의로 계약을 해지한 경우에는 수임인의 긴급처리 의무는 부정된다.

③ 위임 관계의 종료사유는 상대방에게 통지하거나 상대방이 그 사실을 안 때가 아니면 종료사유로 상대방에게 대항하지 못한다.

④ 위임인이 파산하여 위임사무가 종료한 경우에, 그 사실을 알지 못하고 사무처리를 계속한 수임인은 그 동안의 비용 상환이나 보수를 청구할 수 있다.

3. 수임인의 권리

(1) 수임인의 보수청구권

① 수임인은 특별한 약정이 없으면 위임인에 대하여 보수를 청구하지 못한다.

＋ 더 알아보기

보수는 금전에 한정하지 않는다.

① 수임인이 보수를 받을 경우에는 위임사무를 완료한 후가 아니면 이를 청구하지 못한다. 그러나 기간으로 보수를 정한 때에는 그 기간이 경과한 후에 이를 청구할 수 있다.

② 수임인이 위임사무를 처리하는 중에 수임인의 책임없는 사유로 인하여 위임이 종료된 때에는 수임인은 이미 처리한 사무의 비율에 따른 보수를 청구할 수 있다.

(2) 수임인의 비용선급청구권 / 수임인의 비용상환청구권

① 처리에 비용을 요하는 때에는 위임인은 수임인의 청구에 의해 이를 미리 지급하여야 한다.

② 수임인이 위임사무의 처리에 관하여 필요비를 지출한 때에는 위임인에 대하여 지출한 날 이후의 이자를 청구할 수 있다.

＋ 더 알아보기

필요비
수임인이 위임사무를 처리하는 데 필요하다고 주관적으로 판단하여 지출한 비용을 말한다. 객관적, 결과적으로 사무처리에 필요한 비용이 아니었더라도 수임인이 필요하다고 판단하여 지출한 비용은 필요비에 포함된다.

(3) 보수청구권과 비용상환청구권의 비교

① 수임인의 '보수'는 사무처리의 대가를 의미한다. 따라서 사무처리에 소요되는 비용과는 다른 개념이다.

② 비용의 경우 무상 위임인 경우에도 또한 당사자 간 특별한 약정이 없어도 수임인은 당연히 비용상환청구가 가능하다.

(4) 수임인의 대변제청구권

① 수임인이 위임사무 처리에 필요한 채무를 부담한 때에는 위임인에게 자기에 갈음하여 이를 변제하게 할 수 있고 채무가 변제기에 있지 않은 때에는 상당한 담보를 제공하게 할 수 있다.

② 수임인이 위임사무의 처리에 필요한 채무를 부담하는 경우는 수임인이 대리권 없이 자기의 이름으로 위임사무를 처리하는 경우이다.

③ 수임인의 비용상환청구권과 대변제청구권은 취지를 달리하는 제도이므로 수임인은 어느 것이든 자유롭게 선택하여 행사할 수 있다.

(5) 수임인의 손해배상청구권

① 수임인이 위임사무의 처리를 위하여 과실 없이 손해를 받은 때에는 위임인에 대하여 배상을 청구할 수 있다.

② 이 경우 손해배상청구권은 수임인에게 과실이 없는 경우에만 인정되는 것이며, 위임인의 고의 또는 과실은 요건이 아니다(위임인의 무과실책임주의).

③ 이 경우의 손해배상청구권은 보수청구권이 인정되지 않는 무상 수임인에게만 인정된다.

(6) 위임계약 상호해지의 자유

① 위임계약은 유상이든 무상이든 각 당사자가 언제든지 해지할 수 있다.

② 그러나 당사자 일방이 부득이한 사유 없이 상대방의 불리한 시기에 계약을 해지한 때에는 그 손해를 배상하여야 한다.

> **➕ 더 알아보기**
>
> **부득이한 사유**
> 상대방에게 손해배상의 책임을 면할 정도로 정당한 사유
> 예 수임인의 질병, 위임인의 부도덕한 행위로 위임을 중단할 필요가 있는 경우

③ 손해배상의 범위 : 위임이 해지되었다는 사실로 인한 손해가 아니라 불리한 시기에 계약을 해지했기 때문에 발생한 손해를 배상한다.

(7) 위임계약의 종료

① 위임은 당사자 일방의 사망 또는 파산으로 인하여 종료한다.

② 위임사무의 내용이 위임인의 상속인에게 상속될 수 있는 성질의 것일 때에는 위임인의 사망으로 인하여 위임계약은 종료하지 않는다.

③ 위임인이 파산한 경우라도 위임은 종료하지 않는다는 당사자 간 특약은 무효이다. 위임인이 파산한 경우에는 위임인의 재산은 파산관재인이 관리하기 때문이다.

④ 수임인이 파산한 경우라도 위임은 종료하지 않는다는 당사자 간 특약은 유효하다. 파산선고를 받은 수임인도 타인의 사무를 처리할 수 있기 때문이다.

⑤ 수임인이 피성년후견인 선고를 받은 때에도 위임계약은 종료한다.

⑥ 그러나 위임인의 피성년후견인 선고는 위임계약의 종료사유가 아니지만, 단, 위임인의 행위능력이 필요할 때에는 종료사유가 된다.

제6절 임 치

│ I │ 임치의 법률관계

1. 임치의 법적 특성

(1) 임치의 의의

① 임치는 당사자 일방(임치인)이 상대방(수치인)에게 금전이나 유가증권 기타 물건의 보관을 위탁하고 상대방이 이를 승낙함으로써 효력이 생기는 계약이다(제693조).

> **➕ 더 알아보기**
>
> • 보관 : 임치목적물을 자기의 지배 아래 두어 그 원래상태를 유지하는 것이다.
> • 위임은 보수, 개량, 이용 등이 가능하고 임치는 목적물을 보관만 하는 것이다.

② 임치계약은 수치인이 목적물을 인수하지 않으면 성립하지 않는다.

③ 상품을 임치한 경우 임치인은 창고증권을 발행하여 임치물을 증권으로 화체시켜 거래하기도 한다.

④ 물건의 보관 자체를 목적으로 하므로 계속적 채권관계가 발생한다.

⑤ 부동산에 대한 명의신탁은 부동산 임치가 아니다(임치물의 소유권은 임치인에게 있다).

> **➕ 더 알아보기**
>
> 명의신탁
> 소유관계를 공시하도록 되어 있는 재산에 대해서 자기 소유의 재산을 타인의 이름으로 해 두는 것이다. 부동산실명법에 의해 부동산 명의신탁은 원칙적으로 무효이다.

(2) 임치와 임대차 / 사용대차의 구분

① 임치는 '보관의 노무'를 제공하는 것이므로 단순히 '보관장소'만을 제공하는 것은 임대차(유상)나 사용대차(무상)에 해당한다.

② 보관 이외에 관리하는 노무를 제공하는 것은 고용 또는 위임이 된다.

　　㉘ 운전자가 주차장에 유상 또는 무상으로 자동차를 맡기고 주차장 운영자가 이를 보관하는 것은 임치계약이다. 그러나 주차장 운영자가 운전자에게 단순히 주차장에서 자동차의 보관장소만을 무상으로 제공하는 경우에는 사용대차가 되며 유상으로(차임을 지급) 하는 경우에는 임대차가 된다.

　　㉘ 갑이 자기 소유의 주차장(토지)을 을에게 맡기고 보관하도록 하는 것은 임치이다. 그러나 갑이 을에게 주차장으로서 관리를 해줄 것(노무 제공 또는 일의 처리)을 약정한 경우에는 고용 또는 위임에 해당한다.

　　㉘ 투숙객의 주차장 이용의 경우에 주차장에 시정시설을 포함하여 숙박업자가 주차차량을 관리할 수 있는 조치가 있는 경우에만 임치로 보아야 하고 그 외에는 대차관계로 보아야 한다.

(3) 임치계약의 법적 성질

① **낙성·불요식계약** : 임치인과 수치인 사이에 목적물의 보관에 관한 합의만 있으면 계약은 성립하며, 수치인의 목적물 수령은 임치의 성립요건이 아니다.

② **무상·편무계약** : 원칙적으로 무상 편무계약이지만, 당사자가 보수를 약정한 경우에는 유상 쌍무계약이 된다. 보수 약정은 임치계약의 성립요건이 아니다.

(4) 임치의 목적물

① 금전, 유가증권 기타의 물건이다(동산 및 부동산 포함).

② 임치의 목적물은 반드시 임치인의 소유물임을 요하지 않으므로 제3자 소유의 물건도 임치가 가능하다.

③ 임치의 대상이 되는 물건의 범위가 민법의 경우 너무 협소하여 거래의 수요에 제대로 대처하지 못할 뿐만 아니라 법체계 내의 일반법의 지위라는 위상에도 미치지 못한다.

✚ 더 알아보기

민법 제98조(물건의 정의) 본법에서 물건이라 함은 유체물 및 전기 기타 관리할 수 있는 자연력을 말한다.

동물이 물건이 아니라고 규정하고 있지만, 동물에는 물건에 관한 규정이 준용된다. 무체물도 특정 가능하고 관리 가능한 경우 물건에 포함된다. 따라서 동물과 무체물을 임치 대상에 포함시킬 필요가 있다.

2. 수치인의 의무

(1) 보관의무

① 임치물을 수치인의 지배에 두면서 보존·보호하는 것이다.

② 소극적으로 임치물의 현존 상태를 유지하는 것을 포함하여, 적극적으로 임치물을 수시로 점검하고 외부로부터의 침해를 제거하는 행위(도난 방지 조치 등)도 보관에 속한다.

③ 특별한 약정이 없는 한 목적물을 정비 수선하는 것은 보관의무에 속하지 않는다.

(2) 수치인의 주의의무

① **무상임치** : 수치인은 임치물을 자기재산과 동일한 주의로 보관하여야 한다. 수치인의 구체적 경과 실이 채무불이행책임의 성립 요건이 된다.

② **유상임치** : 수치인은 임치물을 선량한 관리자의 주의로 보관하여야 한다. 수치인의 추상적 경과실 이 채무불이행책임의 성립 요건이 된다.

③ 무상임치의 경우에 수치인이 부담하는 "자기 재산과 동일한 주의"는 수치인의 부담을 경감하는 것 이므로 추상적 주의의무를 그 상한으로 하되 중과실의 경우에는 개인의 주의력과 관계없이 수치인 이 책임을 부담하여야 한다.

(3) 수치인의 임치물 사용금지

① 수치인은 임치인의 동의 없이 임치물을 사용하지 못한다.

② 수치인이 임치인의 동의 없이 임치물을 사용한 경우에는 임치인에 대한 부당이득반환 책임과 불완 전이행으로 인한 손해배상책임이 발생한다.

(4) 제3자의 보관(복임치) : 무단 복임치 금지

① 수치인은 원칙적으로 임치물을 스스로 보관하여야 하지만, 임치인의 승낙이나 부득이한 사유가 있 는 경우에는 제3자에게 복임치할 수 있다.

② 수치인이 제3자에게 복임치한 경우에는 제121조와 제123조의 복대리인 규정이 준용된다.

③ 적법하게 제3자에게 보관하게 한 경우에도 수치인은 그 제3자의 선임과 감독에 관하여 책임을 진다.

④ 그러나 임치인의 지명에 따라 제3자를 선임한 경우에는 그 부적임 또는 불성실을 알고서도 임치인 에게 통지하지 아니하였거나, 그 해임을 태만히 한 때에만 책임을 진다.

⑤ 적법한 복수치인은 임치인 및 제3자에 대하여 수치인과 동일한 주의의무가 있다.

(5) 수치인의 위험 통지의무

① 임치물에 대한 권리를 주장하는 제3자가 수치인에 대하여 소를 제기하거나 압류(가압류와 가처분 을 포함함)한 때에는 수치인은 지체 없이 임치인에게 이를 통지하여야 한다.

② 이 경우 수치인이 임의로 제3자에게 임치물을 인도·반환하여서는 안 된다.

(6) 취득물의 인도 이전의무 및 금전소비의 책임

① 위임계약은 임치계약에 대하여 일반법의 지위에 있다. 따라서 임치계약에 규정되어 있지 않는 부분 에 대하여는 위임의 규정이 보충적으로 적용된다. 수치인에게 수임인과 동일한 의무가 부과된다.

② **수치인의 과실수취권 없음** : 수치인은 임치물을 보관하면서 받은 금전 기타 물건 및 수취한 과실을 임치인에게 양도하여야 하고, 자기 명의로 취득한 권리가 있으면 그 권리를 임치인에게 인도하여야 한다.

③ 수치인은 임치인의 금전을 수치인 자신을 위하여 사용한 경우에는 소비한 날 이후의 이자를 지급하 여야 하며 그 밖의 손해가 있으면 배상하여야 한다.

(7) 임치물의 반환의무(특정물 인도채무로서 현상대로 반환할 의무)

① **반환 상대방** : 임치계약이 종료하면 수치인은 임치인 또는 임치인으로부터 수령권한을 받은 자에게 임치물을 반환하여야 한다. 제3자가 임치물의 소유권을 주장하면서 반환을 요구하더라도 수치인은 제3자에게 반환하여서는 안 된다.

② **반환청구권** : 수치인이 임치물을 반환하지 않을 경우 임치인은 채권적 청구권과 물권적 청구권을 모두 선택적으로 행사할 수 있다. 따라서 임치계약상의 채권적 청구권이 시효로 소멸하더라도 임치인은 물권적 청구권에 의하여 임치물의 반환을 청구할 수 있다. 소비임치에서는 채권적 청구권만 행사 가능하다.

③ **현상대로 반환, 임치물 자체를 반환** : 임치물이 대체물인 경우에도 수치인은 임치 받은 물건을 반환하여야 한다. 대체물을 멸실한 경우에도 다른 물건으로 반환할 수 없다(멸실의 경우 이행불능이 됨. 멸실에 대한 책임을 누가 부담하는지는 별개 문제임).

④ 혼장임치 또는 소비임치에서는 물건과 동종·동량·동질의 것을 반환할 수 있다.

⑤ **반환장소** : 임치물은 별도약정이 없으면 보관한 장소에서 반환해야 한다. 그러나 수치인이 정당한 사유로 인해 물건을 다른 장소에 전치한 때에는 현존하는 장소에서 반환할 수 있다.

⑥ **동시이행관계** : 유상임치의 경우에는 수치인의 반환의무와 임치인의 보수지급의무는 동시이행 관계에 있다. 수치인은 보관료에 관하여 임치물 위에 유치권을 가진다.

3. 임치인의 의무

(1) 임치물 인도의무

① 낙성계약이므로 임치인이 임치물의 보관을 위하여 인도할 의무를 부담하는 것은 아니라고 해석하여야 한다(다수설). 임치인의 임의 해지권과 모순되기 때문이다.

② 임치인은 위임에서의 위임인과 동일한 의무를 부담한다. 따라서 임치인은 비용선급의무, 필요비상환의무, 채무대변제 및 담보제공의무를 부담한다.

(2) 임치물의 성질 또는 하자로 인한 임치인의 손해배상의무(임치인의 무과실책임주의)

① 임치인은 임치물의 성질 또는 하자로 인하여 생긴 손해를 수치인에게 배상하여야 한다.

② 그러나 수치인이 성질 또는 하자를 안 때에는 임치인은 손해배상의무를 부담하지 않는다.

③ 만약 수치인의 과실로 인해 수치인이 성질 또는 하자를 알지 못한 때에는 다음과 같은 기준으로 판단하여 임치인의 배상책임을 면제한다.
   ㉠ 무상임치에서는 구체적 경과실을 기준으로 판단
   ㉡ 유상임치에서는 추상적 경과실을 기준으로 판단

(3) 임치계약의 해지 : 기한의 이익 문제

① 임치기간의 약정이 없는 때에는 각 당사자는 언제든지 계약을 해지할 수 있다.

② 수치인은 임치기간의 약정이 없는 때에는 자유롭게 임치계약을 해지할 수 있지만, 임치기간의 약정이 있는 때에는 부득이한 사유 없이 기간만료 전에 임치계약을 해지하지 못한다.

③ 임치인은 기간 약정 유무 및 보수 약정 유무와 상관없이 언제든지 계약을 해지할 수 있다. 무상임치의 경우 기한의 이익은 채권자(임치인)에게만 있다. 임치인은 일정한 기간 동안 무상으로 물건을 맡길 수 있는 실익이 있으며, 수치인은 보관 기간의 임의 종료로 인한 손해를 입지 않는다고 보기 때문에 기한이익은 오직 채권자(임치하는 사람)에게만 있는 것이다.

(4) 민법상 기한이익(期限利益)의 법리

① 기한이익 : 법률행위에 기한이 도래하지 않음으로써 당사자가 받는 이익

② 민법상 기한의 이익은 법률행위 부관으로서의 기한이 아닌 채무자의 이행기한과 관련되어 있기 때문에(제153조, 제388조) 기한의 이익은 채무의 이행기한이 도래하지 않음으로써 당사자가 받는 이익이라고 본다. 따라서 기한이익은 채무자측에 있다고 추정된다(제153조 제1항).

③ 그러나 무상임치에서는 채권자 측에만, 이자부소비대차(은행의 정기예금)에서는 채무자와 채권자 쌍방에 기한의 이익이 있다.

④ 기한의 이익은 포기할 수 있으나 이자가 붙은 차금(借金)을 기한 전에 변제할 경우는 대주(貸主)의 손해를 배상하지 않으면 안 된다(제153조 제2항).

⑤ 기한의 이익을 갖는 자의 결정 : 구체적 사정에 따른 판단기한의 이익을 갖는 당사자는 법률행위의 종류, 당사자의 특약 또는 법률행위 당시의 구체적인 사정에 따라 정하여진다.

⑥ 기한의 이익이 상대방에게도 있는 경우에는 일방적으로 포기함으로써 상대방의 이익을 해하지 못한다(제153조 제2항 단서).

⑦ 그리고 기한의 이익을 가진 채무자에 대하여 그 신용이 위험하게 될 일정한 사정, 즉 채무자의 파산, 담보의 소멸·감소·담보제공의무의 불이행 등 그 신용을 잃는 사실이 있었을 때는 의무자는 기한의 이익이 박탈된다(제154, 제148, 제149조).

판례

임치계약 해지 및 임치물 반환청구권의 소멸시효 기산점
임치계약 해지에 따른 임치물 반환청구는 임치계약 성립 시부터 당연히 예정된 것이고, 임치계약에서 임치인은 언제든지 계약을 해지하고 임치물의 반환을 구할 수 있는 것이므로, 특별한 사정이 없는 한 임치물 반환청구권의 소멸시효는 임치계약이 성립하여 임치물이 수치인에게 인도된 때부터 진행하는 것이지, 임치인이 임치계약을 해지한 때부터 진행한다고 볼 수 없다(대판 2022.8.19., 2020다220140).

| Ⅱ | 혼장임치 / 소비임치 / 예금계약

1. 혼장임치

(1) 의 의

① 곡물, 유류 등 동종·동량으로 대체가 가능한 대체물의 임치에 있어서 수치인이 동종·동질의 다른 임치물과 혼합하여 보관하고, 이를 반환할 때는 임치된 것과 동량을 반환하면 되는 특수한 형태의 임치이다.

② 일반적인 임치는 수치한 물건(특정물)을 반환해야 하지만, 혼장임치는 대체물을 반환하며, 임치된 것과 동종·동량을 반환하면 된다.

③ 혼장임치에서 임치물은 수인의 임치인이 공유한다.

(2) 증권 집중예탁과 혼장임치

① 예탁한 증권과 동일한 증권의 반환을 청구할 수 있는 것이 아니라 동종·동량의 증권만을 청구할 수 있다는 혼장임치 개념이 있어야 증권 집중예탁의 목적을 달성할 수 있다.

② 증권예탁결제원은 예탁자로부터 유가증권을 예탁받아 종류·종목별로 혼합하여 보관할 수 있다(자본시장과 금융투자업에 관한 법률 제309조 제4항).

③ 예탁자(주로 증권회사)의 고객과 예탁자는 각각 고객계좌부와 예탁자계좌부에 기재된 유가증권의 종류·종목 및 수량에 따라 예탁유가증권에 대한 공유지분을 가지는 것으로 추정한다.

④ 예탁유가증권에 대하여 예탁자의 반환청구가 있을 경우 예탁자의 공유지분에 해당하는 예탁유가증권과 동종·동량의 유가증권으로 반환하여야 한다.

(3) 혼장임치와 소비임치

① 혼장임치는 임치물을 섞어서 보관하다가 같은 양을 반환하지만 수치인이 소유권을 취득하지 않고 임치인들 간 공유관계인 임치이다. 이에 반해 소비임치는 수치인이 대체물인 임치물의 소유권을 갖게 되어 이를 소비하고 후에 동종·동량·동질의 물건의 반환의무를 부담하는 임치이다.

② 혼장임치는 목적물의 소유권은 임치인이 갖기 때문에 수치인이 목적물을 소비·이용하지 못한다. 반면에, 소비임치에서는 목적물의 소유권을 수치인이 갖기 때문에 수치인이 목적물을 소비·이용할 수 있다.

(4) 법률관계

① 혼장임치의 목적물은 객관적으로 그 종류와 품질을 특정할 수 있는 대체물이어야 하는데, 모든 임치인들의 승락이 있어야 하며 임치한 수량에 따른 지분을 공유하게 된다.

② 각 임치인의 임치물 반환청구권은 지분 공유에서 발생하는 물권적 청구권이 아니라 임치계약에서 발생한 채권적 반환 청구권이다.

③ 수치인인 혼장임치된 임치물을 임치된 수량만큼 분리해서 반환할 경우 분리할 때 지분 공유자인 다른 임치인의 동의를 받을 필요가 없다.

④ 수치인의 책임 있는 사유로 반환을 잘못하여 마지막으로 반환받는 임치인에게 반환할 목적물이 부족하거나 손상된 경우에는 수치인은 채무불이행 책임을 부담하며, 피해를 입은 임치인은 다른 임치인에게 부당이득 반환청구권을 행사할 수 있다.

(5) 암호화폐 거래와 임치계약

① 암호화폐는 이를 발행하는 중앙은행 없이 전 세계 인터넷 네트워크에 P2P 방식으로 분산저장되어 운영되며, 거래 대상은 암호화폐 자체가 아니라, 암호화폐의 디지털 주소가 된다.

② 개인 간 암호화폐 거래의 경우 거래의 대상이 암호화폐의 개인키일 뿐, 거래의 성격 자체는 일반적인 매매로 볼 수 있다.

③ 암호화폐 거래소에서는 개인은 암호화폐의 매매에 필요한 현금이나 암호화폐를 미리 거래소나 전자지갑에 예치하거나 보관한다. 암호화폐를 소지하고 있는 개인과 거래소 간 계약은 물건의 보관 자체를 목적으로 하며 계속적 채권관계를 발생시키지만, 암호화폐 자체를 금전이나 유가증권, 기타 물건으로 보기는 어렵기 때문에, '임치 유사 계약'이라고 할 것이다.

④ 거래소가 다수로부터 다종의 암호화폐를 보관하되 그 소유권을 갖거나 사용하지 아니하고 동종·동량의 암호화폐를 반환한다는 점에서 '혼장임치계약'이라고도 볼 수 있다.

⑤ 암호화폐는 자산으로서의 성격이 있기 때문에, 암호화폐를 매개로 한 거래는 '교환'으로 파악하여야 한다. 암호화폐도 금전 외의 재산권으로 볼 수 있기 때문이다.

⑥ 암호화폐 반환청구권을 압류한 경우, 채권자 신청에 따라 추심하거나 추심에 갈음하여 법원이 정한 방법으로 그 채권을 매각하도록 집행관에게 명하는 매각명령을 취해야 할 것으로 보인다. 그런데 만약 암호화폐를 거래소에 보관하지 않고 단지 개인의 전자지갑에 보관한 경우라면 압류명령을 내리고자 할 때에는 채권이 아니라 동산을 압류하는 형태를 취하게 될 것이다.

2. 소비임치

(1) 의 의

① 임치인이 수치인에게 목적물의 소유권을 이전하고 임치인은 그 목적물을 소비하며, 그 대신 동일한 종류·품질·수량의 물건을 반환할 의무를 부담하는 계약이다.

② 수치인이 계약에 의해 임치물을 소비할 수 있는 경우에는 소비대차의 규정을 준용한다.

③ 그러나 반환시기의 약정이 없는 때에는 임치인은 언제든지 반환을 청구할 수 있다.

(2) 소비임치의 성립요건

① 목적물은 대체물이어야 한다.

② 목적물의 처분권이 수치인에게 이전되어야 한다.

> **판례**
>
> 고객이 증권회사에 예탁한 증권이나 담보로 제공한 유가증권의 반환을 청구할 경우 '동일한 증권으로 반환할 수 있다는 취지의 약정은 처분할 수 있다는 취지가 아니다(대판 1994.9.9., 93다40256).'

(3) 소비임치(불규칙임치), 소비대차

① 소비임치와 소비대차는 수치인이 목적물의 소유권을 취득하고 후에 반환한다는 점에서 유사하다. 그러나 소비임치의 경우에는 반환시기의 약정이 없는 경우에 언제든지 반환청구가 가능하다.

　⑩ 예금계약에서 예금주는 언제나 은행(수치인)에게 반환을 청구할 수 있다. 소비대차에서는 상당한 기간을 정하고 반환을 최고한다는 점에서 소비임치와 차이가 있다.

　⑩ 대출계약의 경우 은행은 어느 기간의 시점을 정하고 그 때에 돈 반환을 요구할 수 있다.

② '소비임치'는 임치인을 위한 임치물의 보관이라는 의미보다는 임치물의 소유권을 수치인에게 양도하여 수치인이 임치기간 동안 임치물을 사용할 수 있는데 중점을 둔다. 따라서 소비임치에 대해서는 '소비대차'에 관한 규정을 준용한다(제702조). 그러나 '소비임치'는 임치인이 임치물의 보관을 맡기어 '보관 이익'을 향유하는 특징이 있지만 '소비대차'는 차주가 차용물을 소비(사용)하여 '소비 이익'을 향유한다는 점에서 다르다.

3. 예금계약

(1) 의 의

① 예금자가 예금의 의사를 표시하면서 금융기관에 돈을 제공하고 금융기관이 그 의사에 따라 그 돈을 받아 확인을 하면 그로써 성립하는 계약이다.

② 금융기관의 직원이 그 받은 돈을 금융기관에 실제로 입금하였는지 여부는 예금계약의 성립에는 아무런 영향을 미치지 아니한다.

(2) 법적 성질

① 소비임치라고 보는 입장이 통설, 판례이다.

② 요물계약 : 예금자와 금융기관 사이에 의사 합치만으로는 계약이 성립하지 않으며 예금자가 의사표시를 하면서 금융기관에 금전을 제공하고 금융기관이 그 금전을 받아서 확인하는 때에 계약이 성립한다(다수설, 판례). 소비임치는 낙성계약이다.

③ 불요식계약 : 예금통장은 증표일 뿐이다. 예금 증서 대신 현금보관증을 교부받은 경우 예금계약의 성립을 인정하려면 특별한 사정에 관해 심리하여야 한다.

> **+ 더 알아보기**
>
> 당좌예금(요구불예금 중 하나로, 어음·수표 소지인이 언제든지 찾을 수 있도록 하는 예금)은 금전의 소비임치와 지시에 따라 지급을 위탁하는 위임이 혼합된 혼합계약이다.

(3) 예금계약의 당사자

① 금융실명제 실시 전 : 객관설에 입각한다. 예금의 명의가 누군가에 상관없이 예금을 실질적으로 지배하거나 출연한 자가 예금주라고 본다.

② 금융실명제 실시(1993년) 후 : 현행 금융실명제 하에서, 돈을 누가 넣었든 간에 은행과 체결한 예금계약의 당사자는 예금 출연자가 아닌 예금 명의자이다.

물론 출연자와 금융기관 간 명시적·묵시적 약정이 있는 경우에는 돈의 출연자가 예금 당사자가 된다. 그러나 이를 위해서는 구체적·객관적인 증거가 요구되는데, 이는 금융기관 종사자 등 당사자들이 금융실명법 등 관련 규정을 위반하여 차명 계약을 용인하는 정도에 이르러야 한다. 따라서 다른 사람의 명의를 빌려 통장을 개설한 경우 또는 통장을 개설하여 빌려 주고 받은 경우(전자금융거래법 위반 등으로 형사처벌될 수 있는 범죄행위이다)는, 그 은행 예금은 예금명의자의 소유이다.

판례

실명확인 절차를 거쳐 예금계약을 체결하고 그 실명확인 사실이 예금계약서 등에 명확히 기재되어 있는 경우에는, 예금명의자, 그를 대리한 행위자, 금융기관 세 당사자의 동일한 의사는 예금명의자를 예금계약의 당사자로 보려는 것이라고 해석하는 것이 경험법칙에 합당하다. 예금명의자 본인이 금융기관에 출석하여 예금계약을 체결한 경우뿐 아니라, 예금명의자의 위임에 의하여 자금 출연자인 제3자가 대리인으로서 예금계약을 체결한 경우에도 모두 마찬가지로 적용된다. 만약 이를 번복하려면, 실명확인 절차를 거쳐 서면으로 이루어진 예금계약을 부정하여 예금명의자가 아닌 자금 출연자에게 예금반환청구권을 귀속시키겠다는 명확한 의사의 합치가 있는 극히 예외적인 경우에만 제한된다. 그것도, 예금계약서의 증명력을 번복하기에 충분할 정도의 명확한 증명력을 가진 구체적이고 객관적인 증거에 의하여 매우 엄격하게 인정될 뿐이다(대판 2009.3.19., 2008다45828).

---

(4) 공동명의의 예금의 문제(판례) : 예금주 특정의 문제

① 다수인이 통장과 도장을 나누어 갖는 경우에는 처분행위 등도 공동으로 행사해야 한다.

② 수인의 공동명의자 중 한 사람 또는 일부만이 금원을 출연한 경우 그 출연자만을 예금주라고 볼 수는 없다. 이 경우 예금의 권리를 함께 행사하기로 약정한 것이므로 공동명의인들 사이의 합의에 따라야 한다.

③ 예약 계약 내용에 "전원의 인감증명이 날인된 예금청구서에 의하는 한 1인이 단독으로 청구할 수 있다"라고 정하였다면 1인이 청구 가능하며, 금융기관이 공동명의자 사이의 내부적 지분을 들어 정당한 예금 청구를 거부할 수 없다.

④ 예금상 권리를 함께 행사하기로 한 경우에는 공동청구가 원칙이며, 동업자금은 채권을 준합유하는 것이고 필요적 공동소송이 된다.

⑤ 그러나 1인이 전부를 출연하거나 각자 분담하여 출연한 돈을 동업 이외의 특정 목적을 위해 공동명의로 예치한 경우에는 단독 인출할 수 없도록 방지·감시가 목적이었다면 관리 처분권까지 공동으로 귀속한다고 볼 수 없기에 필요적 공동소송이 아니고 예금 채권은 분할되고 각자 지분에 관한 관리 처분권은 각자에게 귀속된다. 따라서 1인에 대한 별개의 대금 채권을 가지는 은행은 그 대출금 채권을 자동채권으로 하여 상계할 수 있다. 이런 경우에는 공동 예금권자 중 1인의 채권에 대해 압류, 추심명령이 있는 경우에 공동 반환 특약을 이유로 지급 거절할 수 없다.

⑥ 예금 통장을 소지하지 않은 예금 행위자에 불과한 자는 예금채권의 준점유자가 아니다. 2사람 이상 이름으로 공동명의 예금한 경우 한 당사자가 일부만 출연했어도 모두 당사자가 된다.

금융실명거래 및 비밀보장에 관한 법률 제3조에 의하면, 금융기관은 거래자의 실지명의에 의하여 금융거래를 하여야 하므로 금융기관으로서는 특별한 사정이 없는 한 실명확인을 한 예금명의자를 거래자로 보아 그와 예금계약을 체결할 의도라고 보아야 하고, 공동명의예금계약의 경우에도 공동명의자 전부를 거래자로 보아 예금계약을 체결할 의도라고 보아야 할 것이므로 공동명의자 중 일부만이 금원을 출연하였다 하더라도 출연자만이 공동명의예금의 예금주라고 할 수는 없다(대판 2001.6.12., 2000다70989).

은행에 공동명의로 예금을 하고 은행에 대하여 그 권리를 함께 행사하기로 한 경우에 만일 동업자금을 공동명의로 예금한 경우라면 채권의 준합유관계에 있는 것이다(대판 2008.10.9., 2005다72430).

(5) 예금계약의 성립 시기

① **현금 입금** : 예금자가 현금을 제공하여 청약하면, 은행 창구 직원이 현금을 받아 청약한 금액과 일치함을 확인한 시점에 성립(통설, 판례)

② **자기앞 수표** : 수표가 은행 창구에서 수수된 시점

③ **일반 어음, 수표(당좌수표)** : 은행에서 결제되어 자금화된 시점

자점권 발행의 어음 수표는 은행이 인도받아 진정성 여부를 확인한 때 예금계약이 성립하며, 타점권 발행의 어음 수표는 은행이 인도받을 때 증권상의 권리를 양도받으므로 인도 시점에 예금계약이 성립한다(판례).

④ **자동인출기를 통한 입금** : 예금자가 현금을 자동인출기에 넣은 다음 기계 화면상 입금 확인을 누른 시점

⑤ **계좌이체** : 은행에서 예금 원장에 입금기장을 마친 시점

04 | 기타 전형계약

제1절 조합 : 단체계약

│ I │ 조합계약의 법적 성질과 성립요건

1. 조합계약의 법적 성질

(1) 조합의 의의

① 조합의 2가지 측면
  ㉠ 조합설립행위에 의해 창립된 단체
  ㉡ 조합설립행위

② **조합** : 2인 이상이 상호 출자하여 공동사업 경영을 약정함으로써 효력이 생기는 계약(= 동업 또는 동업관계)이며 조합설립행위를 의미한다.

③ 조합은 조합계약에 의해 결합한 단체를 의미하는 경우도 있다.

④ **조합계약** : 조합을 설립하겠다는 합의이며 그 조합의 존속 중의 여러 가지 합의이다.
  ㉙ 구성원이나 운영 등에 관한 약간의 수정·보완에 관한 합의 등

(2) 권리능력 없는 사단(법인격 없는 사단)

① 사단의 실체를 갖추고 있으나 법인설립등기를 하지 아니하여 법인격이 없는 단체이다.

② 법인격없는 사단에 대해서는 조합 규정이 아니라 사단법인 규정이 준용·유추적용된다.

③ 민법상의 조합과 비법인 사단의 구별은 그 단체성의 강약을 기준으로 판단한다.

> **판례**
>
> 민법상의 조합과 법인격은 없으나 사단성이 인정되는 비법인사단을 구별함에 있어서는 일반적으로 그 단체성의 강약을 기준으로 판단하여야 하는바, 조합은 2인 이상이 상호간에 금전 기타 재산 또는 노무를 출자하여 공동사업을 경영할 것을 약정하는 계약관계에 의하여 성립하므로 어느 정도 단체성에서 오는 제약을 받게 되는 것이지만 구성원의 개인성이 강하게 드러나는 인적 결합체인 데 비하여 비법인사단은 구성원의 개인성과는 별개로 권리·의무의 주체가 될 수 있는 독자적 존재로서의 단체적 조직을 가지는 특성이 있다 하겠는데, 어떤 단체가 고유의 목적을 가지고 사단적 성격을 가지는 규약을 만들어 이에 근거하여 의사결정기관 및 집행기관인 대표자를 두는 등의 조직을 갖추고 있고, 기관의 의결이나 업무집행방법이 다수결의 원칙에 의하여 행하여지며, 구성원의 가입, 탈퇴 등으로 인한 변경에 관계없이 단체 그 자체가 존속되고, 그 조직에 의하여 대표의 방법, 총회나 이사회 등의 운영, 자본의 구성, 재산의 관리 기타 단체로서의 주요사항이 확정되어 있는 경우에는 비법인사단으로서의 실체를 가진다고 할 것이다(대판 1999.4.23., 99다4504).

(3) 조합의 단체적 성격

① 법률적인 의미에서 단체는 2인 이상이 모인 결합을 말하는데 조합과 사단이 이에 해당한다. 민법에서 조합은 계약으로, 사단은 법인으로 정의한다.

② 조합은 사단과는 달리 단체로서의 단일성이 약하고 각 조합원의 개성이 강하며, 각 조합원이 공동목적에 의하여 결합되는 데 불과하다.

③ 조합은 조합원의 집합으로서 사회적 실체를 갖추는데 그 목적은 조합원 개인의 이익 추구를 위하여 결성되는 경우가 대부분이다. 각종 동업관계, 계(契), 발기인조합의 경우를 보면 그 목적이 극명하게 드러난다.

④ 조합이 조합원의 공동목적을 위하여 결합된 단체로서의 성질이 있다 하여도 2당사자 간의 대립을 전제로 하는 계약의 법리가 조합에 그대로 적용되기에는 한계가 있다.

(4) 사단과 조합의 차이점

① 사단과 조합은 그 단체성에 강약의 차이가 있을 뿐이고 단체임은 분명하므로, 이론상 양자 모두 법인의 실체가 될 수 있다.

② 실체는 조합이면서 법인격이 부여되는 것(상법상의 합명회사 등)이 있는가 하면, 그 실체가 사단·재단이면서 법인격이 부여되어 있지 않은 것(종중, 문종, 교회, 유치원 등)도 있다.

구 분	사 단	조 합
법적 성질	구성원의 개성을 초월한 존재, 구성원 개개인은 단체 속에 매몰되어 있는 것	단체로서의 단일성보다는 구성원의 개성이 강하게 나타나는 것
법인격	권리능력 있음	권리능력 없음
당사자 능력	인정. 사단명의로 원고·피고가 될 수 있음	부정. 조합원 전원의 공동명의로만 원고·피고가 될 수 있음
단체의 업무집행 방법	기관에 의하여 행하여지고, 그 법률효과는 단체 자체에 귀속하며 단체의 구성원에게는 귀속하지 않음	구성원 전원 또는 전원으로부터 대리권이 수여된 자가 단체 업무 집행함. 그 법률효과는 전원에게 귀속함
구성원의 단체 운영 참가	구성원은 총회에서 다수결 원리로 기관 행동을 감독하고, 단체 운영에 참가	조합원 전원이 업무를 집행하는 경우 조합원의 과반수 의견에 따라 업무 집행함
단체 재산	자산이나 부채도 모두 단체에 귀속됨. 구성원은 배당 받거나 설비 이용권 행사 가능. 단체 채무에 구성원 개개인은 책임을 지지 않음(유한책임)	조합재산 소유형태는 조합원의 합유(合有)임. 조합자산은 전원이 공동 소유하고, 조합부채도 조합원 모두가 공동 부담함(무한책임)

(5) 조합계약의 법적 성질

① 계약설(다수설) : 조합의 본질은 당사자 간 출자채무의 약정(계약) + 조합의 공동목적을 위한 제약(단체의 설립)

조합계약에 의해 조합원 상호간의 법률관계(권리의무관계)가 성립할 뿐이며 단체가 별도로 성립되는 것이 아니다.

② 합동행위설(소수설) : 공동목적에 의해 단체를 설립하는 합동행위이다.

③ 낙성계약 / 불요식계약 / 유상·쌍무계약

각 조합원은 서로 출자의무 및 협력의무를 부담한다는 점에서 쌍무·유상계약이다(다수설). 보통의 쌍무계약과는 달라 각 조합원의 채무는 모두 공동목적을 위하여 결합되어 있는 점에 특색이 있다.

(6) 조합에서 동시이행항변권·위험부담 및 계약의 해제·해지권 인정 여부

① 쌍무계약에 적용되는 동시이행항변권·위험부담 및 계약의 해제·해지권에 관한 규정을 조합에 적용할지 여부가 문제가 된다.

② 조합원은 조합 결성을 위해 출자하는 것이지 조합원 쌍방 간에 급부가 서로 교환되어지는 관계로 출자하는 것이 아니다. 한 조합원의 출자가 다른 조합원의 이익으로 돌아가지 않는다. 쌍무계약 효력으로 인정되는 동시이행항변권과 위험부담 법리는 다음과 같이 수정된다.

ㄱ 동시이행항변권 : 다른 조합원이 출자를 하지 않았음을 이유로 자신의 출자의무를 거절할 수 없다(제536조).

ㄴ 위험부담 : 어느 조합원의 출자가 그에게 책임없는 사유로 이행불능될 경우에는 출자를 하지 않은 것으로 처리한다. 결국 조합원의 지위를 취득하지 않은 것으로 처리한다. 따라서 이 경우 다른 조합원의 출자의무도 같이 소멸하는 것으로 볼 수 없다(제537조).

ㄷ 담보책임 : 조합원의 출자에 하자가 있는 경우에 매도인의 담보책임을 적용하지 않으며, 출자의 하자에 따른 재평가를 통해 처리되어야 할 문제이다.

ㄹ 계약의 해제와 해지 : 조합원 개인의 채무불이행을 이유로 조합계약을 해제·해지할 필요는 없으며, 당사자를 조합에서 배제하거나 조합을 해산하면 충분하다. 따라서 조합에 관한 임의 탈퇴, 제명, 해산청구의 규정이 계약의 해제와 해지에 대한 특칙으로 작용한다. 조합계약에는 계약의 해제와 해지에 관한 규정을 적용하지 않는다(통설, 판례).

판례

조합원이 출자의무를 불이행한 경우 출자를 하지 않은 것으로 처리하거나 제명 등의 방법으로 처리할 뿐, 다른 조합원이 조합계약을 해제·해지할 수 있는 것은 아니다.......................동업계약과 같은 조합계약에 있어서는 조합의 해산청구를 하거나 조합으로부터 탈퇴를 하거나 다른 조합원을 제명할 수 있을 뿐이지 일반계약에 있어서처럼 조합계약을 해제하고 상대방에게 그로 인한 원상회복의 의무를 부담지울 수는 없다(대판 1994.5.13., 94다7157).

---

(7) 조합계약의 하자와 조합관계

① 조합계약이 사회질서에 반하거나 강행법규를 위반한 경우에는 조합계약 자체가 무효가 된다.

② 조합원 중 일부에게 취소 또는 무효 사유(제한능력자, 의사표시의 하자 등)가 있는 경우에는 원칙적으로 일부 무효 법리를 적용한다. 나머지 조합원들이 그 무효부분이 없더라도 계약을 체결하였으리라고 인정되는 경우에 한하여 조합계약은 그들 사이에서 유효한 것으로 존속한다.

③ 조합 성립 및 사업 시작 후 조합계약이 무효 또는 취소될 경우에 조합관계를 소급적으로 소멸시키는 것은 바람직하지 않으므로, 사실상 조합으로 유효하게 존재하였던 것으로 인정한다. 따라서 이 경우 제3자와의 거래관계로 인한 채무를 이행해야 하고, 조합원은 조합채권자에 대한 책임을 부담해야 한다(판례).

④ 조합과 이해관계 있는 제3자에 대한 책임 부담 방법 : 조합계약을 해제·해지할 수 없으며, 무효·취소의 원인 제공자인 조합원은 제3자 보호를 위하여 원칙적으로 탈퇴하여야 하고, 탈퇴만으로는 조합 목적 달성이 불가능한 경우에는 조합은 해산된다. 따라서 무효·취소의 일반법리에 근거하여 조합계약이 소급적으로 무효가 되는 것은 아니다(조합 계약 이전으로 환원되지 않음).

2. 조합의 성립요건

(1) 2인 이상 의사의 합의(합치)

① 2인 이상의 조합원이 출자하여 공동사업을 영위할 것을 약정함으로써 성립한다.

② 그 외 조합업무집행, 손익분배, 존속기간 등에 관한 합의도 조합계약이지만 이것이 조합의 성립요건은 아니다.

③ 그 의사는 조합규약에 명시되지만, 반드시 서면일 필요는 없으며 묵시적 방법도 가능하다. 최소한 공통의 목적 및 공동사업의 경영에 대한 합의가 필요하다.

(2) 공동사업의 경영

① 민법상의 조합계약은 2인 이상이 상호 출자해 특정한 사업을 공동 경영하는 약정에 한하여 인정되고, 공동 목적달성이라는 정도만으로는 조합 성립요건을 갖추지 못한다.

② 사업은 영리사업이건 비영리 사업이건 모두 가능하며, 계속적 사업과 일시적 사업이 모두 가능하다.

③ 공동으로 경영하는 것이어야 하므로 이익은 조합원 전원이 받는 것이어야 한다.

④ 이익배분비율에 차등이 허용되지만 일부 조합원만이 이익분배를 받는 것은 조합이 아니다.

⑤ 당사자 일방만이 상대방을 위하여 출자하고 그 이익만을 분배받는 익명조합은 민법상 조합이 아니다.

(3) 출자의무

① 모든 조합원이 출자의무를 부담하여야 하며, 당사자 중 일부가 출자의무를 부담하지 않을 경우에는 조합이 성립하지 않는다.

② 출자는 그 종류·성질에 제한이 없고 금전 그 밖의 재산·노무·신용 등 재산적 가치가 있는 것이면 된다. 경쟁적인 사업을 하지 않기로 약정하는 단순한 부작위도 출자의 목적물이 될 수 있다. 각 조합원의 출자의 종류와 출자액이 서로 달라도 무방하다.

例 갑은 부동산, 을은 금전, 병은 노무, 정은 동산(사무집기 등)을 출자하는 방식이 가능하다.

[판례 1]

집단상가에서의 상가를 분양받은 수분양자들이 상가를 직접 운영하지 않고 투자수익을 얻기 위해 개별적으로 임차인을 구해 임대차계약을 체결하지 않고, 특정 회사와 임대차계약을 체결하고 해당 회사가 실제로 임차인을 모집하여 운영하는 경우, 이 구조에서 공동임대인의 지위에 있는 수분양자들이 임대차 대행회사와 동업관계 즉, 민법상 조합관계에 있는가?

투자자가 돈이나 현물을 투자하더라도 수익을 배분받는 내용이 포함돼 있거나 사업에 관한 결정에 참여할 권리 등이 보장되는 등 특정한 사업을 공동으로 경영한다고 볼 수 있어야 민법상 조합관계라고 볼 수 있다. 수분양자들이 상가 임대차계약의 승계를 통해 공동임대인의 지위에 있게 됐다 하더라도 이를 공동의 목적달성이라는 정도를 넘어서서 임대사업을 공동 경영하는 약정을 체결함으로써 어떠한 형태의 조합이 성립된 것이라고 볼 수 없다(대판 2012.8.17., 2011다80005).

위 사건에서 만약 민법상 조합계약으로 인정된다면 채권자는 각 조합원에게 권리행사가 가능한 반면 단순한 투자자라고 하면 그에 대해서는 권리행사가 제한된다.

[판례 2]

음식점을 운영하는 갑이 종전 운영자의 A회사에 대한 물품대금채무를 인수하였다. 갑의 처인 을이 음식점 운영사업에 사업자등록과 예금계좌 명의를 빌려주었고, 음식점 운영을 위해 자신의 노무를 제공하였으며, 갑과 을이 부부로서 공동생활에 필요한 비용을 조달한다는 공동 목적을 달성하기 위해 함께 음식점을 운영하였다. 갑과 을은 조합원으로서 연대책임을 지는가?

만약 갑과 을의 관계가 민법상 조합에 해당한다고 보면, 갑이 조합의 업무집행자로서 채무인수계약을 체결하였으므로, 갑이 인수하기로 한 물품대금채무는 조합원 전원을 위한 상행위로 부담하게 된 조합채무로서, 다른 조합원인 을도 상법 제57조 제1항에 의하여 이를 연대하여 지급할 책임을 지게 된다.

을이 갑과 체결한 조합계약에 따라 음식점 운영사업에 노무 또는 그 밖의 재산적 가치가 있는 것을 출자하였는지 여부, 을이 갑과의 부부 공동생활에 필요한 비용을 조달한다는 공동의 목적 달성을 도모한 것에 그치지 않고 음식점 운영 또는 폐업할 때 잔여재산 분배 등에 관하여 조합원의 권리를 행사하면서 공동 사업을 경영하였는지 여부를 심리하여 두 사람의 관계가 과연 동업으로 이 사건 음식점을 운영하는 민법상 조합에 해당하는지 여부를 판단해야 하며 이를 기준으로 볼 때 갑과 을의 관계는 민법상 조합에 해당하지 아니 한다(대판 2016.10.13., 2014다70832).

3. 조합의 당연 설립 : 법률 규정에 의해 조합 설립으로 간주하는 것

(1) 광업법상 조합의 당연설립[광업법 제17조(공동광업출원인)]

① 2명 이상이 공동으로 광업권설정의 출원을 한 자는 그 중 1명을 대표로 정하여 산업통상자원부장관에게 신고하여야 한다. 대표자를 변경한 경우에도 또한 같다.

② 공동광업출원인은 조합계약을 한 것으로 본다[광업법 제30조(공동광업권자)].

③ 광업권을 공동소유하는 자의 대표자 신고·지정·변경 등에 관하여는 제17조를 준용한다. 이 경우 "공동광업출원인"을 "공동광업권자"로 본다.

④ 공동광업권자의 광업권의 지분은 다른 공동광업권자의 동의 없이는 양도하거나 조광권 또는 저당권의 목적으로 할 수 없다.

(2) (구)의료보험법 제16조(조합의 당연설립)

과거에는 (구)의료보험법에 의한 당연적용피보험자를 사용하는 사업장의 사용자는 대통령령이 정하는 기간 내에 정관을 작성하여 보건복지부장관의 인가를 받아 조합을 설립하여야 했다. 국민건강보험법 (1998년)이 제정되면서 기존의 조합방식에서 통합된 공단방식으로 전환되었다.

> **판례**
>
> 의제된 조합에도 조합법리가 그대로 적용
> 본법상의 공동광업권자는 조합계약을 한 것으로 간주되므로 그 조합의 해산을 청구하거나 탈퇴 또는 제명할 수 있을 뿐 계약해제에 관한 계약법 총칙규정에 의하여 그 조합계약을 해제할 수는 없는 것이다(대판 1969.11.25., 64다1057).

4. 계의 법적 성질

(1) 학설의 대립

① 조합계약설 : 서로 약정한 금액을 출자하여 금융 목적·공동사업을 달성하려는 약정

② 비전형계약 : 각자 목돈을 마련하려는 목적으로 계약한 것일 뿐 공동목표는 없는 특수계약

(2) 판례의 입장

① 낙찰계 : 계주와 여러 계원들 사이의 공통적으로 존재하는 조합계약이 아니고, 계주와 각 계원 사이에 개별적으로 존재하는 비전형계약이다(대판 1994.10.11., 93다55456). 조합계약이면 계원이 돈을 받기 위해 탈퇴, 해산, 청산 등의 절차를 거쳐야 한다. 그러나 개별적인 계약관계라면 단순히 계원이 계주에게 계금을 청구하면 된다.

② 순번계 : 당사자 사이에 어떠한 특별한 약정한 바가 없다면 대체로 계원상호간의 금융저축을 목적으로 하는 하나의 조합계약이다(대판 1962.7.26., 62다265). 따라서 청산 등 절차없이 계원이 계주에게 곧바로 계금을 청구할 수 없다.

③ 친목계(어촌계 등) : 비법인사단이다. 따라서 총유재산 관리에 관한 법리를 따라야 한다.

│ Ⅱ │ 조합의 업무집행과 재산관계

1. 조합의 대내적 업무집행

(1) 조합의 업무 집행 : 공동사업 경영을 위해 조합원의 의사를 결정하고, 그 의사를 구체화하는 작업이다.

(2) 대내적 업무집행(협의의 업무집행, 대내관계)

① 모든 조합원은 업무집행을 직접 담당하는 것을 원칙으로 한다. 각 조합원이 업무집행에 참여할 권리를 가진다.

② 그러나 일부 조합원이나 제3자에 업무집행을 맡길 수도 있다.

(3) 업무집행조합원을 선임하지 않는 경우의 대내적 업무집행

① 조합원 간에 의견이 일치하지 않는 때에는 조합원의 과반수로써 결정한다(제706조 제2항).

② 과반수 결정 기준은 출자액(상법상 주식회사)이 아니라 조합원의 인원수를 기준으로 한다.

③ 따라서 조합계약에서 출자액에 따라 업무집행을 한다는 별도 약정(합의)이 없다면 출자액이 많은 동업자가 일방적으로 조합의 업무집행을 할 수는 없다.

④ 조합의 통상사무는 각 조합원이 전행할 수 있다(제706조 제3항). 그러나 그 사무의 완료 전에 다른 조합원의 이의가 있는 때에는 즉시 중지하여야 한다. 이 경우 업무집행은 선량한 관리자의 주의의무에 따라야 한다.

⑤ 한 조합원의 업무집행은 자기 업무 집행이면서 동시에 다른 조합원의 업무를 대신 집행하는 의미를 갖는다. 따라서 이 경우 업무집행자에게는 민법상 위임 규정을 준용한다(제707조).

⑥ 각 조합원은 업무집행조합원을 선임하든 선임하지 않든 관계없이 언제든지 조합의 업무 및 재산상태를 검사할 권한을 갖는다.

(4) 업무집행조합원을 선임한 경우의 대내적 업무집행

① 선임 방법 : 조합계약으로 업무집행조합원을 정하지 아니한 경우에는 <u>조합원의 3분의 2 이상의 찬성</u>으로써 이를 선임할 수 있다.

② 업무집행의 방법 : 업무집행조합원은 통상사무와 내부업무를 모두 집행한다. 업무집행조합원이 선임된 경우에는 다른 조합원은 통상사무를 비롯한 모든 조합업무를 집행할 수 없다. 그러나 각 조합원은 업무집행조합원을 선임하든 선임하지 않든 관계없이 언제든지 조합의 업무 및 재산상태를 검사할 수 있다.

③ 업무집행조합원이 수인인 때에는 그 과반수로써 결정한다(제706조 제2항). 그러나 통상사무에 관해서는 각 업무집행조합원이 전행할 수 있다(각 조합원은 할 수 없다). 다만 그 사무의 완료 전에 다른 업무집행조합원의 이의가 있는 때에는 즉시 중지하여야 한다.

(5) 제3자를 업무집행자로 선임한 경우(위임계약)

① 조합원이 아닌 제3자를 업무집행조합원으로 선임한 경우에는 조합과 업무집행자 간 위임계약이 성립한다.

② 이 경우에는 민법상 위임에 관한 규정이 준용되며, 선임된 제3자에게 사임과 해임에 관한 제708조는 적용되지 않는다.

➕ 더 알아보기

• 제689조(위임의 상호해지의 자유) ① 위임계약은 각 당사자가 언제든지 해지할 수 있다. ② 당사자일방이 부득이한 사유없이 상대방의 불리한 시기에 계약을 해지한 때에는 그 손해를 배상하여야 한다.

• 제708조(업무집행자의 사임, 해임) 업무집행자인 조합원은 정당한 사유없이 사임하지 못하며 다른 조합원의 일치가 아니면 해임하지 못한다.

(6) 제706조의 임의규정

① 민법 제706조는 조합원 3분의 2 이상의 찬성으로 조합의 업무집행자를 선임하고 조합원 과반수의 찬성으로 조합의 업무집행방법을 결정하도록 규정하고 있는바, 여기서 말하는 조합원은 조합원의 출자가액이나 지분이 아닌 조합원의 인원수를 뜻한다.

② 그러나 이 민법 규정은 임의규정이므로, 당사자 사이의 약정으로 업무집행자의 선임이나 업무집행 방법의 결정을 조합원의 인원수가 아닌 그 출자가액 내지 지분의 비율에 의하도록 하는 등 그 내용을 달리 정할 수 있고, 그와 같은 약정이 있는 경우에는 그 정한 바에 따라야 유효하다.

2. 대외적 업무집행(대외관계)

(1) 조합의 대외관계의 원칙

① 조합이 제3자와 거래하기 위해서는 조합원 모두가 거래의 계약 당사자가 되어야 하며, 마치 조합이 법인격을 가진 것처럼 조합이라는 이름만으로는 계약을 체결하지 못한다.

② 조합이 제3자와의 관계에서 생기는 권리·의무는 조합에 귀속하는 것이 아니라, 조합원에게 직접 귀속한다. 따라서 조합은 법인격이 없고 단체성도 약해서 대외관계는 조합원 전원의 이름으로 해야 한다. 그러나 이는 불편하기에 대리의 방법을 이용한다.

(2) 조합대리의 사용

① 조합은 특정 조합원(업무집행조합원)이 전 조합원을 대리해서 제3자와 법률행위를 하는 방식을 이용한다(조합대리). 이 대리권은 내부적인 업무집행권과는 별개 개념이지만, 실제로는 조합계약에서 같이 정해진다.

② 조합원이 특정 조합원 또는 제3자를 선임하여 그 자에게 특정한 대외적 업무를 맡기는 경우에는 민법상 대리의 내용이 그대로 적용된다. 즉, 대리권이 있는 것으로 추정된다.

③ 업무집행자를 선임하면서 별도의 대리권 수여행위를 하지 않은 경우에도, 그 선임행위로서 대리권 수여행위가 있는 것으로 해석한다.

(3) 대리행위의 방법

① 조합대리에 있어서는 본인에 해당하는 모든 조합원을 위한 것임을 표시해야 한다.

② 대리행위 시 반드시 조합원 전원의 성명을 제시할 필요는 없고, 상대방이 알 수 있을 정도로 조합을 표시하는 것으로 충분하다.

③ 조합대리에 있어서 그 법률행위가 조합에게 상행위가 되는 경우에는 조합을 위한 것임을 표시하지 않았다고 하더라노 그 법률행위의 효력은 본인인 조합원 전원에게 미친다.

상법 제48조(대리의 방식)
상행위의 대리인이 본인을 위한 것임을 표시하지 아니하여도 그 행위는 본인에 대하여 효력이 있다. 그러나 상대방이 본인을 위한 것임을 알지 못한 때에는 대리인에 대하여도 이행의 청구를 할 수 있다.

(4) 대리권의 범위(제118조)

① 업무집행조합원의 권한을 정하지 않은 경우에는 다음에 해당하는 행위만을 할 수 있다. 보존행위, 대리의 목적인 물건이나 권리의 성질이 변하지 않는 범위에서 그 이용 또는 개량하는 행위만을 할 수 있다. 그러나 처분행위는 할 수 없다.

② 보존행위 : 재산 현상을 유지하기 위한 행위(가옥 수선, 미등기부동산의 등기)에 관해서는 무제한으로 언제나 대리권을 행사할 수 있다.

③ 이용행위 : 물건을 임대하거나, 금전을 이자부로 대여하는 등 재산 수익을 꾀하는 행위이다. 이용행위는 객체(대상물)의 성질을 변경하지 않는 범위 내에서만 대리권이 인정된다.

④ 개량행위 : 물건 또는 권리의 사용가치 또는 교환가치를 증가시키는 행위이다(예금을 주식으로 전환, 토지의 지목변경). 물건 또는 권리 자체의 성질이 변하지 않는 경우에 한하여 대리권이 인정된다.

⑤ 처분행위 : 대리권의 범위가 분명치 아니한 대리인은 부동산의 양도, 저당권의 설정 등 처분행위는 할 수 없다.

대리권의 범위(판례) ① 매매계약을 체결한 대리권을 수여받은 대리인은 특별한 사정이 없는 한 중도금이나 잔금을 수령할 권한도 있다. ② 매매계약 체결과 이행에 대한 포괄적 대리권자는 매매대금 지급기일을 연기해 줄 권한도 갖는다.

(5) 대리행위의 하자 및 하자판단의 기준

① 업무집행조합원이 한 행위의 효력이 의사 결함, 사기, 강박, 어느 사정을 알았거나 과실로 알지 못한 것으로 인해 영향을 받을 경우 그 사실의 유무는 대리인을 표준으로 결정한다.

② 업무집행조합원이 다른 조합원 지시에 따라 특정 법률행위를 한 경우 다른 동업자는 자기가 안 사정 또는 과실로 알지 못한 사정으로 업무집행조합원의 알지 못함을 주장하지 못한다.

(6) 조합원이 조합원 또는 제3자를 조합대리인으로 선임하지 않는 경우의 대외관계

① 업무집행자가 정해지지 않는 때에는 각 조합원이 대리권이 있는 것으로 추정된다. 따라서 각 조합원은 제3자와 법률행위를 할 수 있다.

② 조합의 대리에서도 대리의 일반 법리 적용되므로 현명이 필요하다.

③ 조합원이 대외적 업무를 집행하는 방법에도 민법 제706조가 그대로 적용된다.

④ 조합의 대외적 비통상사무의 집행은 조합원의 과반수로써 결정한다. 업무집행자수인인 때에는 그 과반수로써 결정한다.

⑤ 조합의 비통상사무는 각 조합원이 전행할 수 있다. 그러나 그 사무의 완료 전에 다른 조합원 또는 다른 업무집행자의 이의가 있는 때에는 즉시 중지하여야 한다.

⑥ 조합 사무가 상행위인 경우에는 현명하지 않아도 대리의 효과가 생긴다(상법 제48조).

⑦ 상행위가 아닌 경우에도 모든 사정으로 대리인임을 알 수 있는 경우에는 대리의 효과가 발생한다.

(7) 업무집행자의 대리권 수여 추정규정인 제709조는 임의규정(대리권 제한의 문제)

① "민법 제709조 조합의 업무를 집행하는 조합원은 그 업무집행의 대리권있는 것으로 추정한다."는 임의규정이므로 당사자 간 약정으로 조합 업무집행에 관하여 조합원 전원의 동의를 요하도록 하는 등 그 내용을 달리 정할 수 있다.

② 만약 조합의 구성원이 위와 같은 약정의 존재를 주장·입증하면 조합의 업무집행자가 조합원을 대리할 권한이 있다는 추정은 깨진다. 따라서 업무집행자와 법률행위를 한 상대방이 나머지 조합원에게 그 법률행위의 효력을 주장하기 위하여는 그와 같은 약정에 따른 조합원 전원의 동의가 있었다는 점을 주장·입증해야 한다.

③ 법률의 규정에 의하여 대리권이 제한될 수 있다(제272조, 제706조).

④ 대리권 제한에 위반하여 한 대리행위에 대해서는 민법 제126조에 의한 표현대리가 적용될 수 있다.

(8) 조합의 당사자능력과 소송대리

① 조합은 법인이 아니므로 당사자능력은 부정된다(판례).

② 선임된 업무집행자는 업무에 관하여 재판외, 재판상의 모든 행위를 할 수 있다(통설).

판례

조합의 업무를 집행하는 조합원은 업무집행의 대리권이 있는 것으로 추정한다. 또한 업무집행자가 대외적 업무를 할 경우에는 조합원 전원을 대리한다는 현명을 명시적으로 하지 아니하여도, 대표조합원으로서 그 자격만 밝히면 된다(대판 1970.8.31., 70다1360).

업무집행조합원은 조합의 목적을 달성하는 데 필요한 범위에서 조합을 위해 모든 행위를 할 대리권이 있는 것으로 추정되지만, 당사자 사이의 약정으로 조합원 전원의 동의를 요하도록 계약서를 작성했다면 민법상의 규정은 임의규정이므로, 업무집행조합원의 대리행위는 조합원 전원의 동의가 있는 때에만 유효하다. 조합의 구성원이 위와 같은 약정의 존재를 주장·입증하면 업무집행조합원의 대리권에 관한 추정은 깨어지고 업무집행조합원과 계약을 한 상대방이 나머지 조합원에게 그 법률행위의 효력을 주장하기 위해서는 그와 같은 약정에 따른 조합원 전원의 동의가 있었다는 점을 주장·입증해야 한다(대판 2002.1.25., 99다62838).

[사례분석 1]
여러 명의 사람들이 건자재 유통을 위한 공동사업을 하고 있다. 동업계약서에 업무집행조합원을 뽑고 업무집행을 하되 1억 원이 넘는 재산의 처분이나 계약을 체결할 경우에는 조합원 전원의 동의를 구하도록 기재해 두었다. 그런데 업무집행조합원이 다른 조합원의 동의없이 2억 원의 계약을 체결하였고, 문제가 발생해 손해가 커지자 계약의 상대방이 업무집행조합원에게 당연히 대리권이 있는 것으로 알았으니 모두 함께 책임을 지라고 요구한다. 그러나 이 경우 <u>계약의 상대방이 조합원 전원의 동의가 있었음을 입증하지 않는 한 책임을 지지 않아도 된다</u>.

[사례분석 2]
여러 사람이 동업을 하는데 문제가 있어 업무집행조합원으로 일을 했던 동업자가 탈퇴를 했다. 그런데 얼마 후 그 동업자가 조합원들의 도장을 위조해 조합재산을 매각한 사실을 알게 되었다. 무권대리로 이 재산을 다시 찾아올 수 있나?

<u>상대방이 그 동업자에게 대리권이 없음을 알았거나 알 수 있었을 경우를 제외하고는 다시 찾아올 수 없다. 대리권이 없는 동업자가 다른 동업자들의 인장을 위조해 권한을 넘은 무권대리 행위를 한 경우 그 인장의 위조나 행사가 범죄행위가 된다 해도 권한을 넘는 표현대리를 인정할 수 있기 때문</u>이다(대판 1966.6.28., 66다845).

3. 조합의 재산관계

(1) 조합원의 출자의무

① 모든 조합원은 출자의무를 부담한다.

② 조합재산은 공동사업을 위하여 조합원들이 공동으로 갖는 합유 재산을 말한다.

③ 조합재산의 구성(내용)

　　㉠ 조합원이 출자한 재산(동산, 부동산 등)

　　㉡ 출자청구권(출자를 약속한 조합원에 대하여 다른 조합원이 그 이행을 구할 수 있는 권리)

　　㉢ 조합이 영업을 통하여 취득한 재산

　　㉣ 조합재산에서 생긴 재산(조합의 예금으로 생긴 이자수익 등)

　　㉤ 조합의 채권 및 채무

④ 조합원이 출자하기로 하였던 권리가 조합재산으로 되려면 권리이전 절차가 완료되어야 한다.

　　예 조합계약을 체결하면서 조합원으로 되려는 자가 자신의 토지를 출자하는 경우 이 토지에 관하여 조합원 전원의 합유등기가 되어야 조합의 재산이 된다. 만약 조합원들이 위 토지를 조합원 전원의 명의가 아닌 조합원 중 1인의 명의로 소유권이전등기를 한다면 이는 조합체가 그 조합원에게 명의신탁을 한 것이 되고, 이는 부동산 실권리자명의 등기에 관한 법률 제4조 제2항에 의하여 무효가 된다.

(2) 조합재산의 합유관계 : 분할 금지

① 합유재산과 조합원의 지분 → 합유(제271~제274조)
조합원의 출자 기타 조합재산은 조합원의 (준)합유로 본다(제704조). 따라서 제271조 내지 제274조 합유에 관한 규정이 그대로 적용된다(합유물 처분, 변경과 보존, 합유지분의 처분과 합유물의 분할 금지, 합유의 종료).

② 조합재산은 분할하지 못한다. 단, 조합원 전원이 합의하여 조합재산 중 일부를 분할하는 것은 가능하다.

③ 조합재산은 조합원이 공동으로 가지며 조합원은 조합재산에 대해 지분을 갖는다.

④ 각 조합원은 개별재산 및 조합재산 전체에 대해서 모두 지분권을 갖는다.

⑤ 각 조합원 지분비율은 조합계약에서 정하여지나, 약정이 없으면 원칙적으로 각자 출자가액에 비례한다.

> **➕ 더 알아보기**
>
> **합 유**
> 공유와 달리 지분의 처분이 제한되고 분할이 금지된다. 조합재산의 보존행위는 조합원 각자가 단독으로 할 수 있고, 처분·변경은 업무집행자 없는 경우는 조합원의 과반수로, 업무집행자가 있는 경우는 업무집행조합원의 과반수로 결정한다. 업무집행자가 1명인 경우는 단독으로 결정한다.

구 분	공 유	합 유	총 유
인적 결합 형태	공동소유자 간에 아무런 인적 결합관계가 없는 매우 개인적인 소유형태이다.	공동의 사업목적을 위해 다수인이 결합한 조합의 재산소유형태이다.	권리능력없는 사단의 재산소유형태이다. 사실상 법인의 소유이나 법인이 권리능력이 없으므로 불가피하게 구성원들의 공동소유이다.
지분의 처분	각 공유자가 목적물에 대하여 가지는 소유 비율이 지분인데 이것은 보통의 소유권과 같다. 즉, 지분의 처분이 자유롭다.	합유자들의 지분은 인정되나 지분의 처분은 합유자 전원의 동의를 요한다.	사단 자신이 목적물에 대한 처분권한을 갖는 점에서 지분은 인정되지 않는다.
공유물의 사용·수익	공유자는 공유물 전부를 지분의 비율로 사용·수익할 수 있다.	합유물의 사용은 조합계약 기타 규약의 정함에 따른다.	정관, 기타 규약에 좇아 사용·수익할 수 있으나 사용 수익권은 양도 또는 상속 목적으로 할 수 없다.
공유물의 분할 청구	각 공유자는 언제든지 분할을 청구하여 공유관계를 종료할 수 있다.	조합체가 지속되는 한 합유물의 분할은 청구할 수 없다. 합유물을 분할하려면 조합체를 해산, 공유관계로 전환해야 한다.	분할 청구할 수 없다.
공유물의 보존	각자 단독으로 할 수 있다.	각자 단독으로 할 수 있다.	사원총회 결의에 의한다.
공유물의 처분·변경	공유자 전원의 동의가 있어야 한다.	합유자 전원의 동의가 있어야 한다.	사원총회 결의에 의한다.

(3) 조합재산과 개인재산의 구별

① 조합원의 채권자는 채무자인 조합원의 합유지분에 대한 압류는 그 조합원이 장래 배당받을 이익 및 지분을 반환받을 권리에 대하여 효력이 있을 뿐이다(제714조).

② 조합채무자는 그 채무와 조합원에 대한 채권으로 상계하지 못한다(제715조).

③ 판례 : 특별한 사정이 없는 한 조합원 중 1인에 대한 채권으로 그 조합원 개인을 집행채무자로 하여 조합의 채권에 대하여 강제집행을 할 수 없다(대판 2001.2.23., 2000다68924).

(4) 조합재산의 처분과 보존

① 조합원은 조합재산에 대한 지분을 원칙적으로 자유롭게 처분할 수 없다.

② 지분 없는 조합원이란 있을 수 없으므로 지분을 처분하면 동시에 조합원 지위도 처분한 것이 된다.

③ 조합의 개별재산에 대한 처분은 불가능하며, 조합원의 동의를 받아서 처분 가능한 것은 조합 전체의 재산에 대한 지분을 말한다.

(5) 민법 제272조와 제706조의 충돌문제

① 민법 제272조 : 합유물을 처분 또는 변경함에는 합유자 전원의 동의가 있어야 하지만, 보존행위는 각자가 할 수 있다.

② 민법 제706조 조합의 비통상사무는 업무집행자 또는 조합원의 과반수로 결정한다. 조합재산을 처분·변경하는 업무는 비통상사무에 해당한다.

③ 위의 2개 규정은 상호 충돌한다(모순관계).

④ 판례 : 조합재산은 조합원의 과반수 결정에 의해서 처분이 가능하다. 민법 제706조를 적용한다.

> **판례**
>
> 합유물 가운데서도 조합재산의 경우 그 처분·변경에 관한 행위는 조합의 특별사무에 해당하는 업무집행으로서, 이에 대하여는 특별한 사정이 없는 한, 조합재산의 처분·변경은 업무집행자가 없는 경우에는 조합원의 과반수로 결정하고, 업무집행자가 여럿인 경우에는 그 업무집행자의 과반수로써 결정하며, 업무집행자가 1인만 있는 경우에는 그 업무집행자가 단독으로 결정한다(대판 2010.4.29., 2007다18911).

(6) 조합의 채권 및 채무 기출 21

① 조합채무에 대해 조합원은 자기의 부담분만큼 책임을 져야 한다. 자기의 부담분은 조합계약으로 정한 손실부담비율에 따르며, 그 비율이 명확하지 않으면 균등비율로 분담한다.

② 조합원 중에 무자력자가 있는 경우, 나머지 조합원들이 그 무자력자의 책임 부분을 서로 나누어서 책임을 져야 한다.

③ 조합원은 조합채무에 대해 무한책임을 진다. 따라서 조합원은 조합채무에 대해 조합재산만으로 책임을 지는 것이 아니라, 각자 가지고 있는 개인적 재산을 가지고서도 책임을 져야 한다.

④ 조합채무도 모든 조합원에게 합유적으로 귀속되고, 조합재산도 책임을 진다. 따라서 조합에 대해 채권을 갖는 채권자는 조합원 전원에 대한 채권자의 지위를 갖는다. 이 두 책임은 어느 하나가 우선하지 않고 병존적이다. 따라서 채권자는 처음부터 각 조합원에게 청구할 수 있다.

⑤ 각 조합원은 조합채무에 대해 분할채무를 부담한다(연대채무 아님).

⑥ 그러나 조합이 영리를 위한 계약을 체결한 경우(상행위) 그런 계약에 대해 상법 제57조에 의해 조합원들 모두가 연대책임을 부담한다.

(7) 조합원에 대한 채권자의 권리행사

① 조합채권자는 채권발생 당시에 조합원의 손실부담의 비율을 알지 못한 때에는 각 조합원에게 균분하여 그 권리를 행사할 수 있다.

② 조합계약에서 분담비율을 정했으면 그에 따르고 정하지 않았으면 같은 비율로 채무 부담한다.

③ 조합원 중에 변제자력 없는 자가 있으면 그 부분은 다른 조합원이 균분하여 변제 책임이 있다(제713조).

④ 채권자가 조합재산에 대하여 강제집행을 하기 위해서는, 조합원 전원에 대하여 채권 전액에 대한 소송을 제기하여 승소판결을 얻어야 한다.

(8) 조합채무에 대한 조합원의 책임범위 : 조합원의 무한책임 기출 19

① 각 조합원은 조합채무에 대해 무한책임을 부담하므로, 조합계약으로 이를 제한하더라도 무효이다.

② 조합채무의 발생 시점에 조합원 지위를 가진 자들만 채무를 부담하고, 그 채무 발생 이후에 조합원이 된 자는 책임이 없다.

③ 일단 조합채무의 책임이 있는 경우 그 조합원이 탈퇴하거나 조합 해산을 해도 책임은 그대로 존속한다.

④ 조합재산만으로 조합의 채권자의 청구를 만족시킬 수 없으면 조합원들은 각자의 개인 재산으로 조합채무를 변제하여야 하고 그 비율은 특약이 없는 한 균등한 비율이 된다.

> **판례**
>
> 조합의 채무는 조합원의 채무로서 특별한 사정이 없는 한 조합채권자는 각 조합원에 대하여 지분의 비율에 따라 또는 균일적으로 변제의 청구를 할 수 있을 뿐이다. 조합채무가 특히 조합원 전원을 위하여 상행위가 되는 행위로 인하여 분담하게 된 것이라면 그 채무에 관하여 조합원들에 대하여 상법 제57조 제1항을 적용하여 연대책임을 인정함이 상당하다고 할 것이다(대판 1995.8.11., 94다18638).
>
> 조합채무는 개인의 채무와는 구별되고, 원칙적으로 조합채무에 대해서는 조합재산이 그 책임재산이 된다. 그러나 조합은 조합원과 별도로 부여된 법인격이 없기에 그 스스로 채무의 주체가 되지 못하고, 조합원 전체가 채무자가 된다. 이 경우 조합원 개인재산에 의한 조합채무에 대한 책임은 '분담주의'를 취하여 조합원 각자의 '분할채무'가 되는 것이 원칙이다. 다만 이 경우에도 조합채무가 상행위로 인한 경우에는 조합원 전원이 채무 전액에 대하여 '연대책임'을 지게 된다(대판 2001.3.23., 2000다59074).

(9) 조합의 손익분배 비율

① 조합이 공동사업을 진행하여 수익이 발생한 경우 이에 대한 분배가 문제될 수 있는데, 이러한 수익분배에 관하여 조합원들은 조합계약을 통하여 자유로이 정할 수 있다. 공동사업으로 손실이 발생한 경우 그 분담에 관하여도 자유로이 정할 수 있다.

② 만약 조합계약으로 수익과 손실의 분담에 관한 사항을 정하지 않은 경우, 수익과 손실의 분담 비율은 가 조합원의 출자한 재산의 가애에 따르게 된다.

③ 이익 또는 손실에 대하여 분배의 비율을 정한 때에는 그 비율은 이익과 손실에 공통된 것으로 추정한다.

(10) 금전출자 지체의 책임

① 출자를 한 조합원 A가 다른 조합원 B에게 출자의무의 이행을 요구한 경우에는 B는 다른 조합원 C가 출자를 하지 않는 것을 이유로 동시이행의 항변권을 행사하지는 못한다.

② 금전을 출자 목적으로 한 조합원이 출자 시기를 지체한 때에는 연체이자를 지급하는 외에 손해를 배상하여야 한다.

│ Ⅲ │ 조합원의 변동과 조합의 해산 / 청산

1. 조합원의 가입 및 탈퇴

(1) 조합원의 탈퇴 기출 22

① 임의탈퇴 : 조합의 존속기간을 정하지 아니하거나 조합원의 종신까지 존속할 것을 정한 때에는 각 조합원은 언제든지 탈퇴할 수 있다(제716조). 그러나 부득이한 사유없이 조합의 불리한 시기에 탈 퇴하지 못한다. 조합의 존속기간을 정한 때에도 조합원은 부득이한 사유가 있으면 탈퇴할 수 있다.

② 비임의탈퇴 : 조합원은 사망, 파산, 성년후견의 개시, 제명으로 인해 탈퇴된다.

③ 업무집행자의 사임, 해임 : 업무집행인 조합원은 정당한 사유없이 사임하지 못하며 다른 조합원 의 일치가 아니면 해임하지 못한다.

④ 동업조합계약에서 사망한 동업자의 지위를 그 상속인이 승계하기로 약정한 바가 없다면 사망한 동 업자의 지위는 상속인에게 승계되지 않는다.

> **판례**
>
> 조합원 지위의 승계
> 갑의 아버지가 친구 을과 동업으로 사업을 운영하다가 사망하였다. 이런 사안에서 동업체에서 동업자 중 1명이 사망 하면 그 동업관계에서 당연히 탈퇴하고 특히 동업계약에서 사망한 동업자의 지위를 그 상속인이 승계하기로 약정한 바가 없다면 사망한 동업자의 지위는 상속인에게 승계되지 않는다(대판 1987.6.23., 86다카2951).

(2) 제 명

① 조합원의 제명은 정당한 사유 있는 때에 한하여 다른 조합원의 일치로써 이를 결정한다.

② 위의 제명결정은 제명된 조합원에게 통지하지 아니하면 그 조합원에게 대항하지 못한다.

(3) 탈퇴조합원의 지분의 계산

① 탈퇴한 조합원과 다른 조합원 간의 계산은 탈퇴당시의 조합재산상태에 의하여 한다.

② 탈퇴한 조합원의 지분은 그 출자의 종류 여하에 불구하고 금전으로 반환할 수 있다.

③ 탈퇴 당시에 완결되지 아니한 사항에 대하여는 완결 후에 계산할 수 있다.

2. 조합의 해산과 청산

(1) 조합 해산의 의의

① 조합은 해산된 이후에도, 그 청산절차가 마무리될 때까지는 존속하는 것으로 해석한다.

② 따라서 조합재산이 청산절차를 거쳐 조합원에게 분배되지 않는 한 계속하여 조합원의 합유상태이다.

> **판례**
>
> 조합이 해산된 경우에도 청산절차를 거쳐 조합재산을 조합원에게 분배하지 아니하는 한 조합재산은 계속하여 조합원의 합유이고 청산이 종료할 때까지 조합은 존속하는바, 일부 조합원이 다른 조합원들의 동의를 얻지 아니한 채 조합재산인 채권을 타인에게 양도한 행위는 무효라고 할 것이다(대판 1992.10.9., 92다28075).

(2) 조합의 해산사유

① 존속기간 만료 기타 조합계약에서 정한 사유의 발생

② 조합원 전원의 합의

③ 조합의 목적인 사업의 성공 또는 성공 불능 등

④ 부득이한 사유가 있는 경우 조합원이 해산청구할 때

⑤ 2인으로 된 조합관계에 있어 그 가운데 한 사람이 탈퇴하는 경우

> **판례**
>
> 민법의 조합의 해산사유와 청산에 관한 규정은 그와 내용을 달리하는 당사자의 특약까지 배제하는 강행규정이 아니므로 당사자가 민법의 조합의 해산사유와 청산에 관한 규정과 다른 내용의 특약을 한 경우, 그 특약은 유효하다(대판 1985.2.26., 84다카1921).

(3) 부득이한 사유로 인한 해산청구(제720조)

① 부득이한 사유가 있는 때에는 각 조합원은 조합의 해산을 청구할 수 있다.

② 신뢰관계의 파괴에 책임이 있는 유책자라고 하더라도 조합의 해산을 청구할 수 있는 권리는 인정된다.

③ 이와 같은 해산청구는 다른 조합원 전원에 대한 의사표시로 하여야 한다.

> **판례**
>
> 조합 해산청구 사유로서 '부득이한 사유'의 기준
> • 경제계의 사정변경에 따른 조합재산상태의 악화나 영업부진 등으로 조합의 목적달성이 매우 곤란하다고 인정되는 객관적인 사정이 있는 경우
> • 조합당사자 사이의 불화·대립으로 인하여 신뢰관계가 파괴됨으로써 조합의 원만한 운영을 기대할 수 없는 경우도 포함

(4) 조합 청산의 의의

① 청산 : 조합이 해산된 경우에 그 조합의 재산관계를 정리하는 절차이다.

② 청산이 완료된 때에 조합이 소멸한다. 다만 청산이 끝나더라도 각 조합원은 여전히 그 개인재산으로써 조합채권자에 대해 책임을 진다는 점에서 법인의 해산과는 달리 조합의 청산에 관한 규정은 임의규정으로 해석된다(대판 1998.12.8., 97다31472).

③ 청산절차는 조합의 채권자 등 외부관계에 있는 제3자를 보호하기 위한 것이 아니다. 청산이 끝남으로써 조합은 소멸하지만, 청산이 끝나더라도 각 조합원은 여전히 그의 재산으로써 조합채권자에 대한 책임을 지기 때문이다.

판례

청산절차는 전적으로 조합원 사이의 재산관계의 공평한 처리를 목적으로 한다. 이 때문에, 조합의 청산에 관한 민법의 규정은 임의규정으로 해석된다(대판 1985.2.26., 84다카1921).

---

(5) 조합의 청산절차

① 청산사무는 모든 조합원이 청산인이 되어 공동으로 집행하거나 조합원의 과반수로 선임한 청산인이 집행한다.

② 청산인이 수인인 경우의 사무집행은 그 과반수로 결정한다.

③ 조합원 중에서 청산인으로 선임된 사람은 정당한 사유 없이 사임하지 못하며, 다른 조합원 전원의 합의가 없는 한 해임당하지도 않는다.

(6) 청산인의 직무

① 현존사무의 종결, 채권의 추심, 채무의 변제, 잔여재산의 인도 등이 있다.

② 청산인은 그러한 직무를 행하기 위하여 필요한 모든 행위를 할 수 있다.

③ 잔여재산(조합재산으로 조합채무를 변제한 나머지)은 각 조합원의 출자가액에 비례하여 분배한다.

(7) 조합, 청산절차가 불필요한 경우

① 조합원들 사이에 청산절차 면제 등의 특약이 있는 경우
민법의 조합의 해산사유와 청산에 관한 규정은 임의규정이므로 별도 약정은 유효하다.

② 조합원이 조합채권자인 경우 : 채권자가 조합원인 경우에는 다른 조합원들에게 잔여재산 중 각 조합원의 출자가액에 비례한 몫을 반환함과 아울러 채권자 조합원에게 조합채무를 이행함으로써 별도 청산절차를 거침이 없이 간이한 방법으로 공평한 잔여재산의 분배가 가능하다.

③ 조합이 해산되었으나, 조합의 잔무로서 처리할 일이 없고, 다만 잔여재산의 분배만이 남아 있는 경우 : 조합의 잔무로서 처리할 일이 없고, 다만 잔여재산의 분배만이 남아 있을 때에는 따로 청산절차를 밟을 필요가 없다.

④ 잔여재산은 조합원 간 별도 특약이 없는 이상 각 조합원의 출자가액에 비례하여 분배한다.

조합이 그 목적 달성으로 해산된 후 잔무가 없고 잔여재산 분배만이 남았을 뿐인 때에는 따로 청산절차를 밟을 필요가 없이 각 조합원은 자신의 잔여재산 분배비율의 범위 내에서 그 분배비율을 초과하여 잔여재산을 보유하고 있는 조합원에 대하여 바로 잔여재산의 분배를 청구할 수 있고, 이와 같은 각 조합원의 잔여재산 분배청구권은 각 조합원이 초과보유 조합원을 상대로 개별적으로 청구할 수 있다(대판 1998.12.8., 97다31472).

사례분석

[사례분석 1]

갑과 을이 식품공장을 동업하기로 하고서 갑은 출자금을 지급하고 을은 공장의 임대보증금과 시설 등을 책임지며 그 사업은 을 명의로 하여 그의 책임하에 공장을 경영하고 이익금은 공장 내에 유보하며 을은 갑과 합의한 급여를 매월 받기로 하는 내용의 동업계약을 체결하여 을이 그 명의로 사업자등록을 하고 그의 책임하에 그의 명의로 위 공장을 경영하여 왔다. 이 조합의 법적 성질 및 민법 제713조의 적용가부는?

이 사업체는 내부관계에 있어서는 민법상의 일종의 조합이라고 할 수 있다. 그러나 대외적으로는 조합원들의 합유인 조합재산이 없고 을이 대외적인 법률행위를 함에 있어서는 조합원인 갑을 대리할 필요 없이 자기명의로 단독으로 하고 이를 위한 권리 의무가 을에게 귀속되는 점에서 민법상의 통상의 조합과 구별되는 일종의 특수한 조합이라 보아야 한다. 이러한 특수한 조합에 있어서는 대외적으로는 오로지 영업을 경영하는 을만이 권리를 취득하고 채무를 부담하는 것이어서 민법 제711조 내지 제713조가 적용될 여지가 없다(대판 1988.10.25., 86다카175).

[사례분석 2]

A 영농조합법인은 2022년에 농기구 구매, 농산물 판매 등 상행위를 위하여 2억 원 상당의 1년 만기 채권을 발행하였다. 이 채권을 보유한 채권자가 채권 만기가 도래함에 따라 해당 채무 이행을 청구할 수 있는 방법은?

구 농어업경영체 육성 및 지원에 관한 법률은 영농조합법인의 실체를 민법상 조합으로 보면서 협업적 농업경영을 통한 농업생산성의 향상 등을 도모하기 위해 일정한 요건을 갖춘 조합체에 특별히 법인격을 부여하고 있다. 영농조합법인에 대하여는 구 농어업경영체법 등 관련 법령에 특별한 규정이 없으면 법인격을 전제로 한 것을 제외하고는 민법의 조합에 관한 규정이 준용된다. 영농조합법인의 채권자가 조합원에 대하여 권리를 행사하는 경우에 관하여는 구 농어업경영체법 등에 특별히 규정된 것이 없다. 따라서 영농조합법인의 채권자는 원칙적으로 조합원에 대한 채권자의 권리행사에 관한 민법 제712조에 따라 채권 발생 당시의 각 조합원에 대하여 지분비율에 따라 또는 균분해서 해당 채무의 이행을 청구할 수 있다. 다만 조합채무가 조합원 전원을 위하여 상행위가 되는 행위로 부담하게 된 것이라면 상법 제57조 제1항을 적용하여 조합원들의 연대책임을 인정하여야 하는데, 이러한 법리는 영농조합법인의 채권자가 권리를 행사하는 경우에도 마찬가지이다(대판 2018.8.1., 2017다246739).

Ⅳ 익명조합(匿名組合) 및 합자조합(合資組合) : 상법상 특수한 계약 – 자본만 출자하고 소유는 하지 않는 동업계약

1. 익명조합

(1) 의 의

① 당사자 일방(익명 조합원)이 상대방(영업자)의 영업을 위하여 출자하고, 상대방이 영업으로 인한 이익을 분배할 것을 약정하는 계약이다(상법 제78조).

② 자본은 있으나 스스로 영업활동을 할 수 없는 자본가와 경영수완은 있으나 자금이 없는 경영자를 결합시켜 영업을 가능케 하는 기업형태이다.

③ 실질적으로는 회사같은 공동기업의 한 형태이나 출자자는 배후로 숨어버리고 영업자만이 대외적으로 활동을 하기 때문에 법률적으로는 영업자의 개인기업이다.

④ 조합원의 자격 : 익명조합원은 제한이 없으나, 영업자는 성질상 상인이어야 한다.

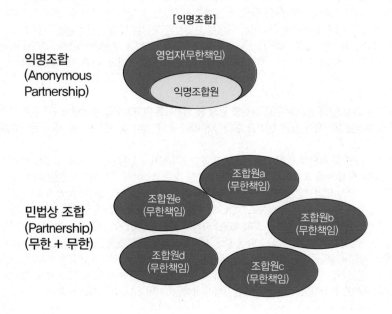

(2) 익명조합원의 권리 의무

① 이익배당청구권, 업무감시권 행사가 가능하다.

② **익명조합원은 유한책임만을 부담** : 익명조합원은 사업하는 도중 발생한 손실이 출자액을 초과했다 하더라도 이미 받은 이익을 반환하거나 증자를 하지 않아도 된다(상법 제82조).

③ 익명조합원은 조합의 업무집행 및 대표행위를 하지 못한다.

④ 익명조합원은 영업에 관여하지 않으므로 영업조합원의 행위에 대해 제3자에게 어떤 권리나 의무를 주장할 수 없다(상법 제80조).

⑤ **연대책임** : 익명조합원이 자기의 성명을 영업조합원의 상호 중에 사용하게 하거나 자기의 상호를 영업조합원의 상호로 사용할 것을 허락한 경우 익명조합원은 그 사용 이후의 채무에 대해 영업조합원과 연대해 변제할 책임이 있다(상법 제81조).

(3) 영업자의 권리 의무

① 대외적으로 1인의 개인(영업자)이 사업을 운영하며, 영업자가 모든 권리 의무의 주체 및 객체가 된다(이런 점은 개인사업체 형태와 같음).

② 내부적으로는 출자를 한 익명조합원이 조합을 함께 구성하지만, 대외적으로는 영업자가 단독으로 대표하므로, 영업자가 모든 책임을 부담하고 책임재산이 부족하면 영업자의 개인재산으로 책임져야 한다(무한책임).

사례분석

갑과 을은 동업으로 가구공장을 운영했는데 갑은 자금만 출자했을 뿐 을이 모든 영업을 담당했으며 사장이라는 직함도, 사업자등록증의 대표자 명의도 을의 이름이었다. 갑은 전무라는 직함으로 회사의 직원으로 일을 했다. 그런데 을이 갑에게 전혀 알리지 않고 회사의 재산을 처분했다. 갑은 이를 원상태로 되돌려 놓을 수 있는가? 또한 사업이 힘들어지자 을은 잠적을 했고 공장의 근로자들이 갑에게 임금 및 퇴직금 지급 청구를 해 왔다. 을이 모든 것을 부담해야 하나?

위 사례는 <u>상법상 익명조합</u>이다. <u>익명조합의 재산은 영업조합원의 단독소유에 해당하기 때문에 원상 복귀가 불가능하다. 두 사람이 공장운영 동업계약을 체결하면서 한 사람은 자금만을 출자하고, 대외관계는 다른 한 사람이 나서서 하기로 했다면 출자자는 익명 조합원으로서 다른 조합원이 대외적으로 제3자에게 한 행위에 관해 그가 알았거나 몰랐음을 불문하고 아무런 권리나 의무가 없으므로 영업조합원의 조합재산 처분에 관여할 수 없다.</u>

익명조합원은 자신이 출자한 금액에 한해서만 책임을 부담하므로 그 외의 부분에 대해서는 책임을 지지 않아도 된다. 대외적으로는 을만이 권리를 취득하고 의무를 부담한다. 따라서 갑은 공장의 근로자들에 대해 임금 및 퇴직금 지급의무를 부담하지 않는다.

---

2. 합자조합 : 상법상의 특수한 계약 – 2012년 개정된 상법상 새로운 기업형태

(1) 의 의

① 조합의 업무집행자로서 조합채무에 무한책임을 지는 무한책임조합원과 출자가액을 한도로 유한책임을 지는 유한책임조합원이 상호출자하여 공동사업을 경영할 것을 약정함으로써 성립하는 상법상의 조합이다(상법 제86조의2).

② 기본적으로 민법상의 조합계약이지만 유한책임조합원이 있는 점, 법정기재사항이 있는 점에서 다르다.

③ 구성원 간에 강한 유대를 갖는 인적 집단으로서 조합과 같은 성격의 내부조직을 유지하면서 구성원의 일부가 유한책임을 지는 비법인단체이다.

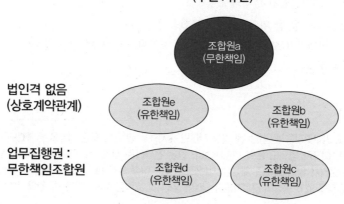

[합자조합]

상법상 합자조합(Limited Partnership)
(무한+유한)

조합원a
(무한책임)

법인격 없음
(상호계약관계)

조합원e
(유한책임)

조합원b
(유한책임)

업무집행권 :
무한책임조합원

조합원d
(유한책임)

조합원c
(유한책임)

(2) 운영상의 특징

① 조합은 1인 이상의 무한책임조합원과 1인 이상의 유한책임조합원으로 구성된다.

② 유한책임조합원은 조합의 부채에 대해 무한책임을 부담하지 않고, 자신이 조합에 출자한 금액을 한도로 책임을 진다(자신이 출자한 금액을 포기하면 최대 손해가 됨).

③ 민법상 조합과 달리, 조합원의 지분을 제3자에게 자유롭게 양도할 수 있어서 조합원의 변경 교체가 쉽다.

④ 무한책임을 지는 업무집행조합원이 유한책임을 지는 투자자를 모집하기 쉬운 사업형태이므로, 자본시장에서 펀드운용회사가 업무집행조합원을 맡는 사모펀드(Private Equity Fund)의 법적 형태에 적합하다.

사례분석

민법상 동업조합 또는 상법상 익명조합의 성립 요건

갑은 동업으로 사업을 하려고 알아보던 중, 친구 을이 자신은 사업운영에는 관여치 않고 출자만을 하고 대신에 영업성적과는 상관없이 매월 100만 원씩을 달라고 한다. 갑과 을이 이렇게 동업계약서를 작성하면 민법상 조합(동업관계)이나 상법상 익명조합이 성립하는가?

이 경우는 민법 또는 상법상 동업계약이 성립하지 않는다. 을이 영업에 참여하지 않으므로 이것은 조합원 전원이 업무 집행에 참여해야 하는 민법상 조합(공동사업)이 아니다. 또한 당사자의 일방이 상대방의 영업을 위해 출자를 하는 경우라 할지라도 그 영업에서 이익이 났는지의 여부를 따지지 않고 정기적으로 일정한 금액을 지급하기로 약정한 경우에는 가령 이익이라는 명칭을 사용했다 하더라도 그것은 상법상 익명조합계약이라고 할 수 없다(대판 1962.12.27., 62다660).

판례

대외적으로 오로지 경영자만이 권리를 취득하고 채무를 부담했다 하더라도 이익여부와 관계없이 정기적으로 일정액을 지급할 것을 약정한 것은 상법상의 익명조합이나 민법상의 조합 어떤 것에도 해당되지 않는다(대판 1983.5.10., 81다650).

(3) **재개발·재건축조합** : 재개발·재건축조합은 정비구역 안에서 정비기반시설을 정비하고 주택 등 건축물을 개량하거나 건설하는 사업을 시행하기 위해 토지 등 소유자가 설립한 단체이며, 법인으로 한다. 조합에 관하여는 도시 및 주거환경정비법에 규정된 것을 제외하고는 민법 중 사단법인에 관한 규정을 준용한다.

➕ 더 알아보기

시장·군수 등, 토지주택공사 등 또는 지정개발자가 아닌 자가 정비사업을 시행하려는 경우에는 토지 등 소유자로 구성된 조합을 설립하여야 한다(도시 및 주거환경정비법 제35조 제1항).

제2절 종신정기금 : 노후의 생활보장

(1) 의 의

① 당사자의 일방(채무자)이 특정인(자기, 상대방 또는 제3자)의 종신까지 정기적으로 금전 기타의 물건을 상대방 또는 제3자에게 지급할 것을 약정함으로써 성립하는 계약이다(제725조).

② 이것은 특히 보험적 작용을 나타내는데, 실제로는 사인(私人) 간에 잘 행해지지 않는 제도이다. 종신정기금제도의 가장 중요한 기능은 노후의 생활보장을 위한 것인데, 현대사회에서 사회보험 등 사회보장제도가 발전함에 따라 이 제도의 이용가치는 거의 없다.

➕ 더 알아보기

국민연금, 공무원연금 등은 그들 특별법이 적용되므로 민법상 종신정기금계약 규정이 적용될 여지는 없다.

(2) 법적 성질

① 무상, 편무계약 또는 유상, 쌍무계약
종신정기금 계약은 무상(無償), 또는 유상(有償)일 수도 있다.

② 처음부터 아무런 대가를 받음이 없이 정기금을 지급하는 때에는 정기급부를 목적으로 하는 증여(제560조)의 일종으로서 증여의 규정이 적용된다.

③ 한편 유상인 경우(예 매매대금이나 고용임금 등의 지급방법으로 종신정기금계약을 맺은 경우)에는 유상계약에 관한 규정이 적용된다.

④ 낙성·불요식계약

⑤ 계속적 채권관계(회기적 급부)의 특질이다.

⑥ 종신정기금 채권은 계약에 의해서 발생할 수 있지만, 유증(단독행위)에 의해서도 발생할 수 있다. 유증에 의한 종신정기금은 유언 방식에 따라야 한다.

(3) 유인행위

① 일정한 원인관계를 전제로 원인행위의 무효나 취소는 당연히 종신정기금의 효력에 영향을 미친다.

② 종신정기금 채무자는 언제나 종신정기금 계약의 채무자이지만, 종신정기금 채권자는 종신정기금 계약의 채권자일 수도 있고 제3자일 수도 있다.

③ 원인관계에 기초하여 채무자가 제3자에게 직접 급부하기로 한 때에는 이를 제3자를 위한 계약으로 본다. 이 경우 채권자는 종신정기금의 수령자이다.

④ 제3자를 위한 계약으로 종신정기금이 성립한 경우에는 제539조의 제3자를 위한 계약 규정을 적용한다.

⑤ 유인계약인 점 : 증여, 매매, 대차 등의 원인행위가 무효 또는 취소되면 종신정기금계약도 영향을 받는다는 것을 의미한다.

(4) 원인행위가 무상이면 종신정기금계약도 무상계약(증여에 기초한 종신정기금계약)

사례분석

갑이 을에게 을의 사망 시까지 정기적으로 생활비를 지급하겠다는 계약을 체결

(1) 이 경우 갑은 을과 계약으로 종신정기금계약을 성립시킬 수도 있고 갑이 유언(단독행위)으로 종신정기금계약을 성립시킬 수도 있다.
(2) 이 경우 을의 사망 시까지 종신정기금계약은 존속하므로 사망시기에 따라 급부의 양이 증감될 수 있으므로 사행계약에 해당한다.
(3) 이 경우 정기금채무자인 갑이 당초부터 증여의 의사를 가지고 정기급부를 약정한 경우에는 무상, 편무계약이며 증여규정이 준용된다.

(5) 원인행위가 유상이면 종신정기금계약은 유상, 쌍무계약(매매에 기초한 종신정기금계약)

사례분석

갑이 을로부터 을 소유의 주택을 매수하는 매매계약을 체결하거나 1억 원을 차용한 소비대차 계약을 체결하면서 갑이 을에게 주택 매매 대금 또는 차용한 돈의 변제를 종신정기금 방식으로 지급하기로 약정

이 경우는 유상, 쌍무계약이 된다. 또한 이때는 매매나 소비대차 규정이 준용되고 이들과 유인성을 갖는 유인계약이 된다.

(6) 법적 효력

① 정기금채무에 불이행이 있을 때에는 채무불이행의 일반 원칙에 따라 손해배상 청구권·계약해제권 등 일반적 효과가 발생한다.

② 계약해제에 의한 정기금 원본의 반환청구에 관하여는 특칙이 있다(제727조).

　㉠ 유상의 종신정기금계약에서 정기금 채무자가 정기금의 원본을 받은 경우(예 부동산을 양도 받은 경우)에 그 정기금 채무의 지급을 게을리하거나 또는 기타 의무를 이행하지 아니한 때에는, 종신정기금 채권자는 이행을 최고하지 않고 곧 계약을 해제하여 원본의 반환을 청구할 수 있다.

ⓛ 이 경우 종신정기금 채권자는 이미 받은 정기금에서 그 원본의 이자를 공제한 잔액을 정기금 채무자에게 반환하면 된다.

③ 종신정기금채권자가 원본의 반환을 청구하면서 해제한 경우에 손해가 발생한 때에는 손해배상을 청구할 수 있다.

④ 종신정기금채권자의 정기금 반환 의무와 종신정기금채무자의 원본반환의무 및 손해배상의무는 동시이행 관계에 있다.

(7) 종신정기금 채무자의 귀책 사유로 인한 당사자 또는 제3자의 사망

① 당사자 또는 제3자가 사망한 경우 그 때부터 종신정기금계약은 종료한다.

② 그러나 채무자의 책임 있는 사유로 계약종료의 기준이 되는 자(당사자 또는 제3자)가 사망한 경우에는 법원의 선고에 의해 '상당한 기간' 존속하는 것으로 된다(제729조 제1항).

③ 정기금 채권자 또는 상속인은 제727조에 의한 해제권을 행사할 수도 있다.

④ 정기금 채권자 또는 상속인은 제727조에 의한 해제권을 행사하거나, 제729조에 의거하여 종신정기금 채권의 존속을 법원에 청구하거나 이 중의 하나를 선택적으로 행사할 수 있다.

제3절 화해 : 분쟁해결

1. 화해의 법적 성질

(1) 화해의 의의(제731조)

① 당사자가 상호양보하여 당사자 간의 분쟁을 종지할 것을 약정함으로써 성립하는 전형계약이다.

② 화해는 계약이므로 재판상 화해와는 구별된다.

③ 화해의 대상은 자유로이 처분할 수 있는 법률관계이어야 하므로 원칙적으로 '재산적 법률관계'에 한정되며, 상속법상의 법률관계 중 재산적 의미를 가지는 것(예 상속회복청구권)은 화해의 대상이 될 수 있으나, 가족법상의 법률관계 중 친생관계의 존부에 관한 다툼처럼 당사자가 처분할 수 없는 법률관계는 화해의 대상이 될 수 없다.

(2) 재판상 화해와 재판외 화해

① 재판상 화해 : 다툼이 있는 당사자가 서로 양보하여 화해계약으로 분쟁을 종료시키지 아니하고 분쟁을 법원으로 가지고 가서 해결하는 방법이다. 제소전 화해와 소송상 화해로 구분된다.

② 재판외 화해 : 분쟁 당사자 쌍방이 사적으로 자유로운 의사의 합의를 한 것이므로 그에 따른 강제집행 등의 효과를 얻기 위해서는 다시 소송을 제기하여 법원의 판결을 받아야 한다.

③ 재판상 화해는 법원의 관련 하에 이루어지고, 화해조서를 작성하면 확정판결과 동일한 효력이 있는 집행권원이 된다(민사소송법 제220조).

(3) 재판상 화해의 종류 : 제소전 화해와 소송상 화해(화해권고결정)

① 제소전 화해 : 양 당사자가 소송을 제기하지 않고 미리 법원의 관여 아래 화해를 하는 것인데 이에 대해서도 재판상 화해와 동일한 효력이 인정된다.

② 소송상 화해 : 소송 진행 중 당해 소송 담당 법원에서 한다.

③ 법원이 재판 중인 당사자에게 화해권고결정을 통지하는 방법은 법원이 구체적인 타협안을 제시하여 화해를 권하는 것으로써 당사자가 이것을 받고 2주 내에 이의신청을 하지 않으면 화해권고를 받아들인 것으로 간주되어 그 내용대로 재판상 화해가 성립한다. 이의신청을 하였더라도 상대방의 동의가 있으면 판결이 선고되기 전에 이를 취하하여 화해권고안을 받아들일 수 있다. 소액사건 소송이 제기된 경우 법원이 피고에 대하여 하는 이행권고결정도 위 화해권고결정과 유사하다. 따라서 이행권고결정에 불복이 있으면 2주 내에 이의신청을 해야만 한다.

(4) 조 정

① 법원을 비롯한 제3자가 화해에 이르도록 분쟁당사자들을 설득하는 작용이다.

② 법원에서는 조정담당판사 또는 조정위원회가 분쟁관계자를 중개하여 화해에 이르게 하는 절차가 있다(민사조정법 제1조, 제7조).

③ 조정이 성공하면 화해에 이르게 되는데(임의조정), 법원에서 쌍방이 수용한 조정내용을 조서에 기재한 조정조서는 판결문과 같이 취급을 한다.

④ 법원이 조정을 하여도 화해가 이뤄지지 않은 경우 법원이 적정한 타협안을 제시하여 조정에 갈음하는 결정을 할 수도 있다(강제조정 결정). 이에 불복이 있는 당사자는 역시 2주 이내에 이의신청을 해야만 한다.

(5) 중 재

① 당사자의 합의로 선출한 중재인(제3의 기관)이 법원의 판결 대신 분쟁에 대하여 중재결정이나 중재판정의 형식으로 분쟁을 종결하는 절차이다(중재인에 의한 사적 재판).

② 분쟁 당사자들의 의사에 구속되지 않고 판정을 한다는 점에서 판결과 유사한 효과를 가지나 개개의 내용은 각 해당 중재판정으로 이는 쌍방이 미리 그 절차에 따르도록 합의(중재계약)를 한 경우에 이루어진다.

③ 최근 노동위원회의 중재와 같이 법률로써 중재가 강제되는 경우가 늘어나고 있으며 이에 대한 불복의 방법도 개개 경우마다 다르다.

(6) 손해배상합의와 화해 : 불법행위로 인한 손해배상청구권이 발생한 후에 가해자와 피해자 사이에 손해배상액을 얼마로 정하고 피해자는 그 이상 손해배상을 청구하지 않기로 합의를 하는 경우가 있다. 특히, 산재사고나 교통사고의 경우 이러한 배상액 합의가 많이 이루어지는데 이러한 합의도 화해(계약)이다.

(7) 화해의 성립요건

① **분쟁의 존재** : 화해가 성립하기 위해서는 당사자 사이의 법률관계(권리·의무)에 다툼이 있어야 한다.

② **상호양보** : 화해는 당사자가 서로 <u>양보(불이익의 승인)</u>하여야 하며, 당사자 일방만이 양보한 것은 화해가 성립하지 않는다.

> ✚ **더 알아보기**
>
> **불이익의 기준**
> 당사자의 주장을 기준으로 하는 것이다. 따라서 진실한 법률관계를 기준으로 하지 않는다.
> 예 갑이 을로부터 돈을 빌렸고 그 변제기가 도래하였는데 그 채무액에 대해 당사자 간 주장 내용이 다른 경우, 갑과 을이 각자의 주장액의 중간액으로 합의하여 서로 일부의 불이익을 부담하는 것

③ **당사자의 처분권이 있을 것 및 분쟁을 종식하는 합의** : 당사자의 양보는 다투고 있는 법률관계를 처분하는 결과가 되므로 화해계약의 당사자는 처분의 능력과 권한을 가지고 있어야 하며, 행위능력이 있어야 한다. 대리인이 화해계약한 경우에는 대리권의 범위에 포함되어야 하고, 만약 그렇지 않다면 무권대리 / 표현대리 법리 적용을 검토해야 한다. 처분능력과 처분권한을 가진 당사자가 서로 주장한 것을 일정한 내용으로 확정하고 더 이상 서로 다투지 않기로 하는 합의가 있어야 한다.

> **판례**
>
> 화해계약이 성립하기 위해서는 분쟁이 된 법률관계에 관하여 당사자 쌍방이 서로 양보함으로써 분쟁을 끝내기로 하는 의사의 합치가 있어야 하는데, 화해계약이 성립한 이후에는 그 목적이 된 사항에 관하여 나중에 다시 이행을 구하는 등으로 다툴 수 없는 것이 원칙이다. 따라서 당사자들이 분쟁을 인식하지 못한 상태에서 일방 당사자가 이행해야 할 채무액에 관하여 협의하였다거나 일방 당사자의 채무이행에 대해 상대방 당사자가 이의를 제기하지 않았다는 사정만으로는 묵시적 화해계약이 성립하였다고 보기 어렵다(대판 2021.9.9., 2016다203933).

2. 화해의 효력 : 법률관계의 확정 및 창설적 효력 `기출 16`

(1) 화해의 창설적 효력

① 화해계약은 당사자 일방이 양보한 권리가 소멸되고 상대방이 화해로 인하여 그 권리를 취득하는 효력이 있다.

② 화해계약이 성립하면 화해 전의 법률관계는 해소되고, 회해계약에 의한 새로운 법률관계가 창설(확정)된다

③ 위는 임의규정이기 때문에 당사자들 사이에 '화해계약 전 법률관계에 관한 명백한 증거가 나타나면 화해계약을 소멸시키기로 한 화해계약(해제조건부 법률행위)'은 유효할 수 있다

④ 화해계약의 창설적 효력은 화해의 전제가 된 분쟁의 대상이었던 사항에 한정되고 화해의 대상에 포함되지 않는 법률관계는 화해계약에 의해 영향을 받지 않는다.

⑤ 화해계약은 계약 당사자 사이에서만 효력을 가지는바, 제3자에게는 효력을 미치지 않는다.

(2) 화해계약의 효력과 무효·취소·해제

① 원칙 : 화해계약은 착오를 이유로 하여 취소하지 못한다.

② 예외 : 그러나 화해당사자의 자격 또는 화해의 목적인 분쟁 이외의 사항에 착오가 있는 때에는 취소할 수 있다(제733조).

(3) 법률행위 일반규정 적용

① 화해계약이 사회질서에 반하는 경우(제103조), 불공정한 폭리행위인 경우(제104조)는 무효이며, 제한능력자(미성년자, 피성년후견인, 피한정후견인)에 의한 취소(제140조), 사기강박으로 인한 취소(제110조) 등이 가능하다.

② 계약해제에 관한 규정도 적용된다.

(4) 입증책임

① 화해의 무효를 주장하는 자가 그 무효원인의 존재에 대한 증명책임을 진다. 화해의 착오취소를 주장하는 자가 착오의 존재, 그것이 단서에서 정하는 "화해 목적인 분쟁 이외 사항"에 관한 것이라는 점, 법률행위 내용의 중요부분에 대한 착오(제109조)임을 주장·입증해야 한다.

② 착오가 착오자의 중과실에 의한 것임은 취소 불가를 주장하는 상대방의 몫이다.

민법상의 화해계약을 체결한 경우 당사자는 착오를 이유로 취소하지 못하고 다만 화해 당사자의 자격 또는 화해의 목적인 분쟁 이외의 사항에 착오가 있는 때에 한하여 이를 취소할 수 있다(제733조). '화해의 목적인 분쟁 이외의 사항'이라 함은 분쟁의 대상이 아니라 분쟁의 전제 또는 기초가 된 사항으로서, 쌍방 당사자가 예정한 것이어서 상호 양보의 내용으로 되지 않고 다툼이 없는 사실로 양해된 사항을 말한다(대판 2020.10.15., 2020다227523, 227530).

피해자 측이 가해자의 사용자와 사이에 사고가 오로지 피해자의 과실로 인하여 발생한 것을 자인하고 치료비를 포함한 합의금 2,500,000원만을 받고 일체의 손해배상청구권을 포기하기로 합의한 경우 위 사고가 피해자의 과실로 인하여 발생하였다는 사실은 쌍방 당사자 사이에 다툼이 없어 양보의 대상이 되지 않았던 사실로서 화해의 목적인 분쟁의 대상이 아니라 그 분쟁의 전제가 되는 사항에 해당하는 것이므로, 위 사고발생에 가해자의 과실이 경합되어 있는데도 피해자측이 피해자의 일방적 과실에 의한 것으로 착각하여 위와 같은 합의를 한 것이라면 착오를 이유로 위 합의, 즉 화해계약을 취소할 수 있다(대판 1992.7.14., 91다47208).

환자가 의료과실로 사망한 것으로 잘못 알고 의사와 환자유족 사이에 의사가 일정의 손해배상금을 지급하고 유족은 민형사상의 책임을 묻지 않기로 화해가 이루어졌으나 그후 부검결과 사인이 치료행위와는 무관한 것으로 판명된 경우 위의 사인에 관한 착오는 화해의 목적인 손해배상의 액수, 민형사사건의 처리문제 등에 관한 것이 아니고 다툼의 대상도 아니고, 상호 양보의 내용으로 된 바도 없는 그 전제 내지 기초에 관한 착오이므로 이를 이유로 위 화해계약을 취소할 수 있다(대판 1990.11.9., 90다카22674).

계약 당사자 사이에 수술 후 발생한 새로운 증세에 관하여 그 책임 소재와 손해의 전보를 둘러싸고 분쟁이 있어 오다가 이를 종결짓기 위하여 합의에 이른 것이라면, 가해자의 수술행위와 피해자의 수술 후의 증세 사이의 인과관계의 유무 및 그에 대한 가해자의 귀책사유의 유무는 분쟁의 대상인 법률관계 자체에 관한 것으로서, 가해자는 피해자의 수술 후의 증세가 가해자의 수술행위로 인한 것이 아니라거나 그에 대하여 가해자에게 귀책사유가 없다는 등의 이유를 들어 그 합의를 취소할 수 없다(대판 1995.10.12., 94다42846).

(5) 화해계약과 후발적 손해 청구 가능성

① 사고손해(교통사고 등)에서 손해배상액의 합의의 법적 성질은 민법상 화해계약이다.

② 화해계약 당시에 예상치 못했던 후발손해가 발생한 경우, 피해자가 이를 별도로 청구할 수 있는지 가 문제된다.

③ 판례는 합리적 의사설(다수설)에 입각하고 있다.
   ㉠ 원칙적으로 사고후유증에 관해서는 화해(합의)의 구속력이 미치지 않는다(예견가능성 기준).
   ㉡ 추가적 손해배상청구를 포기하는 합의(권리포기 조항)는 그 합의를 할 당시에 예상할 수 있었던 손해에만 한정되는 것이고, 예상할 수 없었던 수술이나 후유증과 같이 그 후에 발생한 손해에 관한 청구권까지도 포기하겠다는 취지로 새기는 것은 당사자의 합리적 의사에 합치한다고 할 수 없다.

불법행위로 인한 손해배상에 관하여 가해자와 피해자 사이에 피해자가 일정한 금액을 받고 그 나머지 청구를 포기하기로 약정한 때에는 그 이상의 손해가 사후에 발생했다는 이유로 합의금액을 넘는 손해배상청구를 인용해 줄 수는 없지만 모든 손해가 확실하게 파악되지 않는 상황 아래에서 조급하게 적은 금액을 받고 그와 같은 합의가 이루어진 경우에는 피해자가 포기한 손해배상청구권은 그 당시에 예측이 가능한 손해에 대한 것뿐이지 예상할 수 없었던 적극적 치료비나 후유증이 그 후에 생긴 경우의 그 손해에 대하여서까지 배상청구권을 포기했다고 해석할 것은 아니다(대판 1989.7.25., 89다카968).

| I | 계약법 외 민법상의 전형계약 - 보증계약 / 채권양도계약 / 경개계약

1. 보증계약

(1) 보증채무

① 주된 채무의 이행을 담보하는 것을 목적으로 하여, 채권자와 보증인 사이에 체결된 계약에 의해 성립한 채무이다.

② 보증인은 주된 채무와의 별개의 채무를 채권자에 대하여 부담하는 것이다.

③ 보증인의 보증채무의 이행에 의해 채권자는 주된 채무가 이행된 것과 동일한 이익의 보유가 가능하게 된다.

④ "보증채무"에 관하여, 민법은 제3편 채권 제3절 수인의 채권자 및 채무자 제4관 보증채무 부분에서 총 21개의 조문을 두어 규율하고 있다(민법 제428~제448조). 특별법으로 '보증인 보호를 위한 특별법', '신원보증법' 등이 있다.

(2) 보증계약

① <u>보증채무는 채권자와 보증인 사이에 체결되는 보증계약에 의하여 성립</u>한다.

② 보증계약은 채권자와 보증인 사이의 합의에 의해 성립하는 **편무계약**이자 **무상계약**이다.

③ **보증인의 보증의사** : 보증계약도 계약이라는 점에서 당연히 보증인의 보증의사가 필요하다.

④ 보증계약은 낙성·불요식계약이다. 다만, 2016.2.4.부터 시행된 개정민법 제428조의2에서 정한 방식을 따를 것이 요구된다. 즉, **요식행위성**을 띠게 되었다.

> **➕ 더 알아보기**
>
> 민법 제428조의2(보증의 방식) ① 보증은 그 의사가 보증인의 기명날인 또는 서명이 있는 서면으로 표시되어야 효력이 발생한다. 다만, 보증의 의사가 전자적 형태로 표시된 경우에는 효력이 없다.

(3) 채권자의 정보제공의무와 통지의무

① 2016년부터 시행된 개정 민법 제436조의2를 통해 일반적인 민사보증에서 "채권자의 정보제공의무와 통지의무"를 명문화하였다.

② 채권자가 이러한 통지의무를 위반하여 보증인에게 손해를 입힌 경우에는 법원은 그 내용과 정도 등을 고려하여 보증채무를 감경하거나 면제할 수 있다.

(4) 보증계약의 당사자

① 보증계약의 당사자는 보증인과 채권자이다. 주채무자는 보증계약의 당사자가 아니다.

② 주채무자와의 일정한 인적관계에 따라 주채무자의 부탁을 받고 보증을 하는 경우가 일반적이지만 이러한 부탁은 추후 보증인의 채무자에 대한 구상권행사의 범위에만 영향을 미칠 뿐 보증계약 자체의 성립이나 효력과는 무관하다(제444조).

③ 주채무자와 보증인 사이에 '보증위탁계약'이 있는지 여부는 보증계약 자체의 성립이나 효력과는 무관하고 보증인의 채무자에 대한 구상권의 범위에 영향을 주는 데 불과하다.

(5) 주채무에 관한 요건

① 보증채무는 주채무의 이행을 담보하는 채무이므로, 보증채무가 성립하려면 먼저 주채무가 유효하게 성립하여야 한다.

② 주채무가 애초부터 성립하지 않았거나 이미 소멸하였다면 보증채무도 무효가 되거나 소멸하는 것이다.

③ 다만 "보증은 장래의 채무에 대하여도 할 수 있다(제428조 제2항)."

(6) 보증인에 관한 요건

보증인이 될 수 있는 자격에 관하여는 아무런 제한이 없는 것이 "원칙"이다. 다만, 민법은 일정한 "예외"를 정하고 있다.

2. 채권양도계약

(1) 의 의

① **채권양도** : 채권의 동일성을 유지하면서 채권자가 법률행위에 의하여 채권을 새로운 채권자에게 이전하는 합의이다(계약).

② 채권양도가 성립하면 그 채권은 동일성을 유지한 채로 양수인에게 이전된다. 양도된 채권에 종된 권리인 담보권도 함께 이전함이 원칙이다.

(2) 성립요건

① 채권양도는 채권자와 양수인 간의 의사의 합치만으로 성립하며, 특별한 방식을 요하지 않는다(낙성계약).

② 채무자는 채권양도계약의 당사자가 아니며, 채무자에 대한 통지나 승낙은 채권양도의 대항요건일 뿐이다.

(3) 대항요건

① 양도인과 양수인 사이에 의사의 합치만으로 성립하고, 이를 통지하거나 채무자의 승낙만으로도 효과가 발생하기 때문에 양도인과 양수인, 채무자 사이에 통모가 가능하다.

② 채권양도를 가지고 제3자에게 대항하기 위해서는 채권양도계약이 성립하였고, 이를 채무자가 해당 일시에 알 수 있었다는 점을 증명하는 증명력 있는 증서에 의할 것을 요구한다.

③ 따라서 채권양도를 주장하는 자와 채권양도로 인하여 피해를 입는 제3자의 권리가 경합하는 경우 채권양도를 판단함에 있어 위 통지 또는 채무자의 승낙이 확정일자 있는 증서 즉 보통은 확정일자가 날인되어 있는 내용증명우편을 이용하여 그 우편이 채무자에게 도달한 일시를 기준으로 제3자와의 권리경합관계를 해결하고 있다.

④ 채무자에게 위와 같은 채권양도가 있다는 점을 통지할 때에 통지를 해야 할 자는 양도인이지 양수인이 아니다.

3. 경개계약

| Ⅱ | 민법 외 특별법상의 전형계약 - 상법(익명조합, 합자조합, 운송, 보험, 상호계산), 신탁법(신탁계약), 신원보증법(신원보증계약), 부동산중개업법(부동산중개계약)

1. 상법의 특성 : 기업에 관한 특별사법

(1) 영리주의 : 상인의 보수청구권(상법 제61조, 민법 제686조 受任人의 보수청구권은 특약 없으면 무상이다), 상인 간의 소비대차 시 법정이자청구권(상법 제55조, 민법 제598, 제601조 소비대차), 상사법정이율(상법 제54조 ; 연 6%, 민법 제379조 법정이율은 연 5%) 등

(2) 간이 신속주의 : 상행위의 대리(상법 제48조, 비현명주의, 민법 114 대리는 현명주의), 청약에 대한 낙부통지의무(상법 제53조), 상사매매의 단기소멸시효(상법 제64조 ; 5년, 민법 162-1 10년) 등

(3) 공시주의 : 상업등기제도(상법 제34조 아래 ; 지배인, 상호, 회사의 등기)

(4) 책임의 가중주의 : 상인 간의 매매에 있어서 매수인의 목적물검사와 하자통지의무(상법 제69조 ; 즉시, 민법 제574, 제572, 제580, 제575조는 1년), 매수인의 목적물보관·공탁의무(상법 제70조) 등

(5) 정형주의 : 회사에 있어서 주식청약서에 의한 주식의 청약(상법 제420조), 은행예금계약, 보험계약에서 보통거래약관에 의한 거래 등

(6) 사적자치의 확장 : 유질계약의 허용(상법 제59조), 대리방식의 자유(상법 제48조) 등

(7) 외관신뢰보호의 법리(금반언의 원리=표현책임) : 표현지배인(상법 제14조), 명의대여자의 책임(상법 제24조), 상호속용양수인의 책임(상법 제42조), 유사발기인의 책임(상법 제327조), 표현대표이사(상법 제389조) 등

(8) 세계적 통일성

2. 운송계약

(1) 의 의

① 당사자의 일방인 운송인이 영업으로 화물 또는 여객의 장소적 이전을 약정하고, 상대방이 이에 대하여 보수(운임)를 지급할 것을 약정하는 계약을 말한다. 계약에 의하여 운송을 인수하는 행위는 상행위가 된다.

② 운송계약의 법적 성질 : 일종의 도급계약

(2) 운송계약의 당사자와 효과

① 운송인 : 육상 또는 하천·항만에서 물건 또는 여객의 운송을 영업으로 하는 자이다.

② 운송인의 손해배상 책임 : 운송인은 자기 또는 운송 주선인이나 사용인, 그 밖에 운송을 위하여 사용한 자가 운송물의 수령, 인도, 보관 및 운송에 관하여 주의를 게을리 하지 아니하였음을 증명하지 않으면 운송물의 멸실, 훼손 또는 연착으로 인한 손해를 배상할 책임이 있다.

③ 운송인의 권리 : 운송물 인도 청구권, 화물명세서 교부 청구권이 있다(유가증권은 인정 안 하고 단순히 중요사항 기재 청구만 가능, 운임청구권, 비용상환청구권, 유치권, 운송물의 공탁 경매, 채권의 시효 - 1년).

3. 보험계약

(1) 의 의

① 당사자의 일방(보험계약자)이 약정한 보험료를 지급하고 상대방(보험자)이 재산 또는 생명이나 신체에 관하여 불확정한 사고가 생길 경우에 일정한 보험금액 기타의 급여를 지급할 것을 약정함으로써 효력이 생기는 계약이다.

② 학설의 대립 : 보험계약이 민법 및 상법상 전형계약의 유형에 맞지 아니하고, 손해보험과 생명보험을 통합하여 공통되는 정의를 내리기가 곤란하다. 보험계약을 단독 고립된 계약으로 볼 것인가 보험사업의 단체성에 착안하여 정의할 것인지가 문제된다.

(2) 법적 성질

① 낙성·불요식계약성 : 보험계약은 보험자와 보험계약자의 의사의 합치만으로 성립하고 그 성립요건으로서 특별한 요식행위를 요하지 않는다. 따라서 보험료의 지급이나, 보험증권의 작성이 없더라도 당사자의 의사의 합지민으로 보험계약은 성립하게 된다.

② 유상·쌍무계약성 : 보험계약자는 보험료를 지급할 것을 약정하고 이에 대헤 보헌자는 보험금액 기타의 급부를 지급할 것을 약정한 것으로서 유상계약이고, 보험금액과 보험료는 서로 대가관계에 있는 채무이므로 쌍무계약이다.

③ 사행계약성 : 보험자의 보험금지급채무는 우연한 사고(보험사고)의 발생을 조건으로 한다는 점에서 사행계약의 특성이 있다.

④ 선의계약성 : 보험계약이 사행계약이라는 특성 때문에 당사자의 선의에 기초를 둔 계약이라는 선의계약성이 강조되어, 보험계약의 도박화를 방지하는 데 노력한다.

⑤ **상행위성** : 상법상 보험의 인수를 영업으로 하는 경우에는 기본적 상행위(상법 제46조 제17호)가 되고, 보험자는 당연상인이 된다. 따라서 보험계약은 상행위성을 갖지만 금융감독위원회의 인가를 받은 보험자만이 체결할 수 있고, 어느 정도 강제성이 수반되는 등 계약자유의 원칙이 그만큼 제한을 받는다.

⑥ **계속적 계약성** : 보험계약은 보험자가 일정기간(보험기간) 안에 발생한 보험사고에 대해 보험금을 지급할 책임을 지는 것으로서 그 기간 동안 계속하여 계약관계가 존재한다.

⑦ **부합계약성** : 보험계약은 동일한 위험에 직면한 보험단체의 개념을 전제로 다수의 보험계약자를 상대로 동일한 내용의 계약이 반복적으로 체결되는 특성 때문에 계약의 정형화가 요구되고 필연적으로 부합계약의 성질을 갖는다. 따라서 보험계약은 보통거래약관인 보통보험약관에 의해 정형적으로 체결된다.

(3) 계약의 청약과 승낙

① 보험계약은 적법한 청약과 승낙에 의하여 성립한다.

② 다만, 보험자가 보험계약자로부터 보험계약의 청약과 함께 보험료 상당액 전부 또는 일부의 지급을 받은 때에는 다른 약정이 없으면 30일 내에 그 상대방에 대하여 낙부의 통지를 발송하여야 한다. 만약 위 기간 내에 낙부통지를 하지 않은 경우에는 승낙한 것으로 본다.

(4) 고지의무

① 보험계약 당시에 보험계약자 또는 피보험자는 계약에 관한 중요한 사실을 고지하여야 할 의무를 진다.

② 고지의무는 보험계약서의 선의계약성 또는 사행계약성에 따른 보험계약의 전제조건으로서의 간접의무이다.

(5) 위험변경, 증가의 통지의무[상법 제652조(위험변경증가의 통지와 계약해지)]

① 보험기간 중에 보험계약자 또는 피보험자가 사고발생의 위험이 현저하게 변경 또는 증가된 사실을 안 때에는 지체 없이 보험자에게 통지하여야 한다. 이를 해태한 때에는 보험자는 그 사실을 안 날로부터 1월 내에 한하여 계약을 해지할 수 있다.

② 보험자가 제1항의 위험변경증가의 통지를 받은 때에는 1월 내에 보험료의 증액을 청구하거나 계약을 해지할 수 있다.

(6) 보험사고발생의 통지의무[상법 제657조(보험사고발생의 통지의무)]

① 보험계약자 또는 피보험자나 보험수익자는 보험사고의 발생을 안 때에는 지체없이 보험자에게 그 통지를 발송하여야 한다.

② 보험계약자 또는 피보험자나 보험수익자가 제1항의 통지의무를 게을리함으로 인하여 손해가 증가된 때에는 보험자는 그 증가된 손해를 보상할 책임이 없다.

(7) 보험계약의 종료[상법 제650조의2(보험계약의 부활)]

보험계약이 해지되고 해지환급금이 지급되지 아니한 경우에 보험계약자는 일정한 기간 내에 연체보험료에 약정이자를 붙여 보험자에게 지급하고 그 계약의 부활을 청구할 수 있다. 제638조의2의 규정은 이 경우에 준용한다.

(8) 상해보험계약[상법 제737조(상해보험자의 책임)]

상해보험계약의 보험자는 신체의 상해에 관한 보험사고가 생길 경우에 보험금액 기타의 급여를 할 책임이 있다.

4. 상호계산(相互計算)

(1) 의 의

① 계속하여 거래 관계에 있는 두 당사자가 일정한 기간마다 서로 상계(相計)하여 잔액을 치르는 일로 상법에 있는 낙성 계약이다.
② 채권채무가 상호 발생하여야 하므로 일방적인 외상거래만으로는 성립하지 않는다.
③ 일정한 기간을 단위로 하는데 이를 상호계산기간이라고 한다.
④ 상호계산의 경제적 기능으로는 격지자 간에서는 송금에 비용과 위험도 따르지만 결제의 편의, 당사자들에게는 신용제공, 담보적 기능을 한다.

(2) 상호계산의 성립요건

① 상호계산 계약의 당사자 중 적어도 한 쪽은 상인이어야 한다.
② 양 당사자 간에 채권·채무를 상계하고 잔액을 확정한다는 합의가 있어야 한다.
③ 양 당사자 간에는 계속적 거래관계가 있어야 한다. 따라서 당사자 어느 한 쪽이 채권자만 되고 다른 한 쪽은 채무자만 되는 소매상과 일반소비자 사이에는 상호계산이 성립할 수 없다.
④ 상호계산의 대상은 일정기간 내의 거래로 인해 생긴 채권·채무로서 다른 특약이 없으면 6개월의 법정기간이 적용되며, 채권·채무는 상행위로 인해 발생한 것으로서 금전채권에 한한다.
⑤ 상호계산 중에 생긴 채권·채무의 결제는 기말에 일괄적으로 상계해 그 잔액을 지급하는 방법에 의한다.

(3) 당사자

① 상호계산계약은 영업을 위하여 하는 "보조적 상행위"가 된다(상법 제47조).
② 상호계산은 상시 거래관계가 있는 상인 간, 또는 상인과 비상인 간에 맺는 계약이므로 당사자 중 일방은 상인이어야 한다.

(4) 대 상

① 상인 간 또는 상인과 비상인 간의 일정기간의 거래로 인한 채권, 채무이다.
② 동종의 채권이어야 하고 특히 금전채권만을 대상으로 한다.

③ 사무관리, 부당이득, 불법행위 등으로 인해 생긴 법적채권 또는 제3자로부터 양수한 채권은 제외한다.

④ 담보부채권 또한 상호계산 대상에서 제외된다고 보는 것이 타당하나, 당사자 간 특별한 약정이 있으면 포함 가능하다.

⑤ 어음이나 수표와 같은 유가증권은 상호계산의 대상에서 원칙적으로 제외되지만 유가증권 수수의 대가관계상의 채권은 상호계산능력이 있다.

(5) 존속기간의 종료(상법 제72조, 제74조) : 상호계산은 존속기간의 만료 기타 계약의 일반적인 종료원인에 의해 종료된다.

(6) 해지(상법 제77조) : 당사자는 언제든지 상호계산을 해지할 수 있다.

(7) 상계와 비교 : 채권채무가 대등액의 범위에서 소멸한다는 점에서 민법상의 상계와 유사하지만 상계가 개별적인 채무를 소멸시키는 단독행위임에 반해 상호계산은 포괄적인 채무를 소멸시키는 '계약'이라는 점에서 구별된다.

(8) 상호계산에 개입된 개개의 채권, 채무는 그 독립성을 상실한다. 상호계산기간 동안 항목채권채무는 상호계산의 집단적인 구속을 받는 결과, 항목채권은 이를 별도로 행사할 수도 없고 시효도 진행하지 아니하며 또 채무자가 항목채무를 이행하지 아니하더라도 이행지체도 발생하지 아니한다. 상호계산에 개입된 항목채권채무는 상호계산의 구속을 받으므로, 일방 당사자가 임의로 항목채권채무를 상호계산에서 제거할 수 없게 된다.

ⓔⓧ 상호계산의 당사자인 A가 B에게 C가 발행한 1억 원의 어음을 배서양도하고 그 대가로 9천만 원을 장래에 받기로 하는 경우, B가 부담하는 9천만 원의 채무는 유가증권 수수의 대가로서 상호계산의 대상이 될 수 있다. 이 경우 주의해야 할 점은 상호계산능력이 있는 채권채무는 9천만 원이지 1억 원이 아니라는 것이다. 1억 원은 어음상의 채무여서 상호계산의 대상이 될 수 없는 것이고, 그 수수의 대가관계상의 채무인 9천만 원만 대상이 된다.

5. 기타 특별법상의 전형계약 – 신탁계약(신탁법), 신원보증계약(신원보증법), 부동산중개계약(부동산중개업법)

(1) 신탁계약(신탁법)

① 신탁 : 위탁자가 수탁자에게 특정의 재산(소유권)을 이전하고, 수익자의 이익 또는 특정의 목적을 위하여 그 재산을 관리, 처분, 운용, 개발 그 밖에 신탁 목적의 달성을 위하여 필요한 행위를 하게 하는 법률관계(계약)이다.

② 위탁자와 수탁자 간 계약, 위탁자의 유언, 위탁자의 선언 등에 의하여 신탁이 설정될 수 있다. 신탁계약은 신탁의 원인행위로서, 신탁의 목적, 신탁부동산의 관리, 처분 운용 방식, 이에 따른 수탁자의 권한 행사 범위, 수익권의 내용 및 행사방법에 이르기까지 신탁과 관계된 대부분의 권리관계를 규정한다.

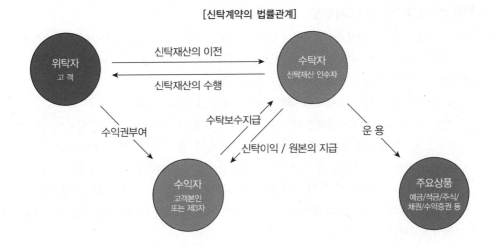

[신탁계약의 법률관계]

③ **신탁재산의 소유권** : 부동산신탁에서 신탁등기가 완료되어 신탁부동산이 수탁자에게 이전되면, 신탁부동산의 소유권은 대내외적으로 수탁자에게 완전히 귀속된다. 이것은 등기의 효력에 비추어 당연하다.

④ **명의신탁과의 구별** : 명의신탁은 부동산의 명의만을 타인에게 이전해 두기 위하여 행해지는 계약이며, 이런 명의신탁은 무효이다. 따라서 대내적으로 해당 부동산의 소유권이 명의신탁자에게 있다고 본다. 그러나 신탁계약을 체결한 위탁자와 수탁자의 관계에서 신탁재산의 소유권은 수탁자가 온전히 취득하게 된다.

⑤ **부동산담보신탁** : 담보물의 유지 또는 처분을 위해 신탁부동산의 소유권을 수탁자에게 이전하는 신탁이다. 이 경우 채무자가 담보물을 이용하는 것까지 제한할 필요는 크지 않기 때문에 부동산담보신탁계약에는 위탁자가 부동산을 그대로 사용하는 것을 허용하는 경우가 많다. 따라서 부동산개발사업에서 위탁자인 시행사가 신탁의 대상이 된 사업부지나 건물을 사실상 관리·이용하고 있다고 하더라도, 그러한 권리는 신탁계약이 정한 채권적 권리에 불과하며, 신탁계약에 따라 사후적으로 소멸할 수 있다.

(2) 신원보증계약(신원보증법)

① **신원보증** : 피용자가 업무를 수행하는 과정에서 그의 책임 있는 사유로 사용자에게 손해를 입힌 경우에 그 손해를 배상할 채무를 부담하는 것이다(신원보증법 제2조).

② **신원보증계약** : 피용자가 업무를 수행하는 과정에서 그에게 책임 있는 사유로 사용자에게 손해를 입힌 경우에 신원보증인이 그 손해를 배상할 채무를 부담할 것을 약정하는 계약이다.

③ **신원보증의 특성** : 주로 고용계약과 관련되는 인적담보제도로서의 신원보증제도는 통상 피용자와의 인간관계상 어쩔 수 없이 보증인이 된 신원보증인에게 예측가능성이 적으면서도 광범위한 책임을 지우는 불합리한 측면을 가지고 있다. 이에 신원보증인을 보호하고 신원보증관계를 적절히 규율하기 위해 신원보증법이 제정·시행되고 있다.

(3) 부동산중개계약(부동산중개업법)

① **부동산중개계약** : 민사중개계약이다. 개업공인중개사의 중개영업행위도 상행위에 속하기 때문에 공인중개사법 적용 외에도 상법 총칙편과 상행위편의 일부 규정이 준용된다.

② 일반 중개계약과 전속 중개계약으로 구분한다.

③ 임의규정이며, 계약 자유원칙에 따라 다른 유형의 계약도 가능하다.

④ **낙성·불요식계약** : 중개계약은 당사자 간의 청약과 승낙이라는 의사표시의 합치만으로 계약이 성립되는 낙성계약이고 방식도 문서나 구두로 자유롭게 할 수 있는 불요식계약이다.

⑤ 전속중개계약 체결 시 반드시 계약서를 작성해야 하지만 작성하지 않은 경우에도 중개체결에 대한 합의가 있다면 전속중개계약이 체결된 것이므로 전속중개계약도 낙성·불요식계약이다.

⑥ 계약의 쌍방 당사자가 서로 대가적인 의미를 가지는 출연 내지 출재 의무를 갖는가에 따라 유상계약과 무상계약의 성질을 갖는다.

⑦ **판례, 통설** : 위임계약과 유사한 무명계약의 일종이라고 본다.

아이들이 답이 있는 질문을 하기 시작하면 그들이 성장하고 있음을 알 수 있다.

– 존 J. 플롬프 –

많이 보고 많이 겪고 많이 공부하는 것은 배움의 세 기둥이다.

- 벤자민 디즈라엘리 -

PART 3

10개년 기출문제

우리가 해야할 일은 끊임없이 호기심을 갖고
새로운 생각을 시험해보고 새로운 인상을 받는 것이다.

- 월터 페이터 -

01 | 2013년 제1회 기출문제

1. 甲은 자신이 소유하는 X부동산을 乙에게 팔면서, 乙의 편의를 위하여 매매대금을 지급받지도 않은 상태에서 X부동산의 소유권등기를 乙에게 이전하였다. 그럼에도 불구하고 乙이 약속한 날짜에 매매대금을 지급하지 않자, 甲은 수 차례에 걸쳐 상당한 기간을 정하여 乙에게 대금지급을 촉구하였으나 여전히 乙은 甲에게 대금을 지급하지 않고 있다. 이에 甲이 乙과의 매매계약을 해제한다는 통지를 한 경우, 그 '효과'에 관하여 논술하시오. (40점)

1. 사안의 논점

(1) 설문에서 갑과 을 간 계약은 매매계약에 해당한다. 매매계약에서 동시이행 관계에 있는 매도인의 목적물 인도의무와 매수인의 대금지급의무 중에서 어느 한쪽이 의무를 이행하지 않을 경우 채무불이행 성립 여부가 쟁점이다.

(2) 설문에서 매도인 갑이 매수인 을의 대금지급의무를 이행하지 않은 채무불이행을 이유로 계약을 해제할 수 있는지와 해제권 행사의 법적 효과는 무엇인지가 쟁점이다. 특히 물권인 소유권이 매수인에게 이전된 후 매매계약의 해제로 인해 계약이 소급적으로 효력을 상실함으로써 매도인이 소유권을 반환받게 되는 법적 성질을 논하여야 한다.

2. 채무불이행 성립 여부와 그 효과

(1) 의 의

채무불이행은 채무자에게 책임 있는 사유로 채무의 내용에 따른 이행이 이루어지지 않고 있는 상태를 통틀어 일컫는 말이다. 채무불이행에는 이행불능, 이행지체, 불완전이행, 채권자지체 등 4가지 유형이 있다.

(2) 매도인 및 매수인의 급부의무의 동시이행관계

매매계약에서의 쌍방의무인 매도인의 재산권 이전의무(목적물 인도의무)와 매수인의 대금지급의무는 동시이행관계에 있다. 위 사안에서 매도인 갑은 매수인 을의 편의를 위해 매매대금을 지급받지도 않은 상태에서 X부동산의 소유권등기를 을에게 이전하였는데, 매수인 을이 지급 기일이 도래한 후에도 매매대금 지급을 이행하지 않음으로써 채무불이행의 책임을 져야 한다.

(3) 이행지체의 성립요건

위 사안에서 매수인 을의 행위는 채무불이행의 유형 중에서 이행지체에 해당한다. 채무자의 이행지체가 성립하기 위해서는 ① 이행기가 도래하였을 것, ② 채무의 이행이 아직 가능할 것, ③ 급부의 제공이 없을 것, ④ 채무자의 과실, ⑤ 이행하지 않는 것이 위법할 것이 요구된다.

위 사안에서 계약한 매매 잔금 지급 기한이 지났고 매도인 갑의 수차례 최고에도 불구하고 매수인 을이 잔금 지급을 거절하고 있으므로, 매수인 을이 고의로 채무를 이행하지 않는 것이며, 매수인 을의 채무불이행은 매매계약에서 매수인에게 요구되는 법적 의무를 이행하지 않음으로써 위법행위에 해당된다. 따라서 을의 행위는 채무불이행 중 이행지체의 요건을 모두 충족시킨다.

(4) 효 과

이 경우, 채권자 갑은 ① 강제이행을 법원에 청구할 수 있고, ② 채무의 이행을 위하여 상당한 기간을 정하여 이행을 최고하여 그 기간 내에 이행을 하지 않으면 계약을 해제하고 ③ 이행에 갈음하는 손해배상을 채무자 을에게 청구할 수 있고, 을은 늦는 만큼 지연이자를 배상하여야 한다.

3. 부동산 매매계약 해제의 법적 효과

(1) 매매계약의 해제

① 매매계약의 일방 당사자는 상대방의 계약의무의 위반 등을 이유로 일방적인 의사 또는 당사자 간에 별도의 약정으로 계약을 해제할 수 있다.

② 해제권의 발생 원인으로는 법정해제와 약정해제 2가지 유형이 있는 바, 위 사안은 법정해제에 해당한다.

③ 법정해제의 발생요건으로서 이행지체

매매계약의 한쪽 당사자가 채무를 이행하지 않은 경우 상대방은 상당한 기간을 정해 그 이행을 최고(催告, 상대편에게 일정한 행위를 하도록 통지하는 것)하고 그 기간 내에도 이행을 하지 않을 경우에는 계약을 해제할 수 있다(제544조 본문).

(2) 매매계약 해제의 효과 : 소급효 + 부당이득반환 + 원상회복의무

① 계약을 해제하는 경우 그 직접적인 효과로서 계약은 처음부터 존재하지 않았던 것처럼 소급적으로 소멸한다.

② 따라서 이행하기 전이면 이행할 필요가 없고, 이행한 후이면 부당이득으로서 반환하여야 하나 제748조에 대한 특칙규정인 제548조에 따라 원상회복의무가 주어진다.

(3) 해제의 효과에 대한 학설 : 직접효력설, 물권적 효력설(통설, 판례)

① 해제권을 행사하면 계약은 소급적으로 소멸한다. 이에 따라 이미 이행된 급부는 법률상 원인을 상실하게 되므로 부당이득이 되어 부당이득반환의무를 발생시킨다. 다만, 반환의무의 범위가 현존이익의 한도에 그치지 아니하고 원상회복까지 확대된다.

② 해제의 소급효에 대한 통설 및 판례는 '직접효력설'을 취하고 있다. 직접효력설은 채권관계가 소급적으로 소멸한 것으로 구성하게 되어 제3자의 권리가 부당하게 침해될 우려가 있는데, 제3자의 보호법리를 내세워 이러한 해제의 소급효를 제한하고 있다.

③ 직접효력설은 다시 물권적 효력설과 채권적 효력설로 나누어진다. 판례는 물권적 효력설을 취한다.

(4) 원상회복의무

일방 당사자가 매매계약을 해제한 때에는 각 당사자는 그 상대방에 대하여 원상회복의 의무가 있는데, 원상회복 시 반환할 금전에는 그 받은 날부터 이자를 가해야 한다(제548조).

(5) 원상회복의 범위

① 일반적인 부당이득 반환은 그 범위에 제한이 있다. 선의수익자는 이익이 현존하는 한도에서만 반환하면 충분하다(제748조 제1항).

② 그러나 계약해제로 인한 원상회복의무에는 그러한 제한이 없다. 선의 또는 악의를 불문하고 받은 이익을 모두 돌려주어야 한다. 물건을 받은 사람은 함께 그 사용이익도 반환해야 한다. 그리고 돈을 받은 사람은 그 돈을 받은 날로부터 법정이자(연 5%)를 붙여서 돌려주어야 한다(제548조 제2항). 반환의무의 범위는 현존이익에 한정하지 않고 원상회복으로 확대된다. 물건이 급부되어 있는 경우에는 과실(사용이익)도 반환하여야 한다.

③ 원래의 계약에서 발생한 채권이 양도된 경우에는 그 양수인은 원상회복의무를 진다. 판례가 취하고 있는 직접효과설 및 물권적 효과설에 따르면, 계약이 해제되면 물권변동의 요건인 물권행위도 역시 소급적으로 실효하게 되어 상대방에게 이전되었던 물권은 해제에 의하여 당연히 원권리자에게 복귀한다고 본다.

(6) 동시이행의 항변권

매매계약의 일방 당사자는 상대방이 원상회복을 할 때까지 자기의 원상회복을 거절할 수 있다(제549조).

(7) 손해배상의무

① 상대방의 채무불이행을 이유로 계약을 해제한 경우 채권자는 손해배상을 청구할 수 있다(제551조).

② 계약이 해제되면 법적 구속으로부터 해방되고 원상회복에 의하여도 전보되지 못하는 손해가 남는 때에는 이를 배상하여야 한다. 이 손해배상은 이행이익을 구하는 것이 원칙이다.

4. 문제의 해결(X부동산의 소유권등기의 원상회복 문제)

(1) 위 사안에서 매도인 갑이 매수인 을에게 이미 X부동산의 소유권을 이전해 주어 매수인을 명의로 등기가 경료되었다. 이 경우 계약이 해제되면 그 계약관계가 소급적으로 소멸하게 되는데, 이전된 소유권(물권)이 어떻게 원상회복되는지가 쟁점이다.

(2) 판례가 취하는 물권적 효력설에 따르면, 위 사안에서 매수인 을이 목적부동산의 소유권 등기를 말소하는 말소등기 및 점유의 이전을 하지 않더라도 매도인 갑이 계약 해제의 의사표시를 함으로써 당연히 원권리자인 갑에게 당연히 복귀한다.

(3) 해제에 의해 계약이 소급적으로 소멸하므로 이에 따른 원상회복의무는 본질적으로 부당이득 반환의무에 해당한다. 이 경우 반환의무의 범위는 현존이익에 한정하지 않고 원상회복으로 확대된다. 이처럼 계약 해제에 의한 원상회복의무는 법정채무이며 이를 규정한 제548조 제1항 본문은 부당이득반환의무에 관한 제741조의 특칙으로 이해된다.

> **2. 수급인이 재료의 전부를 조달하여 '완성한 물건의 소유권귀속'에 관하여 약술하시오.**　　(20점)

1. 사안의 논점

(1) 위 설문은 도급계약에 속한다. "도급계약"이란 "당사자 일방이 어느 일을 완성할 것을 약정하고 상대방이 그 일의 결과에 대하여 대가를 지급할 것을 약정하는 계약"을 말한다.

(2) 특히 제작물 공급계약에서 일의 완성물이 수급인과 도급인 중 누구에게 귀속하는지가 문제된다.

2. 제작물공급계약에서 '완성한 물건의 소유권귀속' 문제

(1) 제작물공급계약이란, 당사자의 일방이 상대방의 주문에 따라 자기 소유의 재료를 사용하여 만든 물건을 공급하기로 하고 상대방이 대가를 지급하기로 약정하는 계약이다.

(2) 제작물공급계약은 매매 또는 도급 중 어디에 해당하는지

　　제작물공급계약은 그 제작의 측면에서는 도급의 성질이 있고 공급의 측면에서는 매매의 성질이 있어 대체로 매매와 도급의 성질을 함께 가지고 있으므로, 그 적용 법률은 계약에 의하여 제작 공급하여야 할 물건이 대체물인 경우에는 매매에 관한 규정이 적용되지만, 물건이 특정의 주문자의 수요를 만족시키기 위한 부대체물인 경우에는 당해 물건의 공급과 함께 그 제작이 계약의 주목적이 되어 도급의 성질을 띠게 된다(대판 2010.11.25., 2010다56685).

3. 수급인이 재료를 제공하는 경우 완성물의 소유권 귀속 문제[수급인 원시취득설(다수설과 판례)]

(1) 일의 완성물이 대체물인 경우에는 매매에 관한 규정에 따라 소유권이 귀속된다.

(2) 일의 완성물이 부대체물인 경우에는 도급에 관한 규정에 따라 소유권이 귀속된다.

(3) 특히 수급인이 재료의 전부나 중요 부분을 공급하여 부대체물을 제작하는 경우에는 당사자 간 특약에 의해 목적물의 소유관계가 결정된다. 이러한 특약은 명시적·묵시적 방법으로 모두 가능하다. 이에 관한 당사자 간 특약이 없는 경우에는 수급인귀속설과 도급인귀속설이 대립하고 있지만 판례는 특약이 없는 경우 도급인에게 인도할 때까지는 수급인이 그 완성물을 원시취득하는 것으로 보고 있다. 이를 동산과 부동산의 경우로 나누어 보아야 한다.

① **동산인 경우**: 완성물이 동산인 경우에는 수급인이 재료와 노무를 제공한 것이므로 완성물의 소유권은 수급인에게 원시적으로 귀속한다(통설).

② **부동산(건물)**: 완성물이 부동산인 경우에는 완성과 동시에 수급인에게 소유권이 원시적으로 귀속되며, 도급인에게 부동산을 인도함으로써 비로소 소유권이 도급인에게 이전된다(다수설, 판례).

③ 다수설과 판례가 이와 같은 입장을 취하는 것은 수급인에게 완성물의 소유권을 귀속시켜야 수급인이 제공한 재료비 및 보수의 청구를 확실하게 보장할 수 있기 때문이다.

4. 비판적 견해(도급인귀속설)

도급인귀속설은 다수설과 판례의 입장인 수급인귀속설의 논리는 현행 민법의 물권변동에 관한 형식주의와 모순된다고 비판한다. 그 근거는 다음과 같다.

① 우리 민법상 부동산에 관하여는 단순히 인도로써 소유권이 이전될 수 없다. 또한 건물의 공사 도급에서 거래의 실제에서 완성된 건물의 보존등기는 바로 도급인 앞으로 행하여진다. 그 이유는 수급인 명의로 소유권보존등기를 하려면 건축물대장에 목적 부동산을 올린 다음에 이에 기해 보존등기를 해야 하지만 건축허가를 건축주가 받으므로 수급인은 건축물대장에 올릴 수 없기 때문이다.

② 수급인의 주된 관심사는 보수청구권의 확보이며, 이를 위하여 유치권, 동시이행의 항변권, 저당권 등을 활용할 수 있으므로 도급계약당사자의 의사에 비추어 굳이 수급인이 소유권을 취득한다고 하여야 할 이유가 없으므로 완성된 건물의 소유권은 도급인에게 원시적으로 귀속된다.

> 3. 주택임대차보호법상 '묵시적 갱신'에 관하여 약술하시오.   (20점)

1. 의 의

(1) 주택임대차보호법상 계약종료일에 계약이 반드시 종료되는 것은 아니다.

(2) 최초 계약 체결이나 갱신으로 인한 종료일이 있더라도 법에서 정해진 기간에 임대인이나 임차인이 갱신을 거절한다는 등의 통지를 하지 않으면 그 계약은 묵시적으로 갱신된다. 이를 '묵시적 갱신'이라고 한다.

(3) 묵시적 갱신은 갱신요구권행사에 따른 갱신과는 구별된다.

2. 묵시적 갱신(주택임대차보호법)의 주요 내용

(1) 묵시적 갱신의 내용(주택임대차보호법 제6조)

① 임대인이 **임대차기간이 끝나기 6개월 전부터 2개월 전까지**의 기간에 임차인에게 갱신거절의 통지를 하지 아니하거나 계약조건을 변경하지 아니하면 **갱신하지 아니한다는 뜻의 통지를 하지 아니한 경우**에는 그 기간이 끝난 때에 전 임대차와 **동일한 조건으로 다시 임대차한 것으로 본다.** 임차인이 임대차기간이 끝나기 2개월 전까지 통지하지 아니한 경우에도 또한 같다.

② 위의 경우 **임대차의 존속기간은 2년**으로 본다.

③ 주택임대차계약이 묵시적으로 갱신되면, 보증금과 차임도 종전의 임대차와 동일한 조건으로 임대차한 것으로 된다.

④ 그러나 임차인이 2기(期)의 차임액에 달하도록 연체하거나 그 밖에 임차인으로서의 의무를 현저히 위반한 경우에는 주택임대차보호법상 묵시적 갱신에 관한 규정을 적용하지 아니한다.

(2) 묵시적 갱신의 경우 계약 해지(주택임대차보호법 제6조의2)

① 묵시적으로 갱신된 주택 임대차의 존속기간은 2년이기 때문에 그 2년의 기간 동안 **임대인은 임대차계약을 임의 해지할 수 없다.** 물론 임대차계약상의 적법한 해지사유가 있는 경우에 임대인이 그에 따라 해지를 하는 것은 가능하다.

② 주택임대차보호법상 묵시적 갱신에 따라 계약이 갱신된 경우 **임차인은 언제든지 임대인에게 계약해지를 통지할 수 있다.**

③ 위의 해지는 임대인이 그 통지를 받은 날부터 3개월이 지나면 효력이 발생한다.

(3) 행사방법

① 묵시적 갱신은 갱신요구권과 달리 횟수 제한이 없고 거절 사유가 법에 정해져 있지 않다.

② 주택임대차가 종료됐는지에 대한 판단은 계약갱신요구권이 행사됐는지, 그에 대한 법정 거절 사유가 있었는지를 확인하는 것뿐만 아니라 갱신요구권이 행사되지 않았다면 묵시적 갱신이 되지는 않았는지도 확인해야 한다.

(4) 묵시적 갱신과 계약갱신청구권의 차이

① 임대기간이 자동 경과되어 묵시적으로 갱신시킨 경우 이는 계약갱신청구권에 의한 계약 연장으로 보지 않는다.

② 묵시적 갱신이 적용된 경우, 임대인의 입장에서 보면 '임차인은 언제든 임차계약 해지를 요구할 수 있지만' 임대인은 임차인이 '해당 기간 및 계약갱신청구로 연장 가능한 기간까지' 불안정한 상황에 처하게 된다. 임대인이 묵시적 갱신을 원하지 않는 경우에는 필히 계약갱신청구권을 사용하였다는 사실을 미리 내용증명 등의 방식으로 입증해 두어야 한다.

---

4. 위임계약에서 '수임인의 의무'에 관하여 약술하시오. (20점)

---

1. 위임계약의 의의

(1) 위임(委任)은 당사자의 일방(위임인)이 상대방에 대하여 '사무의 처리'를 위탁하고, 상대방(수임인)이 이를 승낙함으로써 성립하는 계약이다(제680조). 이것은 노무 공급계약의 일종이지만 일정한 사무의 처리라고 하는 통일된 노무를 목적으로 하는 점에 특색이 있다. 위임 계약은 계속적 계약에 속한다.

(2) 위임의 목적은 '사무처리의 위탁'에 있는데 그 사무처리의 위탁은 수임인으로 하여금 그의 재량에 의하여 사무를 처리케 하는 것을 말한다. 이것은 수임인이 독립성(獨立性)을 갖는 것을 전제로 한다. 또한 위임인과의 사이에 일종의 신임관계(信任關係)가 성립한다.

2. 수임인의 의무

위임계약이 인적 신뢰관계에 기초하고 수임인에게 상당한 사무처리상 독립성을 부여한다는 전에서 수임인은 관련 의무를 부담한다.

(1) 선량한 관리자의 주의의무에 따른 사무처리

① 수임인은 위임사무를 본지에 따라 처리할 의무를 부담하게 되는데, 이는 수임인의 가장 기본적이고 본질적인 의무이다(제681조).

② 위임사무를 본지에 따라 처리하는 것은 위임계약의 목적과 사무의 성질에 따라서 가장 합리적으로 처리하는 것을 말한다.

③ 위임계약이 무상이든 유상이든 수임인은 언제나 위임사무를 선관주의에 따라 수행해야 할 의무를 부담한다. 수임인이 이러한 선관주의 의무를 위반한 때에는 채무불이행이 되며 그로 인해 위임인에게 발생한 손해를 배상할 책임을 지게 된다(제681조).

> **➕ 더 알아보기**
>
> • 선량한 관리자의 주의 : 위임사무의 처리에 통상적으로 요구되는 주의(추상적 과실)
> • 자기 재산과 동일한 주의(제695조) : 수임인의 개별적 능력에 따른 주의(구체적 과실)
>   그 구체적인 내용은 개별적 사례의 구체적인 사실관계 등에 따라 판단한다.

(2) 해지권 행사 및 손해배상 의무

① 민법 제689조는 '위임계약은 각 당사자가 언제든지 해지할 수 있고(제1항), 당사자 일방이 부득이한 사유 없이 상대방의 불리한 시기에 계약을 해지한 때에는 그 손해를 배상하여야 한다(제2항).'고 규정하고 있다.

② 위임계약의 당사자 간 신뢰 관계가 훼손되면 양 당사자 모두 얼마든지 중도에 해지할 수 있다. 또한 그로 인해 상대방이 손해를 입더라도 원칙적으로는 배상할 책임이 없다. 오직 부득이한 사유 없이 상대방이 불리한 시기에 계약을 해지한 경우에 한해 배상하면 된다.

(3) 위임인의 지시와 수임인의 재량성

① 위임인의 지시가 있는 경우에는 수임인은 그 지시를 따라야 한다.

② 그러나 위임인의 지시가 부당한 경우 수임인은 그 지시에 따랐다고 해서 면책되지 않는다.

③ 수임인은 위임인에 비해 그 일에 관해 더 높은 기능과 전문성을 갖춘 것이므로 수임인은 위임인의 지시의 적절성 여부를 판단하여, 부적당한 지시라면 이를 고지하고 지시의 변경을 요구하여야 한다. 또한 그럴 여유가 없는 급박한 사정이 있을 때에는 수임인은 재량으로 필요한 조치를 취할 수 있다.

(4) 수임인의 복임권 제한

① 위임은 신뢰관계에 기초하므로 수임인이 원칙적으로 자기 스스로 위임사무를 처리해야 하며 위임인의 동의(승낙) 없이 제3자에게 위임사무를 처리하게 할 수 없다(제682조). 이를 위반하면 수임인은 채무불이행 책임과 손해배상책임을 부담한다.

② 그러나 수임인이 위임사무를 처리하는 데 이행보조자를 사용하는 것은 가능하다.

③ 부득이한 경우에는 위임인의 동의 없이 제3자에게 위임사무를 처리하게 할 수 있다.

④ 수임인은 위임인의 승낙이나 부득이한 사유로 인해 제3자로 하여금 자기에 갈음하여 위임사무를 처리하게 한 경우에는 임의대리인이 복대리인을 선임한 경우(제121조, 제123조의 규정을 준용)와 동일한 책임을 진다(제682조 제2항, 제121조).

⑤ 수임인의 지위는 위임인의 동의 없이는 임의로 양도할 수 없다.

(5) 수임인(대리인)의 복대리인과의 법률관계에서 의무

① 임의대리인이 복임권을 가져 복대리인을 선임한 경우에는, 복대리인의 행위에 대하여 무조건 책임을 지는 것이 아니라, 복대리인의 선임·감독에 대하여만 책임을 진다.

② 그러나 대리인이 본인의 '지명'으로 복대리인을 선임한 경우에는 대리인이 다시 복대리인의 자격에 관하여 조사할 필요는 없으므로, 이때는 적임이 아니거나 불성실하다는 사실을 알고도 본인에 대한 통지나 해임을 게을리했을 경우에만 책임을 진다(제121조).

③ 수임인은 복수임인의 선임·감독의 책임을 부담한다. 단, 위임인이 지명하여 복수임인을 선임한 경우에는 복수임인의 부적임 또는 불성실을 알고도 그 사실을 통지하지 않거나 해임을 해태한 경우에만 책임을 진다.

(6) 수임인의 보고의무

① 수임인은 위임인의 청구가 있는 때에는 위임사무의 처리상황을 보고하고 위임이 종료한 때에는 지체 없이 전말을 보고하여야 한다.

② 판례 : 변호사가 수임사건에서 패소한 경우 의뢰인에게 설명의무가 있다.

(7) 수임인의 취득물 등의 인도 및 이전의무

① 수임인은 위임사무의 처리로 인하여 받은 금전 기타의 물건 및 수취한 과실을 위임인에게 인도하여야 한다.

② 수임인이 위임인을 위하여 자기의 명의로 취득한 권리는 위임인에게 이전하여야 한다.

③ 수임인의 금전소비의 책임 : 수임인이 위임인에게 인도할 금전 또는 위임인의 이익을 위하여 사용할 금전을 자기를 위하여 소비한 때에는 소비한 날 이후의 이자를 지급하여야 하며 그 외에 손해가 있으면 배상하여야 한다.

(8) 위임계약의 종료와 수임인의 의무

① 위임사무가 종료한 경우에 급박한 사정이 있는 때에는 수임인, 상속인이나 법정대리인은 위임인, 상속인이나 법정대리인이 위임사무를 처리할 수 있을 때까지 사무의 처리를 계속하여야 한다. 이 경우에는 위임계약의 존속과 동일한 효력이 있다.

② 위임인이 임의로 계약을 해지한 경우에는 수임인의 긴급처리 의무는 부정된다.

02 | 2014년 제2회 기출문제

---

1. 甲은 자신의 토지 위에 5층짜리 상가건물을 신축하기 위하여 乙과 공사기간 1년, 공사대금 30억 원으로 하는 도급계약을 체결하였다. 각각의 독립된 질문에 대하여 답하시오. (40점)

   1) 건축에 필요한 재료의 전부를 제공한 乙이 완공기한 내에 약정한 내용대로 상가건물을 완공하였으나 그 인도기일 전에 강진(强震)으로 인하여 상가건물이 붕괴된 경우, 甲과 乙의 법률관계를 논하시오. (20점)

   2) 乙이 공사일정에 맞춰 기초공사를 마쳤으나 일부 경미한 하자가 발견된 상태에서 甲이 같은 토지 위에 10층짜리 주상복합건물을 대체 신축할 목적으로 위 도급계약을 해제한 경우, 甲과 乙의 법률관계를 논하시오. (20점)

1-1. 사안의 논점

이 사안은 도급인 갑과 수급인 을 간에 상가건물에 대하여 도급계약을 체결한 후 을이 건물을 완공하였으나 그 인도일 전에 강진으로 건물이 붕괴한 사안으로 그 위험부담을 누구에게 귀속시킬 것인지가 문제된다.

1-2. 도급계약에서 일의 완성물의 소유권 귀속 문제

(1) 먼저 상가건물이라는 완성물의 소유권이 누구에게 있는지를 살펴보면 재료의 전부 또는 주요 부분의 공급자가 도급인일 경우에는 도급인 소유로 하며, 재료의 전부 또는 주요 부분의 공급자가 수급인일 경우에는 수급인 소유로 한다. 만약에 도급인에게 귀속시키기로 하는 특약이 있었다면 도급인의 소유로 본다.

(2) 이 사안은 재료의 전부를 수급인이 제공하였고 별도의 특약이 없는 것으로 보이므로 완성물의 소유권은 수급인 을에게 있다.

1-3. 도급에서의 위험부담 문제

(1) 도급에서의 위험부담은 쌍무계약이므로 민법의 위험부담의 법리가 도급에서도 적용된다.

(2) 사안은 수급인 을이 상가건물을 완공하였으나 그 인도 전에 당사자 쌍방의 책임 없는 사유로 목적물이 멸실 훼손되어 건물 인도의무를 이행할 수 없게 된 경우에 해당하므로 제537조의 '채무자 위험부담주의'가 적용된다.

(3) 그러므로 수급인(채무자) 을은 이행이 불가능하게 된 건물 인도 채무를 면하게 되면서 도급인(채권자) 갑에게 공사 대금을 청구(보수청구권)할 수 없게 된다.

2-1. 문제의 소재

위 사안에서 갑이 공사도급계약을 '해제'한다는 의미는 원천적으로 도급계약을 체결하지 아니한 상태로 소급해 무효로 하겠다는 것이다. 따라서 도급인 갑이 도급계약에서 완성물의 경미한 하자를 이유로 계약을 해제할 수 있는지가 문제된다.

2-2. 도급인의 해제권 행사의 요건

(1) 도급인이 완성된 목적물의 하자로 인해 계약의 목적을 달성할 수 없는 때에는 계약을 해제할 수 있다. 그러나 건물 기타 토지의 공작물에 관한 공사도급의 경우에는 공사완료 후에는 계약을 해제할 수 없다 (제668조).

(2) 따라서 건물 기타 토지의 공작물 도급의 경우에는 계약을 해제하지 못하고 하자보수 또는 손해배상을 청구할 수 있을 뿐이다.

(3) 극히 예외적으로, 완성된 건물이 하자가 극심해 도급인에게 전혀 가치가 없고 건물의 본래의 용도로 사용하기 위한 하자보수비용이 철거 및 신축비용보다 크거나, 붕괴 위험성이 있어서 철거가 불가피하다는 등 객관적인 가치가 전혀 없는 경우라면 위와 같은 민법 제668조의 규정에도 불구하고 신의칙상 공사도급계약도 해제할 수 있는 것으로 해석돼야 한다.

2-3. 사안의 해결

(1) 위 사안에서 건축물의 도급계약이므로 도급인 갑은 공사완료 후에는 계약을 해제할 수 없다. 경미한 하자가 발생한 경우에는 갑은 을에게 하자보수를 청구하거나 그에 갈음하여 손해배상을 청구할 수 있다.

(2) 위 사안에서 갑은 을에게 하자의 보수를 청구하고 그 보수가 이루어질 때까지 그 공사대금의 지급을 거절할 수 있는 동시이행의 항변권을 행사할 수 있다.

(3) 위 사안에서 만약 그 하자가 경미하면서 동시에 보수에 과다한 비용을 요하는 경우에는 갑은 하자 보수 또는 하자 보수에 갈음한 손해배상을 청구할 수는 없으며, 하자로 입은 '통상 손해'의 배상만을 청구할 수 있다. 이 경우 하자로 입은 통상의 손해란 특별한 사정이 없는 한 도급인이 하자 없이 시공하였을 경우의 목적물의 교환가치와 하자가 있는 현재 상태대로의 교환가치와의 차액이 된다.

> **2. 법정해제와 합의해제의 의의 및 효과상의 차이점에 대하여 약술하시오.** (20점)

1. 법정해제와 합의해제의 의의

(1) 법정해제란 당사자 일방의 채무불이행을 원인으로 법률의 규정에 의하여 당연히 발생하는 계약의 해제를 의미한다. 법정해제는 채무불이행 등의 사유가 발생하는 경우 법에 따라 발생하는 해제권으로 실무상 문제가 되지 않는다. 법정해제는 단독행위이다.

(2) 합의해제는 해제권의 유무와 관계없이 당사자의 합의로 종전의 계약을 해소하여 원상으로 복귀시키는 것을 내용으로 하는 새로운 계약이다.

2. 양도계약에 대한 합의해제의 효력 인정 문제

(1) 민법상 그 요건과 효과가 정해진 법정해제 및 약정해제와 다르게 합의해제는 계약 당사자 간에 의사표시 합치만으로 이미 성립된 납세의무를 형해화하는 등 법적 안정성을 저해할 가능성이 있어 실무상 문제가 되고 있다.

(2) 매매계약의 합의해제를 인정한 대법원 판례들은 대부분이 특수관계가 없는 자 간의 거래에서 발생한 것이었으며, 이러한 전제하에서 계약의 합의해제를 인정한 것으로 보인다.

(3) 그러나 종전과 다르게 근래에는 합의해제를 인정하지 않는다는 판례들이 생성되고 있다.
계약의 합의해제가 "조세회피 목적"인 경우 또는 "부득이한 사유"가 없는 경우 합의해제의 소급효를 부인한 사례(청주지방법원 2014.5.22., 2013구합10507)가 있으므로 현재 법원은 조세회피목적이 있는 경우와 부득이한 사유 없이 합의해제하는 경우에 대해서만큼은 합의해제의 효력을 인정하지 않는다.

3. 법정해제와 합의해제의 차이점

(1) 성립요건 상 차이점

법정해제는 채무불이행을 전제로 인정되지만 합의해제는 당사자 간의 합의만 있으면 족하고, 채무불이행을 그 요건으로 하지 않는다. 판례는 묵시적 합의해제도 인정하고 있다.

(2) 당사자 간의 효력

민법 제543조 이하의 해제에 관한 규정은 원칙적으로 합의해제에 적용되지 않는다. 따라서, 합의해제의 당사자 간 효력은 1차적으로 당사 간의 합의에 의하여 정해지고, 합의에 별다른 약정이 없는 경우에는 부당이득반환규정(제741조)에 의해 반환범위가 정해진다.

(3) 이자지급의무

법정해제로 인하여 반환할 금전에 그 받은 날로부터의 이자를 가하여야 할 의무가 있다. 그러나 합의해제로 인해 반환할 금전에 그 받은 날로부터의 이자를 가하여야 할 의무가 없다.

(4) 손해배상의무

법정해제로 인해 손해를 입은 당사자는 상대방에게 손해배상을 청구할 수 있다. 그러나 합의해제의 경우에는 당사자 일방이 상대방에게 손해배상을 하기로 특약하거나 손해배상청구를 유보하는 의사표시를 하는 등 다른 사정이 없는 한 채무불이행으로 인한 손해배상을 청구할 수 없다.

그와 같은 손해배상의 특약이 있었다거나 손해배상 청구를 유보하였다는 점은 이를 주장하는 당사자가 증명할 책임이 있다.

(5) 물권변동 유무

법정해제와 합의해제 모두 계약은 소급적으로 소멸하며, 유인론에 의하여 물권변동도 소급하여 무효가 되므로 말소등기 없이도 물권이 당연히 복귀한다는 점은 서로 같다. 다만, 합의해제는 계약이므로 사적자치의 원칙에 따라 당사자들이 합의로 정한 바에 따라 그 효과가 부여되며, 채무불이행을 전제로 한 단독행위인 법정해제에 관한 민법규정은 원칙적으로 적용되지 않는다.

매매계약이 합의해제된 경우에도 매수인에게 이전되었던 소유권은 당연히 매도인에게 복귀하는 것이므로, 합의해제에 따른 매도인의 원상회복청구권은 소유권에 기한 물권적 청구권이며, 이는 소멸시효의 대상이 되지 않는다(대판 1982.7.27., 80다2968).

(6) 제3자에 대한 효력

해제로 인한 제3자에 대한 효력은 원칙적으로 법정해제와 합의해제는 동일하다. 계약의 합의해제에 있어서도 민법 제548조의 계약해제의 경우와 같이 이로써 제3자의 권리를 해할 수 없으나, 그 대상부동산을 전득한 매수자라도 완전한 권리를 취득하지 못한 자는 위 제3자에 해당하지 아니한다(대판 1991.4.12., 91다2601).

---

3. 임차인의 유익비 상환청구권에 대하여 약술하시오. (20점)

---

1. 임차인의 유익비 상환청구권(제626조)의 의의

(1) 임차인이 임차물에 개량을 가하여 그 가액을 증가시키고 이 때문에 비용이 들어갔을 때 본래 임차인은 임차물을 원상회복하여 반환하는 것이 원칙이나, 개량의 결과가 물리적·경제적으로 분리 불가능한 경우 이러한 원칙을 관철하는 것은 불합리하고, 나아가 임대인이 그 비용을 상환하지 않고 개량의 이익을 향수함은 형평에 반하고 부당이득이 되기 때문에 유익비 상환청구권이 인정된다(부당이득에 관한 특칙).

(2) 임차인이 <u>유익비</u>를 지출한 경우에는 임대인은 임대차 종료 시에 그 가액의 증가가 현존한 때에 한하여 임차인이 지출한 금액이나 증가액을 상환하여야 한다. 이 경우에 법원은 임대인의 청구에 의하여 상당한 상환기간을 허여할 수 있다(제626조).

2. 유익비의 의의 및 내용

(1) 유익비란 단순히 임차인이 자신의 편의를 위해 지출한 비용이 아니라, 목적물의 객관적 가치를 증가시키기 위해 지출한 비용을 의미하고, 그 가액의 증가가 현존해야만 한다. 이때, 임대인은 임차인이 실제 지출한 비용과 현존하는 증가액 중 선택할 수 있다.

(2) 유익비의 내용(판단 기준)
① 유익비는 임차인이 임차물의 객관적 가치를 증가시키기 위하여 투입한 비용이다.
② 따라서 임차인의 주관적 취미나 특수한 목적을 위하여 지출한 비용은 포함되지 않는다.
③ 다만, 객관적 가치의 증가를 위하여 반드시 임차물 자체에 대하여 직접적으로 비용을 지출할 것을 요하지는 않는다.
④ 임차인에 의한 임차건물의 증·개축 부분은 특별한 사정이 없는 한 건물 자체의 구성부분을 이루어 부합의 법리에 따라 임대인의 소유로 되므로 그것이 현존하는 한 유익비 상환청구의 대상이 된다(대판 1983.2.22., 80다589).
⑤ 반면, 임차물의 사용·수익 그 자체를 위하여 지출한 비용, 즉 임차건물에서 영업(건물용도가 임차 목적과 다른 경우)을 하기 위하여 한 시설개수비용이나 부착한 물건의 비용 등은 목적물 개량의 결과가 생기더라도 유익비에 해당하지 않는다.

3. 유익비의 상환청구권의 행사방법

(1) <u>임차인은 필요비를 지출한 때 임대인에게 곧바로 그 상환을 청구할 수 있다. 그러나 유익비는 임대차 종료 시에 임차물의 가액 증가가 현존할 때에만 임대인은 임차인이 지출한 금액 또는 그 증가액 중 하나를 선택하여 상환하여야 한다.</u> 이 경우 지출한 금액이나 증가액은 임차인이 입증하여야 한다.

(2) 임대차의 종료원인을 묻지 않으므로 임차인의 차임연체를 이유로 임대차가 해지된 경우에도 유익비의 상환청구권을 행사할 수 있다.

(3) <u>임차인의 필요비 및 유익비 상환청구권</u>은 임대인이 <u>목적물을 반환받은 때에는 그 날로부터 6개월 이내</u>에 행사하여야 한다. 다만, 법원은 임대인의 청구에 의하여 상당한 상환기간을 허여할 수 있고, 이 경우에는 그 기간이 경과한 때로부터 6월의 기간이 기산된다.

(4) 임차인은 필요비 상환청구권과 임차인의 유익비 상환청구권은 임차물에 투입되어 임차목적물에 관하여 생긴 채권으로서 임차인은 임차물에 대하여 유치권을 취득한다. 그러나 임대인이 유익비에 관하여 기한을 허여받은 경우에는 임차인에게 유치권이 생기지 않는다.

(5) 유익비 상환청구권은 임대인의 임차인에 대한 건물명도청구소송에서 임차인의 항변 또는 반소로 행사되는 것이 보통이다.

(6) 유익비 상환청구권을 갖는 임차인은 임대차 종료 후 유치권에 기하여 임차물을 계속 점유·사용할 수 있으므로 그 점유가 불법점유에 해당하지 않는다 하더라도, 차임 상당액은 부당이득(실질적인 이익을 의미한다)으로 임대인 또는 제3취득자에게 반환하여야 한다.

4. 유익비 상환청구의 상대방

(1) 전차인의 임대인에 대한 청구

① 임대인의 동의를 받아 적법하게 전대차가 이루어진 경우 전차인이 전대인에 대하여 유익비 상환청구를 할 수 있음은 물론이나, 임대인에 대한 관계에서 전차인은 전대차상의 의무만 부담할 뿐 권리는 갖지 못하기 때문에 유익비 상환청구를 할 수 없다.

② 다만, 전대차의 기초가 된 임대차계약이 종료하여 전차인이 임대인에게 목적물을 반환하는 경우 전차인이 점유자와 회복자에 관한 민법 제203조의 일반규정에 의하여 임대인에게 비용상환청구를 하는 것은 별개의 문제이다(반대설 있음). 무단전대가 이루어진 경우에도 전차인은 임대인에 대하여 유익비 상환청구는 불가능하다.

(2) 신소유자에 대한 청구

① 임차인의 유익비 지출 후에 임대물의 소유자가 변동된 경우 임차권이 대항력이 있는 때에는 신소유자가 임대인의 지위를 승계하므로 그에 대하여 상환청구를 할 수 있다. 다만 이때 전임대인도 상환의무를 지는가 하는 문제가 있다.

② 임차권이 대항력이 없는 경우에는 임차인은 신소유자에 대하여 임대차관계를 주장할 수 없으므로 전임대인만이 상환의무를 지는 것이며, 다만 임차인은 신소유자에 대하여 민법 제203조의 일반규정에 의한 비용상환청구만이 가능하다.

5. 임의규정

유익비 상환청구의 내용을 정한 민법 제626조는 "임의규정"으로서 당사자 사이의 약정으로 임차인이 비용상환청구권을 포기하기로 정하는 것은 유효하다.

1. 조합채무의 합유적 귀속

(1) 조합채무란 민법상 조합이 사회적으로 활동하는 과정에서 부담하는 채무를 말한다.

(2) 조합재산은 조합원이 출자한 재산과 조합의 공동사업으로 취득한 재산 등으로 구성된다. 조합재산의 형태는 합유에 해당한다. 따라서 조합원은 조합재산에 대해 각자의 지분을 가지나 합유물을 처분 또는 변경하기 위해서는 조합원 전원의 동의가 있어야만 한다. 또한 조합원은 전원의 동의없이는 자신의 지분을 제3자에게 처분할 수 없다.

(3) 합유는 수인이 조합체로서 물건을 소유하는 공동소유의 형태이다. 합유자는 전원의 동의 없이는 그 지분을 처분하거나 합유물의 분할을 청구하지 못한다(제273조). 합유의 기초인 조합체가 어떤 공동목적 하에 성립하는 결합체이고, 먼저 이러한 결합체가 기초가 되어 어떤 물건을 소유하게 될 때에 비로소 합유관계가 생긴다는 점에서 공유와 다르고 총유와 비슷하다. 따라서 합유는 공유와 총유와의 중간적 위치에 있는 공동소유의 형태이다.

2. 조합원의 조합채무에 대한 책임

(1) 조합은 법인격이 없으므로 채무의 주체가 되지 못하기 때문에 결국 각 조합원의 채무가 되어 각 조합원도 조합채무에 대하여 책임을 져야 한다. 조합채무는 조합재산의 하나로서 조합원 전원에게 합유적으로 귀속한다. 즉 조합채무에 대하여는 각 조합원이 그의 개인재산을 가지고 책임을 지는 외에 조합원 전원이 조합재산을 가지고 공동으로 책임을 진다.

(2) 각 조합원은 조합채무에 대해 분할채무를 부담한다(연대채무 아님). 그러나 조합채무가 조합원 전원을 위하여 상행위가 되는 행위로 인해 부담하게 된 것이라면 그에 대해서는 조합원들이 연대채무를 부담하게 된다(상법 제57조 제1항). 따라서 이 경우 채권자는 한 조합원에 대해 전체 채무의 이행을 청구할 수 있게 된다.

3. 조합원에 대한 채권자의 권리행사

(1) 조합채무에 대한 조합재산의 책임과 조합원 개인의 책임은 병존적이기 때문에 채권자는 채권 전액에 관하여 조합전원을 상대로 하여 조합재산에 대해 집행할 수도 있고, 각각의 조합원을 상대로 하여 그의 개인적 재산에 대하여 집행할 수도 있다. 단, 원칙적으로 각 조합원은 약정한 손실분담 비율에 따라 책임을 부담하므로, 채권자가 조합원을 상대로 조합채무의 이행을 청구하는 경우에는 그 조합원의 손실분담 비율에 상응하는 부분에 한해서만 청구할 수 있다.

(2) 조합계약에서 조합원의 손실 분담비율을 정했으면 그에 따르며, 정하지 않았으면 같은 비율로 채무 부담한다. 즉, 조합채권자는 채권발생 당시에 조합원의 손실부담의 비율을 알지 못한 때에는 각 조합원에게 균분하여 그 권리를 행사할 수 있다.

(3) 조합원 중에 변제자력 없는 자가 있으면 그 부분은 다른 조합원이 균분하여 변제 책임이 있다(제713조).

(4) 채권자가 조합재산에 대하여 강제집행을 하기 위해서는, 조합원 전원에 대하여 채권 전액에 대한 소송을 제기하여 승소판결을 얻어야 한다.

4. 조합원의 무한책임

(1) 각 조합원은 조합 채무에 대해 무한책임을 부담하므로, 조합계약으로 이를 제한하더라도 무효이다.

(2) 조합채무의 발생 시점에 조합원 지위를 가진 자들만 채무를 부담하고, 그 채무 발생 이후에 조합원이 된 자는 책임이 없다.

(3) 일단 조합채무의 책임이 있는 경우 그 조합원이 탈퇴하거나 조합 해산을 해도 책임은 그대로 존속한다.

(4) 조합 재산만으로 조합의 채권자의 청구를 만족시킬 수 없으면 조합원들은 각자의 개인 재산으로 조합 채무를 변제하여야 하고 그 비율은 특약이 없는 한 균등한 비율이 된다.

03 | 2015년 제3회 기출문제

1. 甲은 자기 소유의 X 토지에 대하여 乙과 매매계약을 체결하였다. 그 계약에 의하면 乙은 甲에게 계약 당일 계약금을 지급하고, 계약일부터 1개월 후에 중도금을 지급하며, 잔금은 계약일부터 2개월 후에 등기에 필요한 서류와 목적물을 인도받음과 동시에 지급하기로 되어 있었다. 甲은 계약 당일 乙로부터 계약금을 지급받았다. 다음 각각 독립된 물음에 답하시오. (40점)

1) 잔금지급기일이 지났으나 乙은 잔금은 물론 중도금도 지급하지 않았고, 甲도 그때까지 등기에 필요 한 서류와 목적물의 인도의무를 이행하지 않았다. 甲이 乙에게 중도금과 잔금의 지급을 청구하자 乙은 등기에 필요한 서류와 목적물을 인도받을 때까지 중도금과 잔금을 둘 다 지급하지 않겠다고 주장하였다. 甲과 乙 사이의 동시이행관계에 관하여 설명하고, 乙의 주장이 타당한지에 관하여 논하 시오. (20점)

2) 乙은 甲에게 중도금과 잔금을 약정한 기일에 지급하였으나, 甲은 등기에 필요한 서류와 목적물의 인도를 미루다가 잔금을 수령한 날부터 3개월 후에 그 의무를 이행하였다. 乙은 甲에 대하여 매매대 금 전액에 대한 3개월 간의 이자 및 X 토지에 대한 3개월간의 차임 상당 손해배상금을 청구하였다. 乙의 청구가 타당한지에 관하여 논하시오. (20점)

1-1. 동시이행의 항변권의 존부

(1) 동시이행의 항변권의 의의

쌍무계약의 당사자 일방이 변제기에 상대방의 이행제공이 있을 때까지 자기 채무의 이행을 거절할 수 있는 권리로서, 공평의 원칙상 인정되며 쌍무계약의 이행상의 견련성에서 나오는 제도라 할 수 있다.

(2) 동시이행의 항변권의 성립 요건

① 서로 대가적 의미 있는 채무가 존재할 것

원칙적으로 동일한 쌍무계약에 의해 양 채무가 발생해야 한다.

② 상대방의 채무가 변제기에 있을 것

동시이행의 항변권이 인정되기 위해서는 상대방의 채무가 변제기에 있어야 한다. 따라서 선이행의무자 의 경우에는 동시이행항변권이 없는 것이 원칙이다. 다만, 선이행의무자라도 그가 이행하지 않는 동안 상대방 채무의 변제기가 도래한 경우에는 그 때부터 동시이행의 항변권을 행사할 수 있다.

③ 상대방이 이행 또는 이행의 제공을 하지 않고 이행을 청구할 것

　　채무자가 채무의 내용에 좇은 이행이나 이행의 제공을 하는 경우에는 동시이행의 항변권은 문제되지 않는다. 설문에서 갑과 을은 X토지에 대한 매매계약을 체결하여 을의 대금지급의무는 갑의 건물 소유권이전의무 및 인도의무와 서로 대가적 의미있는 채무에 해당하며 잔금지급기일이 지나 갑의 목적 부동산 소유권 이전의무와 을의 대금 지급의무는 원칙적으로 동시이행관계에 있다.

(3) 효 과

동시이행의 항변권은 상대방이 채무를 이행 또는 이행의 제공을 할 때까지 자기 채무의 이행을 거절할 수 있다. 또한, 판례에 의하면 동시이행항변권의 존재만으로 이행기가 도과하더라도 그 지체책임은 생기지 않게 된다.

1-2. 갑 주장의 타당성

(1) 선이행의무자의 상대방 채무의 변제기가 도래한 경우

매수인 을의 중도금 지급의무는 선이행의무에 해당하며 선이행의무자가 이행을 지체하고 있던 중 상대방 채무도 이행기에 도달하면 양 채무는 그 때부터 동시이행관계에 서게 된다(판례).

(2) 사안의 해결

① 비록 을이 중도금을 선이행해야 할 의무가 있었지만 그 후 갑의 소유권이전의무 역시 변제기에 도달한 이상 을은 잔금뿐만 아니라 중도금의 지급청구에 대해서도 동시이행의 항변권을 행사할 수 있게 된다(판례).

② 따라서 현재 을은 갑에 대해 등기에 필요한 서류와 목적물을 인도받을 때까지 중도금 및 잔금을 지급하지 않겠다고 주장할 수 있고, 설문 1)에서 을의 주장은 타당하다.

2-1. 문제의 제기

위 사례에서 을의 청구의 타당성 여부를 판단하기 위한 전제는 다음과 같다.

(1) 매매계약 시 과실의 귀속문제(제587조)

(2) 채무불이행 시 손해배상청구권의 문제

(3) 민법상 이중배상금지의 원칙

2-2. 매매계약 시 과실(果實)의 귀속문제

(1) 매매계약이 있은 후에도 인도하지 아니한 목적물로부터 생긴 과실은 매도인에게 속한다(제587조). 매수인은 목적물의 인도를 받은 날로부터 대금의 이자를 지급하여야 한다(제587조).

(2) 판례의 태도

매매계약 있은 후에도 인도하지 아니한 목적물로부터 생긴 과실은 매도인에게 속하는 것이 원칙이지만 매수인이 매도인에게 대금을 지급한 후에는 과실은 매수인에게 귀속한다는 것이 판례의 태도이다.

2-3. X 매매대금에 대한 이자와 토지에 대한 차임의 관계

매매대금에 대한 이자와 갑의 을에 대한 X토지의 차임 지급과 을의 갑에 대한 이자 지급은 과실의 문제로서 상호대가성이 존재한다. 따라서 만약 갑과 을의 채무이행 후 계약해제 시에 갑의 매매대금 전액에 대한 3개월 간의 이자의 반환과 을의 토지에 대한 3개월 간의 차임의 반환은 동시이행관계에 있으며 특약이 없으면 서로 상계한 것으로 본다.

2-4. 채무불이행 시 손해배상청구권

(1) 乙은 甲에게 중도금과 잔금을 약정된 기일에 지급하였으나 甲은 등기에 필요한 서류와 목적물의 인도를 미루다가 잔금이 수령된 날부터 3개월 후에 그 의무를 이행하였으므로 <u>乙은 甲에게 채무불이행책임을 물어 일정한 요건 아래 계약해제권을 행사할 수 있으며 해제와 상관없이 채무불이행을 이유로 손해배상을 청구할 수 있다.</u>

(2) 손해배상의 방법은 특약이 없으면 금전배상이 원칙이고 민법 제394조 채무불이행으로 인한 손해배상은 통상의 손해를 그 한도로 하는 것이 원칙이다. 통상손해란 채무불이행이 있으면 일반적으로 발생하는 손해를 의미한다. 통상손해에 대해서는 예견가능성의 유무를 묻지 않고 그 전부에 대해 배상을 청구할 수 있다.

2-5. 乙의 주장의 타당성 여부 : 민법상 이중배상금지의 원칙

<u>乙의 甲에 대한 매매대금 전액에 대한 3개월 간의 이자의 반환 및 X토지에 대한 3개월 간의 차임 상당 손해배상금을 청구는 민법상 이중배상금지에 해당하여 부당하다.</u>

<u>따라서 乙은 甲에 대하여 X토지에 대한 3개월 간의 차임 상당 손해배상금의 청구는 할 수가 있으나 매매대금 전액에 대한 3개월 간의 이자는 반환청구할 수는 없다.</u>

2. 매매예약완결권에 관하여 설명하고, 그 가등기에 관하여 약술하시오. (20점)

1. 의의 및 법적 성질

(1) 의 의

매매예약완결권이란 매매의 일방예약에 기하여 예약상의 권리자가 예약의무자에 대하여 매매완결의 의사표시를 할 수 있는 권리를 말한다.

(2) 법적 성질

매매예약의 완결권은 일종의 형성권으로서 당사자 사이에 그 행사기간을 약정한 때에는 그 기간 내에 그러한 약정이 없는 때에는 그 예약이 성립한 때로부터 10년 내에 이를 행사하여야 하고 그 기간이 지난 때에는 예약완결권은 제척기간의 경과로 인하여 소멸한다.

2. 성립요건

매매예약완결권이 유효하게 성립하기 위해서는 그 전제가 되는 매매의 예약이 유효하게 성립해야 한다. 따라서 예약에 터 잡아 맺어질 본 계약의 요소가 되는 매매목적물 이전방법, 매매가액 및 지급방법 등의 내용이 확정되어 있거나 확정할 수 있어야만 한다.

3. 대항력 및 양도성 : 가등기 문제

(1) 대항력

부동산물권의 이전을 위한 예약인 경우에는 가등기할 수 있으며 이때는 제3자에 대하여 대항력을 가진다.

(2) 양도성과 가등기

매매예약완결권은 양도할 수 있고 특히 매매예약완결권이 가등기되어 있는 경우에는 가등기의 부기등기로써 가등기를 이전등기하면 매매예약완결권의 양수인은 제3자에 대하여 대항할 수 있다. 그러나 가등기가 되어 있지 않은 경우에는 채권양도의 대항요건을 갖춰야만 예약의무자에게 대항할 수 있다.

4. 행사방법

(1) 예약완결권자

매매예약완결권 행사는 예약완결권자가 예약의무자에 대한 의사표시로써 한다. 예약완결권은 특별한 약정이 없으면 매수인이 갖는 것이 거래의 실정이며 예약완결권이 양도된 경우에는 그 양수인에게 있다.

(2) 상대방

매매예약완결권의 상대방은 예약의무자이므로 예약의무자가 목적물을 제3자에게 이전한 경우에도 원칙적으로 예약의무자에게 행사해야 한다. 예약완결권이 가등기된 목적 부동산이 제3자에게 이전된 경우에도 마찬가지이다.

5. 행사의 효과

매매예약완결권의 행사로써 본 계약인 매매계약이 성립한다. 이때 상대방이 이에 불응하면 본계약상의 의무에 대한 이행 그 자체를 소구(訴求)할 수 있다.

6. 행사기간

(1) 약정기간이 있는 경우

이때는 약정기간 내에 매매예약완결권을 행사해야 한다. 특히 예약완결권 행사 시기(始期)에 대한 특약이 있는 경우에도 매매예약완결권은 그 시기로부터가 아니라 당초 권리발생일로부터 10년이 경과하면 소멸한다는 것이 판례의 태도이다.

(2) 약정기간이 없는 경우

이때도 10년의 제척기간 도과 전에 행사해야 한다. 다만 예약의무자도 상당한 기간을 정하여 상대방에게 최고할 수 있고 그 기간 내에 확답을 받지 못한 때에는 그 예약이 효력을 상실하므로 매매예약완결권도 당연히 소멸한다.

---

3. 준소비대차의 의의, 성립요건 및 효과에 관하여 설명하시오. (20점)

---

1. 의 의

당사자 쌍방이 소비대차에 의하지 않고 금전 기타 대체물을 지급할 의무를 지는 경우에 당사자가 그 목적물을 소비대차의 목적으로 할 것을 약정한 때에는 소비대차의 효력이 생긴다.

예컨대 매매계약에서 매수인이 매도인에게 대금지급하는 것을 약정한 것을 당사자가 소비대차의 목적으로 할 것으로 약정할 때에는 소비대차와 같은 효력을 인정하는 것이다.

2. 성립요건

(1) 준소비대차가 성립하려면 당사자 사이에 금전 기타 대체물의 급부를 목적으로 하는 기존의 채무가 존재하여야 한다. 따라서 그 채무가 존재하지 않거나 무효인 때에는 준소비대차도 효력이 없다.

(2) 계약의 당사자는 기존채무의 당사자이어야 한다.

3. 효 력

(1) 준소비대차가 성립하면 소비대차의 효력이 생긴다. 다만 대주의 금전 기타 대체물의 소유권이전의무는 이미 이행된 것을 전제로 하여 차주의 반환의무만이 문제된다.

(2) 준소비대차에 의해 기존의 채무가 소멸하고 소비대차에 따른 새로운 채무가 발생한다. 따라서 기존채무가 불성립하거나 무효인 경우에는 신채무는 성립하지 않고 반대로 신채무가 무효이거나 취소된 때에는 기존채무는 성립하지 않는다는 것이 판례의 태도이다.

4. 기존 채무와 신채무 사이의 동일성 유무

(1) 소멸하는 기존 채무와 준소비대차에 의해 발생하는 신채무 사이의 동일성 유무의 판단은 원칙적으로 당사자의 의사에 의해 정해진다.

(2) 그러나 당사자의 의사가 불명확한 경우에도 양 채무의 동일성은 유지된다고 보는 것이 다수설의 입장이다. 따라서 채권자의 입장에서 기존 채무에 대한 담보는 신채무를 위해 존속하고 채무자의 입장에서 구채무에 대한 채무자의 항변권도 존속한다.

(3) 시효는 당사자의 의사에 의해 좌우할 수 있는 것이 아니므로 신채무를 표준으로 하여 결정된다.

5. 대환(代換)

대환은 현실적인 자금수수 없이 형식적으로 자금대출을 하여 기존채무를 변제하는 것으로서 실질적으로는 기존채무의 연장에 불과한 것으로 일종의 준소비대차계약에 해당한다.

> 4. 토지임차인의 지상물매수청구권의 의의와 법적 성질, 그 권리의 행사로 발생하는 법률관계를 설명하고,
> 임대차 종료 전에 임차인이 그 지상물매수청구권을 포기하기로 임대인과 약정한 경우 그 약정의 효력에
> 관하여 약술하시오. (20점)

1. 의의 및 법적 성질

(1) 의 의

건물 기타 공작물의 소유 또는 식목, 채염, 목축을 목적으로 한 토지임대차의 기간이 만료한 경우에
건물, 수목 기타 지상시설이 현존한 때에는 임차인은 계약의 갱신을 청구할 수 있으며 임대인이 계약
의 갱신을 원하지 아니하는 때에는 임차인은 상당한 가액으로 전항의 공작물이나 수목의 매수를 청구
할 수 있는 바 이를 토지임차인의 지상물매수청구권이라고 한다(제643조).

(2) 법적 성질

토지임차인의 갱신청구권은 청구권이나 이에 반해 토지임차인의 지상물매수청구권은 일방적인 의사
표시로써 권리변동을 일으키는 형성권에 해당한다.

2. 지상물매수청구권행사 시 법률관계

(1) 매수청구권행사의 상대방

건물의 소유를 목적으로 하는 토지임차인의 건물매수청구권 행사의 상대방은 원칙적으로 임차권소멸
당시의 토지소유자인 임대인이고 임대인이 임차권소멸당시에 이미 토지소유권을 상실한 경우에는 그
에게 지상건물의 매수를 청구할 수 없으며 이는 임대차계약 종료 전에 토지를 임의로 처분하였다하여
달라지는 것은 아니다(대판 1994.7.29., 93다59717).

(2) 매수청구의 대상 물건의 요건

임차인의 매수청구권은 그 행사에 특정의 방식을 요하지 않는 것으로서 그 <u>지상건물이 객관적으로 경
제적가치가 있는지 여부나 임대인에게 소용이 있는지 여부가 그 행사요건이라고 볼 수 없다</u>(대판
2002.5.31., 2001다42080).

3. 지상물매수청구권행사의 효력

(1) 매매와 동일한 효력

토지임차인이 지상물매수청구권을 행사하면 임차인과 임대인 간에 매매계약이 체결된 것과 동일한 효
력이 발생한다.

"민법 제643조 소정의 <u>지상물매수청구권이</u> 행사되면 임대인과 임차인 사이에서는 임차지 상의 건물에 대하여 <u>매수청구권 행사 당시의 건물시가를 대금으로 하는 매매계약이 체결된 것과 같은 효과가 발생하는</u> 것이지 임대인이 기존 건물의 철거비용을 포함하여 임차인이 임차지상의 건물을 신축하기 위하여 지출한 모든 비용을 보상할 의무를 부담하게 되는 것은 아니다(대판 2002.11.13., 2002다46003, 46027, 46010)."

(2) 동시이행관계

토지임차인이 지상물매수청구권 행사 시 발생하는 임차인의 건물 수목 기타 지상시설의 소유권 이전 의무와 임대인의 대금지급 의무 간에는 동시이행항변권의 문제가 발생한다.

(3) 부당이득 반환문제

건물 기타 공작물의 소유를 목적으로 한 대지임대차에 있어서 임차인이 그 지상건물 등에 대하여 민법 제643조 소정의 매수청구권을 행사한 후에 그 임대인인 대지의 소유자로부터 매수대금을 지급받을 때까지 그 지상건물 등의 인도를 거부할 수 있다고 하여도 <u>지상건물 등의 점유 사용을 통하여 그 부지를 계속하여 점유 사용하는 한 그로 인한 부당이득으로서 부지의 임료 상당액은 이를 반환할 의무가 있다</u>(대판 2001.6.1., 99다60535).

(4) 채무불이행으로 인한 해지

임대차계약이 임차인의 채무불이행으로 인하여 해지된 경우에는 임차인은 민법 제643조에 의한 갱신청구권 매수청구권이나 민법 제646조에 의한 부속물매수청구권이 없다는 것이 판례의 태도이다.

4. 지상물매수청구권 포기약정의 효력

(1) 강행규정

민법 제643조 임차인의 갱신청구권과 매수청구권은 강행규정이므로 임차인과 임대인 사이의 임대차계약 체결 시 한 지상물매수청구권의 포기의 특약은 무효이다.

(2) 판례의 태도

판례도 같은 태도이다. "건물의 소유를 목적으로 한 토지의 임차인이 임대차계약을 체결하거나 임차인으로서의 지위를 승계할 당시 임대인과의 사이에 건물 기타 지상시설 일체를 포기하기로 약정을 하였다고 하더라도 임대차계약의 조건이나 계약이 체결된 경위 등 제반 사정을 종합적으로 고려하여 실질적으로 임차인에게 불리하다고 볼 수 없는 특별한 사정이 인정되지 아니하는 한 위와 같은 <u>약정은 임차인에게 불리한 것으로서 민법 제652조에 의하여 효력이 없다</u>(대판 1993.6.22., 93다16130)."

04 | 2016년 제4회 기출문제

---

1. 2016.9.1. 甲(매도인)은 별장으로 이용하는 X건물에 대하여 乙(매수인)과 매매계약을 체결하였다. 이 계약에 따라 乙은 계약체결 당일에 계약금을 지급하였고, 2016.9.30. 乙의 잔금지급과 동시에 甲은 乙에게 소유권이전에 필요한 서류를 교부해주기로 하였다. 다음 각 독립된 물음에 답하시오. (40점)

    1) 2016.9.1. 계약체결 당시 위 X건물이 甲의 소유가 아니라 제3자 丙의 소유인 경우에, 위 매매계약의 효력 및 甲과 乙사이의 법률관계에 관하여 논하시오. (20점)

    2) 만약 甲의 소유인 X건물이 계약체결 전날인 2016.8.31. 인접한 야산에서 발생한 원인불명의 화재로 인하여 전부 멸실되었을 경우에, 위 매매계약의 효력 및 甲과 乙사이의 법률관계에 관하여 논하시오. (20점)

1-1. 문제의 소재

통상 매매계약에서 타인 소유의 물건의 매매와 이중매매가 복잡한 법률관계를 발생시킨다. 위 사안은 갑과 을의 매매계약에 있어 매매 목적물인 X건물의 소유권이 매도인 갑이 아니라 제3자 병에게 속하는 경우이다. 이 경우 매매계약의 효력 및 갑과 을 사이의 법률관계에 관하여 담보책임의 법리에 따라 검토한다.

1-2. 권리의 전부가 타인에게 속하는 경우의 매매계약의 효력

(1) 판례에 의하면 "특정한 매매의 목적물이 타인의 소유에 속하는 경우라 하더라도, 그 매매계약이 원시적 이행불능에 속하는 내용을 목적으로 하는 당연무효의 계약이라고 볼 수 없다(대판 1993.9.10., 93다20283)."고 본다.

따라서 매도인은 소유권을 취득하여 매수인에게 소유권 이전의 의무를 부담하며 이러한 의무가 애초에 불가능하지 않은 이상 계약은 유효하다.

(2) 이 사안에서 매매의 목적인 권리가 전부 타인에게 속한 경우에도 원시적·객관적 불능은 아니므로 그 계약 자체는 유효하다. 따라서 매도인 甲은 제3자 丙으로부터 소유권을 취득하여 매수인 乙에게 이전할 의무가 있다. 만약 그 의무를 이행하지 못한다면 후발적 불능으로 매도인 甲은 매수인 乙에게 담보책임을 지게 된다.

1-3. 권리의 전부가 타인에게 속하는 경우의 담보책임의 성립요건

(1) 전부 타인권리의 매매

매매의 목적물은 현존하나 그 목적물이 타인의 권리에 속하기 때문에 이전할 수 없는 경우이어야 한다.

(2) 이전불능

① 권리의 이전불능은 사회통념상 매수인에게 해제권을 행사시키거나 손해배상을 구하게 하는 것이 형평에 타당하다고 인정되는 정도의 이행장애가 있으면 족하고 반드시 객관적 불능에 한하는 엄격한 개념은 아니다.

② 다만 매도인의 이전불능이 오직 매수인의 귀책사유에 기인한 경우에는 매도인은 담보책임을 지지 않는다.

1-4. 권리의 전부가 타인에게 속하는 경우의 담보책임의 성립요건 효과

(1) 계약해제권

매수인은 자신의 선의·악의를 불문하고 계약을 해제할 수 있다.

(2) 손해배상청구권

① 매수인이 계약 당시 그 권리가 매도인에게 속하지 아니함을 안 때에는 손해배상은 청구하지 못한다. 즉 선의의 매수인만 손해배상을 청구할 수 있다.

② 이 경우의 손해배상은 원칙적으로 타인의 권리를 이전하는 것이 불능으로 된 때의 목적물의 시가, 즉 이행이익 상당액이다.

(3) 권리행사기간

매수인의 해제권과 손해배상청구권의 행사기간에 관해 따로 규정하고 있지 않다.

(4) 선의의 매도인의 해제권

선의의 매도인은 매수인이 선의인 경우에는 그 손해를 배상하고, 매수인이 악의인 경우에는 손해배상 없이, 계약을 해제할 수 있다.

1-5. 권리의 전부가 타인에게 속하는 경우의 손해배상의 범위와 그 산정시기

(1) 대법원은 매매의 목적이 된 권리의 일부가 타인에게 속함으로 인하여 매도인이 그 권리를 취득하여 매수인에게 이전할 수 없게 된 때에는 선의의 매수인은 매도인에게 담보책임을 물어 이로 인한 손해배상을 청구할 수 있는바, 이 경우에 매도인이 매수인에 대하여 배상하여야 할 손해액은 원칙적으로 매도인이 매매의 목적이 된 권리의 일부를 취득하여 매수인에게 이전할 수 없게 된 때의 이행불능이 된 권리의 시가, 즉 이행이익 상당액이라고 할 것이어서, 불법등기에 대한 불법행위책임을 물어 손해배상 청구를 할 경우의 손해의 범위와 같이 볼 수 없다고 보았다.

(2) 이상과 같이 타인권리매매에 있어 그 손해배상의 범위는 매수인이 실제로 지급했던 금액이 아니라 **매수인에게 이행할 수 없게 된 시점의 시가 상당액**이다.

1-6. 문제의 해결

(1) 사안은 매매 목적물인 X건물이 현존하고 있으나 소유권이 매도인 甲이 아니라 제3자 丙에게 속하는 경우이다.

(2) 이때 매도인 갑은 병으로부터 소유권을 취득하여 매수인 을에게 이전할 의무가 있다. 만약 그 의무를 이행하지 못한다면 매수인 을은 매도인 갑에게 담보책임을 주장할 수 있다.

(3) 매수인 을은 자신의 선의·악의를 불문하고 계약을 해제할 수 있다. 다만 손해배상은 매수인이 선의인 경우에만 청구할 수 있다.

2-1. 문제의 소재

사안에서 X건물은 계약 성립 전에 전부 멸실된 경우이다. 매매계약 성립 전에 매매의 목적물이 멸실되어 존재하지 않는다면 매매계약은 무효로서 성립하지 않는다. 그러나 매매계약 협상과정에서 당사자는 일정한 신뢰관계를 형성하여 이에 대한 책임을 부담하므로 원시적 불능으로 인한 계약 불성립은 당사자에게 일정한 효과를 발생시킨다. 이에 따라 원시적 불능으로 인한 매매계약의 효력 및 갑과 을 사이의 법률관계에 관하여 계약체결상 과실책임 법리에 따라 검토한다.

2-2. 원시적 불능과 매매계약의 효력

(1) 법률행위가 유효하게 성립하기 위해서는 법률행위의 목적의 확정·가능·적법·사회적 타당성이 요구된다. 따라서 원시적·객관적 불능이면 그 계약은 효력을 발생할 수 없고 무효이다.

(2) 계약이 무효가 되면 이전에 한 법률행위로 생긴 금전적 문제인 부당이득 반환 및 신뢰이익 손해배상 청구권 문제가 발생한다. 다만, 그러한 원시적 불능의 계약을 체결하는 데 과실이 있는 자는, 계약체결상의 과실책임으로서 일정한 손해배상의무를 지게 된다.

2-3. 제535조의 계약체결상의 과실책임의 성립요건

(1) 당초 유효한 계약이 있어야 한다.

(2) 그 계약의 목적이 원시적·객관적·전부 불능이어야 한다.

(3) 불능인 급부를 이행하여야 할 당사자인 갑은 불능을 알았거나 알 수 있었어야 한다(악의 또는 과실의 존재).

(4) 상대방 을은 선의·무과실이어야 한다.

2-4. 문제의 해결

(1) 이 사안에서 제535조의 성립요건을 모두 충족한 경우라면, 갑은 상대방 을이 그 계약의 유효를 믿었음으로 인하여 받은 손해(신뢰이익)를 배상하여야 한다. 다만 이는 계약이 유효함으로 인하여 생길 이익액(이행이익)을 넘지 못한다.

(2) 갑이 상대방 을에게 배상할 손해배상의 범위는 X건물의 검사비용과 교통비, 그 밖에 다른 유리한 계약을 이행하지 못하였기 때문에 발생한 손해와 은행으로부터 매수대금을 차용하기 위하여 사전에 지급한 이자와 같은 신뢰이익에 한정한다.

(3) 신뢰이익과 이행이익의 문제

① 신뢰이익은 계약이 유효라고 신뢰했으나 무효가 되면서 입은 손해를 말한다. 계약체결을 확신하고 준비한 계약준비 비용, 일방의 적극적 요구로 계약이행에 착수한 비용, 정신적 손해까지 포함하지만, 제안서나 견적서 작성 비용은 배상대상에 포함하지 않는다. 침해행위가 인격적 법익을 침해하여 정신적 고통을 유발한 경우에는 정신적 고통에 대한 배상을 포함한다.

② 이에 반해 이행이익의 배상이란 채무자가 이행했더라면 잃지 않았을 손해(계약이 유효일 때) 배상을 말한다.

③ 신뢰이익과 이행이익은 불법행위의 배상책임에서는 사용하지 않는 개념이다. 이것은 철저하게 계약책임에서 발생하는 개념이다. 따라서 이 사안에서 갑이 을에게 부담하는 손해배상 책임은 계약상 채무불이행에 기한 책임과 유사한 법정 책임이라 볼 수 있다.

2-5. 원시적 불능인 계약의 효력에 대한 판례의 평가

(1) 원시적 불능과 후발적 불능은 계약상 급부가 불능이라는 점에서 같고, 다만 발생시기만 다를 뿐이다. 그런데 원시적 불능의 효과로서 계약은 무효이고 계약체결상의 과실책임(제535조)에 따른 신뢰이익의 배상을 요구하는 반면, 후발적 불능의 효과로서 계약은 유효하고 채무자는 채무불이행책임을 부담하여 이행이익의 배상을 요구한다.

(2) 그러나 각종 국제적 협약(예 CISG, PICC, PECL)에서는 원시적 불능도 유효하다는 전제에서 규율하거나 명문의 규정을 두고 있고 이에 따라 2002년 독일민법 개정으로 독일에서도 원시적 불능은 유효하며 채무자가 계약체결당시 그 사실을 알았거나 알 수 있었을 경우 채권자는 급부에 갈음하는 손해배상(이행이익의 배상)을 청구할 수 있다는 입장으로 변화하였다. 따라서 향후 우리 판례에서도 이에 대한 전향적 재검토가 필요하다.

> **2. 甲(임대인)의 동의없이 乙(임차인)이 임대목적물을 제3자 丙에게 전대(轉貸)한 경우에 甲, 乙, 丙 사이의 법률관계에 관하여 설명하시오.** (20점)

---

1. 문제의 소재

(1) 부동산 임대차는 임대인과 임차인 간 계속적 계약의 성질을 가지며 당사자의 개인적인 신뢰를 기초로 하는 법률관계이므로 임대차관계를 깨뜨리는 임차권 무단양도 또는 무단전대는 여러 가지 법률문제를 야기한다.

(2) 임차물의 전대란 임차인이 다시 임대인이 되어 임차목적물을 제3자에게 사용·수익하게 하는 계약이다. 임차인은 임대인의 동의 없이 임차물을 전대하지 못한다. 만약 임차인 을이 임대인 갑의 동의 없이 전대한 경우에는 갑은 을과의 임대차계약을 해지할 수 있다.

2. 무단 전대차의 금지

(1) 민법은 임차인은 임대인의 동의 없이 그 권리를 양도하거나 임차물을 전대(轉貸) 하지 못한다고 규정하고 있다. 이것은 임차인이 임대인의 동의 없이 제3자에게 임차물을 사용·수익시키는 것은 임대인에게 임대차관계를 계속할 수 없는 신뢰훼손의 배신적 행위로 보기 때문이다.

(2) 공정거래위원회의 임대주택 표준임대차계약서, 한국 공인중개사협회의 부동산임대차계약서에도 "임차인은 임대인의 동의 없이 전대·임차권양도를 하지 못한다."고 명시돼 있다.

3. 무단 전대차의 해지권에 대한 판례의 입장

(1) 대법원은 예전부터 '배신행위론'이라는 판례법리를 형성해 오고 있다. 무단전대차라고 하더라도 임대인에 대한 배신행위가 아니라고 볼 수 있는 특별한 사정이 있다면 무단전대차 행위 자체만을 가지고 임대인이 일방적으로 임대차계약을 해지할 수 없다고 판단한다.

(2) 공공주택특별법에는 공공임대주택의 임차인은 임차권을 다른 사람에게 양도 또는 전대할 수 없다고 규정이 되어 있는데, 최근 임대주택을 지인에게 무상으로 사용하도록 한 경우에도 민간임대주택에 관한 특별법(구 임대주택법)의 위반죄에 해당한다는 대법원 판결이 나왔다(대판 2017.1.12., 2016도 17967).

(3) 예외적으로 남편이 임대차계약상 임차인으로 건물을 임차하였는데, 부부가 같이 사업을 하다가 남편이 사업장을 떠나고 아내만 혼자 사업을 운영하는 경우는 허용된다(대판 1993.4.27., 92다45308).

(4) 결론적으로는 위와 같은 특수한 경우가 아니고는 임차권 무단양도 또는 무단전대는 금지된다.

4. 임대인의 동의 없는 전대의 법률관계

(1) 임차인(전대인) 을과 전차인 병의 관계

① 전대차계약은 하나의 임대차계약으로서 유효하게 성립하며, 임차인 을은 임대인의 동의를 얻을 의무를 전차인 병에 대하여 부담한다.

② 만일 임차인 을이 이 의무를 이행하지 못한 경우에는 전차인 병은 전대·임차권양도계약을 해제하거나 임차인 을에게 손해배상을 청구할 수 있다.

(2) 임대인 갑과 전차인 병의 관계

① 원칙적으로 임대인 갑과 전차인 병의 사이에는 법률관계가 새로 발생하지는 않는다. 제3자인 전차인 병은 본래의 임대인에게 자신의 임차권을 주장할 수 없다.

② 무단 전대차되었다는 사실만으로 임대인에게 손해가 생겼다고 볼 수 없다. 따라서 임대인은 전차인에 대하여 불법점유를 이유로 차임에 갈음하는 손해배상을 청구하지 못한다.

③ 임대인 갑은 전차인 병에게 직접 차임의 지급을 청구할 수 없다. 만약 임대인 갑이 전차인 병에게 차임의 지급을 청구하면 전대차를 추인(사후 동의)한 것으로 본다.

④ 전차인 병은 임차인 을으로부터 취득한 임차권을 가지고 임대인 갑에게 대항하지 못한다. 그러나 임대인 갑은 임차인과의 임대차를 해지하지 않는 한, 직접 자기에게 반환할 것을 청구하지는 못하고, 임차인에게 반환할 것을 청구할 수 있을 뿐이다. 즉, 임대인 갑은 자신의 동의 없이 부동산을 타인에게 전대해준 임차인 을을 상대로 임대차계약을 해지한다는 통보를 하고 임대차계약을 해지해야 비로소 임대목적물을 반환받을 수 있다.

(3) 임대인 갑과 임차인 을의 관계

① 무단 전대차가 이루어졌다고 해서 당초 임대차가 자동으로 해지되는 것은 아니다.

② 임대인 갑은 무단전대를 이유로 임차인 을과의 임대차계약을 해지할 수 있다. 단, 전대한 부분이 그 건물의 아주 작은 일부거나 임차인의 전대 행위가 임대인에 대한 배신적 행위라고 할 수 없는 특별한 사정이 있는 경우를 빼고는 임대인 갑은 임차인 을과의 임대차계약을 해지해버릴 수 있는 것이다.

③ 따라서 임차인의 무단전대가 임대인에 대한 배신행위가 아니라고 인정되는 특별한 사정이 있는 때에는 임대인은 해지할 수 없다.

---

3. 가해자 甲과 피해자 乙 쌍방의 과실로 인하여 교통사고가 발생하였음에도, 甲은 자신의 과실만으로 인해 그 교통사고가 발생한 것으로 잘못 알고 치료비 명목의 합의금에 관하여 乙과 화해계약을 체결하였다. 이러한 경우에 甲은 위 화해계약을 취소할 수 있는지 설명하시오.　　　　　(20점)

---

1. 문제의 소재

사안에서 갑과 을은 교통사고로 인해 을에게 발생한 손해를 배상함에 있어 치료비 명목의 합의금에 관하여 화해계약을 체결하였다. 그런데 가해자 갑은 실제로는 쌍방과실의 교통사고를 자신의 전적인 과실로 인한 것으로 잘못 알고 화해계약을 체결한 경우이다. 이 때 그 화해계약을 분쟁의 목적 이외의 사항에 관하여 착오가 있음을 이유로 취소할 수 있는가가 문제된다.

2. 화해계약의 성립요건

(1) 당사자 간에 분쟁이 존재할 것

(2) 당사자 간의 상호양보가 있을 것

상호양보란, 쌍방당사자가 각자 자기의 주장에서 양보하여 절충하는 것을 말한다. 상대방의 주장을 부분적으로 승인하고 자기주장을 부분적으로 포기하는 것을 뜻하며, 일방만이 양보한 경우에는 권리의 승인이나 포기가 될 뿐, 화해계약을 한 것으로 볼 수는 없다.

(3) 처분가능성

① 분쟁의 대상이 된 법률관계의 당사자로서 그에 관한 처분능력과 처분권한을 가지고 있어야 한다. 대리인이 화해계약한 경우에는 대리권의 범위에 포함되어야 하고, 만약 그렇지 않다면 무권대리 / 표현대리 법리 적용을 검토해야 한다.

② 화해의 대상은 자유로이 처분할 수 있는 법률관계이어야 하므로 원칙적으로 '재산적 법률관계'에 한정되며, 상속법상의 법률관계 중 재산적 의미를 가지는 것(예 상속회복청구권)은 화해의 대상이 될 수 있으나, 가족법상의 법률관계 중 친생관계의 존부에 관한 다툼처럼 당사자가 처분할 수 없는 법률관계는 화해의 대상이 될 수 없다.

(4) 분쟁을 끝내는 합의

이는 나중에 사실과 다르다는 것이 드러나도 구속된다는 뜻의 합의이다.

3. 화해의 효력

(1) 법률관계를 확정하는 효력

화해계약이 성립하면 다툼이 있던 법률관계는 화해계약의 내용에 따라서 확정된다.

(2) 창설적 효력

화해계약의 전제가 된 다툼이 있는 법리관계는 소멸하고, 화해계약의 내용에 따른 새로운 법률관계가 발생되어 당사자는 그에 따른 새로운 권리의무를 갖게 된다(제732조). 그러나 이는 임의규정이기 때문에 당사자들 사이에 '화해계약 전 법률관계에 관한 명백한 증거가 나타나면 화해계약을 소멸시키기로 한 화해계약(해제조건부 법률행위)'는 유효할 수 있다. 화해계약의 창설적 효력은 화해의 전제가 된 분쟁의 대상이었던 사항에 한정되고 화해의 대상에 포함되지 않는 법률관계는 화해계약에 의해 영향을 받지 않는다.
또한 화해계약은 계약 당사자 사이에서만 효력을 가지는바, 제3자에게는 효력을 미치지 않는다.

4. 화해와 착오취소의 관계

(1) 화해계약은 착오를 이유로 하여 취소하지 못한다. 그러나 화해당사자의 자격 또는 화해의 목적인 분쟁 이외의 사항에 착오가 있는 때에는 취소할 수 있다.

(2) 여기서 '화해의 목적인 분쟁 이외의 사항'이라 함은 분쟁의 대상이 아니라 분쟁의 전제 또는 기초가 된 사항으로서 쌍방 당사자가 예정한 것이어서 상호 양보의 내용으로 되지 않고 다툼이 없는 사실로 양해된 사항을 말한다(대판 2005.08.19., 2004다53173).

5. 문제의 해결

(1) 사안에서 교통사고가 가해자 갑의 전적인 과실로 발생하였다는 사실은 분쟁 이외의 사항이고, 실제로 쌍방과실이라는 것은 여기에 착오가 있는 경우이므로, 갑은 을과의 화해계약을 착오를 이유로 취소할 수 있다.

(2) 교통사고에 가해자의 과실이 경합되어 있는데도 오로지 피해자의 과실로 인하여 발생한 것으로 착각하고 치료비를 포함한 합의금으로 실제 입은 손해액보다 훨씬 적은 금원인 금 7,000,000원만을 받고 일체의 손해배상청구권을 포기하기로 합의한 경우, 그 사고가 피해자의 전적인 과실로 인하여 발생하였다는 사실은 쌍방 당사자 사이에 다툼이 없어 양보의 대상이 되지 않았던 사실로서 화해의 목적인 분쟁의 대상이 아니라 그 분쟁의 전제가 되는 사항에 해당하는 것이므로 피해자 측은 착오를 이유로 화해계약을 취소할 수 있다(대판 1997.04.11., 95다48414)는 것이 대법원의 판례이다.

(3) 증명책임

화해의 착오취소를 주장하는 자가 착오의 존재, 그것이 단서에서 정하는 "화해의 목적인 분쟁 이외의 사항"에 관한 것이라는 점, 민법 제109조 법률행위 내용의 중요부분에 대한 착오임을 주장·입증해야 한다.

따라서 이 사안에서 화해의 무효를 주장하는 가해자 갑이 그 무효원인의 존재에 대한 증명책임을 진다.

> **4. 청약과 승낙의 결합에 의하지 아니하고 계약이 성립될 수 있는 경우를 약술하시오.** (20점)

1. 의 의

계약은 원칙적으로 청약과 승낙의 합치에 의하여 성립한다. 그런데 우리 민법은 그 외에도 교차청약과 의사실현에 의하여 계약이 성립할 수 있음을 인정한다.

2. 교차청약에 의한 계약의 성립

(1) 의 의

교차청약이란 각 당사자가 우연히 서로 교차해서 청약을 하였는데 청약의 내용이 완전히 일치하고 있는 경우를 말한다.

(2) 교차청약에 의한 계약의 성립

① 계약의 성립은 청약과 승낙이라는 본질적으로 다른 의사표시의 합치에 의하는 것이라는 관점에서는 교차청약에 의한 계약의 성립을 인정할 수 없다.

② 그러나 계약의 성립은 서로 대립하는 당사자의 두 개의 의사표시의 합치에 의하는 것이라 본다면 교차청약의 경우에도 <u>두 개의 의사표시는 객관적으로 합치할 뿐만 아니라 주관적으로도 합치</u>하고 있다.

③ 교차청약에 의한 계약의 성립을 인정하는 것은 거래의 신속에 대한 현실의 필요성을 충족하고 당사자의 의사에 부합한다.

(3) 교차청약에 의한 계약의 성립시기

① 의사표시의 효력발생시기에 관한 도달주의의 원칙(제111조 제1항)에 따라 민법 제533조에서 '양 청약이 상대방에게 도달한 때에 계약이 성립한다.'고 규정하고 있다.

② 두 청약이 동시에 도달하지 않을 경우에는 후에 상대방에 청약이 도달하는 때에 청약은 성립한다(제738조).

3. 의사실현에 의한 계약의 성립

(1) 의 의

① 의사실현이란 의사표시와 같이 일정한 효과의사를 외부에 표시할 목적으로 행하여진 것으로 볼 수 없는 행위이지만, 그것으로부터 일정한 효과의사를 인정할 수 있는 행위를 말한다.

② 의사실현은 승낙자의 단순한 내심의 의사만으로는 부족하며 승낙자의 일정한 행위로부터 승낙의 의사가 인식될 수 있어야 한다.

　　예 갑이 변호사 을에게 소송사무의 처리를 위임하는 청약을 하였는데 을이 승낙의 의사표시를 하지 않은 상태에서 그 위임된 사무를 실제로 처리한 경우

(2) 의사실현이 있는 경우의 요건

① 청약자의 의사표시 또는 관습에 의해서 승낙의 의사표시를 명시적으로 요구하지 않을 수 있다.

② 청약자가 그런 승낙으로 인정되는 사실을 알았는지와 무관하게 그 승낙이 있음으로써 계약은 성립한다.

　　예 숙박업소에서 예약주문받은 후 객실 청소함, 상품 전시하면서 포장지에 포장 개봉하면 매매한 것으로 본다는 문구 기재

③ 승낙의 의사표시로 인정되는 사실이 외부적으로 인식될 수 있어야 한다. 일정한 행태로부터 승낙의 의사표시를 추단한다.

(3) 침묵은 의사실현에 의한 계약성립이 가능한가?

① 원칙 : 침묵은 승낙의 의사표시로 인정할 만한 사실이 아니다.

② 예 외

　　㉠ 당사자 간에 사전에 양해가 있는 경우

　　㉡ 동일한 종류의 거래가 계속적으로 행하여지는 경우(상법 제53조)

　　㉢ 승낙하지 않을 경우에는 특히 일정한 적극적인 행위를 하는 것이 거래계의 관행 또는 실정으로 요구되는 경우

(4) 의사실현에 의한 계약의 성립시기

① 의사실현으로 계약이 성립하는 것은 의사실현의 사실이 발생한 때이며 청약자가 그 사실을 안 때가 아니다. 여기서 의사실현은 '의사표시'와는 다르며, 착오에 관한 규정도 적용된다.

② 의사실현이 있는 때로부터 계약이 성립되므로 이 때부터 의사실현자인 승낙자는 계약을 철회하지 못한다.

③ 청약자는 의사실현의 존재 여부를 알지 못하는 상태에서 승낙의 통지를 기다리는 위험을 부담한다. 따라서 승낙기간 또는 상당한 기간이 지난 후에 의사실현이 있는 경우에는 계약이 성립하지 않는다.

4. 사실적 계약관계론

(1) 의 의

① 사실적 계약관계론은 당사자의 구체적인 의사 없이도 통신, 교통기관의 이용과 수도, 가스 공급, 사실적 노무급부 등과 같은 사회전형적인 집단적 거래관계에서 당사자의 사실상의 행위만으로 계약관계가 성립한다는 주장을 말한다.

　예 버스가 문을 열고, 그 문을 통해 들어간 승객은 사실상의 행위를 통해 계약이 성립했다고 여기는 것

② 특히 당사자가 무능력 또는 취소 등으로 법률행위가 효력을 가질 수 없는 경우에도 당사자 사이에 계약관계와 유사한 채권관계가 성립된다고 보고 있다.

(2) 연 혁

독일의 하우프트(Haupt)에 의하여 1941년 최초로 주장된 이론이다. 특히 주차장사례에 영향을 주었다.

판례

1956년 독일 주차장사건

A는 무료주차를 하려는 의사를 가지고 유료주차장에 주차를 하였다. 당시 감시원은 없었다. 2시간 후 용무를 마치고 다시 차를 가지러 주차장에 돌아왔는데, 주차관리요원이 A에게 2시간에 해당하는 주차요금을 요구하였다. 독일 연방대법원은 A가 주차했다는 사실로부터 권리와 의무가 발생하여 계약은 성립했으므로 자동차를 주차한 A는 의사표시 여하에 불구하고 요금표에 따른 요금을 지불할 의무를 부담한다고 판시하였다.

그러나 현재 독일의 판례도 사실적 계약관계론을 포기한 것으로 보인다. 1971년 몰래 항공기에 숨어들어 무임 승차한 승객에게 부당이득 반환의무만을 인정하고, 이 승객의 항공기 운송계약에 의한 운임 지불 의무를 부정하였다.

(3) 의사실현에 의한 계약성립과 사실적 계약관계론의 비교

① 의사실현에 의한 계약성립은 명백한 의사표시가 없는 경우에도 일정한 행위로부터 당사자의 효과의사를 추단하는 것으로서 사적 자치를 확장하는 제도이다.

② 사실적 계약관계론은 효과의사의 추단을 하지 않고 일정한 행위로부터 계약의 성립을 인정하는 제도이다.

(4) 사실적 계약관계론에 대한 비판 및 판례의 입장

① 사실적 계약관계론에 따르면 의사표시의 하자 및 행위능력에 관한 규정이 적용되지 않게 되어 공기업의 이익만 보호하게 되는 불합리한 결과를 초래한다.

② 주차장의 사례와 같은 경우 "묵시적, 추단적 의사표시에 의한 계약성립"으로 볼 수 있다.

③ 사실적 계약관계론을 명시적으로 인정한 판례는 없다.

05 | 2017년 제5회 기출문제

1. 乙소유의 X건물은 5층 건물로서 1층과 2층의 공부상 용도는 음식점이었다. 甲은 乙로부터 X건물의 1층과 2층을 5년간 임차하여 대중음식점을 경영하면서 음식점영업의 편익을 위하여 乙의 동의를 얻어 건물과는 별개인 차양과 유리 출입문 등 영업에 필요한 시설을 1층에 부속시켰다. 한편 甲은 임차한 지 얼마 되지 않아 음식점영업이 부진하자 丙에게 그 건물의 2층에 대한 임차권을 양도하였다. 다음 각 독립된 물음에 답하시오. (40점)

   1) 甲은 임대차 종료 시 위 차양과 유리 출입문 등 영업에 필요한 시설에 대하여 부속물매수청구권을 행사할 수 있는지 여부를 설명하시오. (20점)

   2) 丙에게 위 건물의 2층에 대한 임차권을 양도한 경우의 법률관계를 乙의 동의가 있는 경우와 乙의 동의가 없는 경우로 나누어 설명하시오. (20점)

1-1. 사안의 논점

(1) 본 사안에서 임차인 갑은 임대인 을의 동의를 얻어 건물과 별개로 독립성 있는 차양과 유리 출입문 등 영업에 필요한 시설을 설치한 경우이므로 임대차 계약의 종료 시 임차인 갑이 부속물매수청구권을 행사할 수 있는지 여부가 문제된다.

(2) 특히 임차인 갑은 임대차 기간 중에 임대차 목적물의 일부에 대한 임차권을 제3자인 병에게 양도하였는데, 이러한 임차권 양도가 임차인 을의 부속물매수청구권에 어떤 법적 효과를 발생시키는지를 논해야 한다.

1-2. 임차인 갑의 부속물매수청구권의 성립 여부

(1) 의 의

건물 기타 공작물의 임차인이 사용의 편익을 위하여 임대인의 동의를 얻어 이에 부속한 물건이 있는 때에는 임대차의 종료 시에 임대인에 대하여 그 부속물의 매수를 청구할 수 있다. 임대인으로부터 매수한 부속물에 대하여도 매수를 청구할 수 있다(제646조 제1~제2항).

(2) 성립요건

① 건물 기타 공작물의 임대차일 것

② 임차인이 임차목적물의 사용의 편익을 위하여 부속시킨 것일 것

③ 임대인의 동의를 얻어 부속시킨 것이거나 임대인으로부터 매수한 부속물일 것

④ 임대차가 종료하였을 것(임차인의 채무불이행으로 해지된 경우 제외)

⑤ 일시사용을 위한 임대차가 아닐 것

(3) 매수청구의 대상이 되는 부속물의 요건

① 건물에 부속된 물건

② 임차인의 소유에 속함

③ 건물의 구성부분으로는 되지 아니한 것(부속물이 독립성을 가질 것)

④ 건물의 사용에 객관적인 편익을 가져오게 하는 물건

따라서 부속된 물건이 오로지 건물임차인의 특수한 목적에 사용하기 위해 부속된 것일 때에는 부속물매수청구권의 대상이 되는 물건이 아니다. 부속물 여부의 판단은 당해 건물 자체 구조와 임대차계약 당시 당사자 사이에 합의된 사용 목적, 기타 건물의 위치, 주위환경 등 제반 사정을 참작해 정해진다. 예를 들어 임차인이 영업을 위해 직접 필요한 시설을 설치한 경우에는 부속물매수청구권의 대상이 아니다.

1-3. 법적 효과

(1) 매매계약의 성립

부속물매수청구권은 형성권이므로, 임차인의 일방적 의사표시로 매매계약이 성립하는 효과가 발생하고, 부속물의 매매대금은 그 매수청구권 행사 당시의 시가를 기준으로 산정된다.

(2) 포기특약의 유효성

부속물매수청구권에 관한 민법의 규정은 임차인을 보호하기 위한 강행규정이므로, 임차인에게 불리한 부속물매수청구권 배제의 특약은 무효이다(제652조). 단, 면제 특약이 언제나 무효인 것은 아니다. 임차보증금과 차임을 저렴하게 해 주거나 원상회복의무를 면하게 해주는 사정이 있는 경우에는 임차인에게 불리하지 않아서 무효로 되지 않을 수 있다.

(3) 권리 행사의 제한

판례는 임대차계약이 임차인의 채무불이행으로 인하여 해지된 경우에는 임차인은 부속물매수청구권을 행사할 수 없다고 한다.

1-4. 문제의 해결

(1) 차양과 유리 출입문 등 영업에 필요한 시설은 일단 건물과 별개의 물건이며, 음식점 건물의 사용에 객관적인 편익을 가져오는 부속물로서 임대인 을의 동의하에 부속시킨 것이므로, 부속물매수청구권의 행사 대상인 부속물이라 볼 수 있다.

(2) 그러나 위 사안에서 임차인 갑은 임대인 을의 동의를 받지 않고 임차 목적물의 일부를 제3자 병에게 양도하였다. 민법은 임차인이 임대인의 동의를 받지 않고 제3자에게 임대차 목적물을 양도·전대하는 것을 금지하고 있다(제629조). 단, 예외적으로 건물의 임차인이 그 건물의 소부분을 타인에게 사용하게 하는 경우는 임대인의 동의를 필요로 하지 않는다(제632조).

이 사안에서 임차인 갑은 임차 건물의 절반(1/2)의 부분을 양도한 경우이므로 이는 그 건물의 소부분의 양도라고 볼 수 없다. 따라서 이 사안에서 임대인 을은 무단 양도를 이유로 임대차계약을 해지할 수 있다.

이는 임대차계약이 임차인의 채무불이행으로 인하여 해지된 경우이므로 임차인은 부속물매수청구권을 행사할 수 없다.

2-1. 문제의 소재

(1) 부동산 임대차는 임대인과 임차인 간 계속적 계약의 성질을 가지며 당사자의 개인적인 신뢰를 기초로 하는 법률관계이므로 임대차관계를 깨뜨리는 임차권 무단양도 또는 무단전대는 여러 가지 법률문제를 야기한다.

(2) 이 사안에서 임차인 갑은 임대인 을의 동의 없이 임차 공간의 절반(1/2)을 제3자 병에게 무단양도하였는데 이의 법적 효과를 논하여야 한다. 특히 임대인의 동의 여부에 따라 임차권 양도효과의 차이를 비교하여야 한다.

2-2. 임차권 양도의 의의 및 효과

(1) 임차권 양도란 임차권을 그 동일성을 유지하면서 임차인이 임차권을 타인에게 이전하는 계약을 말한다.

(2) 임차권은 지명채권의 일종이며, 임차권의 양도는 임차권 그 자체의 직접적인 이전을 목적으로 하는 임차권 매매계약이다. 준물권계약이므로 이행이라는 문제를 남기지 않는다. 이 점에서 이행이라는 문제를 남기는 채권양도와 다르다.

(3) 임차권 양도에 의해 임차인은 그의 지위에서 벗어나고 양수인이 임차인의 지위를 승계하여 임차인으로서 권리의무를 취득한다. 전대차에서는 임차인이 원래의 임차인 지위를 그대로 유지하면서 제3자에게 임차물을 사용 수익하게 한다는 점에서 다르다.

2-3. 임대인 을의 동의 있는 양도

(1) 임차권은 재산권이므로 양도성이 있다. 따라서 임차인은 임대인의 동의를 얻어 임차물을 양도하거나 전대할 수 있다.

(2) 임차권의 이전

양도인 갑은 임대차 관계에서 벗어나게 되고, 임차권은 그 동일성을 유지하면서 양수인 병에게 이전된다. 그러나 양도인의 연체차임채무나 기타 손해배상채무 등은 원칙적으로(특약이 없는 한) 양수인 병에게 이전하지 않는다.

(3) 임대차보증금반환채권의 이전여부

판례는 보증금반환채권을 임차권과는 별개의 지명채권으로 보고, 따라서 임대인의 동의를 얻은 임차권의 양도가 있더라도 특약이 없는 한 보증금반환채권이 당연히 임차권의 양수인에게 이전되는 것은 아니라고 본다.

2-4. 임대인 을의 동의 없는 양도

(1) 무단 양도의 금지

임대차는 임대인과 임차인 간 인적 신뢰관계에 기초하므로 임차인은 임대인의 동의 없이 임차권을 양도 또는 전대하지 못한다. 만약 임차인 갑이 임대인 을의 동의 없이 양도 또는 전대한 경우에는 임대인 을은 임차인 갑과의 임대차계약을 해지할 수 있다(제629조).

(2) 양도인(임차인) 갑과 양수인 병의 관계

임대인의 동의를 받지 아니하고 임차권을 양도한 경우 당초 임대차에 아무런 영향을 미치지 못하므로 임차인과 임대인과의 당초 임대차 관계는 그대로 존속한다. 그러나 임차인(양도인)과 양수인 사이의 양도 계약은 유효하게 성립하며, 임차인은 양수인에 대해 임대인으로부터 양도계약의 동의를 받아줄 의무를 부담한다.

(3) 임대인 을과 양수인 병의 관계

① 이 경우 양수인 병의 임차물에 대한 점유는 임대인 을에 대한 관계에서는 불법 점유가 된다. 따라서 임대인 을은 임차인 갑에게 임차물의 반환을 청구할 수 있으며, 동의 없는 양도를 이유로 임대차계약을 해지할 수 있다.

② 특히 임대인 을은 임차인 갑과의 임대차를 해지하지 않는 한, 직접 자기에게 인도할 것을 양수인 병에게 청구하지는 못하며, 임차인 갑에게 반환할 것을 청구할 수 있을 뿐이다. 다만 임차인 갑과의 임대차를 해지하지 않는 한 임대인 을은 임차인 갑에 대하여 여전히 차임청구권을 가지므로, 양수인 병에게 불법점유를 이유로 한 차임상당 손해배상청구나 부당이득 반환청구를 할 수 없다.

(4) 임대인 을과 임차인 갑의 관계

① 임대인은 임차인의 무단양도를 이유로 임대차계약을 해지할 수 있다.

② 그러나 임차인의 무단양도가 임대인에 대한 배신행위가 아니라고 인정되는 특별한 사정이 있는 때에는 임대인은 해지할 수 없다.

2-5. 임차권 양도의 법률관계와 대항력 문제

(1) 임차권 양도 계약은 임대인의 동의 유무와 상관 없이 일단은 유효하게 성립하게 되며, 임차권은 그 동일성을 유지하면서 양수인에게 이전된다. 양수인은 임차물에 주민등록 전입신고를 할 수 있지만 그 외의 공시 방법이 없으므로 대항력을 갖는지 여부가 문제된다.

(2) 임대인의 동의를 받은 임차권 양도계약은 주민등록 신고 등 요건을 갖추면 제3자에게 대항력을 갖는다. 이 경우 해당 임차물을 임대인으로부터 매매한 매수인이나 경매를 통해 매매한 경락인이 피해를 볼 가능성이 크다. 따라서 새로운 매수인이나 경락인은 매도인의 하자담보책임 확인서와 점유사실 확인서를 받아 양도된 임차권이 대항력이 있는지 여부를 확인해야 한다.

---

2. 민법상 증여계약의 특유한 해제원인 3가지를 설명하고, 이행완료 부분에 대한 효력에 관하여 약술하시오.

(20점)

---

1. 증여의 의의

(1) 증여는 당사자의 일방(증여자)이 무상으로 재산을 상대방(수증자)에게 수여하는 의사를 표시하고, 상대방이 이를 승낙함으로써 성립하는 민법상 전형계약이다.

(2) 증여는 낙성·무상·편무·불요식의 계약이다.

2. 증여계약의 특유한 해제원인

(1) 증여의 의사가 서면으로 표시되지 않은 경우(비서면증여)

① 증여의사가 서면으로 표시되지 않은 경우에는, 각 당사자(즉 증여자와 수증사 모두)는 증여계약을 해제할 수 있다(제555조).

② 이러한 제555조의 증여계약의 해제는 일종의 특수한 철회이고 본래적 의미의 해제가 아니므로, 형성권의 제척기간(10년)의 적용을 받지는 않는다.

(2) 수증자의 망은행위로 인한 해제

① 수증자가 증여자 또는 그 배우자나 직계혈족에 대하여 범죄행위를 한 때나 수증자가 증여자에 대하여 부양의무 있는 경우에 이를 이행하지 아니하는 때에는 증여자는 그 증여를 해제할 수 있다(제556조).

② 망은행위로 인해 증여계약을 해제할 수 있는 자는 증여자에 한한다.

③ 증여자가 증여계약을 해제할 수 있는 수증자의 망은행위의 요건으로 다음 2가지를 충족해야 한다.
ㄱ 증여자 또는 그 배우자나 직계혈족에 대하여 범죄행위가 있은 때(제556조 제1항 제1호)
ㄴ 증여자에 대하여 '부양의무'가 있는 경우에 이를 이행하지 않은 때(제556조 제1항 제2호)

(3) 부양의무의 의의

① 판례에 의하면 "민법 제556조 제1항 제2호에서 부양의무는 민법 제974조에 규정되어 있는 직계혈족 및 그 배우자 또는 생계를 같이하는 친족 간 부양의무를 가리키며, 친족 간이 아닌 당사자 사이 약정에 의한 부양의무는 이에 해당하지 않는다."

② 수증자의 망은행위에 의한 증여계약 해제권은, 망은행위가 있었음을 안 날로부터 6개월이 경과하거나 증여자가 수증자에 대해 용서의 의사표시를 한 때에는 소멸한다(제556조 제2항).

(4) 증여자의 재산상태변경으로 인한 해제

① 증여계약 후에 증여자의 재산상태가 현저히 변경되고 그 이행으로 인하여 생계에 중대한 영향을 미칠 경우에는 증여자는 증여를 해제할 수 있다(제557조).

② 이는 사정변경의 원칙을 입법화한 것이며, 이 경우의 해제도 위의 2가지 경우와 마찬가지로 이미 이행한 부분에 대하여는 영향이 없다(제558조).

3. 해제와 이행완료부분에 대한 효력

(1) 증여계약 해제의 의의 및 효과

① 민법 제555조 이하 증여의 해제는 특수한 철회의 일종으로서 장래를 향해서만 증여계약이 효력을 상실하게 되므로, 본래 의미의 해제와는 그 성격이 다르다.

② 따라서 위 세 가지[2. (1), (2), (4)] 경우의 증여의 해제는 이미 이행한 부분에 대하여는 영향을 미치지 아니한다(제558조). 이것은 거래의 안전을 보호하기 위한 입법으로 평가된다.

(2) 증여계약 해제에 대한 제한

① 민법 제558조의 제한(이미 이행한 부분에 대하여는 영향을 미치지 않는다)과 관련하여 이미 이행된 부분의 기산 시점을 언제로 볼 것인지가 쟁점이다.

② 대법원은 여기에서의 '이미 이행'을 부동산의 경우는 소유권이전등기를 기준으로 해석하고 있다. 또한, 증여자의 의사에 기하지 않은 원인무표의 등기가 경료된 경우에는 증여계약의 적법한 이행이 있다고 볼 수 없으므로, 서면에 의하지 아니한 증여계약의 해제에 대하여 수증자가 실체관계에 부합한다는 주장으로 대항할 수 없다고 판시하였다.

> **3. 매매계약 체결 시 교부되는 계약금의 종류를 약술하고, 해약금의 효력에 관하여 설명하시오.** (20점)

1. 계약금의 의의

(1) 계약금은 계약을 체결함에 있어서 그 계약에 부수하여 일방이 상대방에게 교부하는 금전 기타 유가물을 말한다.

(2) 계약금으로서 금전 이외의 것이 교부되어도 상관없다.

(3) 계약금으로서 금액의 다소는 원칙적으로 관계가 없으나 부동산거래에 있어서는 그 가격의 10%가 보통이다. 지나치게 소액인 때에는 증약금에 지나지 않는 경우가 있겠고 반대로 지나치게 다액인 때에는 손해배상의 예정으로서 성질을 겸하는 것으로 보아야 한다.

2. 계약금의 종류

(1) 증약금

① 증약금은 계약체결의 증거로서의 의미를 갖는 계약금이다. 계약금의 증약금으로서의 성질은 계약금의 최소한도의 성질이다.

② 계약 체결의 당사자 사이에 어떠한 합의가 있었는지가 분명하지 않은 경우이더라도 계약금이 교부되어 있으면 그것은 적어도 어떤 합의가 있었다는 증거는 된다. 따라서 당사자가 특히 위약금 또는 해약금으로서 계약금을 교부한 때에도 증약금으로서의 성질을 인정할 수 있다.

(2) 위약금

① 위약금은 계약위반, 즉 채무불이행이 있을 때에 의미를 갖는 계약금이다.

② 계약금이 위약금의 성질을 갖기 위해서는 반드시 위약금 특약이 있어야 한다. 위약금은 다음 2가지로 구분된다.

    ㉠ 위약벌의 성질을 갖는 위약금 : 계약금을 교부한 자가 계약상의 채무를 이행하지 않는 때에 그것을 수령한 자가 위약벌로 몰수하는 계약금이다.

    ㉡ 손해배상의 예정으로서의 성질을 갖는 위약금 : 계약불이행의 경우에 계약금을 교부한 자는 그것을 몰수당하고 계약금을 교부받은 자는 배액을 상환할 것을 약정하는 경우이다. 이러한 의미의 계약금이 교부된 때에는 손해배상액의 예정으로 추정되는 위약금(제398조 제4항)과 같은 성질을 갖는 계약금으로 판례는 해석하고 있다.

(3) 해약금

해약금이란 계약의 해제권을 공유하는 작용을 갖는 계약금을 말한다. 계약서를 작성할 때에 해약금이라는 명칭을 사용하지 않더라도 계약금은 원칙적으로 이 해약금의 성질을 갖는 것으로 추정한다(제565조).

3. 해약금의 효력

(1) 해약금에 의한 해제의 의의

해제권을 유보하는 계약금이 교부된 때에는 일방이 이행에 착수할 때까지, 교부자는 이를 포기하고 수령자는 그 배액을 상환하여 매매계약을 해제할 수 있는 약정해제권을 보류한 것으로 추정한다.

(2) 해약금에 의한 해제의 요건

① 당사자 일방이 이행에 착수할 때까지만 가능하다. 이행에 착수한다는 것은 이행의 준비가 아니라 이행행위 자체를 착수하는 것을 말한다. 즉, 중도금의 제공 등 채무의 이행행위의 일부를 행하거나 또는 이행을 하는데 필요한 전제행위를 하는 것을 말한다.

② 해약금을 교부한 자는 그것을 포기함으로써, 이 해약금을 받은 자는 그 배액을 상환함으로써 각각 계약을 해제할 수 있다. 민법은 '배액을 상환하여'라고 규정하므로 단순히 해제의 의사표시만으로 는 해제하지 못하며 그 밖에 반드시 배액을 제공하여야 한다. 배액이 되지 않는 일부만을 제공하여 서는 계약을 해제하지 못한다.

(3) 해약금에 의한 해제의 효과

① 해약금에 의한 계약해제는 계약관계를 소급적으로 소멸하게 하는 점에서는 보통의 해제와 같으나, 당사자 일방의 이행의 착수가 있기 전에 한해서 해제할 수 있으므로 원상회복의무와 손해배상청구 권은 발생하지 않는다는 점에서 다르다. 왜냐하면 해약금에 의한 계약의 해제는 해약금계약이라는 특약에 의한 것이고 채무불이행에 의한 해제가 아니기 때문이다(제565조 제2항).

② 계약금이 교부되어 있더라도 상대방이 계약을 이행하지 않는 경우에 채무불이행을 이유로 계약을 해제할 수 있다. 이 때에는 보류한 해제권의 행사로 계약이 해제되는 것이 아니므로 다른 특약이 없는 한 손해배상 및 계약금의 반환 등의 원상회복도 청구할 수 있게 된다.

> **4. 甲과 乙은 甲소유의 건물을 乙에게 매도하면서 甲의 요청으로 乙은 丙에 대하여 직접 대금지급채무를 부담하는 내용의 제3자를 위한 계약을 체결하였다. 이 경우 丙의 법적 지위를 수익의 의사표시 이전과 이후로 구분하여 설명하시오.** (20점)

1. 사안의 논점

(1) 제3자를 위한 계약에서 제3자는 원칙적으로 계약의 당사자가 아니지만 법률에 의해 일정한 권리의무 가 부여된다. 특히 제3자가 수익을 받을 권리를 행사하는 의사표시를 중심으로 그 효과를 논하여야 한다.

(2) 본 사안은 건물매매계약의 매도인 갑과 매수인 을이 제3자 병을 위해서 을이 병에게 직접 대금지급채 무를 부담하는 내용의 제3자를 위한 계약이다. 이 때 갑을 요약자, 을을 낙약자, 병을 제3자라고 한다.

(3) 계약을 체결하면 통상 당사자 쌍방 간에 권리의무가 발생하지만, 계약의 효력을 계약당사자가 아닌 제3자에게 확장할 필요에 의해 제3자를 위한 계약은 성립한다. 제3자 병의 지위를 수익의 의사표시 이전과 이후로 나누어 검토한다.

2. 제3자를 위한 계약

(1) 의 의

① 제3자를 위한 계약이란 계약당사자가 아닌 제3자로 하여금 '<u>직접</u>' 계약당사자의 일방에 대하여 급부청구권(채권)을 취득하게 하는 것을 목적으로 하는 계약을 말한다.

② 제3자로 하여금 직접 계약 당사자 일방에 대하여 권리를 취득하게 하는 효과가 계약의 내용(목적)에 포함되어 있을 때 제3자를 위한 계약이 된다.

(2) 법률관계

① 요약자와 낙약자 간에 보상관계(기본관계), 낙약자와 수익자 간에 수익관계(급부관계), 요약자와 수익자 간에 대가관계(출연관계)가 성립한다.

② 이 중에서 보상관계와 수익관계가 제3자를 위한 계약의 구성 요소가 되며 대가관계는 제3자를 위한 계약의 내용(구성요소)이 아니다.

③ 따라서 보상관계의 하자나 흠결은 수익자의 권리에 직접 영향을 미친다. 그러나 대가관계의 하자나 흠결은 수익자의 권리에 직접 영향을 미치지 않는다.

3. 제3자의 수익의 의사표시

(1) 의의 및 법적 성질

① 제3자의 낙약자(채무자)에 대한 급부청구권은 제3자가 낙약자(채무자)에게 계약의 이익을 받을 의사표시를 한 때에 발생한다(제539조 제2항).

② 제3자의 수익의 의사표시는 제3자를 위한 계약의 성립요건 및 효력발생요건이 아니라 제3자를 위한 계약에 있어서 제3자의 권리의 발생요건이다. 즉 제3자를 위한 계약은 요약자와 낙약자 간 합의에 의해 성립하며 제3자의 수익의 의사표시의 존부와는 전혀 관계 없다.

③ 단, 수익의 의사표시 없이도 수익자에게 낙약자(채무자)에 대한 권리 취득을 인정해야 하는 경우가 있다.

　　예 제3자를 위한 보험계약이나 제3자를 수익자로 한 신탁·공탁 능

(2) 제3자의 수익의 의사표시의 법적 성질

① **형성권** : 제3자는 일방적 의사표시에 의하여 권리취득의 효과를 발생케 하는 일종의 형성권을 가지고 있다.

② **일신비전속권** : 이러한 형성권은 재산적 색채가 강하므로 일신전속권이라 할 수 없다. 따라서 상속·양도는 물론이고, 채권자대위권의 목적이 된다(통설).

③ 행사기간 : 제3자가 수익의 의사표시를 할 수 있는 기간은 계약에서 특별히 정한 바가 없으면 10년의 제척기간에 걸린다. 그러나 낙약자는 상당한 기간을 정하여 이익의 향수 여부의 확답을 제3자에게 최고할 수 있고, 낙약자가 그 기간 내에 확답을 받지 못한 때에는 제3자가 수익을 거절한 것으로 본다(제540조).

4. 수익의 의사표시 전의 제3자 병의 지위

(1) 권리취득 요건

제3자는 수익의 의사표시를 하기 전까지는 채무자에 대한 수익의 권리를 취득하지 못한다.

(2) 채무자의 제3자에 대한 최고권(제540조)

① 채무자는 상당한 기간을 정하여 계약의 이익의 향수 여부의 확답을 제3자에게 최고할 수 있다.
② 채무자가 그 기간 내에 확답을 받지 못한 때에는 제삼자가 계약의 이익을 받을 것을 거절한 것으로 본다.

(3) 계약의 해제

① 제3자가 수익의 의사표시를 하기 전에는 요약자와 낙약자가 합의하여 계약을 해제할 수 있다.
② 그리고 요약자와 낙약자는 채무불이행을 이유로 한 법정해제도 가능하다.
③ 제3자는 계약의 당사자가 아니므로 제3자를 위한 계약을 해제할 수 없다.

5. 수익의 의사표시 후의 제3자 병의 지위

(1) 청구권의 확정(제3자의 권리의 확정)

수익의 의사표시에 의하여 비로소 제3자에게 급부청구권이 발생한다.

(2) 해제권 및 취소권의 제한

① 제3자에게 급부청구권이 발생한 후에는 당사자(요약자와 낙약자)는 이를 변경 또는 소멸시키지 못한다(제541조).
② 그러나 다음의 경우에는 변경이나 소멸을 허용하며 제3자의 동의를 요하지 않는다(다수설, 판례)
　㉠ 당사자의 약정으로 변경권(수익자 및 급부내용)을 유보한 경우(상법 제733조 보험수익자의 지정 또는 변경의 권리)
　㉡ 계약 당사자(특히 요약자)의 무능력이나 하자 있는 의사표시를 이유로 계약 자체를 취소하는 경우
　㉢ 쌍무계약에서 채무자(낙약자)의 책임 있는 사유로 이행불능 또는 이행지체가 발생하여 채권자(요약자)가 계약을 해제하는 경우

(3) 제3자의 손해배상청구권

① 수익의 의사표시를 한 후에 수익자인 제3자는 계약 당사자와 동일하게 다루어진다.

② 수익의 의사표시를 한 후에 채무자의 귀책사유로 채무의 내용에 따른 이행이 없는 경우(이행불능, 이행지체)에는 제3자는 채무자에게 손해배상청구권을 행사할 수 있다.

③ 제3자는 손해배상청구권을 갖지만 계약해제권을 갖지 못한다.

④ 계약 해제로 인한 원상회복 청구권은 채권자가 행사할 수 있으며 제3자는 원상회복 청구권을 행사할 수 없다.

(4) 계약 해제 및 사기·강박에 의한 취소의 효과

① 제3자를 위한 계약관계에서 낙약자와 요약자 사이의 법률관계(이른바 기본관계)를 이루는 계약이 무효이거나 해제된 경우 그 계약관계의 청산은 계약의 당사자인 낙약자와 요약자 사이에 이루어져야 하므로, 특별한 사정이 없는 한 낙약자가 이미 제3자에게 급부한 것이 있더라도 낙약자는 계약 해제 등에 기한 원상회복 또는 부당이득을 원인으로 제3자를 상대로 그 반환을 구할 수 없다.

② 제3자가 취득하는 권리는 계약으로부터 직접 생기는 것이므로, 민법의 제3자 보호규정(제107~제110조, 제548조 제1항 단서)의 제3자에는 해당하지 않는다.

06 | 2018년 제6회 기출문제

1. 甲은 2018.2.1. 자신의 소유인 X주택을 매매대금 10억 원에 乙에게 매각하는 매매계약을 체결하면서, 계약금은 1억 원으로 약정하였다. 乙은 甲에게 계약금 1억 원 중 3,000만 원은 계약 당일에 지급하였고, 나머지 7,000만 원은 2018.2.15. 지급하기로 약정하였다. 다음 각 독립된 물음에 답하시오. (40점)

   1) 甲이 2018.2.10. 계약금에 기하여 매매계약을 해제하고자 할 때, 계약금의 법적 의미와 甲은 얼마의 금액을 乙에게 지급하고 매매계약을 해제할 수 있는지에 관하여 설명하시오. (20점)

   2) 乙은 甲에게 2018.2.15. 지급하기로 한 나머지 계약금 7,000만 원을 지급하였다. 한편, 위 매매계약에서 중도금 3억 원은 2018.6.1. 지급하기로 약정하였다. 乙은 X주택의 시가 상승을 예상하면서 2018.5.1. 甲을 만나 중도금 3억 원의 지급을 위하여 자기앞수표를 교부하였으나, 甲은 이의 수령을 거절하였다. 그 후, 甲은 2018.5.5. 수령한 계약금의 2배인 2억 원의 자기앞수표를 乙에게 교부하면서 매매계약 해제의 의사표시를 하였다. 乙은 이의 수령을 거절하였으며, 甲은 2억 원을 공탁하였다. 이러한 경우, 매매계약이 해제되었는지 여부에 관하여 설명하시오. (20점)

1-1. 사안의 논점

사안은 부동산 매매계약에서 계약금의 일부만 지급된 상황에서 매도인이 해약금에 의한 해제를 하기 위해 얼마의 금액을 상환해야 하는지가 문제된다.

1-2. 계약금의 법적 의미와 효력

(1) 계약금은 계약을 체결함에 있어서 그 계약에 부수하여 일방이 상대방에게 교부하는 금전 기타 유가물을 말한다. 계약금으로서 금전 이외의 것이 교부되어도 상관없다.

(2) 계약금으로서 금액의 다소는 원칙적으로 관계가 없으나 부동산거래에 있어서는 그 가격의 10%가 보통이다. 지나치게 소액인 때에는 증약금에 지나지 않는 경우가 있겠고 반대로 지나치게 다액인 때에는 손해배상의 예정으로서 성질을 겸하는 것으로 보아야 한다.

(3) 해약금에 의한 해제

① 해제권을 유보하는 계약금이 교부된 때에는 일방이 이행에 착수할 때까지, 교부자는 이를 포기하고 수령자는 그 배액을 상환하여 매매계약을 해제할 수 있는 약정해제권을 보류한 것으로 추정한다.

② 당사자 일방이 이행에 착수할 때까지만 가능하다. **이행에 착수한다는 것은** 이행의 준비가 아니라 이행행위 자체를 착수하는 것을 말한다. 즉, 중도금의 제공 등 채무의 이행행위의 일부를 행하거나 또는 이행을 하는데 필요한 전제행위를 하는 것을 말한다.

③ 민법은 '배액을 상환하여'라고 규정하므로 단순히 해제의 의사표시만으로는 해제하지 못하며 그밖에 반드시 배액을 제공하여야 한다. 제공만 하면 되고 상대방이 이를 수령하지 않는다고 해서 공탁까지 할 필요는 없다. 배액이 되지 않는 일부만을 제공하여서는 계약을 해제하지 못한다.

1-3. 계약금의 전부 또는 일부를 받지 못한 경우 해약금 규정에 따라 계약해제를 할 수 있는지

(1) 민법의 규정

민법 제565조(해약금) 제1항에 따르면 매매의 당사자 일방이 계약당시에 금전 기타 물건을 계약금, 보증금등의 명목으로 상대방에게 교부한 때에는 당사자 간에 다른 약정이 없는 한 당사자의 일방이 이행에 착수할 때까지 교부자는 이를 포기하고 수령자는 그 배액을 상환하여 매매계약을 해제할 수 있다.

(2) 계약금계약의 법적 성질과 본계약의 해제

① 원칙적으로 계약이 성립하면 당사자 일방이 이를 마음대로 해제할 수는 없다. 다만 '주된 계약'과 더불어 '계약금계약'을 체결한 경우에는 민법 제565조 제1항의 규정에 따라 임의해제를 할 수는 있다.

② 그러나 '계약금계약'은 금전 기타 유가물의 교부를 요건으로 하는 요물계약이다. 따라서 단지 계약금을 지급하기로 약정만 한 단계에서는 아직 계약금계약은 성립하지 않는 바, 위 민법 규정에 의해 계약해제를 할 수 있는 권리는 발생하지 않는다. 이는 계약금의 일부를 먼저 지급하고 나머지는 나중에 지급하기로 약정한 경우에도 마찬가지이다.

> **판례**
>
> 당사자가 계약금의 일부만 지급한 경우 또는 계약금 전액을 나중에 지급하기로 한 경우에는 교부자가 계약금의 나머지 잔금 또는 계약금 전액을 지급하지 않으면 상대방은 계약금의 지급을 청구하거나 채무불이행을 이유로 계약금계약을 해제할 수 있고, 나아가 계약금계약이 없었다면 주계약을 체결하지 않았을 것이라는 사정이 인정된다면 주계약도 해제할 수 있을 것이다. 그러나 교부자가 계약금의 잔금 또는 전부를 지급하지 아니하는 한 계약금계약은 성립하지 아니하므로 당사자가 임의로 주계약을 해제할 수는 없다(대판 2008.3.13., 2007다73611).

1-4. 계약의 구속력에서 벗어나기 위한 해약금의 기준

(1) 대법원 판례 입장

부동산에 대하여 10억 원의 매매계약을 체결하면서 그 10%인 1억 원을 계약금으로 하여 계약을 체결하기는 하였지만 우선 계약금의 일부인 2000만 원의 금원만을 지급하고 나머지는 며칠 후에 지급하기로 약정한 경우 매도인이 계약을 해제할 시 그 해약금의 기준이 되는 금액은 '실제 교부받은 계약금의 일부인 2000만 원'이 아니라 '약정 계약금인 1억 원'으로 보아야 한다(대판 2015.4.23., 2014다231378).

(2) 이 판결의 취지

매도인(수령자)이 실제 교부받은 금액(계약금의 일부)의 배액만 상환하고 매매계약을 해제할 수 있다면 당사자가 계약금을 정한 의사에 반하고, 지급한 금액이 소액인 경우에는 쉽게 해제를 할 수 있어 계약의 구속력을 약화시키기 때문이다.

1-5. 문제의 해결

(1) 갑은 얼마의 금액을 을에게 지급하고 매매계약을 해제할 수 있는지

위 사안에서 갑과 을은 계약금 계약을 체결하였으나 아직 계약금 일부를 매수인이 매도인에게 지급하지 않은 상태이다. 판례는 "계약금 일부만 지급된 경우 수령자가 매매계약을 해제할 수 있다고 하더라도 해약금의 기준이 되는 금원은 '실제 교부받은 계약금'이 아니라 '약정 계약금'이다."라고 보므로 위 사안에서 해약금의 기준이 되는 금액은 1억 원이다. 따라서 계약금 1억 원 중 일부인 3000만 원만 매도인에게 교부된 상태에서 매도인 갑이 해약금에 의한 해제를 하기 위해서 매수인에게 상환할 금액은 실제로 교부받은 계약금 3000만 원과 약정 계약금 1억 원을 합한 1억 3000만 원이다.

(2) 계약금약정이 불성립한 경우 손해배상액의 예정도 불성립하는지

손해배상액의 예정은 계약의 일방당사자가 그 채무를 불이행할 경우를 대비하여 손해의 발생 사실과 손해액에 대한 증명의 곤란을 덜고 분쟁의 발생을 미리 방지하고자 손해배상액을 미리 약정하는 것을 말한다. 일반적으로 채무불이행이 있는 경우 계약당사자는 채무불이행을 한 상대방에 대하여 이행을 최고하고, 이행하지 않으면 계약을 해제하며, 손해배상을 청구할 수 있다고 하면서 손해배상액은 계약금으로 한다는 규정을 두게 된다. 이는 위약금 규정인 바, 위약금은 손해배상액의 예정으로 추정하게 된다. 위 사안과 같은 경우 당연히 실제로 받은 금액인 3000만 원이 아니라 계약금인 1억 원을 손해배상액의 예정으로 보게 된다.

그리고 계약금약정(제565조 제1항의 규정에 따라 매매계약을 임의로 해제할 수 있는 해제권유보약정)과 손해배상액의 예정(손해발생사실과 손해액에 대한 입증의 곤란을 덜고 분쟁을 방지하고자 하는 약정)은 법률적 성격이 다르기 때문에 계약금약정이 불성립하였다고 손해배상액의 예정까지 불성립하는 것은 아니다(판례).

위 사안과 같은 경우 위약금 1억 원은 손해배상의 예정액으로 추정하고 부당히 과다한 경우에는 법원은 적당히 감액할 수 있는 바, 법원을 통해 일부 감액이 될 수 있을 것인지만이 문제된다.

2-1. 사안의 논점

사안에서 2018.5.5. 매도인 갑의 해제가 해약금에 의한 해제로서의 요건을 갖추었는지가 문제된다. 특히 매수인 을이 2018.5.1. 갑을 만나 중도금 3억 원의 지급을 위하여 자기앞수표를 교부한 행위를 이행의 착수로 볼 수 있는지가 쟁점이다.

2-2. 해약금에 의한 해제의 요건

매매의 당사자 일방이 계약금을 상대방에게 교부한 때에는 다른 약정이 없는 한 일방이 이행에 착수할 때까지 교부자는 이를 포기하고 수령자는 그 배액을 상환하여 매매계약을 해제할 수 있다.

2-3. 이행기 전의 이행의 착수

(1) 이행기 전에는 착수하지 아니하기로 하는 특약을 하는 등 특별한 사정이 없는 한 이행기 전에 이행에 착수할 수도 있다.

(2) 사안에서 이행기 전의 이행의 착수가 허용되어서는 안 되는 특별한 사정은 없으므로 2018.5.1. 매수인 乙의 행위는 이행의 착수로 인정된다.

2-4. 중도금 지급 후의 매매계약의 해제 가능 여부

(1) 부동산 매매계약에서 중도금이 지급되면 매매 당사자들은 일단 이행의 착수를 한 것으로 보아서 계약은 확정적인 것으로 되어 매도인과 매수인 모두 계약의 유지 이행에 관하여 법률적 구속을 받게 되고 매수인은 잔금 지급의무와 매도인은 부동산 이전의무를 동시에 이행할 의무를 부담하게 된다.

(2) 따라서 부동산 매매계약에서 일단 중도금의 지급이 이루어진 후에는 당사자는 매매계약을 해제할 수 없다.

2-5. 문제의 해결

(1) 중도금 수령 거절의 법적 효과

위 매매계약에서 중도금 3억 원은 2018.6.1. 지급하기로 약정하였다. 을은 X주택의 시가 상승을 예상하면서 2018.5.1. 갑을 만나 중도금 3억 원의 지급을 위하여 자기앞수표를 교부하였으나, 甲은 이의 수령을 거절하였다.

이처럼 중도급 지급 이행기가 아직 도래하지 않은 상태에서 매수인 을이 매도인 갑에게 중도금 지급을 위한 변제의 제공을 하였는데 매도인 갑이 이의 수령을 거절한 경우 채권자지체가 성립하는지가 문제된다.

민법 제400조는 채권자지체에 관하여 "채권자가 이행을 받을 수 없거나 받지 아니한 때에는 이행의 제공 있는 때로부터 지체책임이 있다."라고 정하고 있다. 민법 제400조의 채권자지체가 성립되기 위해서는 다음과 같아야 한다.

① 채무의 내용에 좇은 이행의 제공이 있어야 함

금전채무의 경우에 현금인 통화나 거래 관념상 이와 동일하게 취급되는 전신환, 우편환, 자기앞수표, 신용 있는 은행이 발행·배서한 수표, 지급 보증부 수표 등은 특별한 사정이 없는 한 채무 내용에 좇은 변제의 제공으로 본다. 다만, 약속어음이나 수표 등을 교부하는 것은 채무의 변제를 위하여 교부된 것일 뿐이므로 채무 내용에 좇은 제공으로 볼 수 없다.

② 채권자의 수령 또는 협력을 필요로 해야 함

채권자가 단순히 지체하기보다는 채무자에게 채권자의 협력이 필요하다는 사실을 입증해야 한다. 위 사안에서 매수인 을이 매도인 갑에게 중도금 지급의 급부를 제공하였으나 채권자가 정당한 이유 없이 수령을 거절한 경우이므로 이것은 채권자 지체에 해당한다. 채권자지체의 효과로서 채권자지체 중에는 채무자는 고의 또는 중대한 과실이 없으면 불이행으로 인한 모든 책임이 없다(제401조). 따라서 매도인 갑은 채권자지체의 책임을 져야 하며 중도금 수령 거절은 위법하다.

(2) 매도인의 중도금 수령 거절 후 매매계약 해제의 타당성

해약금에 의한 해제는 당사자 일방이 이행에 착수할 때까지만 할 수 있는데, 을이 이행기 이전인 2018. 5.1. 갑을 만나 중도금 3억 원의 지급을 위하여 자기앞수표를 교부한 행위도 이행의 착수에 해당하므로, 그 이후에는 갑과 을 모두 해약금에 의한 해제를 할 수 없다. 따라서 2018.5.5. 매도인 갑의 해제는 부적법하고 갑과 을의 매매계약은 해제되지 않았다.

---

2. 물건의 하자에 대한 매도인의 담보책임의 성립요건과 책임의 내용을 설명하시오. (20점)

---

1. 물건의 하자에 대한 매도인의 담보책임의 의의

(1) 담보책임의 의미

물건의 하자에 대한 매도인의 담보책임이란 매매에 의하여 이전된 권리의 객체인 물건(목적물)에 숨어 있는 불완전한 점(하자)이 있는 경우 매도인이 져야 할 책임을 말한다(제580조). 예를 들어, 매입한 건물이 외부에서 발견할 수 없는 흰개미에게서 침해를 받고 있는 경우에 매도인은 하자담보 책임을 져야 한다.

(2) 하자의 의미 : 학설과 판례의 입장

① 객관적 하자설은 일반적으로 그 종류의 물건이 가지고 있는 통상의 성질이 없는 경우에 하자가 존재한다고 본다.

② 주관적 하자설은 당사자 사이에서 합의 또는 전제된 성질이 없는 경우 하자가 존재하나 당사자의 의사가 불분명하면 객관설에 의하여 판단한다고 본다.

③ 판례는 '매매의 목적물이 거래통념상 기대되는 객관적인 성능·성질을 결여하거나, 당사자가 '예정' 또는 '보증'한 성질을 결여한 경우에 매도인은 매수인에 대하여 그 하자로 인한 담보책임을 진다(대판 2000.1.18., 98다18506)'거나, '물건이 통상의 품질이나 성능을 갖추고 있는 경우에도 당사자의 특약에 의하여 보유하여야 하는 성질성능을 결여하고 있으면 하자가 인정된다(대판 1997.5.7., 96다39455)'고 하였는바, 특정한 학설에 치우치기보다는 개별 사례에서의 구체적인 타당성을 충분히 고려하여 판단하는 것으로 해석할 수 있다.

2. 성립요건

(1) 매매의 목적물에 하자가 있을 것 : 하자의 유무는 그 종류의 물건으로서 보통 갖추고 있어야 할 품질·성능을 기준으로 하여 판단한다.

예 매도인이 견본·광고로서 특수한 품질·성능이 있다고 한 경우에는 이것이 기준으로 된다.

(2) 매수인의 선의·무과실 : 매수인이 거래에서 보통 필요한 정도의 주의를 하여도 발견할 수 없는 하자가 있는 경우에 매도인의 담보책임이 생긴다. 이 사정은 매도인이 입증하여야 한다.

3. 법률적 장애는 물건의 하자인가 권리의 하자인가?

(1) 판례 : 법률적 장애는 물건의 하자

예 공장부지 용도로 토지를 매매했는데 법적 규제로 인해 공장 건축이 불가능한 경우, 벌목의 목적으로 산림을 매매했는데 보안림구역이어서 벌채가 불가능한 경우

(2) 물건의 하자로 보는 입장에서는 경매에 대해 제580조는 적용하지 않는다. 권리의 하자로 보는 입장에서는 경매의 경우에도 제575조를 적용한다.

4. 책임의 내용

(1) 특정물 하자인 경우 담보책임의 범위 : 매수인의 선의·무과실이어야 한다.

① 계약 해제권을 인정 : 목적물의 하자가 계약 목적을 달성하기 어려울 정도로 중대한 경우에만 계약 해제권이 인정된다. 계약 해제권은 계약의 전부 또는 일부에 인정된다. 목적물이 수량적이고 가분적인 경우이면서 하자가 일부만 있어서 계약의 목적을 나머지 부분에 관해서는 달성 가능한 때에는 계약 일부만 해제할 수 있다.

② **손해배상청구권을 인정** : 목적물의 하자가 계약 목적을 달성하기 어려울 정도로 중대한 것이 아닐 경우에는 계약 해제권이 인정되지 않고 매수인에게 손해배상청구권만 인정된다. 하자를 쉽게 또는 작은 비용으로 보수할 수 있는 경우에는 계약을 해제하지 못하고 그 보수에 필요한 비용을 손해배상의 일부로 청구 가능하다.

(2) 불특정물 매매 또는 종류 매매

① 특정한 후에 특정된 목적물에 하자가 있을 경우에 제580조가 준용된다. 따라서 이 경우 특정물 매매와 같은 내용으로 하자담보책임을 물을 수 있다.

② 종류매매(불특정물) 하자인 경우 담보책임의 범위 : 원칙적으로 특정물 하자 경우와 같다.
구 민법에서는 제580조가 불특정물의 매매에도 적용되느냐에 대해 논의가 있었으나 현행법에서는 준용규정을 두어 입법적으로 해결하였다(제581조).

5. 권리행사 방법

(1) 어느 경우나 매수인이 하자가 있음을 안 때로부터 6월 내에 하여야 한다(제척기간).

(2) 상사매매에 있어서 매도인의 담보책임의 배제 : 신속한 거래를 달성하기 위한 목적

상사매매에 있어서 검사 및 하자통지의무를 게을리 한 매수인에 대해서는 매도인이 하자담보책임을 지지 않도록 하고 있다(상법 제69조).

6. 하자담보책임과 과실상계

(1) 과실상계 : 어떤 불법행위사건에서 가해자와 피해자가 있는데, 사고의 원인을 제공한 주된 책임이 가해자에게 있지만 피해자에게도 사고의 원인에 대한 일부 책임이 있는 경우에 피해자의 과실을 참작해서 가해자가 배상하여야 할 손해배상금액을 깎아주는 것이다.

〔예〕 교통사고에서 피해자가 술에 취한 채 야간에 무단 횡단하다가 사망한 경우에 매우 높은 비율로 과실상계를 당하게 된다.

(2) 하자담보책임에서 도급인의 과실을 참작하여 수급인의 책임을 감경할 수 있는 것일까?

〔예〕 도급인 갑과 수급인 을이 저장탱크제작도급계약을 체결하였는데, 을이 제작하여 납품한 저장탱크에 하자가 발생하여 갑이 손해를 보았다. 이에 따라 갑은 을에게 저장탱크에 대한 하자보수비를 청구하고, 더 나아가 위 저장탱크에 생긴 균열로 그 탱크 안에 저장하고 있던 액젓이 변질되어 입게 된 손해도 배상하라고 소송을 걸었다. 만약 도급인에게도 과실이 있는 경우 이러한 과실상계를 허용할 것인가?

> **판례**
>
> 이런 사안에서 저장탱크의 하자보수비에 대하여 도급인 갑의 과실을 80% 참작하였다.

3. 甲은 乙이 소유한 X토지상에 건물을 지어 음식점을 경영할 목적으로, 乙과 X토지에 대한 임대차계약을 체결하였다. 그 후 甲은 건물을 신축하여 음식점을 경영하고 있다. 한편, 임대차 계약서에는 '임대차 기간 만료 시 甲은 X토지상의 건물을 철거하고 원상회복하여 X토지를 반환한다'는 특약이 기재되어 있다. 이러한 경우 임대차기간이 만료된 때에, 甲이 신축한 건물과 관련하여 乙에게 주장할 수 있는 지상물매수청구권에 관하여 설명하시오. (20점)

1. 사안의 논점

(1) 일정한 목적의 토지임대차에서 그 존속기간이 만료한 경우에 그 지상시설이 현존한 때에, 토지임차인은 임대인을 상대로 계약의 갱신을 청구할 수 있고, 임대인이 이를 거절한 때에는 상당한 가액으로 지상시설의 매수를 청구할 수 있다(제643조).

(2) 사안에서 임차인은 임대인의 동의를 얻어 임차 토지 위에 건물을 신축하였는데 임대차 종료시 지상물 매수청구권을 행사할 수 있는지가 문제된다.

(3) 특히 사안에서는 임대차 계약 시 지상물매수청구권 포기특약의 유효성이 문제된다.

2. 지상물매수청구권의 법적 성격

(1) 의 의

① 건물 등의 소유를 목적으로 하는 토지 임대차에서 임대차 기간이 만료되거나 기간을 정하지 않은 임대차의 해지통고로 임차권이 소멸한 경우에 임차인은 민법 제643조에 따라 임대인에게 상당한 가액으로 건물 등의 매수를 청구할 수 있다.

② 임차인의 지상물매수청구권은 국민경제적 관점에서 지상 건물의 잔존 가치를 보존하고 토지 소유 자의 배타적 소유권 행사로부터 임차인을 보호하기 위한 것이다.

(2) 권리 행사방법

① 원칙적으로 임차권 소멸 당시에 토지 소유권을 가진 임대인을 상대로 행사할 수 있다.

② 임대인이 제3자에게 토지를 양도하는 등으로 토지 소유권이 이전된 경우에는 임대인의 지위가 승 계되거나 임차인이 토지 소유자에게 임차권을 대항할 수 있다면 새로운 토지 소유자를 상대로 지상 물매수청구권을 행사할 수 있다.

(3) 토지임차인에게 지상물매수청구권이 인정되기 위한 요건

① 건물 기타 공작물의 소유 또는 식목, 채염, 목축을 목적으로 한 토지임대차일 것

② 토지임대차의 기간이 만료한 경우에 건물, 수목 기타 지상시설이 현존하고 있을 것

③ 토지임대인이 토지임차인의 토지임대차계약의 갱신청구를 거절한 경우일 것

④ 임차인에게 불리하지 않은 지상물매수청구권 배제 약정이 없을 것

단, 임차인의 차임연체 등 채무불이행으로 인해 임대인이 임대차계약을 해지한 때에는 임차인은 지상물의 매수청구를 할 수 없다.

(4) 지상물매수청구권(형성권)의 법적 성격 - 강행규정

① 지상물매수청구권에 관한 민법의 규정은 강행규정이므로 이 규정에 위반하는 약정으로 임차인이나 전차인에게 불리한 것은 그 효력이 없다.

② 지상물매수청구권은 형성권이므로 임차인의 그 일방적 행사에 의해 임차인과 임대인 사이에 지상물에 관한 매매계약이 체결된 것과 유사한 효과가 발생한다. 그러므로 임차인은 임대인에 대해 상당한 가액의 매매대금지급청구권을, 임대인은 임차인에 대해 지상물 인도청구권 및 이전등기청구권을 취득한다.

3. 효 과

(1) 매매계약의 성립

지상물매수청구권은 형성권이므로, 행사만으로 지상물에 관해 시가에 의한 매매계약이 성립한다.

(2) 동시이행의 항변권

임차인의 지상물 이전의무와 임대인의 지상물 대금지급의무는 동시이행관계이다.

(3) 유치권의 인정여부

지상물매매대금채권은 토지에 관하여 생긴 채권이 아니므로 토지에 대해서 유치권을 행사할 수 없다.

(4) 포기특약의 유효성

지상물매수청구권 규정은 강행규정이며, 이에 위반하는 것으로서 임차인에게 불리한 약정은 효력이 없다.

4. 문제의 해결

(1) 지상물매수청구권 배제 특약의 효력과 해석

① 판례의 입장 : 임차인의 지상물매수청구권을 배제 또는 제한함으로써 임차인에게 불리하게 약정하는 것은 허용되지 않는다. 따라서 토지임대차 기간 만료 시 임차인이 지상건물을 철거하기로 하는 약정, 임차인이 지상건물을 철거하여 토지를 인도하고 건물을 철거하지 않을 경우에는 그 소유권을 임대인에게 이전하기로 하는 약정은 모두 위 규정에 반하여 무효라고 본다(대판 1991.4.23., 90다19695).

② 다만, 임대차기간이 만료하여 건물매수청구권을 자유롭게 행사할 수 있는 상태에 놓인 후에 그 권리행사를 포기하겠다는 특약을 맺는 것까지 막는 것은 아니다.

③ 한편, 부속물매수청구권 포기의 약정과 마찬가지로 매수청구권을 제한하는 특약이 계약성립의 경과 기타 당사자 쌍방의 제반 사정을 참작할 때 실질적으로 임차인에게 불리하지 않다면 그러한 특약을 무효라고 할 것은 아니라는 것이 판례이다(대판 1997.4.8., 96다45443).

④ **결론** : 지상물매수청구권 규정은 강행규정이므로 그 포기특약으로서 임차인에게 불리한 약정은 무효이다. 따라서 지상물매수청구권의 성립요건을 모두 갖추었다면 임차인 갑은 지상물매수청구권을 행사할 수 있다.

(2) 임대차의 합의해지와 매수청구권의 행사

① 지상물매수청구권은 임대차계약이 기간의 만료로 종료한 경우에 인정되고, 임차인의 차임연체 등 채무불이행이나 임차권의 무단양도, 무단전대 등으로 계약이 해지된 경우에는 적용되지 아니하나(대판 1968.11.19., 68다1780, 1972.12.26., 72다2013), 임대차계약을 합의해지한 경우에도 지상물의 매수청구가 가능한가 하는 문제가 있다.

② 판례는 임대인과 임차인의 합의로 임대차계약을 해약하고 임차인이 지상건물을 철거하기로 약정한 경우에 그 약정이 유효한 것으로 보고 있는바(대판 1969.6.24., 69다617), 결국은 의사해석의 문제로 귀착될 것이다.

③ 임차인이 매수청구권을 포기한 것이 아니라 그러한 권리가 있음을 몰랐거나 착오로 의사표시를 하지 못한 것으로 인정되면 매수청구권을 인정함이 상당할 것이다.

④ 위 사안에서 임대차기간이 만료되어 임대차계약이 종료된 경우이므로 지상물매수청구권이 인정된다.

(3) 지상물매수청구권의 행사와 임대인의 동의

① 지상물매수청구권도 임대인의 동의를 얻어 설치한 지상물에 한하여 인정되는가에 관하여, 판례는 지상물이 토지의 임대목적에 반하여 축조되고 임대인이 예상할 수 없을 정도의 고가의 것이라는 특별한 사정이 없는 한, 임대차기간 중에 축조되었다고 하더라도 그 만료 시에 그 가치가 잔존하고 있으면 지상물매수청구권을 행사할 수 있는 범위에 포함되고, 반드시 임대차계약 당시의 기존 건물이거나 임대인의 동의를 얻어 신축한 것에 한정되지는 않는다고 하여(대판 1993.11.21., 93다34589), 임대인의 동의가 필수적인 요건이 아님을 명시하였다.

② **결론** : 위 사안에서 임대인 을의 동의 여부와 관계없이 갑은 지상물매수청구권을 행사할 수 있다.

> 4. 甲은 2018.7.25. 자신의 X도자기를 乙에게 50만 원에 매각하였다. 매매계약에서 X도자기의 인도일은 2018.8.5.로 하면서, X도자기의 인도 시에 甲이 50만 원의 매매대금을 받기로 하였다. 2018.8.4. 甲의 친구 丙이 X도자기를 구경하던 중 丙의 과실로 X도자기가 완전히 파손되었다. 이러한 경우 甲은 乙에게 X도자기 매매대금 50만 원의 지급을 청구할 수 있는지 여부를 설명하시오. (20점)

1. 문제의 소재

사안은 쌍무계약의 일방의 채무가 쌍방의 책임 없는 사유로 후발적 불능이 되어 소멸하는 경우에 그에 대응하는 상대방의 채무는 어떻게 되는지에 관한 위험부담의 문제이다.

2. 위험부담(危險負擔)의 법적 성격

(1) 위험부담의 의의

이란 채권법에서 매매계약과 같은 쌍무계약의 체결과 완전한 이행 사이의 일정한 시점에서 계약당사자 쌍방의 책임 없는 사유로 인해 발생한 물품의 멸실 또는 훼손을 매도인과 매수인 중 누가 부담하는가 하는 문제이다.

(2) 위험의 의의 및 내용

① 일반적으로 계약법에서 "위험"이라 함은 급부의 대상물이 우연한 사정으로 인하여 계약의 성립시부터 완전한 이행 사이에 멸실 또는 손상되거나 또는 다른 이유로 인하여 매도인이 더 이상 급부할 수 없게 되는 경우를 말한다.

② 위험은 매도인이 물품을 인도하기 전부터 물품의 운송중, 그리고 매수인이 물품을 검사하여 인수거절한 후에도 발생할 수 있다.

③ 여기서의 위험은 당사자의 귀책사유가 없이 발생하는 물품의 우연한 멸실 또는 손상을 전제로 한다.

3. 채무자 위험부담주의(제537조)

(1) 요 건

① 후발적 불능일것

후발적 불능이라 함은 계약이 성립한 때는 이행이 가능했지만, 후에 이행이 불가능하게 된 경우를 말한다.

② 쌍방의 귀책사유가 없을 것

위험부담에 있어서 민법이 취하고 있는 채무자주의는 어디까지나 당사자 쌍방의 책임 없는 사유로 인하여 이행불능이 된 경우에만 적용된다(제537조). 그러므로 이행불능이 채권자의 귀책사유로 인한 때에는 채권자주의를 취하여 채무자의 반대급부(이행)를 청구할 권리가 소멸하지 않는다(제538조 제1항). 그리고 또 채권자가 수령지체 중 불가항력(당사자 쌍방에 책임이 없는 사유)으로 인하여 이행불능이 된 때에도 채권자주의를 적용한다(제538조 제1항).

③ 쌍무계약으로부터 생긴 채무가 존재할 것

위험부담의 문제는 쌍무계약의 존속성의 견련성에서 나오는 제도이다. 이 사안의 매매계약은 전형적인 쌍무계약에 해당한다.

(2) 효 과

① 채무자의 반대급부 청구권 소멸

채무자는 급부의무를 면하고 더불어 반대급부도 청구하지 못한다. 쌍방급부가 없었던 경우에는 계약관계는 소멸하고 이미 이행한 급부는 부당이득 법리에 따라 반환청구할 수 있다.

② 대상청구권의 인정여부

채권자는 그의 선택에 따라 대상청구권을 행사하여 계약을 존속시키거나, 위험부담규정을 원용하여 계약의 소멸을 주장할 수 있다고 본다.

4. 문제의 해결

(1) 갑과 을 사이에 매매계약을 체결한 후 매도인 갑의 X도자기 인도의무가 쌍방의 책임 없는 사유인 제3자 병의 과실로 이행할 수 없게 되었으므로 제537조의 채무자 위험부담주의가 적용된다. 따라서 갑은 상대방 을에게 X도자기 매매대금 50만 원의 지급을 청구할 수 없다.

(2) 이 사안에서 매매계약 성립 후 이행기가 도래하기 전에 매매 목적물이 멸실되어 이행불능 상태가 되었으므로 매매계약은 효력을 상실한다(소멸한다). 따라서 만약 갑이 을로부터 매매를 위한 계약금을 수령하였다면 이는 법률상 원인 없이 이득을 취한 것이므로 부당이득의 법리에 따라 갑은 을에게 계약금을 반환해야 한다.

(3) 대상청구권의 행사 여부

① 만약 매도인이 매매 목적물의 멸실로 인해 이행의 목적물에 대신하는 이익인 손해배상금, 보험금 등을 취득한 경우에는 매수인(채권자)은 이에 대한 대상청구권을 행사할 수 있다.

② 채권자가 대상청구권을 행사하기 위해서는 자신의 반대급부의무를 제공하여야 한다.

③ 이 사안에서 매수인은 위험부담의 법리에 따라 매매대금 50만 원의 지급 의무를 면할 수도 있으며, 이와 달리 매매대금 50만 원을 매도인에게 제공하고 이에 갈음하여 대상청구권을 행사할 수도 있다.

07 | 2019년 제7회 기출문제

1. 乙은 교육관을 건립하기로 하고 그 건립방법에 관하여 5인 가량의 설계사를 선정하여 건물에 대한 설계 시안 작성을 의뢰한 후 그 중에서 최종적으로 1개의 시안을 선정한 다음 그 선정된 설계사와 교육관에 대한 설계계약을 체결하기로 하였다. 甲설계사는 이 제안에 응모하기 위하여 제안서와 견적서 작성비용 300만 원을 지출하였다. 乙은 甲의 시안을 당선작으로 선정하였으나, 그 후 乙은 여러 가지 사정으로 甲과 설계기간, 설계대금 및 그에 따른 제반사항을 정한 구체적인 계약을 체결하지 않고 있다가 당선사 실 통지 시로부터 약 2년이 경과한 시점에 甲에게 교육관 건립을 취소하기로 하였다고 통보하였다. 甲은 당선사실 통지 후 설계계약이 체결될 것이라고 기대하고 교육관 설계를 위한 준비비용 500만 원을 지출하였다. 다음 물음에 답하시오. (40점)

   1) 甲은 乙에게 계약체결상의 과실책임을 물을 수 있는지를 논하시오. (30점)

   2) 甲이 乙에게 청구할 수 있는 손해배상책임의 범위에 관하여 설명하시오. (10점)

1-1. 사안의 논점

(1) 본 사안은 을이 5인의 설계사에게 설계를 의뢰한 후 우수작 1개를 선정하여 계약체결하기로 한 경우에 우수현상광고에 해당하는지 여부가 쟁점이다.

(2) 본 사안에서 을은 갑의 시안을 당선작으로 선정하였으나, 그 후 여러 가지 사정으로 갑과 계약을 체결 하지 않고 있다가 약 2년이 경과한 시점에 교육관 건립을 취소하기로 하였다고 통보한 것이므로, 이는 계약교섭의 부당한 중도파기에 해당한다. 따라서 이 문제를 계약체결상의 과실로 다룰지 아니면 단순 히 불법행위로 볼 것인지가 문제된다.

1-2. 본 사안이 우수현상광고에 해당하는지 여부

(1) 우수현상광고의 의의

우수현상광고는 광고에 지정한 행위를 몇 사람이 했을 때 그 우수자에게만 보수를 주는 현상광고를 말한다. 따라서 지정행위는 우열을 가릴 수 있는 소설·작사·작곡·도안 등의 행위이어야 한다. 이 광고는 응모의 기간이 정해져 있지 않으면 무효이다(제678조 제1항).

(2) 현상광고의 성립요건

① 광고자가 현상광고를 하였을 것

② 상대방이 현상광고에서 정한 지정행위를 완료하였을 것

(3) 광고의 의미

광고란 불특정 다수인(不特定多數人)에 대한 의사표시이므로 관념의 통지(사원총회 소집공고 등)나 특정인에 대한 의사표시는 광고가 아니다.

(4) 사안의 해결

본 사안에서 乙은 교육관을 건립하기로 하고 그 건립방법에 관하여 5인 가량의 설계사를 선정하여 건물에 대한 설계시안 작성을 의뢰한 후 그 중에서 최종적으로 1개의 시안을 선정한 다음 그 선정된 설계사와 교육관에 대한 설계계약을 체결하기로 하였다.

만약 이 사안에서 을과 그가 선정한 5인 간에 우수현상광고 계약이 성립한다면 광고에 지정된 행위의 완료자는 보수청구권을 획득한다(제676조).

또한 현상광고는 불특정다수인에 대한 광고이므로 이를 철회하지 못하는 것이 원칙이며, 그 철회는 인정될 수 없다(제679조 제1항). 그러나 이 사안에서 을은 불특정다수인이 아닌 특정한 5인을 선정하여 설계시안 작성을 위뢰한 경우이므로 현상광고에 해당하지 않는다. 을과 그 특정한 5인 간에 일종의 도급계약이 성립한 것으로 볼 수 있다.

> **판례**
>
> 건축설계 우수현상광고에서 당선자가 보수로서 받는 '기본 및 실시설계권'이란 당선자가 광고자에게 우수작으로 판정된 계획설계에 기초하여 기본 및 실시설계계약의 체결을 청구할 수 있는 권리를 말하는 것이므로, 광고자로서는 특별한 사정이 없는 한 이에 응할 의무를 지게 되어 당선자 이외의 제3자와 설계계약을 체결하여서는 아니됨은 물론이고, 당사자 모두 계약의 체결을 위하여 성실하게 협의하여야 할 의무가 있다고 할 것이며, 만약 광고자가 일반 거래실정이나 사회통념에 비추어 현저히 부당하다고 보여지는 사항을 계약내용으로 주장하거나 경제적 어려움으로 공사를 추진할 수 없는 등으로 인하여 계약이 체결되지 못하였다면 당선자는 이를 이유로 한 손해배상책임을 물을 수 있다(대판 2002.1.25., 99다63169).

1-3. 계약체결상의 과실책임

(1) 계약체결상의 과실책임의 의의 및 유형

① 계약의 체결과정에서 일방이 과실로 체결과정의 상대방에게 손해를 입혔을 경우 그에 대해 일방은 배상책임을 져야 한다는 법리를 말한다.

② 이러한 계약체결상의 과실 문제는 다음 2가지 유형이 있다.

  ㉠ 목적이 불능한 계약체결상의 과실(제535조) : 원시적 불능으로 무효인 계약에 대한 책임

  ㉡ 그 밖의 계약체결상의 과실 : 계약 체결을 위한 협의 과정에서 신의칙에 기한 주의의무, 보호의무, 설명의무를 위반한 데 대하여 상대방이 입은 손해의 전보책임

(2) 목적 불능 이외에 계약체결상의 과실책임의 인정 여부

① 그런데 앞의 '(1) ⓒ'의 책임인 계약체결상 부수적 의무 위반을 이유로 계약체결상의 과실책임을 인정할 것인지에 대해 학설이 대립한다.

② 다수설(긍정설)은 계약 교섭 또는 준비단계에서 발생하는 법적 문제에 대한 집합적 행태를 별도의 책임유형으로 구성할 필요가 있다고 본다.

③ 판례는 이를 부정하고 불법행위의 법리로 해결하고 있다.

④ **민법의 입법태도**: 민법은 제535조에서 계약의 일방이 계약을 체결할 시에 그 계약의 목적이 불능임을 알았거나 알 수 있었을 시에는 상대방이 그 유효를 믿었던 것으로 인하여 받은 손해가 있으면 이를 배상하도록 규정하고 있다. 이처럼 민법도 목적 불능인 경우에만 계약체결상의 과실책임을 인정하는 입법태도를 견지하고 있다.

1-4. 본 사안의 해결

(1) 다수설의 입장에서 본다면 본 사안에서 계약교섭의 부당한 중도파기한 경우에 갑은 을에게 계약체결상의 과실책임을 물을 수 있다.

(2) 판례는 계약체결상 과실책임을 제535조의 원시적 불능에 한정하여 인정하고 있으며, 계약교섭 과정에서 부당하게 중도파기하여 손해를 입힌 경우 이는 위법한 행위로 불법행위책임을 부담해야 한다고 본다. 따라서 판례에 따르면 을의 행위는 계약교섭을 부당하게 중도 파기한 불법행위에 해당하므로 피해자 갑은 가해자 을에게 제750조에 따라 손해배상책임을 추궁할 수 있다.

2-1. 문제의 소재

(1) 위 사안에서 갑과 을이 계약 체결을 위한 교섭을 진행하였다 하여도 계약을 체결할 의무가 있는 것은 아니다(계약 자유의 원칙). 아직 계약 체결 전이므로 채무불이행 책임을 물을 수 없다.

(2) 계약체결상의 과실책임은 원시적 불능으로 인한 계약 불성립 시에 적용되는 법리이다. 따라서 위 사안은 계약체결상의 과실책임을 적용할 수 없다.

(3) 판례에 따라 계약교섭의 부당한 중도파기를 불법행위로 구성하는 경우에 갑이 을에게 청구할 수 있는 구체적 손해배상책임의 범위가 문제된다.

2-2. 불법행위에 따른 손해배상책임의 범위 : 판례의 입장

(1) 배상의 원칙 : 신뢰이익의 배상

① 판례는 불법행위로 인한 손해배상 책임에 대해 이행이익이 아닌 신뢰손해를 배상해야 한다고 본다.

② 신뢰손해란 계약 체결을 확신하고 준비한 계약 준비 비용, 일방의 적극적인 요구로 계약의 이행에 착수한 비용, 그리고 정신적 손해까지를 포함한다.

계약교섭의 부당한 중도파기가 불법행위를 구성하는 경우 그러한 **불법행위로 인한 손해**는 일방이 신의에 반하여 상당한 이유 없이 계약교섭을 파기함으로써 계약체결을 신뢰한 상대방이 입게 된 상당인과관계 있는 손해로서 <u>계약이 유효하게 체결된다고 믿었던 것에 의하여 입었던 손해 즉 신뢰손해에 한정된다</u>(대판 2003.4.11., 2001다53059).

(2) 부수적 비용 및 정신적 고통에 대한 배상

① 이때 아직 계약체결에 관한 확고한 신뢰가 부여되기 이전 상태에서 계약교섭의 당사자가 계약체결이 좌절되더라도 어쩔 수 없다고 생각하고 지출한 비용, 예컨대 <u>경쟁입찰에 참가하기 위하여 지출한 제안서, 견적서 작성비용 등은 여기에 포함되지 아니한다.</u>

② 또한 계약교섭의 파기로 인한 불법행위가 인격적 법익을 침해함으로써 상대방에게 정신적 고통을 초래하였다고 인정되는 경우라면 그러한 정신적 고통에 대한 손해에 대하여는 별도로 배상을 구할 수 있다.

2-3. 계약체결상의 과실책임에 따른 손해배상의 범위와 비교

(1) 판례의 입장 : 신뢰이익의 손해배상 원칙

① 판례는 "계약체결상의 과실을 이유로 하는 신뢰이익 손해배상을 청구할 수 있을지언정 그 계약이 유효하게 성립되었던 것임을 전제로 하는 이행이익에 관한 손해배상청구를 청구할 수 없다."고 판시하였다.

② 계약체결상의 과실책임의 효과로는 과실이 있는 자는 상대방에게 손해를 배상해야 하며, 손해배상의 범위는 계약의 유효를 믿었던 것으로 인하여 받은 신뢰이익의 손해에 한정되며, 그 손해액은 이행이익의 손해액을 넘지 못한다.

(2) 불법행위의 손해배상과 계약체결상 과실책임의 손해배상의 비교

① 이와 같이 이 사안을 불법행위 책임으로 적용하든, 계약체결상의 과실책임을 적용하든 그 손해배상의 범위는 신뢰이익의 한도에서 가능하며 이는 이행이익의 손해액을 넘지 못한다.

② 판례는 본 사안의 계약의 중도파기를 이유로 한 손해배상의 범위에 대해 껍데기는 불법행위 책임이면서, 손해배상의 내용은 계약체결상의 과실책임의 법리를 적용하고 있다.

2-4. 문제의 해결

(1) 이 사안에서 갑은 계약 성립을 믿고 이를 위한 여러 가지 준비에 상당한 비용을 지출하였는데 이로 인한 '신뢰이익'을 어느 범위에서 보호할 것인지가 문제이다. 판례에 의하면 갑이 미리 교육관 설계를 위한 준비비용 500만 원을 지출하였다면 이것은 계약 준비 비용이므로 을은 이러한 신뢰이익을 배상해야 한다.

(2) 그러나 제안서와 견적서 작성비용 300만 원은 신뢰이익의 손해에 포함되지 않으므로 갑은 을에게 이를 청구할 수 없다.

(3) 사안에 구체적인 언급은 없지만 을의 계약교섭 파기로 인한 불법행위가 갑에게 정신적 고통을 초래하였다고 인정되는 경우라면 갑은 그러한 정신적 고통에 대한 손해에 대하여는 별도로 배상을 구할 수 있다.

> **2. 甲은 2019년 8월 중순경 乙여행사와 여행기간 5박 6일, 여행지 동남아 X국으로 정하여 기획여행계약을 체결하였다. 이 계약에서 여행주최자 乙의 의무와 담보책임을 설명하시오.** (20점)

1. 여행계약의 의의

여행계약은 당사자 한쪽이 상대방에게 운송, 숙박, 관광 또는 그 밖의 여행 관련 용역을 결합하여 제공하기로 약정하고 상대방이 그 대금을 지급하기로 약정함으로써 성립하는 계약이다.

2. 여행주최자의 의무

(1) 여행 관련 급부의무

여행주최자는 여행자에게 여행계약에 따른 급부를 이행할 의무가 있다. 즉 계약상 운송, 숙박, 관광 또는 그 밖의 여행 관련 용역을 제공하여야 한다.

(2) 부득이한 사유로 인한 계약 해지와 귀환운송의무

여행계약의 당사자는 당사자의 부모 사망이나 천재지변 등 부득이한 사유가 있는 경우에 계약을 해지할 수 있는데, 부득이한 사유가 당사자 한쪽의 과실로 인하여 생긴 경우에 그 당사자는 상대방에게 손해를 배상하여야 한다.

본 사안에서 만약 여행주최자 을의 귀책사유로 계약을 해지할 경우 을은 여행자 갑에게 손해를 배상할 의무가 있다.

귀환운송비용 등 해지로 인하여 발생하는 추가비용은 그 해지사유가 어느 당사자의 사정에 속하는 경우에 그 당사자가 부담하고, 누구의 사정에도 속하지 않는 경우에는 각 당사자가 절반씩 부담한다(제674조의4).

현재의 표준약관에 의하면 여행사의 귀책사유에 의하지 않는 한 여행자가 추가비용을 부담하여야 한다.

3. 여행주최자의 담보책임 : 여행계약상 채무불이행에 대한 책임

(1) 의 의

여행급부의 하자로 인한 여행업자의 담보책임과 관련하여, 민법 제674조의6과 제674조의7에서 여행업자의 담보책임 규정을 신설하여 실행된 여행에 하자가 있는 경우, 여행자는 여행주최자에 대하여 대금감액청구권, 추완청구권, 계약해지권, 손해배상청구권 그리고 귀환운송의무를 규정함으로써, 여행계약에 대해서는 매매계약뿐만 아니라 도급계약의 담보책임규정의 적용을 배제하고 있다.

(2) 시정청구권 및 대금감액청구권

① 여행에 하자가 있는 경우에 <u>여행주최자에게 귀책사유가 없더라도</u>, 여행자는 여행주최자에게 하자의 시정 또는 대금의 감액을 청구할 수 있다. 다만, 그 시정에 지나치게 많은 비용이 들거나 그 밖에 시정을 합리적으로 기대할 수 없는 경우에는 시정을 청구할 수 없다.

② 시정 청구는 상당한 기간을 정하여 하여야 한다. 단, 즉시 시정할 필요가 있는 경우에는 그렇지 않다.

(3) 손해배상청구권

여행자는 시정청구, 감액청구를 갈음하여 손해배상을 청구하거나 시정청구, 감액청구와 함께 손해배상을 청구할 수 있다(제674조의6 제3항).

즉, 하자로 인하여 여행이 실패로 끝나거나 불완전한 상태에서 실행됨으로써 휴가기간이 허비된 경우에 여행자는 민법의 일반규정에 따라 통상 손해를 배상받을 수 있다. 여기의 통상 손해에는 정신적 손해를 포함한다.

(4) 계약해지권

① 여행자는 여행에 중대한 하자가 있는 경우에 그 시정이 이루어지지 아니하거나 계약의 내용에 따른 이행을 기대할 수 없는 경우에는 계약을 해지할 수 있다.

② 계약이 해지된 경우에는 여행주최자는 대금청구권을 상실한다. 다만, 여행자가 실행된 여행으로 이익을 얻은 경우에는 그 이익을 여행주최자에게 상환하여야 한다.

③ 여행주최자는 계약의 해지로 인하여 필요하게 된 조치를 할 의무를 지며, 계약상 귀환운송 의무가 있으면 여행자를 귀환운송하여야 한다. 이 경우 상당한 이유가 있는 때에는 여행주최자는 여행자에게 그 비용의 일부를 청구할 수 있다.

(5) 담보책임의 존속기간

여행자의 시정청구권, 대금감액청구권, 손해배상청구권, 계약해지권은 여행 기간 중에도 행사할 수 있으며, 계약에서 정한 여행 종료일부터 6개월 내에 행사하여야 한다.

(6) 강행규정

그런데 이 규정들과 다른 약정으로 여행자에게 불리한 것은 그 효력이 부정된다(제674조의9). 즉 이것은 여행자 보호를 위한 최소한의 기준으로 된다.

(7) 여행주최자의 이행보조자에 대한 책임

여행계약에는 민법의 여행계약 관련 규정 외에 민법의 일반이론이 당연히 적용된다. 따라서 현지여행사나 가이드 등의 부당행위에 대해서도 여행주최자는 책임을 진다. 즉 이들은 여행주최자의 이행보조자로서 민법 제391조에 따라 이들의 고의나 과실이 여행주최자의 고의나 과실로 다루어진다.

4. 여행사고에 대한 여행주최자의 책임 문제

(1) 입법상 불비

여행계약의 실태와 여행자 보호의 측면에서 본다면 여행채무의 이행만큼이나 중요한 것이 여행사고에 대한 규율이다. 그런데 현행 민법은 여행계약상의 여행급부이행과 관련된 규정만을 두고 있으며, 여행사고와 관련된 규정은 없다.

(2) 여행사고에 대한 여행주최자의 책임

안전확보의무의 위반을 전제로 하여 여행주최자의 책임을 인정한다고 하더라도 그 책임은 여전히 민법 상 불법행위의 법리에 의한 과실책임에 해당하고, 여행주최자의 책임을 엄격화하기에는 한계가 존재한다. 따라서 여행사고에 대한 여행주최자의 책임의 문제를 근본적으로 해결하기 위해서는 입법적인 조치가 필요하다.

---

3. 상가건물 임대차보호법상 권리금의 의의와 임차인의 권리금 회수기회 보호규정에 관하여 설명하시오.

(20점)

---

1. 권리금의 의의

권리금이란 임대차 목적물인 상가건물에서 영업을 하는 자 또는 영업을 하려는 자가 영업시설·비품, 거래처, 신용, 영업상의 노하우, 상가건물의 위치에 따른 영업상의 이점 등 유형·무형의 재산적 가치의 양도 또는 이용대가로서 임대인, 임차인에게 보증금과 차임 이외에 지급하는 금전 등의 대가를 말한다.

2. 상가건물 임대차보호법의 권리금 보호 규정

(1) 임대인은 <u>임대차기간이 끝나기 6개월 전부터 임대차 종료 시까지</u> 다음 4가지의 어느 하나에 해당하는 행위를 함으로써 권리금 계약에 따라 임차인이 주선한 신규임차인이 되려는 자로부터 권리금을 지급받는 것을 방해하여서는 아니 된다(상가건물 임대차보호법 제10조의4).

즉, 상가건물 임대차보호법이 규정하고 있는 '권리금 회수 방해행위'는 다음의 네 가지다.

① 임대인이 임차인이 주선한 신규임차인이 되려는 자에게 세입자가 지급받아야 할 권리금을 직접 받는 행위

② 임차인이 주선한 신규임차인이 되려는 자로 하여금 임차인에게 권리금을 지급하지 못하게 하는 행위

③ 임대인이 세입자가 주선한 신규임차인이 되려는 자와 임대차계약 체결을 위한 협의를 하면서 현저히 고액의 월세와 보증금을 요구하는 행위

④ 그 밖에 <u>정당한 사유 없이</u> 임대인이 임차인이 주선한 신규임차인이 되려는 자와 임대차계약의 체결을 거절하는 행위

(2) **예외 사항**

그러나 다음 각 호의 어느 하나에 해당하는 경우에는 정당한 사유가 있는 것으로 본다. 이 경우에는 임대인의 '권리금 회수 방해행위'가 성립하지 않는다.

① 임차인이 주선한 신규임차인이 되려는 자가 보증금 또는 차임을 지급할 자력이 없는 경우

② 임차인이 주선한 신규임차인이 되려는 자가 임차인으로서의 의무를 위반할 우려가 있거나 그 밖에 임대차를 유지하기 어려운 상당한 사유가 있는 경우

③ 임대차 목적물인 상가건물을 1년 6개월 이상 영리목적으로 사용하지 아니한 경우

④ 임대인이 선택한 신규임차인이 임차인과 권리금 계약을 체결하고 그 권리금을 지급한 경우

(3) **임차인의 권리행사 기간 및 손해배상청구권**

상가건물 임대차보호법에 따른 권리금 회수를 주장하는 경우 임차인은 <u>'임대차기간이 끝나기 6개월 전부터 임대차 종료 시까지'</u> 신규임차인을 주선해야 한다.

그리고 임대인은 <u>'임대차기간이 끝나기 6개월 전부터 임대차 종료 시까지'</u> 방해행위를 하여서는 안 된다. 따라서 이 기간 내에 건물주가 방해행위를 할 경우에만 세입자가 건물주를 상대로 권리금 상당의 손해배상을 청구할 수 있다.

(4) **적용 범위(대상)**

권리금회수 보호규정은 상가건물 임대차보호법 제2조 제1항 단서에 따른 보증금액을 초과하는 임대차에 대하여도 적용한다. 그러나 대규모점포 또는 준대규모점포의 일부인 경우(다만, 전통시장은 제외)나 국·공유재산인 경우에는 적용하지 아니한다.

3. 위반의 효과

(1) 임대인이 방해행위 금지규정을 위반하여 임차인에게 손해를 발생하게 한 때에는 그 손해를 배상할 책임이 있다. 이 경우 그 손해배상액은 신규임차인이 임차인에게 지급하기로 한 권리금과 임대차 종료 당시의 권리금 중 낮은 금액을 넘지 못한다.

(2) 이러한 손해배상청구권은 임대차가 종료한 날부터 3년 이내에 행사하지 않으면 시효의 완성으로 소멸한다.

---

4. 甲은 乙에게 금전을 차용하기 위하여 2016년 5월 2일 자신의 1억 상당의 X 토지를 乙에게 8천만 원에 매도하는 계약을 체결한 후 등기도 이전해 주었다. 그 후 2016년 5월 12일에 甲과 乙은 X 토지를 3년 후에 甲에게 다시 매도할 것을 약정하는 계약을 체결하고, 이 청구권을 보전하기 위하여 甲은 가등기를 하였다. 甲은 2019년 5월 13일에 乙에게 8천만 원을 제시하면서 X 토지를 자신에게 매도할 것을 요구하고 있다. 이에 대하여 甲은 본 약정은 환매계약이라고 주장하고, 乙은 재매매의 예약이라고 주장하고 있다. 환매와 재매매의 예약과의 차이점에 관하여 설명하고 甲의 주장이 타당한지 검토하시오.

(20점)

---

1. 환매와 재매매의 예약의 의의

(1) 환매는 매도인이 매매계약과 동시에 특약으로 목적물을 다시 매수할 수 있는 권리를 유보하여 일정기간 내에 그 환매권을 행사하여 목적물의 소유권을 회복할 수 있는 것이다(제590조).

(2) 재매매의 예약은 매도인이 물건이나 권리를 타인에게 매도한 후 장차 그 물건이나 권리를 다시 매수할 것을 예약하는 것이며, 일종의 매매예약으로서 예약완결권의 행사에 의해 본계약을 성립시킨다.

2. 환매와 재매매의 예약의 관계

(1) 환매에 관해서는 민법 제590조 내지 제595조에서 이를 정하고 있는데, 민법이 재매매의 예약에 관해서 규정한 것은 없다.

(2) 재매매의 예약 중에서 민법 제590조 내지 제595조에서 정한 요건을 갖춘 경우를 환매라고 보며, 그 요건을 갖추지 못한 경우에는 이를 재매매의 예약으로 본다.
따라서 민법의 환매 규정은 재매매의 예약을 법률로 특별히 제한한 것으로 볼 수 있다.

(3) 통설은 환매는 재매매의 예약의 일종에 해당한다고 본다. 따라서 재매매의 예약은 매매계약에 있어서 매도인이 장래 목적물을 다시 사겠다고 예약하는 것으로 환매의 요건을 갖추지 못한 경우이다.

3. 환매와 재매매 예약의 공통점

(1) 사회적 기능(채권담보적 기능)

민법상 전형담보(물적 담보 및 인적 담보)는 절차 등 여러 가지 법적 제한으로 인해 실제 거래에서 사용하는데 한계가 있다. 따라서 소유권 이전의 형식을 가지면서 채권담보의 기능을 수행하는 변칙담보들이 이용되고 있다. 이러한 변칙담보에는 다음 2가지 유형이 있다.
  ① 매매방식의 자금조달 : 매도담보(환매, 재매매 예약)
  ② 소비대차 형식의 자금조달 : 협의의 양도담보(대물변제의 형태)

(2) 부종성(종된 계약)

환매와 재매매의 예약은 당초 본계약에 대해 부종하는 종된 계약이다.

(3) 목적물의 범위에 제한이 없다.

(4) 양도성 : 환매권과 예약완결권은 재산권으로서 양도할 수 있다.

(5) 권리행사의 상대방 : 환매와 재매매의 예약은 당초 매도인이 매수인에게 권리를 행사해야 한다.

4. 환매와 재매매 예약의 구체적 차이점

(1) 법적 성질

환매의 법적 성질은 매매계약의 해제에 해당하며, 재매매의 예약은 제2의 매매를 성립시키는 것이다.

(2) 계약의 동시성 요부

환매는 매매등기와 환매등기가 동시에 이루어져야만 제3자에게 대항할 수 있다. 재매매의 예약은 예약완결권을 가등기하면 제3자에게 대항할 수 있고 가등기와 매매등기의 동시성을 요구하지 않는다.

(3) 대금의 동액성 여부

특별한 약정이 없으면 환매권자는 최초의 매매대금과 매수인이 부담한 매매비용을 반환하고 환매할 수 있으나, 재매매의 예약은 그러한 제한이 없다. 그러나 환매의 경우 특약으로 이를 달리 정할 수 있으므로 실질적인 차이는 없다고 볼 수 있다.

(4) 존속기간의 제한

환매는 존속기간으로 부동산은 5년, 동산은 3년으로 제한을 받으며 그 존속기간의 연장에도 제한이 있다. 재매매의 예약은 이러한 제한이 없고 예약완결권이 10년의 제척기간에 걸릴 뿐이다.

(5) 목적물이 양도된 경우 권리행사의 상대방

환매권이나 예약완결권이 등기된 때 환매권 행사는 목적물의 전득자에게 해야 하는 반면 재매매의 예약 완결권 행사는 당초의 예약 의무자에게 해야 한다.

(6) 등 기

환매의 경우에는 환매권의 보류를 등기할 수 있다. 재매매의 예약은 청구권 보전의 가등기를 할 수 있을 뿐이다.

5. 문제의 해결

(1) 위 사안에서 갑은 을과 2016년 5월 2일 X 토지의 매도계약을 체결하고 그 후 2016년 5월 12일에 갑과 을은 X 토지를 3년 후에 갑에게 다시 매도할 것을 약정하는 계약을 체결하였으므로, 목적 부동산을 다시 매수하기로 하는 계약을 본 매매계약과 다른 시점에 체결하는 재매매의 예약에 해당한다. 따라서 <u>갑이 본 약정을 환매라고 주장하는 것은 타당하지 않다.</u>

(2) <u>X 토지를 3년 후에 갑에게 다시 매도할 것을 약정하는 계약을 재매매의 예약으로 본다면, 갑이 2019년 5월 13일에 을에게 8천만 원을 제시하면서 X 토지를 자신에게 매도할 것을 요구하는 것은 갑이 재매매의 예약에 따른 재매매의 예약완결권을 행사하는 것이므로 적법한 권리행사이다.</u> 결국 이러한 예약완결권의 행사로 두 번째 매매계약이 성립하게 되고 서로간에 매매계약상 의무를 이행하여야 한다. 따라서 갑은 을에게 X 토지의 소유권 이전을 청구할 수 있다.

6. 가등기의 효력

(1) 갑은 을과 재매매의 예약을 하면서 그 청구권을 보존하기 위해 청구권 보전의 가등기를 경료하였다. 가등기는 장래에 행해질 본등기의 순위보전을 위하여 예비적으로 하는 등기이다. 부동산등기법 제91조는 가등기에 의한 본등기의 순위에 관하여 "가등기에 의한 본등기를 한 경우 본등기의 순위는 가등기의 순위에 따른다."고 규정하고 있다.

따라서 가등기 이후에 본등기가 있을 때까지 그 사이 경료된 일체의 등기들은 본등기의 내용과 저촉되는 범위 내에서 효력을 잃게 되거나 후순위가 된다.

(2) <u>만약 위 사안에서 갑의 가등기 이후 재매매의 예약완결권을 행사하기 전까지 을이 X토지를 제3자에게 매매하여 그 제3자에게 소유권 이전등기를 경료한 경우, 갑이 가등기에 의거해 본등기를 하면 그 제3자의 소유권은 효력을 상실하거나 후순위로 밀려난다.</u>

08 | 2020년 제8회 기출문제

---

1. 2018.10.10. 甲은 그 소유의 X토지 위에 특수한 기능과 외관을 가진 Y단독주택을 신축하기로 건축업자 乙과 약정하면서(총 공사대금은 10억 원, 공사기간은 계약체결일부터 6개월), 같은 날 계약금의 명목으로 총 공사대금의 10%만 지급하였고, 나머지 공사대금은 완공 이후에 甲의 검수를 거친 뒤 지급하기로 하였다. 그런데 Y단독주택에 관한 건축허가와 소유권보존등기는 甲 명의로 하기로 乙과 약정하였다. 다음 물음에 답하시오. (40점)

   1) Y단독주택을 신축하기 위하여 甲과 乙 사이에 체결된 계약의 법적 성질을 설명하고, Y단독주택이 완성된 경우 그 소유권이 누구에게 귀속하는 지에 관하여 설명하시오. (20점)

   2) Y단독주택이 약정한 공사기간 내에 완성되어 甲에게 인도되었으나 2020.5.6. 그 주택의 붕괴가 우려되는 정도의 하자가 발견된 경우, 甲은 乙을 상대로 계약을 해제할 수 있는지 여부와 Y단독주택의 철거 및 신축에 필요한 비용에 상응하는 금액을 손해배상으로 청구할 수 있는지 여부에 관하여 설명하시오. (20점)

1-1. 사안의 논점

(1) 위 사안에서 특수한 기능과 외관을 가진 Y단독주택의 건축 후 인도를 주문하는 계약은 제작물공급계약이며 이것이 민법상 도급계약인가 매매계약인가가 문제된다.

(2) 제작물공급계약에서 그 완성물의 소유권이 누구에게 귀속되는가가 문제된다.

이를 부동산 물권변동의 요건 및 효력과 관련하여 논하여야 한다.

1-2. 제작물공급계약

(1) 의 의

당사자의 일방이 상대방의 주문에 따라 자기 소유의 재료를 사용하여 만든 물건을 공급할 것을 약정하고 이에 대하여 상대방이 대가를 지급하기로 한 약정이다.

(2) 법적 성격

제작물공급계약은, 그 제작의 측면에서는 도급의 성질이 있고 공급의 측면에서는 매매의 성질이 있어 이러한 계약은 대체로 매매와 도급의 성질을 함께 가지고 있는 것이다.

(3) 법적 성격에 관한 판례의 태도

판례는 대체물인 경우에는 매매계약이고, 부대체물인 경우에는 도급계약으로 본다.

"제작 공급하여야 할 물건이 대체물인 경우에는 매매로 보아서 매매에 관한 규정이 적용된다고 할 것이나(주문판매계약), 부대체물인 경우에는 당해 물건의 공급과 함께 그 제작이 계약의 주목적이 되어 도급의 성질(제작물공급계약)을 띠는 것이다(대판 1996.6.28., 94다42976)."

(4) 대체물과 부대체물

① 일반 거래관념상 물건이 개성이 중요시되느냐에 의한 일반적, 객관적 구별이다.

② 대체물은 물건의 개성이 중요시되지 않고 동종, 동질, 동량의 물건으로 바꾸어도 당사자에게 영향을 주지 않는 물건이다(예 금전, 서적, 곡물)

③ 이에 반해 부대체물은 물건의 개성이 중요시되고 유사한 물건으로 바꾸면 당사자에게 영향을 주는 물건이다(예 토지, 건물, 골동품).

(5) 사안의 검토

본 사례에서 Y단독주택은 특수한 기능과 외관을 가진 물건이므로 특정의 주문자의 수요를 만족시키기 위한 것으로서 부대체물이라고 보아야 한다. 따라서 위 사안에서 갑과 을 사이에 체결된 계약은 도급의 성질을 가진다.

1-3. 완성된 목적물의 소유권 귀속

갑과 을 중 누가 그 집에 대한 소유권을 가지고 있는가의 문제는 우선 도급계약에서 재료를 누가 제공했는가에 따라 학설은 나뉜다.

(1) 도급인의 소유

① 도급인이 재료를 댄 경우는 당연히 도급인이 소유권을 원시취득한다.

② 판례 : 도급계약에 있어서는 수급인이 자기의 노력과 재료를 들여 건물을 완성하더라도 도급인과 수급인 사이에 도급인 명의로 건축허가를 받아 소유권보존등기를 하기로 하는 등 완성된 건물의 소유권을 도급인에게 귀속시키기로 합의한 것으로 보여질 경우에는 그 건물의 소유권은 도급인에게 원시적으로 귀속된다(대판 1997.5.30., 97다8601).

(2) 수급인의 소유

① 수급인이 재료를 모두 댄 경우는 학설은 나뉘나 판례와 통설적 입장은 원칙적으로 수급인의 소유에 속한다.

② 판례 : 수급인이 자기의 재료와 노력으로 건물을 건축한 경우에 특별한 의사표시가 없는 한 도급인이 도급대금을 지급하고 건물의 인도를 받기까지는 그 소유권은 수급인에게 있다(대판 1980.7.8., 80다1014).

③ 단, <u>소유권을 도급인에게 귀속시키기로 합의한 것으로 보여질 경우에는 도급인에의 소유권 귀속을 인정</u>하고 있다.

(3) 사안의 검토 : Y단독주택이 완성된 경우 그 소유권이 도급인과 수급인 중 누구에게 있는가?

　① 갑은 을에게 계약금 정도만 지급했을 뿐이고, 공사에 관련된 모든 비용은 을이 부담했다. 따라서 소유권 귀속에 관한 합의가 없다면 당연히 수급인 을에게 소유권은 귀속된다.

　② 그런데 통설과 판례에 따르면 Y단독주택에 관한 건축허가와 이렇게 완공된 Y단독주택에 관한 소유권 보존등기를 모두 갑 명의로 하기로 갑과 을 사이에 약정한 경우에는 <u>소유권을 도급인에게 귀속시키기로 합의한 것으로 보여지는 경우이므로</u> 이 건물의 소유권은 갑이 원시적으로 취득한다.

　③ 단, 건물이 벽을 갖추고 지붕이 건축되었을 경우에 소유권의 객체가 된다.

2-1. 사안의 논점

(1) 법정해제는 계약준수의 원칙에도 불구하고, 최후의 수단으로서 계약관계를 일방적으로 파기할 수 있도록 하는 것이므로 엄격한 법적 제한이 따른다. 이 사안에서 갑은 을을 상대로 계약을 해제할 수 있는지와 관련하여 해제권의 제한과 관련하여 논하여야 한다.

(2) 본 사안에서 수급인 을이 Y단독주택을 완성하여 도급인 갑에게 인도한 후 Y단독주택에 상당한 하자가 발견되었는 바, 수급인 을의 담보책임의 내용과 범위는 무엇인지를 논해야 한다.

(3) 도급인 갑은 Y단독주택의 중대한 하자로 인한 손해의 배상을 청구할 수 있는지와 그 배상의 범위와 내용은 무엇인지에 대해 논하여야 한다.

2-2. 수급인의 담보책임

(1) 의의 및 법적 성질

　① 도급계약에서 일의 완성물에 하자가 발생하면 수급인은 담보책임을 져야 한다.

　② 그리고 도급계약 등의 유상계약에는 매매 규정을 준용하므로(제567조) 매도인의 하자담보책임이 준용될 수 있어 청구권의 경합이 일어나나 특별규정인 수급인의 담보책임으로도 충분히 도급인은 보호되므로 수급인의 담보책임(제667조)이 적용되는 것으로 본다.

　③ 수급인의 담보책임은 수급인의 과실을 요구하지 않는 무과실 책임이다.

(2) 담보책임의 성립 요건

도급계약에서 완성된 목적물 또는 완성 전의 성취된 부분에 다음과 같은 요건이 성립되어야 한다.

　① 하자가 있을 것

　② 담보책임 면제의 특약이 없을 것. 단, 수급인이 알면서 고지하지 아니한 사실에 대해서는 그 특약이 무효이다.

　③ 하자담보책임에 의한 도급인의 권리는 제척기간 내에 행사될 것(제671조)

(3) 담보책임의 제척기간

① 토지, 건물 기타 공작물의 수급인은 목적물 또는 지반공사의 하자에 대하여 인도 후 5년간 담보의 책임이 있다.

② 토지, 건물 등의 목적물이 석조, 석회조, 연와조, 금속 기타 이와 유사한 재료로 조성된 것인 때에는 그 기간을 10년으로 한다(제671조 제1항).

(4) 담보책임의 내용 : 하자보수청구권

① 완성된 목적물 또는 완성 전의 성취된 부분에 하자가 있는 때에는 도급인은 수급인에 대하여 상당한 기간을 정하여 가능한 경우 그 하자의 보수를 청구할 수 있다.

② 하자가 중요하지 않지만 보수에 과다한 비용이 드는 경우에는 하자보수를 청구할 수 없고 손해배상만을 청구할 수 있다. 하자가 중요하지 아니하면서 동시에 그 보수에 과다한 비용을 요할 때에는 하자의 보수나 하자의 보수에 갈음하는 손해배상을 청구할 수는 없고 그 하자로 인하여 입은 손해의 배상만을 청구할 수 있다고 할 것이다(대판 1998.3.13., 97다54376).

③ 하자가 중요하고 보수에 과다한 비용이 드는 경우에는 손해배상만을 청구할 수 있다. 건물 등에 중대한 하자가 있고 이로 인하여 건물 등이 무너질 위험성이 있어서 보수가 불가능하고 다시 건축할 수밖에 없는 경우에는, 특별한 사정이 없는 한 건물 등을 철거하고 다시 건축하는 데 드는 비용 상당액을 하자로 인한 손해배상으로 청구할 수 있다(대판 2016.8.18., 2014다31691, 31707).

(5) 담보책임의 내용 : 손해배상청구권

① 도급인은 하자보수에 갈음하여(= 하자보수를 청구하기 전에, 또는 하자보수를 청구하지 않고) 또는 하자보수와 함께 실제로 보수 비용의 상당액의 손해배상을 청구할 수 있다. 따라서 하자의 보수가 어렵지 않고, 이로 인하여 도급인에게 특별한 손해가 남지 않는 경우에는 신의칙에 따라 먼저 하자보수를 청구해야 할 것이다.

② 도급인이 하자의 보수에 갈음한 손해배상을 청구하기 위해서는 하자보수가 불가능한 경우 또는 하자가 중요한 경우로 한정된다.

③ 그리고 하자보수에 갈음한 도급인의 손해배상청구권은 하자가 발생하여 보수가 필요하게 된 시점에서 성립된다.

④ 그러나 만약 하자가 중요하지 않으면서 그 보수에 과다한 비용을 요하는 경우에는 하자보수청구(제667조 제1항 단서)뿐만 아니라 하자보수에 갈음한 손해배상도 청구할 수 없고, 그 하자로 인하여 입은 손해배상만을 청구할 수 있다.

(6) 손해배상의 범위

① 하자의 보수에 갈음하는 손해배상의 경우에 그 범위는 실제로 보수에 필요한 비용이다.

② 하자가 중요하지 않으면서 그 보수에 과다한 비용을 요하는 경우의 손해배상의 경우

이 경우 손해배상은 도급인이 하자 없이 시공하였을 경우의 목적물의 교환가치와 하자가 있는 현재의 상태대로의 목적물의 교환가치와의 차액이 되고, 교환가치의 차액을 산출하기가 현실적으로 불가능한 경우의 통상의 손해는 하자 없이 시공하였을 경우의 시공비용과 하자 있는 상태대로의 시공비용의 차액으로 보아야 한다(대판 1997.2.25., 96다45436). 따라서 이 경우 하자에 갈음하는 손해(실제로 보수에 필요한 비용)를 청구할 수는 없다.

(7) 담보책임의 내용 : 계약 해제권

① 완성 후(이미 준공이 인가된) 목적물의 하자로 인하여 계약의 목적을 달성할 수 없는 때에는 담보책임의 내용으로 도급인은 계약을 해제할 수 있다.

② 그러나 하자보수청구권의 경우와 달리 완성 전의 성취된 부분에 하자가 있는 때에는 담보책임을 이유로 한 해제권은 인정되지 않는다.

③ 완성된(준공 인가에 동의한) 목적물이 건물 기타 공작물인 경우에는 계약의 목적을 달성할 수 없는 때에도 계약을 해제할 수 없다(제668조 후문). 따라서 이 경우 도급인은 1) 하자의 보수나 2) 손해배상을 청구할 수밖에 없다. 이 경우 해제를 인정한다면 수급인에게 과대한 손해를 줄 뿐만 아니라 이미 완성된 건물을 철거하는 것은 사회경제적으로도 큰 손실이기 때문에 해제를 제한한 것이다.

④ 이는 강행규정이다.

2-3. 사안의 해결

(1) 이 사안에서 수급인의 담보책임의 성립 여부

이 사안의 도급계약에서 완성된 목적물에 ① 하자가 있으며, ② 담보책임 면제의 특약이 없으며, 수급인이 그 목적물의 하자를 알지 못했으며, ③ 하자담보책임에 관한 제척기간인 5년 또는 10년을 경과하지 않았다. 따라서 수급인 을의 담보책임은 성립한다.

이때 수급인의 담보책임은 법정무과실책임이기 때문에 수급인 을은 자신에게 과실이 없다는 이유로 하자담보책임의 면책을 주장할 수 없다.

(2) 이 사안에서 도급계약 해제는 가능한지 여부

2018년 10월 10일 계약체결일로부터 6개월 후가 공사완공기간이므로 2019년 4월 10일에 공사가 완공되고 바로 인도되었다. 2020년, 5월 6일은 인도 후 막 1년이 지난 시점이므로 담보책임의 제척기간인 5년 또는 10년은 아직 경과하지 않았다. 하지만 완성된 목적물이 단독주택이라는 건물이기 때문에 계약의 목적을 달성할 수 없는 경우에도 계약을 해제하지 못한다.

(3) 이 사안에서 철거 및 신축에 필요한 비용에 상응하는 금액을 손해배상으로 청구할 수 있는지 여부

위 사안에서 수급인이 Y단독주택을 도급인에게 인도한 후 중대한 하자가 발생하였고 그 하자보수가 불가능한 상황이므로 갑은 을에게 하자보수에 갈음하여 손해배상을 청구할 수 있다.

위 사안에서 주택이라는 건물의 붕괴가 우려될 정도의 하자는 중대한 하자에 해당한다. 따라서 붕괴우려로 인해 철거 및 신축을 할 수 밖에 없는 비용이라도 하자로 인한 손해배상을 청구할 수 있다.

이 경우 손해배상의 범위는 하자보수에 갈음하는, 즉 실제로 하자보수에 필요한 비용이 손해배상액에 포함된다. 따라서 갑은 을에게 Y단독주택의 철거 및 신축에 필요한 비용에 상응하는 금액을 손해배상으로 청구할 수 있다.

특히 하자가 중요한 경우의 그 손해배상액수 즉 하자보수비는 목적물의 완성 시가 아니라 하자보수청구 시 또는 손해배상청구 시를 기준으로 산정해야 한다. 하자보수에 갈음한 손해배상의 범위에 속하는 손해는 최소한 유상계약인 도급계약에 있어서 급부와 반대급부 간에 생긴 대가적 불균형 그 자체손해 즉 일의 결과와 직접적으로 연관되어 있는 손해(하자손해)와 이보다 범위가 넓은 일의 하자와 밀접한 상관관계에 있는 손해를 포함하지만 주로 하자손해가 대부분을 차지한다.

> **2.** X주택의 임대인 甲이 임대차 종료 후 정당한 사유 없이 보증금을 반환하지 아니하자 임차인 乙이 임차권
> 등기명령을 신청하여 임차권 등기가 이루어진 경우, 그 효과에 관하여 설명하시오. (20점)

1. 임차권등기명령의 의의

(1) 임차권등기명령이란, 본래 부동산등기부에는 지상권, 전세권 등 물권이 공시되는 것이 원칙이나, 아주 예외적으로 계약기간이 종료되었음에도 임대인으로부터 보증금을 돌려받지 못한 주택임차인을 보호하기 위하여 법원의 명령에 따라 그 임차권(채권)을 등기부를 통해 공시하는 제도이다.

(2) 임대차가 종료된 후 보증금을 반환받지 못한 임차인은 임차권등기명령을 신청할 수 있다(주택임대차보호법 제3조의3 제1항).

2. 임차권등기명령의 효과

(1) 대항력 및 우선변제권의 취득

임차권등기명령의 효력발생 후 그 집행에 의하여 임차권등기가 마쳐지면 임차인은 대항력 및 우선변제권을 취득한다(주택임대차보호법 제3조의3 제5항).

① 임차인이 대항력과 우선변제권을 취득하지 못한 경우

대항력과 우선변제권을 취득하지 못한 임차인은 임차권등기를 마치면 그 등기를 경료한 때 대항력과 우선변제권을 취득하게 된다(주택임대차보호법 제3조의3 제1항, 제5항 본문).

② 임차인이 대항력과 우선변제권을 기존에 취득한 경우

대항력과 우선변제권을 이미 취득한 임차인은 임차권등기를 마치면 기존의 대항력과 우선변제권은 유지되고, 대항요건을 상실한 때에도 대항력을 상실하지 않는다(주택임대차보호법 제3조의3 제1항, 제5항 단서).

민법 621조의 규정에 의한 주택임대차등기가 된 경우에도 같다(주택임대차보호법 제3조의4 제1항). 따라서 임차권등기가 마쳐진 이후에는 주택의 점유와 주민등록의 요건을 상실하더라도 이미 취득한 대항력 및 우선변제권은 여전히 유지되기 때문에 임차인이 다른 곳으로 이사하거나 주민등록을 옮길 수 있다.

③ 대항력을 취득하였다가 점유 또는 주민등록의 요건을 상실한 임차인도 보증금을 반환받지 못한 경우에는 임차권등기명령신청을 할 수 있다. 이 경우 임차권등기 경료 시에 다시 새로운 대항력과 우선변제권을 취득하게 된다(대판 2004.10.28., 2003다62255).

(2) 임차권등기 후에 임차한 임차인의 소액보증금의 최우선변제권 배제

임차권등기명령의 집행에 의한 임차권등기가 마쳐진 주택(임대차의 목적이 주택의 일부분인 경우에는 해당 부분에 한한다)을 그 이후에 임차한 임차인은 주택임대차보호법 제8조에 의한 우선변제를 받을 권리가 없다(주택임대차보호법 3조의3 제6항). 즉, 소액임차인의 최우선변제권이 전면적으로 배제된다. 상가건물 임대차보호법 제6조 제6항, 제7조 제1항도 위와 동일한 취지로 규정하고 있다. 이와 같이 임차권등기 후의 소액임차인에 대하여 최우선변제권을 배제한 입법취지는, 임차권등기 후의 소액임차인에 의한 최우선변제권 행사로 인하여 임차권등기를 한 임차인이 입을지도 모르는 불측의 손해를 방지하기 위한 것이다.

(3) 임차권등기말소와 임대인의 임대차보증금 반환의무의 동시이행 여부

임대인의 임대차보증금 반환의무와 임차인의 주택임대차보호법 제3조의3에 의한 임차권등기 말소의무는 동시이행관계에 있지 않고, 임대인의 임대차보증금의 반환의무가 임차인의 임차권등기 말소의무보다 먼저 이행되어야 할 의무이다(대판 2005.6.9., 2005다4529).

(4) 효과의 발생시점

위와 같은 효과는 임차권등기가 마쳐진 시점부터 발생하므로, 임차권등기명령을 신청한 후 바로 다른 곳으로 이사가거나 전출해서는 안 되고, 임차권등기가 경료된 이후에 이사나 전출을 해야만 보호를 받는다.

3. 임차권등기명령에 의하여 등기된 임차권자에게 경매신청권이 있는지 여부

임차권등기명령은 주택의 점유를 상실하거나 주민등록을 전출하더라도 종전에 취득하였던 대항력 및 우선변제권을 그대로 유지시키는 제도일 뿐이고, 임차권등기에 물권을 부여하는 취지는 아니므로, 임차인은 주택임차권등기에 기하여 직접 경매를 신청할 수는 없다.

따라서 임차권등기를 마친 임차인이라도 실제로 보증금을 반환받기 위해서는 임차보증금반환청구소송 등을 제기하여 집행권원을 확보한 후 임차주택의 강제경매를 신청해야 한다.

4. 등기된 임차권등기명령권자의 배당순위 : 임차권 등기 경료 시를 기준으로 함

(1) 임차인이 임차권등기명령신청 당시에 이미 주택임대차보호법 제3조의2 제2항의 규정에 의한 우선변제권을 취득한 경우에는 처음의 그 대항력 및 우선변제권이 그대로 유지되므로 그 순위에 따라 결정된다.

(2) 임차인이 아직 대항력·우선변제권을 취득하지 못한 상태에서 임차권등기가 된 경우에는 그 등기시점을 기준으로 대항력·우선변제권을 취득하므로, 대항력 및 우선변제권은 그 순위에 따라 결정된다.

(3) 임차권등기에 의하여 공시된 내용이 소액보증금이고 경매신청기입의 등기 전에 주택임대차보호법 제3조 제1항 소정의 대항요건이 등기기록상 기재되어 있으면, 임대차보증금 중 일부를 담보물권자보다 우선하여 변제받을 권리가 있다.

> **3.** 甲은 그 소유의 X토지를 乙에게 매도하면서 약정기일에 중도금과 잔금이 모두 지급되면 그와 동시에 X토지의 소유권이전등기에 필요한 서류 일체를 乙에게 교부하기로 하였으나, 乙이 중도금지급기일에 중도금을 지급하지 않은 상태에서 잔금지급기일이 도래하였다. 이 경우, 甲이 소유권이전등기에 필요한 서류의 제공 없이 乙에게 중도금지급을 청구하였다면 乙은 동시이행의 항변권을 행사할 수 있는지에 관하여 설명하시오.
>
> (20점)

1. 사안의 논점

이 사안에서 갑과 을이 토지를 매매하면서 매수인 을이 약정한 기일까지 중도금을 지급하지 않은 상태에서 잔금 지급기일이 도래하였는데 이 경우 매수인의 매매대금 지급 의무와 매도인의 소유권 이전 의무가 동시이행 관계에 있는지가 논점이다.

2. 동시이행의 항변권(계약불이행의 항변권)

(1) 의 의

'쌍무계약'에서 각 당사자의 채무는 서로 의존관계에 있으므로 그 이행의 면에서 이를 관철하기 위해 서로 상환으로 이행하는 것이 필요하고 공평에 맞는 것이다. 이에 민법은 '상대방이 당사자 일방에게 채무의 이행을 청구한 때에는 당사자 일방은 상대방이 그 채무이행을 제공할 때까지 자기의 채무이행을 거절할 수 있는 항변권을 부여하여 이행상의 견련성을 실현'하고 있는데 이를 '동시이행의 항변권'이라고 한다(제536조).

(2) 요 건

① 서로 대가적 의미를 가지는 채무가 존재할 것

② 채무가 변제기에 있을 것

③ 상대방이 자기 채무의 이행 또는 그 제공을 하지 않고 이행을 청구할 것

(3) 효 과

① 이행의 거절

동시이행 항변권을 주장하면 자기의 채무이행을 거절할 수 있다.

② 이행지체의 불성립

"쌍무계약에서 쌍방의 채무가 동시이행 관계에 있는 경우, 상대방 채무의 이행제공이 있을 때까지는 그 채무를 이행하지 않아도 이행지체의 책임이 불성립한다(대판 2002.10.25., 2002다43370)."

③ 소멸시효의 진행

동시이행 항변권이 붙어 있는 채권의 경우, 이행기부터 소멸시효가 진행된다.

④ 상계의 금지

동시이행의 항변권이 붙어 있는 채권은 이를 자동채권으로 하여 상계하지 못한다(제492조 제1항 단서).

3. 사안의 해결

위 사안과 관련된 판례(대판 2002.3.29., 2000다577)에 따르면 "매수인이 선이행의무가 있는 중도금을 지급하지 않았다 하더라도 계약이 해제되지 않은 상태에서 잔대금 지급일이 도래하여 그때까지 중도금과 잔대금이 지급되지 아니하고 잔대금과 동시이행관계에 있는 매도인의 소유권이전등기 소요서류가 제공된 바 없이 그 기일이 도과하였다면, 다른 특별한 사정이 없는 한, 매수인의 중도금 및 잔대금의 지급과 매도인의 소유권이전등기 소요서류의 제공은 동시이행관계에 있다 할 것이어서 그때부터는 매수인은 중도금을 지급하지 아니한 데 대한 이행지체의 책임을 지지 아니한다. <u>매수인의 중도금 지급의무를 매도인의 소유권이전등기 소요서류 제공의무보다 항상 선이행의 관계에 있는 것으로 하는 약정으로 보기 어렵다.</u>"

이 사안에서 매수인 을은 선이행의무가 있는 중도금을 지급하지 아니한 채 잔금 지급기일을 경과하게 되었다. 판례에 따르면, 을이 중도금에 대하여 선이행의무자라도 갑의 이행기 즉 잔금 지급기일이 도래하면 동시이행항변권이 인정된다. 따라서 서류 제공이 없는 갑의 청구에 대해서 을은 동시이행 항변권을 행사할 수 있다.

1. 부속물매수청구권의 의의

부속물매수청구권이란 건물 등 임대차가 종료된 경우 임대인의 동의를 얻거나 임대인으로부터 매수하여 부속물의 경우에 임차인이 부속물의 매수를 청구할 수 있는 권리를 말한다(제646조).

임대차 종료 시에 건물 기타 공작물의 임차인이 사용의 편의를 위하여 임대인의 동의를 얻어 이에 부속한 물건이 현존하는 때에는 임차인은 임대인에게 상당한 가격으로 매수할 것을 청구할 수가 있고, 이 매수청구권이 행사된 때에는 매매계약이 성립된 것으로 간주되는 것이다.

임대인이 건물의 인도와 함께 임차인이 설치한 부속물의 철거를 청구하는 경우에 임차인이 부속물매수청구권을 주장하는 것은 임대인의 부속물철거청구에 대하여는 철거청구권의 소멸사유, 건물인도청구에 대하여는 부속물매수대금의 지급과의 동시이행이라는 인도청구권의 행사저지사유로 기능하는 항변이 된다.

2. 성립요건

(1) 건물 기타 공작물의 임대차

공작물이란 통상 인공적으로 제작된 물건으로 정의되며, 토지 및 건물 기타 토지정착물부터 교통수단 및 (동적인) 기업설비 등을 포함하여 다양한 유체물 및 시설에 대하여 공작물로 인정되고 있다.

(2) 임차인이 건물 기타 공작물의 사용의 객관적 편익을 위하여 부속시킨 부속물

부속물이란 건물에 부속된 물건으로 임차인의 소유이고 건물의 사용에 객관적인 편익을 가져오는 물건이다. 임차인이 임차한 건물에 그 권원에 의하여 증축을 한 경우에 증축된 부분이 부합으로 인하여 기존 건물의 구성부분이 된 때에는 증축된 부분에 별개의 소유권이 성립할 수 없다.

"임차물의 사용의 객관적인 편익을 위하여 부속시킨 것에 한한다. 임차인이 자신의 특수한 용도나 사업을 위하여 부속된 물건은 부속물매수청구권을 행사할 수 없다(대판 1993.10.8., 93다25738, 25745)."

"당해 건물의 객관적인 사용목적은 그 건물 자체의 구조와 임대차계약 당시 당사자 사이에 합의된 사용목적, 기타 건물의 위치, 주위환경 등 제반 사정을 참작하여 정해지는 것이다(대판 1993.10.8., 93다25738, 25745)."

(3) 임대인의 동의를 얻어 부속시킨 것이거나 임대인으로부터 매수한 부속물

(4) 건물 등 임대차에 부속물이 독립성을 가지고 있으며, 현존해야 함

부속물은 독립성을 가지고 있어야 한다. 따라서 건물의 구성부분이 되면 독립성이 없으므로 비용상환청구(필요비와 유익비 상환청구)의 문제가 된다.

(5) 임대차가 종료되어야 함

임차인의 부속물매수청구권은 임차인이 임차물에 투하한 자본의 회수를 쉽게 하고 또한 임차물과 부속물의 경제적 가치를 유지하기 위한 것인데 만약 임대차계약이 임차인의 차임연체 등 채무불이행으로 인하여 해지된 경우에는 부속물매수청구권을 행사할 수 없다(대판 1990.1.23., 88다카7245, 7252).

(6) 일시사용을 위한 임대차가 아니어야 함

3. 행사방법

(1) 청구권자

청구권자는 건물 기타 공작물의 임차인이며, 임차인의 지위가 승계된 때에는 종전 임차인의 지위를 승계한 현 임차인이 권리자이다.

(2) 상대방

상대방은 원칙적으로 임대인이나, 임차권이 대항력이 있는 경우에는 건물의 양수인(신소유자)이 상대방이 된다.

(3) 행사기간

부속물매수청구권은 그 행사기간에 제한이 없다. 이에 비해 임차인의 필요비 상환청구권과 임차인의 유익비 상환청구권은 임대인이 목적물을 반환받은 때에는 그 날로부터 6개월 이내에 행사하여야 한다.

4. 효 과

(1) 매매계약이 성립

임차인이 서면이나 구두로 매수를 청구하면 임대인의 승낙을 기다릴 것 없이 곧바로 매매계약이 성립한다. 부속물매수청구권을 행사하면 매수청구권 행사 당시의 시가를 대금으로 매매계약이 성립한 경우와 같은 효과가 발생한다.

(2) 동시이행의 항변권

임차인의 부속물 인도의무와 임대인의 대금지급의무는 동시이행관계이다.

(3) 편면적 강행규정

부속물매수청구권에 관한 규정은 편면적 강행규정으로 임차인에게 부속물매수를 청구할 수 없다는 특약은 임차인에게 불리한 것으로 무효가 된다(제652조). 단, 그러한 약정이 언제나 무효가 되는 것은 아니고, 임차보증금과 차임을 저렴하게 해 주거나 원상회복의무를 면하여 주는 사정이 있는 때에는 임차인에게 불리하지 않아서 무효가 되지 않을 수도 있다.

09 | 2021년 제9회 기출문제

1. 甲은 20ᵒ0.3. 경 늦은 나이에 홀로 탈북하여 현재까지 대한민국에서 거주하고 있다. 甲은 탈북 이후 10여 년간 다양한 일을 하며 모은 돈으로 2010.5. 경 북한음식전문점을 개업하여 운영하고 있다. 甲은 탈북 이후 어려운 생활 등을 이유로 일에만 전념하다보니 어느덧 80세를 바라보는 고령이 되었음에도 가족이 없이 홀로 생활하고 있다. 최근 들어서는 더 나이가 든 후에는 어떻게 살아가야 할지에 대한 고민이 많아졌고, 이제는 누군가에게 의지를 하며 여생을 보내고 싶어졌다. 이에 甲은 음식점 개업 초기부터 자신을 도와 성실히 일하던 종업원인 乙에게 자신이 가지고 있는 X토지(시가 10억 원 상당)를 줄 테니 앞으로 자신을 부양해 줄 수 있겠냐고 제안을 하였고, 乙은 여러 고민 끝에 甲의 제안을 받아들였다. 甲은 2019.5.10. 乙에게 X토지의 소유권이전등기를 마쳐주었다. 다음 물음에 답하시오.

(40점)

1) X토지의 소유권을 이전하기 위하여 甲과 乙 사이에 이루어진 합의의 법적 성질은 무엇인지 설명하시오.

(10점)

2) X토지의 소유권을 이전 받은 乙은 2019.12. 경 甲이 운영하는 식당을 그만두고, 2021.5. 현재까지 甲과 약속한 부양도 하지 않고 있다. 이에 억울해 하던 甲은 X토지를 다시 되찾아 오고 싶어 한다. 甲이 X토지를 되찾아오기 위해 검토해 볼 수 있는 방법들을 제시하고 그 방법들의 당부를 검토하시오.

(20점)

3) 甲이 乙에게 지속적으로 부양의무의 이행을 요구하자, 2021.6.7. 乙은 견디다 못해 甲에게 甲과 乙 사이의 기존의 합의를 없던 것으로 하자고 제안하였다. 이에 2021.6.10. 甲도 乙의 제안을 받아들여 乙 명의로 되어 있는 X토지의 소유권을 다시 甲에게 원상회복하기로 합의하였다. 한편 乙은 X토지 소유권을 다시 甲에게 원상회복해주지 않고 2021.7.10. X토지를 丙에게 매도하기로 하고 2021.8.10. 丙 앞으로 X토지의 소유권이전등기를 마쳐주었다. 뒤늦게 이 사실을 알게 된 甲은 丙에게 X토지 소유권의 원상회복을 청구하였다. 甲의 이러한 청구는 받아들여질 수 있는지 검토하시오. (10점)

1-1. 사안의 논점

이 사안은 갑이 종업원인 을에게 부양을 부담으로 하는 토지의 증여 계약을 한 경우인 바, 이의 법적 성질을 논하여야 한다.

1-2. 부담부 증여의 의의

(1) 부담부 증여란 수증자가 증여를 받는 동시에 일정한 부담, 즉 일정한 급부를 하여야 할 채무를 부담할 것을 부수적으로 부관(조건)으로 하는 증여계약이다.

(2) 수증자가 부담받는 부담의 한도에서 증여로서 무상성(無償性)이 후퇴되므로 증여자의 담보책임에 관하여 특칙이 있다(제559조 제2항).

(3) 증여의 규정 외에 쌍무계약에 관한 규정이 일반적으로 준용된다(제561조).

1-3. 부담부 증여에 관한 특칙

(1) 매도인과 같은 담보책임

상대부담 있는 증여에 대하여는 증여자는 그 부담의 한도에서 매도인과 같은 담보의 책임이 있다(제559조 제2항).

(2) 쌍무계약에 관한 규정의 적용

부담부 증여에 대하여는 증여의 규정 외에, 쌍무계약에 관한 규정을 적용한다(제561조). 따라서 상대방이 부담의 내용인 의무를 이행하지 않은 경우에는 부담부 증여를 해제할 수 있다.

1-4. 갑과 을 사이 합의의 법적 성질

(1) 이 사안에서 X토지의 소유권을 이전하기 위하여 갑과 을 사이에 이루어진 토지 무상 양도 합의의 법적 성질은 수증자도 일정한 급부를 하여야 할 채무를 부담하는 증여로서 부담부 증여에 해당한다.

(2) "부담부 증여"는 수증자도 일정한 급부를 하여야 할 채무를 부담하는 증여계약이지만, 부담과 증여는 서로 대가적 관계에 있는 채무가 아니므로 일반 증여와 마찬가지로 편무, 무상, 낙성, 불요식계약이다.

2-1. 사안의 논점

증여는 편무계약이지만 부담부 증여는 편무계약이면서도 쌍무계약으로서의 성질을 일부 가진다. 따라서 이 사안에서 갑이 제556조에 근거하여 수증자 을의 망은행위를 이유로 증여를 해제할 수 있는지 여부와 부담부 증여에 있어 부담을 불이행한 때에 해당하여 채무불이행을 이유로 해제할 수 있는지를 검토한다.

2-2. 수증자의 망은행위로 인한 증여의 해제 여부

(1) 의 의

수증자가 증여자 또는 그 배우자나 직계혈족에 대하여 범죄행위를 한 때(제1호)나 수증자가 증여자에 대하여 부양의무 있는 경우에 이를 이행하지 아니하는 때(제2호)에는 증여자는 그 증여를 해제할 수 있다(제556조 제1항).

(2) 부양의무

제556조 제1항 제2호의 '부양의무'는 제974조의 직계혈족 및 그 배우자 또는 생계를 같이하는 친족 간의 부양의무를 말한다.

(3) 사안의 경우

본 사안처럼 당사자 사이의 약정에 의한 부양의무는 이에 해당하지 아니하므로, 甲은 제556조에 근거하여 乙의 망은행위를 이유로 증여를 해제할 수는 없다.

2-3. 부담부 증여에 있어 부담의 불이행

(1) 의 의

본 사안은 수증자도 일정한 의무를 부담하는 부담부 증여로서, 수증자가 부담을 불이행하고 있는 경우이다.

(2) 부담의 불이행과 해제

부담의무가 있는 상대방이 자신의 의무를 이행하지 아니할 때에는 비록 증여계약이 이미 이행되어 있다 하더라도 증여자는 계약을 해제할 수 있다(대판 1997.7.8., 97다2177).

(3) 해제의 효과

"부담부 증여"는 증여계약 시의 전제 조건이 이행되지 않는 경우 증여를 행한 자는 증여를 해제하고 원상복구를 할 수 있으며 부동산의 경우는 이미 증여에 근거한 등기까지 완료가 된 경우라도 다시 등기의 말소를 받을 수 있다.

이와 관련하여 대법원(대판 1997.7.8., 97다2177)은 "상대 부담 있는 증여에 대하여는 민법 제561조에 의하여 쌍무계약에 관한 규정이 준용되어 부담의무가 있는 상대방이 자신의 의무를 이행하지 아니할 때에는 비록 증여계약이 이미 이행되어 있다 하더라도 증여자는 계약을 해제할 수 있고 그 경우 민법 제555조와 제558조는 적용되지 아니한다."라고 판시하였다.

2-4. 사안의 해결

(1) 갑은 을에게 상당기간을 정하여 약속한 부양의 이행을 최고하고, 그 기간 내에 을이 이를 이행하지 않으면 부담의무의 이행지체를 이유로 증여를 해제하고 이미 이행한 X토지의 반환 및 소유권이전등기의 말소를 청구할 수 있다.

(2) 해제권은 형성권이므로 10년의 제척기간에 걸린다.

해제권의 제척기간에 관한 그 기산일은 법정해제권의 경우는 민법상의 해제권이 발생원인 사실, 즉 채무불이행이 있는 날부터, 약정해제권의 경우는 당사자들이 합의한 해제권 발생원인 사실이 발생한 날부터 기산하여야 한다.

위 사안에서 갑의 법정해제권 행사에 관한 제척기간의 기산일은 증여계약 해제 사유가 발생한 채무불이행 시점인 2019.12. 경 갑이 운영하는 식당을 그만두고 을에 대한 부양의무를 이행하지 않은 시점이다. 그리고 기산일로부터 2021.5. 현재까지 1년 6개월 간 부양의무를 이행하지 않고 있다.

따라서 <u>갑의 해제권은 현재 제척기간인 10년을 경과하지 않았으므로 갑은 적법하게 해제권을 행사할 수 있다.</u>

3-1. 사안의 논점

(1) 이 사안에서 갑과 을은 부담부 증여 계약을 합의해제하였는데 그 해제 후 수증자 을이 목적 토지를 제3자에게 매도한 경우 해제의 소급효와 관련하여 물권변동의 효력을 논하여야 한다.

(2) 또한 해제와 제3자 보호에 관한 제548조 제1항 단서가 갑과 을의 합의해제에도 유추적용되는지 여부와 병이 X토지에 대해 보호되는 제3자인지 여부가 문제된다.

3-2. 합의해제의 의의

(1) 당사자 사이에 자유로운 합의로 이미 체결한 계약을 해소하여 원상으로 회복시키는 새로운 '계약'을 합의해제(해제계약)라고 한다.

(2) 법에 근거한 법정해제권이나 약정에 근거한 약정해제권뿐만 아니라, 이러한 형태의 합의해제도 사적 자치의 원칙상 당연히 인정된다.

(3) 민법상의 법정해제권은 채무불이행이 있을 때 해제권을 가지는 자의 일방적인 의사표시로 이루어지는 '단독행위'이나, 합의해제는 '계약'이라는 점에 차이가 있다.

(4) 법정해제권과 합의해제 모두 종전의 계약을 소급하여 소멸시킨다는 점에서는 동일하다.

3-3. 합의해제의 당사자 간의 효력

민법 제543조 이하의 규정은 원칙적으로 적용되지 않는다(대판 1979.10.30., 79다1455). 따라서, 합의해제의 당사자간 효력은 1차적으로 당사간의 합의에 의하여 정해지고, 합의에 별다른 약정이 없는 경우에는 부당이득반환규정(제741조 참조)에 의해 반환범위가 정해진다.

(1) 이자지급의무

민법 제548조 제2항이 적용되지 않기 때문에, 다른 특약이 없는 한, 합의해제로 인하여 반환할 금전에 그 받은 날로부터의 이자를 가하여야 할 의무가 없다(대판 1996.7.30., 95다16011 판결).

(2) 손해배상의무

당사자 일방이 상대방에게 손해배상을 하기로 특약하거나 손해배상청구를 유보하는 의사표시를 하는 등 다른 사정이 없는 한 채무불이행으로 인한 손해배상을 청구할 수 없다(대판 1989.4.25., 86다카 1147, 1148). 그와 같은 손해배상의 특약이 있었다거나 손해배상 청구를 유보하였다는 점은 이를 주장하는 당사자가 증명할 책임이 있다(대판 2013.11.28., 2013다8755).

(3) 물권변동 유무

매매계약이 합의해제된 경우에도 매수인에게 이전되었던 소유권은 당연히 매도인에게 복귀하는 것이므로, 합의해제에 따른 매도인의 원상회복청구권은 소유권에 기한 물권적 청구권이며, 이는 소멸시효의 대상이 되지 않는다(대판 1982.7.27., 80다2968).

3-4. 합의해제의 제3자에 대한 효력 : 제3자 보호 문제

(1) 계약의 해제는 제3자의 권리를 해하지 못한다(제548조 제1항 단서). 이 규정은 합의해제에도 유추적용된다. 즉 합의해제도 제3자의 권리를 해하지 못한다.

(2) 제548조 제1항 단서의 제3자의 범위(의미)

① 원칙적으로 해제의 의사표시가 있기 이전에 해제된 계약에서 생긴 법률적 효과를 기초로 하여 새로운 이해관계를 가졌을 뿐 아니라 등기·인도 등으로 대세적 효력을 가지는 완전한 물권적 권리를 취득한 자를 말한다.

"계약의 합의해제에 있어서도 민법 제548조의 계약해제의 경우와 같이 이로써 제3자의 권리를 해할 수 없으나, 그 대상부동산을 전득한 매수자라도 완전한 권리를 취득하지 못한 자는 위 제3자에 해당하지 아니한다(대판 1991.4.12., 91다2601)."

② 통설·판례는 제3자의 범위에 해제의 의사표시가 있은 후 그 해제에 기한 말소등기가 있기 이전에 이해관계를 갖게 된 선의의 제3자도 포함시킨다.

"계약해제 시 계약은 소급하여 소멸하게 되어 해약당사자는 각 원상회복의 의무를 부담하게 되나 이 경우 계약해제로 인한 원상회복등기 등이 이루어지기 이전에 해약당사자와 양립되지 아니하는 법률관계를 가지게 되었고 계약해제 사실을 몰랐던 제3자에 대하여는 계약해제를 주장할 수 없고, 이 경우 제3자가 악의라는 사실의 주장·입증책임은 계약해제를 주장하는 자에게 있다(대판 2005. 6.9., 2005다6341)."

3-5. 문제의 해결

위 사안에서 갑과 을은 증여계약을 해제하고 원상회복하기로 합의하였으므로 본 증여계약은 소급적으로 소멸한다. 그런데 을은 X 토지를 제3자인 병에게 매도하여 소유권 이전등기까지 마쳤는데 만약 병이 위 증여계약 해제 사실을 알지 못한 선의의 제3자인 경우라면 증여계약 해제의 효과를 제3자 병에게 주장할 수 없다. 그러나 만약 제3자 병이 악의인 경우라면 증여 계약 해제의 효과를 병에게 주장할 수 있으므로 병은 X토지를 갑에게 이전해주어야 할 소유권 원상회복 의무를 부담한다.

2. 甲과 乙은 음식점 동업계약을 체결하면서, 각각 현금 1억 원씩 투자하였고 음식점 운영으로 발생된 수익금은 50:50으로 나누어 분배하기로 하였다. 乙은 음식점의 운영방식 등에서 甲과 대립하던 중 위 동업계약에서 탈퇴하였다. 乙의 탈퇴로 인한 甲과 乙의 법률관계와 위 음식점에서 식자재를 납품해 온 丙이 甲에 대하여 대금채무의 이행을 청구할 수 있는지에 관하여 검토하시오.　(20점)

1. 사안의 논점

(1) 이 사안에서 갑과 을은 2인 동업조합을 결성하였는데 조합 운영 도중에 1인이 동업계약에서 탈퇴한 경우 이의 법률관계를 논하여야 한다.

(2) 또한 제3자 병이 이 동업조합에 대한 조합채권을 행사할 경우 그 법적 효과를 논해야 한다. 특히 2인 동업조합에서 탈퇴한 조합원의 조합채무에 대한 책임이 문제된다.

2. 조합채무의 법적 성격

(1) 조합재산의 귀속문제

을의 탈퇴로 인해 조합재산은 남은 조합원 甲의 단독소유에 속한다(합유적으로 갑에게 귀속한다). "조합원의 임의 탈퇴가 적법하다면 조합원 사이에 특별한 약정이 없는 한 탈퇴한 조합원의 합유지분은 잔존 조합원에게 귀속된다(대판 2007.9.20., 2005다7405)."

(2) 조합채무에 대한 조합재산 및 조합원의 책임

① 조합채무는 각 조합원의 채무이므로 각 조합원은 손실분담 비율에 따라 조합원 각자의 재산으로 채무를 변제할 책임을 부담한다.

② 조합재산에 대한 집행과 조합원 개인재산에 대한 집행은 선후관계가 없으므로 조합의 채권자는 집행의 상대방을 선택할 수 있다.

③ 단, 원칙적으로 각 조합원은 약정한 손실분담 비율에 따라 책임을 부담하므로, 채권자가 조합원을 상대로 조합채무의 이행을 청구하는 경우에는 그 조합원의 손실분담 비율에 상응하는 부분에 한해서만 청구할 수 있다.

(3) 상사채무의 특칙

그러나 조합채무가 조합원 전원을 위하여 상행위가 되는 행위로 인해 부담하게 된 것이라면 丙에 대해서는 조합원들이 연대채무를 부담하게 된다(상법 제57조 제1항, 대판 1992.11.27., 92다30405). 따라서 이 경우 채권자는 한 조합원에 대해 전체 채무의 이행을 청구할 수 있게 된다.

3. 을의 2인 동업조합에서 탈퇴의 의미와 효과

(1) 이 사안의 조합 성립 여부

민법상 '조합'은 2인 이상이 상호출자하여 공동사업을 경영할 것을 약정함으로써 성립하는 계약이다. 따라서 위 사안에서 갑과 을은 각각 현금 1억 원씩을 상호출자하였고 수익금 분배에 관한 합의를 하는 등 민법상 조합의 성립요건을 갖춘 것으로 보인다.

(2) 이 사안에서 을의 조합 탈퇴의 타당성

① 민법상 조합에서 존속기간을 정하지 않은 조합의 조합원은 언제든지 임의로 탈퇴할 수 있다. 따라서 위 사안에서 을은 갑과의 2인 동업관계에서 동업을 끝내고자 스스로 탈퇴하였는데, 이것은 적법하다.

② 단, 조합원은 부득이한 사유 없이 조합이 불리한 시기에 탈퇴할 수 없다(제716조). 그런데 위 사안에서 을이 조합을 탈퇴하는 시기가 조합에 불리한 시기인지는 알 수 없다.

(3) 을의 조합 탈퇴의 효과

조합에서 일부 조합원이 탈퇴하더라도 조합은 동일성을 유지한다. 조합은 단순한 계약이 아니라 하나의 단체이기 때문이다. 따라서 이 사안에서 2인 동업조합에서 을이 탈퇴하더라도 조합은 해산되지 않는다. 또한 을은 조합을 탈퇴하더라도 조합재산의 분할을 청구할 수 없다. 이때는 을은 그의 지분을 계산하여 환급하는 방법인 지분의 계산을 할 수 있다.

4. 을의 탈퇴로 인한 갑과 을의 법률관계

(1) 조합의 종료와 공동사업의 계속 유지

2인 조합에서 조합원 1인이 탈퇴하면 조합관계는 종료되지만 조합이 해산되지 아니하고, 조합원의 합유에 속하였던 재산은 남은 조합원의 단독소유에 속하게 되어 기존의 공동사업은 청산절차를 거치지 않고 잔존자가 계속 유지할 수 있다.

(2) 갑과 을의 채권채무의 정산

탈퇴자 을과 남은 자 갑 사이에 탈퇴로 인한 계산을 하여야 한다. 이 사안에서 탈퇴한 조합원 을은 탈퇴 당시 기준으로 자산을 평가하여 자신의 지분만큼의 금전을 반환받을 수 있다. 만약 조합의 재산 상태가 부채가 자산을 초과하는 때에는 오히려 탈퇴조합원 을은 그의 손실분담비율에 따라 조합에 지급하여야 한다. 탈퇴 당시에 완결되지 아니한 사항에 대하여는 완결 후에 계산할 수 있다(제719조).

5. 병이 갑에 대하여 대금채무의 이행을 청구할 수 있는지 여부

(1) 두 사람으로 이루어진 조합관계에 있어 그 중 1인이 탈퇴하면 조합원들의 합유에 속한 조합재산은 남은 조합원에게 귀속하게 되므로, 이 경우 조합채권자는 잔존 조합원에게 여전히 조합채무 전부에 대한 이행을 청구할 수 있다(대판 1999.5.11., 99다1284).

(2) 을은 조합을 탈퇴하여 조합원의 지위를 상실하므로 조합채권자 병은 탈퇴한 을에 대해 조합채무의 이행을 청구할 수는 없다. 그러나 을은 탈퇴 후에도 조합채무에 대한 무한책임을 져야 한다. 따라서 조합채권자 병은 잔존 조합원 갑에 대해서만 식자재 대금채무 전부에 대한 이행을 청구할 수 있다.

(3) 상행위로 인한 대금채무는 연대책임을 원칙으로 한다. 민법 제425조 제1항은 "어느 연대채무자가 변제 기타 자기의 출재로 공동면책이 된 때에는 다른 연대채무자의 부담부분에 대하여 구상권을 행사할 수 있다."라고 정하고 있다. 따라서 이 사안의 식자재 대금채무는 상행위로 인한 채무로서 연대채무이다. 만약 잔존 조합원 갑이 이를 변제한 경우에는 탈퇴 조합원 을에게 구상권을 행사할 수 있으므로 잔여재산 정산에서 을의 채무분담액을 계산해야 한다. 단, 위의 식자재 대금채무가 을의 조합 탈퇴 전에 발생한 것이어야 한다.

> **3.** 2021.5.11. 甲은 비어있는 자신의 X주택을 乙에게 매도하기로 하는 계약을 체결하였는데, 이행기 전에 甲의 승낙을 받고 X주택 내부를 수리하던 乙의 과실로 인해 X주택이 전소되었다. 甲은 乙에게 매매대금의 지급을 청구할 수 있는지에 관하여 검토하시오. (20점)

1. 문제의 소재

위 사안은 쌍무계약에서 위험부담에 관한 문제이다. 위 사안에서 매도인 갑이 매수인 을에 대하여 부담하는 X주택에 대한 소유권이전의무가 매수인 을의 과실로 후발적 불능이 된 경우이다. 이때는 채권자의 책임 있는 사유로 이행불능이 된 경우의 위험부담(제538조)이 문제된다.

2. 민법 제537조의 채무자위험부담주의

(1) 의 의

위험부담이란 쌍무계약에서 당사자 일방의 채무가 당사자 쌍방의 책임 없는 사유로 후발적 불능이 되어 소멸한 경우에 그에 대응하는 상대방의 채무가 존속하는지에 대한 문제를 말한다.

(2) 민법 제537조 : 채무자부담주의를 규정

① 쌍무계약의 당사자 일방의 채무가 쌍방의 책임 없는 사유로 이행할 수 없게 된 때에는 채무자는 그 채무를 면하지만, 동시에 채권자에 대한 반대 채권도 상실한다.

② 채권자가 반대급부를 이미 이행한 경우에는 채권자는 부당이득을 이유로 급부한 것의 반환을 청구할 수 있다.

(3) 위 사안에서 만약 을의 과실 없이 X주택이 멸실되었다면 민법 제537조의 적용을 받아 채무자인 갑은 X주택을 을에게 인도할 급부의무를 면하고 또한 채권자 을에게 매매대금의 지급을 청구할 수 없다.

3. 민법 제538조의 채권자 위험부담주의

위의 채무자 위험부담주의 원칙에는 2가지 예외가 인정된다.

① 이행불능이 채권자의 귀책사유로 인한 때에는 채무자는 자기의 채무는 면하면서 상대방의 급부를 청구할 수 있다.

② 채권자의 수령지체 중에 당사자 쌍방의 책임 없는 사유로 이행할 수 없게 된 때에도 채무자는 자기의 채무는 면하면서 상대방의 급부를 청구할 수 있다.

4. 문제의 해결

(1) 갑은 을에게 매매대금의 지급을 청구할 수 있는지

이 매매계약의 위험 발생에 채권자 을의 귀책사유가 있으므로 민법 제538조의 채권자 위험부담주의가 적용된다. 따라서 매수인 을의 책임 있는 사유로 매도인 갑의 X주택의 소유권이전의무가 불능이 되었으므로, 제538조에 따라서 채무자 갑은 채권자 을에게 매매대금의 지급을 청구할 수 있다. 또한 채무자 갑은 X주택의 인도 채무를 면한다.

(2) 을의 대상청구권 행사

이와 같이 채권자 을이 위험을 부담하는 경우에 채무자 갑이 그 채무를 면함으로써 이익(예 화재보험금)을 얻은 경우에는 채권자 을은 그 이익을 채무자 갑에게 상환을 청구할 수 있다. 이를 대상청구권이라 한다. 대상청구권은 '이행을 불능하게 하는 사정의 결과로 채무자가 이행의 목적물에 대신하는 이익을 취득하는 경우에 채권자가 채무자에 대하여 그 이익을 청구할 수 있는 권리'이다.

> 4. 상가건물 임대차보호법상 임차인의 계약갱신요구권에 관하여 설명하시오. (20점)

1. 의 의

상가건물 임대차보호법 제10조 제1항, 제3항상 임대인은 임차인이 임대차기간이 만료되기 6개월 전부터 1개월 전까지 사이에 계약갱신을 요구할 경우 정당한 사유 없이 거절하지 못하며, 전 임대차와 같은 조건으로 다시 계약된 것으로 본다.

2. 적용 대상

(1) 상가건물 임대차보호법은 영세한 세입자를 보호하기 위한 법이므로 임대보증금과 월 임대료의 합계가 지역별 기준을 초과하면 영세한 세입자가 아니므로 원칙적으로 상가건물 임대차보호법이 적용되지 않는다(상가건물 임대차보호법 제2조 제1항 단서).

(2) 그러나 상가건물 임대차보호법은 계약갱신요구권의 경우 소정의 환산보증금 초과 임대차계약의 경우 (영세한 세입자가 아닌 경우)이더라도 임차인의 계약갱신요구권을 인정한다.

3. 계약갱신요구권 행사방법

(1) 행사기간

상가 임차인은 상가임대차 계약기간 만료 전 6월부터 1월까지 임대인에게 계약갱신요구를 해야 한다.

(2) 도달주의 원칙

상가 세입자의 갱신요구 표시는 위 행사기간 내에 임대인에게 도달해야 한다. 즉, 상가 임차인이 표시만 하면 끝나는 것이 아니라 상가 임대인이 그러한 표시를 받아야 완성되는 것이다.

(3) 상가임대차 자동갱신 특약의 유효 여부

상가건물 임대차보호법에 위반된 약정 중 세입자에게 불리한 것은 효력이 없다(상가건물 임대차보호법 제15조, 세입자에게 유리한 편넌직 강행규정).

그런데, 반대로 해석하면 상가건물 임대차보호법에 위반되더라도 세입자에게 불리하지만 않다면 유효할 수 있다. 따라서 세입자의 갱신 요구 없이 자동으로 갱신된다는 특약은 세입자에게 불리하지 않으므로 유효하다.

4. 효력

(1) 갱신기간

임차인의 계약갱신요구권은 최초의 임대차기간을 포함한 전체 임대차기간이 10년을 초과하지 아니하는 범위에서만 행사할 수 있다(상가건물 임대차보호법 제10조 제2항).

(2) 갱신내용

갱신되는 임대차는 전 임대차와 동일한 조건(계약기간 동일, 계약금액 동일)으로 다시 계약된 것으로 본다. 다만, 이렇게 갱신되더라도 전체 상가임대차 기간은 10년을 초과할 수 없다. 다만, 차임과 보증금은 100분의 5범위에서 증감할 수 있다(상가건물 임대차보호법 제10조 제3항).

5. 계약갱신요구권과 차임 증감의 제한

(1) 차임증감청구권

① 원칙적으로 임대인과 임차인 쌍방이 임대료를 정해서 계약서에 날인하면 임대료는 절대로 변경할 수 없다. 물론 쌍방이 합의하면 바꿀 수 있다.

② 그러나 상가건물 임대차보호법 제11조에 의하면 조세, 공과금, 감염병, 경제사정의 변동 등 특별한 사정이 있으면 쌍방 합의가 없어도 임대인이나 임차인 중 한 명이 일방적으로 임대료 변경을 청구할 수 있다. 이를 차임증감청구권이라고 한다.

(2) 계약갱신요구권과 차임 증감의 제한

① 세입자의 갱신요구권에 의해 계약이 갱신되는 경우에는 감염병, 경제사정 변동 등 특별한 사정이 없더라도 임대인이나 임차인의 차임증감청구가 가능하다(상가건물 임대차보호법 제10조의 2). 이것은 세입자가 총 10년 동안 계약 갱신을 요구할 수 있기 때문에 임대인에게 공평하도록 임대료 인상 요구권을 부여한 것이다. 다만 임차인의 보호를 위해 임대인의 임대료 인상은 5%의 한도에서만 가능하다. 따라서 만약 5%의 증액 비율을 초과하여 지급된 상가 임대료가 있다면 상가 임차인은 부당이득으로 반환을 청구할 수 있다.

② 환산보증금이 지역별 기준 이하인 상가 임차인이 계약갱신청구권을 행사하면, 상가 임대인은 상가 월세 인상을 청구할 수 있는데, 이러한 상가 임대료 증액 청구는 5%의 한도 내에서만 가능하다. 그러나 환산보증금이 지역별 기준을 초과하는 고액의 상가 임차인이 계약갱신요구권을 행사하는 경우 상가 임대인은 임대료 증액을 제한없이(자유롭게) 청구할 수 있다. 따라서 고액의 상가 임차인은 이러한 증액 청구에 대하여 상가 월세 증액이 5%로 제한된다고 주장할 수 없다.

③ 대법원 판례에 의하면, 임대차 기간 중 당사자 한쪽이 차임을 변경하고자 할 때 상대방의 동의를 얻어야 한다.

6. 임대인의 계약갱신거절사유

(1) 임차인이 계약갱신을 요구할 경우 임대인의 계약갱신거절사유

임차인이 계약갱신을 요구할 경우에 임대인은 다음의 정당한 사유가 있으면 계약갱신을 거절할 수 있다(상가건물 임대차보호법 제10조 제1항).

① 임차인이 3기의 차임액에 해당하는 금액에 이르도록 차임을 연체한 사실이 있는 경우

② 임차인이 거짓이나 그 밖의 부정한 방법으로 임차한 경우

③ 서로 합의하여 임대인이 임차인에게 상당한 보상을 제공한 경우

④ 임차인이 임대인의 동의 없이 목적 건물의 전부 또는 일부를 전대한 경우

⑤ 임차인이 임차한 건물의 전부 또는 일부를 고의나 중대한 과실로 파손한 경우

⑥ 임차한 건물의 전부 또는 일부가 멸실되어 임대차의 목적을 달성하지 못할 경우

⑦ 임대인이 다음 각 목의 어느 하나에 해당하는 사유로 목적 건물의 전부 또는 대부분을 철거하거나 재건축하기 위하여 목적건물의 점유를 회복할 필요가 있는 경우

   ㉠ 임대차계약 체결 당시 공사시기 및 소요기간 등을 포함한 철거 또는 재건축 계획을 임차인에게 구체적으로 고지하고 그 계획에 따르는 경우

   ㉡ 건물이 노후·훼손 또는 일부 멸실되는 등 안전사고의 우려가 있는 경우

   ㉢ 다른 법령에 따라 철거 또는 재건축이 이루어지는 경우

⑧ 그 밖에 임차인이 임차인으로서의 의무를 현저히 위반하거나 임대차를 계속하기 어려운 중대한 사유가 있는 경우

(2) 상가임대차 갱신거절 통지 의무

임차인의 갱신요구에 대하여 임대인이 갱신을 거절해야만 갱신이 되지 않으며, 갱신거절 사유가 존재하더라도 실제로 갱신을 거절한다고 말하지 않으면 기존 상가임대차와 동일한 조건으로 갱신이 이루어진다.

(3) 상가임대차 갱신거절 시기

갱신요구권 행사기간(계약기간 만료 전 6개월 전부터 1개월 전까지)은 정해져 있지만 갱신거절 시기에 관해서는 아무런 규정이 없다(상가건물 임대차보호법 제10조).

10 | 2022년 제10회 기출문제

1. X주택의 소유자 甲과 Y토지의 소유자 乙은 서로 X주택과 Y토지를 교환하기로 하는 계약을 체결하였다. 이에 따라 甲은 乙에게 X주택의 소유권을 이전해 주었다. 乙은 X주택에 관하여 丙과 임대차계약을 체결하여, 丙은 乙에게 보증금을 지급함과 동시에 X주택을 인도 받고 전입신고를 마쳤다. 다음의 독립된 물음에 답하시오(단, X주택에 관하여 다른 이해관계인은 없음을 전제로 함). (40점)

   1) 2010.10.1. 乙과 丙사이의 임대차계약이 종료되었으나, 2022.10.1. 현재 丙은 乙로부터 보증금을 반환받지 못하였음을 이유로 X주택에 계속 거주하여 이를 사용하고 있다. 乙이 X주택의 반환을 청구하자 丙은 보증금의 반환을 요구하였고, 이에 대해 乙은 丙의 보증금반환청구권은 시효로 소멸하였다고 주장한다. 이러한 경우에 丙은 乙로부터 보증금을 반환받을 수 있는지에 관하여 설명하시오. (20점)

   2) 甲은 교환계약에 따라 X주택의 소유권을 乙에게 이전하였음에도 불구하고 乙이 계약을 위반하여 Y토지의 소유권을 甲에게 이전해주지 않자, 甲은 위 교환계약을 적법하게 해제하였다. 이러한 경우에 丙은 乙과 맺은 임대차계약상의 임차권을 甲에게 주장할 수 있는지에 관하여 설명하시오. (20점)

1-1. 사안의 논점

위 사례는 주택임대차보호법에 따른 임대차에서 계약 기간이 끝난 후 임차인이 임차주택을 점유하고 있는 경우 임대차보증금 반환청구권에 대한 소멸시효가 진행하는지 여부가 문제된다.

1-2. 임대차계약 종료 시 목적물인도청구권과 보증금반환청구권의 관계

임대차계약의 기간이 만료된 경우에 임차인이 임차목적물을 명도할 의무와 임대인이 보증금 중 연체차임 등 당해 임대차에 관하여 명도 시까지 생긴 모든 채무를 청산한 나머지를 반환할 의무는 동시이행의 관계이다(대판 1977.9.28., 77다1241, 1242).

1-3. 임차인의 부당이득반환의무

임대차계약 종료 후에도 임차인이 동시이행의 항변권을 행사하여 임차건물을 계속 점유하여 온 것이라면, 임차인의 점유는 불법점유라고 할 수는 없으나, 그로 인하여 이득이 있다면 이는 부당이득으로서 반환하여야 한다(대판 1992.4.14., 91다45202, 45219).

1-4. 이 사안의 소멸시효의 진행 여부에 대한 대법원 판례

소멸시효는 권리자가 권리를 행사할 수 있는데도 일정한 기간 권리를 행사하지 않은 경우에 권리의 소멸이라는 법률효과가 발생하는 제도로서, 소멸시효가 완성되기 위해서는 권리의 불행사라는 사실상태가 일정한 기간 동안 계속되어야 하며, 채권을 일정한 기간 행사하지 않으면 소멸시효가 완성하지만, 채권을 계속 행사하고 있다고 볼 수 있다면 소멸시효가 진행하지 않다.

채권을 행사하는 방법에는 채무자에 대한 직접적인 이행청구 외에도 변제의 수령이나 상계, 소송상 청구 및 항변으로 채권을 주장하는 경우 등 채권이 가지는 다른 여러 가지 권능을 행사하는 것도 포함된다고 봐야 하며, 채권을 행사하여 실현하려는 행위를 하거나 이에 준하는 것으로 평가할 수 있는 객관적 행위 모습이 있으면 권리를 행사한다고 보는 것이 소멸시효 제도의 취지에 부합한다.

따라서 임대차 종료 후 임차인이 보증금을 반환받기 위해 목적물을 점유하는 경우 보증금반환채권에 대한 권리를 행사하는 것으로 보아야 하고, 임차인이 임대인에 대하여 직접적인 이행청구를 하지 않았다고 해서 권리의 불행사라는 상태가 계속되고 있다고 볼 수 없다(대판 2020.7.9., 2016다244224, 244231).

1-5. 문제의 해결

(1) 현재 병이 을로부터 보증금을 반환받지 못하였음을 이유로 X주택에 계속 거주하여 이를 사용하는 것의 적법성

임차인 병이 임대차 종료 후 동시이행항변권을 근거로 임차목적물을 계속 점유하는 것은 임대인 을에 대한 보증금반환채권에 대한 권리를 행사한 것으로 적법하다.

만약 임차인 병이 임대인 을에 대하여 직접적인 임대보증금 반환의 이행청구를 하지 않았다고 하더라도 X주택을 계속 점유하고 있으므로 권리를 행사하고 있다고 볼 수 있다.

(2) 이 사안에서 소멸시효 진행 여부

임대차계약 기간이 끝난 뒤에도 을이 보증금을 돌려주지 않은 경우에는 임대차관계가 계속 존속되는 것으로 본다(주택임대차보호법 제4조 제2항). 임대차보증금 반환채권의 소멸시효는 민법 제162조에 따라 10년으로 보고 있다. 이 사안에서 병은 X주택을 적법하게 점유하면서 보증금반환채권을 행사하고 있었기 때문에 그 기간 동안에는 소멸시효가 진행하지 않았고, 따라서 보증금반환채권의 소멸시효는 아직 남았다.

"임대차계약 종료 후 임차인이 보증금을 반환받기 위해 목적물을 점유하는 경우 보증금반환청구권에 대한 권리를 행사하는 것으로 보아야 하므로, 보증금반환청구권에 대한 소멸시효는 진행하지 않는다(대판 2020.7.9., 2016다244224, 244231)."

(3) 병이 을로부터 보증금을 반환받을 수 있는지 여부

사안에서 임차인 병의 목적물반환의무와 임대인 을의 연체차임을 공제한 나머지 보증금의 반환의무는 동시이행의 관계에 있고, 병의 보증금반환청구권의 소멸시효는 진행하지 않으므로 병은 을로부터 연체차임 등 당해 임대차에 관하여 명도 시까지 생긴 모든 채무를 청산한 나머지 보증금을 반환받을 수 있다.

(4) 부당이득의 반환

병이 을로부터 보증금을 반환받을 경우에 병은 임대차 종료 후 X주택을 계속 사용함으로써 얻은 이득 (임차료 등)을 부당이득의 법리에 따라 을에게 반환해야 한다.

2-1. 사안의 논점

계약을 해제하면 계약은 소급적으로 그 효력을 상실한다. 이 사안에서 갑이 을의 채무불이행을 이유로 법정해제권을 행사하여 교환계약이 소급적으로 소멸하였을 경우 그 교환계약에 의해 물권변동이 이루어진 후 당사자와 제3자 간 성립된 계약과 물권변동에 어떤 효과를 미치는지가 논점이다.

2-2. 갑의 위 교환계약에 대한 해제의 적법성

위 사안에서 갑과 을이 체결한 교환계약은 낙성계약의 성질을 가지므로 당사자간 합의에 의해 유효한 계약으로 성립하였다. 교환계약은 유상·쌍무계약이므로 동시이행항변권의 법리가 준용된다.

따라서 갑은 교환계약에 따라 X주택의 소유권을 을에게 이전하였음에도 불구하고 을이 계약을 위반하여 Y토지의 소유권을 갑에게 이전해주지 않은 경우에는 을은 채무불이행 책임을 져야 하며, 갑이 이를 이유로 교환계약을 해제한 것은 적법하다.

2-3. 병은 을과 맺은 임대차계약상의 임차권을 갑에게 주장할 수 있는지 여부

(1) 해제와 제3자 보호

판례는 해제의 소급효의 성격에 대해 직접효과설과 물권적 효력설에 입각해 있다. 즉, 해제의 의사표시에 의하여 계약은 소급적으로 실효하기 때문에 본래의 계약에 기하여 이루어진 물권의 이전은 말소등기나 점유의 이전 없이도 당연히 원권리자에게 복귀한다고 본다.

따라서 본래 계약에 기한 제3자의 권리보호 문제가 중요하다. 그래서 민법 제548조 제1항 단서에서는 해제에 의해 계약이 소급적으로 실효한다고 하더라도 해제 전에 이해관계를 맺은 제3자의 권리를 해하지 못한다고 규정하고 있다.

여기서 제3자는 원칙적으로 해제의 의사표시가 있기 이전에 해제된 계약에서 생긴 법률적 효과를 기초로 하여 새로운 이해관계를 가졌을 뿐 아니라 등기·인도 등으로 완전한 권리를 취득한 자를 말한다.

(2) 대항력 있는 임차권을 취득한 병이 제3자에 해당하는지 여부

교환계약을 해제하였을 때 해제의 소급효와 관련한 제3자의 권리 보호에 대해 판례는 다음과 같이 판시하였다.

"계약 당사자의 일방이 계약을 해제하였을 때에는 계약은 소급적으로 소멸하여 해약 당사자는 각 원상회복의 의무를 지게 되나 이 경우 계약 해제로 인한 원상회복 등기 등이 이루어지기 전에 계약의 해제를 주장하는 자와 양립되지 아니하는 법률관계를 가지게 되었고 계약 해제 사실을 몰랐던 제3자에 대해서는 계약 해제를 주장할 수 없다(대판 1985.4.9., 84다카130, 131)."

이러한 판례에 따르면 이 사안에서 병은 선의의 제3자로서 보호되어야 하므로, 병은 을과 맺은 임대차 계약상의 임차권을 갑에게 주장할 수 있다.

---

2. 甲과 乙은 공동사업을 경영할 목적으로 각각 5천만 원씩을 출자하기로 하는 민법상 조합계약을 체결하면서 A조합을 설립하였다. 이후 乙은 A조합의 업무집행조합원으로서 丙으로부터 1억 원의 조합운영자금을 차용하였는데, 그 후 乙은 교통사고로 사망하였다. 이러한 경우에 A조합의 존속여부 및 甲이 丙에게 부담하는 조합채무의 범위에 관하여 설명하시오(단, 乙에게는 상속인이 없음을 전제로 함).

(20점)

1. 사안의 논점

이 사안에서 갑과 을이 민법상 2인 동업조합을 설립한 후 업무집행조합원 을이 조합운영자금을 차용한 채무가 조합 및 조합원과 어떤 법적 관계에 있는지가 논점이다.

또한 업무집행조합원 을이 사망하였을 경우 이 조합의 존속여부와 그 조합채무에 대한 조합의 책임 범위가 문제된다.

2. 조합원 을의 사망이 조합에 미치는 법적 효과와 정산문제

(1) A조합의 존속여부

민법상 조합에서 조합원이 사망한 경우에 이는 비임의탈퇴에 의해 조합원이 탈퇴하는 것이다.

이 사안에서 조합원 을이 사망한 경우 을은 당연히 조합에서 탈퇴하게 된다. 만약 조합계약에 상속인이 조합원이 된다는 특약이 있다면 그 특약은 효력이 있으며, 상속인이 조합원 지위를 승계하게 된다. 그런데 위 사안에서 을에게는 상속인이 없으므로 을의 사망으로 인해 조합원 지위를 상실하게 되어, 이 조합은 2인 조합에서 1인의 탈퇴하는 경우에 해당한다. 이런 경우에 판례는 다음과 같이 판시하였다. "두 사람의 동업관계, 즉, 조합관계에 있어 그 중 1인이 탈퇴하면 조합관계는 해산됨이 없이 종료되어 청산이 뒤따르지 아니하며 조합원의 합유에 속한 조합재산은 남은 조합원의 단독 소유에 속하고, 탈퇴자와 남은 자 사이에 탈퇴로 인한 계산을 하여야 한다(대판 1999.3.12., 98다54458)."

(2) 조합원 을의 탈퇴 후 을과 조합 간 정산문제

조합원 을이 탈퇴하더라도 다른 조합원 갑 간의 조합계약은 아무런 영향을 받지 않는다. 특히 2인 조합에서 조합원 1인이 탈퇴하면 특별한 사정이 없는 한 조합이 해산되지 않는다. 조합원의 합유에 속하였던 재산은 남은 조합원의 단독 소유에 속하게 되고 잔존자가 사업을 계속 유지할 수 있다.

을의 탈퇴로 인한 계산을 함에 있어서 탈퇴 당시의 조합 재산 상태를 기준으로 조합재산을 평가하며, 탈퇴자 을의 지분에 해당하는 금액을 금전으로 반환하여야 한다. 이런 계산은 사업의 계속을 전제로 하는 것이므로 조합 재산의 가액은 단순한 매매가격이 아닌 영업권의 가치를 포함하는 영업 가격에 의하여 평가하게 된다.

탈퇴한 조합원 을의 지분비율은 조합의 청산의 경우에 실제 출자한 자산가액의 비율에 의하는 것과는 달리 조합 내부의 손익분배 비율을 기준으로 계산해야 하는 것이 원칙이다.

탈퇴한 조합원 을은 탈퇴 당시의 조합채무에 대하여 그의 지분에 따라 채무를 부담한다(제712조).

3. 업무집행조합원 을이 부담한 채무의 법적 효과와 조합의 책임

(1) 을의 차용금의 조합채무 성립 여부

조합의 활동으로 제3자에게 지는 채무를 조합채무라고 한다. 위 사안에서 을은 업무집행조합원의 지위를 갖고 있으므로, 조합의 통상사무는 물론이고 내부적 업무를 모두 집행할 수 있으며 조합의 대외관계에 있어서 대리에 관한 법리의 적용을 받게 된다.

따라서 을은 A조합의 업무집행조합원으로서 병으로부터 1억 원의 조합운영자금을 차용하였는데, 이 경우의 1억 원의 채무는 조합채무에 해당한다.

(2) 조합채무에 대한 조합의 책임

조합의 채무 역시 전 조합원에게 합유적으로 귀속되며, 조합은 그에 대해 조합재산으로 책임을 진다. 또한 조합채무는 각 조합원의 채무이므로 각 조합원은 손실분담 비율에 따라 조합원 각자의 재산으로 채무를 변제할 책임을 부담한다. 조합재산에 대한 집행과 조합원 개인재산에 대한 집행은 선후관계가 없으므로 조합의 채권자는 집행의 상대방을 선택할 수 있다.

단, 원칙적으로 각 조합원은 약정한 손실분담 비율에 따라 분할책임을 부담하므로, 채권자가 조합원을 상대로 조합채무의 이행을 청구하는 경우에는 그 조합원의 손실분담 비율에 상응하는 부분에 한해서만 청구할 수 있다. 그리고 조합채권자가 그 채권 발생 당시에 조합원의 손실분담 비율을 알지 못한 때에는 각 조합원에게 균분하여 청구할 수 있다(제712조).

그러나 조합채무가 조합원 전원을 위하여 상행위가 되는 행위로 인해 부담하게 된 것이라면 그에 대해서는 조합원들이 연대채무를 부담하게 된다(상법 제57조 제1항, 대판 1992.11.27., 92다30405). 따라서 이 경우 채권자는 한 조합원에 대해 전체 채무의 이행을 청구할 수 있게 된다.

조합채무에 대해 책임을 지는 조합원은 그 채권 발생 당시의 조합원에 한정되므로, 채권 발생 이후에 조합원이 된 자는 책임이 없다.

4. 사안의 해결

(1) 탈퇴한 을의 책임

이 사안에서 을이 사망하였는데 을의 상속인이 없는 상황이므로 을의 적극재산과 소극재산은 상속되지 않고 조합원 지위도 상실한다. 따라서 제3자 병은 탈퇴한 조합채무의 변제를 직접 청구할 수는 없다. 그러나 을이 탈퇴 전 조합원으로서 조합채무에 대해 책임을 져야 하는 부분에 대해서는 을이 출자한 조합재산과 그의 개인재산으로 채무 상환을 하게 된다.

(2) 갑이 병에게 부담하는 조합채무의 범위

이 사안에서 조합채권자 병은 잔존 조합원 갑에게 그 조합채무 전부에 대한 이행을 청구할 수 있다(대판 1999.5.11., 99다1284). 이때 조합원 갑이 부담하는 직접책임은 무한책임이다. 즉, 조합원 갑은 출자한 재산으로 책임이 한정되지 않으며 개인의 재산으로도 채무 이행의 책임을 져야 한다.

---

3. X토지가 甲소유임을 알고 있는 乙은 자신의 명의로 X토지를 丙에게 매도하기로 하는 계약을 체결하였다. 乙과 丙사이에 체결된 X토지에 대한 매매계약의 효력 및 乙이 X토지의 소유권을 丙에게 넘겨주지 못하는 경우에 丙이 乙에게 물을 수 있는 담보책임의 내용에 관하여 설명하시오. (20점)

1. 사안의 논점

위 사안에서 을과 병은 타인 갑의 토지에 대해서 매매계약이 체결하였다가 약속대로 소유권이전을 제대로 이행하지 못한 경우에 매수인이 매도인에게 담보책임을 물으려는 경우이다. 이 경우 매도인의 담보책임의 성격과 그 효력에 대하여 논하여야 한다.

2. 타인 소유 물건의 매매계약의 유효성과 그 법적 효과

(1) 유효성 여부

대법원은 "특정한 매매의 목적물이 타인의 소유에 속하는 경우라 하더라도, 그 매매계약이 원시적 이행불능에 속하는 내용을 목적으로 하는 당연무효의 계약이라고 볼 수 없다(대판 1993.9.10., 93다20283)."라고 판시하고 있다. 따라서 타인 소유의 물건을 목적으로 체결한 매매계약은 계약 당사자(매도인과 매수인)가 선의이든 악의이든 원칙적으로 유효하다.

매매계약은 당사자가 목적물 인도의무와 대금지급의무 등 일정한 급부제공 의무를 부담하는 채권행위이다. 따라서 당사자는 그 의무를 이행하면 계약의 목적을 달성하는 것이므로 타인 소유 물건의 매매라 할지라도 채권행위는 유효한 것이다.

(2) 이 사안에서 X토지에 대한 매매계약의 효력

이 사안에서 을과 병의 매매계약에 있어 매매 목적물인 X토지의 소유권이 매도인 을이 아니라 타인 갑에게 속하는 경우이다. 이 경우에도 원시적(객관적·전부)불능은 아니므로 그 매매계약 자체는 유효하다.

(3) 법적 성질

타인 소유 물건의 매매계약 시 매도인은 계약상 채무 이행 시점까지 타인 소유의 물건을 유효하게 취득하여 매수인에게 인도할 의무가 있다. 만약 매도인이 이런 목적물 인도 의무를 이행하지 못할 경우 매도인은 민법 제570조에 의한 담보책임을 부담해야 한다. 이와 같은 담보책임은 매도인의 고의 또는 과실을 요건으로 하지 않는 무과실책임이다.

따라서 이 사안에서 만약 매도인 을이 X토지가 타인 소유라는 사실을 알지 못했고 그에 과실이 없는 경우이더라도 매도인의 담보책임은 성립한다.

3. 권리의 전부가 타인에게 속하는 경우의 담보책임

(1) 담보책임의 성립요건

① 전부 타인 권리의 매매 : 매매 대상물이 현존하면서 그 권리의 전부가 타인에게 속해서 권리 이전이 불가능해야 한다.

② 주관적·전부 불능 : 원시적 불능(객관적 불능)은 계약 무효가 되지만, 주관적 불능(급부가 실현되는 것이 불가능하지는 않지만, 채무자에 의해서 실현될 수 없는 경우)이면 담보책임이 성립한다(예 타인 소유 건물 매매).

③ 매수인의 귀책사유가 없을 것 : 매도인의 권리이전불능이 오직 매수인의 구책사유만으로 기인한 경우에는 매도인은 담보책임을 부담하지 않는다(대판 1976.6.26., 79다564).

4. 담보책임의 효과 : 병이 을에게 물을 수 있는 담보책임의 내용

(1) 계약해제권

매수인 병은 그의 선의·악의를 묻지 않고 계약을 해제할 수 있다(제570조 본문).

(2) 손해배상청구권

① 매수인 병이 선의라면 손해배상을 청구할 수 있다(제570조 단서). 따라서 매수인이 악의라면 손해배상을 청구할 수 없다.

② 이 경우의 손해배상은 원칙적으로 타인의 권리를 이전하는 것이 불능으로 된 때의 목적물의 시가, 즉 이행이익 상당액이다.

"타인의 권리를 매매한 자가 권리이전을 할 수 없게 된 때에는 매도인은 선의의 매수인에 대하여 불능 당시의 시가를 표준으로 하여 그 계약이 완전히 이행된 것과 동일한 경제적 이익을 배상할 의무가 있다(대판 1967.5.18., 66다2618)."

(3) 권리행사기간

매수인의 해제권과 손해배상청구권의 행사기간에 관해 따로 규정하고 있지 않다.

(4) 선의의 매도인의 해제권

선의의 매도인은, 매수인이 선의인 경우에는 그 손해를 배상하고, 매수인이 악의인 경우에는 손해배상 없이, 계약을 해제할 수 있다(제571조). 이 사안에서 매도인 을은 악의이므로 이러한 권리를 행사할 수 없다.

4. 화가 甲은 미술품 수집상 乙에게 자신의 'A그림을 100만 원에 사달라'는 청약의 편지를 2022.9 1. 발송하여 그 편지가 동년 9.5. 乙에게 도달하였다. 한편 그러한 사실을 모르는 乙은 甲에게 'A그림을 100만 원에 팔라'는 청약의 편지를 2022.9.3. 발송하여 그 편지가 동년 9.7. 甲에게 도달하였다. 이러한 경우에 甲과 乙사이에서 A그림에 대한 매매계약의 성립여부에 관하여 설명하시오. (20점)

1. 사안의 논점

"계약"이란 서로 대립하는 2개 이상의 의사표시가 합치하는, 채권의 발생을 목적으로 하는 법률행위이다. 이 사안에서 갑과 을은 서로 대립하지 않고 일치하는 2개의 의사표시가 합치된 경우인데 이 경우에 매매계약이 성립하는지가 문제된다.

2. 교차청약의 의의 및 법적 성질

(1) 의 의

위 사안에서 갑과 을 간 서로 상대방에 표시한 의사표시는 동일 대상물에 대한 매매의 교차청약이며 2개의 청약이 시점을 달리해 상대방에게 도달한 경우이다. 교차청약은 당사자들이 대립하지 않고 같은 내용을 가진 계약의 청약을 우연히 서로 교차해서 청약을 하였는데 청약의 내용이 완전히 일치하고 있는 경우이다.

(2) 교차청약에 의한 계약의 성립 인정문제

계약의 성립은 청약과 승낙이라는 본질적으로 다른 의사표시의 합치에 의하는 것이라는 생각을 고집한다면 교차청약에 의한 계약의 성립은 인정할 수 없다. 원래 승낙은 청약에 대하여 행하여져야 하는 것이므로 교차청약에 있어서 뒤에 행하여진 청약을 먼저 행한 청약에 대한 승낙으로는 볼 수 없기 때문이다.

그러나 계약의 본질적 요소는 당사자 간 '합의'이다. 따라서 교차청약의 경우에도 두 개의 의사표시는 객관적으로 합치할 뿐만 아니라 주관적으로도 합치하고 있으므로 비록 두 개의 의사표시가 청약과 승낙의 관계에 있지는 않더라도 계약의 성립을 인정하는 것이 타당하다.

3. A그림에 대한 매매계약의 성립여부 및 성립시기

(1) 본 매매계약의 성립여부

당사자 간에 동일한 내용의 청약이 상호 교차된 경우에는 양 청약이 상대방에게 도달한 때에 계약이 성립한다(제533조). 따라서 A그림 매매계약은 유효하게 성립한다.

(2) 본 매매계약의 성립시기

교차청약에 있어서는 일방 당사자의 청약에 대한 타방이 승낙을 하였다는 관계는 있지 않으므로, 결국 의사표시의 효력발생시기에 관한 도달주의의 원칙(제111조 제1항)에 의하여 결정하여야 한다. 민법 제533조도 이러한 입장에서 '양 청약이 상대방에게 도달한 때에 계약이 성립한다'고 규정하고 있다.

따라서 두 청약이 동시에 도달하지 않을 경우에는 후에 상대방에 청약이 도달하는 때에 청약은 성립한다고 보아야 한다.

이 사안에서 A그림 매매계약은 2개의 청약 도달 시점 중 나중인 2022.9.7.에 성립한다.

합격의 공식 SD에듀 www.sdedu.co.kr

민법(계약법)

인생이란 결코 공평하지 않다. 이 사실에 익숙해져라.

- 빌 게이츠 -

[시행 2023.6.28 법률 제19098호, 2022.12.27., 일부개정]

제2장 계 약

제1절　총 칙

[제1관 계약의 성립]

제527조(계약의 청약의 구속력) 계약의 청약은 이를 철회하지 못한다.

제528조(승낙기간을 정한 계약의 청약) ① 승낙의 기간을 정한 계약의 청약은 청약자가 그 기간 내에 승낙의 통지를 받지 못한 때에는 그 효력을 잃는다.

② 승낙의 통지가 전항의 기간 후에 도달한 경우에 보통 그 기간 내에 도달할 수 있는 발송인 때에는 청약자는 지체 없이 상대방에게 그 연착의 통지를 하여야 한다. 그러나 그 도달 전에 지연의 통지를 발송한 때에는 그러하지 아니하다.

③ 청약자가 전항의 통지를 하지 아니한 때에는 승낙의 통지는 연착되지 아니한 것으로 본다.

제529조(승낙기간을 정하지 아니한 계약의 청약) 승낙의 기간을 정하지 아니한 계약의 청약은 청약자가 상당한 기간 내에 승낙의 통지를 받지 못한 때에는 그 효력을 잃는다.

제530조(연착된 승낙의 효력) 전2조의 경우에 연착된 승낙은 청약자가 이를 새 청약으로 볼 수 있다.

제531조(격지자 간의 계약성립시기) 격지자 간의 계약은 승낙의 통지를 발송한 때에 성립한다.

제532조(의사실현에 의한 계약성립) 청약자의 의사표시나 관습에 의하여 승낙의 통지가 필요하지 아니한 경우에는 계약은 승낙의 의사표시로 인정되는 사실이 있는 때에 성립한다.

제533조(교차청약) 당사자 간에 동일한 내용의 청약이 상호교차된 경우에는 양청약이 상대방에게 도달한 때에 계약이 성립한다.

제534조(변경을 가한 승낙) 승낙자가 청약에 대하여 조건을 붙이거나 변경을 가하여 승낙한 때에는 그 청약의 거절과 동시에 새로 청약한 것으로 본다.

제535조(계약체결상의 과실) ① 목적이 불능한 계약을 체결할 때에 그 불능을 알았거나 알 수 있었을 자는 상대방이 그 계약의 유효를 믿었음으로 인하여 받은 손해를 배상하여야 한다. 그러나 그 배상액은 계약이 유효함으로 인하여 생길 이익액을 넘지 못한다.

② 전항의 규정은 상대방이 그 불능을 알았거나 알 수 있었을 경우에는 적용하지 아니한다.

[제2관 계약의 효력]

제536조(동시이행의 항변권) ① 쌍무계약의 당사자 일방은 상대방이 그 채무이행을 제공할 때 까지 자기의 채무이행을 거절할 수 있다. 그러나 상대방의 채무가 변제기에 있지 아니하는 때에는 그러하지 아니하다.

② 당사자 일방이 상대방에게 먼저 이행하여야 할 경우에 상대방의 이행이 곤란할 현저한 사유가 있는 때에는 전항 본문과 같다.

제537조(채무자위험부담주의) 쌍무계약의 당사자 일방의 채무가 당사자쌍방의 책임없는 사유로 이행할 수 없게 된 때에는 채무자는 상대방의 이행을 청구하지 못한다.

제538조(채권자귀책사유로 인한 이행불능) ① 쌍무계약의 당사자 일방의 채무가 채권자의 책임있는 사유로 이행할 수 없게 된 때에는 채무자는 상대방의 이행을 청구할 수 있다. 채권자의 수령지체 중에 당사자쌍방의 책임없는 사유로 이행할 수 없게 된 때에도 같다.

② 전항의 경우에 채무자는 자기의 채무를 면함으로써 이익을 얻은 때에는 이를 채권자에게 상환하여야 한다.

제539조(제삼자를 위한 계약) ① 계약에 의하여 당사자 일방이 제삼자에게 이행할 것을 약정한 때에는 그 제삼자는 채무자에게 직접 그 이행을 청구할 수 있다.

② 전항의 경우에 제삼자의 권리는 그 제삼자가 채무자에 대하여 계약의 이익을 받을 의사를 표시한 때에 생긴다.

제540조(채무자의 제삼자에 대한 최고권) 전조의 경우에 채무자는 상당한 기간을 정하여 계약의 이익의 향수여부의 확답을 제삼자에게 최고할 수 있다. 채무자가 그 기간 내에 확답을 받지 못한 때에는 제삼자가 계약의 이익을 받을 것을 거절한 것으로 본다.

제541조(제삼자의 권리의 확정) 제539조의 규정에 의하여 제삼자의 권리가 생긴 후에는 당사자는 이를 변경 또는 소멸시키지 못한다.

제542조(채무자의 항변권) 채무자는 제539조의 계약에 기한 항변으로 그 계약의 이익을 받을 제삼자에게 대항할 수 있다.

[제3관 계약의 해지, 해제]

제543조(해지, 해제권) ① 계약 또는 법률의 규정에 의하여 당사자의 일방이나 쌍방이 해지 또는 해제의 권리가 있는 때에는 그 해지 또는 해제는 상대방에 대한 의사표시로 한다.
② 전항의 의사표시는 철회하지 못한다.

제544조(이행지체와 해제) 당사자 일방이 그 채무를 이행하지 아니하는 때에는 상대방은 상당한 기간을 정하여 그 이행을 최고하고 그 기간 내에 이행하지 아니한 때에는 계약을 해제할 수 있다. 그러나 채무자가 미리 이행하지 아니할 의사를 표시한 경우에는 최고를 요하지 아니한다.

제545조(정기행위와 해제) 계약의 성질 또는 당사자의 의사표시에 의하여 일정한 시일 또는 일정한 기간 내에 이행하지 아니하면 계약의 목적을 달성할 수 없을 경우에 당사자 일방이 그 시기에 이행하지 아니한 때에는 상대방은 전조의 최고를 하지 아니하고 계약을 해제할 수 있다.

제546조(이행불능과 해제) 채무자의 책임있는 사유로 이행이 불능하게 된 때에는 채권자는 계약을 해제할 수 있다.

제547조(해지, 해제권의 불가분성) ① 당사자의 일방 또는 쌍방이 수인인 경우에는 계약의 해지나 해제는 그 전원으로부터 또는 전원에 대하여 하여야 한다.
② 전항의 경우에 해지나 해제의 권리가 당사자 1인에 대하여 소멸한 때에는 다른 당사자에 대하여도 소멸한다.

제548조(해제의 효과, 원상회복의무) ① 당사자 일방이 계약을 해제한 때에는 각 당사자는 그 상대방에 대하여 원상회복의 의무가 있다. 그러나 제삼자의 권리를 해하지 못한다.
② 전항의 경우에 반환할 금전에는 그 받은 날로부터 이자를 가하여야 한다.

제549조(원상회복의무와 동시이행) 제536조의 규정은 전조의 경우에 준용한다.

제550조(해지의 효과) 당사자 일방이 계약을 해지한 때에는 계약은 장래에 대하여 그 효력을 잃는다.

제551조(해지, 해제와 손해배상) 계약의 해지 또는 해제는 손해배상의 청구에 영향을 미치지 아니한다.

제552조(해제권행사여부의 최고권) ① 해제권의 행사의 기간을 정하지 아니한 때에는 상대방은 상당한 기간을 정하여 해제권행사여부의 확답을 해제권자에게 최고할 수 있다.
② 전항의 기간 내에 해제의 통지를 받지 못한 때에는 해제권은 소멸한다.

제553조(훼손 등으로 인한 해제권의 소멸) 해제권자의 고의나 과실로 인하여 계약의 목적물이 현저히 훼손되거나 이를 반환할 수 없게 된 때 또는 가공이나 개조로 인하여 다른 종류의 물건으로 변경된 때에는 해제권은 소멸한다.

제2절 증 여

제554조(증여의 의의) 증여는 당사자 일방이 무상으로 재산을 상대방에 수여하는 의사를 표시하고 상대방이 이를 승낙함으로써 그 효력이 생긴다.

제555조(서면에 의하지 아니한 증여와 해제) 증여의 의사가 서면으로 표시되지 아니한 경우에는 각 당사자는 이를 해제할 수 있다.

제556조(수증자의 행위와 증여의 해제) ① 수증자가 증여자에 대하여 다음 각 호의 사유가 있는 때에는 증여자는 그 증여를 해제할 수 있다.
1. 증여자 또는 그 배우자나 직계혈족에 대한 범죄행위가 있는 때
2. 증여자에 대하여 부양의무있는 경우에 이를 이행하지 아니하는 때
② 전항의 해제권은 해제원인있음을 안 날로부터 6월을 경과하거나 증여자가 수증자에 대하여 용서의 의사를 표시한 때에는 소멸한다.

제557조(증여자의 재산상태변경과 증여의 해제) 증여계약 후에 증여자의 재산상태가 현저히 변경되고 그 이행으로 인하여 생계에 중대한 영향을 미칠 경우에는 증여자는 증여를 해제할 수 있다.

제558조(해제와 이행완료부분) 전3조의 규정에 의한 계약의 해제는 이미 이행한 부분에 대하여는 영향을 미치지 아니한다.

제559조(증여자의 담보책임) ① 증여자는 증여의 목적인 물건 또는 권리의 하자나 흠결에 대하여 책임을 지지 아니한다. 그러나 증여자가 그 하자나 흠결을 알고 수증자에게 고지하지 아니한 때에는 그러하지 아니하다.
② 상대부담있는 증여에 대하여는 증여자는 그 부담의 한도에서 매도인과 같은 담보의 책임이 있다.

제560조(정기증여와 사망으로 인한 실효) 정기의 급여를 목적으로 한 증여는 증여자 또는 수증자의 사망으로 인하여 그 효력을 잃는다.

제561조(부담부증여) 상대부담있는 증여에 대하여는 본절의 규정 외에 쌍무계약에 관한 규정을 적용한다.

제562조(사인증여) 증여자의 사망으로 인하여 효력이 생길 증여에는 유증에 관한 규정을 준용한다.

[제1관 총칙]

제563조(매매의 의의) 매매는 당사자 일방이 재산권을 상대방에게 이전할 것을 약정하고 상대방이 그 대금을 지급할 것을 약정함으로써 그 효력이 생긴다.

제564조(매매의 일방예약) ① 매매의 일방예약은 상대방이 매매를 완결할 의사를 표시하는 때에 매매의 효력이 생긴다.

② 전항의 의사표시의 기간을 정하지 아니한 때에는 예약자는 상당한 기간을 정하여 매매완결여부의 확답을 상대방에게 최고할 수 있다.

③ 예약자가 전항의 기간 내에 확답을 받지 못한 때에는 예약은 그 효력을 잃는다.

제565조(해약금) ① 매매의 당사자 일방이 계약당시에 금전 기타 물건을 계약금, 보증금등의 명목으로 상대방에게 교부한 때에는 당사자 간에 다른 약정이 없는 한 당사자의 일방이 이행에 착수할 때까지 교부자는 이를 포기하고 수령자는 그 배액을 상환하여 매매계약을 해제할 수 있다.

② 제551조의 규정은 전항의 경우에 이를 적용하지 아니한다.

제566조(매매계약의 비용의 부담) 매매계약에 관한 비용은 당사자 쌍방이 균분하여 부담한다.

제567조(유상계약에의 준용) 본절의 규정은 매매 이외의 유상계약에 준용한다. 그러나 그 계약의 성질이 이를 허용하지 아니하는 때에는 그러하지 아니하다.

[제2관 매매의 효력]

제568조(매매의 효력) ① 매도인은 매수인에 대하여 매매의 목적이 된 권리를 이전하여야 하며 매수인은 매도인에게 그 대금을 지급하여야 한다.

② 전항의 쌍방의무는 특별한 약정이나 관습이 없으면 동시에 이행하여야 한다.

제569조(타인의 권리의 매매) 매매의 목적이 된 권리가 타인에게 속한 경우에는 매도인은 그 권리를 취득하여 매수인에게 이전하여야 한다.

제570조(동전 – 매도인의 담보책임) 전조의 경우에 매도인이 그 권리를 취득하여 매수인에게 이전할 수 없는 때에는 매수인은 계약을 해제할 수 있다. 그러나 매수인이 계약당시 그 권리가 매도인에게 속하지 아니함을 안 때에는 손해배상을 청구하지 못한다.

제571조(동전 - 선의의 매도인의 담보책임) ① 매도인이 계약당시에 매매의 목적이 된 권리가 자기에게 속하지 아니함을 알지 못한 경우에 그 권리를 취득하여 매수인에게 이전할 수 없는 때에는 매도인은 손해를 배상하고 계약을 해제할 수 있다.

② 전항의 경우에 매수인이 계약당시 그 권리가 매도인에게 속하지 아니함을 안 때에는 매도인은 매수인에 대하여 그 권리를 이전할 수 없음을 통지하고 계약을 해제할 수 있다.

제572조(권리의 일부가 타인에게 속한 경우와 매도인의 담보책임) ① 매매의 목적이 된 권리의 일부가 타인에게 속함으로 인하여 매도인이 그 권리를 취득하여 매수인에게 이전할 수 없는 때에는 매수인은 그 부분의 비율로 대금의 감액을 청구할 수 있다.

② 전항의 경우에 잔존한 부분만이면 매수인이 이를 매수하지 아니하였을 때에는 선의의 매수인은 계약전부를 해제할 수 있다.

③ 선의의 매수인은 감액청구 또는 계약해제 외에 손해배상을 청구할 수 있다.

제573조(전조의 권리행사의 기간) 전조의 권리는 매수인이 선의인 경우에는 사실을 안 날로부터, 악의인 경우에는 계약한 날로부터 1년 내에 행사하여야 한다.

제574조(수량부족, 일부멸실의 경우와 매도인의 담보책임) 전2조의 규정은 수량을 지정한 매매의 목적물이 부족되는 경우와 매매목적물의 일부가 계약당시에 이미 멸실된 경우에 매수인이 그 부족 또는 멸실을 알지 못한 때에 준용한다.

제575조(제한물권있는 경우와 매도인의 담보책임) ① 매매의 목적물이 지상권, 지역권, 전세권, 질권 또는 유치권의 목적이 된 경우에 매수인이 이를 알지 못한 때에는 이로 인하여 계약의 목적을 달성할 수 없는 경우에 한하여 매수인은 계약을 해제할 수 있다. 기타의 경우에는 손해배상만을 청구할 수 있다.

② 전항의 규정은 매매의 목적이 된 부동산을 위하여 존재할 지역권이 없거나 그 부동산에 등기된 임대차 계약이 있는 경우에 준용한다.

③ 전2항의 권리는 매수인이 그 사실을 안 날로부터 1년 내에 행사하여야 한다.

제576조(저당권, 전세권의 행사와 매도인의 담보책임) ① 매매의 목적이 된 부동산에 설정된 저당권 또는 전세권의 행사로 인하여 매수인이 그 소유권을 취득할 수 없거나 취득한 소유권을 잃은 때에는 매수인은 계약을 해제할 수 있다.

② 전항의 경우에 매수인의 출재로 그 소유권을 보존한 때에는 매도인에 대하여 그 상환을 청구할 수 있다.

③ 전2항의 경우에 매수인이 손해를 받은 때에는 그 배상을 청구할 수 있다.

제577조(저당권의 목적이 된 지상권, 전세권의 매매와 매도인의 담보책임) 전조의 규정은 저당권의 목적이 된 지상권 또는 전세권이 매매의 목적이 된 경우에 준용한다.

제578조(경매와 매도인의 담보책임) ① 경매의 경우에는 경락인은 전8조의 규정에 의하여 채무자에게 계약의 해제 또는 대금감액의 청구를 할 수 있다.

② 전항의 경우에 채무자가 자력이 없는 때에는 경락인은 대금의 배당을 받은 채권자에 대하여 그 대금전부나 일부의 반환을 청구할 수 있다.

③ 전2항의 경우에 채무자가 물건 또는 권리의 흠결을 알고 고지하지 아니하거나 채권자가 이를 알고 경매를 청구한 때에는 경락인은 그 흠결을 안 채무자나 채권자에 대하여 손해배상을 청구할 수 있다.

제579조(채권매매와 매도인의 담보책임) ① 채권의 매도인이 채무자의 자력을 담보한 때에는 매매계약당시의 자력을 담보한 것으로 추정한다.

② 변제기에 도달하지 아니한 채권의 매도인이 채무자의 자력을 담보한 때에는 변제기의 자력을 담보한 것으로 추정한다.

제580조(매도인의 하자담보책임) ① 매매의 목적물에 하자가 있는 때에는 제575조 제1항의 규정을 준용한다. 그러나 매수인이 하자있는 것을 알았거나 과실로 인하여 이를 알지 못한 때에는 그러하지 아니하다.

② 전항의 규정은 경매의 경우에 적용하지 아니한다.

제581조(종류매매와 매도인의 담보책임) ① 매매의 목적물을 종류로 지정한 경우에도 그 후 특정된 목적물에 하자가 있는 때에는 전조의 규정을 준용한다.

② 전항의 경우에 매수인은 계약의 해제 또는 손해배상의 청구를 하지 아니하고 하자없는 물건을 청구할 수 있다.

제582조(전2조의 권리행사기간) 전2조에 의한 권리는 매수인이 그 사실을 안 날로부터 6월 내에 행사하여야 한다.

제583조(담보책임과 동시이행) 제536조의 규정은 제572조 내지 제575조, 제580조 및 제581조의 경우에 준용한다.

제584조(담보책임면제의 특약) 매도인은 전15조에 의한 담보책임을 면하는 특약을 한 경우에도 매도인이 알고 고지하지 아니한 사실 및 제삼자에게 권리를 설정 또는 양도한 행위에 대하여는 책임을 면하지 못한다.

제585조(동일기한의 추정) 매매의 당사자 일방에 대한 의무이행의 기한이 있는 때에는 상대방의 의무이행에 대하여도 동일한 기한이 있는 것으로 추정한다.

제586조(대금지급장소) 매매의 목적물의 인도와 동시에 대금을 지급할 경우에는 그 인도장소에서 이를 지급하여야 한다.

제587조(과실의 귀속, 대금의 이자) 매매계약있은 후에도 인도하지 아니한 목적물로부터 생긴 과실은 매도인에게 속한다. 매수인은 목적물의 인도를 받은 날로부터 대금의 이자를 지급하여야 한다. 그러나 대금의 지급에 대하여 기한이 있는 때에는 그러하지 아니하다.

제588조(권리주장자가 있는 경우와 대금지급거절권) 매매의 목적물에 대하여 권리를 주장하는 자가 있는 경우에 매수인이 매수한 권리의 전부나 일부를 잃을 염려가 있는 때에는 매수인은 그 위험의 한도에서 대금의 전부나 일부의 지급을 거절할 수 있다. 그러나 매도인이 상당한 담보를 제공한 때에는 그러하지 아니하다.

제589조(대금공탁청구권) 전조의 경우에 매도인은 매수인에 대하여 대금의 공탁을 청구할 수 있다.

[제3관 환 매]

제590조(환매의 의의) ① 매도인이 매매계약과 동시에 환매할 권리를 보류한 때에는 그 영수한 대금 및 매수인이 부담한 매매비용을 반환하고 그 목적물을 환매할 수 있다.
② 전항의 환매대금에 관하여 특별한 약정이 있으면 그 약정에 의한다.
③ 전2항의 경우에 목적물의 과실과 대금의 이자는 특별한 약정이 없으면 이를 상계한 것으로 본다.

제591조(환매기간) ① 환매기간은 부동산은 5년, 동산은 3년을 넘지 못한다. 약정기간이 이를 넘는 때에는 부동산은 5년, 동산은 3년으로 단축한다.
② 환매기간을 정한 때에는 다시 이를 연장하지 못한다.
③ 환매기간을 정하지 아니한 때에는 그 기간은 부동산은 5년, 동산은 3년으로 한다.

제592조(환매등기) 매매의 목적물이 부동산인 경우에 매매등기와 동시에 환매권의 보류를 등기한 때에는 제삼자에 대하여 그 효력이 있다.

제593조(환매권의 대위행사와 매수인의 권리) 매도인의 채권자가 매도인을 대위하여 환매하고자 하는 때에는 매수인은 법원이 선정한 감정인의 평가액에서 매도인이 반환할 금액을 공제한 잔액으로 매도인의 채무를 변제하고 잉여액이 있으면 이를 매도인에게 지급하여 환매권을 소멸시킬 수 있다.

제594조(환매의 실행) ① 매도인은 기간 내에 대금과 매매비용을 매수인에게 제공하지 아니하면 환매할 권리를 잃는다.
② 매수인이나 전득자가 목적물에 대하여 비용을 지출한 때에는 매도인은 제203조의 규정에 의하여 이를 상환하여야 한다. 그러나 유익비에 대하여는 법원은 매도인의 청구에 의하여 상당한 상환기간을 허여할 수 있다.

제595조(공유지분의 환매) 공유자의 1인이 환매할 권리를 보류하고 그 지분을 매도한 후 그 목적물의 분할이나 경매가 있는 때에는 매도인은 매수인이 받은 또는 받을 부분이나 대금에 대하여 환매권을 행사할 수 있다. 그러나 매도인에게 통지하지 아니한 매수인은 그 분할이나 경매로써 매도인에게 대항하지 못한다.

제4절 교 환

제596조(교환의 의의) 교환은 당사자 쌍방이 금전 이외의 재산권을 상호이전할 것을 약정함으로써 그 효력이 생긴다.

제597조(금전의 보충지급의 경우) 당사자 일방이 전조의 재산권이전과 금전의 보충지급을 약정한 때에는 그 금전에 대하여는 매매대금에 관한 규정을 준용한다.

제5절 소비대차

제598조(소비대차의 의의) 소비대차는 당사자 일방이 금전 기타 대체물의 소유권을 상대방에게 이전할 것을 약정하고 상대방은 그와 같은 종류, 품질 및 수량으로 반환할 것을 약정함으로써 그 효력이 생긴다.

제599조(파산과 소비대차의 실효) 대주가 목적물을 차주에게 인도하기 전에 당사자 일방이 파산선고를 받은 때에는 소비대차는 그 효력을 잃는다.

제600조(이자계산의 시기) 이자있는 소비대차는 차주가 목적물의 인도를 받은 때로부터 이자를 계산하여야 하며 차주가 그 책임있는 사유로 수령을 지체할 때에는 대주가 이행을 제공한 때로부터 이자를 계산하여야 한다.

제601조(무이자소비대차와 해제권) 이자없는 소비대차의 당사자는 목적물의 인도전에는 언제든지 계약을 해제할 수 있다. 그러나 상대방에게 생긴 손해가 있는 때에는 이를 배상하여야 한다.

제602조(대주의 담보책임) ① 이자있는 소비대차의 목적물에 하자가 있는 경우에는 제580조 내지 제582조의 규정을 준용한다.
② 이자없는 소비대차의 경우에는 차주는 하자있는 물건의 가액으로 반환할 수 있다. 그러나 대주가 그 하자를 알고 차주에게 고지하지 아니한 때에는 전항과 같다.

제603조(반환시기) ① 차주는 약정시기에 차용물과 같은 종류, 품질 및 수량의 물건을 반환하여야 한다.
② 반환시기의 약정이 없는 때에는 대주는 상당한 기간을 정하여 반환을 최고하여야 한다. 그러나 차주는 언제든지 반환할 수 있다.

제604조(반환불능으로 인한 시가상환) 차주가 차용물과 같은 종류, 품질 및 수량의 물건을 반환할 수 없는 때에는 그때의 시가로 상환하여야 한다. 그러나 제376조 및 제377조 제2항의 경우에는 그러하지 아니하다.

제605조(준소비대차) 당사자 쌍방이 소비대차에 의하지 아니하고 금전 기타의 대체물을 지급할 의무가 있는 경우에 당사자가 그 목적물을 소비대차의 목적으로 할 것을 약정한 때에는 소비대차의 효력이 생긴다.

제606조(대물대차) 금전대차의 경우에 차주가 금전에 갈음하여 유가증권 기타 물건의 인도를 받은 때에는 그 인도 시의 가액으로써 차용액으로 한다.

제607조(대물반환의 예약) 차용물의 반환에 관하여 차주가 차용물에 갈음하여 다른 재산권을 이전할 것을 예약한 경우에는 그 재산의 예약당시의 가액이 차용액 및 이에 붙인 이자의 합산액을 넘지 못한다.

제608조(차주에 불이익한 약정의 금지) 전2조의 규정에 위반한 당사자의 약정으로서 차주에 불리한 것은 환매 기타 여하한 명목이라도 그 효력이 없다.

제6절　사용대차

제609조(사용대차의 의의) 사용대차는 당사자 일방이 상대방에게 무상으로 사용, 수익하게 하기 위하여 목적물을 인도할 것을 약정하고 상대방은 이를 사용, 수익한 후 그 물건을 반환할 것을 약정함으로써 그 효력이 생긴다.

제610조(차주의 사용, 수익권) ① 차주는 계약 또는 그 목적물의 성질에 의하여 정하여진 용법으로 이를 사용, 수익하여야 한다.
② 차주는 대주의 승낙이 없으면 제삼자에게 차용물을 사용, 수익하게 하지 못한다.
③ 차주가 전2항의 규정에 위반한 때에는 대주는 계약을 해지할 수 있다.

제611조(비용의 부담) ① 차주는 차용물의 통상의 필요비를 부담한다.
② 기타의 비용에 대하여는 제594조 제2항의 규정을 준용한다.

제612조(준용규정) 제559조, 제601조의 규정은 사용대차에 준용한다.

제613조(차용물의 반환시기) ① 차주는 약정시기에 차용물을 반환하여야 한다.
② 시기의 약정이 없는 경우에는 차주는 계약 또는 목적물의 성질에 의한 사용, 수익이 종료한 때에 반환하여야 한다. 그러나 사용, 수익에 족한 기간이 경과한 때에는 대주는 언제든지 계약을 해지할 수 있다.

제614조(차주의 사망, 파산과 해지) 차주가 사망하거나 파산선고를 받은 때에는 대주는 계약을 해지할 수 있다.

제615조(차주의 원상회복의무와 철거권) 차주가 차용물을 반환하는 때에는 이를 원상에 회복하여야 한다. 이에 부속시킨 물건은 철거할 수 있다.

제616조(공동차주의 연대의무) 수인이 공동하여 물건을 차용한 때에는 연대하여 그 의무를 부담한다.

제617조(손해배상, 비용상환청구의 기간) 계약 또는 목적물의 성질에 위반한 사용, 수익으로 인하여 생긴 손해배상의 청구와 차주가 지출한 비용의 상환청구는 대주가 물건의 반환을 받은 날로부터 6월 내에 하여야 한다.

제7절 임대차

제618조(임대차의 의의) 임대차는 당사자 일방이 상대방에게 목적물을 사용, 수익하게 할 것을 약정하고 상대방이 이에 대하여 차임을 지급할 것을 약정함으로써 그 효력이 생긴다.

제619조(처분능력, 권한없는 자의 할 수 있는 단기임대차) 처분의 능력 또는 권한없는 자가 임대차를 하는 경우에는 그 임대차는 다음 각호의 기간을 넘지 못한다.
1. 식목, 채염 또는 석조, 석회조, 연와조 및 이와 유사한 건축을 목적으로 한 토지의 임대차는 10년
2. 기타 토지의 임대차는 5년
3. 건물 기타 공작물의 임대차는 3년
4. 동산의 임대차는 6월

제620조(단기임대차의 갱신) 전조의 기간은 갱신할 수 있다. 그러나 그 기간만료전 토지에 대하여는 1년, 건물 기타 공작물에 대하여는 3월, 동산에 대하여는 1월 내에 갱신하여야 한다.

제621조(임대차의 등기) ① 부동산임차인은 당사자 간에 반대약정이 없으면 임대인에 대하여 그 임대차등기절차에 협력할 것을 청구할 수 있다.
② 부동산임대차를 등기한 때에는 그때부터 제삼자에 대하여 효력이 생긴다.

제622조(건물등기있는 차지권의 대항력) ① 건물의 소유를 목적으로 한 토지임대차는 이를 등기하지 아니한 경우에도 임차인이 그 지상건물을 등기한 때에는 제삼자에 대하여 임대차의 효력이 생긴다.
② 건물이 임대차기간만료 전에 멸실 또는 후폐한 때에는 전항의 효력을 잃는다.

제623조(임대인의 의무) 임대인은 목적물을 임차인에게 인도하고 계약존속중 그 사용, 수익에 필요한 상태를 유지하게 할 의무를 부담한다.

제624조(임대인의 보존행위, 인용의무) 임대인이 임대물의 보존에 필요한 행위를 하는 때에는 임차인은 이를 거절하지 못한다.

제625조(임차인의 의사에 반하는 보존행위와 해지권) 임대인이 임차인의 의사에 반하여 보존행위를 하는 경우에 임차인이 이로 인하여 임차의 목적을 달성할 수 없는 때에는 계약을 해지할 수 있다.

제626조(임차인의 상환청구권) ① 임차인이 임차물의 보존에 관한 필요비를 지출한 때에는 임대인에 대하여 그 상환을 청구할 수 있다.
② 임차인이 유익비를 지출한 경우에는 임대인은 임대차종료 시에 그 가액의 증가가 현존한 때에 한하여 임차인의 지출한 금액이나 그 증가액을 상환하여야 한다. 이 경우에 법원은 임대인의 청구에 의하여 상당한 상환기간을 허여할 수 있다.

제627조(일부멸실 등과 감액청구, 해지권) ① 임차물의 일부가 임차인의 과실없이 멸실 기타 사유로 인하여 사용, 수익할 수 없는 때에는 임차인은 그 부분의 비율에 의한 차임의 감액을 청구할 수 있다.
② 전항의 경우에 그 잔존부분으로 임차의 목적을 달성할 수 없는 때에는 임차인은 계약을 해지할 수 있다.

제628조(차임증감청구권) 임대물에 대한 공과부담의 증감 기타 경제사정의 변동으로 인하여 약정한 차임이 상당하지 아니하게 된 때에는 당사자는 장래에 대한 차임의 증감을 청구할 수 있다.

제629조(임차권의 양도, 전대의 제한) ① 임차인은 임대인의 동의없이 그 권리를 양도하거나 임차물을 전대하지 못한다.
② 임차인이 전항의 규정에 위반한 때에는 임대인은 계약을 해지할 수 있다.

제630조(전대의 효과) ① 임차인이 임대인의 동의를 얻어 임차물을 전대한 때에는 전차인은 직접 임대인에 대하여 의무를 부담한다. 이 경우에 전차인은 전대인에 대한 차임의 지급으로써 임대인에게 대항하지 못한다.
② 전항의 규정은 임대인의 임차인에 대한 권리행사에 영향을 미치지 아니한다.

제631조(전차인의 권리의 확정) 임차인이 임대인의 동의를 얻어 임차물을 전대한 경우에는 임대인과 임차인의 합의로 계약을 종료한 때에도 전차인의 권리는 소멸하지 아니한다.

제632조(임차건물의 소부분을 타인에게 사용케 하는 경우) 전3조의 규정은 건물의 임차인이 그 건물의 소부분을 타인에게 사용하게 하는 경우에 적용하지 아니한다.

제633조(차임지급의 시기) 차임은 동산, 건물이나 대지에 대하여는 매월말에, 기타 토지에 대하여는 매년말에 지급하여야 한다. 그러나 수확기있는 것에 대하여는 그 수확후 지체 없이 지급하여야 한다.

제634조(임차인의 통지의무) 임차물의 수리를 요하거나 임차물에 대하여 권리를 주장하는 자가 있는 때에는 임차인은 지체 없이 임대인에게 이를 통지하여야 한다. 그러나 임대인이 이미 이를 안 때에는 그러하지 아니하다.

제635조(기간의 약정없는 임대차의 해지통고) ① 임대차기간의 약정이 없는 때에는 당사자는 언제든지 계약해지의 통고를 할 수 있다.
② 상대방이 전항의 통고를 받은 날로부터 다음 각 호의 기간이 경과하면 해지의 효력이 생긴다.
    1. 토지, 건물 기타 공작물에 대하여는 임대인이 해지를 통고한 경우에는 6월, 임차인이 해지를 통고한 경우에는 1월
    2. 동산에 대하여는 5일

제636조(기간의 약정있는 임대차의 해지통고) 임대차기간의 약정이 있는 경우에도 당사자일방 또는 쌍방이 그 기간 내에 해지할 권리를 보류한 때에는 전조의 규정을 준용한다.

제637조(임차인의 파산과 해지통고) ① 임차인이 파산선고를 받은 경우에는 임대차기간의 약정이 있는 때에도 임대인 또는 파산관재인은 제635조의 규정에 의하여 계약해지의 통고를 할 수 있다.
② 전항의 경우에 각 당사자는 상대방에 대하여 계약해지로 인하여 생긴 손해의 배상을 청구하지 못한다.

제638조(해지통고의 전차인에 대한 통지) ① 임대차계약이 해지의 통고로 인하여 종료된 경우에 그 임대물이 적법하게 전대되었을 때에는 임대인은 전차인에 대하여 그 사유를 통지하지 아니하면 해지로써 전차인에게 대항하지 못한다.
② 전차인이 전항의 통지를 받은 때에는 제635조 제2항의 규정을 준용한다.

제639조(묵시의 갱신) ① 임대차기간이 만료한 후 임차인이 임차물의 사용, 수익을 계속하는 경우에 임대인이 상당한 기간 내에 이의를 하지 아니한 때에는 전임대차와 동일한 조건으로 다시 임대차한 것으로 본다. 그러나 당사자는 제635조의 규정에 의하여 해지의 통고를 할 수 있다.
② 전항의 경우에 전임대차에 대하여 제삼자가 제공한 담보는 기간의 만료로 인하여 소멸한다.

제640조(차임연체와 해지) 건물 기타 공작물의 임대차에는 임차인의 차임연체액이 2기의 차임액에 달하는 때에는 임대인은 계약을 해지할 수 있다.

제641조(동전) 건물 기타 공작물의 소유 또는 식목, 채염, 목축을 목적으로 한 토지임대차의 경우에도 전조의 규정을 준용한다.

제642조(토지임대차의 해지와 지상건물 등에 대한 담보물권자에의 통지) 전조의 경우에 그 지상에 있는 건물 기타 공작물이 담보물권의 목적이 된 때에는 제288조의 규정을 준용한다.

제643조(임차인의 갱신청구권, 매수청구권) 건물 기타 공작물의 소유 또는 식목, 채염, 목축을 목적으로 한 토지임대차의 기간이 만료한 경우에 건물, 수목 기타 지상시설이 현존한 때에는 제283조의 규정을 준용한다.

제644조(전차인의 임대청구권, 매수청구권) ① 건물 기타 공작물의 소유 또는 식목, 채염, 목축을 목적으로 한 토지임차인이 적법하게 그 토지를 전대한 경우에 임대차 및 전대차의 기간이 동시에 만료되고 건물, 수목 기타 지상시설이 현존한 때에는 전차인은 임대인에 대하여 전전대차와 동일한 조건으로 임대할 것을 청구할 수 있다.
② 전항의 경우에 임대인이 임대할 것을 원하지 아니하는 때에는 제283조 제2항의 규정을 준용한다.

제645조(지상권목적토지의 임차인의 임대청구권, 매수청구권) 전조의 규정은 지상권자가 그 토지를 임대한 경우에 준용한다.

제646조(임차인의 부속물매수청구권) ① 건물 기타 공작물의 임차인이 그 사용의 편익을 위하여 임대인의 동의를 얻어 이에 부속한 물건이 있는 때에는 임대차의 종료 시에 임대인에 대하여 그 부속물의 매수를 청구할 수 있다.
② 임대인으로부터 매수한 부속물에 대하여도 전항과 같다.

제647조(전차인의 부속물매수청구권) ① 건물 기타 공작물의 임차인이 적법하게 전대한 경우에 전차인이 그 사용의 편익을 위하여 임대인의 동의를 얻어 이에 부속한 물건이 있는 때에는 전대차의 종료 시에 임대인에 대하여 그 부속물의 매수를 청구할 수 있다.
② 임대인으로부터 매수하였거나 그 동의를 얻어 임차인으로부터 매수한 부속물에 대하여도 전항과 같다.

제648조(임차지의 부속물, 과실 등에 대한 법정질권) 토지임대인이 임대차에 관한 채권에 의하여 임차지에 부속 또는 그 사용의 편익에 공용한 임차인의 소유동산 및 그 토지의 과실을 압류한 때에는 질권과 동일한 효력이 있다.

제649조(임차지상의 건물에 대한 법정저당권) 토지임대인이 변제기를 경과한 최후 2년의 차임채권에 의하여 그 지상에 있는 임차인소유의 건물을 압류한 때에는 저당권과 동일한 효력이 있다.

제650조(임차건물 등의 부속물에 대한 법정질권) 건물 기타 공작물의 임대인이 임대차에 관한 채권에 의하여 그 건물 기타 공작물에 부속한 임차인소유의 동산을 압류한 때에는 질권과 동일한 효력이 있다.

제651조 [2016. 1. 6. 법률 제13710호에 의하여 2013. 12. 26. 헌법재판소에서 위헌결정된 이 조를 삭제함.]

제652조(강행규정) 제627조, 제628조, 제631조, 제635조, 제638조, 제640조, 제641조, 제643조 내지 제647조의 규정에 위반하는 약정으로 임차인이나 전차인에게 불리한 것은 그 효력이 없다.

제653조(일시사용을 위한 임대차의 특례) 제628조, 제638조, 제640조, 제646조 내지 제648조, 제650조 및 전조의 규정은 일시사용하기 위한 임대차 또는 전대차인 것이 명백한 경우에는 적용하지 아니한다.

제654조(준용규정) 제610조 제1항, 제615조 내지 제617조의 규정은 임대차에 이를 준용한다.

제8절 고 용

제655조(고용의 의의) 고용은 당사자 일방이 상대방에 대하여 노무를 제공할 것을 약정하고 상대방이 이에 대하여 보수를 지급할 것을 약정함으로써 그 효력이 생긴다.

제656조(보수액과 그 지급시기) ① 보수 또는 보수액의 약정이 없는 때에는 관습에 의하여 지급하여야 한다.
② 보수는 약정한 시기에 지급하여야 하며 시기의 약정이 없으면 관습에 의하고 관습이 없으면 약정한 노무를 종료한 후 지체 없이 지급하여야 한다.

제657조(권리의무의 전속성) ① 사용자는 노무자의 동의없이 그 권리를 제삼자에게 양도하지 못한다.
② 노무자는 사용자의 동의없이 제삼자로 하여금 자기에 갈음하여 노무를 제공하게 하지 못한다.
③ 당사자 일방이 전2항의 규정에 위반한 때에는 상대방은 계약을 해지할 수 있다.

제658조(노무의 내용과 해지권) ① 사용자가 노무자에 대하여 약정하지 아니한 노무의 제공을 요구한 때에는 노무자는 계약을 해지할 수 있다.
② 약정한 노무가 특수한 기능을 요하는 경우에 노무자가 그 기능이 없는 때에는 사용자는 계약을 해지할 수 있다.

제659조(3년 이상의 경과와 해지통고권) ① 고용의 약정기간이 3년을 넘거나 당사자의 일방 또는 제삼자의 종신까지로 된 때에는 각 당사자는 3년을 경과한 후 언제든지 계약해지의 통고를 할 수 있다.
② 전항의 경우에는 상대방이 해지의 통고를 받은 날로부터 3월이 경과하면 해지의 효력이 생긴다.

제660조(기간의 약정이 없는 고용의 해지통고) ① 고용기간의 약정이 없는 때에는 당사자는 언제든지 계약해지의 통고를 할 수 있다.
② 전항의 경우에는 상대방이 해지의 통고를 받은 날로부터 1월이 경과하면 해지의 효력이 생긴다.
③ 기간으로 보수를 정한 때에는 상대방이 해지의 통고를 받은 당기후의 일기를 경과함으로써 해지의 효력이 생긴다.

제661조(부득이한 사유와 해지권) 고용기간의 약정이 있는 경우에도 부득이한 사유있는 때에는 각 당사자는 계약을 해지할 수 있다. 그러나 그 사유가 당사자 일방의 과실로 인하여 생긴 때에는 상대방에 대하여 손해를 배상하여야 한다.

제662조(묵시의 갱신) ① 고용기간이 만료한 후 노무자가 계속하여 그 노무를 제공하는 경우에 사용자가 상당한 기간 내에 이의를 하지 아니한 때에는 전고용과 동일한 조건으로 다시 고용한 것으로 본다. 그러나 당사자는 제660조의 규정에 의하여 해지의 통고를 할 수 있다.
② 전항의 경우에는 전고용에 대하여 제삼자가 제공한 담보는 기간의 만료로 인하여 소멸한다.

제663조(사용자파산과 해지통고) ① 사용자가 파산선고를 받은 경우에는 고용기간의 약정이 있는 때에도 노무자 또는 파산관재인은 계약을 해지할 수 있다.
② 전항의 경우에는 각 당사자는 계약해지로 인한 손해의 배상을 청구하지 못한다.

제9절 도 급

제664조(도급의 의의) 도급은 당사자 일방이 어느 일을 완성할 것을 약정하고 상대방이 그 일의 결과에 대하여 보수를 지급할 것을 약정함으로써 그 효력이 생긴다.

제665조(보수의 지급시기) ① 보수는 그 완성된 목적물의 인도와 동시에 지급하여야 한다. 그러나 목적물의 인도를 요하지 아니하는 경우에는 그 일을 완성한 후 지체 없이 지급하여야 한다.
② 전항의 보수에 관하여는 제656조 제2항의 규정을 준용한다.

제666조(수급인의 목적부동산에 대한 저당권설정청구권) 부동산공사의 수급인은 전조의 보수에 관한 채권을 담보하기 위하여 그 부동산을 목적으로 한 저당권의 설정을 청구할 수 있다.

제667조(수급인의 담보책임) ① 완성된 목적물 또는 완성전의 성취된 부분에 하자가 있는 때에는 도급인은 수급인에 대하여 상당한 기간을 정하여 그 하자의 보수를 청구할 수 있다. 그러나 하자가 중요하지 아니한 경우에 그 보수에 과다한 비용을 요할 때에는 그러하지 아니하다.
② 도급인은 하자의 보수에 갈음하여 또는 보수와 함께 손해배상을 청구할 수 있다.
③ 전항의 경우에는 제536조의 규정을 준용한다.

제668조(동전 – 도급인의 해제권) 도급인이 완성된 목적물의 하자로 인하여 계약의 목적을 달성할 수 없는 때에는 계약을 해제할 수 있다. 그러나 건물 기타 토지의 공작물에 대하여는 그러하지 아니하다.

제669조(동전 – 하자가 도급인의 제공한 재료 또는 지시에 기인한 경우의 면책) 전2조의 규정은 목적물의 하자가 도급인이 제공한 재료의 성질 또는 도급인의 지시에 기인한 때에는 적용하지 아니한다. 그러나 수급인이 그 재료 또는 지시의 부적당함을 알고 도급인에게 고지하지 아니한 때에는 그러하지 아니하다.

제670조(담보책임의 존속기간) ① 전3조의 규정에 의한 하자의 보수, 손해배상의 청구 및 계약의 해제는 목적물의 인도를 받은 날로부터 1년 내에 하여야 한다.
② 목적물의 인도를 요하지 아니하는 경우에는 전항의 기간은 일의 종료한 날로부터 기산한다.

제671조(수급인의 담보책임 – 토지, 건물 등에 대한 특칙) ① 토지, 건물 기타 공작물의 수급인은 목적물 또는 지반공사의 하자에 대하여 인도후 5년간 담보의 책임이 있다. 그러나 목적물이 석조, 석회조, 연와조, 금속 기타 이와 유사한 재료로 조성된 것인 때에는 그 기간을 10년으로 한다.
② 전항의 하자로 인하여 목적물이 멸실 또는 훼손된 때에는 도급인은 그 멸실 또는 훼손된 날로부터 1년 내에 제667조의 권리를 행사하여야 한다.

제672조(담보책임면제의 특약) 수급인은 제667조, 제668조의 담보책임이 없음을 약정한 경우에도 알고 고지하지 아니한 사실에 대하여는 그 책임을 면하지 못한다.

제673조(완성전의 도급인의 해제권) 수급인이 일을 완성하기 전에는 도급인은 손해를 배상하고 계약을 해제할 수 있다.

제674조(도급인의 파산과 해제권) ① 도급인이 파산선고를 받은 때에는 수급인 또는 파산관재인은 계약을 해제할 수 있다. 이 경우에는 수급인은 일의 완성된 부분에 대한 보수 및 보수에 포함되지 아니한 비용에 대하여 파산재단의 배당에 가입할 수 있다.
② 전항의 경우에는 각 당사자는 상대방에 대하여 계약해제로 인한 손해의 배상을 청구하지 못한다.

제9절의2   여행계약

제674조의2(여행계약의 의의) 여행계약은 당사자 한쪽이 상대방에게 운송, 숙박, 관광 또는 그 밖의 여행 관련 용역을 결합하여 제공하기로 약정하고 상대방이 그 대금을 지급하기로 약정함으로써 효력이 생긴다.

제674조의3(여행 개시 전의 계약 해제) 여행자는 여행을 시작하기 전에는 언제든지 계약을 해제할 수 있다. 다만, 여행자는 상대방에게 발생한 손해를 배상하여야 한다.

제674조의4(부득이한 사유로 인한 계약 해지) ① 부득이한 사유가 있는 경우에는 각 당사자는 계약을 해지할 수 있다. 다만, 그 사유가 당사자 한쪽의 과실로 인하여 생긴 경우에는 상대방에게 손해를 배상하여야 한다.

② 제1항에 따라 계약이 해지된 경우에도 계약상 귀환운송(歸還運送) 의무가 있는 여행주최자는 여행자를 귀환운송할 의무가 있다.

③ 제1항의 해지로 인하여 발생하는 추가 비용은 그 해지 사유가 어느 당사자의 사정에 속하는 경우에는 그 당사자가 부담하고, 누구의 사정에도 속하지 아니하는 경우에는 각 당사자가 절반씩 부담한다.

제674조의5(대금의 지급시기) 여행자는 약정한 시기에 대금을 지급하여야 하며, 그 시기의 약정이 없으면 관습에 따르고, 관습이 없으면 여행의 종료 후 지체 없이 지급하여야 한다.

제674조의6(여행주최자의 담보책임) ① 여행에 하자가 있는 경우에는 여행자는 여행주최자에게 하자의 시정 또는 대금의 감액을 청구할 수 있다. 다만, 그 시정에 지나치게 많은 비용이 들거나 그 밖에 시정을 합리적으로 기대할 수 없는 경우에는 시정을 청구할 수 없다.

② 제1항의 시정 청구는 상당한 기간을 정하여 하여야 한다. 다만, 즉시 시정할 필요가 있는 경우에는 그러하지 아니하다.

③ 여행자는 시정 청구, 감액 청구를 갈음하여 손해배상을 청구하거나 시정 청구, 감액 청구와 함께 손해배상을 청구할 수 있다.

제674조의7(여행주최자의 담보책임과 여행자의 해지권) ① 여행자는 여행에 중대한 하자가 있는 경우에 그 시정이 이루어지지 아니하거나 계약의 내용에 따른 이행을 기대할 수 없는 경우에는 계약을 해지할 수 있다.

② 계약이 해지된 경우에는 여행주최자는 대금청구권을 상실한다. 다만, 여행자가 실행된 여행으로 이익을 얻은 경우에는 그 이익을 여행주최자에게 상환하여야 한다.

③ 여행주최자는 계약의 해지로 인하여 필요하게 된 조치를 할 의무를 지며, 계약상 귀환운송 의무가 있으면 여행자를 귀환운송하여야 한다. 이 경우 상당한 이유가 있는 때에는 여행주최자는 여행자에게 그 비용의 일부를 청구할 수 있다.

제674조의8(담보책임의 존속기간) 제674조의6과 제674조의7에 따른 권리는 여행 기간 중에도 행사할 수 있으며, 계약에서 정한 여행 종료일부터 6개월 내에 행사하여야 한다.

제674조의9(강행규정) 제674조의3, 제674조의4 또는 제674조의6부터 제674조의8까지의 규정을 위반하는 약정으로서 여행자에게 불리한 것은 효력이 없다.

제675조(현상광고의 의의) 현상광고는 광고자가 어느 행위를 한 자에게 일정한 보수를 지급할 의사를 표시하고 이에 응한 자가 그 광고에 정한 행위를 완료함으로써 그 효력이 생긴다.

제676조(보수수령권자) ① 광고에 정한 행위를 완료한 자가 수인인 경우에는 먼저 그 행위를 완료한 자가 보수를 받을 권리가 있다.

② 수인이 동시에 완료한 경우에는 각각 균등한 비율로 보수를 받을 권리가 있다. 그러나 보수가 그 성질상 분할할 수 없거나 광고에 1인만이 보수를 받을 것으로 정한 때에는 추첨에 의하여 결정한다.

제677조(광고부지의 행위) 전조의 규정은 광고있음을 알지 못하고 광고에 정한 행위를 완료한 경우에 준용한다.

제678조(우수현상광고) ① 광고에 정한 행위를 완료한 자가 수인인 경우에 그 우수한 자에 한하여 보수를 지급할 것을 정하는 때에는 그 광고에 응모기간을 정한 때에 한하여 그 효력이 생긴다.

② 전항의 경우에 우수의 판정은 광고 중에 정한 자가 한다. 광고 중에 판정자를 정하지 아니한 때에는 광고자가 판정한다.

③ 우수한 자 없다는 판정은 이를 할 수 없다. 그러나 광고 중에 다른 의사표시가 있거나 광고의 성질상 판정의 표준이 정하여져 있는 때에는 그러하지 아니하다.

④ 응모자는 전2항의 판정에 대하여 이의를 하지 못한다.

⑤ 수인의 행위가 동등으로 판정된 때에는 제676조 제2항의 규정을 준용한다.

제679조(현상광고의 철회) ① 광고에 그 지정한 행위의 완료기간을 정한 때에는 그 기간만료 전에 광고를 철회하지 못한다.

② 광고에 행위의 완료기간을 정하지 아니한 때에는 그 행위를 완료한 자 있기 전에는 그 광고와 동일한 방법으로 광고를 철회할 수 있다.

③ 전광고와 동일한 방법으로 철회할 수 없는 때에는 그와 유사한 방법으로 철회할 수 있다. 이 철회는 철회한 것을 안 자에 대하여만 그 효력이 있다.

제680조(위임의 의의) 위임은 당사자 일방이 상대방에 대하여 사무의 처리를 위탁하고 상대방이 이를 승낙함으로써 그 효력이 생긴다.

제681조(수임인의 선관의무) 수임인은 위임의 본지에 따라 선량한 관리자의 주의로써 위임사무를 처리하여야 한다.

제682조(복임권의 제한) ① 수임인은 위임인의 승낙이나 부득이한 사유없이 제삼자로 하여금 자기에 갈음하여 위임사무를 처리하게 하지 못한다. 〈개정 2014. 12. 30.〉
② 수임인이 전항의 규정에 의하여 제삼자에게 위임사무를 처리하게 한 경우에는 제121조, 제123조의 규정을 준용한다.

제683조(수임인의 보고의무) 수임인은 위임인의 청구가 있는 때에는 위임사무의 처리상황을 보고하고 위임이 종료한 때에는 지체 없이 그 전말을 보고하여야 한다.

제684조(수임인의 취득물 등의 인도, 이전의무) ① 수임인은 위임사무의 처리로 인하여 받은 금전 기타의 물건 및 그 수취한 과실을 위임인에게 인도하여야 한다.
② 수임인이 위임인을 위하여 자기의 명의로 취득한 권리는 위임인에게 이전하여야 한다.

제685조(수임인의 금전소비의 책임) 수임인이 위임인에게 인도할 금전 또는 위임인의 이익을 위하여 사용할 금전을 자기를 위하여 소비한 때에는 소비한 날 이후의 이자를 지급하여야 하며 그 외의 손해가 있으면 배상하여야 한다.

제686조(수임인의 보수청구권) ① 수임인은 특별한 약정이 없으면 위임인에 대하여 보수를 청구하지 못한다.
② 수임인이 보수를 받을 경우에는 위임사무를 완료한 후가 아니면 이를 청구하지 못한다. 그러나 기간으로 보수를 정한 때에는 그 기간이 경과한 후에 이를 청구할 수 있다.
③ 수임인이 위임사무를 처리하는 중에 수임인의 책임없는 사유로 인하여 위임이 종료된 때에는 수임인은 이미 처리한 사무의 비율에 따른 보수를 청구할 수 있다.

제687조(수임인의 비용선급청구권) 위임사무의 처리에 비용을 요하는 때에는 위임인은 수임인의 청구에 의하여 이를 선급하여야 한다.

제688조(수임인의 비용상환청구권 등) ① 수임인이 위임사무의 처리에 관하여 필요비를 지출한 때에는 위임인에 대하여 지출한 날 이후의 이자를 청구할 수 있다.
② 수임인이 위임사무의 처리에 필요한 채무를 부담한 때에는 위임인에게 자기에 갈음하여 이를 변제하게 할 수 있고 그 채무가 변제기에 있지 아니한 때에는 상당한 담보를 제공하게 할 수 있다.

③ 수임인이 위임사무의 처리를 위하여 과실없이 손해를 받은 때에는 위임인에 대하여 그 배상을 청구할 수 있다.

제689조(위임의 상호해지의 자유) ① 위임계약은 각 당사자가 언제든지 해지할 수 있다.
② 당사자 일방이 부득이한 사유없이 상대방의 불리한 시기에 계약을 해지한 때에는 그 손해를 배상하여야 한다.

제690조(사망·파산 등과 위임의 종료) 위임은 당사자 한쪽의 사망이나 파산으로 종료된다. 수임인이 성년후견개시의 심판을 받은 경우에도 이와 같다.

제691조(위임종료 시의 긴급처리) 위임종료의 경우에 급박한 사정이 있는 때에는 수임인, 그 상속인이나 법정대리인은 위임인, 그 상속인이나 법정대리인이 위임사무를 처리할 수 있을 때까지 그 사무의 처리를 계속하여야 한다. 이 경우에는 위임의 존속과 동일한 효력이 있다.

제692조(위임종료의 대항요건) 위임종료의 사유는 이를 상대방에게 통지하거나 상대방이 이를 안 때가 아니면 이로써 상대방에게 대항하지 못한다.

제12절 임 치

제693조(임치의 의의) 임치는 당사자 일방이 상대방에 대하여 금전이나 유가증권 기타 물건의 보관을 위탁하고 상대방이 이를 승낙함으로써 효력이 생긴다.

제694조(수치인의 임치물사용금지) 수치인은 임치인의 동의없이 임치물을 사용하지 못한다.

제695조(무상수치인의 주의의무) 보수없이 임치를 받은 자는 임치물을 자기재산과 동일한 주의로 보관하여야 한다.

제696조(수치인의 통지의무) 임치물에 대한 권리를 주장하는 제삼자가 수치인에 대하여 소를 제기하거나 압류한 때에는 수치인은 지체 없이 임치인에게 이를 통지하여야 한다.

제697조(임치물의 성질, 하자로 인한 임치인의 손해배상의무) 임치인은 임치물의 성질 또는 하자로 인하여 생긴 손해를 수치인에게 배상하여야 한다. 그러나 수치인이 그 성질 또는 하자를 안 때에는 그러하지 아니하다.

제698조(기간의 약정있는 임치의 해지) 임치기간의 약정이 있는 때에는 수치인은 부득이한 사유없이 그 기간만료 전에 계약을 해지하지 못한다. 그러나 임치인은 언제든지 계약을 해지할 수 있다.

제699조(기간의 약정없는 임치의 해지) 임치기간의 약정이 없는 때에는 각 당사자는 언제든지 계약을 해지할 수 있다.

제700조(임치물의 반환장소) 임치물은 그 보관한 장소에서 반환하여야 한다. 그러나 수치인이 정당한 사유로 인하여 그 물건을 전치한 때에는 현존하는 장소에서 반환할 수 있다.

제701조(준용규정) 제682조, 제684조 내지 제687조 및 제688조제1항, 제2항의 규정은 임치에 준용한다.

제702조(소비임치) 수치인이 계약에 의하여 임치물을 소비할 수 있는 경우에는 소비대차에 관한 규정을 준용한다. 그러나 반환시기의 약정이 없는 때에는 임치인은 언제든지 그 반환을 청구할 수 있다.

제13절 조 합

제703조(조합의 의의) ① 조합은 2인 이상이 상호출자하여 공동사업을 경영할 것을 약정함으로써 그 효력이 생긴다.
② 전항의 출자는 금전 기타 재산 또는 노무로 할 수 있다.

제704조(조합재산의 합유) 조합원의 출자 기타 조합재산은 조합원의 합유로 한다.

제705조(금전출자지체의 책임) 금전을 출자의 목적으로 한 조합원이 출자시기를 지체한 때에는 연체이자를 지급하는 외에 손해를 배상하여야 한다.

제706조(사무집행의 방법) ① 조합계약으로 업무집행자를 정하지 아니한 경우에는 조합원의 3분의 2 이상의 찬성으로써 이를 선임한다.
② 조합의 업무집행은 조합원의 과반수로써 결정한다. 업무집행자 수인인 때에는 그 과반수로써 결정한다.
③ 조합의 통상사무는 전항의 규정에 불구하고 각 조합원 또는 각 업무집행자가 전행할 수 있다. 그러나 그 사무의 완료전에 다른 조합원 또는 다른 업무집행자의 이의가 있는 때에는 즉시 중지하여야 한다.

제707조(준용규정) 조합업무를 집행하는 조합원에는 제681조 내지 제688조의 규정을 준용한다.

제708조(업무집행자의 사임, 해임) 업무집행자인 조합원은 정당한 사유없이 사임하지 못하며 다른 조합원의 일치가 아니면 해임하지 못한다.

제709조(업무집행자의 대리권추정) 조합의 업무를 집행하는 조합원은 그 업무집행의 대리권있는 것으로 추정한다.

제710조(조합원의 업무, 재산상태검사권) 각 조합원은 언제든지 조합의 업무 및 재산상태를 검사할 수 있다.

제711조(손익분배의 비율) ① 당사자가 손익분배의 비율을 정하지 아니한 때에는 각 조합원의 출자가액에 비례하여 이를 정한다.
② 이익 또는 손실에 대하여 분배의 비율을 정한 때에는 그 비율은 이익과 손실에 공통된 것으로 추정한다.

제712조(조합원에 대한 채권자의 권리행사) 조합채권자는 그 채권발생 당시에 조합원의 손실부담의 비율을 알지 못한 때에는 각 조합원에게 균분하여 그 권리를 행사할 수 있다.

제713조(무자력조합원의 채무와 타조합원의 변제책임) 조합원 중에 변제할 자력없는 자가 있는 때에는 그 변제할 수 없는 부분은 다른 조합원이 균분하여 변제할 책임이 있다.

제714조(지분에 대한 압류의 효력) 조합원의 지분에 대한 압류는 그 조합원의 장래의 이익배당 및 지분의 반환을 받을 권리에 대하여 효력이 있다.

제715조(조합채무자의 상계의 금지) 조합의 채무자는 그 채무와 조합원에 대한 채권으로 상계하지 못한다.

제716조(임의탈퇴) ① 조합계약으로 조합의 존속기간을 정하지 아니하거나 조합원의 종신까지 존속할 것을 정한 때에는 각 조합원은 언제든지 탈퇴할 수 있다. 그러나 부득이한 사유없이 조합의 불리한 시기에 탈퇴하지 못한다.
② 조합의 존속기간을 정한 때에도 조합원은 부득이한 사유가 있으면 탈퇴할 수 있다.

제717조(비임의 탈퇴) 제716조의 경우 외에 조합원은 다음 각 호의 어느 하나에 해당하는 사유가 있으면 탈퇴된다.
1. 사 망
2. 파 산
3. 성년후견의 개시
4. 제명(除名)

제718조(제명) ① 조합원의 제명은 정당한 사유있는 때에 한하여 다른 조합원의 일치로써 이를 결정한다.
② 전항의 제명결정은 제명된 조합원에게 통지하지 아니하면 그 조합원에게 대항하지 못한다.

제719조(탈퇴조합원의 지분의 계산) ① 탈퇴한 조합원과 다른 조합원 간의 계산은 탈퇴당시의 조합재산상태에 의하여 한다.

② 탈퇴한 조합원의 지분은 그 출자의 종류여하에 불구하고 금전으로 반환할 수 있다.

③ 탈퇴당시에 완결되지 아니한 사항에 대하여는 완결후에 계산할 수 있다.

제720조(부득이한 사유로 인한 해산청구) 부득이한 사유가 있는 때에는 각 조합원은 조합의 해산을 청구할 수 있다.

제721조(청산인) ① 조합이 해산한 때에는 청산은 총조합원 공동으로 또는 그들이 선임한 자가 그 사무를 집행한다.

② 전항의 청산인의 선임은 조합원의 과반수로써 결정한다.

제722조(청산인의 업무집행방법) 청산인이 수인인 때에는 제706조 제2항 후단의 규정을 준용한다.

제723조(조합원인 청산인의 사임, 해임) 조합원 중에서 청산인을 정한 때에는 제708조의 규정을 준용한다.

제724조(청산인의 직무, 권한과 잔여재산의 분배) ① 청산인의 직무 및 권한에 관하여는 제87조의 규정을 준용한다.

② 잔여재산은 각 조합원의 출자가액에 비례하여 이를 분배한다.

제14절 종신정기금

제725조(종신정기금계약의 의의) 종신정기금계약은 당사자 일방이 자기, 상대방 또는 제삼자의 종신까지 정기로 금전 기타의 물건을 상대방 또는 제삼자에게 지급할 것을 약정함으로써 그 효력이 생긴다.

제726조(종신정기금의 계산) 종신정기금은 일수로 계산한다.

제727조(종신정기금계약의 해제) ① 정기금채무자가 정기금채무의 원본을 받은 경우에 그 정기금채무의 지급을 해태하거나 기타 의무를 이행하지 아니한 때에는 정기금채권자는 원본의 반환을 청구할 수 있다. 그러나 이미 지급을 받은 채무액에서 그 원본의 이자를 공제한 잔액을 정기금채무자에게 반환하여야 한다.

② 전항의 규정은 손해배상의 청구에 영향을 미치지 아니한다.

제728조(해제와 동시이행) 제536조의 규정은 전조의 경우에 준용한다.

제729조(채무자귀책사유로 인한 사망과 채권존속선고) ① 사망이 정기금채무자의 책임있는 사유로 인한 때에는 법원은 정기금채권자 또는 그 상속인의 청구에 의하여 상당한 기간 채권의 존속을 선고할 수 있다. ② 전항의 경우에도 제727조의 권리를 행사할 수 있다.

제730조(유증에 의한 종신정기금) 본절의 규정은 유증에 의한 종신정기금채권에 준용한다.

제15절 화 해

제731조(화해의 의의) 화해는 당사자가 상호양보하여 당사자 간의 분쟁을 종지할 것을 약정함으로써 그 효력이 생긴다.

제732조(화해의 창설적효력) 화해계약은 당사자 일방이 양보한 권리가 소멸되고 상대방이 화해로 인하여 그 권리를 취득하는 효력이 있다.

제733조(화해의 효력과 착오) 화해계약은 착오를 이유로 하여 취소하지 못한다. 그러나 화해당사자의 자격 또는 화해의 목적인 분쟁 이외의 사항에 착오가 있는 때에는 그러하지 아니하다.

제3장 사무관리

제734조(사무관리의 내용) ① 의무없이 타인을 위하여 사무를 관리하는 자는 그 사무의 성질에 좇아 가장 본인에게 이익되는 방법으로 이를 관리하여야 한다.
② 관리자가 본인의 의사를 알거나 알 수 있는 때에는 그 의사에 적합하도록 관리하여야 한다.
③ 관리자가 전2항의 규정에 위반하여 사무를 관리한 경우에는 과실없는 때에도 이로 인한 손해를 배상할 책임이 있다. 그러나 그 관리행위가 공공의 이익에 적합한 때에는 중대한 과실이 없으면 배상할 책임이 없다.

제735조(긴급사무관리) 관리자가 타인의 생명, 신체, 명예 또는 재산에 대한 급박한 위해를 면하게 하기 위하여 그 사무를 관리한 때에는 고의나 중대한 과실이 없으면 이로 인한 손해를 배상할 책임이 없다.

제736조(관리자의 통지의무) 관리자가 관리를 개시한 때에는 지체 없이 본인에게 통지하여야 한다. 그러나 본인이 이미 이를 안 때에는 그러하지 아니하다.

제737조(관리자의 관리계속의무) 관리자는 본인, 그 상속인이나 법정대리인이 그 사무를 관리하는 때까지 관리를 계속하여야 한다. 그러나 관리의 계속이 본인의 의사에 반하거나 본인에게 불리함이 명백한 때에는 그러하지 아니하다.

제738조(준용규정) 제683조 내지 제685조의 규정은 사무관리에 준용한다.

제739조(관리자의 비용상환청구권) ① 관리자가 본인을 위하여 필요비 또는 유익비를 지출한 때에는 본인에 대하여 그 상환을 청구할 수 있다.
② 관리자가 본인을 위하여 필요 또는 유익한 채무를 부담한 때에는 제688조 제2항의 규정을 준용한다.
③ 관리자가 본인의 의사에 반하여 관리한 때에는 본인의 현존이익의 한도에서 전2항의 규정을 준용한다.

제740조(관리자의 무과실손해보상청구권) 관리자가 사무관리를 함에 있어서 과실없이 손해를 받은 때에는 본인의 현존이익의 한도에서 그 손해의 보상을 청구할 수 있다.

제4장 부당이득

제741조(부당이득의 내용) 법률상 원인없이 타인의 재산 또는 노무로 인하여 이익을 얻고 이로 인하여 타인에게 손해를 가한 자는 그 이익을 반환하여야 한다.

제742조(비채변제) 채무없음을 알고 이를 변제한 때에는 그 반환을 청구하지 못한다.

제743조(기한전의 변제) 변제기에 있지 아니한 채무를 변제한 때에는 그 반환을 청구하지 못한다. 그러나 채무자가 착오로 인하여 변제한 때에는 채권자는 이로 인하여 얻은 이익을 반환하여야 한다.

제744조(도의관념에 적합한 비채변제) 채무없는 자가 착오로 인하여 변제한 경우에 그 변제가 도의관념에 적합한 때에는 그 반환을 청구하지 못한다.

제745조(타인의 채무의 변제) ① 채무자아닌 자가 착오로 인하여 타인의 채무를 변제한 경우에 채권자가 선의로 증서를 훼멸하거나 담보를 포기하거나 시효로 인하여 그 채권을 잃은 때에는 변제자는 그 반환을 청구하지 못한다.
② 전항의 경우에 변제자는 채무자에 대하여 구상권을 행사할 수 있다.

제746조(불법원인급여) 불법의 원인으로 인하여 재산을 급여하거나 노무를 제공한 때에는 그 이익의 반환을 청구하지 못한다. 그러나 그 불법원인이 수익자에게만 있는 때에는 그러하지 아니하다.

제747조(원물반환불능한 경우와 가액반환, 전득자의 책임) ① 수익자가 그 받은 목적물을 반환할 수 없는 때에는 그 가액을 반환하여야 한다.
② 수익자가 그 이익을 반환할 수 없는 경우에는 수익자로부터 무상으로 그 이익의 목적물을 양수한 악의의 제삼자는 전항의 규정에 의하여 반환할 책임이 있다.

제748조(수익자의 반환범위) ① 선의의 수익자는 그 받은 이익이 현존한 한도에서 전조의 책임이 있다.

② 악의의 수익자는 그 받은 이익에 이자를 붙여 반환하고 손해가 있으면 이를 배상하여야 한다.

제749조(수익자의 악의인정) ① 수익자가 이익을 받은 후 법률상 원인없음을 안 때에는 그때부터 악의의 수익자로서 이익반환의 책임이 있다.

② 선의의 수익자가 패소한 때에는 그 소를 제기한 때부터 악의의 수익자로 본다.

제5장 불법행위

제750조(불법행위의 내용) 고의 또는 과실로 인한 위법행위로 타인에게 손해를 가한 자는 그 손해를 배상할 책임이 있다.

제751조(재산 이외의 손해의 배상) ① 타인의 신체, 자유 또는 명예를 해하거나 기타 정신상고통을 가한 자는 재산 이외의 손해에 대하여도 배상할 책임이 있다.

② 법원은 전항의 손해배상을 정기금채무로 지급할 것을 명할 수 있고 그 이행을 확보하기 위하여 상당한 담보의 제공을 명할 수 있다.

제752조(생명침해로 인한 위자료) 타인의 생명을 해한 자는 피해자의 직계존속, 직계비속 및 배우자에 대하여는 재산상의 손해없는 경우에도 손해배상의 책임이 있다.

제753조(미성년자의 책임능력) 미성년자가 타인에게 손해를 가한 경우에 그 행위의 책임을 변식할 지능이 없는 때에는 배상의 책임이 없다.

제754조(심신상실자의 책임능력) 심신상실 중에 타인에게 손해를 가한 자는 배상의 책임이 없다. 그러나 고의 또는 과실로 인하여 심신상실을 초래한 때에는 그러하지 아니하다.

제755조(감독자의 책임) ① 다른 자에게 손해를 가한 사람이 제753조 또는 제754조에 따라 책임이 없는 경우에는 그를 감독할 법정의무가 있는 자가 그 손해를 배상할 책임이 있다. 다만, 감독의무를 게을리하지 아니한 경우에는 그러하지 아니하다.

② 감독의무자를 갈음하여 제753조 또는 제754조에 따라 책임이 없는 사람을 감독하는 자도 제1항의 책임이 있다.

제756조(사용자의 배상책임) ① 타인을 사용하여 어느 사무에 종사하게 한 자는 피용자가 그 사무집행에 관하여 제삼자에게 가한 손해를 배상할 책임이 있다. 그러나 사용자가 피용자의 선임 및 그 사무감독에 상당한 주의를 한 때 또는 상당한 주의를 하여도 손해가 있을 경우에는 그러하지 아니하다.

② 사용자에 갈음하여 그 사무를 감독하는 자도 전항의 책임이 있다. 〈개정 2014. 12. 30.〉

③ 전2항의 경우에 사용자 또는 감독자는 피용자에 대하여 구상권을 행사할 수 있다.

제757조(도급인의 책임) 도급인은 수급인이 그 일에 관하여 제삼자에게 가한 손해를 배상할 책임이 없다. 그러나 도급 또는 지시에 관하여 도급인에게 중대한 과실이 있는 때에는 그러하지 아니하다.

제758조(공작물 등의 점유자, 소유자의 책임) ① 공작물의 설치 또는 보존의 하자로 인하여 타인에게 손해를 가한 때에는 공작물점유자가 손해를 배상할 책임이 있다. 그러나 점유자가 손해의 방지에 필요한 주의를 해태하지 아니한 때에는 그 소유자가 손해를 배상할 책임이 있다.
② 전항의 규정은 수목의 재식 또는 보존에 하자있는 경우에 준용한다.
③ 전2항의 경우 점유자 또는 소유자는 그 손해의 원인에 대한 책임있는 자에 대하여 구상권을 행사할 수 있다.

제759조(동물의 점유자의 책임) ① 동물의 점유자는 그 동물이 타인에게 가한 손해를 배상할 책임이 있다. 그러나 동물의 종류와 성질에 따라 그 보관에 상당한 주의를 해태하지 아니한 때에는 그러하지 아니하다.
② 점유자에 갈음하여 동물을 보관한 자도 전항의 책임이 있다. 〈개정 2014. 12. 30.〉

제760조(공동불법행위자의 책임) ① 수인이 공동의 불법행위로 타인에게 손해를 가한 때에는 연대하여 그 손해를 배상할 책임이 있다.
② 공동 아닌 수인의 행위 중 어느 자의 행위가 그 손해를 가한 것인지를 알 수 없는 때에도 전항과 같다.
③ 교사자나 방조자는 공동행위자로 본다.

제761조(정당방위, 긴급피난) ① 타인의 불법행위에 대하여 자기 또는 제삼자의 이익을 방위하기 위하여 부득이 타인에게 손해를 가한 자는 배상할 책임이 없다. 그러나 피해자는 불법행위에 대하여 손해의 배상을 청구할 수 있다.
② 전항의 규정은 급박한 위난을 피하기 위하여 부득이 타인에게 손해를 가한 경우에 준용한다.

제762조(손해배상청구권에 있어서의 태아의 지위) 태아는 손해배상의 청구권에 관하여는 이미 출생한 것으로 본다.

제763조(준용규정) 제393조, 제394조, 제396조, 제399조의 규정은 불법행위로 인한 손해배상에 준용한다.

제764조(명예훼손의 경우의 특칙) 타인의 명예를 훼손한 자에 대하여는 법원은 피해자의 청구에 의하여 손해배상에 갈음하거나 손해배상과 함께 명예회복에 적당한 처분을 명할 수 있다.
[89헌마160 1991.4.1.민법 제764조(1958.2.22. 법률 제471호)의 "명예회복에 적당한 처분"에 사죄광고를 포함시키는 것은 헌법에 위반된다.]

제765조(배상액의 경감청구) ① 본장의 규정에 의한 배상의무자는 그 손해가 고의 또는 중대한 과실에 의한 것이 아니고 그 배상으로 인하여 배상자의 생계에 중대한 영향을 미치게 될 경우에는 법원에 그 배상액의 경감을 청구할 수 있다.

② 법원은 전항의 청구가 있는 때에는 채권자 및 채무자의 경제상태와 손해의 원인 등을 참작하여 배상액을 경감할 수 있다.

제766조(손해배상청구권의 소멸시효) ① 불법행위로 인한 손해배상의 청구권은 피해자나 그 법정대리인이 그 손해 및 가해자를 안 날로부터 3년간 이를 행사하지 아니하면 시효로 인하여 소멸한다.

② 불법행위를 한 날로부터 10년을 경과한 때에도 전항과 같다.

③ 미성년자가 성폭력, 성추행, 성희롱, 그 밖의 성적(性的) 침해를 당한 경우에 이로 인한 손해배상청구권의 소멸시효는 그가 성년이 될 때까지는 진행되지 아니한다.

[단순위헌, 2014헌바148, 2018.8.30. 민법(1958.2.22. 법률 제471호로 제정된 것) 제766조 제2항 중 '진실·화해를 위한 과거사정리 기본법' 제2조 제1항 제3호, 제4호에 규정된 사건에 적용되는 부분은 헌법에 위반된다.]

무언가를 위해 목숨을 버릴 각오가 되어 있지 않는 한
그것이 삶의 목표라는 어떤 확신도 가질 수 없다.

– 체 게바라 –

작은 기회로부터 종종 위대한 업적이 시작된다.

- 데모스테네스 -

참고문헌 및 사이트

- 『계약법』, 양창수・김재형, 박영사(2013)
- 『로스쿨 계약법』, 이연갑, 경세원(2008)
- 『물권법』, 김준호, 법문사(2013)
- 『민법 구조식 사례연습』, 김경환, 윌비스(2011)
- 『민법의 기초』, 김준호, 집현재(2019)
- 『민법총칙』, 이재진・권태웅, 한올(2014)
- 『이야기 채권회수』, 이승주, 다산북스(2011)
- 『주택임대차보호법』, 이승길・하영주・박정희, 책과사람들(2007)
- 『채권각론』, 이상욱, 영남대학교 출판부(2006)
- 『채권법 강의 1, 2, 3』, 최문기, 세종출판사(2004)

- 「신용카드가맹점의 법적 쟁점에 관한 연구」, 석일홍, 고려대학교(2018)
- 「신용카드산업의 시장구조개선 및 중장기적 발전방안에 관한 연구」, 양용현・방세훈・윤경수, KDI(2013)
- 「알기쉬운 상가임대차보호법 해설」, 김주덕, 대한건축사협회(2019년 11월호)
- 「알기쉬운 주택임대차보호법 해설」, 김주덕, 대한건축사협회(2019년 10월호)
- 「우리나라 불법행위법의 구조적 특징과 그 문제점」, 서광민, 서강대학교 출판부(서강법학 제9권)
- 「조합채무에 대한 조합원의 책임」, 오소정・이진기, 성균관대학교 법학연구원(2014)
- 「주택임대차보호법 해설집」, 국토부・법무부, 국토부, 법무부(2020)
- 「하도급법 해설과 쟁점」, 정종채, 삼일인포마인(2022)

- 하도급법의 주요내용과 쟁점 및 상생협력법과의 비교, 백광현, 유투브(2022)
- 민법 기초강의, 칼린츠법학연구소, www.avalanchetistory.com

2023 행정사 2차 민법 단기합격

초 판 발 행	2023년 06월 15일 (인쇄 2023년 04월 19일)
발 행 인	박영일
책 임 편 집	이해욱
저 자	염오봉
편 집 진 행	김은영 · 민한슬
표지디자인	박수영
편집디자인	차성미 · 하한우
발 행 처	(주)시대고시기획
출 판 등 록	제10-1521호
주 소	서울시 마포구 큰우물로 75 [도화동 538 성지 B/D] 9F
전 화	1600-3600
팩 스	02-701-8823
홈 페 이 지	www.sdedu.co.kr
I S B N	979-11-383-4925-3 (13360)
정 가	35,000원

법무사 1·2차 시리즈
합격의 지름길!

법무사 1차시험
헌법 · 상법

법무사 1차시험
민법 · 가족관계의 등록 등에
관한 법률

법무사 1차시험
민사집행법 · 상업등기법
및 비송사건절차법

법무사 1차시험
부동산등기법 · 공탁법

SD에듀 법무사
온라인 동영상 강의
www.sdedu.co.kr

법무사 1차시험
5개년 기출문제해설

법무사 2차시험
민사소송법

법무사 2차시험
민사사건관련서류의 작성

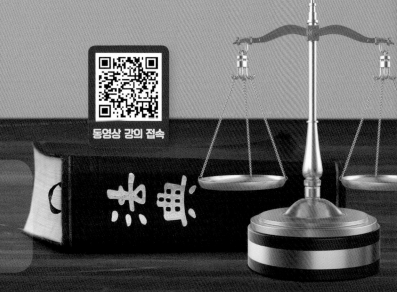

동영상 강의 접속